Des hommes pour la guerre

Collection « Nationalismes et guerres mondiales »
dirigée par Laurent Joly

Tal Bruttmann, Laurent Joly, Annette Wieviorka (dir.), *Qu'est-ce qu'un déporté ? Histoire et mémoires des déportations de la Seconde Guerre mondiale*, 2009.

Louis Sadosky, brigadier-chef aux RG, présenté par Laurent Joly, *Berlin 1942. Chronique d'une détention par la Gestapo*, 2009. Édition poche, revue et augmentée, coll. « Biblis », 2014 et 2019.

Patrice Arnaud, *Les STO. Histoire des Français requis en Allemagne nazie, 1942-1945*, 2010. Édition poche, revue et augmentée, coll. « Biblis », 2014.

Sylvie Bernay, *L'Église de France face à la persécution des Juifs, 1940-1944*, 2012.

Emmanuel Debono, *Aux origines de l'antiracisme. La LICA (1927-1940)*, 2012.

Bernard Costagliola, *Darlan*, 2015.

Karine Le Bail, *La Musique au pas. Être musicien sous l'Occupation*, 2016.

Patrice Arnaud, Fabien Théofilakis (dir.), *Gestapo et polices allemandes. France, Europe de l'Ouest, 1939-1945*, 2017.

Laurent Joly, *Dénoncer les juifs sous l'Occupation. Paris, 1940-1944*, 2017. Édition poche, revue et augmentée, coll. « Biblis », 2021.

Jacques Semelin, *La Survie des juifs en France, 1940-1944*, 2018.

Jacques Cantier, *Lire sous l'Occupation. Livres, lecteurs, lectures, 1939-1944*, 2019.

Philippe Secondy, *Fabrication d'un collabo. Le cas Joseph Laporte (1892-1944)*, 2019.

Audrey Kichelewski, Judith Lyon-Caen, Jean-Charles Szurek, Annette Wieviorka (dir.), *Les Polonais et la Shoah. Une nouvelle école historique*, 2019.

Nina Valbousquet, *Catholique et antisémite. Le réseau de Mgr Benigni – Rome, Europe, États-Unis, 1918-1934*, 2020.

Éric Jennings, *Les bateaux de l'espoir. Vichy, les réfugiés et la filière martiniquaise*, 2020.

Pierre-Frédéric Charpentier, *« Imbéciles, c'est pour vous que je meurs ! … » Valentin Feldman (1909-1942)*, 2021.

Laurent Douzou, *Le moment Daniel Cordier. Comment écrire l'histoire de la Résistance ?* 2021.

Bertrand Joly, *Aux origines du populisme. Histoire du boulangisme (1886-1891)*, 2022.

Anne-Sophie Anglaret, *Au service du maréchal ? La Légion française des combattants (1940-1944)*, 2023.

Radu Ioanid, *La Roumanie et la Shoah. Destruction et survie des Juifs et des Roms sous le régime Antonescu, 1940-1944*, 2023.

Fabien Lostec, *Condamnées à mort. L'épuration des femmes collaboratrices, 1944-1951*, 2024.

Samuel Moyn, *L'affaire Treblinka, 1966. Une controverse sur la Shoah*, 2024.

Aude-Marie Lalanne Berdouticq

Des hommes pour la guerre

La sélection médicale des soldats
France – Grande-Bretagne
1900-1923

CNRS ÉDITIONS
15 rue Malebranche - 75005 Paris

ISBN : 978-2-271-15207-7
ISSN : 2823-7048

Introduction

« Seuls des individus en pleine capacité physique doivent être envoyés sur le champ de bataille[1] », martèle le Britannique William Aitken (1825-1892), professeur de pathologie clinique à l'école de santé militaire de Fort Pitt, à la fin du XIXe siècle. Ce principe gouverne un processus de sélection médicale, prélude indispensable au recrutement dans la plupart des armées européennes. Qu'ils soient volontaires ou conscrits, tous les candidats ne parviennent pas à intégrer l'armée. En France et en Grande-Bretagne, avant 1914, seuls 60 à 80 % des candidats sont déclarés aptes. À l'issue d'un examen clinique et anthropométrique, les inaptes sont écartés du rang, les autres sont répartis dans différentes catégories. L'évaluation des corps et des esprits aptes à l'état de guerre est confiée à des médecins, souvent mais pas exclusivement militaires, qui déploient, en parallèle de leur activité empirique de triage, un discours théorique sur un ensemble de qualités définissant un état, l'aptitude militaire. Au croisement de l'anthropologie historique, de l'histoire des sciences et de l'histoire des sociétés en guerre, ce livre s'intéresse à une expérience de masse, vécue par des millions de jeunes gens de sexe masculin, celle de l'examen médical d'aptitude militaire.

La sélection médicale des recrues qui s'exerce à l'occasion de cet examen n'avait jamais fait l'objet d'une étude systématique. Les critères médicaux de l'incorporation ont certes été évoqués par l'histoire sociale ou militaire contemporaine, mais de manière très descriptive et indirecte, soit pour rappeler l'existence de restrictions d'ordre physique au recrutement, soit pour souligner que l'examen médical est superficiel et aboutit à une sélection imparfaite, sans que les auteurs n'en viennent à s'interroger ni sur les raisons de cette apparente négligence, ni sur les bases scientifiques de l'examen[2]. Le relâchement des exigences physiques

1. William AITKEN, *On the Growth of the Recruit and Young Soldier: With a View to a Judicious Selection of Growing Lads for the Army, and a Regulated System of Training for Recruits*, Londres, Macmillan and Co, 1887 (2e éd.), p. vi. Sauf mention contraire, toutes les traductions sont personnelles.

2. Voir par exemple Jean GUILLERMAND (dir.), *Histoire de la médecine aux armées*, Paris, Charles Lavauzelle, 1984, tome 3, p. 221 ; Timothy BOWMAN et Mark

et mentales de la sélection du fait de la crise des effectifs de la Première Guerre mondiale est également un fait connu sans que ses modalités n'aient été sérieusement étudiées. Même lorsque leur sujet se prête à des développements sur les conditions d'accès au corps militaire, les travaux explicitement consacrés au recrutement britannique négligent le processus de sélection et se concentrent sur d'autres aspects, telles les différences entre officiers et hommes du rang, les réformes militaires de l'armée edwardienne, ou l'image de l'armée de terre dans la culture populaire[3]. De la même façon, toutes les monographies régimentaires françaises qui abordent la question du recrutement mentionnent rapidement l'existence des critères de sélection sans que ceux-ci ne fassent jamais l'objet de véritables développements[4]. En dehors d'un ouvrage consacré à l'exemption des volontaires du corps expéditionnaire canadien, il n'existe aucune monographie portant spécifiquement sur le fait d'écarter des hommes du champ de bataille pour raison de santé, *a fortiori* pendant la Grande Guerre où ce processus subit de notables bouleversements[5].

Cet ouvrage entend combler ces lacunes en proposant un objet original qui embrasse dans un même mouvement une notion, celle de

---

Connelly, *The Edwardian Army: Recruiting, Training and Deploying the British Army, 1902-1914*, Oxford, Oxford University Press, 2002, p. 22.

3. Timothy Bowman et Mark Connelly, *The Edwardian Army, op. cit.*, p. 40-51, 64-105, 147 et suiv. ; Alan Skelley, *The Victorian Army at Home*: *Recruitment and Terms and Conditions of the British Army, 1859-1899*, Londres, Croom Helm, 1977, p. 235-300 ; Edward Spiers, *The Late Victorian Army, 1868-1902*, Manchester, Manchester University Press, 1992, p. 118-152 ; Edward Spiers, « Reforming the Infantry of the Line, 1900-1914 », *Journal of the Society for Army Historical Research*, vol. lix, n° 238, été 1981, p. 82-94. Voir aussi Peter Dennis, *The Territorial Army 1907-1940*, Woodbridge, Royal Historical Society and Boydell Press, 1987 ; K.W. Mitchinson, *Defending Albion: Britain's Home Army, 1908-1914*, Basingstoke, Palgrave, 2005.

4. Voir par exemple Jérémie Halais, *Des Normands sous l'uniforme, 1889-1919. De la caserne à la Grande Guerre*, Bayeux, OREP éd., 2018, p. 119 ; Helen McCartney, *Citizen Soldiers: The Liverpool Territorials in the First World War*, Cambridge, Cambridge University Press, 2005 ; Jules Maurin, *Armée, guerre, société. Soldats languedociens (1889-1919)*, Paris, Publications de la Sorbonne, 1982, p. 251.

5. Nic Clarke, *Unwanted Warriors: The Rejected Volunteers of the Canadian Expeditionary Force*, Vancouver/Toronto, UBC Press, 2015. Pour un point historiographique détaillé, voir Aude-Marie Lalanne Berdouticq, *Aptitude militaire et sélection médicale des recrues, France-Angleterre, années 1900-1918*, thèse de doctorat, Université Paris Nanterre, 2020, p. 19-23.

l'aptitude militaire, dont la définition pose problème aux contemporains ; un moment, celui de l'évaluation du corps et de l'esprit de la recrue au cours de l'examen médical ; un problème enfin, qui déborde constamment le champ des savoirs sur le corps et l'esprit, pour toucher à celui de la stratégie militaire ou de l'adhésion des populations à l'effort de guerre. L'analyse s'efforce de cerner à la fois les normes de la sélection des recrues, grâce à la documentation destinée à orienter l'activité des experts médicaux ; leur évolution, grâce aux sources administratives de l'État en guerre ; leur réception et mise en débat public, à travers la presse médicale et spécialisée, les débats parlementaires et les archives des tribunaux d'appel britanniques[6]. Le corpus mobilisé permet de montrer comment les savoirs médicaux et leur autorité, mobilisés dans le cadre du recrutement militaire, contribuent à construire les représentations biologiques, sociales et politiques des sociétés et suscitent en retour des réactions permettant d'étudier à nouveaux frais le rapport entre science et société.

Les enjeux militaires, politiques et sanitaires de la sélection

L'idée selon laquelle il est nécessaire d'opérer un tri dans la masse des soldats potentiels se repère dès l'Antiquité[7]. À la suite de penseurs de la stratégie, les militaires se sont efforcés de procéder avec soin à ce choix, en déterminant les conditions précises de l'aptitude au combat. La médecine s'est saisie de cette question dès la fin du XVIIIe siècle[8]. Du fait de l'importance des enjeux sanitaires et de la place croissante prise par le corps médical dans la gestion des forces armées, la sélection des recrues a été prioritairement confiée à des médecins militaires[9].

6. Pour une présentation détaillée des sources, voir Aude-Marie Lalanne Berdouticq, *Aptitude militaire et sélection médicale, op. cit.*, p. 33-44.
7. Végèce, *Traité de l'art militaire*, chapitre 7.
8. Jean Colombier, médecin réformateur du système de santé dans le dernier tiers du XVIIIe siècle, dédie trois ouvrages à l'hygiène militaire entre 1772 et 1778, dont son *Préceptes sur la santé des gens de guerre ou Hygiène militaire,* Paris, Lacombe, 1775, qui consacre trois pages à souligner l'importance du choix des recrues.
9. Sur l'importance croissante de la médecine militaire dans la gestion des forces armées : Neil Cantlie, *A History of the Army Medical Department*, Édimbourg, Churchill Livingstone/Longman, 1974, p. 45-79 ; Harold Cook, « Practical Medicine

L'intervention des experts médicaux dans les opérations du recrutement a vu le triomphe de trois impératifs qui orientent le discours sur l'aptitude militaire et les pratiques de sélection des corps : l'efficacité de l'armée, la préservation de la santé du collectif militaire et l'intérêt de l'individu.

La sélection médicale des recrues doit garantir la formation d'une machine de guerre efficace. Il s'agit de faire résider dans le corps du soldat les ressorts de la combativité et de la puissance de l'armée. La sélection apparaît dès lors comme une condition de possibilité de la stratégie de la guerre de masse, assignant la victoire aux armées les plus nombreuses et les plus résistantes. Autre exigence, la préservation de la santé du collectif militaire a conduit à imposer la sélection comme véritable dispositif prophylactique, destiné à écarter de l'armée les corps vecteurs de contamination et donc d'affaiblissement de la troupe. Le corps médical s'attache enfin à un troisième impératif, celui de l'intérêt du candidat. La sensibilité de l'opinion au sort des soldats s'étant affirmée dans le second XIXe siècle, les médecins pensent aussi l'aptitude de manière humanitaire, en termes d'adéquation entre les spécificités d'un individu et les exigences de la vie de soldat. On tente de s'assurer que les difficultés de cette existence n'excèdent pas les capacités de l'homme.

L'importance de ces enjeux stratégiques, politiques et sanitaires explique que la question de l'aptitude ne soit pas restée circonscrite à la sphère savante. Les modalités de la sélection sont certes débattues dans la presse médicale et à la tribune des sociétés savantes – en tant qu'elles relèvent d'une expertise technique – mais aussi au Parlement, puisqu'elles constituent un problème politique. Les enjeux qu'elles soulèvent sont d'autant plus cruciaux que l'examen donne lieu à la

---

and the British Armed Forces after the "Glorious Revolution" », *Medical History*, vol. 34, n° 1, janvier 1990, p. 1-26 ; Claire Fredj, *Médecins en campagne, médecine des lointains. Le service de santé des armées dans les campagnes du Second Empire (Crimée, Chine-Cochinchine, Mexique)*, thèse de doctorat de l'EHESS, 2006 ; Mark Harrison, « Medicine and the Management of Modern Warfare », *History of Science*, vol. 34, n° 4, 1996, p. 379-410 ; Matthew Kaufman, *Surgeons at War: Medical Arrangements for the Treatment of the Sick and Wounded in the British Army during the 18th and 19th Centuries*, Wesport, Greenwood Press, 2001 ; Marc Lemaire, *La guerre de Crimée. Chronique et analyse d'un désastre sanitaire (1854-1856)*, thèse de doctorat, Université Paul Valéry, Montpellier, 2006 ; John Sweetman, *War and Administration: The Significance of the Crimean War for the British Army*, Édimbourg, Scottish Academic Press, 1984.

production de statistiques médicales, considérées comme un bon observatoire de l'état de santé des populations. Ces données occupent une place importante dans les débats relevant de la santé publique. Si l'efficacité de l'armée, la préservation de la santé du collectif militaire et l'intérêt de l'individu se retrouvent au cœur de l'élaboration d'un dispositif élaboré de triage des recrues, le poids de ces déterminants peut varier, faisant ainsi de l'aptitude une variable impossible à définir du point de vue strictement biologique, profondément dépendante de son environnement social et politique.

Cette étude est prioritairement centrée sur l'infanterie en métropole. En France, plus de 70 % des recrues sont versées dans cette arme, jusqu'à 91 % pour la classe 1915. L'armée française « est avant tout une armée de fantassins venant nourrir les grandes offensives du nord-est de la France[10] ». L'inflation de l'armée britannique, qui engendre de profonds bouleversements dans le poids des différentes armes, voit cependant se maintenir la part des effectifs consacrés à l'infanterie dans le corps expéditionnaire britannique[11]. Cette part oscille entre 51,25 (en juillet 1918) et 69,89 % (en septembre 1915) du total. L'analyse ne s'aventurera en outre que rarement en terrain colonial. Le recrutement des troupes y répond d'une part à une tout autre logique administrative et politique qui aurait nécessité l'investigation d'une masse documentaire entièrement différente ; l'analyse des spécificités de l'aptitude au combat des populations colonisées des empires français et britanniques a d'autre part été bien entamée à l'aide de l'étude de la notion de « race guerrière[12] ». Il sera donc ici question des fantassins recrutés sur les territoires français et britannique. Mon étude traitera prioritairement le cas des hommes de la troupe, même si les élèves officiers subissent eux aussi une sélection[13].

10. Philippe BOULANGER, « Les conscrits de 1914 : la contribution de la jeunesse française à la formation d'une armée de masse », *Annales de démographie historique : La population dans la Grande Guerre*, 1, 2002, p. 11-34.

11. Tim TRAVERS, « The Army and the Challenge of War, 1914-1918 », *Oxford History of the British Army*, p. 215-240, ici p. 216.

12. Stéphanie SOUBRIER, *Races guerrières. Enquête sur une catégorie impériale, 1850-1918*, Paris, CNRS Éditions, 2023 ; Heather STREETS, *Martial Races: the Military, Race and Masculinity in British Imperial Culture, 1857-1914*, Manchester/New York, Manchester University Press, 2004.

13. Timothy BOWMAN et Mark CONNELLY, *The Edwardian Army, op. cit.*, p. 22.

La sélection face à la Première Guerre mondiale

La Première Guerre mondiale constitue un moment de crise de la sélection. Elle fait du triage un moment partagé par des millions d'hommes et met l'examen médical à rude épreuve. Ce sont des masses d'individus qui sont soumis à l'inspection des médecins recruteurs et à la décision qui en résulte. La nudité qui leur est imposée, le caractère public de l'évaluation de leurs capacités et, pour les conscrits français, l'importance de ce rituel dans leur vie d'homme et de citoyen, sont autant de sources d'appréhension. Être déclaré « bon pour le service » c'est se voir décerner un gage de normalité physique et sociale. La plupart des candidats attendent donc avec anxiété les résultats de l'examen. Certains tentent parfois d'infléchir la décision des experts en ayant recours à différents subterfuges. L'expertise médicale, qui décide de l'aptitude du candidat à rejoindre les forces armées, se prête aux manœuvres visant à éviter aux jeunes gens l'épreuve du front. Ce refus d'aller combattre peut être officiel et inscrit dans les recours légaux offerts aux individus, telles les procédures des tribunaux d'appel britanniques, ou peut pousser son auteur à s'inscrire dans des stratégies d'illégalité. On trouve ainsi la trace d'entreprises de corruption, fraude, simulation ou mutilation.

La Grande Guerre est non seulement une guerre longue et une guerre de matériel, mais elle est aussi une guerre d'hommes. En quatre ans et demi, la France perd 1,3 million d'hommes, soit 10 % de sa population active, le Royaume-Uni plus de 670 000 hommes[14]. Devant l'étendue des pertes, l'examen médical est rapidement gouverné par une logique de rendement qui fait primer la quantité des effectifs sur leur qualité. La nécessité d'envoyer au front un nombre de soldats toujours plus élevé, l'urgence propre à la mobilisation et, en Grande-Bretagne, la massification sans précédent du recrutement bouleversent dès lors la procédure, ses rituels et ses résultats. Les règles de l'examen et les critères de l'aptitude sont assouplis ou ne sont pas respectés. Dans bien des cas, des individus porteurs de tares qui les auraient tenus écartés du rang en temps de paix sont déclarés aptes. Cette dynamique suscite des protestations qui poussent les États à réformer la sélection pour réintroduire de la sévérité dans le processus. En France, l'inquiétude est vive, mais elle reste circonscrite au débat technique. Les solutions

14. Jay Winter, *The Great War and the British People,* Londres, Macmillan, 1985.

apportées sont le fait des hygiénistes et relèvent de la gestion de crise sanitaire. La Grande-Bretagne, en revanche, est confrontée à une puissante vague de mécontentement. Le gouvernement se voit dès lors contraint de procéder à une réforme radicale qui passe par la démilitarisation complète des opérations médicales du recrutement. Dans les deux pays néanmoins, les mesures prises par la puissance publique visent essentiellement à restaurer la confiance en renforçant le poids des experts médicaux. Elles ont des effets limités sur le processus et les résultats de la sélection elle-même.

La Grande Guerre constitue le point nodal de cette étude. Il était cependant indispensable d'élargir le champ chronologique de la question. L'histoire des relations entre guerre et médecine a bien montré qu'il était difficile de dissocier totalement temps de guerre et temps de paix[15]. Certes, l'entrée en guerre constitue un bouleversement, mais qui peut être analysé en termes d'intensification ou de fléchissement davantage qu'en termes de rupture. Certaines lignes de force de mon objet préexistent à la guerre, subsistent pendant le conflit et persistent une fois les hostilités terminées, telles l'influence de l'hygiénisme, la peur de la tuberculose ou l'utilisation politique des statistiques médicales du recrutement. Elles interdisent d'isoler la question entre 1914 et 1918. Il a paru nécessaire d'étudier en amont la formation du dispositif de sélection des recrues tel qu'il est mis à l'épreuve par le conflit, d'analyser sa réforme et d'aborder la lente sortie de guerre du processus. Mon étude commence donc au début du XXe siècle, lorsque se mettent en place les structures qui se maintiennent tout au long de la guerre, et s'interrompt en 1923, lorsque les leçons statistiques du conflit cessent d'être tirées des données de la guerre et que se met en place, en France, une nouvelle loi militaire destinée à réviser les mesures de guerre.

Cette perspective m'a permis de m'éloigner de l'approche généalogique traditionnelle qui a longtemps poussé à analyser les conflits à la lumière des innovations, notamment chirurgicales, qu'ils suscitent. Ni parenthèse, ni matrice, le temps court de la guerre apparaît peu propice à l'enracinement de nouvelles pratiques[16]. Il permet cependant

15. Voir par exemple Roger COOTER, Mark HARRISON et Steve STURDY (dir.), *War, Medicine and Modernity*, Stroud, Sutton Publishing, 1998.
16. Roger COOTER, « Medicine and the Goodness of War », *Canadian Bulletin of Medical History*, vol. XII, 1990, p. 147-159, et Vincent VIET, *La santé en guerre, 1914-1918. Une politique pionnière en univers incertain,* Paris, Presses de Sciences Po, 2015.

d'observer des entreprises de mobilisation, de réformes pratiques et institutionnelles de la sélection nées de la spécificité du contexte. Ces entreprises s'appuient sur des formes inédites de rationalisation dont certaines survivent à l'arrêt des hostilités[17].

Une histoire comparée

Deux raisons ont motivé la décision d'adopter une perspective d'histoire comparée franco-britannique. La première repose sur l'importance des transferts et influences réciproques d'un espace à l'autre. Mon travail s'inspire des tournants culturels et comparatistes qui, sous l'influence de l'Historial de la Grande Guerre de Péronne, ont revisité l'étude du conflit à partir des années 1990[18]. L'approche comparée de l'histoire de la guerre a créé les conditions d'une rupture avec « les récits nationaux traditionnels en adoptant la comparaison comme une réponse appropriée aux dimensions éminemment transnationales du conflit[19] ». Les débats sur l'aptitude militaire s'élaborent en effet dans un espace européen marqué par la discussion scientifique internationale. Cette discussion repose sur un important mouvement de traduction d'ouvrages, de recension d'articles étrangers et de comparaison internationale des données statistiques du recrutement[20]. Or, si la guerre donne un coup d'arrêt à la pratique des congrès et à la discussion avec l'ennemi outre-Rhin, elle n'interrompt pas pour autant la circulation des savoirs et

17. Bertrand Taithe, « La diffusion des pratiques de santé et la guerre de siège de Paris (septembre 1870-janvier 1871) », dans Patrice Bourdelais et Olivier Faure (dir.), *Les nouvelles pratiques de santé, XVIIIe-XXe siècles*, Paris, Belin, 2005, p. 227-242 ; Bertrand Taithe, *Defeated Flesh: Welfare, Warfare and the Making of Modern France*, Manchester, Manchester University Press, 1999.

18. Antoine Prost et Jay Winter, *Penser la Grande Guerre. Un essai d'historiographie*, Paris, Seuil, 2004 ; Jay Winter, « Recent Trends in the Historiography of Britain and the First World War: Cultural History, Comparative History, Public History », dans Hartmut Berghoff, Robert Friedeburg (dir.), *Change and Inertia: Britain under the Impact of the Great War*, Bodenheim, Philo, 1998, p. 87-98.

19. Pierre Purseigle, *Mobilisation, sacrifice et citoyenneté. Angleterre-France, 1900-1918*, Paris, Les Belles Lettres, 2013, p. 22.

20. Odile Roynette, « La Statistique médicale de l'armée française au XIXe siècle : un instrument de savoir et de pouvoir démographiques ? », dans Patrick Krassnitzer et Petra Overath (dir.), *Bevölkerungsfragen: Prozesse des Wissenstransfers in Deutschland und Frankreich (1870-1939)*, Cologne, Böhlau, 2007, p. 67-78.

pratiques de la sélection entre la France et la Grande-Bretagne, dont les élites entretiennent une longue tradition d'échanges et de relations[21]. Mieux, les bouleversements qu'a subis le système de recrutement britannique, passé du volontariat à la conscription en 1916, le poussent à s'inspirer explicitement du modèle français qu'il s'approprie, adapte et transforme.

La seconde raison tient à l'intérêt que représente la comparaison de la réforme de la sélection dans les deux pays. Un même problème – l'émergence d'entreprises de contestation face à l'assouplissement de la sélection – a donné lieu à des réponses politiques entièrement différentes. D'un côté la démilitarisation, de l'autre la gestion de crise sanitaire. Il était alors particulièrement stimulant de reconstituer les dynamiques de mobilisation comme les mesures prises par les puissances publiques.

La systématisation de la comparaison terme à terme n'est toutefois pas tenable. Elle est d'abord partiellement empêchée par l'impossibilité de réunir une documentation parfaitement symétrique, homogène et complète[22]. Elle aurait eu de surcroît un caractère fastidieux conduisant à de nombreuses redites. J'ai donc fait le choix d'une approche dynamique alternant des moments de comparaison en miroir, et des moments de ralentissement sur l'un des deux pays, soit que son cas serve à exemplifier des modalités similaires de part et d'autre de la Manche, soit que la situation apparaisse au contraire spécifique à chaque contexte national.

---

21. Sur la proximité ancienne des intellectuels français et britanniques, même si ces relations se distendent quelque peu au XXe siècle : Christophe CHARLE, Julien VINCENT et Jay WINTER, *Anglo-French Attitudes: Comparisons and Transfers between English and French Intellectuals since the Eighteenth Century*, Manchester/New York, Manchester University Press, 2007. Pour la situation d'avant-guerre, voir Anne RASMUSSEN, « L'hygiène en congrès (1852-1912) : circulation et configurations internationales », dans Patrice BOURDELAIS (dir.), *Les Hygiénistes. Enjeux, modèles et pratiques*, Paris, Belin, 2001, p. 213-239.

22. Sur cette question, Bettina SÉVERIN BARBOUTIE, « Entre idéal et réalité. L'histoire comparée face aux sources », dans Michelle ZANCARINI-FOURNEL et Sophie BABY, *Les Cahiers Irice. Histoires croisées. Réflexions sur la comparaison internationale en histoire*, Paris, CNRS Éditions, 2010, p. 83.

Histoire des sciences et de la médecine

L'histoire de la Première Guerre mondiale s'est ouverte à de nouveaux questionnements. L'élan impulsé d'abord par l'histoire du corps et des masculinités, ensuite par les *Disability Studies*, a permis d'éclairer des questions jusqu'ici largement ignorées, telles la réhabilitation physique des invalides ou les conditions de leur retour à la vie civile[23]. Le champ de la médecine militaire et de la médecine dans la guerre s'est révélé particulièrement dynamique ces vingt dernières années. Il a néanmoins eu pour focale quasi exclusive l'action thérapeutique du corps médical et la question du soin apporté aux blessés et aux invalides[24]. Or, l'examen médical qui nous occupe présente des caractéristiques singulières. La sélection des recrues constitue un avatar un peu particulier de la « médecine du tri », paradigme majeur de la médecine du xxe siècle[25], au sens où elle se déroule en dehors de toute considération thérapeutique. Elle n'a pas pour objectif de savoir quels soins doivent être prodigués, ni d'adapter ces soins à la spécificité d'une pathologie, mais de trouver ou non une place à l'examiné dans l'institution militaire.

23. Joanna Bourke, *Dismembering The Male: Men's Bodies, Britain, and the Great War*, Londres, Reaktion Books, 1996 ; Deborah Cohen, *The War Come Home: Disabled Veterans in Britain and Germany, 1914-1939*, Berkeley, University of California Press, 2001 ; Seth Koven, « Remembering and Dismemberment: Crippled Children, Wounded Soldiers and the Great War in Great Britain », *American Historical Review*, vol. 99, 1994, p. 1197-1202 ; Jessica Meyer, *Men of War: Masculinity and the First World War in Britain*, Londres, Palgrave Macmillan, 2011.

24. Ana Carden-Coyne, *The Politics of Wounds: Military Patients and Medical Power in the First World War*, Oxford, Oxford University Press, 2012 ; Jean-François Chanet, Claire Fredj et Anne Rasmussen (dir.), *Le Mouvement Social : La santé des soldats entre guerre et paix, 1830-1930*, vol. 4, n° 257, 2016 ; Sophie Delaporte, *Les médecins dans la Grande Guerre*, Paris, Bayard, 2003 ; Wolfgang Eckart et Christoph Gradmann, *Die Medizin und der Erste Weltkrieg*, Pfaffenweiler, Centaurus Verlag & Media, 2003 ; Mark Harrison, *The Medical War: British Military Medicine in the First World War*, Oxford, Oxford University Press, 2010 ; Jeffrey Reznick, *Healing the Nation: Soldiers and the Culture of Caregiving in Britain during the Great War*, Manchester, Manchester University Press, 2011 ; Vincent Viet, *La santé en guerre, 1914-1918. Une politique pionnière en univers incertain*, Paris, Presses de Sciences Po, 2015 ; Ian Whitehead, *Doctors in the Great War*, Londres, L. Cooper, 1999.

25. Guillaume Lachenal, Céline Lefève et Vinh-Kim Nguyen, *La médecine du tri*, Paris, PUF, 2014, p. 10-11.

Pour saisir les particularités des opérations médicales du recrutement, j'analyse ce dispositif comme une entreprise de triage médical, articulée à une conception spécifique de l'aptitude, à la fois fonctionnelle et institutionnelle. Ce positionnement épistémologique permet d'écarter de l'étude les querelles nosographiques et les discussions savantes sur la pathologie qui ont longtemps orienté l'histoire du diagnostic. Il permet ainsi d'analyser la sélection comme une vaste entreprise de rationalisation administrative assistée par le savoir médical.

Mon étude s'inscrit résolument dans une perspective d'histoire des sciences, qui, certes, ne suffit pas à épuiser le sujet, mais contribue à l'éclairer sous un jour nouveau. Les travaux anglophones consacrés à l'examen médical des recrues en temps de guerre ont eu tendance à affirmer que le jugement émis par l'autorité médicale n'était pas une évaluation scientifique du corps de la recrue, mais un avis fortement influencé par des constructions culturelles et sociales[26]. Or, il ne suffit pas de dire que l'activité des médecins ne débouche pas sur un jugement scientifique pour évacuer la question de la scientificité du processus. Partir du principe qu'il existe d'un côté la science, voire la « science pure » (*hard science*), système d'énoncé reflétant des réalités immuables, et de l'autre côté des considérations profanes, d'ordre politique, culturel, social ou économique, soumises aux aléas et dépendantes du contexte, est une impasse épistémologique[27].

L'histoire des sciences a permis, dès les années 1970, de s'écarter de ce paradigme internaliste et de ne plus considérer les sciences comme « reflétant, de manière plus ou moins juste, des réalités immanentes et présentes de toute éternité », mais comme des savoirs inscrits « dans une société donnée, avec ses acteurs et ses pouvoirs », « en permanence utilisées pour la façonner, pour gérer l'économique et le social »[28]. Autrement dit, il ne s'agit pas de considérer que

26. Emma NEWLANDS, *Civilians into Soldiers: War, the Body and British Army Recruits, 1939-1945*, Manchester, Manchester University Press, 2014 ; David SILBEY, « Bodies and Cultures Collide: Enlistment, the Medical Exam, and the British Working Class, 1914-1916 », *Social History of Medicine*, vol. 17, n° 1, avril 2004, p. 61-76.

27. « *The medical exam was not straightforwardly scientific. [...] It was a sizing up driven by considerations other than that of hard science* », dans David SILBEY, « Bodies and Cultures Collide », art. cité, p. 65.

28. Jean-Paul GAUDILLIÈRE, *La médecine et les sciences, XIXe-XXe siècles*, Paris, La Découverte, 2008, p. 5-6. Voir à cet égard le quasi manifeste de Thomas KUHN, *The Structure of Scientific Revolutions*, Chicago, University of Chicago Press, 1962.

l'examen médical conduit par les médecins de la Première Guerre mondiale est plus ou moins scientifique, c'est-à-dire plus ou moins objectif, mais de comprendre ce qui est considéré comme scientifique et ce qui est gage d'objectivité par une société donnée à un moment donné et de là, d'appréhender les ressorts d'éventuelles contestations et négociations.

Cette orientation m'a permis d'examiner tant la construction savante des critères de l'aptitude que la mise en pratique empirique de ces critères au cours de l'examen médical et du diagnostic clinique. En dénaturalisant la définition biomédicale de l'aptitude, j'ai tenté de rendre compte de sa production sociale et politique. J'ai ainsi prêté attention aux modalités concrètes d'évaluation, aux gestes des évaluateurs et des évalués, mais aussi à la dimension matérielle de cette évaluation et aux contraintes qui orientent l'activité des experts médicaux[29].

Histoire des statistiques et des techniques de quantification

Les données anthropométriques et médicales des candidats, leur collecte au cours de l'examen et l'usage politique qui est fait de ces informations, dans un contexte d'inquiétude européenne quant à la santé des populations, ont fait l'objet d'une analyse spécifique dans une perspective d'histoire critique des statistiques. En cela, ce livre revendique l'héritage des travaux d'Heinrich Hartmann et du tournant pris par les recherches en histoire de la quantification dans les années 1990[30].

---

29. Sur l'influence du *practice turn* en histoire de la médecine, on lira Michael Worboys, « Practice and the Science of Medicine in the Nineteenth Century », *Isis*, The University of Chicago Press, vol. 102, n° 1, mars 2011, p. 109-115. Sur l'activité scientifique comme travail impliquant des taches concrètes et des instruments spécifiques Adèle Clarke et Joan Fujimura, *La matérialité des sciences. Savoir-faire et instruments dans les sciences de la vie*, Paris, Synthélabo Groupe, 1996.

30. Heinrich Hartmann, *Der Volkskörper bei der Musterung. Militärstatistik und Demographie in Europa vor dem Ersten Weltkrieg*, Göttingen, Wallstein, 2011 ; « Une affaire de marges. L'anthropométrie au conseil de révision, France-Allemagne, 1880-1900 », *Le Mouvement Social*, 2016/3, n° 256, p. 81-99. Pour l'histoire de la quantification en général, voir notamment Alain Desrosières, *Pour une sociologie historique de la quantification. L'Argument statistique I* ; *Gouverner par les nombres. L'Argument statistique II*, Paris, Presses des Mines, 2008 ; Paul-André Rosental,

L'histoire sociale française a fait un usage précoce des données anthropométriques du recrutement[31]. Le développement des travaux s'intéressant prioritairement aux relevés de stature a conduit dans les années 1980 à un débat épistémologique et à des tentatives de fondation d'une nouvelle histoire anthropométrique[32]. L'utilisation des informations du recrutement reste une méthode courante d'histoire sociale dans laquelle l'évolution de la taille est un indicateur de développement socio-économique[33]. Les données des recrues britanniques ne sont pas restées à l'écart de ce mouvement d'investigation[34]. Quoique l'approche anthropométrique soulève d'intéressantes questions, ce sont ici les conditions d'élaboration du savoir du point de vue scientifique, technique, politique et social qui m'ont occupée.

J'aborde les statistiques comme des éléments de savoir dont les logiques de formation méritent une étude en soi[35]. En tant que

« Pour une histoire politique des populations », *Annales. Histoire, Sciences Sociales*, 2006, n° 1, 61e année, p. 7-29.

31. Jean-Paul Aron, Paul Dumont et Emmanuel Le Roy Ladurie, *Anthropologie du conscrit français d'après les comptes numériques et sommaires du recrutement de l'armée (1819-1826). Présentation cartographique*, Paris-La Haye, Mouton, 1972 ; Guy Soudjian, *Anthropologie du conscrit parisien sous le Second Empire*, Paris, Lavauzelle, 1978.

32. John Komlos, *Nutrition and Economic Development in the Eighteenth-Century Habsburg Monarchy. An Anthropometric History*, Princeton, Princeton University Press, 1989 ; Laurent Heyberger, *L'histoire anthropométrique*, Bern, Peter Lang, 2011 ; Victor R. Preedy (dir.), *Handbook of Anthropometry: Physical Measures of Human Form in Health and Disease*, New York, Springer, 2012 ; Jean-Michel Selig, *Malnutrition et développement économique dans l'Alsace du XIXe siècle*, Strasbourg, Presses universitaires de Strasbourg, 1996.

33. Laurent Heyberger, *La Révolution des corps. Décroissance et croissance staturale des habitants des villes et des campagnes en France*, Strasbourg, Presses universitaires de Strasbourg, 2005 ; Hermann Schubert, *Anthropometrische Geschichte der Französischen Revolution*, Munich, Verlag Europäische Wirtschaft, 2008.

34. Roderick Floud, Kenneth Wachter et Annabel Gregory, *Height, Health, and History: Nutritional Status in the United Kingdom, 1750–1980,* Cambridge, Cambridge University Press, 1990 ; Roderick Floud et Kenneth Wachter, « Poverty and Physical Stature », *Social Science History*, vol. 6, n° 4, 1982, p. 422-452.

35. Alain Desrosières, *La Politique des grands nombres. Histoire de la raison statistique*, Paris, La Découverte, 2000 ; Theodore M. Porter, *Trust in Numbers: The Pursuit of Objectivity in Science and Public Life,* Princeton, Princeton University Press, 1995 ; Libby Schweber, *Disciplining Statistics: Demography and Vital Statistics in France and England, 1830–1885*, Durham, Duke University Press, 2006. Voir aussi pour les statistiques médicales en particulier Gérard Jorland, George Weisz

statistiques médicales, ces sources sont perçues par leurs contemporains comme doublement objectives[36]. Elles bénéficient d'abord de l'image d'impartialité attachée au chiffre, mais aussi de la neutralité associée au monde biologique. Pourtant, elles traduisent des constructions cognitives et actives, et contribuent à donner forme à la société qu'elles entendent fidèlement refléter[37]. Étudier les statistiques du recrutement, non en tant que sources pour la connaissance de ce qu'elles prétendent décrire, mais en tant que « technologies de papier[38] », implique de s'intéresser à chaque moment de leur construction et de leur exploitation. J'ai donc prêté attention aussi bien à la collecte et au traitement qu'à l'exploitation des chiffres. Cela implique également de s'intéresser à l'appareillage technique, à l'infrastructure administrative et aux instruments de formalisation des données[39].

La notion heuristique d'expertise

À rebours d'une historiographie qui a tendance à réduire l'histoire de la médecine à l'histoire de la santé, je me propose ici de me saisir de la notion heuristique d'expertise pour analyser une pratique médicale, celle de la sélection des recrues, qui ne met pas le soin au cœur de ses préoccupations[40]. De par leur formation et leur pratique, les experts médicaux du recrutement sont orientés par les normes et les valeurs

et Annick Opinel (dir.), *Body Counts: Medical Quantification in Historical and Sociological Perspectives*, Montréal, McGill-Queen's University Press, 2005.

36. Sur l'importance de la perception dans la réception des faits scientifiques, Thomas S. Kuhn, *The Structure of Scientific Revolutions*, Chicago, University of Chicago Press, 1962.

37. Alain Desrosières, *La Politique des grands nombres*, *op. cit.*, p. 79 et 91.

38. Volker Hess et J. Andrew Mendelsohn, « Case and Series: Medical Knowledge and Paper Technology, 1600-1900 », *History of Science*, vol. 48, n° 3-4, 2010, p. 287-314.

39. Sur la forme du rapport statistique, voir Erica Charters, « L'histoire de la quantification : la guerre franco-anglaise et le développement des statistiques médicales », *Dix-huitième siècle*, 2015/1, n° 47, p. 21-38. Sur le tableau statistique comme objet des sciences humaines, Jack Goody, *La raison graphique. La domestication de la pensée sauvage*, Paris, Éditions de Minuit, 1979 [1977].

40. Alexandre Klein et Séverine Parayre (dir.), *Histoire de la santé, XVIIIe-XXe siècles. Nouvelles recherches francophones*, Québec, Presses de l'Université Laval, 2015.

de l'hygiénisme militaire, mais aussi de la médecine légale. Ainsi que le constatent les médecins militaires Alexandre Duco et Edmond Blum en 1917 :

> Presque tous les actes des médecins d'armée constituent de véritables expertises médico-légales. Expert, le médecin qui assiste le conseil de révision pour renseigner ce conseil sur l'aptitude physique des conscrits au service militaire. Expert, le médecin de régiment qui doit procéder à la répartition des malades, des convalescents. Expert, le médecin chargé d'examens au point de vue disciplinaire et pénal. Expert, le médecin chargé des examens relatifs aux sorties de l'armée[41].

L'intervention des médecins dans le processus de recrutement relève de l'expertise au sens où, mandatés par la puissance publique, ils interviennent au nom de leur savoir clinique pour repérer les particularités qui constituent une entrave à l'intégration dans l'institution militaire. Ils produisent et discutent les critères d'admission au sein des forces armées selon les règles de la discussion scientifique et procèdent concrètement à l'évaluation des candidats. Leur savoir est reconnu et valorisé par une société pour laquelle la science constitue une puissante source de légitimité et est perçue comme un gage d'objectivité[42]. Les médecins militaires disposent à cet égard d'une double légitimité, issue d'une part de leurs connaissances anatomo-pathologiques et d'autre part de leur maîtrise des particularités physiques, sanitaires et épidémiologiques du milieu militaire.

L'expert est celui qui dispose d'une compétence et fonde son avis ou sa décision sur un savoir spécifique. La notion d'expertise désigne le recours à une analyse considérée comme impartiale dans une situation d'incertitude à l'interface de plusieurs institutions[43]. La question

---

41. Alexandre Duco et Edmond Blum, *Guide pratique du médecin dans les expertises médico-légales militaires*, Paris, Masson, 1917, p. 3-4.
42. Sur le pouvoir de légitimation de la science, Guillaume Carnino, *L'invention de la science. La nouvelle religion de l'âge industriel*, Paris, Le Seuil, 2015. Sur la sociologie de l'expertise médicale dans le cadre de la médecine du travail Nicolas Dodier, *L'expertise médicale. Essai de sociologie sur l'exercice du jugement*, Paris, Éditions Métailié, 1993.
43. Isabelle Backouche, « Devenir expert », *Genèses*, n° 70, mars 2008, p. 2-3 ; Eric Engstrom, Volker Hess et Ulrike Thoms (dir.), *Figurationen des Experten. Ambivalenzen der wissenschaftlichen Expertise im ausgehenden 18. und frühen 19. Jahrhundert*, Francfort-sur-le-Main, Peter Lang, 2004 ; Alain Quemin et Jean-Yves Trépos, « La sociologie de l'expertise », *Revue française de sociologie*, 1997, vol. 38, n° 1, p. 168-169.

de l'expertise relève d'une ambivalente problématique du jugement et de la décision qui se situe au croisement du savoir et du pouvoir[44]. Les opérations des experts consistant à catégoriser, classer, déclasser les recrues sont en effet loin d'être des activités anodines. Elles représentent des modes d'exercice du pouvoir de nature intellectuelle, culturelle et politique. Le classement contribue certes à mettre de l'ordre, à introduire de la rationalité, mais il rigidifie aussi les distinctions, naturalise les hiérarchies, justifie la marginalisation d'individus qui se voient écartés du modèle masculin dominant[45]. En produisant et relayant des normes corporelles, l'institution médicale participe pleinement de l'affirmation de critères qui permettent de décerner ou de refuser un brevet de conformité physique et sociale[46]. Mon travail porte donc une attention toute particulière à la nomenclature, au système de classement des individus mis en pratique lors du recrutement. Cette perspective permet d'étudier empiriquement les usages et les effets pragmatiques de l'expertise dans la fabrication et l'intériorisation de normes.

Les normes corporelles, telle qu'elles sont définies et mises en pratique par les médecins militaires, sont souvent connues des candidats qui tentent parfois de les contourner. Elles peuvent également entrer

44. Raphael Lutz, « Die Verwissenschaftlichung des Sozialen als methodische und konzeptionelle Herausforderung für eine Sozialgeschichte des 20. Jahrhunderts », *Geschichte und Gesellschaft*, 1996, 2, p. 165-193.

45. Odile Roynette, « La construction du masculin. De la fin du 19e siècle aux années 1930 », *Vingtième Siècle. Revue d'histoire*, vol. 75, n° 3, 2002, p. 85-96. Voir aussi George L. Mosse, *L'image de l'homme*, Paris, Abbeville, 1997, p. 33 et suiv. ; Jean-Paul Bertaud, « L'armée et le brevet de virilité » et « La virilité militaire », dans Alain Corbin, Jean-Jacques Courtine et Georges Vigarello (dir.), *Histoire de la virilité*, t. 2. *Le Triomphe de la virilité. Le XIXe siècle*, Paris, Seuil, 2011, p. 63-81, 157-202. Sur le rôle des médecins dans la naturalisation de la binarité sexuelle : Thomas Laqueur, *La Fabrique du sexe. Essai sur le corps et le genre en Occident*, Paris, Gallimard, 1992 ; Delphine Gardey et Ilana Löwy (dir.), *L'Invention du naturel. Les sciences et la fabrication du féminin et du masculin*, Paris, Éditions des Archives contemporaines, 2000 ; Anne Fausto-Sterling, *Corps en tous genres. La Dualité des sexes à l'épreuve de la science*, Paris, La Découverte / Institut Émilie du Châtelet, 2012. Sur la notion de masculinité hégémonique Raewyn W. Connell, *Masculinities*, Cambridge, Polity Press, Sydney, Allen & Unwin, Berkeley, University of California Press, 1995 [traduction française partielle Raewyn Connell, *Masculinités. Enjeux sociaux de l'hégémonie*, Paris, Amsterdam Éditions, 2014].

46. Sur les processus sociaux explicites et implicites qui participent à réguler, normaliser et contrôler les corps, Michel Foucault, *Surveiller et punir : naissance de la prison*, Paris, Gallimard, 1992 [1975] ; *Histoire de la sexualité*, Paris, Gallimard, 1976.

en tension avec d'autres conceptions concurrentes de l'aptitude. En parallèle de la compétence médicale à évaluer l'état physique de l'individu, la famille des évalués ou les candidats eux-mêmes se revendiquent détenteurs de ce que l'on peut appeler une « expertise profane », d'un savoir pratique sur leur maladie et leur condition physique et, en conséquence, sur leur capacité à rejoindre le collectif armé[47]. Qu'elle consiste à relativiser l'inaptitude des exemptés ou, au contraire, à affirmer avec force sa propre incapacité à accomplir les obligations militaires, l'expertise profane de l'aptitude constitue un contrepoint intéressant aux constructions savantes des experts et permet de s'écarter de la focale historiographique des travaux concentrés sur les obsessions physiques et raciales des élites[48].

Le conflit menace la légitimité des experts. En effet, outre sur la maîtrise d'un savoir technique, cette légitimité repose un statut d'« instance quasiment neutre de la décision[49] ». Or, la soumission des médecins à la logique militaire de reconstitution des effectifs au mépris de l'intérêt de l'individu compromet cet état de fait. Cette crise de la reconnaissance sociale entraîne alors des réponses inédites, parmi lesquelles une campagne de réhabilitation reposant sur la publication d'articles de défense de la profession médicale dans la presse généraliste et spécialisée. Les médecins forment ainsi un groupe social et professionnel, capable de défendre ses intérêts et qui réussit d'ailleurs à sortir exonéré de cette crise. Ce sont dès lors les pouvoirs publics, leur soumission aux exigences de l'état-major et, d'une manière générale, leur conduite de la guerre, qui sont mis en cause. À la fin de l'année 1917, l'importante réforme britannique qui entend mettre fin au mécontentement, et sur laquelle je reviendrai en détail, repose sur une révision de la procédure dans une logique de restauration de la légitimité des experts. En France, ce sont les médecins eux-mêmes qui

47. Pour quelques réflexions sur ce point, Kristina ORFÀLI, « L'ingérence profane dans la décision médicale : le malade, la famille et l'éthique », *Revue française des affaires sociales*, 3/2002, p. 103-124.

48. Sur les obsessions physiques et raciales des élites Samuel HYNES, *The Edwardian Turn of Mind,* Princeton/Londres, Princeton University Press/Oxford University Press, 1968 ; Geoffrey Russell SEARLE, *The Quest for National Efficiency: A Study in British Politics and Political Thought, 1899-1914,* Berkeley/Los Angeles, University of California Press, 1971.

49. Eric ENGSTROM, Volker HESS et Ulrike THOMS (dir.), *Figurationen des Experten, op. cit.*, p. 7.

mettent en évidence les conséquences néfastes de l'assouplissement de la sélection, prônent et organisent un retour de la rigueur. Dans les deux cas, les réformes ont tendance à alourdir le poids des experts dans la sélection. Il s'agit, en renforçant le rôle des médecins, perçus comme impartiaux, de restaurer la confiance dans le processus.

La construction de ce nouvel objet qu'est la sélection médicale des recrues est donc le fruit de plusieurs ajustements historiographiques. En rapprochant histoire militaire, histoire culturelle et sociale, et histoire des sciences, on peut procéder à une approche interdisciplinaire et intégrée d'un dispositif qui relève autant de l'histoire des pratiques savantes que du phénomène guerrier et de la mobilisation politique des sociétés en guerre.

Organisation de l'ouvrage

Les trois premiers chapitres se concentrent sur les évolutions d'avant-guerre. La pensée (chapitre 1), les critères de l'aptitude (chapitre 2), puis les modalités pratiques de l'examen et de la décision médicale (chapitre 3) y sont examinés. J'étudie ensuite l'entrée en guerre, qui bouleverse les modalités de sélection des recrues et conduit au relâchement des exigences du recrutement (chapitre 4), puis la manière dont les médecins ont appréhendé cette crise, qu'ils aient décidé de soutenir et de faciliter la politique du rendement ou au contraire de s'y opposer (chapitre 5). L'examen tel qu'il est vécu par les recrues fait l'objet du chapitre suivant (chapitre 6). Les trois derniers chapitres font état des conséquences des ruptures survenues pendant la guerre et prolongent l'analyse dans l'immédiat après-guerre : après avoir analysé l'irruption de l'affaire des examens médicaux dans l'arène politique et les crises qu'elle occasionne (chapitre 7), je me penche sur les réformes de la sélection adoptées à la suite des protestations, leurs effets et leur postérité en France (chapitre 8) puis en Grande-Bretagne (chapitre 9).

La sélection avant la Grande Guerre (1890-1914)

Chapitre 1

La pensée médicale de l'aptitude militaire

À l'issue de l'examen d'aptitude, les candidats à l'incorporation sont dits « bons pour le service » ou, à l'inverse, déclarés inaptes au service militaire. Ces formules administratives consacrées soulignent le fait que l'aptitude n'est pas un état en soi mais un rapport entre un individu et une institution. L'armée fabrique des critères d'admission qui lui sont propres. La sélection médicale des recrues est déployée comme un dispositif censé garantir à la fois l'intérêt du sujet et l'efficacité de l'armée. La sphère médico-militaire est engagée dans la réflexion sur l'enjeu stratégique et tactique que constitue la question des effectifs depuis le XIXe siècle. « Tant le nombre que la qualité du collectif militaire sont de son ressort puisque les médecins militaires constituent l'un des rouages essentiels de la procédure du recrutement, de l'entretien des troupes en santé, de la maximisation de leur potentiel physique et, en temps d'opérations, de la réparation des hommes atteints. L'intervention hygiéniste sur les effectifs [...] est aussi, sur le plan militaire, une condition de possibilité de la stratégie de la guerre de masse, assignant la victoire au camp qui sera en mesure d'aligner les contingents à la fois les plus nombreux et les plus endurants[1]. » La pensée médicale de l'aptitude ressort dès lors d'une véritable pensée stratégique hygiéniste qui tente de concilier l'efficacité de l'armée et la répartition équitable des obligations militaires.

Pour ce faire, les médecins ont développé une double conception de l'aptitude, à la fois institutionnelle et fonctionnelle. L'aptitude est conçue en termes d'adéquation entre un individu et les exigences

1. Anne Rasmussen, « Préserver le capital humain. Une doctrine hygiéniste pour préparer la guerre démocratique ? », *Mil neuf cent. Revue d'histoire intellectuelle*, vol. 33, n° 1, 2015, p. 71-95.

d'une institution, l'armée. Le milieu militaire est en effet décrit comme particulièrement exigeant et délétère sur le plan sanitaire. Il s'agit dès lors de s'assurer que les exigences de la vie de soldat n'excèdent pas les capacités du jeune homme. Dans le contexte militariste de concurrence internationale et d'inquiétude liée au déclin des nations européennes, l'aptitude est également pensée de manière fonctionnelle. Elle n'est pas seulement évaluée comme une performance individuelle, mais comme la capacité à rejoindre le collectif armé sans en menacer l'homogénéité, ni le fonctionnement. On peut dès lors comprendre l'expertise relative au recrutement comme une vaste entreprise de rationalisation administrative assistée par le savoir médical. Les médecins sont gestionnaires d'un capital humain évalué en termes de rendement et de coût d'entretien[2].

Ce processus repose sur une expertise spécifique, celle de la médecine militaire. Les savoirs et dispositifs sanitaires développés au XIXe siècle ont permis aux médecins militaires d'étendre progressivement leur emprise au-delà de l'espace du champ de bataille. Chargés de la préservation de la santé des soldats, voire de son amélioration, ils agissent dorénavant en amont du combat, par la vaccination et l'hygiène, et en aval, par la réhabilitation et la réinsertion des blessés et malades de guerre[3]. Dans la France de la IIIe République, les médecins militaires relèvent du Service de santé des Armées ; dans la monarchie constitutionnelle britannique, ils appartiennent au *Royal Army Medical Corps* (RAMC). Ces médecins dépendent du ministère de la Guerre et suivent l'enseignement spécialisé d'écoles de médecine militaire qui les forment aux particularités sanitaires et pathologiques du collectif armé[4].

---

2. Sur la notion de capital humain et la possibilité de réinterpréter en termes économiques ce qui n'était pas considéré comme relevant de cette sphère, voir Michel Foucault, *Naissance de la biopolitique. Cours au Collège de France, 1978-1979*, Paris, Gallimard, 2004, p. 225 et note 12 p. 241.
3. Jean-François Chanet, Claire Fredj et Anne Rasmussen (dir.), « Soigner les soldats : pratiques et expertises à l'ère des masses », *Le Mouvement Social*, vol. 257, n° 4, 2016 ; Jean-François Chanet, *Vers l'armée nouvelle. République conservatrice et réforme militaire, 1871-1879*, Rennes, PUR, 2006, p. 222-226 ; Anne Rasmussen, « Expérimenter la santé des grands nombres », art. cité, p. 71-91.
4. Pierre Dufour, *Écoles du Service de santé des armées. Trois siècles d'histoire*, Boulogne, ETAI, 2009 ; Claire Fredj, « Hôpital militaire et centre de formation des médecins de l'armée : le Val-de-Grâce », dans Claire Barillé et Francis Démier (dir.),

Les opérations médicales du recrutement à la veille de la guerre

La sélection en Grande-Bretagne

En Grande-Bretagne, à la veille de la guerre, la participation à la défense nationale repose sur une armée professionnelle aux dimensions réduites. L'armée de terre joue traditionnellement un rôle secondaire face à celui de la marine qui reste l'actrice principale de la défense des îles britanniques comme de l'expansion impériale. Le Corps expéditionnaire britannique (BEF) compte 120 000 soldats, auxquels viennent s'ajouter les troupes régulières, les réservistes et les territoriaux, soit quelques centaines de milliers d'hommes[5]. Dans le siècle qui précède la Grande Guerre, l'absence de conflits majeurs, qui auraient nécessité le recours à de larges troupes, affaiblit les défenseurs de la conscription à laquelle demeurent hostiles de larges pans de la société britannique[6]. Les guerres coloniales sont menées à l'aide de la *Royal Navy* et de troupes de fantassins professionnels aux effectifs limités. La crise de Fachoda (1898), la guerre des Boers (1899-1902) et les tensions internationales qui mènent à la conclusion d'une Entente cordiale entre la France et l'Angleterre (1904), si elles facilitent des entreprises de réorganisation militaire, ne bouleversent pas fondamentalement le fonctionnement du recrutement. Le modèle qui s'impose est celui d'une armée d'active restreinte qui doit être au besoin complétée par des renforts. Jusqu'en 1916, le recrutement repose sur le volontariat. Les troupes doivent être constituées de « jeunes adultes masculins exempts de toute affection organique[7] ». Les candidats sont d'abord examinés dans les centres de

Les maux et les soins. Médecins et malades dans les hôpitaux parisiens au XIX*e siècle*, Paris, Action artistique de la ville de Paris, 2007, p. 115-125.

5. 250 000 troupes régulières, 225 000 réservistes et près de 270 000 territoriaux. À la même époque l'Allemagne et la France disposent respectivement sous les drapeaux de 3,8 millions et de 3,7 millions d'hommes.

6. Ralph James Adams et Philip Poirier, *The Conscription Controversy in Great Britain, 1900-1918*, Londres, Macmillan, 1987 ; John Morton Osborne, *The Voluntary Recruiting Movement in Britain, 1914-1916*, New York/Londres, Garland, 1982 ; David French, *Military Identities: The Regimental System, the British Army, and the British People, c. 1870-2000,* Oxford, Oxford University Press, 2005 ; David Chandler et Ian Beckett (dir.), *The Oxford History of the British Army*, Oxford, Oxford University Press, 2003.

7. C.H. Melville, *Courses of Lectures on Army Sanitation*, 1911.

recrutement ou au dépôt régimentaire par un médecin[8]. 60 à 80 % sont déclarés aptes[9].

Le système britannique se distingue par l'importance du regard militaire dans le processus de sélection des futurs soldats. L'examen médical proprement dit est précédé d'un premier triage, l'examen médical préliminaire, effectué par un officier recruteur ne disposant d'aucune formation médicale. Celui-ci, de son propre chef, écarte de la procédure nombre d'individus qu'il juge manifestement inaptes, avant même que ceux-ci ne comparaissent devant les médecins[10]. Il est probable que les officiers recruteurs écartent du rang les recrues dont l'insuffisance physique est particulièrement manifeste, du fait de leur taille ou de l'extrême faiblesse de leur constitution par exemple. Mais il est difficile d'estimer tant la part que représentent les recrues ainsi évincées, que les affections considérées comme rédhibitoires. En effet, cette présélection n'est pas incluse dans les décomptes statistiques des opérations du recrutement. Samuel Beggs, qui compile ses propres statistiques, considère qu'inclure les chiffres de ce premier sas de triage contribuerait à revoir significativement à la hausse la part d'inaptes dans la population masculine désireuse de s'engager. Il estime ainsi qu'entre 1909 et 1914, si l'on ajoute les chiffres des officiers recruteurs et ceux des médecins, 48 % des candidats se sont vu refuser l'accès à l'armée[11].

Le conseil de révision français

En France, le XIXe siècle a vu se consolider l'idée d'un service personnel, universel et obligatoire qui l'emporte sur l'association du tirage au sort et du service du petit nombre, caractéristique des monarchies censi-

8. James GALLOWAY, « Medical Examination of Men for Military Service: Some of its Problems, Lessons and Results », *Contributions to Medical and Biological Research*, 1919, p. 665-666.
9. Ces chiffres valent pour la période 1903 à 1913. Ils sont extraits du War Office *General annual reports on the British Army for the year, with which is Incorporated the Annual Report of Recruiting*, H.M. Stationery Office, Londres, 1920.
10. « *Primary Medical Examination* », dans NA, MH 47/144/4, Select Committee. Minutes of Evidence n° 1, 2 juillet 1917, A. C. Geddes, p. 11. Voir aussi Samuel Thomas BEGGS, *The Selection of the Recruit*, Londres, Baillière, Tindall&Cox, 1915, p. 29-27 ; David SILBEY, « Bodies and Cultures Collide », art. cité, p. 65.
11. Samuel Thomas BEGGS, *The selection of the recruit*, *op. cit.*

taires et du Second Empire[12]. Au lendemain de la défaite de 1871, les modalités de la réorganisation de l'armée et du recrutement des soldats ont fait l'objet de nombreux débats et d'une douzaine de projets de loi dans un contexte de renforcement des nationalismes et de crainte de la menace allemande[13]. Depuis l'abolition du tirage au sort en 1905, tout Français déclaré apte est tenu d'effectuer un service militaire dont la durée passe de deux à trois ans en 1913, au moment où l'Allemagne augmente significativement les effectifs de son armée. Le système de recrutement repose principalement sur l'action du conseil de révision, où a lieu l'examen des conscrits, et plus marginalement sur celle des bureaux de recrutement, où se déroule celui des volontaires.

Les jeunes gens de 20 ans doivent subir l'examen d'un médecin devant un comité de représentants de l'État réuni de manière temporaire : le conseil de révision. L'armée admet dans ses rangs deux tiers des inscrits entre 1889 et 1914[14]. Chaque année, les tableaux de recensement des jeunes ayant atteint l'âge de 19 ans révolus dans l'année précédente sont dressés par les maires. Tous les jeunes gens appartenant à cette classe d'âge et domiciliés dans l'une des communes du canton sont convoqués et doivent se présenter devant le conseil de révision. Ce dernier est « une administration cantonale, transitoire et itinérante[15] »

---

12. Annie Crépin, *La Conscription en débat ou le triple apprentissage de la nation, de la citoyenneté, de la République : 1798-1889*, Arras, Artois Presses université, 1998, p. 67 ; Id., *Histoire de la conscription*, Paris, Gallimard, 2009, p. 166.

13. Xavier Boniface, « La réforme de l'armée française après 1871 », *Inflexions. Civils et militaires : pouvoir dire*, n° 21, septembre 2012, p. 41-50 ; J. Monteilhet, *Les institutions militaires de la France (1814-1932), de la paix armée à la paix désarmée*, Paris, Félix Alcan, 1932, 2e éd., p. 242-243 ; Philippe Boulanger, *La France devant la conscription. Géographie historique d'une institution républicaine, 1914-1922*, Paris, Economica, 2001, p. 42-43. Jean-Jacques Becker, *1914. Comment les Français sont entrés dans la guerre. Contribution à l'étude de l'opinion publique, printemps-été 1914*, Paris, Presses de la FNSP, 1977.

14. Annie Crépin, *Histoire de la conscription*, *op. cit.*, p. 312 ; *Défendre la France. Les Français, la guerre et le service militaire de la guerre de Sept Ans à Verdun*, Rennes, PUR, 2005. Pour une histoire comparative du service militaire et des traditions de conscription dans les pays européens, voir Roland Foerster (dir.), *Die Wehrpflicht. Entstehung, Form und politisch-militärische Wirkung, Munich, Oldenbourg*, 1994, notamment Gerd Krumeich, « Zur Entwicklung der "nation armée" in Frankreich bis zum Ersten Weltkrieg », p. 133-145.

15. Philippe Boulanger, *La France devant la conscription, Géographie historique d'une institution républicaine, 1914-1922*, Paris, Economica, 2001, p. 84, voir aussi p. 101-105 ; Allan Mitchell, *Victors and Vanquished: The German Influence on Army and Church in France after 1870*, Chapel Hill/Londres, The University of North

créée par la loi Gouvion-Saint-Cyr du 10 mars 1818. Il s'agit d'une instance qui se déplace au sein du département et siège dans le chef-lieu de canton pour une ou deux journées. Elle procède à ce qu'on appelle la révision d'une classe d'âge. Elle est composée de manière suivante :

> Du préfet, président ; à son défaut, du secrétaire général et, exceptionnellement, du vice-président du conseil de préfecture ou d'un conseiller de préfecture délégué par le préfet ;
> D'un conseiller de préfecture désigné par le préfet ;
> D'un membre du conseil général du département [...] ;
> D'un membre du conseil d'arrondissement [...] ;
> D'un officier général ou supérieur désigné par l'autorité militaire.
> Un sous-intendant militaire, le commandant de recrutement, un médecin militaire ou, à défaut, un médecin civil désigné par l'autorité militaire assistent aux opérations du conseil de révision. [...] Le sous-intendant militaire est entendu dans l'intérêt de la loi toutes les fois qu'il le demande et peut faire consigner ses observations au procès-verbal de la séance.
> Le sous-préfet d'arrondissement et les maires des communes auxquelles appartiennent les jeunes gens appelés devant le conseil de révision assistent aux séances. Ils ont le droit de présenter des observations[16].

Cette composition entend garantir un équilibre entre civils et militaires afin de préserver au mieux les intérêts de l'État et du citoyen. Dans les affaires publiques, s'appuyer sur un seul avis éclairé apparaît antidémocratique, à moins que celui-ci « ne provienne d'une commission spécifique pouvant être considérée comme représentant les divers intérêts en jeu[17] ». En cas de nécessité, les conseils de révision peuvent voir leur composition réduite, le préfet remplacé par le sous-préfet et ne pas être assistés d'un sous-intendant militaire[18].

Carolina Press, 1984, p. 47 ; Jean-François Chanet, *Vers l'armée nouvelle. République conservatrice et réforme militaire 1871-1879*, Rennes, PUR, 2006, p. 98 et 100.

16. Article 16 de la loi du 21 mars 1905, *Journal officiel* du 23 mars 1905, *Bulletin des lois de la République française*, n° 2616, Paris, Imprimerie nationale, 1915. Odile Roynette, *Bons pour le service. La caserne à la fin du XIXe siècle*, Paris, Belin, 2017 [2000].

17. Theodore Porter, *La confiance dans les chiffres. La Recherche de l'objectivité dans la science et dans la vie publique*, Paris, Les Belles Lettres, 2017, p. 10.

18. C'est le cas pendant la guerre, dès la révision de la classe 1916. Voir le décret du 3 décembre 1914 relatif à l'établissement des tableaux de recensement et à la révision de la classe de 1916. Voir aussi Philippe Boulanger, *La France devant la conscription, op. cit.*, p. 87.

Dans l'une ou l'autre des configurations, le médecin n'est convoqué qu'à titre d'expert pour éclairer la décision du conseil qui statue en toute indépendance. L'*Instruction sur l'aptitude au service* précise ainsi que le verdict concernant l'aptitude du conscrit « est prononcé en séance publique par un conseil de révision, assisté d'un ou de plusieurs médecins, qui examinent les jeunes gens et donnent leur avis sur leur aptitude au service militaire. Le conseil ne peut statuer qu'après avoir entendu l'avis du médecin[19] ». Afin de garantir l'objectivité du jugement médical et d'éviter les sollicitations des conscrits ou de leurs familles, le nom des experts est tenu secret[20]. Une fois la révision effectuée, le conseil se dissout. Parallèlement au conseil de révision, le ministère de la Guerre déploie dans chaque subdivision militaire une administration permanente, le bureau de recrutement, chargé de l'engagement des volontaires. En 1914, le territoire de la France métropolitaine compte 145 bureaux de recrutement subdivisionnaires, auxquels il faut ajouter dix bureaux dépendants des Gouvernements militaires de Lyon et Paris[21]. Les volontaires y sont également soumis à un examen médical mené par un médecin militaire, en présence du chef de corps ou du commandement de recrutement[22].

S'il n'existe pas à proprement parler d'examen médical préliminaire similaire à celui mis en œuvre en Grande-Bretagne, toutes les opérations d'évaluation du conseil de révision ne sont pas non plus laissées entièrement à la discrétion des médecins. Certaines tâches considérées comme simples d'exécution sont déléguées afin de gagner du temps. Le commandant de recrutement fait ainsi peser et toiser la

19. Ministère de la Guerre, Bulletin officiel n° 68 bis, *Recrutement de l'armée : instruction sur l'aptitude physique au service militaire*, Paris, H. Charles-Lavauzelle, volume arrêté à la date du 15 décembre 1905, p. 3-4. Voir aussi Émile Duponchel, *Traité de médecine légale militaire. Conseil de révision et opérations médicales du recrutement : mode de répartition des militaires malades (visites régimentaires, etc.) : réformes et retraites*, Paris, Octave Doin, 1890 : « [L]e médecin attaché au conseil de révision n'est qu'un expert ; il donne son appréciation, le Conseil n'est pas tenu de la suivre. Mais, en revanche, celui-ci ne saurait se dérober à l'obligation de consulter le médecin militaire ; il n'a pas le droit de se passer de son avis […]. »

20. Jérémie Halais, *Des Normands sous l'uniforme, op. cit.*

21. Sur les bureaux de recrutement, voir Philippe Boulanger, *La France devant la conscription, op. cit.*, p. 78-84.

22. Ministère de la Guerre, *Recrutement de l'armée : aptitude physique au service militaire, op. cit.*, 1916, p. 6.

recrue par un sous-officier ou un gendarme, même si le tout reste sous la surveillance de l'expert médical[23].

Le conseil de révision, Pierre-Georges Janniot (1895)[24]

Le tour de poitrine, opération plus technique, est en revanche pris par un officier du Service de santé et le médecin expert est le seul à rendre un avis sur l'aptitude du conscrit. Le sous-intendant militaire, le sous-préfet d'arrondissement et les maires des communes peuvent cependant émettre des observations et tenter par là même d'infléchir la décision du Conseil. La décision concernant d'éventuels « cas douteux » peut être remise à un examen ultérieur mené « dans les conditions de calme et de silence voulues[25] ». L'idée d'un « conseil de révision d'appel » a été évoquée en France, notamment en février 1914, lors d'une séance de la Commission supérieure consultative d'hygiène et d'épidémiologie militaire sur l'exé-

23. Émile Duponchel, *Traité de médecine légale militaire*, *op. cit.*, p. 29.
24. Tableau exposé au Salon de la Société nationale des Beaux-Arts de 1909. Musée international des Hussards, Tarbes. Cote cliché 97-027042, n° d'inventaire VZC8863, Fonds photographie.
25. SHD, GR 9 NN 7/1102, Lois de 1913, p. 4.

cution de la loi du 7 août 1913, mais elle n'a pas été retenue[26]. En cas de décision positive, la qualité de militaire est acquise dès la sentence du conseil. Dans les faits cependant, la première visite médicale est affinée par d'autres visites tout au long de la carrière du soldat.

Principes de l'administration scientifique des troupes

L'intérêt du candidat

Les médecins hygiénistes français et britanniques se sont employés, durant les décennies précédant la Grande Guerre, à fonder et raffiner scientifiquement la sélection médicale des recrues en prenant en compte la dimension humanitaire du processus. Il s'agit de préserver et protéger le candidat à l'incorporation des rigueurs de la vie militaire. En lien avec l'intérêt de l'individu, l'aptitude au service armé est pensée en termes d'adéquation entre les spécificités du candidat à l'incorporation et les exigences de l'environnement militaire[27]. « Arbitres de l'exemption[28] », les médecins veillent à ce que le service des armes n'excède pas les capacités du jeune homme, en accord avec une opinion nouvellement sensible au sort des soldats[29]. Il s'agit de faire en sorte que « le sacrifice n'excède pas l'obligation[30] » selon un « principe de juste proportionnalité des droits et devoirs du citoyen[31] ».

Ce principe procède d'une vision contractuelle des obligations réciproques de l'État et des citoyens. En France, la rhétorique de l'impôt du sang, traditionnellement associée aux cultures politiques

26. SHD, GR 9NN 7/1103, Le conseil de révision en 1913. Minute : séance de la Commission supérieure consultative d'hygiène et d'épidémiologie militaire du 3 février 1914. Exécution de la loi du 7 août 1913.
27. J'adapte ici en l'inversant une formulation de Romuald Bodin qui définit le handicap comme un écart entre les nécessités d'un environnement et les spécificités d'un individu dans *L'institution du handicap*, Paris, La Dispute, 2018, p. 42.
28. Mark Harrison, « Medicine and the Management of Modern Warfare », art. cité.
29. Geoffrey Best, *Humanity in Warfare: The Modern History of the International Law of Armed Conflicts*, Londres, Routledge, 1983.
30. Léonce Dousset, *Le risque militaire et la solidarité sociale*, Fontenay-le-Comte, Charles Pételot, 1907.
31. Anne Rasmussen, « Préserver le capital humain… », art. cité.

républicaine et socialiste, oriente le débat public vers l'égalité des citoyens-soldats face au sacrifice nécessaire à la défense de la patrie[32]. À la faveur des réflexions qui ont accompagné l'élargissement de la conscription et du climat réformiste de l'après-1870, s'est consolidé le principe de l'exception biologique aux obligations militaires[33]. L'obligation du service militaire fait reposer l'exemption sur un régime d'exception. La loi du 21 mars 1905, qui fait de l'égalité devant les obligations militaires une règle absolue, stipule ainsi que « Tout Français doit le service militaire », un service « égal pour tous » qui « hors le cas d'incapacité physique », « ne comporte aucune dispense » (article 2)[34]. En Grande-Bretagne, le contrat tacite entre l'État et le citoyen insiste sur l'idée de « justice » (*fairness*), profondément inscrite dans la culture politique. C'est la « justice » qui est censée asseoir la légitimité de la constitution britannique, régir les comportements politiques et, en conséquence, prescrire la place de chacun dans l'effort de guerre[35]. C'est en vertu de cette même justice que l'armée doit faire en sorte qu'aucun individu, en dehors de ceux qui se trouvent en pleine capacité physique, ne soit envoyé sur le champ de bataille[36]. La sélection médicale des recrues s'insère donc dans une série de dispositifs de nature contractuelle visant à réguler les obligations réciproques de l'État et des citoyens.

La réflexion développée par les médecins français et britanniques contribue à asseoir le principe selon lequel il ne doit pas être exigé des individus plus d'efforts qu'ils ne peuvent en fournir. Elle repose sur

---

32. John Horne, « "*L'impôt du sang*". Republican Rhetoric and Industrial Warfare in France, 1914-1918 », *Social History*, 1989, vol. 14, n° 2, p. 201-223 ; Sergio Luzzatto, *L'impôt du sang. La gauche française à l'épreuve de la guerre mondiale (1900-1954)*, Lyon, Presses universitaires de Lyon, 1996.
33. Sur l'élargissement de la conscription et les débats qu'il a suscités, on consultera Jean-François Chanet, *Vers l'armée nouvelle. République conservatrice et réforme militaire 1871-1879*, Rennes, PUR, 2006 ; Annie Crépin, *Histoire de la conscription*, Paris, Gallimard, 2009.
34. Loi du 21 mars 1905. Promulguée au *Journal officiel* le 23 mars 1905. Sur le principe d'égalité dans la loi de 1905, voir Georges Garreau, *Commentaire de la loi du 21 mars 1905 sur le recrutement de l'armée et la réduction à deux ans de la durée du service dans l'armée active*, thèse de droit, Paris, H. Charles-Lavauzelle, 1906, p. 89, cité par Anne Rasmussen, « Préserver le capital humain… », art. cité.
35. Ross McKibbin, « Why was there no Marxism in Great Britain? », *The English Historical Review*, vol. 99, n° 391, avril 1984, p. 297-331.
36. William Aitken, *On the Growth of the Recruit and Young Soldier, op. cit.*, p. vi.

une conception institutionnelle de l'aptitude. L'aptitude n'est pas un état mais un rapport entre un individu et une institution[37]. L'armée fabrique des critères d'admission, certes appuyés sur les savoirs médicaux, mais adaptés à ses spécificités :

> Il ne suffit pas en effet d'établir gravement que tel homme est tuberculeux, albuminurique, entéritique ou cardiaque, mais de savoir si l'atteinte morbide qui le frappe le met en état d'infériorité suffisante pour le rendre incapable de servir[38].

Il ne s'agit donc pas, pour reprendre la distinction normal/pathologique de Georges Canguilhem en la transposant à aptitude/inaptitude, d'une définition d'un point de vue biologique mais d'un rapport d'adéquation entre un vivant et un milieu[39]. Toute configuration morphologique et fonctionnelle peut être normale dans un contexte, et anormale dans un autre. Tout individu peut donc, de la même façon, être considéré apte à accomplir certaines tâches et inapte à en accomplir d'autres.

Les médecins militaires élaborent en conséquence une réflexion sur la corrélation entre des caractères morphologiques, physiologiques et psychiques et le métier des armes. Ces caractéristiques doivent permettre de déterminer les « qualités guerrières[40] » du futur soldat. Observant le cas du soldat Dep…, 1 m 50, 47 kg, un médecin précise que ce « modèle trop réduit », « s'il est adapté aux conditions de la vie normale », « ne pourra suffire aux efforts supplémentaires (marches, port d'équipement, travaux, etc.) qui lui seront demandés au corps ». Pour lui, « la vie militaire ne ressemblant en rien à la vie habituelle de chacun », il est impératif d'évaluer la jeune recrue au regard des exigences du port des armes.

37. Sur les représentations fonctionnalistes du corps, « outil ajusté à des fins particulières », on lira Luc Boltanski, « Les usages sociaux du corps », *Annales*, année 1971, 26-1, p. 205-233.

38. Paul-Antoine-Joseph Lidy, *Cardiopathies valvulaires et aptitude militaire*, thèse de l'académie de Paris, 1918, p. 10.

39. Georges Canguilhem, *Le Normal et le Pathologique*, Paris, PUF, 2013 [1966], p. 91.

40. « Le choix du conscrit », dans Édouard Brissaud, Adolphe Pinard et Paul Reclus, *Nouvelle pratique médico-chirurgicale illustrée,* Paris, Masson, 1911, p. 613-614.

L'armée, un milieu exigeant et délétère

Le développement de l'hygiène militaire a permis de mettre en évidence les risques particuliers auxquels les recrues se trouvent exposées en intégrant l'institution militaire. Les études sur les caractéristiques morbides de l'armée ont en effet révélé une surmortalité de la troupe par rapport à la population civile[41]. Le collectif armé apparaît comme un milieu spécifique au sein duquel l'individu se trouve soumis à la fois à des exigences particulières et à un environnement délétère qui alimente la virulence des sources pathogènes[42]. Les considérations sur la pénibilité du métier des armes sont un passage obligé des manuels d'hygiène militaire. Pour Charles Melville, la recrue est « susceptible de se trouver exposée soudainement à des conditions de danger et de fatigue tout à fait extrêmes[43] ». Les médecins britanniques estiment d'ailleurs que le milieu dans lequel est plongée la recrue ainsi que les activités qui sont celles du militaire sont propices au développement d'un trouble cardiaque spécifique, le « cœur du soldat » (« *soldier's heart* »)[44]. Ces considérations s'inscrivent dans la continuité de la fin du XIXe siècle, où l'évaluation de l'aptitude, et donc de la vulnérabilité des individus face aux risques d'un milieu donné, fait l'objet de débats.

41. Odile Roynette, « L'Âge d'homme. Les représentations de la masculinité chez les médecins militaires au XIXe siècle », dans Jean-Pierre Bardet, Jean-Noël Luc, Isabelle Robin-Romero et Catherine Rollet, *Lorsque l'enfant grandit : entre dépendance et autonomie*, Paris, Presses de l'Université Paris-Sorbonne, 2003, p. 281 et suiv. ; Odile Roynette, *Bons pour le service. La caserne à la fin du XIXe siècle*, Paris, Belin, 2017 [2000], p. 227 et suiv. ; Anne Rasmussen, « Expérimenter la santé des grands nombres : les hygiénistes militaires et l'armée française, 1850-1914 », *Le Mouvement Social*, vol. 257, n° 4, 2016, p. 71-91 ; Mark Harrison, « Medicine and the Management of Modern Warfare », art. cité.

42. Joseph Tholozan, « De l'excès de mortalité dû à la profession militaire », *Gazette médicale de Paris*, 1859, p. 346-349, 360-364 et 410-411 ; Émile Vallin, « Hygiène de la profession militaire », dans Michel Lévy, *Traité d'hygiène publique et privée*, Paris, J.-B. Baillière, 1869 [1844], t. 2, p. 776-867 ; J. Bertillon, « De la morbidité et de la mortalité par profession », *Revue d'hygiène et de police sanitaire*, vol. XIII, 1891, p. 981-1066, cité par Anne Rasmussen, « Expérimenter la santé des grands nombres », art. cité, p. 71-91.

43. Charles Henderson Melville, *Course of Lectures on Army Sanitation*, Excerpt from vol. XXXII, n° 3 (1911) of the *Journal of the Royal Sanitary Institute*, 1911, p. 170.

44. M.S. Pembrey, « Observation Upon Disordered Action of the Heart, So-Called "soldier's heart" », *Journal of the Royal Army Medical Corps (JRAMC)*, déc. 1910, p. 718-724.

On retrouve des réflexions similaires sur la nécessaire adaptation à l'environnement dans les mondes scolaire et ouvrier[45].

Le risque est grand de faire courir à la recrue trop fragile des risques inconsidérés. Le médecin aide-major Hainault relate ainsi le sort de L..., jeune cantonnier de 21 ans, incorporé au 134e régiment d'infanterie, qui succombe d'une rupture d'anévrisme aortique à l'issue d'un exercice[46]. L'évocation de tels destins tragiques est bien souvent l'occasion de rappeler les épreuves de la vie militaire que sont l'entraînement, la marche et le port de l'équipement, épreuves qu'un organisme frêle, même adapté à la vie civile, ne peut supporter :

> Ici, ce sont des adhérences pleurales qui plus tard, dans les marches forcées, sous le poids du sac et de l'armement, avec la constriction exercée sur le thorax par le col, les courroies et le ceinturon, seront la cause immédiate de ces insuffisances pulmonaires qui correspondent aux formes dites asphyxiques du coup de chaleur. [...] Telles qu'elles sont, [ces lésions] ne portent aucune atteinte au jeu normal des organes intéressés ; elles sont mêmes restées compatibles avec l'accomplissement des obligations professionnelles antérieures à l'incorporation. Mais les dures nécessités de la vie militaire vont changer cet état de choses [...]. Les marches d'entraînement, si salutaires pour un organisme sain, deviennent des stimulants morbides pour ces cœurs déjà marqués du sceau pathologique. Des lésions cardio-vasculaires à peine ébauchées, en reçoivent une impulsion funeste, qui les réveille de leur sommeil et les sollicite à l'activité pathogène[47].

L'accroissement et la diversification de l'équipement des soldats font qu'il n'est pas rare que le soldat se déplace avec un chargement d'une trentaine de kilos, voire davantage, durant des marches d'épreuves harassantes de 20 à 30 kilomètres[48]. Comme l'écrit Edward Munson, auteur américain d'un manuel d'hygiène qui circule largement dans les milieux britanniques, « le soldat peut être appelé à tout moment à

45. Sur les liens entre aptitude et compatibilité et les questionnements ouverts par l'indemnisation des accidents du travail, instaurée en 1898, voir : Catherine Omnès et Anne-Sophie Bruno (dir.), *Les Mains inutiles. Inaptitude au travail et emploi en Europe*, Paris, Belin, 2004.

46. Achille Kelsch, « Les cardiopathies latentes et la mort subite dans l'armée », *Bulletin de l'Académie nationale de médecine*, n° 30, 3e série, tome XLVI, L. Maretheux, 30 juillet 1901, « Observation 20 », p. 264-265.

47. *Ibid.*, p. 277-278.

48. Stéphane Audoin-Rouzeau, « L'équipement des soldats », *Encyclopédie de la Grande Guerre*, 2004, p. 285.

faire l'expérience du maximum de fatigue et de privations qu'un être humain soit capable de supporter[49] ».

Il est fréquent que les médecins assimilent le métier des armes au summum de l'effort à fournir au point que la rudesse de la vie militaire est parfois assimilée à un retour à la vie primitive[50]. Certains experts sont moins catégoriques. Pour Georges Lemoine (1856-1942), professeur d'hygiène à l'École d'application de médecine militaire du Val-de-Grâce de 1901 à 1911 et membre du Conseil supérieur d'Hygiène publique de France, « les fatigues imposées au soldat au cours de son service militaire sont souvent bien moins intenses que celles que subissent nombre d'ouvriers des villes ou de la campagne. Agriculteurs, ouvriers des campagnes ou des villes, commerçants, industriels, bureaucrates, hommes ayant mené jusque-là une vie sédentaire, ou une vie active, aucun n'est préparé à l'existence militaire[51] », précise-t-il cependant. Un travail nouveau exigeant un effort plus considérable que celui auquel on est habitué, il en résulte que pour tous, le service sera inévitablement source d'une intense fatigue.

La fragilité de la recrue face aux exigences de l'environnement militaire est accrue par son exposition à un milieu que tous les hygiénistes s'accordent à considérer comme particulièrement pathogène[52]. Les médecins combinent des éléments néo-hippocratiques – qui privilégient l'étude de la composante environnementale – et les apports plus récents de la théorie des germes – qui favorise la prise en compte des maladies infectieuses – pour mettre en évidence un risque accru de contagion dû aux conditions sanitaires de la troupe. Le déracinement, la confrontation du soldat paysan au milieu urbain ou du soldat métropolitain au milieu tropical, la promiscuité de la caserne

49. *Theory and Practice of Military hygiene*, Londres, Baillière, Tindall&Cox, 1902, p. 1.

50. Caldwell Robert, *Military Hygiene*, Londres, Baillière, Tindall&Cox, 1910 [2e éd.], p. 203 ; Charles Henderson Melville, *Course of Lectures on Army Sanitation*, *op. cit.*, p. 170.

51. Georges Lemoine, *La Tuberculose dans l'armée et dans la marine, diagnostic de la prétuberculose,* Paris, O. Doin, 1909, p. 110. Pendant la guerre, le médecin inspecteur général Georges Lemoine est successivement médecin de corps d'Armée, médecin d'Armée, puis inspecteur général de Groupe d'Armées. Voir l'*Annuaire prosopographique : la France savante* du Comité des travaux historiques et scientifiques, URL : http://cths.fr/an/prosopographie.php.

52. Anne Rasmussen, « Expérimenter la santé des grands nombres », art. cité, p. 71-91 ; Odile Roynette, *Bons pour le service, op. cit.*

ou du cantonnement sont mis en cause. L'armée « multiplie pour les malingres, les causes de débilitation[53] ». Le soldat court alors le risque de la maladie infectieuse ou du délabrement moral[54]. Il importe donc de disposer d'un « *corps d'élite** soigneusement sélectionné[55] » qui, se trouvant confronté à ces influences, disposera des atouts nécessaires pour les supporter.

L'aptitude est ainsi associée à la robustesse et à la capacité de résistance. L'assimilation du métier des armes à une profession et le développement de la réflexion sur le travail ouvrier amènent les médecins physiologistes à interroger tout particulièrement le rôle de la fatigue, ennemi endémique des sociétés industrielles. « La capacité de résistance de l'individu est entamée par la fatigue », affirme en 1912 le Dr K. B. Barnett, qui fait de cette affliction l'un des « principaux facteurs favorisant la propagation des maladies[56] ». À partir des années 1860, le corps est assimilé à un moteur qui consomme des calories et dont la dépense d'énergie doit être contrôlée afin d'éviter qu'il ne soit soumis à un exercice trop intense[57]. Le surmenage ou l'affaiblissement de l'organisme mal disposé ou mal préparé qui devient la proie des germes infectieux est alors désigné comme l'un des principaux risques menaçant la jeune recrue, ainsi que le souligne le Dr Moreau-Defarges :

53. Paul Caziot, *Revue d'hygiène et de police sanitaire*, n° 26, 1904, p. 304.
54. Sylvain Venayre, « Le corps malade du désir du pays natal. Nostalgie et médecine au XIXe siècle », dans Anne-Emmanuelle Demartini et Dominique Kalifa (dir.), *Imaginaire et sensibilités au XIXe siècle. Études pour Alain Corbin*, Paris, Créaphis, 2005, p. 209-222.
* En français dans le texte.
55. Arnold White, *Efficiency and Empire*, Methuen & Co, 1901, p. 95.
56. K. B. Barnett, *Handbook on military sanitation for regimental officers*, Londres, Forster Groom, 1912, p. 26.
57. Angelo Mosso, *La fatigue intellectuelle et physique*, Paris, Alcan, 1894 ; Iosifina Joteyko, *Entraînement et fatigue au point de vue militaire*, Bruxelles, Institut Solvay, Misch et Thron, 1905. Voir Steffan Blayney, « Industrial Fatigue and the Productive Body: the Science of Work in Britain, c. 1900-1918 », *Social History of Medicine*, vol. 32, n° 2, mai 2019, p. 310-328 ; Anton Rabinbach, *The Human Motor: Energy, Fatigue and the Origins of Modernity*, New York, Basic Books, 1990 [traduction française *Le moteur humain : l'énergie, la fatigue et les origines de la modernité*, Paris, La Fabrique, 2004, notamment p. 20] ; Marco Saraceno, « De la mesure du corps à la politique des corps. Une histoire des sciences du travail 1880-1920 », thèse de doctorat en sociologie et histoire des sciences, Université Paris Ouest Nanterre La Défense, 2013. Voir aussi Odile Roynette, *Bons pour le service, op. cit.*, p. 230.

> Le soldat doit avoir un organisme sain, robuste, bien constitué, capable de résister aux nombreuses causes de maladie en temps de paix et de supporter les privations, les fatigues, les intempéries en campagne[58].

À cet égard, les conséquences de la modernité sur les exigences du port des armes ne font pas l'unanimité chez les médecins. Pour certains, les progrès de la tactique et de la technologie permettent de contrebalancer la force physique. Faisant remarquer que Végèce, au ve siècle, insistait sur la robustesse des recrues, les auteurs d'un article consacré au choix des conscrits en 1911 nuancent :

> Voilà ce que dit Végèce [...] à une époque où la force physique n'était pas contrebalancée par la science et par la tactique : il fallait alors, plus que de notre temps encore, ne prendre que les hommes les plus vigoureux. Mais aujourd'hui notre système de guerre nous autorise à être moins sévères, et nous permet de recevoir dans les rangs de l'armée des sujets qui, à l'époque de Végèce, en auraient été exclus[59].

À la même époque, Robert Caldwell tire des mêmes considérations sur le progrès technique des conclusions inverses. Pour lui, une condition physique supérieure demeure une nécessité primordiale :

> Avec les armes à longue portée, l'infanterie demeure sous le feu un temps relativement important, ainsi, toutes choses égales par ailleurs, plus l'objectif est atteint rapidement, moindres sont les chances de subir des pertes et plus grandes sont les chances de succès[60].

Dans cette perspective, la vitesse de déplacement individuelle sous le feu de l'ennemi est plus que jamais essentielle.

Efficacité de l'armée et puissance de la nation

Le corps médical, s'il prend en compte l'intérêt de la recrue, s'attache en priorité aux conséquences de la sélection sur l'armée dans son ensemble. Le choix des hommes apparaît en effet comme condition préalable à la formation d'une machine de guerre efficace. En cela, les opérations médicales du recrutement reposent sur un savoir technique tourné vers l'action. Elles s'appuient sur une conception fonc-

58. Ernest Moreau-Defarges, *Journal de médecine et de chirurgie pratique à l'usage des médecins*, 25 mars 1916.
59. « Le choix des conscrits », dans Édouard Brissaud, Adolphe Pinard et Paul Reclus, *Nouvelle Pratique médico-chirurgicale illustrée*, *op. cit.*, p. 613.
60. *Military Hygiene*, *op. cit.*, p. 218.

tionnelle de l'aptitude évaluée en fonction de sa capacité à contribuer à un collectif[61]. La sélection doit permettre à chaque individu d'occuper la place la plus adaptée non seulement pour lui mais aussi pour la communauté qu'il intègre et, d'une manière plus générale, pour la société elle-même[62]. William Aitken, auteur d'un manuel de référence sur la sélection des recrues[63], assure qu'« estimer la qualité, la solidité et la capacité du matériel humain doit être l'un des fondements de la constitution de toute armée[64] ». Il s'agit de faire résider dans le corps du soldat les ressorts de la combativité et de la puissance de l'armée[65]. C'est donc une « nécessaire attention[66] » qui doit être accordée au choix des recrues. « Nous ne pourrons assez insister sur l'importance de l'efficacité de l'armée. Or cette efficacité repose au premier chef de la santé des troupes », décrète de son côté William Farr (1807-1883), statisticien pionnier de la santé publique et fondateur de la surveillance épidémiologique[67]. « Ce que nous voulons par-dessus-tous, ce sont des hommes solides et en bonne santé[68] », martèlent les médecins. Le corps médical contribue ainsi au développement d'une pensée stratégique hygiéniste liant de manière privilégiée santé du soldat, conservation des effectifs et efficacité de l'armée. L'apport des médecins à la stratégie militaire est d'autant plus reconnu que dans le dernier tiers du XIXe siècle, la santé des soldats est devenue un enjeu militaire, et ceux qui en ont la charge un maillon de la chaîne de commandement. L'hygiénisme est partie prenante de la défense des frontières et la médecine militaire se trouve dotée d'une aura civique

61. Sur la dimension fonctionnelle de la notion d'aptitude, Fabrice Cahen, Catherine Cavalin et Paul-André Rosental, « Mesurer la valeur humaine. Morale, biopolitique, utilitarisme, XVIIIe-XXIIe siècle », *Incidence. Philosophie, littérature, sciences humaines et sociales*, n° 12, 2016, p. 11-23, p. 19.
62. Pour une réflexion identique dans le milieu scolaire, voir Jérôme Martin, « Aux origines de la "science des examens" (1920-1940) », *Histoire de l'éducation*, 94, 2002, section 17.
63. William Aitken, *On the Growth of the Recruit and Young Soldier, op. cit.*, p. v.
64. *Ibid.*
65. Alain Ehrenberg, *Le Corps militaire. Politique et pédagogie en démocratie*, Paris, Aubier-Montaigne, 1983, p. 52.
66. William Aitken, *On the Growth of the Recruit and Young Soldier, op. cit.*, p. v.
67. William Farr, *Journal of the Statistical Society of London*, vol. 24, Wiley for the RSS, déc. 1861, p. 474.
68. George J. H. Evatt, « The Medical care of the Volunteer Forces », *British Medical Journal*, 27 janvier 1907, p. 232.

et patriotique[69]. L'évocation de la sélection médicale des recrues est l'occasion de formuler cette doctrine :

> Un recrutement efficace étant au fondement de l'organisation des forces armées, l'intelligence et la justesse avec lesquelles on procède à cette tâche constituent un élément central dont dépendent la santé, l'efficacité et la mobilité de l'armée à venir[70].

Le jugement médical procède donc d'une évaluation qui n'est pas seulement celle d'une performance individuelle, mais celle de la capacité de la recrue à rejoindre un ensemble sans en menacer l'homogénéité ni en compromettre le fonctionnement. Selon que les auteurs privilégient la métaphore techniciste ou organiciste, l'armée est décrite soit comme un tout organique, soit comme une machine :

> Les perpétuels traînards deviennent vite un encombrement. [...] Le poids mort des retardataires obligerait [l'officier] à renoncer à la souplesse et à l'entrain qui sont les qualités d'une bonne troupe. [...] Ces malingres gardés dans le régiment [...] n'en demeurent pas moins disséminés dans tous les coins, gênant, en certains moments, tous les rouages de la machine régimentaire qui fonctionne dans le but exclusif de la préparation à la guerre des éléments valides[71].

L'action de cette machine peut dès lors être compromise par des rouages défectueux ou des éléments aux capacités limitées.

Cette conception de l'aptitude est articulée à un paradigme utilitariste qui conduit les médecins à favoriser les corps productifs, seuls capables de résister aux conditions du service et de contribuer efficacement au déploiement des forces armées. L'ère de la gestion scientifique du contingent se déploie au moment où l'État entend rationaliser les forces vives de la nation et contrôler l'économie des

69. Mark Harrison, « The Medicalization of War – The Militarization of Medicine », *Social History of Medicine*, vol. 9, n° 2, août 1996, p. 267-276 ; Lion Murard et Patrick Zylberman, *L'Hygiène dans la République. La santé publique en France ou l'utopie contrariée 1870-1918*, Paris, Fayard, 1996.
70. Charles Henderson Melville, *Military Hygiene and sanitation*, Londres, E. Arnold, 1912, p. 22. L'auteur reprend ici mot pour mot le propos inaugural d'un manuel américain paru dix ans plus tôt : Edward Munson, *Theory and Practice of Military hygiene, op. cit.*, p. 1.
71. Dr Solmon, « Pelotons de robusticité », *Armée et démocratie : journal hebdomadaire*, 18 juillet 1908, p. 470.

corps en les orientant dès le plus jeune âge vers les valeurs patriotiques. En France, l'armée, en complémentarité avec l'école, doit servir l'unité et la régénération de la nation après la défaite de 1870. Léon Gambetta défend ainsi l'importance du dressage corporel du futur citoyen soldat :

> Je ne veux pas seulement que cet homme pense et raisonne, je veux qu'il puisse agir et combattre. Il faut mettre partout, à côté de l'instituteur, le gymnaste et le militaire afin que nos enfants, nos soldats, nos concitoyens soient tous aptes à tenir une épée, à manier un fusil, à faire de longues marches, à passer les nuits à la belle étoile, à supporter vaillamment toutes les épreuves de la Patrie[72].

La loi du 28 mars 1882 met la gymnastique et les exercices militaires au programme des écoles de garçons, et le décret du 22 décembre 1904 nomme une commission interministérielle chargée d'établir les bases communes de la guerre, de l'instruction publique et des sociétés de gymnastique. En Angleterre, le tournant du siècle est le moment de consolidation de l'idéal victorien du corps athlétique, étroitement associé à l'accomplissement du devoir national[73]. Dans les deux pays, la médecine se voit alors confier par l'État « la mission d'optimiser la productivité des corps laborieux[74] », de gérer l'efficacité des ressources humaines[75]. Le mot d'ordre qui ouvre le xxe siècle au Royaume-Uni est *National Efficiency*. L'efficacité, recherchée aussi bien pour l'entreprise que pour le pays, doit gouverner l'ensemble des aspects de l'activité et de l'existence humaine[76]. En façonnant des organismes industrieux, la rationalisation de la société doit permettre son amélioration.

---

72. Léon Gambetta, *Discours prononcé à Bordeaux*, le 26 juin 1871, cité par Annie Crépin, *Histoire de la conscription*, *op. cit.*, p. 290.
73. Donald E. Hall (dir.), *Muscular Christianity. Embodying the Victorian Age*, Cambridge, Cambridge University Press, 1994.
74. Steve Sturdy, « The Industrial Body », dans Roger Cooter et John Pickstone (dir.), *Companion to Medicine in the Twentieth Century*, New York, Routledge, 2003, p. 220.
75. Jean-François Chanet, Claire Fredj et Anne Rasmussen, « Soigner les soldats… », art. cité ; Steffan Blayney, « Industrial Fatigue and the Productive Body », art. cité, p. 310-328 ; Stéphane Buzzi, Jean-Claude Devinck et Paul-André Rosental, *La santé au travail (1880-2006)*, Paris, La Découverte, 2006.
76. Dorothy Porter et Roy Porter, « What was Social Medicine: A historiographical Essay », *Journal of Historical Sociology*, I, 1988, p. 99 ; Geoffrey Russell Searle, *The Quest for national efficiency*, *op. cit.*

La pensée de l'efficacité est associée à celle du rendement, de la productivité et du coût d'entretien de la population militaire. Le gouvernement anatomique des troupes est alors conçu en termes de capital humain dont il s'agit de maximiser les capacités contributives[77]. La métaphore économique et comptable n'est pas qu'une image, les effectifs sont ouvertement appréhendés du point de vue de la valeur du soldat et des dépenses qu'il occasionne[78]. L'effort financier et l'investissement hygiéniste de l'État doivent être payés en retour. Au Royaume-Uni, les hygiénistes britanniques connaissent l'adage de William Farr, selon lequel « il n'est rien d'aussi dispendieux qu'une armée en mauvaise santé[79] ». Le terme « gaspillage » est omniprésent et immédiatement relié au budget de l'État[80]. En France, dans un ouvrage de 1903 consacré à l'aptitude des conscrits, le médecin-major Émile Tartière souligne ainsi que :

> Le pays qui s'impose de lourds sacrifices pour entretenir ce formidable instrument de défense qu'est l'armée française, a droit à ce que tout gaspillage ou tout embarras soit mis de côté[81].

On craint que des soldats recrutés en dépit d'une constitution trop fragile ne se traînent d'hôpitaux en hôpitaux, finissent par succomber et imposent à l'État des frais inutiles[82]. Dès le milieu du XIXe siècle en Grande-Bretagne, cet impératif économique est fréquemment associé à un chiffre évocateur, celui de 100 livres :

---

77. Parmi de nombreux exemples de l'utilisation du terme « rendement » : SHD GR 9 NN 7 1101, Note pour l'État-major de l'armée (3e bureau I) n° 14.435 B. 4/7, 11 juillet 1918, mentionne la nécessité de prendre des mesures pour « le meilleur rendement militaire de la classe 1919 ». Sur l'armée comme capital humain, Anne Rasmussen, « Préserver le capital humain… », art. cité.

78. Voir Jules Rochard, *La valeur économique de la vie humaine*, Paris, Berger-Levrault, 1885 ; Angel Marvaud, *Les maladies du soldat. Étude étiologique, épidémiologique, clinique et prophylactique*, Paris, Félix Alcan, 1894.

79. « The Health of the British Army, and the Effects of Recent Sanitary Measure on its Mortality and Sickness », *Journal of the Statistical Society of London*, vol. 24, Wiley for the RSS, déc. 1861, p. 472.

80. WL, RAMC/31/1, Arthur F. Davy, *The Breakdown of Young Soldiers under Training Explained*, 18 juillet 1883, p. I.

81. Emile Tartière, *De l'aptitude des conscrits au service militaire. Le bon recrutement de l'armée et son influence sur l'état sanitaire de l'armée*, Lyon, Imprimerie nationale, 1903, p. 2.

82. Sur cette question, voir Heinrich Hartman, *The Body Populace. Military Statistics and Demography in Europe before the First World War*, Cambridge Massachusetts, the MIT Press, 2019, p. 71.

> Les médecins doivent avoir à l'esprit que chaque recrue rendue à la vie civile après trois mois d'entraînement représente pour le gouvernement une perte sèche de près de 100 livres [...][83].

L'articulation entre aptitude et rentabilité reflète celle du monde ouvrier où l'indemnisation des accidents du travail, favorisée entre autres par l'*Employers Liability Act* de 1880, accentue l'importance de l'évaluation des qualités du travailleur au moment de l'embauche, à l'heure où la mécanisation augmente les risques d'accident.

Le capital humain, que l'économiste Alfred de Foville définit en 1903 comme « ce que vaut, économiquement parlant, la machine humaine, agissant comme agent de production et source de revenu[84] », est relié à la question de la richesse et de la puissance de la nation. La sélection apparaît comme une « chose grave[85] » pour Jules Rouget et Charles Dopter, acteurs centraux du système de Santé français pendant la guerre. Elle est toujours abordée sous l'angle de la nécessité, voire de la « nécessité primordiale », formule qui constitue chez les Britanniques un véritable leitmotiv. Considérés comme indispensables à la préservation du corps du soldat, les médecins se trouvent être du même coup les garants du corps de la nation[86]. L'efficacité de l'armée est d'autant plus nécessaire que le puissant voisin est toujours suspect de vouloir déclencher un conflit. En Angleterre :

> Notre nation dans son ensemble ne désire que la paix avec ses voisins ; mais dans la mesure où nous nous trouvons entourés de puissances belliqueuses et de dynasties maintenues au pouvoir par le seul prestige des armes, nous ne pourrons assez insister sur l'importance de l'efficacité de l'armée. Or cette efficacité repose au premier chef de la santé des troupes[87].

83. Percy Samuel Lelean, *Sanitation in War*, Londres, J.&A. Churchill, 1915, p. 3. On note déjà la présence de ce chiffre dans William Aitken, *On the Growth of the Recruit and Young Soldier, op. cit.*, p. xiv.
84. Cité par Fernand Faure, « Alfred de Foville », *Journal de la société statistique de Paris*, 54, 1913, p. 551-581, p. 573.
85. Jules Rouget et Charles Dopter, *Hygiène militaire*, vol. IX, *Traité d'hygiène*, Paul Brouardel et E. Mosny (dir.), Paris, J.-B. Baillière, 1907, p. 15.
86. Claire Fredj, « Médecins en campagne, médecine des lointains. Le service de santé des armées dans les campagnes du Second Empire (Crimée, Chine-Cochinchine, Mexique) », thèse de doctorat d'histoire sous la direction de Daniel Nordman, EHESS, 2006.
87. William Farr, *Journal of the Statistical Society of London*, vol. 24, Wiley for the RSS, déc. 1861, p. 474.

La crainte d'une insuffisance quantitative et qualitative de l'armée est omniprésente dans un contexte où les exigences de la défense nationale s'imposent aux sociétés pour créer un état permanent de préparation des sociétés à la guerre. Le discours sur la qualité du contingent est systématiquement articulé au thème de la puissance de la nation. Ainsi, en Angleterre, les officiers du régiment se plaignent-ils régulièrement de recevoir des recrues trop immatures physiquement pour être envoyées sur des terrains étrangers. En 1892, un tiers des volontaires sont déclarés inaptes au moment du recrutement, et une proportion non négligeable est réformée dans les trois mois suivant l'incorporation[88]. Depuis la seconde guerre des Boers (1899-1902), l'état de santé des recrues suscite une inquiétude durable. Seuls 14 000 des 20 000 volontaires sont reconnus aptes à rejoindre les forces armées[89]. La force de projection que représente l'armée est au cœur du discours des hygiénistes britanniques, préoccupés comme le reste de leurs compatriotes par le déclin tant économique que militaire de l'Empire britannique et la possible dégénérescence de la population[90].

Pour autant, la pensée de la sélection, fût-elle pragmatique et utilitariste, ne se départit jamais complètement d'une justification humanitaire. La sélection préventive du collectif militaire doit en effet se substituer à la sélection naturelle qui, en éliminant par la mort les individus inadaptés, constitue un instrument bien cruel de la nature. La rhétorique qui présente la sélection préventive comme plus humaine que la sélection naturelle se retrouve dans des termes absolument identiques dans le discours des eugénistes britanniques tel qu'il est formulé en 1913 par l'architecte W.C. Marshall[91].

---

88. David French, *Military Identities, op. cit.*, p. 35.
89. Donald Read (dir.), *Edwardian England*, Londres, Croom Helm, 1979, p. 363.
90. Arnold White, *Efficiency and Empire*, Methuen & Co, 1901, p. 99-100. Sur cette question, voir J. Edward Chamberlin et Sander L. Gilman (dir.), *Degeneration: The Dark Side of Progress*, New York, Columbia University Press, 1985 ; Roderick Floud, Annabel Gregory et Kenneth Watcher, « The Physical State of the British Working Class, 1870-1914: Evidence from Army Recruits », *National Bureau of Economic Research, Working Paper 1661*, 1985 ; Geoffrey Russell Searle, « Eugenics and Class », dans Charles Webster, *Biology, Medicine and Society, 1840-1940*, Cambridge, Cambridge University Press, 1981, p. 217-242 ; Robert A. Nye, *Crime, Madness and Politics in Modern France: The Medical Concepts of National Decline*, Princeton, Princeton University Press, 1984.
91. W.C. Marshall, « The Effect of Economic Conditions on the Birth-Rate », *Eugenics Review*, 5, 2, 1914, p. 114-129, ici p. 115, cité par Paul-André Rosental, *Destins de l'eugénisme*, Paris, Seuil, note 32, p. 515.

Rationaliser et uniformiser l'armée de masse

Dès la seconde moitié du XIXe siècle, l'organisation de la sélection médicale des recrues apparaît également comme un outil de rationalisation administrative de l'armée. Ainsi que l'a théorisé Max Weber, l'extension de la rationalité, caractéristique du capitalisme industriel, a débordé le champ économique pour atteindre d'autres sphères d'activité parmi lesquelles l'usine mais aussi la médecine et l'armée[92]. Dans les sociétés industrielles émergentes, s'établit un consensus autour de la nécessité de certaines formes de discipline et d'organisation adaptées aux mutations de l'économie afin de rationaliser les processus et favoriser l'efficacité. Après les désastres sanitaires, comme celui de la guerre de Crimée (1853-1856), qui ont mis en cause le fonctionnement des Services de santé, l'indignation populaire a favorisé cette dynamique[93]. Avant même la systématisation de l'organisation du travail par le taylorisme, les experts médicaux se sont donc efforcés de rationaliser la gestion du collectif armé en s'appuyant sur des bases scientifiques. Évacuation des blessés, organisation de l'hôpital, détermination de normes d'aptitude et de procédures de sélection sont autant d'indices de cette volonté de rendre l'administration des troupes plus efficace. À l'ère de l'administration savante du collectif militaire, les hygiénistes se voient investir

92. Max Weber, *Essays in sociology*, New York, Oxford University Press, 1972, p. 222, et sur l'extension de la dynamique de la rationalisation, p. 293-294 ; Steve Sturdy, « The Political Economy of Scientific Medicine: Science, Education and the Transformation of Modern Medicine in Sheffield, 1890-1922 », *Medical history*, vol. XXXVI, 1992, p. 125-159 ; George Rosen, « The Efficiency Criterion in Medical Care, 1900-1920: An Early Approach to an Evaluation of Health Service », *Bulletin of the History of Medicine*, 1, 1976, p. 28-44 ; Charles E. Rosenberg, « Inward Vision and Outward Glance: The Shaping of the American Hospital, 1880-1914 », *Bulletin of the History of Medicine*, vol. LIII, 1976, p. 349-391 ; Susan Reverby, « Stealing the Golden Eggs: Ernest Amory Cochman and the Science and Management of Medicine », *Bulletin of the History of Medicine*, vol. IV, 1981, p. 156-171 ; Abram De Swaan, *In Care of the State: Health Care, Education and Welfare in Europe and the USA in the Modern Era*, Cambridge, Polity Press, 1988.

93. Alain Gouttman, *La Guerre de Crimée (1853-1856). La première guerre moderne*, Paris, Perrin, 2006 (1re éd., 1995) ; Marc Lemaire, « La guerre de Crimée : chronique et analyse d'un désastre sanitaire (1854-1856) », thèse pour le doctorat, Université Paul-Valéry Montpellier 3, 2006 ; Claire Fredj, « Médecins en campagne, médecine des lointains : le service de santé des armées en campagne dans les expéditions lointaines du Second Empire (Crimée, Chine-Cochinchine, Mexique) », thèse pour le doctorat, Université de Lille III, 2016.

d'une compétence technique managériale adaptée aux formes nouvelles de la guerre qui fait écho à la modernité industrielle[94].

L'exigence de rationalité et les nouvelles compétences managériales de la médecine, combinées à la généralisation des grands effectifs militaires, ont poussé les hygiénistes de la seconde moitié du XIXe siècle à s'appuyer de manière privilégiée sur la médecine des grands nombres. Celle-ci consacre la rupture de l'hygiène avec les préceptes de la clinique tels qu'ils étaient défendus par Claude Bernard, pour lequel la médecine avait pour principal objet l'individu[95]. La sélection des recrues est dès lors appuyée sur des outils statistiques et caractérisée par le souci du collectif, de la rationalisation et de l'efficacité. Dotée d'une nouvelle dimension pragmatique, elle a vocation à simplifier l'administration des grands effectifs. En uniformisant les critères du recrutement, elle participe à une dynamique générale de standardisation militaire.

Au fondement des opérations médicales du recrutement, le choix de corps normés et adaptés aux difficultés de la vie militaire s'accorde particulièrement à l'exigence de standardisation qui s'impose aux grands effectifs. À la normalisation et l'interchangeabilité des matériels doit répondre celles des soldats. Le corps médical est chargé de construire et d'appliquer les règles qui enserrent la recrue dans un cadre normatif mathématisé. Les médecins définissent aussi bien l'inclinaison du corps pendant la marche, la ration adéquate nécessaire à l'alimentation du soldat que les normes de l'aptitude militaire[96]. Les deux dernières

94. Sur la compétence technique et managériale de la médecine, Mark Harrison, « Medicine and the Management of Modern Warfare », art. cité, p. 394 ; sur la modernisation de la guerre, Edward Hagerman, *The American Civil War and the Emergence of Modern Warfare*, Bloomington/Indianapolis, Indiana University Press, 1988.

95. Claude Bernard, *Principes de médecine expérimentale*, Paris, PUF, 2008 [1947], p. 70. L'ouvrage a été écrit entre 1855 et 1877. Sur l'hygiène comme médecine des grands nombres, voir Anne Rasmussen, « Expérimenter la santé des grands nombres », art. cité.

96. Sur l'émergence de la normalisation et de l'interchangeabilité des matériels, on lira Dominique Pestre (dir.), *Deux siècles d'histoire de l'armement en France. De Gribeauval à la force de frappe*, Paris, CNRS Éditions/Comité pour l'histoire de l'armement, 2005, p. 22-23 ; Ken Alder, *Engineering the Revolution: Arms and Enlightenment in France, 1763-1815*, Princeton, Princeton University Press, 1997. Les médecins sont décrits comme « *arbiters of norms and standards* » par Mark Harrison dans « Medicine and the Management of Modern Warfare », art. cité, p. 394. Sur la position du corps pendant la marche, voir par exemple : « Positions of the body in marching », dans Patrick Hehir, *Prevention of Disease and Inefficiency with Special Reference to*

pouvant d'ailleurs se rejoindre, comme en témoignent les inquiétudes croissantes des Britanniques quant à la qualité de la dentition des recrues en lien avec leur capacité à mâcher les *Army Biscuits* et donc à être correctement alimentés tout au long de la campagne[97].

Procédure caractéristique des administrations de masse, la standardisation vise d'abord l'homogénéité du contingent. L'idée d'uniformité, qui procède de la sélection et de la condition militaire partagée, est ainsi récurrente dans la littérature d'hygiène militaire[98]. Pour François-Clément Maillot et Jean Puel, « la première condition d'un corps d'armée, c'est l'uniformité de ses membres[99] ». L'uniformité est au principe de la cohérence de l'armée et de la naissance d'un esprit de corps, gage de l'efficacité du collectif militaire. C'est probablement ce souci qui permet d'expliquer le fait qu'on ait pu, en France, être écarté du rang pour laideur extrême, même si le fait demeure rare. L'instruction militaire stipule en effet que « la laideur extrême, résultant soit d'une vicieuse conformation des traits ou d'un défaut de proportion entre eux, soit de l'atrophie d'une partie de la face, soit enfin d'un manque de symétrie des deux côtés du visage, peut motiver ainsi le classement dans le service auxiliaire ou même l'exemption ». En 1901, le conseil de révision du Gard exempte de ses devoirs militaires un conscrit « bien constitué, fort, solide, parfaitement en état de servir[100] » mais affligé d'un visage particulièrement disgracieux. Autour de 1900, la laideur ne relève pas seulement du jugement esthétique, elle est investie d'une

Indian Frontier Warfare, with Special Reference to Indian Frontier Warfare, Allahabad, Pioneer Press, 1911 [2e éd.], p. 61. On lira aussi le sous-chapitre « Une théorie de la station », dans Georges Vigarello, *Le corps redressé. Histoire d'un pouvoir pédagogique*, Paris, Le Félin, 2018, p. 141-150 ; Sur les tentatives de définition scientifique de la ration des troupes coloniales et britanniques, on lira Mark Harrison, « Crossing the Danger Line: Diet, Disease and Morale in Mesopotamia », dans Peter Liddle et Cecil Hugh, *Facing Armageddon: The First World War Experienced*, Londres, Leo Cooper/Pen and Sword, 1996.

97. T. McCullogh, « Rejections on Account of Defective Teeth », *Journal of the Royal Army Medical Corps*, 1er août 1904, p. 188-190, S. Westcott, « The Teeth of the Soldier », *Journal of the Royal Army Medical Corps*, 1er février 1907, p. 141-150 ; « Soldier's Teeth », in « Medical Correspondence », *Journal of the Royal Army Medical Corps*, 1er juillet 1914, p. 127-129.

98. Anne Rasmussen, « Expérimenter la santé des grands nombres », art. cité, p. 71-91.

99. François-Clément Maillot et Jean Puel, *Aide-mémoire médico-légal de l'officier de santé de l'armée de terre*, Paris, J.-B. Baillière, Gaultier-Laguionie, 1842, p. 5.

100. Thomas Grimm, « Les laideurs célèbres », *Le Petit Journal*, 23 juin 1901.

valeur diagnostique par les médecins. Une dysharmonie prononcée de la face est parfois perçue comme le signe d'une dégénérescence voire d'un tempérament criminel. L'irrégularité physique est alors associée à l'irrégularité morale et la laideur à un mal héréditaire dont elle serait la manifestation visible. Mais il est aussi possible qu'anticipant une réaction de rejet de la part des camarades de la recrue, la médecine militaire interprète l'aspect repoussant comme un stigmate – c'est-à-dire un attribut associé au discrédit et facteur d'exclusion – et se fasse ainsi garante, par l'exclusion préventive, de la cohésion du collectif militaire[101]. Dès l'Instruction du 27 février 1877, les médecins s'efforcent en effet de déterminer si « quelque infirmité, sans gêner l'exercice des fonctions, est de nature à exciter le dégoût et, par là même, est incompatible avec la vie en commun des soldats[102] ».

Orientés par l'efficacité, les savoirs de la maladie sont alors mobilisés par les médecins comme des systèmes d'action. L'examen est dirigé vers une seule activité, le « triage[103] » des candidats à l'incorporation. La sélection médicale des recrues constitue un avatar de la « médecine

101. Sur l'importance du visage et, plus précisément, de l'expression faciale et les théories savantes qui se développent autour de cette question, on lira Stéphanie Dupouy, « Le visage au scalpel : l'expression faciale dans l'œil des savants (1750-1880) », thèse de doctorat en philosophie de l'Université Paris 1, 2007, 2e et 3e parties. Sur la laideur comme signe de l'*uomo deliquente*, voir la diffusion en Europe des thèses de Cesare Lombroso, notamment de *L'uomo deliquente studiato in rapporto all'antropologia, alla medicina legale e dalle discipline carceriare*, Bologne, Il Mulino, 1887. Sur la laideur comme signe d'irrégularité morale, on pourra lire les analyses de Valentine Hoffbeck sur le rôle de la laideur dans le diagnostic d'arriération mentale dans « De l'arriéré au malade héréditaire : histoire de la prise en charge et des représentations du handicap mental en France et Allemagne (1890-1934) », thèse de doctorat en histoire contemporaine de l'Université de Strasbourg, 2016, p. 307-309. Sur la laideur comme stigmate et le stigmate en général, voir Erwin Goffman, *Stigmate. Les usages sociaux des handicaps*, Paris, 1975 (1re édition, *Stigma: Notes on the Management of Spoiled Identity*, Upper Saddle River, 1963) ; sur l'association entre laideur, stigmate et exclusion, Véronique Nahoum-Grappe, « Les canons de la laideur », *Communications*, n° 60, 1995, numéro « Beauté, laideur », sous la direction de Véronique Nahoum-Grappe et Nicole Phelouzat-Perriquet, p. 29-47, ici p. 30. Pour une réflexion plus générale sur l'utilisation en histoire de la notion de stigmate et du corpus Goffman, on mettra à profit les analyses de Clyde Plumauzille et Mathilde Rossigneux-Méheust, « Le stigmate ou "La différence comme catégorie utile d'analyse historique" », *Hypothèses*, vol. 17, n° 1, 2014, p. 215-228.

102. Émile Duponchel, *Traité de médecine légale militaire*, *op. cit.*, p. 31.

103. Gustave Lemoine, *Traité d'hygiène*, *op. cit.*, p. 3 ; Pierre Bonnette, *Du choix des conscrits : indices de robusticité physique, utilisation méthodique du contingent, service*

du tri », paradigme majeur de la médecine moderne et scientificisée du XXe siècle[104]. Elle est en effet orientée par une logique de tri considérée comme « moralement juste et techniquement efficace[105] ». Dans les instructions françaises, chaque entrée est abordée de manière fonctionnaliste et pragmatique afin de faciliter le triage. Les symptômes sont systématiquement mis en regard, non avec une origine, une étiologie ou les subtilités d'un diagnostic, mais avec la décision qu'ils doivent motiver quant à l'incorporation :

> Les malformations congénitales et les difformités acquises [...] peuvent entraîner, suivant leur gravité, le classement dans le service auxiliaire, l'exemption ou la réforme.
>
> Le rétrécissement prononcé du thorax avec symphyse pleurale, suite de pleurésie, motivera toujours l'exemption et la réforme.
>
> Les déformations de l'omoplate, les arrêts de développement, les courbures difformes ou irrégulières de la clavicule qui gênent le port du sac ou entravent les mouvements [...] motivent le classement dans le service auxiliaire, l'exemption ou la réforme suivant le degré des troubles fonctionnels qu'elles entraînent[106].

Dans ce paragraphe, il importe peu que malformations et difformités soient d'origine congénitale ou acquise. De même, c'est le rétrécissement du thorax – symptôme et signe visible – plus que la pleurésie qui motive l'exemption. Contrairement aux pratiques de triage médical étudiées par Guillaume Lachenal, Céline Lefève et Vinh-Kim Nguyen, la sélection médicale des recrues n'a cependant pas pour objectif de produire des effets sur les pratiques de soin[107]. Il s'agit d'un triage médico-institutionnel, dans le sens où son seul objectif est de trouver ou non une place au nouvel arrivant dans l'institution militaire. L'examen évacue donc la question causale de l'origine de l'affection, indispensable à la formulation d'une solution thérapeutique. Pour le cardiologue Camille Lian (1882-1969), qui cherche à « apprécier l'aptitude

---

armé, service auxiliaire, dépôts de viriculture extra-régimentaires pour les malingres, Paris, Octave Doin et fils, 1910, p. 3.

104. Guillaume Lachenal, Céline Lefève et Vinh-Kim Nguyen, *La médecine du tri*, *op. cit.*, p. 10-11.

105. *Ibid.*, p. 11.

106. Ministère de la Guerre, *Recrutement de l'armée. Aptitude physique au service militaire*, Paris, H. Charles-Lavauzelle, 1905, p. 34.

107. Guillaume Lachenal, Céline Lefève et Vinh-Kim Nguyen, *La médecine du tri*, *op. cit.*

militaire des palpitants », les épreuves d'effort « ne sont pas destinées à établir la nature des troubles cardiaques, par exemple à montrer s'ils relèvent de telle ou telle affection cardiovasculaire, ou encore s'ils sont la conséquence du retentissement cardiaque d'une affection viscérale (pulmonaire, gastrique, rénale, thyroïdienne, nerveuse, etc.) ». C'est bien une « décision militaire[108] » qui doit être prise à l'issue de l'appréciation de la valeur fonctionnelle cardiaque. L'expertise médicale relative au recrutement, entreprise de triage médico-institutionnel articulée à une conception fonctionnelle et institutionnelle de l'aptitude, apparaît donc comme une entreprise de rationalisation administrative assistée par le savoir médical.

La sélection ou l'exclusion des inaptes

La sélection comme processus d'épuration

Afin de faciliter l'administration de l'armée et de garantir son efficacité, les experts médicaux mettent en place un processus d'épuration[109]. Pour sélectionner les plus aptes à résister aux conditions exigeantes du service, ils renoncent rapidement à identifier les signes de l'aptitude pour se concentrer sur la détection et l'exclusion des inaptes. La sélection médicale repose en cela sur un triple postulat, décalque des principes qui orientent l'eugénisme[110]. Elle suppose d'abord l'existence d'une différence de qualité entre les êtres humains ; prétend ensuite que cette différence est mesurable par les experts de l'aptitude ; affirme enfin que par l'exclusion des inaptes, elle peut contribuer à agir sur la qualité du collectif militaire. Par le « filtre dégrossisseur[111] » de la sélection, on doit pouvoir faire émerger une population choisie, constituée d'individus de qualité.

La littérature médicale du XIXe siècle et du début du XXe siècle est marquée par la tension entre conception positive et conception négative

108. Camille Lian, « Épreuves d'aptitude cardiaque à l'effort », *Bulletin de l'Académie nationale de médecine*, n° 35, 3e série, tome LXXVI, 1916, p. 176-179.
109. Le terme est utilisé par Anne Rasmussen dans « Expérimenter la santé des grands nombres », art. cité, p. 71-91.
110. J'emprunte en l'adaptant légèrement le triple axiome que Paul-André Rosental a conçu pour caractériser l'eugénisme, dans *Destins de l'eugénisme*, p. 26.
111. Gustave Lemoine, *Traité d'hygiène*, *op. cit.*, p. 3.

de l'aptitude. À l'impossible recherche des signes positifs de l'aptitude finit par succéder un constat pragmatique : l'aptitude est une condition par défaut qui ne peut apparaître qu'en creux. À la recherche d'une définition positive de l'aptitude, les médecins se sont attachés avec plus ou moins de bonheur à lister les attributs des « bons pour le service ». La force physique apparaît comme une condition nécessaire mais non suffisante. Elle doit s'accompagner d'une énergie, d'une capacité de résistance qui permette à la recrue d'être solide, robuste, c'est-à-dire endurante. L'importance de l'endurance est soulignée, au point qu'elle est fréquemment donnée en strict équivalent de l'aptitude[112]. « Il ne suffit pas, précise Joseph Grancher en 1898, de mesurer la valeur physique d'un homme, il faut aussi connaître sa valeur *physiologique*. Or celle-ci s'apprécie par la résistance aux fatigues de la vie militaire, au froid, à la marche forcée, etc.[113] ». Cette résistance vitale est bien souvent associée à l'harmonie des proportions du corps[114]. En 1911, la *Nouvelle pratique médico-chirurgicale illustrée* consacre un article au choix du conscrit[115]. Il y a, selon les auteurs, « des indices certains et avoués par les gens d'expérience, pour juger les qualités guerrières des hommes ». Pour eux, la meilleure description du soldat robuste a été formulée par le Dr Vincent, en 1861 :

> Une stature plus ou moins élevée, bien prise dans son ensemble ou quelque peu ramassée, mais sans infériorité trop sensible avec le poids du corps ; une conformation générale symétrique, exempte de maigreur ou d'obésité ; une tête régulière, pourvue d'une saine chevelure et aisément portée sur un cou suffisamment charnu et pur de tout relief goitreux et de souillure scrofuleuse ; un visage modérément coloré, empreint du signe de l'intégrité fonctionnelle des organes des sens et de l'intelligence ; la voix pleine, libre et sonore ; une bonne digestion exprimée localement par la souplesse de l'abdomen et dans son état général un embonpoint moyen ; la respiration aisée et profonde ; la circulation calme et uniforme ; un torse flexible et robuste, suffisamment cambré et témoignant par l'ampleur de la poitrine, l'épaisseur des épaules, le délié de la ceinture, l'exiguïté du ventre et le développement des hanches, de l'état parfait de la charpente, des parties enveloppantes et des organes contenus ; les membres bien attachés, droits

112. Joseph Grancher, « Prophylaxie de la tuberculose », *Bulletin de l'Académie nationale de médecine*, Paris, J.-B. Baillière & Masson, 1898, p. 496.

113. *Ibid.*, p. 497.

114. Patrick Hehir, *Prevention of Disease and Inefficiency, op. cit.*, p. 42.

115. « Le choix du conscrit », *Nouvelle pratique médico-chirurgicale illustrée,* 1911-1912, p. 613-614.

> et musculeux, terminés par des extrémités fortes ou fines, suivant la race ou la condition ; la peau ferme, sans rudesse plus ou moins velue, nette d'empreinte cachectique et de bride cicatricielle, d'un teint blanc, rosé ou bistré, mais non livide, sans relief variqueux ni marbrure lymphatique ; une force musculaire suffisamment dessinée ; une virilité pleinement accusée ; enfin l'*harmonie du tout*[116].

La litanie des signes de l'aptitude se caractérise par une remarquable constance, et ce depuis l'Antiquité. Elle est tout à fait similaire, dans sa forme comme dans son contenu, à l'accumulation des qualités recherchées par les tenants de l'amélioration de la race.

Dans leur volonté de lister les qualités militaires, les médecins débordent constamment la simple description du corps et de l'esprit adapté aux exigences de la guerre pour dessiner les contours du citoyen modèle, incarnation du masculin hégémonique. L'armée est en effet tour à tour désignée comme le miroir de la société et une version améliorée de celle-ci[117].

En France, après le choc de la défaite de 1870 contre la Prusse, la mystique conservatrice de l'ordre fait de l'armée le refuge des vraies valeurs et un rempart contre une société industrielle corrompue par l'argent[118]. Le corps militaire est perçu comme un agent de régénération de la nation, thème qui domine avec constance l'arrière-plan du débat sur l'armée et son mode de recrutement[119]. Le soldat devient ainsi progressivement le paradigme du citoyen à la fois vertueux et physiquement solide, discipliné et combatif, mobilisant sa force au service de la collectivité[120].

116. Dr Vincent, « Du choix du soldat », *Recueil de mémoires de médecine, de chirurgie et de pharmacie militaire*, Paris, Victor Rozier, 1861, t. vi, p. 273-274.

117. Jean-Paul Bertaud, « L'armée et le brevet de virilité », dans Alain Corbin, Jean-Jacques Courtine et Georges Vigarello (dir.), *Histoire de la virilité*, t. 2, *op. cit.*, p. 63-79 ; Odile Roynette, *Bons pour le service*, *op. cit.* Sur la notion de masculinité hégémonique : Raewyn W. Connell, *Masculinities*, *op. cit.* et sa traduction française partielle déjà citée ; Raewyn Connell et James Messerschmidt, « Hegemonic Masculinity: Rethinking the Concept », *Gender and Society*, vol. 19, n° 6, 2005, p. 829-859. Sur l'armée miroir de la société, Annie Crépin, *Histoire de la conscription*, *op. cit.*, p. 254 ; « L'armée doit être la copie de la nation » proclamait le radical Laisant dès 1884 dans le *Journal officiel* du 25 mai 1884, Chambre des députés, séance du 24 mai 1884, p. 1128.

118. Sur la mystique de l'ordre, Raoul Girardet, *La société militaire de 1815 à nos jours*, Paris, Librairie Académique Perrin, 1998.

119. Annie Crépin, *Histoire de la conscription*, *op. cit.*, p. 274.

120. Alain Ehrenberg, *Le Corps militaire*, *op. cit.*

En Grande-Bretagne, en revanche, l'armée de terre souffre depuis la période victorienne d'un déficit de prestige préjudiciable à la qualité des volontaires qui se présentent à l'incorporation[121]. Les conditions du service, la faiblesse des salaires et l'absence de perspective de progression au sein de la hiérarchie font de la carrière militaire une carrière par défaut. La plupart des recrues sont des travailleurs non qualifiés qui viennent des quartiers les plus défavorisés des centres urbains[122]. À l'image de l'inspection générale des forces de 1904, qui estime que « l'armée ne récupère que les "rebuts" de la société civile[123] », les cadres de l'armée de terre se plaignent régulièrement de l'état des hommes du rang. Cela n'empêche pas les médecins militaires de tenter de dessiner les contours du soldat idéal, bien loin des réalités de la troupe.

La définition positive de l'aptitude n'est pas sans poser problème. Elle reste imprécise et l'addition de caractères dessine un corps masculin de parade, un corps idéal dont on trouve peu de spécimens. Les médecins recruteurs soulignent ainsi la rareté chez les jeunes recrues des « sujets de choix ». Que faire dès lors si l'un des signes de l'aptitude est manquant ? Doit-on écarter un jeune homme bien conformé mais à la voix de fausset ? Un jeune homme bien proportionné mais de petite stature ? Un jeune homme de grande taille mais à la silhouette marquée par un « déséquilibre dans l'harmonie des rapports organiques[124] » ? À ces questions, les experts médicaux du recrutement répondent avec constance par la négative :

> Tel homme, par exemple, d'aspect un peu chétif, et que le médecin très sévère classerait volontiers parmi les candidats à la tuberculose en prenant son mot dans son sens le plus large, fait preuve d'une résistance peu commune et son capitaine le considère comme un bon soldat. Faut-il l'éliminer ? Non certes[125].

121. Timothy Bowman et Mark Connelly, *The Edwardian Army, op. cit.*, p. 147 et suiv. ; Alan Skelley, *The Victorian Army at Home, op. cit.*, p. 235-300 ; Edward M. Spiers, *The Late Victorian Army, op. cit.*, p. 118-152.
122. David French, *Military Identities, op. cit.*, p. 34.
123. « Annual Report for 1904 of the Inspector-General of the Forces with remarks by the Army Council », p. 61, cité par Ian F. W. Beckett, « The Compulsion of Destitution: The British Army and the Dilemma of Imperial Defense, 1868-1914 », dans Peter Dennis et Jeffery Grey (dir.), *Raise, Train and Sustain: Delivering Land Combat Power*, *The Journal of Military History*, vol. 75, n° 1, 2011, p. 31.
124. Adrien Besson, *De l'Évaluation de l'aptitude physique, op. cit.*, p. 12.
125. Joseph Grancher, « Prophylaxie de la tuberculose », art. cité, p. 497.

Pour la plupart des médecins, « il n'y a pas de signe certain [...] de l'aptitude militaire d'un soldat[126] ». Il est donc exclu de faire des indices de l'aptitude des conditions *sine qua non* de l'incorporation. Ce portrait du soldat reste un idéal-type, soit une utopie reconstituée qui unifie en une seule et même incarnation un ensemble de caractéristiques dispersées[127]. L'objectif est méthodologique, il s'agit de proposer un horizon, un modèle vers lequel doit tendre – sans, au fond, jamais l'atteindre – le jeune soldat en devenir. En revanche, parce qu'un seul des signes de l'inaptitude suffit en théorie pour être écarté du rang, la sélection médicale est conçue comme un processus d'exclusion des inaptes.

L'aptitude au service armé est en effet considérée comme la condition par défaut du jeune homme qui se présente à l'examen médical. Le vocabulaire administratif est ici éloquent. Les sujets qui ne donnent pas satisfaction font l'objet d'une « décision spéciale[128] » qui doit être motivée. Il s'agit donc, au cours de l'examen médical, de faire la preuve de l'inaptitude. Quant aux jeunes gens qui ne se présentent pas au conseil de révision, ils sont déclarés « bons absents ». De manière éloquente, dès 1820, Pierre Moricheau-Beaupré liste trente-huit signes évidents d'une mauvaise constitution, là où la bonne constitution était caractérisée de neuf entrées seulement. Figure efféminée, mollesse, anomalies de forme et de couleur, atrophies, hypertrophies et autres asymétries composent un tableau qui n'est pas sans rappeler par endroits les stigmates, listés par Édouard Drumont en 1886 dans *La France juive*, par lesquels il prétend reconnaître le Juif[129]. Le Juif, au singulier de péjoration, est, comme d'autres parias – gitans, homosexuels, noirs, criminels et fous –, érigé en contretype d'une définition consensuelle de la beauté, de la santé et de la virilité[130]. Les médecins, arbitres de la morale, ayant joué un rôle important dans cette définition, les

126. *Ibid.*, p. 496.

127. Sur l'idéal-type, voir Max Weber, *Essais sur la théorie de la science*, Paris, Pocket, 1992 [1904-1917], p. 181.

128. Émile Duponchel, *Traité de médecine légale militaire, op. cit.*, p. 25.

129. Sur l'importance de *La France juive* dans la construction de l'antisémitisme français, voir Michel Winock, *Nationalisme, antisémitisme et fascisme en France*, Paris, Point Seuil, 1990, p. 129.

130. George Mosse, *L'image de l'homme, l'invention de la virilité moderne*, Paris, Abbeville, 1997, p. 69-72.

listes de caractéristiques en forme de symptômes de l'« éliminé[131] » et du paria entretiennent des correspondances tout à fait signifiantes. Parmi les poncifs dévirilisants de la culture populaire, on trouve d'ailleurs depuis le milieu du XIXe siècle l'idée de la lâcheté du Juif face au service militaire, lâcheté bien visible dans ses caractéristiques physiques[132]. En déterminant une différence mesurable de qualité entre les individus, les médecins fondent une hiérarchie sur une base biologique. L'évaluation de l'aptitude repose en définitive sur une théorie de la valeur différentielle des hommes.

Le corps médical contribue à désigner la déviance – l'inaptitude – et à définir la norme – l'aptitude[133]. Faire émerger une population choisie, constituée d'individus de qualité, sur lesquels reposent l'efficacité de l'armée et donc la puissance de la nation, doit se faire en identifiant et en écartant les inadaptés, potentiels vecteurs de contamination physique et morale de la troupe. La classification des individus selon leurs qualités fonctionnelles conduit à la dévalorisation voire à la stigmatisation des corps et des esprits improductifs et donc à l'émergence d'une catégorie d'inutiles[134]. Ces surnuméraires sont désignés de manière tout à fait caractéristique. Ce sont les « éléments inférieurs[135] », les « déchets[136] » ou, outre-Manche, le « *residuum*[137] ». Par un jugement d'ensemble,

131. Adrien Besson, *De l'Évaluation de l'aptitude physique, op. cit.*, p. 10.

132. Elisabeth Frenzel, *Judengestalten auf der deutsche Bühne*, Munich, Deutscher Volksverlag, 1940, p. 170 ; Sander Gilman, *The Jew's Body*, Londres, Routledge, 1991 ; George L. Mosse, *Towards the Final Solution: A History of European Racism*, New York, Howard Fertig, 1978, p. 29.

133. Sur la désignation de la norme et de la déviance par le corps médical : Michel Foucault, *Les Anormaux. Cours au Collège de France (1974-1975)*, Paris, Gallimard/Le Seuil, 1999.

134. Zygmunt Bauman, *Wasted Lives. Modernity and Its Outcasts*, Cambridge, Polity Press, 2004 ; Robert Castel, *Les métamorphoses de la question sociale. Une chronique du salariat*, Paris, Fayard, 1995.

135. Georges Lemoine, *Traité d'hygiène*, Paris, Masson, 1911, p. 3.

136. Jules Simonin, « Les dégénérés dans l'armée : origine, caractère, prophylaxie », *Annales d'hygiène publique et de médecine légale*, 1909, p. 44 ; Achille Kelsch, « Les cardiopathies latentes et la mort subite dans l'armée », *Bulletin de l'Académie nationale de médecine*, n° 30, 3e série, tome XLVI, L. Maretheux, 30 juillet, 1901, p. 247 ; Georges Lemoine, *Traité d'hygiène militaire, op. cit.*, p. 3.

137. John Welshman, « The Social History of Social Work: The Issue of the "Problem Family", 1940-70 », *British Journal of Social Work*, vol. 29, n° 3, 1999, p. 457-476.

on évalue la « valeur physiologique[138] », la « valeur physique[139] », la « valeur organique », la « valeur combative » de l'individu dans un contexte général, celui de 1880-1914, qui correspond à une période de crispation vis-à-vis des improductifs. Les changements de l'organisation du travail au début du XXe siècle produisent en effet une élévation des exigences productives et une accentuation de l'inadaptation de ceux qui ne parviennent pas à se plier aux modalités de ponctualité, de chronométrage ou de constance du rythme. Tandis que l'indemnisation des accidents du travail accentue en Grande-Bretagne l'importance des qualités requises en matière d'embauche. Les « malingres, ces demi-bons, ces déshérités physiques[140] » ou les faibles d'esprit sont qualifiés de « non-valeurs[141] ». Percy Lelean ouvre ainsi son manuel d'hygiène militaire par un chapitre consacré à « l'aptitude physique à la guerre » :

> En période de guerre, l'essentiel est d'abord de faire parvenir le plus grand nombre d'hommes au plus haut degré d'efficacité c'est-à-dire d'aptitude au combat. Puis de les envoyer avec leur équipement en première ligne, enfin de les y maintenir le plus longtemps possible. En conséquence, il est logique de faire débuter mon propos par la recrue, afin de nous assurer d'un matériel physique adéquat. En guise de propos liminaire, nous nous intéresserons à l'élimination des inaptes (*weeding-out of the unfit*)[142].

L'attention des hygiénistes se fixe ainsi sur l'exclusion des inaptes, « malingres[143] » et autres « chétifs », « *physically degenerate*[144] », « soldats de santé débile », « *physically handicapped*[145] », « palpitants », « adénoïdiens », « déficients pulmonaires », « pleurétiques » et imbéciles à

138. Adrien Besson, *De l'Évaluation de l'aptitude, op. cit.*, p. 27.
139. SHD, GR 9 NN 7/1111, Instruction physique des classes jeunes ou de récupérés, 10 octobre 1916.
140. Pierre Bonnette, *La Presse médicale*, n° 4, 1914, p. 47.
141. Décret du 10 octobre 1914, *J.O.* du 11 octobre 1914, p. 8251.
142. Percy S. Lelean, *Sanitation in War, op. cit.*, p. 2-3.
143. Mackiewicz, « Des mesures du corps comme signes matériels de la robusticité probable du conscrit », *Le Caducée,* 6, mars 1905, p. 76-78 ; D. Simon et H. Perrin, « Les malingres dans l'Armée. Ce qu'on peut, ce qu'on doit en faire », *Archives de médecine et de pharmacie militaires,* XLVII, 1906, p. 265-340, cités par Anne Rasmussen, « Préserver le capital humain », art. cité, p. 71-95.
144. « National Physique and Military Service », *British Medical Journal*, 1903, p. 222.
145. George J. H. Evatt, « The Medical care of the Volunteer Forces », *British Medical Journal*, 26 Janvier 1907, p. 232.

tenir soigneusement éloignés du rang. Pour le médecin militaire Pierre Bonnette (1868-1948), auteur en 1910 d'un manuel sur le choix des conscrits, « [c]e n'est point sur un maximum, mais sur un minimum d'aptitude que l'on délibère ; il s'agit moins d'un choix à exercer que d'une élimination à faire[146] ».

La sélection comme dispositif prophylactique

En France, la raison médicale finit par imposer le principe de la sélection comme dispositif prophylactique autour de 1905. En contribuant à écarter de l'armée les possibles vecteurs de contamination, l'examen médical préalable à l'incorporation appartient à l'ensemble des dispositifs pensés pour préserver la santé des soldats en accord avec une préoccupation pour la sauvegarde sanitaire de l'armée qui a vu le jour dans la seconde moitié du XIXe siècle. Le fait de faire reposer sur les citoyens la défense de la nation soumet l'État à une série d'obligations, dont celle de veiller à leur bonne santé[147]. Il appartient donc à l'hygiène, ou médecine préventive, de s'assurer de limiter les risques de contamination en évitant l'éclosion des maladies et en enrayant leur diffusion. Cette contamination peut être morale, comme celle que l'on craint en France de la part des jeunes volontaires, ou physique, par le biais des maladies infectieuses. En 1911, Georges Lemoine, professeur d'hygiène à l'École d'application du Service de santé militaire du Val-de-Grâce et membre du Conseil supérieur d'Hygiène de France, ouvre son *Traité d'hygiène militaire* par un constat qui se veut sans appel : « Le sélectionnement des hommes du contingent constitue la base de l'état sanitaire de l'armée[148]. » Les mauvaises conditions d'aménagement des casernes et des hôpitaux jouent certes un rôle, mais bien secondaire, pour le phénomène qui inquiète les médecins français de l'époque : l'infériorité de l'armée française par rapport à l'armée allemande, infériorité révélée par la comparaison des statistiques de mortalité et de morbidité[149].

146. Pierre Bonnette, *Du choix des conscrits, op. cit.*, 1910, p. 20.
147. J. L. Notter, « Military hygiene », dans Thomas Stevenson et Shirley Murphy (dir.), *A Treatise on Hygiene and Public Health*, Londres, J. & A. Churchill, 1893, vol. 2, p. 601.
148. Georges Lemoine, *Traité d'hygiène militaire, op. cit.*, p. 1. Voir aussi Pierre Bonnette, *Du choix des conscrits, op. cit.*, p. 24-26.
149. « Comparaison de la morbidité et de la mortalité dans les armées françaises et allemandes », *Le Caducée*, 17 janvier 1903, p. 16.

Lemoine fait écho aux nombreux articles et travaux publiés dans la décennie précédente qui comparent les taux de l'armée française à ceux des principales armées européennes[150]. Rejoignant les inquiétudes démographiques de son époque, il incrimine la faible natalité française et le différentiel de 20 millions d'hommes en faveur de l'Allemagne mais aussi les « efforts faits pour le compenser en incorporant le plus grand nombre d'hommes possible[151] ». La chose est entendue :

> Les armées étrangères incorporent moins d'hommes que nous. L'Allemagne, l'Autriche-Hongrie et la Russie prélèvent sur 1 000 inscrits 180 à 200 hommes, alors que la France incorpore 670 sujets. Pour 1,66 homme que nous éliminons, les armées voisines que nous venons de citer en éliminent 5.
>
> Ces quelques considérations suffisent à expliquer notre chiffre de mortalité annuelle moyenne pour 1 000 hommes d'effectif, qui est de 4,58 au lieu de 2,32 dans l'armée allemande. Il est juste d'ajouter d'ailleurs que les autres armées étrangères présentent des chiffres supérieurs aux nôtres. […] La sélection semble être le principal remède à notre infériorité sanitaire relative[152].

Aussi, dans les premières années du XXe siècle, les médecins français militent-ils pour accroître la sévérité de la sélection. En 1904, Lemoine s'intéressait déjà à la morbidité tuberculeuse dans l'armée et à sa persistance en dépit des efforts hygiénistes déployés par le Service de santé depuis vingt ans[153]. À la faveur de la diffusion de la théorie des germes, les maladies infectieuses comme la tuberculose sont devenues le problème épidémiologique majeur. Désormais, elles ne sont plus héréditaires et irrémédiables mais contagieuses et évitables. Constatant que l'accroissement du nombre des tuberculeux porte presque uniquement sur des soldats dans la première année de leur service, Lemoine l'attribue à une insuffisance de la sélection au moment des conseils de révision. La morbidité tuberculeuse augmenterait à mesure que diminuerait le nombre des exemptés. À l'appui de sa démonstration, il convoque les statistiques médicales de la période précédente. Celles-ci mettent en regard, pour chaque année, la morbidité tuberculeuse et

150. Voir par exemple Alvernhe, *L'état sanitaire des principales armées européennes*, Paris, Victor Rozier, 1903, p. 351.
151. George Lemoine, *Traité d'hygiène militaire, op. cit.*, p. 2.
152. *Ibid.*
153. Georges Lemoine, « Morbidité tuberculeuse dans l'armée », *Revue de la tuberculose*, 1903, n° 2, p. 151 et *Archives de médecine militaire*, février 1905.

le nombre des exemptés. Et l'auteur de conclure : « *en général* à une sélection plus sévère correspond une morbidité [tuberculeuse] moindre, tandis que celle-ci augmente lorsque diminue le nombre des exemptés ». Il ajoute aux statistiques officielles les résultats de ses propres recherches qui semblent indiquer, comme d'autres entreprises de la même époque, que la plupart des soldats devenus tuberculeux au cours de leur service étaient des individus présentant des antécédents personnels – pleurésie, bronchites répétées – ou ayant été au contact de tuberculeux déclarés[154].

Lemoine préconise alors « les mesures prophylactiques suivantes : sélection plus parfaite du contingent, visite sanitaire au cours des années de service venant compléter cette sélection, diminution de l'encombrement des casernes ». Pour lui, « l'insuffisance de la sélection [est] une des causes principales du développement de la tuberculose pulmonaire dans l'armée, et la conclusion qui s'impose au point de vue prophylactique, c'est que la principale mesure à prendre consiste à rechercher les moyens de rendre cette sélection plus parfaite[155] ». Examinant l'état sanitaire de l'armée en 1902, le Dr Noël parvient aux mêmes conclusions. Il émet plusieurs recommandations dont la première est la suivante :

> 1° Pour diminuer la mortalité tuberculeuse et typhoïdique – les deux minotaures qui dévorent le soldat – il faut procéder à une meilleure sélection dans la formation du contingent et supprimer, dans la mesure du possible, les causes qui rendent les soldats tuberculisables et typhoïsables[156].

Dangereux pour la collectivité, les « faibles de constitution » notamment exposent leurs camarades à une potentielle contamination[157]. Pour éviter le déploiement de mesures défensives, il s'agit alors de procéder, en amont, à la mise en place de mesures préventives qui reposent au premier chef sur l'exclusion des vecteurs de contamination supposés. Les mesures proposées par les médecins militaires sont ici en accord avec les modalités dominantes de lutte contre la tuberculose,

---

154. Voir par exemple Paul Remlinger, *Étude sur l'hérédité de la tuberculose*, thèse, Lyon, 1893.
155. Georges Lemoine, *La Tuberculose dans l'armée et dans la marine, op. cit.*, p. 40-41.
156. « La mortalité dans l'armée française », *Bulletin du service de santé militaire*, 1903, p. 39, revue de presse d'après M. Noël, articles des 29 novembre, 3, 6 et 10 décembre 1902 du *Bulletin médical.*
157. Joseph Grancher, « Prophylaxie de la tuberculose », *Bulletin de l'Académie nationale de médecine*, Paris, J.-B. Baillière et Masson, 1898, p. 501.

fléau social par excellence. Les espoirs suscités par la découverte du bacille tuberculeux par Koch en 1882 puis par la tuberculine ayant été déçus, s'impose alors une stratégie prophylactique centrée sur le dépistage, l'isolement des porteurs et la protection de ceux qu'ils pourraient menacer[158]. La sélection rigoureuse des recrues est conçue comme l'un de ces dispositifs, pensé en direction d'une population particulière, l'armée[159].

À la suite de ces publications, la sélection est intégrée en France à l'arsenal des mesures prophylactiques destinées à préserver la santé des effectifs aux côtés de la surveillance sanitaire du contingent et du contrôle de la salubrité des installations. C'est en ce sens qu'il faut comprendre les efforts déployés par le ministère de la Guerre à partir de 1905, tous dans le sens d'un accroissement de la sévérité de la sélection destinée à préserver la santé des armées[160]. Par l'exclusion, on entend agir sur la qualité des effectifs. La loi de 1905, qui supprime les dispenses et donc élargit le vivier des recrues potentielles, ne modifie pas la proportion de deux tiers d'admis dans les rangs de l'armée, qui reste constante depuis 1889[161]. « La nécessaire sévérité du triage des recrues en vertu de la raison médicale est un argument que les partisans de la loi des trois ans ont su mobiliser en 1913 : il fallait compenser le faible rendement de l'appel d'une classe d'âge par la conscription d'une classe supplémentaire[162] ». Autrement dit,

158. Sur la lutte contre la tuberculose en France, on consultera Dominique Dessertine et Olivier Faure, *Combattre la tuberculose, 1900-1940*, Lyon, PUL, 1988 ; David S. Barnes, *The Making of a Social Disease: Tuberculosis in Nineteenth Century France*, The University of California Press, 1995 ; Pierre Guillaume, *Du désespoir au salut. Les tuberculeux aux XIXe et XXe siècles*, Paris, Aubier, 1986 ; Jean-Pierre Bardet, Patrice Bourdelais, Pierre Guillaume, François Lebrun et Claude Quetel, *Peurs et terreurs face à la contagion. Choléra, tuberculose, syphilis XIXe-XXe siècles*, Paris, Fayard, 1988. Sur l'Angleterre : Linda Bryder, *Below the Magic Mountain: A Social History of Tuberculosis in Twentieth Century Britain*, Clarendon Press, 1988 ; Graham Mooney, « Public Health versus Private Practice: The Contested Development of Compulsory Infectious Disease notification in Late-Nineteenth-Century Britain », *Bulletin of the History of Medicine*, 1999, 73, p. 238-267.

159. Voir aussi Émile Tartière, « De l'aptitude des conscrits au service militaire. Le bon recrutement de l'armée et son influence sur l'état sanitaire de l'armée », Lyon, 1902.

160. Loi du 21 mars 1905, Instruction du 21 juillet 1906, circulaires des 28 et 30 décembre 1908 et 22 janvier 1909.

161. Annie Crépin, *Histoire de la conscription*, *op. cit.*, p. 312.

162. Anne Rasmussen, « Préserver le capital humain », art. cité, p. 71-95.

à mesure que l'armée française élargissait le périmètre de recrutement de l'armée, et qu'il était donc possible d'incorporer davantage de recrues, la sévérité de la sélection médicale augmentait, ce qui maintenait constantes les dimensions de l'armée. Les médecins militaires réussissent à imposer un corps de doctrine produit de l'autorité croissante de la science, une rationalité prophylactique déterminée par un système de valeurs et des modes de représentation singuliers. À la quantité, ils préfèrent la qualité ; à l'inévitable sélection naturelle par l'épuisement ou la maladie, une sélection savante et préventive. Cette rationalité est légitimitée par une éthique de la circonspection, du sens du devoir et de l'intérêt du collectif militaire, que les médecins opposent à la légèreté :

> De la façon dont sont effectuées chaque jour nos expertises dans l'armée dépendent en grande partie le maintien des effectifs et la solidité des effectifs, qui seraient rapidement compromis par une pratique médicale peu soucieuse de ses devoirs militaires [...][163].

Ce mode de rationalité entre parfois en tension avec celui des militaires, gouvernés par ce que Gustave Lemoine appelle « la folie du nombre[164] », soulignant par là même que la seule logique valable est celle de l'hygiéniste[165]. Comme Thiers, lorsqu'il défendait le principe de l'armée de métier en 1872, les médecins estiment que le nombre véritable, c'est la qualité[166]. Lemoine peut ainsi se réjouir en 1911 :

> Abandonnant ce qu'on a appelé très justement la « folie du nombre », le ministre de la Guerre a employé tous ses efforts à rendre cette sélection plus parfaite [...]. Sélectionnons donc soigneusement nos combattants, [...] et notre état sanitaire déjà amélioré si on le compare à celui de l'ancienne armée (de 1810 à 1830 la mortalité était de 20 p. 1000, en 1881-85, elle a été de 7 p. 1000 et aujourd'hui elle oscille entre 4,5 et 5 p. 1000) deviendra encore meilleur[167].

---

163. Émile Duponchel, *Traité de médecine légale militaire, op. cit.*, p. 14.
164. Gustave Lemoine, *Traité d'hygiène, op. cit.*, p. 3.
165. Sur la rationalité extra-économique et la constitution de sphères concurrentes de rationalités, on lira Max Weber, *Histoire économique. Esquisse d'une histoire universelle de l'économie et de la société*, Paris, Gallimard, 1991, p. 26.
166. Annie Crépin, *Défendre la France. Les Français, la guerre et le service militaire de la guerre de Sept Ans à Verdun*, Rennes, PUR, 2005, p. 325.
167. Gustave Lemoine, *Traité d'hygiène, op. cit.*, p. 3.

Pour les médecins, instaurer « une mobilisation regardante et sélective[168] » est une mesure de santé publique dont les effets ne se cantonnent pas à la population armée. La rigueur de la sélection doit, par extension, bénéficier à la santé de la nation tout entière. Le Dr Lehman souligne ainsi les bienfaits « pour l'armée et pour le pays » de lois qui permettent « de renvoyer dans leurs foyers tous les sujets chétifs et malingres incapables de satisfaire aux obligations de la vie militaire[169] ». Jules Rouget et Charles Dopter, professeurs au Val-de-Grâce, donnent à cet impératif une formulation claire :

> Le choix de l'homme à incorporer est donc une chose grave au double point de vue de l'État et de la population : au point de vue de l'État, on ne saurait imposer l'entretien d'une unité destinée à devenir une non-valeur au jour critique ; au point de vue de la population, on ne saurait lui emprunter un membre de qualité douteuse, que le service militaire transformerait en déchet ou même en perte absolue[170].

La menace que fait peser l'incorporation des éléments fragiles est donc triple. Tuberculeux latents, ils exposent leurs camarades à la contamination ; inaptes au service, ils risquent de voir leur santé irrémédiablement compromise par la dureté de la vie militaire ; appelés à fléchir devant les exigences du service, ils représentent une charge inutile pour l'État. On trouve en Grande-Bretagne ces conséquences funestes exprimées en des termes presque identiques :

> Si les obligations et les exercices militaires n'entraînent pas directement le décès prématuré du jeune soldat, elles déclenchent tôt ou tard sa réforme en tant qu'inapte au service des armes. Ainsi rejeté de l'armée, souffrant d'une atteinte définitive à l'un de ses organes vitaux, il devient une charge pour la société civile[171].

Les statistiques du recrutement sont ainsi placées sous surveillance constante par les hygiénistes, notamment ceux de la commission de l'hygiène publique de la Chambre des députés. Henri Doizy se plaint encore en février 1914 de la légèreté avec lequel il est procédé à la sélection :

---

168. Anne Rasmussen, « Préserver le capital humain », art. cité, p. 71-95.
169. Maurice Hamy, « Rapports », *Bulletin de l'Académie nationale de médecine*, n° 34, 3e série, tome LVI, Paris, J.-B. Baillière, Masson, 1906, p. 264.
170. Jules Rouget et Charles Dopter, *Hygiène militaire*, vol. IX, dans *Traité d'hygiène*, Paul Brouardel et Ernest Mosny (dir.), Paris, J.-B. Baillière, 1907, p. 15, cité par Anne Rasmussen dans « Préserver le capital humain », art. cité.
171. William Aitken, *On the Growth of the Recruit and Young Soldiers, op. cit.*, p. xiii.

> J'ai relevé rapidement les chiffres que nous donnait monsieur le sous-secrétaire d'État, et il me semble bien qu'il a dit que, pour le mois de janvier 1914, la morbidité était de 64 pour la classe 1911, de 125 pour la classe 1912 et de 139 pour la classe 1913, et la mortalité de 0,56 p. 1,000 pour la classe 1913, 0,50 pour la classe 1912 et 0,24 seulement pour la classe 1911.
>
> Ces chiffres se passent de commentaires. De leur analyse nous sommes en droit de conclure que la sélection qui devait être si rigoureuse, que nous aurions voulu très rigoureuse, n'a pas été faite avec tous les soins désirables et que nous avons encore incorporé, pour la classe 1913, un trop grand nombre d'hommes que nous aurions dû tout au moins ajourner[172].

Il y ajoute les chiffres de réforme pour tuberculose auxquels :

> [Il] faudrait ajouter les chiffres de réforme pour imminence de tuberculose et pour pleurésie [...], les cas de faiblesse de constitution, les bronchites, diagnostics avec lesquels on décore souvent tout autre chose [...]. Il suit de là que les conseils de révision ont été d'une singulière imprudence et qu'ils ont admis dans l'armée des jeunes gens qui n'auraient jamais dû y venir[173].

Sans pour autant dire que la pensée médico-militaire « a été clairement malthusienne en termes de recrutement[174] », puisqu'il est reproché assez tôt à Malthus de n'avoir été préoccupé que de la question de la quantité de la population jusqu'à en oublier la question de la qualité, on peut cependant suivre Anne Rasmussen en soulignant le rôle de gestionnaires du capital humain des médecins[175]. En prônant une administration raisonnée des effectifs, ils ont milité pour une attitude de « prudence et circonspection[176] » face à la sélection.

172. *Journal officiel de la République française* [désormais *JORF*]. *Débats parlementaires. Chambre des députés : compte rendu in-extenso*, Séance du 20 février 1914, p. 974.
173. *Ibid.*
174. Anne Rasmussen, « Préserver le capital humain », art. cité.
175. Sur la critique de Malthus, voir Henri Baudrillart, *Manuel d'économie politique*, Paris, Guillaumin, 1857, p. 426-427.
176. Georges Lemoine, *Traité d'hygiène militaire, op. cit.*, p. 3.

Chapitre 2

Les critères de l'inaptitude

Afin de garantir « la meilleure sauvegarde des intérêts particuliers et de l'intérêt général[1] », les médecins ont élaboré des procédures d'examen médical et discuté des critères de sélection des recrues qui n'ont cessé d'évoluer et dont la pertinence a été soumise en permanence à la discussion scientifique internationale[2]. Ces critères peuvent être classés en trois catégories. La première comprend des éléments qui visent à garantir l'efficacité de l'armée : il s'agit de repérer tout ce qui peut empêcher le candidat de se livrer aux activités physiques du métier des armes, tout ce qui peut contaminer et affaiblir le collectif militaire mais aussi tout ce qui peut nuire à son uniformité et à sa cohésion. La seconde vise à garantir l'intérêt du candidat. Dans cette optique, toute affection sévère susceptible d'être aggravée de manière importante par le port des armes s'avère disqualifiante. Enfin, en dehors de toute considération fonctionnelle, les critères de l'examen promeuvent une normativité corporelle virile dont les caractéristiques, notamment génitales, sont entièrement dictées par les besoins de l'institution militaire.

La sélection repose sur une double évaluation, celle de l'aptitude physiologique et celle de l'aptitude pathologique. La première vise à écarter du rang toutes les potentielles recrues affligées de « faiblesse de constitution » ou son équivalent britannique « *Poor Physique* », la seconde à déterminer si d'éventuelles pathologies ou difformités repérées à l'examen peuvent empêcher – provisoirement ou définitivement – le candidat d'exercer le métier des armes. Parmi les critères discriminants de l'aptitude physiologique, on retrouve l'âge, la taille et le poids des recrues pour lesquels les médecins tentent d'identifier

1. Pierre Bonnette, *Du choix des conscrits, op. cit.*, p. 26.
2. Sur les critères médicaux du recrutement en France, on lira Heinrich Hartmann, *Der Volkskörper bei der Musterung: Militärstatistik und Demographie in Europa vor dem Ersten Weltkrieg*, Göttingen, Wallstein, 2011 ; Odile Roynette, *Bons pour le service, op. cit.*

des seuils déterminés scientifiquement. L'estimation de l'aptitude passe ainsi par la recherche permanente des « limites du bon soldat[3] ».

DES INCONVÉNIENTS DE LA JEUNESSE

L'âge idéal du recrutement fait l'objet d'attentions particulières de la part du corps médical dès la fin du XVIIIe siècle[4]. Les médecins cherchent à déterminer l'âge de la maturité. En 1914, les Français entre 20 et 49 ans sont soumis aux obligations militaires. Les Britanniques peuvent eux s'engager entre 19 et 38 ans lorsque commence la guerre[5]. Même si les volontaires peuvent, dans les deux pays, se présenter plus jeunes au bureau de recrutement, il est à craindre qu'avant 20 ans ils éprouvent d'importantes difficultés à affronter les vicissitudes de la vie militaire. Les médecins estiment souvent que ce n'est qu'une fois que la vingtaine est atteinte que l'évolution du squelette osseux, des muscles et des organes internes, quoique encore incomplète, est suffisante pour le champ de bataille. Pour William Aitken :

> L'expérience des chefs d'armée, et de la guerre en général, a montré que les jeunes gens de moins de 20 ans ne se montraient que très rarement capables de surmonter les fatigues de la vie militaire sur la durée, notamment celles du champ de bataille, et qu'ils éprouvaient toutes les difficultés à porter leur sac à dos lors de campagnes en territoire ennemi dont la durée excèderait quelques mois. Il est tout à fait évident qu'étant donné l'immaturité de leur ossature, le manque de développement de leurs muscles et de leurs organes internes, une recrue de moins de vingt ans ne devrait pas être intégrée aux forces combattantes[6].

C'est pour cette raison qu'en Grande-Bretagne, l'âge minimum a plutôt tendance à augmenter, comme en 1881, où il passe de 18 à 19 ans[7]. À cet égard, les volontaires en dessous de l'âge légal constituent pour les médecins un bon observatoire des difficultés physiques et morales qui attendent les trop jeunes recrues. En France, il est en effet possible de

3. J. A. BLACK, « Observations on Pignet's Factor », *JRAMC*, 1er juillet 1912, p. 87.
4. Odile ROYNETTE, « L'Âge d'homme », art. cité, p. 281 et suiv. ; ID., *Bons pour le service*, *op. cit.*, p. 226-229.
5. *East End News*, 27 octobre 1914.
6. William AITKEN, *On the Growth of the Recruit and Young Soldier*, *op. cit.*, p. 47.
7. David FRENCH, *Military Identities*, *op. cit.*, p. 34.

déroger aux limites d'âge par le volontariat[8]. L'extrême vulnérabilité des très jeunes volontaires, due à une immaturité tant physique que morale, est sans cesse soulignée. En 1903, le docteur Joseph Jourdin constate ainsi que les taux de mortalité et de réforme des engagés du 50e régiment d'infanterie et du 5e régiment de dragons sont deux fois plus importants que ceux des appelés, dont la maturité physique est plus importante[9]. De la même manière, un rapport de l'inspection générale du recrutement admet en Grande-Bretagne que les hommes dans la force de l'âge sont préférables aux jeunes de 18 ans[10]. On impute à la jeunesse des engagés, outre leur fragilité physique, une moindre qualité morale et une propension élevée à souffrir de la nostalgie, du froid ou de la misère[11].

Le seuil de 20 ans est discuté au cours du XIXe siècle par des physiologistes et des statisticiens qui estiment, eux, que c'est plutôt autour de 25 voire 30 ans que l'individu atteint sa plénitude physique. Le squelette, les systèmes musculaire et organique poursuivent leur développement après 20 ans, remarquent-ils. Ainsi le cœur, particulièrement sollicité au cours de la vie militaire, est amené à se développer de manière accélérée entre 18 et 25 ans[12]. Pourtant c'est bien l'âge de 20 ans pour les conscrits et 18 ans pour les engagés qui s'impose. En effet, les conclusions de l'expertise médicale ne s'élaborent pas indépendamment des contraintes sociales et militaires. Les réflexions des médecins intègrent d'autres paramètres tels le niveau d'étude des jeunes gens, l'âge au mariage, la vigueur du père du futur soldat – qui peut lui permettre ou non de poursuivre ses travaux aux champs en l'absence de son fils – ou encore les exigences de l'État et de l'armée en matière d'effectifs et d'entraînement[13]. Ainsi pour Georges Lemoine, à 20 ans :

8. Philippe Boulanger, « Les conscrits de 1914 », art. cité.

9. Joseph Jourdin, « Valeur physique et morale des engagés volontaires », *Caducée*, 1903, p. 103 et 112.

10. Taylor, cité par William Aitken, *On the Growth of the Recruit and Young Soldier, op. cit.*, p. 43.

11. Georges Morache, *Traité d'hygiène militaire*, Paris, J.-B. Baillière, 1870 [3e éd.], p. 176 ; Adrien-Pierre-Léon Granjux, *Caducée*, n° 24, 1903, p. 325.

12. Arthur Davy, *The Breakdown of Young Soldier under Training*, Woolwich, 1883 ; Arthur Meyer, *On the Etiology and Prevalence of Disease of the Heart among Soldiers*, Hanse, 1870 ; Veale, « On Heart-Disease and Palpitation in the Army », *Army Medical Department Blue Book*, 1882.

13. Sur ce point, Odile Roynette, *Bons pour le service, op. cit.*, p. 227-229. Pour une justification de l'incorporation à 18 ans à la veille de la guerre, voir Charles Melville, *Military Hygiene and Sanitation, op. cit.*, p. 23-24.

> [L]'organisme n'est pas encore définitivement formé, la charpente osseuse notamment n'est pas encore complètement édifiée, puisqu'un certain nombre d'apophyses ne sont soudées qu'entre vingt, vingt-deux et vingt-huit ans. C'est plutôt à vingt-cinq ans qu'à vingt et un qu'est achevé le développement du corps et que celui-ci présente le maximum de force. Mais un ajournement du service militaire à un âge plus avancé aurait trop d'inconvénients individuels et sociaux pour qu'il soit possible d'y songer[14].

Les troupes envoyées aux colonies, en raison des conditions parfois éprouvantes des pays chauds, font l'objet de restrictions d'âge supplémentaires[15].

La réflexion sur l'âge de l'incorporation prend en France et en Grande-Bretagne des modalités bien distinctes. Selon Georges Morache (1837-1906), auteur français d'un traité d'hygiène militaire de référence, l'âge n'appartient pas au domaine strict de l'expertise médicale, puisque seuls les jeunes gens d'une classe d'âge, inscrits sur les listes de recrutement, sont appelés[16]. Il s'agit d'une catégorie purement administrative. Elle ne relève pas de l'examen médical proprement dit mais reste un objet de la controverse scientifique. En France, les discussions sur l'âge de l'incorporation ont ainsi deux objectifs : d'abord peser sur les dispositions des lois de recrutement, c'est le cas en 1913 ; ensuite insister sur la sévérité accrue qui doit accompagner le processus de recrutement des engagés. La question est abordée de manière différente en Grande-Bretagne pour des raisons politiques et administratives. L'âge de la recrue ressort aussi bien de la controverse scientifique, en amont du recrutement lui-même, que de l'examen médical proprement dit. L'enregistrement de l'état civil ne faisant pas l'objet de la même rigueur qu'en France, il est plus facile pour un jeune Britannique de mentir sur son âge[17]. L'âge n'est alors

14. Pierre Bonnette, « La limite d'âge physiologique des engagements volontaires », *Caducée*, 1905 ; Georges Lemoine, *Traité d'hygiène militaire, op. cit.*, p. 4-5.

15. Georges Lemoine, *Traité d'hygiène militaire, op. cit*, p. 6 ; Raynaud, Bonvalot, Thierry, « Précautions à prendre pour les expéditions coloniales », Congrès international d'hygiène, Paris, 1900.

16. Georges Morache, *Traité d'hygiène militaire, op. cit.*, p. 63.

17. William Aitken, *On the Growth of the Recruit and Young Soldier, op. cit.*, p. 164-165 ; David French, *Military Identities, op. cit.*, p. 34. Sur les pratiques d'identification, leurs modalités et leurs conséquences : Ilsen About et Vincent Denis, *Histoire de l'identification des personnes*, Paris, La Découverte, 2010, p. 71-94 ; Jane Caplan et John Torpey (dir.), *Documenting Individual Identity: The Development of State Practices in the Modern World*, Princeton, Princeton University Press, 2001. Sur

établi avec certitude qu'au moment de l'examen. L'inaboutissement du système d'identification a donc suscité toute une littérature sur la détermination de l'âge des volontaires. Le règlement d'incorporation des recrues précise ainsi, dès 1885 :

> Dans les cas où la recrue candidate à l'incorporation ne pourrait présenter de preuve suffisante de son âge, le médecin chargé de l'examiner procèdera à la détermination de son *âge apparent* en comparant la taille au poids et en estimant son développement général ainsi que son allure. Cet âge sera inscrit en page 2 de l'attestation du jeune soldat et fera référence dans toute la documentation ultérieure le concernant[18].

Les mensurations de la recrue sont comparées à un système d'équivalence normatif associant l'âge à des mesures de référence du corps humain. On trouve dans nombre de traités des tableaux, inspirés de l'enquête anthropométrique de Charles Roberts, montrant ce que devraient être la taille, le poids et l'allure des jeunes hommes de différents âges[19]. L'enjeu de cette mise en tableau des corps est d'importance puisque les jeunes de moins de 18 ans sont exclus à la fois des forces combattantes et du système de pension.

SEUILS ET MESURES

Dans un volume d'*Instruction sur l'aptitude physique* régulièrement mis à jour, la Direction du Service de santé des armées françaises précise les conditions d'aptitude au service militaire. Ainsi en 1908 :

---

la vérification de l'identité du conscrit français SHD, GR 9 NN 7/1102, Décrets et arrêtés relatifs à la formation des classes 1913 et 1914.

18. *Regulations for the Medical Department of Her Majesty's Army*, 1885, Section II, p. 168.

19. Samuel Thomas BEGGS, *The Selection of the Recruit*, Londres, Baillière, Tindall&Cox, 1915, p. 6-7 et p. 18-19 ; Thomas CRAWFORD, dans *Army Medical Reports*, 1862/1864 ; Thomas LONGMORE, *Instructions on the Examination of Recruits*, Southampton, 1882 ; Hampden MASSY, *Remarks on the Examination of Recruits*, Londres, 1854 ; Charles ROBERTS, *A Manual of Anthropometry or A guide to the Physical Examination and Measurement of the Human Body*, Londres, 1878, p. 72-73 et 81. Ce travail de mise en corrélation de la taille, du poids et de l'âge est connu en France. Georges Morache, dans son *Traité d'hygiène militaire* paru en 1874, consacre plusieurs pages au « Rapport de la taille, du poids et du développement de la poitrine » où les travaux de Parkes et Longmore sont cités.

> La première condition à remplir au point de vue de l'aptitude physique, aussi bien pour le service auxiliaire que pour le service armé, est de posséder une vigueur corporelle suffisante pour pouvoir résister aux fatigues inhérentes à la vie militaire [...]. Il importe d'éviter avec le plus grand soin de prendre des malingres, des débiles, des sujets chétifs dont l'état général laisse à désirer [...]. Pour apprécier la robustesse, [les médecins experts] tiendront compte des rapports existant entre la taille, le périmètre thoracique et le poids des sujets[20].

La « faiblesse de constitution » est la principale cause d'exemption en France au début du XXe siècle. Elle appartient à la nomenclature des maladies, infirmités ou vices de conformation susceptibles de motiver l'ajournement, l'exemption ou le classement dans le service auxiliaire. L'*Instruction sur l'aptitude physique* la définit ainsi :

> La constitution physique trop faible peut se traduire soit par la faiblesse générale de complexion, l'amaigrissement, l'état malingre de l'ensemble de l'organisme, soit par la débilité résultant d'une maladie aiguë ou d'une cause accidentelle et transitoire[21].

À la veille de la guerre, 14 % des exemptés le sont pour faiblesse de constitution. Ce pourcentage augmente encore si l'on ajoute les diverses cachexies, terme qui caractérise également un état de faiblesse et d'amaigrissement prononcé, qui peuvent affecter l'organisme de la recrue[22]. Le diagnostic est parfois accompagné d'annotations telles que « encore gamin », « insuffisance irrémédiable », « faiblesse définitive » ou « sénilité précoce » qui montrent la variété des situations que peut recouvrir cette catégorie[23].

Du fait de sa définition floue, la faiblesse de constitution est pour les experts source de difficultés :

> On ne saurait préciser d'une manière absolue l'état, dépendant de données ou de conditions très variables, qui caractérise la faiblesse de constitution. Ses traits principaux néanmoins, sont les suivants : taille trop

20. Direction du Service de Santé : Bureau du Matériel et de la Comptabilité – n° 5 : « Circulaire relative à l'élimination des hommes physiques impropres au service militaire », Paris, le 13 janvier 1908. On trouve cette circulaire reproduite dans l'*Instruction sur l'aptitude physique* de septembre 1914.
21. Ministère de la Guerre, Bulletin officiel n° 68 bis, *Recrutement de l'armée : instruction sur l'aptitude physique au service militaire*, Paris, H. Charles-Lavauzelle, volume arrêté à la date du 15 septembre 1914, p. 7.
22. Ministère de la Guerre, *Compte rendu sur le recrutement de l'armée pendant l'année 1914*, Paris, Imprimerie nationale, 1919.
23. Jules Maurin, *Armée, guerre, société, op. cit.*, p. 198.

> élevée, disproportionnée avec la largeur du corps ; cou allongé et mince, poitrine étroite, enfoncée ou aplatie, ventre déprimé. La mensuration de la circonférence de la poitrine ne peut être considérée comme un élément absolu d'appréciation de l'aptitude physique au service militaire, le périmètre thoracique variant avec l'âge, la race, la taille, les habitudes et la profession des individus[24].

Aussi, pour préciser ce diagnostic, de nombreux médecins ont tenté de définir l'aptitude de manière anthropométrique, de l'« objectiver par un ensemble de mesures[25] » auxquelles appartiennent la taille, la circonférence thoracique et le poids des sujets. Le corps de la recrue est alors enfermé dans un cadre mathématisé. Cette « arithmétique du corps masculin[26] » renvoie au développement d'un nouveau système de preuve scientifique au sein duquel le regard du médecin est progressivement remplacé par l'instrumentation puis par la mesure[27]. Il s'agit de « décomposer l'individu en traits et aptitudes quantifiables, [et de] le recomposer sous forme de chiffrages globaux pour mieux pouvoir comparer son efficience, constatée ou potentielle, à celle de ses pairs[28] ». Les formes de la discursivité scientifique font alors un usage appuyé du langage mathématique dont la scientificité doit être gage d'objectivité et donc d'exactitude[29].

24. *Instruction sur les maladies, infirmités ou vices de conformation qui rendent impropres au service militaire*, Paris, Imprimerie nationale, 27 février 1877.
25. Anne Rasmussen, « Expérimenter la santé des grands nombres », art. cité, p. 80.
26. Odile Roynette, « L'Âge d'homme », art. cité, p. 285.
27. Gérard Jorland, George Weisz et Annick Opinel, *Body Counts, op. cit.*, p. 157 ; Theodore M. Porter, *La confiance dans les chiffres. La Recherche de l'objectivité dans la science et dans la vie publique*, Paris, Les Belles Lettres, 2017 ; Gerhard Rudolph, « Mesure et expérimentation », dans Mirko Grmek (dir.), *Histoire de la pensée médicale en Occident*, tome 2, Paris, Seuil, 1997, p. 61-91 ; Simon Schaffer, *La Fabrique des sciences modernes*, Paris, Seuil, 2014 ; H. Otto Sibum, « Les gestes de la mesure. Joule, les pratiques de la brasserie et la science », *Annales. Histoire, Sciences Sociales*, 53e année, n° 4-5, 1998, p. 745-774. Sur le cas particulier de la mesure de l'intelligence, Serge Nicola, « Le Binet-Simon et les origines de la mesure de l'intelligence », dans Serge Nicola et Bernard Andrieu, *La mesure de l'intelligence (1904-2004)*, Paris, L'Harmattan, 2005, notamment p. 26-28 ; Patrice Pinell, « L'invention de l'échelle métrique de l'intelligence », *Actes de la recherche en sciences sociales*, vol. 108, n° 1, 1995 ; Stephen Jay Gould, *La mal-mesure de l'homme*, Paris, Odile Jacob, 1997.
28. Fabrice Cahen, Catherine Cavalin et Paul-André Rosental, « Mesurer la valeur humaine. Morale, biopolitique, utilitarisme, xviiie-xxie siècle », *Incidence. Philosophie, littérature, sciences humaines et sociales*, n° 12, Automne 2016, p. 17.
29. Sur la question de la quantification et son interprétation dans une approche d'épistémologie des sciences, on lira Lorraine Daston et Peter Galison, *Objectivité*,

On peut relever dans le discours des médecins des expressions éloquentes. Déterminer l'aptitude, c'est estimer le « quantum de valeur physiologique d'un individu » ou encore « mesurer l'étiage de la capacité physique[30] » en valorisant les « donnée[s] mathématique[s] non variable[s] avec le talent de l'observateur ou les dispositions du sujet[31] ». Les formules reflètent ici la dépersonnalisation du vocabulaire médico-militaire caractéristique de la médecine des grands nombres[32].

Dans leur recherche des éléments mesurables révélateurs de la constitution, les médecins ont isolé d'abord la taille puis le poids et la capacité thoracique avant de chercher à associer ces mesures en calculant des indices ou coefficients d'aptitude. Les possibilités de mesure sont théoriquement très étendues. Ce sont néanmoins trois notations simples : taille, poids et circonférence thoracique, qui font l'objet de toutes les attentions. Après avoir suscité un débat international, la pertinence de ces ordres de grandeur est progressivement retenue, avec des variations d'importance selon les époques et les contextes nationaux[33]. Ces notations s'imposent comme étalon de la robustesse du soldat. Ainsi en 1907, l'armée britannique procède à une série de mesures sur 15 000 recrues, six mois après leur incorporation, afin d'estimer le développement de leur organisme sous l'effet de l'entraînement. Pour les autorités, l'augmentation conséquente de leur taille, de leur poids et de leur tour de poitrine confirme les bienfaits de la discipline militaire sur le corps des jeunes soldats[34].

À l'inverse des tentatives d'évaluation du muscle qu'ont tenté d'introduire en France Boureau et de Gaulejac ou de la mesure de l'amplitude thoracique (différence entre inspiration forcée et expiration complète), ces trois mesures sont plébiscitées parce qu'elles nécessitent un matériel simple, facile à manier et peu onéreux – toise, bascule et ruban métrique – et présentent toutes les garanties de rapidité et de précision

---

Dijon, Presses du réel, 2012, p. 218. Sur les procédures de validation des travaux et l'administration de la parole scientifiques, Volny Fages, *Savantes Nébuleuses. L'origine du monde entre marginalité et autorité scientifique (1860-1920)*, Paris, Éd. EHESS, 2018.

30. Adrien Besson, *De l'Évaluation de l'aptitude physique, op. cit.*, p. 71 et p. 18.
31. Georges Lemoine, *Traité d'hygiène militaire, op. cit.*, p. 9.
32. Mark Harrison, « Medicine and the Management of Modern Warfare », art. cité.
33. Odile Roynette, *Bons pour le service, op. cit.*, p. 224-245, notamment p. 230-234 ; Heinrich Hartmann, *The Body Populace: Military Statistics and Demography in Europe before the First World War*, Cambridge, MIT Press, 2019, p. 69-92.
34. Edward M. Spiers, *The Army and Society, 1815-1914*, Londres, Longman, 1980.

dans les conditions d'urgence qui sont celles de l'examen médical[35]. En 1912, en Dordogne par exemple, la durée moyenne de l'examen d'un sujet au cours d'une séance du conseil de révision est en effet de deux minutes[36]. Dans ce laps de temps, outre la prise des mesures, les experts médicaux doivent apprécier la condition physique générale et détecter une éventuelle pathologie ou malformation figurant dans la liste des affections rédhibitoires. Ces mesures sont en outre plébiscitées par les autorités militaires car, se rapportant à l'évaluation de l'aptitude au service, elles évitent que l'énergie et le temps des médecins ne soient employés à des enquêtes anthropologiques qui ne sont pas d'utilité directe pour l'institution militaire[37]. Les recherches du médecin-major de 2e classe Campos-Hugueney sur la détermination de l'aptitude par l'estimation de la force musculaire à l'aide du dynamomètre de Collin ne suscitent ainsi qu'un intérêt passager[38].

La taille est un critère ancien associé tant à la santé de la recrue qu'à l'image que doit renvoyer la troupe. Elle est précocement déterminée par un seuil minimal – justifié par des considérations tant pratiques et esthétiques que médicales – qui fluctue en fonction des besoins de l'armée[39]. En France, le minimum de taille d'1 m 54 pour l'infanterie est supprimé par la circulaire ministérielle du 14 avril 1901. 1 833 jeunes hommes de la classe 1914 mesurent ainsi moins de cette limite. Parmi eux, les soldats languedociens étudiés par Jules Maurin mesurent entre 1 m 45

35. Boureau et de Gaulejac, « Nouveau procédé d'évaluation physique du soldat », *Gazette médicale du centre,* 1904 ; Achille Kelsch, « La tuberculose dans l'armée », *Revue d'hygiène*, 20 septembre 1905, p. 784. Pour Achille Kelsch, on ne peut accorder à l'amplitude thoracique qu'une valeur très relative dans l'appréciation de la robusticité, car elle varie souvent avec le talent, ou l'adresse de l'observateur, plus qu'avec la force du sujet.

36. Ministère de la guerre, *Compte rendu sur le recrutement de l'armée pendant l'année 1912*, Paris, Imprimerie nationale, 1912.

37. Heinrich Hartmann, « Une affaire de marges », art. cité.

38. Campos-Hugueney, *De la méthode expérimentale dans l'étude de la constitution de l'homme*, Paris, Maloine, 1904. Voir le compte rendu de Delorme dans le *Bulletin de l'Académie nationale de médecine*, n° 24, 3e série, tome LI, Paris, Masson, 1904, p. 553.

39. Sur l'ancienneté du critère de la taille, on consultera André Corvisier, *L'Armée française de la fin du XVIIe au ministère de Choiseul. Le Soldat,* Paris, PUF, 1964, t. II, p. 637-652. Voir aussi Jean-Paul Aron, Paul Dumont et Emmanuel Le Roy Ladurie, *Anthropologie du conscrit français, op. cit.*, p. 223 ; James McDermott, *British Military Service Tribunals, 1916-18: A Very Much Abused Body of Men*, Manchester, Manchester University Press, 2011, p. 180.

et 1 m 85. L'essentiel des conscrits mesure entre 1 m 60 et 1 m 70[40]. Le critère de la taille a perdu son caractère déterminant lorsque, au cours du XIXe siècle, les bouleversements de l'art de la guerre en ont diminué l'avantage tactique et que les médecins ont commencé à associer grande taille et fragilité physique[41]. Les très hautes statures suscitent ainsi la méfiance des examinateurs britanniques en ce qu'elles pourraient indiquer une « capacité vitale » réduite[42]. La taille reste cependant l'un des objets de la surveillance nationale et internationale de l'état des forces armées. Le *Journal de médecine et de chirurgie pratique* s'inquiète par exemple en avril 1914 de la taille des soldats dans les différentes parties de l'Empire allemand puisque, constate l'auteur non sans inquiétude, « la taille moyenne allemande surpasse d'au moins 6 centimètres la française[43] ».

Les transformations des représentations du corps sous l'influence des découvertes lavoisiennes et pastoriennes provoquent un déplacement du regard médical vers d'autres critères. La capacité respiratoire – évaluée à l'aide de mesures du thorax – et le poids prennent une importance nouvelle notamment dans le cadre de la lutte contre la tuberculose[44]. En Grande-Bretagne, la circonférence thoracique et le poids recommandés

40. Jules Maurin, *Armée, guerre, société, op. cit.*, p. 192. Le critère de taille est maintenu pour les engagés volontaires, et, en dehors de l'infanterie, pour d'autres armes. Les cuirassiers, dragons, chasseurs ou hussards notamment recrutent avec des critères sévères. Voir Georges Lemoine, *Traité d'hygiène militaire, op. cit.*, p. 8.

41. Sur l'intérêt tactique des grandes tailles, voir Georges Lemoine, *Traité d'hygiène militaire, op. cit.*, p. 7 ou Charles Melville, *Military Hygiene and Sanitation, op. cit.*, p. 24 ; E. B. Waggett, « The Mouth, Nose, Throat and ear from the Recruiting Point of view », *JRAMC*, 1er août 1909, p. 186.

42. « *Excessive height may indicate a loss of vital capacity [...] and call[s] for careful examination* », dans Samuel Thomas Beggs, *The selection of the recruit, op. cit.*, p. 20.

43. « La taille du soldat allemand », *Journal de médecine et de chirurgie pratique*, 10 avril 1914.

44. Eugène-Joseph Woillez, *Recherches pratiques sur l'inspection et la mensuration de la poitrine*, Paris, Béchet jeune, 1838 ; Mackiewicz, « De l'emploi des mensurations du corps pour la fixation d'un minimum de robusticité, et la diminution de la fréquence de la tuberculose dans l'armée », *Bulletin militaire*, 1898, n° 35, p. 409, dans *Recueil de mémoires de médecine et de chirurgie militaires*, 3e série, t. XXXII. Pour l'Angleterre, voir notamment H. Marshall, *Military Miscellany*, Londres, iSGG, 1846. Sur les rapports entre tuberculose et modification des critères, on lira Anne Rasmussen, « Expérimenter la santé des grands nombres », art. cité. Sur les bouleversements du regard médical sur le corps : Odile Roynette, « L'Âge d'homme », art. cité, p. 281 et suiv. ; Anton Rabinbach, *The Human Motor, op. cit.* ; Georges Vigarello, *Le sain et le malsain. Santé et mieux-être depuis le Moyen-Âge*, Paris, Seuil, 1993. Sur le critère du poids d'une manière plus générale et ses implications, Jeffrey

dépendent de l'âge de la recrue mais d'une manière générale, tout poids inférieur à 48 kilogrammes entraîne la suspicion des experts[45]. Le tour de poitrine est un élément important de la détermination de l'aptitude. En France, la mensuration thoracique est recommandée par le Conseil de Santé dès 1845, un minimum de 78 centimètres est adopté en 1877, puis abandonné en 1890, même si la mesure continue d'être pratiquée et son importance revendiquée. L'idée s'est imposée en effet qu'aucun élément d'appréciation de la valeur physique des recrues pris isolément ne pouvait être regardé comme un critérium absolu[46]. En conséquence, les limites réglementaires de taille, de périmètre thoracique et de poids ont été abandonnées. La pesée, rendue obligatoire en 1904, n'est pas non plus discriminante même si l'attention des conseils de révision est appelée d'une façon toute particulière dès 1913 sur les hommes dont le poids est inférieur à 50 kg[47].

L'examen médical est à la fois un processus d'élimination autoritaire et une entreprise d'orientation. Pour un certain nombre de jeunes gens, notamment pour les volontaires, qui peuvent émettre le choix de leur affectation, certaines aptitudes particulières, qu'elles soient physiques ou professionnelles, entrent en ligne de compte au moment de procéder à l'affectation.

Sobal et Donna Maurer, *Weighty Issues: Fatness and Thinness as Social Problems*, New York, Aldine de Gruyter, 1999.

45. Voir par exemple Charles Melville, *Military Hygiene, op. cit.*, p. 25 ; Samuel Thomas Beggs, *The selection of the recruit, op. cit.*, p. 21. Certains médecins militaires français proposent, à l'instar du médecin-major Tartière, d'ajourner tout homme dont le poids n'atteindrait pas 48 kg. Voir Georges Lemoine, *Traité d'hygiène militaire, op. cit*, p. 9. À la fin de la guerre, l'attention des experts est appelée sur des seuils limite mais ceux-ci ne sont pas rédhibitoires. Voir CAC, GEDD 4/7, *Revised general directions for the guidance of commissioners, deputy commissioners and members of medical boards*, HM Government publications, 1918, p. 10.

46. Georges Lemoine, *Traité d'hygiène militaire, op. cit*, p. 226.

47. *Instruction sur les maladies, infirmités ou vices de conformation qui rendent impropres au service militaire*, Paris, Imprimerie nationale, 27 février 1877. Voir aussi Conseil de santé des armées, *Instruction sur les infirmités qui rendent impropres au service*, 1845 ; Instruction de 5 avril 1875, BMO, 1er semestre 1875, cité par Georges Lemoine, *Traité d'hygiène militaire, op. cit.*, p. 11. Sur le poids inférieur à 50 kg, GR 9 NN 7 1102/Lois de 1913/Ministère de la Guerre, *Documents et arrêtés relatifs à la formation de la classe de 1912*, Paris et Limoges, Imprimerie Charles Lavauzelle, p. 4.

Affectation au conseil de révision, *Le Rire,* 29 mai 1915

Comme on le voit sur cette caricature, pour les conscrits français, cette affectation est prononcée en séance de révision par le commandant de recrutement. La décision s'appuie sur les indications fournies par le conscrit. Ici, l'image se moque du processus mais elle fait écho aux dispositions particulières requises par certaines armes. À l'infanterie, il est nécessaire d'avoir « un poumon fonctionnant bien, des membres inférieurs équilibrés (pas de varices dans les jambes), des pieds normaux (ni pied plat, ni orteil chevauchant ni en marteau[48]) » afin de pouvoir supporter les exigences des longues marches des fantassins. À la cavalerie « au contraire, les défectuosités des pieds n'ont qu'une importance secondaire, le cavalier marchant peu ». Il faut en revanche « avoir de la souplesse des reins, un tempérament hardi permettant de sauter facilement à cheval et à terre ». Les vélocipédistes doivent pouvoir respirer sans aucune gêne, ce qui implique de porter une attention particulière au développement de la poitrine, aux déviations de cloison nasale[49]. Selon les affectations, les critères peuvent être plus restrictifs. Un poids de 65 kg suffit à la cavalerie légère, mais il faut peser au moins 70 kg pour intégrer les dragons, 75 kg pour les cuirassiers.

48. Émile Galtier-Boissière, *Larousse médical de guerre illustré, op. cit.*, p. 12.
49. Georges Lemoine, *Traité d'hygiène militaire, op. cit.,* p. 26.

Formules et calculs

Un supplément de 1912 à l'*Instruction sur l'aptitude physique* attire l'attention des médecins experts sur « tous ceux dont la constitution physique est trop faible ». Elle apporte quelques précisions quant à l'appréciation de cette faiblesse : « Pour apprécier la robustesse, ils (les médecins experts) tiendront compte des rapports existant entre la taille, le périmètre thoracique et le poids des sujets[50]. » Ces rapports entre différentes mesures sont établis à l'aide du calcul d'un indice, dit « coefficient de robusticité », ou « indice de Pignet », qui demeure la plus illustre des tentatives de qualification de la constitution physique des recrues à l'aide d'une seule valeur numérique. Pour certains médecins, le périmètre thoracique devait suffire à déterminer l'aptitude. Mais ils sont plus nombreux à suivre Adolphe Quetelet et à associer plusieurs mesures interdépendantes, telles par exemple le poids et le tour de cuisse ; le périmètre thoracique et le rythme cardiaque ou encore la taille et la circonférence du thorax, dont la relation est établie dans les années 1860[51]. L'indice de Quetelet, connu aujourd'hui sous le nom d'indice de masse corporelle (IMC), associe le poids et la taille, de même que l'indice du médecin-major Tartière[52]. Ces indices sont obtenus par des calculs, issus de formules associant les mensurations choisies. Le coefficient de Pignet, conçu de manière empirique et intuitive à partir de 510 examens menés par Maurice Pignet (1871-1935), entend quantifier l'aptitude en additionnant le périmètre thoracique et le poids de l'individu, puis en soustrayant la somme ainsi obtenue de la taille exprimée en centimètres.

Selon Pignet, plus le résultat est grand, plus grandes sont les chances de voir le candidat rejeté pour faiblesse de constitution. À l'appui de sa démonstration, il établit une corrélation entre les chiffres de la morbidité au sein du contingent et l'élévation de l'indice. Afin de transformer le nombre obtenu en valeur, la formule est associée à une série de seuils :

---

50. Ministère de la Guerre, *Aptitude physique au service militaire : supplément arrêté à la date du 31 décembre 1912. Numéro 68 / Recrutement de l'armée,* Paris, H. Charles-Lavauzelle, 1912, p. 5.

51. Heinrich Hartmann, *The Body Populace, op. cit.*, p. 73. et p. 105.

52. Émile Tartière, *L'Aptitude des conscrits au service militaire et robusticité humaine déterminée par les mensurations du poids et de la taille, op. cit.*

0 à 10 – Constitution très forte
11 à 15 – Constitution forte
16 à 20 – Constitution bonne
21 à 15 – Constitution bonne (moyenne)
26 à 30 – Constitution faible
31 à 35 – Constitution très faible
36 et au-delà – Constitution très médiocre[53]

L'aptitude, considérations pathologiques exclues, est ainsi résumée en une échelle numérique unidimensionnelle et hiérarchisée, dans laquelle transparaît l'influence des travaux d'Adolphe Quetelet sur l'homme moyen et la distribution binomiale des qualités[55]. C'est en fonction de leur position sur cette échelle, que Maurice Pignet entend assigner aux individus une place, ou non, dans l'institution militaire.

La pertinence de cet indicateur par rapport à d'autres est discutée au-delà des frontières hexagonales, dans la continuité du débat européen du XIXe siècle sur l'évaluation de l'aptitude militaire[56]. Dès sa formulation, il sort du périmètre médico-militaire et suscite l'intérêt de la presse générale ainsi que celui des compagnies d'assurance à la recherche de moyens pour déterminer les chances de longévité[57]. Le coefficient

53. Maurice Pignet, « Valeur numérique de l'homme. Nouveau mode d'appréciation de la force physique exprimée par un nombre tiré de la comparaison des trois mensurations : taille, périmètre et poids », *Archives médicales d'Angers*, n° 8, 9, 10, 1900. Sur les aspects médicaux de l'indice, on pourra consulter C. Bataille, « Pignet et l'anthropométrie militaire », thèse de médecine de l'Université Claude Bernard (Lyon) sous la direction de F. Tolot, 1982.

54. Pierre Bonnette, « Choix du conscrit », dans Édouard Brissaud, Adolphe Pinard et Paul Reclus, *Nouvelle pratique médico-chirurgicale illustrée, op. cit.*, t. 2, p. 616.

55. Adolphe Quételet, *Physique sociale, op. cit.*

56. Heinrich Hartmann, *The Body Populace, op. cit.*, p. 69-92 ; Odile Roynette, *Bons pour le service, op. cit.*, p. 224-245, notamment p. 230-234 ; parmi les nombreux exemples de débats scientifiques en France, Butza, « Sur la valeur du coefficient de robusticité Pignet », *Le Caducée*, 9 mai 1905, p. 117-118 ; Corcelle, *De la valeur du coefficient de robusticité Pignet et de la pression dynamométrique manuelle comme éléments de pronostic morbide*, thèse de doctorat de Bordeaux, 1904 ; Mackiewicz, « Des mesures du corps comme signes matériels de la robusticité probable du conscrit », *Le Caducée*, 6 mars 1905, p. 76-78. Pour un exemple d'utilisation en milieu militaire d'un autre indice plus difficile à manier, voir le compte rendu de l'entreprise du professeur Bouchard par M. Chauvel, « Rapport sur le concours du Prix Larrey », *Bulletin de l'Académie nationale de médecine*, n° 32, 3e série, tome XLIV, 1900, p. 188-189.

57. « Nouveau mode d'appréciation physique des conscrits », *Le Temps*, 29 mai 1901. Le Dr Saellen au 3e Congrès international des compagnies d'assurance (1903) formule les propositions suivantes : « Les rapports entre la taille, le Périmètre et le Poids sont

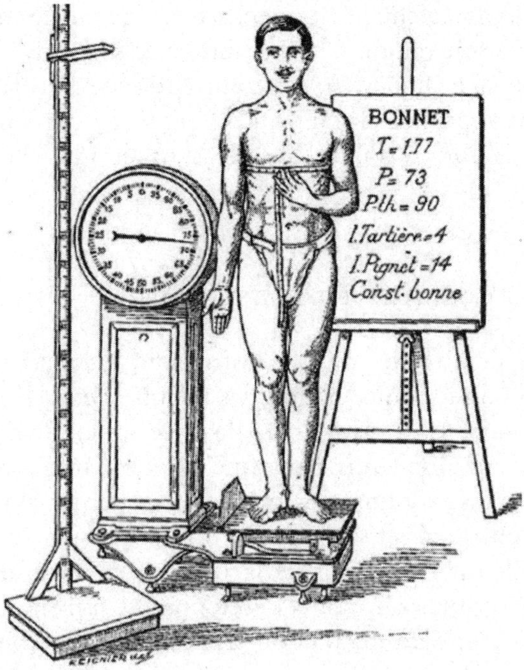

Toise, bascule pèse-conscrits et tableau noir avec inscription des indices de robusticité[54]

de Pignet est connu en Angleterre depuis le début du xxe siècle[58]. Il fait en France l'objet d'un intérêt particulier. Il est mentionné dans les instructions relatives à l'élimination des hommes physiquement impropres au service dès 1908 et est apprécié dans l'évaluation des « cas douteux » susceptibles de développer la tuberculose[59]. Quoique

importants au point de vue de l'estimation des chances de longévité. Ces rapports, rapprochés de l'hérédité et de la profession des proposants, font peser leur influence sur les conclusions (refus ou admission) des médecins experts. » cité par Adrien Besson, *De l'Évaluation de l'aptitude, op. cit.*, p. 63.

58. « A New Method of Estimating Physical Fitness for Military Service », *Journal of The Royal Army Medical Corps*, 1er juillet 1908, p. 105 ; J.A. Balck, « Observations on Pignet's Factor », *Journal of The Royal Army Medical Corps*, 1er juillet 1912, p. 85-87 ; Charles Melville, *Military Hygiene, op. cit.*, p. 26.

59. « Circulaire modifiant la circulaire du 13 janvier 1908, relative à l'élimination des hommes physiquement impropres au service », dans *Recrutement de l'armée : instruction sur l'aptitude physique au service militaire, op. cit.* ; Georges Lemoine, *Traité d'hygiène militaire, op. cit*, p. 16.

ses indications ne soient pas impératives et qu'en dernière instance, « le seul arbitre soit toujours le médecin avec son sens clinique et ses connaissances scientifiques[60] », cette entreprise de quantification de la corpulence est appréciée en tant qu'elle permet « un contrôle physiologique sous la forme d'une formule synthétique, claire précise et rapide[61] ».

Tableau nosologique de l'inaptitude

En dehors de l'estimation de la constitution, le médecin expert doit s'assurer de la bonne conformation des membres et de l'intégrité fonctionnelle des organes de la recrue. Pour ce faire, l'hygiène militaire a élaboré des critères réunis dans une nomenclature et précisés par un ensemble d'instructions. Les médecins disposent ainsi d'une liste de maladies, infirmités et vices de conformation susceptibles d'empêcher ou de ralentir l'accession de la recrue aux forces armées. Cette nomenclature est plus ou moins développée et unifiée selon les pays. En France, la première instruction française sur les conditions physiques de l'aptitude au service militaire date de 1794, la première liste des affections non compatibles avec la vie militaire de 1873. Cette liste et les instructions qui l'accompagnent font l'objet de nombreuses modifications suscitées notamment par les hygiénistes dès la seconde moitié du XIXe siècle. La loi qui universalise le service en mars 1905 provoque ainsi la révision des instructions qui définissent les conditions médicales d'accès à l'armée. Cette nouvelle instruction revient notamment sur les critères en vigueur depuis 1894, jugés désormais trop peu restrictifs[62]. Les *Comptes rendus sur le recrutement*, qui rendent compte statistiquement des opérations médicales du recrutement, s'étoffent et se précisent aussi considérablement au fil des ans. Au milieu du XIXe siècle, leur tableau nosologique est composé de 21 puis 50 titres[63]. En 1914, il en mentionne 61 :

60. Adrien Besson, *De l'Évaluation de l'aptitude physique, op. cit.*, p. 29.
61. *Ibid.*
62. Anne Rasmussen, « Expérimenter la santé des grands nombres », art. cité, p. 71-91.
63. Jean-Paul Aron, Paul Dumont et Emmanuel Le Roy Ladurie, *Anthropologie du conscrit français, op. cit.*

Tableau nosologique des affections ayant entraîné l'exemption (1914)

Maladies générales	Faiblesse de constitution
	Cachexies diverses (paludisme, saturnisme, etc.)
	Tuberculose des poumons
	Tuberculose des autres organes ou tissus
	Rhumatisme, goutte, gravelle
	Cancers et tumeurs malignes
	Autres maladies générales
Maladies de la peau	Eczéma et impétigo
	Psoriasis, lichen, ichtyoses
	Autres maladies de la peau
Maladies du système nerveux	Idiotie, crétinisme
	Aliénation mentale et paralysie générale
	Épilepsie
	Chorée, convulsions
	Paralysie d'un ou de plusieurs membres
	Bégaiement
	Autre maladie du système nerveux
Maladies des yeux	Perte complète de la vue
	Diminution de l'acuité visuelle (sans cause spécifiée)
	Myopie
	Hypermétropie
	Astigmatisme
	Strabisme
	Taie, opacité, déformation de la cornée
	Maladies de la conjonctive et des paupières
	Autres maladies des yeux
Maladies des oreilles	Surdi-mutité
	Diminution de l'acuité auditive (suite de maladies ou blessures)
	Autres maladies de l'oreille
Maladies du système digestif	Denture défectueuse
	Bec-de-lièvre et division de la voûte palatine
	Autres maladies de la bouche, du pharynx et de l'œsophage
	Maladies de l'estomac et de l'intestin
	Hernies
	Maladies du foie et de la rate
	Autres maladies de l'appareil digestif
Maladies de l'appareil respiratoire	Maladie des fosses nasales et des sinus de la face
	Affections du larynx
	Goitre
	Emphysème et asthme
	Pleurésie
	Autres maladies de l'appareil respiratoire (tuberculose exceptée)
Maladies de l'appareil circulatoire et lymphatique	Hypertrophie du cœur
	Lésions valvulaires du cœur

	Varices
	Autres maladies de l'appareil circulatoire et lymphatique
Maladies de l'appareil génito-urinaire	Vices de conformation des organes génito-urinaire
	Varicocèle
	Hydrocèle, hématocèle
	Maladie des testicules (perte, ectopie, etc.)
	Néphrite chronique
	Autres maladies de l'appareil génito-urinaire
Maladies du squelette et des organes de la locomotion	Affections des os (tuberculose exceptée)
	Déviation de la colonne vertébrale, gibbosité
	Malformation congénitale du pied (pied bot, pied plat, creux, etc.)
	Autres malformations congénitales des membres
	Impotence du membre inférieur (sauf la paralysie)
	Impotence du membre supérieur (sauf la paralysie)
	Lésions et mutilations de la main
	Mutilations volontaires
	Autres affections des organes de la locomotion
Infirmités non comprises dans les colonnes précédentes	

Source : *Comptes rendus sur le recrutement*

Certaines affections tombent en désuétude et disparaissent de l'inventaire, d'autres font leur apparition sous l'influence du développement de la clinique et de l'épidémiologie. En 1845, l'épilepsie est la seule représentante des troubles nerveux. En 1914, la section « Maladie du système nerveux » réunit six titres, sept dans les *Instructions* détaillées qui énumèrent et détaillent 232 « Maladies, infirmités ou vices de conformation » sur 68 pages[64]. L'inventaire est divisé en sections agencées selon une tendance organiciste et fonctionnelle. Nombre des sections sont constituées autour d'un organe ou d'un complexe d'organes, ce qui renvoie aux classifications de l'anatomie pathologique[65]. Les tentatives

64. Ministère de la Guerre, *Recrutement de l'armée : instruction sur l'aptitude physique au service militaire*, Paris, H. Charles-Lavauzelle, volume arrêté à la date du 15 septembre 1914.
65. Erwin Ackernecht a mis en avant la tendance « organiciste » de la clinique et le fait que nombre des spécialités se sont constituées autour d'un organe ou d'un complexe

d'unification et d'objectivation de l'aptitude que sont les coefficients de robusticité ne parviennent pas, d'une manière générale, à supplanter l'interprétation indicielle de l'aptitude qui est faite par les médecins. Le corps de la recrue est ainsi appréhendé de manière parcellaire et les experts procèdent à une quête des signes, indices et preuves dispersées de l'inaptitude. Cette nosologie des formes reprend également un ordre fonctionnel d'exposition des affections, du général au particulier et du haut vers le bas. Il s'agit là d'une organisation propre à la plupart des traités d'anatomie et qui reflète le déroulement de l'examen médical.

En Grande-Bretagne, les experts disposent également d'instructions, les *Instructions for medical officers examining recruits*, qui font partie des *Army Medical Regulations*. Elles sont moins détaillées et mentionnent sous forme de liste les 18 motifs de rejet suivants :

Motifs de rejet de l'armée britannique

Motifs de rejet
Signes de tuberculose
Syphilis déclarée
Maladie des bronches ou du larynx
Palpitation ou autre affection cardiaque
Faiblesse de constitution[66]
Aptitude visuelle défectueuse
Défaut de voix ou d'audition
Bégaiement prononcé
Perte ou délabrement des dents susceptible de faire obstacle à une mastication efficace
Rétrécissement ou déformation de la poitrine ou des articulations
Déviation de la colonne vertébrale
Défaut d'intelligence, instabilité
Hernie
Hémorroïdes
Sévères varices ou varicocèle prononcée
Maladie de peau incurable
Ulcère chronique
Fistule

Source : *Instructions for the physical Examination of Recruits*[67]

d'organes : Erwin Ackernecht, *La médecine hospitalière à Paris (1794-1848)*, Paris, Payot, 1986.

66. « *Generally impaired constitution* ».

67. War Office, *Instructions for the physical Examination of Recruits*, Londres, His Majesty's Stationery Office, 1912, p. 5.

Ces affections sont considérées comme rédhibitoires. Un certain nombre d'autres sont citées dans le corps des instructions. Elles peuvent mener au rejet en fonction de leur étendue et de leur degré de gravité. La nomenclature statistique avant la guerre est également plus concise :

Nombre de recrues rejetées pour raisons médicales (1903-1913)

Année	Recrues examinées	Rejet pour pathologie	Rejet pour constitution	Total des rejets	% de rejets
1903[68]	50 640	12 541	4 588	17 129	33,83
1903-04	71 699	18 816	5 842	24 658	34,39
1904-05	65 752	19 182	5 616	24 798	37,71
1905-06	65 128	16 941	4 982	21 923	33,66
1906-07	58 764	13 336	4 349	17 685	30,09
1907-08	61 182	14 039	3 921	17 960	29,35
1908-09	56 327	13 087	3 772	16 859	29,93
1909-10	45 085	11 235	3 072	14 307	31,73
1910-11	47 460	10 572	2 300	12 872	27,82
1911-12	47 008	9 196	1 909	11 105	23,62
1912-13	42 977	7 734	1 475	9 209	21,43

Source : *The general annual report on the British Army for the year ending 30th September*

Elle fait la distinction entre le rejet pour « pathologie » (*ailments*) et le rejet pour « constitution » (*development*) sous lequel on range les défauts de taille, de poids, de circonférence thoracique, autant de marqueurs d'un état général fragile. La faiblesse de constitution, les maladies cardiaques, les vices de conformation des membres inférieurs et les défauts de vision sont les principales causes d'exemption[69]. Comme en France, certains motifs d'exclusion se sont raréfiés en raison d'avancées thérapeutiques. Ainsi la denture défectueuse voit sa part se réduire dès 1906 avec le développement des soins et de l'hygiène dentaires au sein de l'armée[70]. L'état dentaire de la recrue pèse moins dans la détermination

68. Neuf premiers mois.
69. Charles Henderson Melville, *Military Hygiene, op. cit.*, p. 27.
70. Samuel Thomas Beggs, *The selection of the recruit, op. cit.*, p. 29.

de l'aptitude dans la mesure où l'on estime que l'on peut remédier à une mauvaise dentition pendant la durée du service.

Dans les deux pays, certaines affections sont rédhibitoires et entraînent automatiquement l'inaptitude. Au début du XXe siècle, cela concerne de graves maladies contagieuses telles la morve[71] et la lèpre ; des atteintes neurologiques invalidantes telle l'épilepsie ; de sérieuses infirmités atteignant des fonctions sensorielles essentielles, telle la « surdi-mutité », ou entraînant d'importantes limitations des fonctions motrices[72] :

> Toute anomalie dans le nombre, dans la forme, dans les rapports des membres, si elle entraîne une difformité apparente et notable ou une gêne prononcée des fonctions, est incompatible avec le service militaire[73].

Pour d'autres, les médecins s'efforcent de déterminer des seuils, toujours fluctuants, toujours sujets à débat. Les déficiences sensorielles notamment font l'objet de longs développements et leurs seuils de désaccords et d'ajustements permanents[74]. Le passage de l'aptitude au service armé à l'inaptitude totale et définitive est graduel. Les seuils sont parfois chiffrés – taille, nombre de dents, indicateurs d'acuité visuelle –, parfois plus imprécis voire intuitifs. Pour tenir définitivement à l'écart des forces armées, certaines affections doivent être « prononcées », « tenaces », « récurrentes », « incurables ». Elles doivent empêcher des activités essentielles au métier des armes tels le port du sac et le tir ou plus simplement la marche. Certaines

71. Maladie infectieuse fréquemment mortelle.

72. Ministère de la Guerre, Bulletin officiel n° 68 bis, *Recrutement de l'armée : instruction sur l'aptitude physique, op. cit.*, 1905, p. 9, 15, 17.

73. *Ibid.*, p. 44.

74. À titre d'exemple E. B. Waggett, « The Mouth, Nose, Throat and Ear from the Recruiting Point of view », *JRAMC*, 1er août 1909, p. 172-188 ; Félix Lagrange, « Les vices de réfraction et l'acuité envisagée au point de vue du service de l'armée », *Bulletin médical*, 1899, p. 1126 ; Félix Lagrange, « De la correction de l'astigmatisme, envisagé du point de vue militaire », *Bulletin de l'Académie nationale de médecine*, Paris, Masson, 1914, p. 763-777 ; Étienne Coullaud et Eugène Ginestous, « Des conditions d'aptitude physique, relatives à l'appareil de la vision, envisagée dans l'armée française et les armées étrangères », *Bulletin médical*, 1908, p. 367-371 ; Étienne Coullaud et Eugène Ginestous, « La vision des tireurs », *Archives d'ophtalmologie*, mai 1908.

atteintes génitales fréquentes, telle la varicocèle[75], sont ainsi explicitement associées à la gêne éventuelle que peuvent éprouver les soldats lors de leurs déplacements :

> La varicocèle n'entraîne l'exemption que si, par son volume excessif, elle détermine une gêne manifeste et prolongée dans la marche, et ces cas sont exceptionnels. Dans ces conditions de gravité, elle ne peut motiver la réforme qu'après l'échec d'un traitement approprié[76].

En Grande-Bretagne, les instructions sont tout à fait similaires :

> Parmi les affections notables qui doivent mener à l'exemption : [...] la varicocèle de forme sévère entraînant 1) une dilatation des veines qui forment une masse dont le volume l'amène à pendre en dehors du testicule, 2) une élongation du muscle qui amène le testicule à pendre plus bas que la normale[77] [...].

Pour certaines infirmités, les autorités compétentes refusent délibérément de trancher, laissant l'évaluation à la discrétion des experts :

> Le Ministère s'est bien évidemment refusé à établir des instructions absolues concernant la question de la dentition. Il est en effet impossible de régler le problème autrement que d'une manière extrêmement superficielle[78].

Pour d'autres affections enfin, telle la transpiration fétide des pieds, les médecins précisent qu'elles ne peuvent motiver une mise à l'écart des activités militaires[79]. D'une manière générale, la nomenclature est vivante et fait l'objet de controverses.

75. La varicocèle testiculaire se caractérise par une dilatation des veines au niveau du cordon spermatique, situé dans les bourses. C'est une pathologie bénigne mais qui peut entraîner une pesanteur ou une augmentation du volume du testicule entraînant une gêne.

76. *Instruction sur l'aptitude physique, op. cit.*, p. 43.

77. Samuel Thomas Beggs, *The selection of the recruit, op. cit.*, p. 26.

78. P. H. Falkner, « Detached Notes on Recruiting Duties », art. cité, p. 416.

79. *Ibid.*, p. 49.

Virilité et conformité génitale

En 1905, l'*Instruction sur l'aptitude physique au service militaire* précise que « l'hermaphrodisme, l'absence ou la perte totale du pénis nécessitent l'exemption ». Au côté d'autres pathologies ou difformités susceptibles d'entraîner une incapacité au service militaire, un certain nombre d'affections ou de « vices de conformation » du système génital masculin sont longuement détaillées. Parmi les nombreux critères de l'aptitude militaire, celui du sexe occupe en effet une place signifiante. Les parties génitales de la recrue font ainsi l'objet d'un discours particulièrement normatif dont les caractéristiques sont entièrement dictées par les besoins de l'institution militaire. Au cours de l'examen, les médecins recherchent d'abord une tare qui viendrait limiter l'aptitude du candidat à supporter les difficultés de la vie militaire. En dehors de ces considérations fonctionnelles, la recrue doit aussi présenter des caractéristiques génitales masculines qui restent définies *a minima*. En cela, la pensée médico-militaire s'oppose à d'autres conceptions de la conformité au genre masculin.

Les instructions britanniques précisent que les experts devront s'assurer « qu'il n'existe aucune malformation ou anormalité congénitale, tel un testicule ectopique, ou de malformation des organes génitaux ou urinaires[80] ». L'instruction française est plus précise et moins restrictive. Elle distingue les appareils urinaire et génital et consacre huit entrées à ce dernier[81] : chacune de ces entrées est accompagnée d'un paragraphe plus ou moins détaillé, destiné à faciliter la tâche du médecin en déterminant si l'affection doit ou non conduire à écarter la recrue du service des armes. Ainsi, le phimosis, rétrécissement de l'extrémité du prépuce qui empêche de décalotter complètement et facilement le gland, est déclaré compatible avec la vie militaire. À l'inverse, l'éléphantiasis du scrotum, augmentation du volume scrotal qui peut atteindre une taille très importante, doit motiver l'exemption.

80. Appendix 16 (ii.), *Regulation Army medical Services*, in Beggs Samuel Thomas, *The Selection of the Recruit op. cit.*, p. 26 ; War Office, *Instructions for the physical Examination of Recruits, op. cit.*, p. 7.
81. Ministère de la Guerre, Bulletin officiel n° 68 bis, *Recrutement de l'armée : instruction sur l'aptitude physique au service militaire, op. cit.*, 1905, p. 43-44.

Affections et vices de conformation des organes génitaux

Organes génitaux
Vices de conformation – Affection du pénis
Affections des bourses
Varicocèle
Hydrocèle – Hématocèle
Perte, absence et atrophie des testicules
Ectopie testiculaire
Tumeurs du testicule
Spermatorrhée

Source : *Instruction sur l'aptitude physique*

Il est difficile d'avoir un aperçu de la pratique réelle de cette sélection génitale des recrues. Les comptes rendus sur le recrutement français donnent à voir la répartition des exemptés du service militaire par maladies et infirmités. De la fin du XIXe siècle à 1918, une poignée de jeunes gens sur les centaines de milliers d'examinés sont exemptés pour « vices de conformation des organes génito-urinaire » ou « maladie des testicules (perte, ectopie, etc.) », sans qu'il soit possible d'avoir plus de détails. En 1914, près de 6 % des exemptés le sont pour maladies et infirmités de l'appareil génital, ce qui représente un jeune homme pour 1 000 examinés. Rappelons-le, en écartant les porteurs de maladies ou de malformations du système génito-urinaire, le conseil de révision entend avant tout garantir la performance physique des membres du collectif armé, notamment la marche à pied. Il s'agit également de garantir l'intérêt du candidat ; toute affection sévère susceptible d'être aggravée de manière importante par le port des armes s'avère disqualifiante. Ainsi, l'ectopie testiculaire (position anormale du testicule impliquant son absence dans le scrotum) ne provoque l'exemption que dans les « cas où le testicule est retenu à l'anneau ou dans le canal, ou tout contre l'orifice inguinal » dans la mesure où cette situation est propice à la manifestation de douleurs ou à l'apparition de hernies. Le lien fréquent qui peut être établi entre une malformation génitale et une limitation de l'aptitude à la marche explique en grande partie la fréquence des vices de conformation de l'appareil génito-urinaire et des maladies des testicules dans les motifs d'exemption.

L'appareil génito-urinaire peut être également le lieu de la recherche d'un chancre syphilitique ou d'un autre indice de maladie sexuellement transmissible. La syphilis est particulièrement redoutée, notamment à partir des années 1880, qui voient se cristalliser les angoisses autour du péril vénérien[82]. Elle préoccupe les médecins attentifs à toute affection pouvant signaler une forme de dégénérescence menaçant l'individu, sa descendance et par là même l'ensemble de la nation. Les instructions sur l'aptitude militaire consacrent trois paragraphes à la recherche des marqueurs de maladies vénériennes, lesquels doivent cependant être particulièrement avancés et toucher d'autres organes, comme les viscères ou le système nerveux, pour justifier l'exemption[83]. Il ne suffit pas, en effet, de présenter un ulcère syphilitique pour être exempté. Les maladies vénériennes et la menace épidémique qu'elles véhiculent ne préoccupent pas en soi les experts du recrutement. Elles ne sont considérées que dans la mesure où leurs manifestations handicapent les candidats pour les besoins spécifiques du service. À cet égard, les signes de tuberculose, pathologie rangée au même titre que la syphilis ou l'alcoolisme parmi les fléaux sociaux, sont autrement plus discriminants lors de l'examen. S'il est communément admis que la vie militaire, par le recours à la prostitution qu'elle entraîne, comporte un risque accru de contamination vénérienne, l'examen médical d'aptitude n'est pas un élément de l'arsenal préventif peu à peu mis en place par l'armée française[84].

En dehors des considérations fonctionnelles, l'examen génital comporte une dimension normative plus symbolique. Pour être déclaré apte au combat, il faut être un homme. En France, le XIXe siècle a durablement enraciné l'assimilation exclusive du masculin au port des armes[85]. En consolidant la naturalisation et l'opposition

82. Alain CORBIN, *Les filles de noce, Misère sexuelle et prostitution aux XIXe et XXe siècles*, Paris, Aubier, 1978, p. 386-405 et 489-499 ; Claude QUÉTEL, *Le Mal de Naples. Histoire de la syphilis*, Paris, Seghers, 1986.
83. Ministère de la Guerre, Bulletin officiel n° 68 bis, *Recrutement de l'armée : instruction sur l'aptitude physique au service militaire*, Paris, H. Charles-Lavauzelle, volume arrêté à la date du 15 décembre 1905, § 7.
84. Sur ces mesures, qui prennent un nouvel essor pendant la Grande Guerre, on lira Jean-Yves LE NAOUR, « Sur le front intérieur du péril vénérien (1914-1918) », *Annales de démographie historique*, n° 103, 2002, p. 107-120.
85. Dominique GODINEAU, « De la guerrière à la citoyenne. Porter les armes pendant l'Ancien régime et la Révolution française », *Clio, Histoire, Femmes et Société*, « Armées », PUM, Toulouse, n° 20, 2004, p. 43-69. John LYNN, *Women, Armies and*

des compétences et aptitudes féminines et masculines, les médecins ont contribué à cet état de fait en validant l'idée d'une distinction radicale et irréductible entre les hommes, faits pour combattre et conquérir, et les femmes, faites pour enfanter et materner[86]. L'examen d'aptitude n'est pas le lieu de la vérification du sexe du candidat. En France, il est inscrit à l'état civil[87]. En conséquence, seuls des individus assignés mâles à la naissance sont convoqués au conseil de révision. Le médecin expert a cependant pour objectif de vérifier la conformité anatomique du système génital. Les critères de l'aptitude au service promeuvent ainsi une certaine normativité corporelle virile. Les critères médicaux de l'aptitude militaire entrent en résonance avec les qualités d'un idéal masculin hégémonique, le modèle militaro-viril[88]. Juger de la virilité d'un candidat permet dès lors d'identifier un potentiel bon soldat, caractérisé par la vigueur physique et morale,

---

Warfare in Early Modern Europe, Cambridge, Cambridge University Press, 2008. Sur armée et virilité, Hervé Drévillon, « Des virilités guerrières à la masculinité militaire (France, xviie – xviiie siècles) », dans Anne-Marie Sohn (dir.), *Une histoire sans les hommes est-elle possible ? Genre et masculinité*, Lyon, ENS Éditions, 2014, p. 245-263 ; Gil Mihaely, « L'effacement de la cantinière ou la virilisation de l'armée française au xixe siècle », *Revue d'histoire du xixe siècle*, n° 30, p. 2-16.

86. Sur le rôle des médecins dans la naturalisation de la dichotomie sexuelle : Anne Fausto-Sterling, *Corps en tous genres. La Dualité des sexes à l'épreuve de la science*, Paris, La Découverte / Institut Émilie du Châtelet, 2012 ; Delphine Gardey et Ilana Löwy (dir.), *L'Invention du naturel. Les sciences et la fabrication du féminin et du masculin*, Paris, Éditions des Archives contemporaines, 2000 ; Ludmilla Jordanova, *Sexual Visions, Image of Gender in Science and Medicine between the Eighteen and Twentieth Centuries*, Madison, The University of Wisconsin Press, 1989 ; Thomas Laqueur, *La Fabrique du sexe. Essai sur le corps et le genre en Occident*, Paris, Gallimard, 1992 ; Ilana Löwy, « Le genre dans l'histoire sociale et culturelle des sciences », *Annales, Histoire, Sciences sociales*, mai-juin, 1995, p. 523-529.

87. Même si la vérification de l'identité du conscrit fait l'objet d'un soin particulier. Voir SHD, GR 9 NN 7/1102 Décrets et Arrêtés relatifs à la formation des classes 1913 et 1914.

88. Voir sur ce point Odile Roynette, « La construction du masculin », art. cité. Voir aussi Jean-Paul Bertaud, « L'armée et le brevet de virilité » et « La virilité militaire », art. cité, p. 63-81 et p. 157-202 ; George L. Mosse, *L'image de l'homme, l'invention de la virilité moderne*, Paris, Abbeville, 1997, p. 33 et suiv. Sur la notion de masculinité hégémonique Raewyn W. Connell, *Masculinities*, *op. cit.* Sur la notion de modèle militaro-viril, Gil Mihaely, « L'émergence du modèle militaro-viril. Pratiques et représentations masculines en France au xixe siècle », thèse de doctorat sous la direction de Christophe Prochasson, EHESS, 2004.

L'examen génital des recrues
Géo-Dupuis, « Conseil de révision : toussez », *L'Assiette au beurre*, 16 janvier 1904

capable d'être maître de soi, de surmonter les obstacles mais aussi de conserver sa personnalité en obéissant à ses chefs[89]. Les experts du recrutement sont invités à prêter attention à « l'harmonie du tout », une constitution fluette et une voix grêle, même alliée à un appareil génital normal, pouvant indiquer « un individu qui ne sera jamais un homme dans l'exactitude du terme[90] ».

Au sein de cet examen, l'ensemble génital conserve une importance certaine, comme le souligne le Dr Vincent en 1861, pour lequel « un certain luxe extérieur d'organisation [peut] coexister avec un avor-

---

89. *Ibid.*
90. H. Berriat, *Législation militaire ou Recueil méthodique des lois, décrets et règlements militaires*, t. I, Paris, Louis Capriolo, 1812, p. 87, cité par Jean-Paul Bertaud, « L'armée et le brevet de virilité », art. cité, p. 66.

tement de la virilité[91] ». Des parties génitales conformes sont considérées comme l'un des « attributs de la virilité, indices par excellence, de la vigueur et de la vaillance[92] » indispensables au bon soldat. La mollesse morale est alors facilement assimilée à l'impuissance physique. Pour être certain de la valeur du soldat, il importe donc de prêter attention à la bonne conformation des organes de la reproduction qui ne doivent présenter en aucun cas de signes d'une éventuelle « neutralité sexuelle[93] ». L'*Instruction sur l'aptitude physique* définit les contours d'un corps masculin conforme qui renvoie à une conception de la masculinité basée sur la simple évidence anatomique : la recrue doit posséder des caractéristiques génitales masculines. L'ambiguïté – « hermaphrodisme » ou « pseudo-hermaphrodisme », selon le vocabulaire de l'époque – est donc d'emblée disqualifiée[94].

Malgré leur rareté, les « cas douteux », individus porteurs d'une malformation de l'appareil génital, sont recherchés avec beaucoup de soin[95]. L'absence ou la perte totale du pénis sont des causes d'exemption, de même que la perte ou l'atrophie des deux testicules. En revanche, la présence d'un pénis – même de très petite taille – et d'au moins un testicule d'apparence et de taille normales permet de déclarer les organes génitaux masculins conformes. En effet, pour la littérature

91. Dr Vincent, « Du choix du soldat », *Recueil de mémoires de médecine, de chirurgie et de pharmacie militaires*, Paris, Victor Rozier, 1861, t. VI, p. 273-274.
92. Jean-Paul Bertaud, « L'armée et le brevet de virilité », dans Alain Corbin, Jean-Jacques Courtine et Georges Vigarello (dir.), *Histoire de la virilité*, t. 2., *op. cit.*, p. 63-81, ici p. 65.
93. *Ibid.*
94. Sur l'hermaphrodisme, on lira Alice Domurat-Dreger, *Hermaphrodites and the Medical Invention of Sex*, Cambridge, Harvard University Press, 1998 ; Anne Fausto-Sterling, *Sexing the Body*, New York, Basic Books, 2000 ; Michel Foucault, *Herculine Barbin dite Alexina B.*, Paris, Gallimard, 1978 ; Id., *Les Anormaux. Cours au Collège de France (1974-1975)*, Paris, Gallimard/Le Seuil, 1999.
95. Ils suscitent l'intérêt des médecins. Un cas célèbre a été analysé par Michel Foucault : *Herculine Barbin, op. cit.* Sur les aspects médico-légaux, Gabrielle Houbre, « Un "sexe indéterminé" ? L'identité civile des hermaphrodites entre droit et médecine au xixe siècle », *Revue d'histoire du xixe siècle*, 2014/1, n° 48, p. 63-75. Voir par exemple Paul Garnier, « Du pseudo-hermaphrodisme comme impédiment à la déclaration du sexe dans l'acte de naissance », *Annales d'hygiène publique et de médecine légale*, 3e série, n° 14, 1885, p. 285-302 ; Ambroise Tardieu, *Question médico-légale de l'identité dans ses rapports avec les vices de conformation des organes sexuels*, Paris, Baillière, 1874 ; Eugène Wilhem, « L'Hermaphrodite et le droit », *Archives de l'Anthropologie criminelle et des sciences pénales*, 1911, p. 267.

médicale sur l'hermaphrodisme, développée dans la seconde moitié du XIXe siècle, la présence du seul membre viril ne suffit pas à signifier l'homme. « [P]our caractériser le sexe il faut trouver des testicules ou des ovaires. Si l'on ne trouve pas ces organes, il est impossible de se prononcer sur le sexe d'un individu », déclare le docteur Gérin Roze[96]. En cela, lorsque les candidats sont déclarés aptes, le conseil de révision est bien l'occasion de décerner un certificat de conformité des organes génitaux.

Dans les représentations dominantes de la virilité, le caractère fonctionnel du pénis occupe une place importance. Pour être un homme, il importe d'être considéré comme apte aux rapports sexuels, et plus particulièrement à la pénétration, souvent décrite par ailleurs à grand renfort de métaphores militaires[97]. Or, l'inspection du corps des recrues par les experts du recrutement n'aboutit dans les faits qu'à décerner un certificat de conformité *a minima* des organes génitaux, dans la mesure où la dimension fonctionnelle de ces organes n'entre jamais en ligne de compte. Les critères retenus sont purement anatomiques. La tonicité et l'aptitude génésique des organes ne sont pas considérées. Cette définition simple de la conformité promue par les médecins militaires n'est pas celle d'autres membres du corps médical. Pour déclarer un corps masculin conforme, les experts des ambivalences génitales considèrent par exemple assez systématiquement d'autres critères, telles l'apparence générale de l'individu et son aptitude aux rapports sexuels et à la procréation. La virilité est assimilée à la puissance de génération qui renvoie à la bonne constitution anatomique mais aussi aux potentialités physiologiques de l'ensemble génital[98].

Ici, la dimension fonctionnelle des organes reproducteurs n'a pas d'importance alors même que le corps médical a développé une conception hémodynamique de la puissance virile – en s'intéressant

96. Alcide DESCOUST, « Sur un cas d'hermaphrodisme », *Annales d'hygiène publique et de médecine légale*, série n° 3, 16, 1886, p. 84-90, cité par Muriel SALLE, « Une ambiguïté sexuelle subversive. L'hermaphrodisme dans le discours médical de la fin du XIXe siècle », *Ethnologie française*, 2010/1, vol. 40, p. 123-130.
97. Alain CORBIN, « La nécessaire manifestation de l'énergie sexuelle », *Histoire de la virilité*, t. II, *op. cit.*, p. 129.
98. Sur les racines de ces représentations médicales, on lira Pierre DARMON, *Le tribunal de l'impuissance. Virilité et défaillances conjugales dans l'ancienne France*, Paris, Seuil, 1979 et Angus MCLAREN, *Impotence: A Cultural History*, Chicago/Londres, The University of Chicago Press, 2007.

aux liens entre l'afflux sanguin dans les corps caverneux et la turgescence du pénis – et des modèles explicatifs inspirés du mécanicisme qui favorisent le mouvement[99]. Les causes de l'impuissance en particulier sont bien connues des médecins qui y ont consacré de nombreux travaux. Le corps médical a en effet été convoqué de bonne heure auprès des tribunaux afin d'y faire la preuve de l'absence de consommation charnelle de certains mariages selon les normes du droit canon[100]. Le dernier quart du XIXe siècle a en outre été marqué par un regain d'intérêt médical pour cette question, nourri par l'angoisse collective de la dégénérescence et la crainte d'une augmentation de l'impuissance masculine[101]. Le corps médical se montre par ailleurs attentif à l'activité sexuelle des jeunes soldats, que ce soit pour l'encourager ou la déplorer. Les médecins estiment en effet que des besoins bien satisfaits peuvent avoir des vertus thérapeutiques, tout en redoutant les conséquences vénériennes de la fréquentation des prostituées[102]. Si, pour Michel Bozon, « il est certain que dans l'esprit des conscrits, le conseil de révision mesurait l'aptitude aux relations sexuelles et au mariage, plus que l'aptitude à porter les armes[103] », l'assimilation du conseil de révision à un examen de la puissance sexuelle ne vient pas des critères de cet examen lui-même. Le corps est certes déclaré conforme ou non à un certain modèle viril. Mais ce modèle reste purement anatomique et ne sous-tend aucun pronostic quant aux performances sexuelles et au pouvoir générateur de la jeune recrue.

Les raisons de l'adoption de cette conception purement anatomique du masculin par les médecins militaires sont d'abord pratiques. Les opérations médicales du recrutement sont soumises à des exigences de coût, de temps et donc de rendement qui viennent limiter les ressources des experts et leur imposent un mode de diagnostic simple et

99. Anne Carol, « La virilité face à la médecine », dans *Histoire de la virilité. La virilité en crise ?, op. cit.*, p. 40.
100. Pierre Darmon, *Le tribunal de l'impuissance, op. cit.*
101. Angus McLaren, *Impotence, op. cit.*
102. Jean-Paul Bertaud, « L'armée et le brevet de virilité », art. cité, p. 77. Voir plus généralement sur le sujet, Alain Corbin, « Le péril vénérien au début du siècle : prophylaxie sanitaire et prophylaxie morale », *Recherches*, 1977, p. 245-283 ; Jean-Yves Le Naour, « Sur le front intérieur du péril vénérien (1914-1918) », *Annales de démographie historique*, vol. 103, n° 1, 2002, p. 107-120.
103. Michel Bozon, *Les conscrits, op. cit.*, p. 104.

rapide des atteintes génitales[104]. On peut donc aisément comprendre pourquoi la capacité d'érection du pénis par exemple n'est pas contrôlée, comme elle a pu l'être lors de certains procès de la France d'Ancien Régime[105]. En outre, l'aptitude militaire n'est pas un état en soi mais un rapport entre un individu et une institution, l'armée[106]. Cette conception de l'aptitude a conduit les médecins recruteurs à choisir, parmi l'une des définitions concurrentes du masculin génital, celle qui serait le plus en adéquation avec les besoins de l'institution militaire. Pour l'armée en effet, il importe peu que le conscrit soit apte aux rapports sexuels ou à la reproduction ; il importe grandement en revanche qu'il puisse être, sans ambiguïté possible, assigné au genre masculin, seul habilité à porter les armes.

104. Heinrich Hartmann, *The Body Populace, op. cit.*, p. 77-79.
105. La pratique du Congrès, entre 1550 et 1677, permettait de faire la preuve de l'impuissance du mari lors de procès d'annulation. Le mari devait faire « acte de chair » en présence de témoins. Sur ces questions, Pierre Darmon, *Le tribunal de l'impuissance, op. cit.*
106. Sur les représentations fonctionnalistes du corps, « outil ajusté à des fins particulières », on lira Luc Boltanski, « Les usages sociaux du corps », *Annales*, 1971, 26-1, p. 205-233.

Chapitre 3

L'évaluation et le classement des recrues (1890-1914)

En 1904, Le *Bulletin de l'Académie nationale de médecine* évoque « le problème sans cesse agité, ardu, de la fixation du degré d'aptitude au service militaire[1] ». Les experts médicaux du recrutement écopent en effet d'une tâche qui n'est pas exempte de difficultés, celle de faire, le cas échéant, la preuve de l'inaptitude des recrues afin de garantir la sélection à la fois la plus juste et la plus efficace en temps de guerre. Comment la pensée de l'aptitude et les critères de la sélection sont-ils concrètement mis en œuvre dans le cadre de l'examen médical du recrutement ? Ce chapitre met au cœur de l'analyse la question du regard médical sur le corps des recrues. Le corps et le regard médical sont des objets historiographiques qui ont bénéficié depuis les années 1970 d'un renouvellement considérable porté par l'anthropologie historique, l'histoire des savoirs et la sociologie des pouvoirs[2]. La spécificité du regard médical fondé sur la sémiologie des corps a bénéficié de l'apport des

1. Delorme, *Bulletin de l'Académie nationale de médecine*, Paris, J.-B. Baillière, Masson, 1904, p. 552.

2. Sur l'histoire du corps, Michel Foucault, *Surveiller et punir, op. cit.* ; Alain Corbin, *Le miasme et la jonquille. L'odorat et l'imaginaire social, XVIIIe-XIXe siècles*, Paris, Flammarion, 1986 ; Christopher Lawrence et Steven Shapin (dir.), *Science Incarnate: Historical Embodiments of Natural Knowledge*, Chicago, The University of Chicago Press, 1998 ; Laurence Guignard, Pascal Raggi et Étienne Thévenin (dir.), *Corps et Machines à l'âge industriel*, Rennes, PUR, 2011 ; Alain Corbin, Jean-Jacques Courtine et Georges Vigarello (dir.), *Histoire du corps*, Paris, Le Seuil, 3 vol. ; vol. 1 : *De la Renaissance aux Lumières*, Georges Vigarello (dir.), 2005 ; vol. 2 : *De la Révolution à la Grande Guerre*, Alain Corbin (dir.), 2005 ; vol. 3 : *Les mutations du regard. Le XXe siècle*, Jean-Jacques Courtine (dir.), 2006 ; Agostino Paravicini Bagliani, *Le corps du pape*, Paris, Seuil, [1994] 1997 ; sur l'anthropologie des sciences et des techniques ; Bruno Latour, « Les "vues" de l'esprit. Une introduction à l'anthropologie des sciences et des techniques », *Culture Technique*, 14, 1985, p. 5-29.

travaux de Michel Foucault qui a initié le dépassement de la lecture internaliste des théories médicales qui orientait jusque-là leur étude[3]. Sous l'influence des *Science Studies*, l'histoire des savoirs médicaux étudie désormais « leur place dans l'ordre des connaissances, leur circulation sociale, leurs usages thérapeutiques et leurs enjeux politiques[4] ». Dans le même temps, l'histoire et la sociologie des sciences ont adopté une approche sensible et incarnée. L'étude de la matérialité des pratiques savantes a bénéficié du développement d'une histoire du corps et d'une attention plus grande portée aux gestes, aux interactions et aux instruments[5]. Le savoir gestuel, à la fois comme compétence experte et comme médiateur de puissance, est ainsi devenu un objet d'étude à part entière[6]. La routine des chirurgiens a fait l'objet de plusieurs études sociologiques et historiques, même si la portée des gestes simples de

3. Michel FOUCAULT, *Naissance de la clinique. Une archéologie du regard médical*, Paris, PUF, 1963.

4. « Médecine », *Annales. Histoire, Sciences Sociales*, 2010/1, 65e année, p. 5-7. Voir par exemple Marilyn NICOUD, *Les régimes de santé au Moyen Âge. Naissance et diffusion d'une écriture médicale, XIIe-XVe siècle*, Rome, École française de Rome, 2007.

5. Sur les instruments voir par exemple Adèle CLARKE et Joan FUJIMURA (dir.), *La matérialité des sciences. Savoir-faire et instruments dans les sciences de la vie*, Paris, Sunthélabo Groupe, 1996 ; Ilana LÖWY, « Measures, Instruments, Methods and results: Josefa Joteyko on Social Reforms and Psychological Measures », dans Gérard JORLAND, George WEISZ et Annick OPINEL, *Body Counts, op. cit.*, p. 145 et suiv.

6. Anne-Claude AMBROISE-RENDU, Fabrice D'ALMEIDA et Nicole EDELEMAN (dir.), *Des gestes en histoire. Formes et significations des gestualités médicale, guerrière et politique*, Paris, Seri Aslan, 2006 ; sur le travail manuel en science les travaux pionniers de Jerome RAVETZ, *Scientific Knowledge and Its Social Problems*, Oxford, Clarenden Press, 1971, notamment le chapitre 3 « Science as craftman's Work », p. 75 et suiv. ; Otto H. SIBUM, « Les gestes de la mesure. Joule, les pratiques de la brasserie et la science », *Annales. Histoire, Sciences Sociales*, 53e année, n° 4-5, 1998, p. 745-774 ; sur le rôle des mains dans la science anglaise, Steven SHAPIN, *A Social History of Truth: Civility and Science in Seventeenth-Century England*, Chicago, The University of Chicago Press, 1994, p. 399-400 ; Stephen PUMPFREY, « Who did the work? Experimental philosophers and public demonstrators in Augustan England », *British Journal for the History of Science*, 28(2), 1995, p. 131-156 ; sur la main comme compétence experte : Simon SCHAFFER, « Astronomers Mark Time: Discipline and the Personal Equation », *Science in context*, 2(1), 1988, p. 115-145, p. 177 ; Jérôme LAMY, « Les mains des astronomes. Anthropologie historique de la gestuelle savante », *Ethnographiques.org*, numéro 31, décembre 2015 ; sur la médiation de puissance qui opère grâce aux signes ou aux mouvements de la main Jean-Claude SCHMITT, *La raison des gestes dans l'Occident médiéval*, Paris, Gallimard, 1990, p. 100.

l'examen médical reste insuffisamment évoquée lorsqu'il est question de la pratique institutionnelle du diagnostic[7].

Ces avancées historiographiques permettent de considérer l'évaluation de l'aptitude non seulement comme un ensemble de savoirs, objets de la discussion scientifique, mais aussi comme une manière de voir et une collection de tâches concrètes, de savoir-faire, parfois artisanaux, qui ont pour cadre le moment contraint de l'évaluation. L'évolution des critères français au XIXe siècle et leur caractère contingent ont fait l'objet de travaux antérieurs, mais on sait peu de choses sur le substrat scientifique qui permet l'élaboration des savoirs et des pratiques concrètes de l'évaluation[8]. Afin d'enrichir ces approches, on peut envisager l'examen comme la plupart des pratiques cliniques, c'est-à-dire comme un dispositif qui combine des savoirs (les connaissances scientifiques), des technologies physiques (les instruments), des technologies du corps (la gestuelle du médecin comme celui de la recrue) et des technologies sociales (l'organisation du travail d'évaluation[9]).

Ce dispositif combine plusieurs traditions diagnostiques[10]. En observant la manière dont coexistent et s'entremêlent ces traditions, on peut remettre en question deux conceptions de l'histoire médicale. La première représente la médecine animée par un progrès linéaire et

7. Voir les travaux de Christelle Rabier, par exemple Christelle RABIER, « Les techniques chirurgicales autour de 1800 entre France et Grande-Bretagne : les enjeux des échanges », *Documents pour l'histoire des techniques* [En ligne], 19 2e semestre 2010, mis en ligne le 21 juin 2011, consulté le 1er octobre 2016. URL : http://dht.revues.org/1298 ; Mirko GRMEK, « La main, instrument de la connaissance et du traitement », *Histoire de la pensée médicale en Occident, op. cit.*, p. 225-254.

8. Heinrich HARTMANN, *Der Volkskörper bei der Musterung: Militärstatistik und Demographie in Europa vor dem Ersten Weltkrieg*, Göttingen, Wallstein, 2011 ; Odile ROYNETTE, *Bons pour le service, op. cit.*

9. Jean-Paul Gaudilière souligne une triple dimension physique/corps/sociale pour la thermométrie et la microscopie. Voir Jean-Paul GAUDILIÈRE, *La médecine et les sciences, XIXe-XXe siècles*, Paris, La Découverte, 2006, p. 24. Sur la notion de dispositif, Nicolas DODIER et Janine BARBOT, « La force des dispositifs », *Annales. Histoire, Sciences Sociales*, n° 2, 2016, p. 421-450.

10. Sur l'histoire du diagnostic, Jens LACHMUND, *Der abgehorchte Körper: zur Historischen Soziologie der Medizinischen Untersuchung*, Opladen, Westdt. Verl., 1997 ; Steven J. PEIZMAN et Russel C. MAULITZ, « L'élaboration du diagnostic », *Histoire de la pensée médicale, op. cit.*, t. III, p. 187-186 ; Russel C. MAULITZ, *Morbid Appearances: The Anatomy and Pathology in the Early Nineteenth Century*, Cambridge, Cambridge University Press, 1987 ; Pedro LARN-ENTRALGO, *El diagnóstico médico: Historia y teoría*, Barcelone, 1982.

continu, comme un processus de raffinement des techniques et d'approfondissement des connaissances. La seconde isole des paradigmes médicaux – des manières d'articuler les causes de la pathologie, ses symptômes et les réalités physiologiques observables – qui se succèdent sans jamais se superposer et forment des phases temporelles hermétiquement closes : médecine des espèces, médecine des épidémies, médecine clinique et anatomie pathologique. En réalité, différentes manières d'appréhender le corps, d'évaluer son état pathologique et d'accéder à la connaissance de l'état de la recrue s'emboîtent et se recouvrent tout à la fois, entrant parfois en conflit les unes avec les autres. Ces manières d'appréhender le corps sont le fruit à la fois de l'état des connaissances, des traditions scientifiques inculquées aux médecins et des conditions contingentes de l'examen parfois dictées par la puissance publique. Les limitations des ressources des experts font de l'examen médical un moment contraint de production du diagnostic.

L'expert est-il vraiment, comme l'entend Pierre Bonnette, « le souverain juge[11] » de l'aptitude de la recrue ? Le jugement est certes un processus diagnostique vertical, du médecin vers le patient, mais il ne se fait pas réellement sans intervention extérieure. La parole de la recrue et les certificats que celle-ci peut produire à l'appui de ses déclarations, s'ils sont inégalement pris en compte, doivent néanmoins servir à orienter l'examen clinique. Leur dimension probatoire est toutefois limitée, et c'est bien au médecin expert que revient la charge d'administrer la preuve de l'inaptitude. En revanche, en tant qu'expert, il n'est pas seul décisionnaire : le choix du classement de la recrue dans l'une des catégories de l'aptitude est réalisé de manière collégiale, même si cette dimension est plus ou moins accentuée en France et en Grande-Bretagne. Enfin, l'activité diagnostique et classificatoire comporte son lot d'écueils et d'incertitudes, qui entrent en conflit avec les objectifs de l'institution. L'administration raisonnée des effectifs commande en effet que l'expert délivre des verdicts fermes et définitifs. L'évaluation de l'aptitude apparaît donc avant tout comme une activité contrainte.

11. Pierre Bonnette, *Du choix des conscrits, op. cit.*, p. 38.

L'EXAMEN DES CORPS

La science des médecins doit être envisagée comme un répertoire de pratiques et non seulement comme un ensemble de savoirs et de concepts. Les critères de l'aptitude sont évalués au cours d'un examen médical qui répond à une procédure spécifique. Ses modalités font l'objet de longs développements et d'ajustements. Sa conception est dépendante de la construction sociale de la maladie et des progrès de l'investigation anatomique, mais aussi de contraintes extérieures au monde scientifique.

L'œil du clinicien

L'Instruction sur l'aptitude militaire française de 1905 consacre quatre pages à l'examen médical des recrues, pages qui s'ouvrent sur les directives suivantes :

> L'homme à examiner devant le conseil de révision doit se présenter entièrement nu. Pendant qu'il s'avance, le médecin juge d'un coup d'œil général s'il présente des défectuosités saillantes dans la conformation ou dans la marche. Il complète cet examen d'ensemble en faisant placer le sujet debout devant lui, les talons rapprochés, les bras pendant sur les côtés du corps, les mains ouvertes et la paume dirigée en avant.
>
> Le médecin passe ensuite successivement à l'examen détaillé des différentes parties du corps, en commençant par la tête et en procédant pour chaque région de l'extérieur à l'intérieur.
>
> Il s'assure par tous les moyens d'investigations :
>
> 1. Si le sujet est sain, bien conformé, et si rien ne porte obstacle à la plénitude des mouvements nécessaires à la professions des armes ;
> 2. Si aucune partie du corps n'est exposée à souffrir du port du vêtement, de l'équipement et des armes ;
> 3. Si par suite de faiblesse organique, de prédisposition morbide ou de maladie déjà existante, la santé et la vie du sujet ne seraient pas directement compromises par les conditions habituelles du service militaire ;
>
> On peut pour cet examen recourir à tous les moyens d'exploration exempts d'inconvénients[12].

12. Ministère de la Guerre, *Recrutement de l'armée. Instruction sur l'aptitude physique au service militaire*, Paris, H. Charles-Lavauzelle, volume arrêté à la date du 15 décembre 1905, p. 5-6.

L'examen est donc encadré par une procédure, imposée à tous les médecins. Elle définit les points principaux qui doivent retenir l'attention de l'expert. Ces instructions sont relativement brèves. Elles s'attardent davantage sur la nomenclature – qui permet de déterminer quelles affections sont compatibles avec les conditions du service (64 pages) – que sur la manière dont l'évaluation des corps doit être réalisée (4 pages). Cela explique l'abondance de la littérature médico-militaire s'efforçant de préciser, voire d'infléchir, les conditions et le déroulement de l'examen par des recommandations précises.

En France comme en Grande-Bretagne, le sujet à examiner se présente dévêtu, afin de faciliter l'observation détaillée de toutes les composantes de son état physique. Si la plupart des recommandations complémentaires mentionnent la recherche d'antécédents ou d'affections par l'interrogatoire de la recrue, les directives officielles consacrent le primat de l'observation muette et du morcellement de l'organisme. Après une évaluation générale, le corps de la recrue est divisé en plusieurs sections anatomiques qui doivent faire l'objet, l'une après l'autre, d'un examen approfondi. Ces caractéristiques relèvent d'un code de lecture des corps qui s'est peu à peu imposé depuis 1750 et dans lequel les yeux sont l'instrument le plus précieux de l'équipement sensoriel des experts[13].

Le règne de l'observation s'impose avec la clinique qui consacre la perte d'influence des systèmes spéculatifs et porte au pinacle « le coup d'œil du médecin qui l'emporte si souvent sur la plus vaste érudition et sur la plus solide instruction[14] ». Les directives sont explicites, c'est « d'un coup d'œil général[15] » que le médecin procède à une première évaluation de la recrue :

> [A]u moment où l'homme se présente nu devant le médecin, un simple coup d'œil peut suffire pour découvrir des motifs incontestables d'inaptitude

13. Nélia DIAS, *La mesure des sens. Les anthropologues et le corps humain au XIXe siècle*, Paris, Aubier, 2004 ; Olivier FAURE, « Le regard des médecins », dans *Histoire du corps, op. cit.*, t. 2 ; Roy PORTER, « The Rise of Physical Examination », dans William F. BYNUM et Roy PORTER (dir.), *Medicine and the Five Senses*, Cambridge, Cambridge University Press, 2005, p. 179-197 ; S. REISER, « Technology and the Use of the Senses in Twentieth-Century Medicine », dans William F. BYNUM et Roy PORTER (dir.), *Medicine and the Five Senses, op. cit.*, p. 262-273. Voir aussi Odile ROYNETTE, *Bons pour le service, op. cit.*, p. 235.
14. Michel FOUCAULT, *Naissance de la clinique, op. cit.*, p. 122.
15. Ministère de la Guerre, *Recrutement de l'armée, op. cit.*, 1905, p. 5.

> militaire : déviation très accusée de la colonne vertébrale, atrophie ou perte d'un membre ou d'un organe important, pieds bots, etc., etc.[16].

Il est alors indispensable que les jeunes médecins aient l'occasion de :

> [S]'exercer à la vérification de l'aptitude militaire et d'acquérir le *coup d'œil* qui leur permettra ultérieurement d'aller vite. Ce coup d'œil médical ne résulte pas, il faut bien le savoir, d'une sorte d'intuition géniale ; c'est là, comme ailleurs, le résultat d'une étude attentive et méthodique, grâce à laquelle on arrive, au bout d'un certain temps, à voir rapidement, inconsciemment en apparence, les vices d'organisation présentés par les sujets[17].

Les écrits des médecins insistent tous sur « l'œil du clinicien ». Le « *coup d'œil médical* dont l'appréciation est rarement erronée[18] » permet de disposer de « cette prestesse dans le rapport, cette sûreté si rapide quelquefois dans le jugement[19] » qui caractérise le regard clinique pour Michel Foucault. Pour Pierre Bonnette :

> En homme rompu à son métier, le médecin militaire a vite fait de jauger, d'évaluer la robusticité de la recrue qui s'avance vers lui. Il sait rapidement interroger cette face, ce cou, cette poitrine, ce pubis, ces membres, qui lui disent leur intégrité fonctionnelle ou leur misère physiologique[20].

C'est de la longue expérience que naît cette « compétence ineffable de la profession[21] ». En effet, le coup d'œil du clinicien ne se résume pas à un ensemble de règles à appliquer, ne s'explique pas et ne se transmet pas :

> De même que le chirurgien affine, à la longue, ses mains expertes, que l'accoucheur finit par avoir, selon l'expression classique, *un œil au bout du doigt*, que le maquignon apprécie très rapidement la valeur marchande d'une bête de boucherie, de même le médecin militaire acquiert *ce coup d'œil recruteur* que rien ne saurait remplacer[22].

---

16. Émile DUPONCHEL, *Traité de médecine légale militaire*, *op. cit.*, p. 29.
17. *Ibid.*, p. 27. C'est l'auteur qui souligne.
18. Pierre BONNETTE, *Du choix des conscrits*, *op. cit.*, p. 1.
19. Michel FOUCAULT, *Naissance de la clinique*, *op. cit.*, p. 122.
20. Pierre BONNETTE, *Du choix des conscrits*, *op. cit.*, p. 25.
21. Theodore M. PORTER, *La confiance dans les chiffres. La Recherche de l'objectivité dans la science et dans la vie publique*, Paris, Les Belles Lettres, 2017, p. 9.
22. Pierre BONNETTE, *Du choix des conscrits*, *op. cit.*, p. 27. C'est l'auteur qui souligne.

Il s'agit d'une connaissance tacite qui s'acquiert uniquement « à la longue », c'est-à-dire par la pratique répétée[23]. Les médecins parlent ainsi d'une « véritable habitude clinique, qui perme[t] le jugement d'ensemble presque "intuitif[24]" ». En prenant les atours de l'intuition, le coup d'œil de l'expert place l'examen sous le contrôle des initiés. La rhétorique enveloppant la question du regard du médecin permet en effet de réaffirmer le caractère indispensable de l'expert dans un processus qui tend à faire entrer son jugement en concurrence avec d'autres instances, civiles ou militaires. Ainsi, pour le Major P. H. Falkner, « [l]'idée que le tout-venant puisse procéder à l'examen des recrues ne peut que susciter des réserves[25] ».

L'examen de l'aptitude promeut, d'une manière générale, une culture visuelle de l'évaluation influencée par un régime de scientificité particulier, la clinique[26]. Cette façon de voir le corps malade s'appuie sur la recherche, dans l'espace anatomique, de signes ou caractères distinctifs de la maladie. Cette entreprise de diagnostic anatomo-pathologique découle d'une conception nosologique particulière qui « ne dépend plus des symptômes que le malade éprouve et peut exprimer mais des signes que le médecin repère[27] ». C'est pourquoi il est fréquent que les experts se plaignent du manque d'éclairage adéquat lors des examens, qui les empêche de procéder à un examen minutieux, condition de l'exactitude du diagnostic[28]. En recherchant les signes visuels d'un état pathologique disqualifiant pour la vie militaire, l'investigation anatomique jette les bases d'une sémiologie du corps. Le médecin s'efforce de repérer des lésions, des défauts, des excès, des marqueurs indiquant la condition pathologique. Cette pensée de

23. Sur la connaissance tacite : Michael POLANYI, *Personal Knowledge*, Londres, Routledge & Kegan Paul, 1951 ; et la vision plus critique de Steve FULLER, *Social Epistemology*, Bloomington, Indiana University Press, 1988/2002. Voir aussi Theodore PORTER, *La confiance dans les chiffres, op. cit.*, p. 9.
24. Adrien BESSON, *De l'Évaluation de l'aptitude physique au service militaire des jeunes sujets*, Lille, H. Morel, 1921, p. 3.
25. P. H. Falkner, « Detached Notes on Recruiting Duties », art. cité, p. 412.
26. Erwin ACKERNECHT, *Medicine at the Paris Hospital, 1794-1848*, Johns Hopkins Press, 1967 [trad. française *La médecine hospitalière à Paris (1794-1848)*, Paris, Payot, 1986] ; Michel FOUCAULT, *Naissance de la clinique, op. cit.*
27. Olivier FAURE, « Le regard des médecins », dans *Histoire du corps*, t. 2., *op. cit.*, p. 31.
28. Adrien BESSON, *De l'Évaluation de l'aptitude physique, op. cit.*, p. 70 ; Émile DUPONCHEL, *Traité de médecine légale militaire*, *op. cit.*, p. 27.

la normativité corporelle disqualifie les corps irréguliers, incomplets ou excédentaires. L'inspection du dos doit permettre de distinguer l'incurvation anormale de la colonne vertébrale[29]. Celle des membres inférieurs peut conduire à repérer des saillances discriminantes, telles des formes sévères d'hallux valgus[30]. Les manques et atrophies, tel le rétrécissement prononcé du thorax, peuvent eux aussi exclure du port des armes[31]. Le médecin observe les textures, les formes, les couleurs des différentes parties du corps. L'examen attentif de l'œil peut révéler une lésion des tissus indiquant une atteinte oculaire syphilitique[32]. Grosseurs, rougeurs, et éruptions cutanées font l'objet de toutes les attentions. Un eczéma étendu et tenace peut ainsi donner lieu à l'exemption[33].

Les troubles mentaux eux-mêmes peuvent parfois être détectés par l'observation : « Une intelligence déficiente est fréquemment associée à la respiration par la bouche, un gonflement des ganglions lymphatiques, un palais ogival ou des traces de rachitisme[34] ». En cela, la conception de l'examen médical suit des principes anatomo-pathologiques qui attachent dès la fin du XIXe siècle les troubles mentaux à des stigmates visibles et repérables. La pratique psychiatrique qui se développe après 1900 associe fréquemment irrégularité physique et déficience mentale, vice de conformation et dégénérescence. La maladie doit se manifester visuellement par une altération de nature physique. Les médecins, tout comme les aliénistes de la même époque, s'efforcent donc de repérer des attributs présents sur la face ou les membres, qui ne sont pas en soi porteurs d'infirmité, mais qui se

29. John COLLIE, « Examination of the Back », *JRAMC*, décembre 1916, p. 704-705.

30. Samuel Thomas BEGGS, *The selection of the recruit, op. cit.*, p. 22. L'hallux valgus est une déformation osseuse fréquente du pied qui peut entraîner des douleurs et empêcher le port de certaines chaussures.

31. Ministère de la Guerre, *Recrutement de l'armée : instruction sur l'aptitude physique au service militaire, op. cit., 1916*, p.ʃ34.

32. P. H. FALKNER, « Detached Notes on Recruiting Duties », art. cité, p. 415.

33. Ministère de la Guerre, *Recrutement de l'armée : instruction sur l'aptitude physique, op. cit.*, 1916, p. 9.

34. War Office, *Instructions for the physical Examination of Recruits*, Londres, His Majesty's Stationery Office, 1912/1921, p. 6. Voir aussi Émile DUPONCHEL, *Traité de médecine légale militaire, op. cit.*, p. 29 : « Leur état intellectuel se traduit lui-même par des attitudes spéciales, et bien des fois un aspect particulier de gaucherie et d'hébétude a mis sur la trace de troubles accentués de l'état mental. »

trouvent chargés d'une valeur diagnostique et intégrés dans la symptomatologie des troubles mentaux[35].

Auscultation, palpation, percussion

L'examen clinique traditionnel comprend quatre modalités : l'inspection, la palpation, la percussion et l'auscultation. On retrouve ces techniques, auxquelles sont formés tous les étudiants en médecine, dans l'examen médical de l'aptitude. L'un des problèmes centraux de l'évaluation de la recrue est en effet la bonne santé apparente qui peut dissimuler défaillances organiques et maladies contagieuses. Il peut au contraire s'agir de dépister « les malingres anatomiques qui sont de robustes fonctionnels[36] ». Si l'observation est au cœur du protocole, l'absence de signes visuellement repérables de l'inaptitude ne peut suffire à déclarer l'individu bon pour le service. Les manifestations de certaines affections particulièrement nocives, telles la tuberculose et les malformations cardiaques, ne se présentent pas toujours à l'œil du médecin. Il importe donc de franchir la barrière épidermique. L'histoire des techniques médicales est ainsi orientée vers la recherche de moyens « de rendre visible l'intérieur du corps humain, de faire une sorte d'autopsie sans dissection[37] ». L'investigation anatomique fait dès lors intervenir d'autres sens que la vision, notablement le toucher et l'ouïe[38]. Les médecins prolongent également la portée de leurs sens par l'usage d'instruments.

Dans la sélection médicale des recrues, le savoir gestuel des médecins est inscrit dans une économie corporelle qui met la main au premier plan des instruments de la pratique savante. Les experts disposent

35. Michel Foucault, *Le pouvoir psychiatrique. Cours au Collège de France, 1973-1974*, Paris, Seuil, 1974, p. 133 ; Hervé Guillemain, *Schizophrènes au XXe siècle. Des effets secondaires de l'histoire*, Paris, Alma, 2018 ; Pour le cas de l'arriération mentale, voir Valentine Hoffbeck, « De l'arriéré au malade héréditaire », thèse citée, p. 307-310. Sur l'importance de la culture visuelle en médecine, voir aussi Lisa Cartwright, *Screening the Body: Tracing Medicine's Visual Culture*, Minneapolis, University of Minnesota Press, 1995.

36. Rosenthal, « L'insuffisance respiratoire », *Presse médicale*, 19 mars 1904 et Georges Lemoine, *La Tuberculose dans l'armée et dans la marine, diagnostic de la prétuberculose*, Paris, O. Doin, 1909, p. 98.

37. Alain Segal, « Les moyens d'exploration du corps », *Histoire de la pensée médicale en Occident*, t. III, p. 187-196.

38. William F. Bynum et Roy Porter, *Medicine and the Five Senses*, *op. cit.*

d'un répertoire de gestes adaptés aux organes inspectés et aux pathologies suspectées. La main peut n'être qu'une adjuvante de l'observation – P.H. Falkner recommande ainsi de tirer l'oreille de la recrue afin de bien voir le conduit auditif[39] – mais elle est plus sûrement un instrument essentiel de la pratique diagnostique qui permet de détecter ce qui se dérobe au regard, de s'assurer de la normalité des tissus et de la bonne conformation des organes internes. La gamme des gestes du diagnostic s'étend de l'effleurement à la percussion. L'index appuyé sur les parties molles détecte la présence ou l'absence d'une hernie, les doigts passés sur le cou permettent de repérer une chaîne ganglionnaire suspecte, la paume pressée sur la poitrine met en évidence l'asymétrie de la cage thoracique, la main soupesant les testicules s'assure de leur présence et de leur forme[40].

La palpation est inscrite dans le registre des pratiques techniques que le médecin doit s'efforcer de maîtriser. Les écrits définissent une *hexis* corporelle de l'expertise, soit un code de la gestuelle médicale. La manipulation des instruments, comme celle du corps, est associée à des gestes précis. La mesure du périmètre thoracique requiert ainsi une certaine dextérité. Une fois le ruban métrique positionné en suivant la ligne sous-mamelonnaire :

> Il faut faire un pas à droite et, tout en maintenant son ruban, regarder le dos de son sujet ; très souvent, le ruban est un peu tombé ou bien il passe en pont sous les omoplates ; faisant une anse, un pli souvent très accusé ; une petite tension supplémentaire de la main gauche, une « tape » rectificative de la main droite remettent tout en l'état et rétablissent la régularité de la mensuration en amenant exactement au contact les deux points opposés du ruban, sans brusquerie ni mollesse, avec la tension juste suffisante. Il y a là un petit « tour de main » instinctif, impossible à préciser, qui s'acquiert très vite par la pratique[41].

39. P. H. Falkner, « Detached Notes on Recruiting Duties », art. cité, p. 414-415.
40. War Office, *Instructions for the physical Examination of Recruits*, Londres, His Majesty's Stationery Office, 1912/1921, p. 7 ; Adrien Besson, *De l'Évaluation de l'aptitude physique au service militaire, op. cit.*, p. 71-72. Sur les gestes du diagnostic thoracique, on lira notamment Georges Lemoine, *La Tuberculose dans l'armée et dans la marine, op. cit.*, p. 63-64.
41. Adrien Besson, *De l'Évaluation de l'aptitude physique, op. cit.*, p. 21. Voir aussi Georges Lemoine, *Traité d'hygiène militaire, op. cit.*, p. 13. Pour des indications sur la méthode en Grande-Bretagne, voir CAC, GEDD 4/7, *Revised general directions for the guidance of commissioners, deputy commissioners and members of medical boards*, HM Government publications, 1918, p. 10.

La succession des gestes, leur vitesse, leur force doivent être soigneusement mesurées afin de permettre une évaluation efficace, c'est-à-dire rapide et précise. Mais à l'instar du « coup d'œil », le « tour de main » fait partie de ces savoirs tacites dont les caractéristiques précises ne sont ni véritablement explicitées, ni enseignées. Ce sont des gestes incorporés qui doivent, par la pratique répétée, devenir automatiques. En cela, l'examen médical comprend une dimension artisanale que résume bien Jerome Ravetz lorsqu'il parle des pratiques scientifiques : « [La description détaillée des techniques artisanales] peut s'avérer utile pour les débutants, mais ceux-ci doivent par la suite en développer une connaissance personnelle et tacite [...]. En effet, la plupart de leurs techniques possèdent un caractère inconscient ; c'est par l'expérience que leurs yeux et leurs mains ont fait leur apprentissage[42] ».

Les bruits produits par les organes de la cage thoracique servent également à l'évaluation de la condition pathologique et sollicitent l'ouïe de l'expert[43]. Des sons particuliers sont associés à des pathologies spécifiques : râles pour les bronchites, sifflement pour l'asthme, pectoriloquie pour la phtisie. L'investigation combine parfois le toucher et l'ouïe. La détection des affections cardiaques et pulmonaires associe ainsi la percussion et l'auscultation. La percussion est mise au point par le médecin autrichien Leopold Auenbrugger (1727-1809). Elle consiste à associer des frappes légères sur des points précis du thorax, les sons produits par cette manipulation et l'état de l'anatomie. Le changement des propriétés mécaniques et acoustiques des organes internes est dès lors lié à l'altération des tissus. Tombée momentanément dans l'oubli, la pratique est redécouverte en France, au moment où triomphe

42. Jerome Ravetz, *Scientific Knowledge and Its Social Problems*, *op. cit.*, p. 75-76. Sur le tour de main comme pratique artisanale passée dans le monde savant : Simon Schaffer, *La fabrique des sciences modernes*, Paris, Seuil, 2014, p. 171-214. Voir par exemple « *although carefully prepared regulations, instructions, notes, authority, and so on are provided for guidance, much will depend upon [young officers'] capacity for good work* », dans P. H. Falkner, « Detached Notes on Recruiting Duties », art. cité, p. 412.

43. Sur le rôle du bruit dans le diagnostic, Jens Lachmund, « Das Geräusch in der Medizin. Zu den historischen Grundlagen der modernen Diagnostik », *Wiener Klinische Wochenschrift*, n° 121, 2009, p. 491-500 ; Id., « Making sense of sound: Auscultation and Ling Sound Codification in Nineteenth Century French and German Medicine », *Science, Technology and Human Value*, 24 (4), p. 419-450 ; Tom Rice, *Hearing and the Hospital: Sound, Listening, Knowledge and Experience*, Canon Pyon, Sean Kingston Publishing, 2013.

la méthode anatomo-clinique[44]. Simple d'exécution, elle se répand rapidement. Afin de traverser l'enveloppe corporelle plus efficacement, les médecins ont également conçu des instruments, tel le stéthoscope. Inventé par l'ancien chirurgien militaire René Laennec (1781-1826), il se diffuse hors de France grâce aux séjours parisiens des apprentis cliniciens britanniques et américains[45].

Le diagnostic thoracique est, au début du xxe siècle, modélisé avec une grande précision. Il fait se succéder différentes phases, inspection, palpation, percussion, auscultation ; distingue un nombre étendu de sons, sifflants, crépitants, caverneux ; et prête attention à la manière dont la voix du patient se diffuse dans la cage thoracique[46]. Mais dans les conditions qui sont celles de la sélection, l'examen est contraint par le temps et les priorités sanitaires du moment. C'est notamment la tuberculose qui inquiète les experts et oriente leurs pratiques diagnostiques. Afin de détecter un terrain propice à cette maladie, les médecins prêtent une attention accrue à ses manifestations particulières. Parmi les sons considérés comme caractéristiques, on retrouve notamment deux formes de murmure vésiculaire, la diminution de l'intensité de l'inspiration de la région sous-claviculaire droite et l'inspiration rude et basse sous la clavicule gauche[47]. Les médecins se préoccupent également des troubles fonctionnels du cœur – palpitations, tachycardie, hyper- et

44. Lachmund Jens, *Der abgehorchte Körper, op. cit.* ; Steven Peizman et Russel Maulitz, « L'élaboration du diagnostic », *Histoire de la pensée médicale, op. cit.*, p. 187-196 ; Russel Maulitz, *Morbid Appearances: The Anatomy and Pahtology in the Early Nineteenth Century, op. cit.*

45. Jacalyn Duffin, *To See with a Better Eye: A Life of R.T. H. Laennec*, Princeton, Princeton University Press, 1998 ; Jens Lachmund, « Stethoskop », dans Daniel Morat, Hansjakob Ziemer et Rainer Rutz (dir.), *Handbuch Sound: Geschichte, Begriffe, Ansätze,* Stuttgart, J.B. Metzler Verlag, 2018, p. 364-366 ; *Revue du Palais de la découverte*, numéro spécial, n° 22, août 1981, Commémoration de la naissance de Laennec (1781-1826), Paris, Palais de la Découverte, 1981.

46. Les bruits thoraciques ont fait, en Grande-Bretagne, l'objet d'une tentative d'élaboration d'un système de notation acoustique spécifique : William Ewart, *Cardiac outlines for Clinical Clerks and Practitioners, and First Principles in the Physical Examination of the Heart*, Londres, Baillière, Tyndall and Cox, 1892. Voir aussi Samuel Jones Gee, *Auscultation and Percussion: Together with the Other Methods of Physical Examination of the Chest*, 6e éd., Oxford medical publications, Londres, Henry Frowde, Hodder and Stoughton, 1908 [1883].

47. Georges Lemoine, « L'auscultation du sommet du poumon chez les jeunes soldats », *Presse médicale*, 1907 ; id., *La tuberculose dans l'armée et la marine, op. cit.*, p. 62-77 ; id., *Traité d'hygiène militaire, op. cit.*, p. 226.

hypotension – dont l'étiologie est associée à des maladies infectieuses dont la tuberculose[48].

Les affections cardiaques des recrues font l'objet d'une attention particulière chez les médecins britanniques qui identifient un trouble fonctionnel particulier, le « cœur du soldat », dont la prévalence au sein de la population militaire suscite des interprétations contradictoires. L'examen du cœur ne va pas sans difficulté car « [l]es troubles fonctionnels du cœur existent le plus souvent sans lésion anatomique cliniquement décelables[49] » et leur détection n'est pas toujours chose aisée, notamment dans les conditions qui sont celles de l'examen[50]. En France, l'auscultation du cœur, quoique recommandée, n'est pas systématiquement pratiquée. Il n'est pas rare qu'un conscrit, déclaré bon pour le service, soit tardivement diagnostiqué d'une lésion cardiaque à l'occasion, par exemple, d'un embarras gastrique[51].

La toise, la bascule et le ruban métrique

Les sens de l'examinateur ne sont pas les seuls à être convoqués lors de l'examen médical :

> On peut pour cet examen recourir à tous les moyens d'exploration exempts d'inconvénients, tels que rubans métriques, bascules, stéthoscopes, optomètres, ophtalmoscopes, otoscopes et autres n'exigeant pas d'action chirurgicale[52].

48. Quelques travaux de médecine militaire : Paul Chavigny, « Palpitations cardiaques. Leur diagnostic dans l'armée », *Archives de médecine et de pharmacie militaire*, 1903, p. 210 ; Lucien Hirtzman, *Troubles fonctionnels du cœur et tuberculose*, thèse de Lyon, p. 39 ; Biousse, *Les palpitations chez le jeune soldat*, thèse de Paris, 1898 ; Émile Duponchel, « Des troubles fonctionnels et des affections organiques du cœur chez le soldat », *Archives de médecine et de pharmacie militaire*, t. ix et x, p. 177-264 ; Labougle, « Le Souffle présystolique parexphoïdien, indice de fatigue du cœur », *Archives de médecine et de pharmacie militaire*, 1905, t. xlv. En Grande-Bretagne, « The main cause of invaliding from the Army are diseases of the heart, tuberculosis, and nervous and mental disorders », dans Great Britain, War Office, *Manual of Elementary Military Hygiene*, London, HMSO, 1921 [1912].

49. Lucien Hirtzman, *Troubles fonctionnels du cœur et tuberculose*, *op. cit.*, p. 85.

50. Ewart William, *Cardiac Outlines…*, *op. cit.*, p. 2.

51. Adrien Besson, *De l'Évaluation de l'aptitude physique*, *op. cit.*, p. 71-72.

52. Ministère de la Guerre, *Recrutement de l'armée : instruction sur l'aptitude physique au service militaire*, Paris, H. Charles-Lavauzelle, volume arrêté à la date du 15 décembre 1905, p. 5-6.

Un certain nombre d'instruments de mesure, d'exploration et d'outils de dépistage physico-chimique sont envisagés. Le XIXe siècle a vu en effet se développer l'usage des technologies du corps privilégiant notamment une approche de la pathologie par la quantification[53]. Les possibilités de mesure sont très étendues. Les médecins peuvent utiliser les instruments de l'anthropométrie (compas de Broca, céphalomètre, pelvimètre), ceux de la notation graphique (chronographe, kymographe, polygraphe), de l'étude de la respiration et de la circulation (pneumographe de Marey, pléthysmographe, sphygmographe, spiromètre de Verdin), de l'étude du mouvement (dynamomètre, ergographe, myographe de Marey) et même de l'étude sensorielle de la peau (algésimètre de Cheron, esthésiomètre, pulvérisateur de Richardson) et tout une gamme d'instruments permettant des tests de sensibilité acoustique ou olfactive[54]. Mais dans l'espace et le temps contraints du conseil de révision ou de la commission médicale, l'instrumentation est réduite à la portion congrue[55].

La toise et le ruban métrique sont systématiquement utilisés, de même que la bascule en Grande-Bretagne, qui s'impose plus difficilement en France. La toise, cette barre graduée le long de laquelle on fait glisser un curseur, permet de mesurer la taille de la potentielle recrue qui se tient debout, pieds joints, poids sur l'arrière des pieds, talons, mollets et épaules au contact de la barre. La position couchée, un temps usitée, permettait d'éviter les tentatives de fraude, que l'individu cherche à s'augmenter en montant sur la pointe des pieds ou à se diminuer en pliant les genoux[56]. Mais allonger le candidat prenant trop de temps, la mesure debout s'est vue privilégiée. En France, la position allongée a en outre été jugée inconvenante et propice à des erreurs de mesure[57].

53. Volker Hess et J. Andrew Mendelsohn, « Case and Series: Medical Knowledge and Paper technology, 1600-1900 », *History of Science*, vol. 48, 2010, p. 287-314 ; Gérard Jorland, George Weisz et Annick Opinel, *Body Counts, op. cit.*

54. Ilana Löwy, « Measures, Instruments, Methods and Results: Josefa Joteyko on Social Reforms and Psychological Measures », dans Gérard Jorland, George Weisz et Annick Opinel, *Body Counts, op. cit.*, p. 157.

55. Sur cet aspect, voir Heinrich Hartmann, *The Body Populace, op. cit.*, p. 79.

56. William Aitken, *On the Growth of the Recruit and Young Soldier, op. cit.*, cité par Samuel Beggs, *The selection of the recruit, op. cit.*, p. 19-20. Voir aussi, pour la France, Émile Duponchel, *Traité de médecine légale militaire, op. cit.*, p. 29.

57. Jean-Paul Aron, Paul Dumont et Emmanuel Le Roy Ladurie, *Anthropologie du conscrit français, op. cit.*, p. 217. Cette mesure est effectuée par un sous-officier ou un gendarme.

Les résultats des mensurations et des pesées, annoncés à haute voix, sont notés au fur et à mesure par des commis[58].

L'usage de certains instruments, tel l'otoscope, destiné à l'observation de l'oreille, est recommandé mais inégalement mis en œuvre[59]. Il ne suffit pas, comme l'ont bien montré les historiens et historiennes des sciences, qu'une technologie soit disponible pour qu'elle soit utilisée. Son usage dépend d'arrangements locaux entre opérateurs, instruments et institutions. Les experts privilégient d'abord la simplicité. Un médecin militaire affirme :

> Il semble que les instruments de précision d'un emploi assez délicat, tels que le spiromètre d'Hutchinson, le pneumomètre de Kentish, à l'aide desquels les expérimentateurs ont étudié les lois du pouvoir respirateur, ne seraient guère de mise dans les opérations de recrutement[60].

Les médecins insistent également sur le fait que les instruments et les résultats qu'ils fournissent doivent être corrélés aux exigences de l'institution militaire. Ainsi, il serait possible d'utiliser un acoumètre pour évaluer l'acuité auditive mais les caractéristiques de l'activité militaire conduisent les experts britanniques comme français à lui préférer l'usage de la voix :

> L'un des avantages de l'examen actuellement en vigueur est l'usage de la voix. Le langage se révèle de la plus haute importance dans l'évaluation de l'acuité auditive. Les montres et acoumètres sont d'une grande utilité, mais dans la vie militaire comme dans la vie civile, c'est bien à comprendre ce que dit autrui que doit servir l'audition, c'est donc bien sur la voix que doit reposer le principal test de son acuité[61].

La capacité de la recrue à comprendre ce qui lui est demandé et à réagir aux instructions données suffit à valider les performances de

58. Henry Dupuy, *Recherches comparatives sur l'aptitude physique des conscrits au service militaire dans les cantons de Captieux et de Villandraut*, Bazas, Imprimerie Constant, 1911.
59. War Office, *Instructions for the physical Examination of Recruits*, *op. cit.*, p. 9.
60. Eugène Schwoebel, *Le poids et l'aptitude physique militaire*, thèse, Lyon, 1902, p. 16-17.
61. James Kerr Love, « Hearing in the Army », *JRAMC*, nov. 1916, p. 650. Sur les critères de l'aptitude auditive et le déroulement de l'examen, voir le reste de cet article et P. H. Falkner, « Detached Notes on Recruiting Duties », art. cité, ainsi que *Instructions for the Physical Examination of Recruits*, p. 5 et 9. Pour la France, voir ministère de la Guerre, *Recrutement de l'armée : aptitude physique au service militaire*, Paris, H. Charles-Lavauzelle, 1916, p. 21.

son appareil auditif. L'expert doit ainsi procéder avec soin au choix des mots, certains étant plus faciles à reconnaître que d'autres[62]. La sélection mais aussi l'usage des instruments sont également conditionnés par les priorités sanitaires de l'armée. Le stéthoscope, rigide ou flexible, est souvent mobilisé pour l'examen des poumons dans l'espoir de détecter les tuberculeux[63]. En revanche la mesure de la pression artérielle, dont la pratique s'impose entre 1895 et 1910, et qui repose sur le simple emploi du même stéthoscope associé à un brassard pneumatique, n'appartient pas à la routine de l'examen clinique de l'aptitude[64]. Le protocole diagnostic est enfin soumis à des contingences imposées par l'État. Les exigences de coût, de temps et donc de rendement viennent limiter les ressources des experts[65]. Le dépistage de la tuberculose par radioscopie des poumons ou l'observation et l'analyse de l'urine par bandelettes sont réclamés par les médecins mais rarement mis en pratique même si les conseils de révision français disposent d'une boîte d'instruments spéciaux leur permettant théoriquement de vérifier le taux d'albumine[66]. L'outillage technique de la sélection médicale évolue donc relativement peu au regard des progrès accomplis par l'exploration anatomique et l'enregistrement de l'intimité physico-chimique de l'organisme.

En France, l'emploi de la bascule est réglementaire depuis 1902 mais l'instrument n'est pas systématiquement présent lors des séances

62. Duncan Matheson Mackay, « Notes on the Functional examination of the ear by means of the voice », *The Medical Press and Circular*, 20 sept. 1905.
63. War Office, *Instructions for the physical Examination of Recruits*, Londres, His Majesty's Stationery Office, 1912/1921, p. 8. Voir aussi Émile Duponchel, *Traité de médecine légale, op. cit.*, p. 27 ; Georges Lemoine, *La Tuberculose dans l'armée et dans la marine, op. cit.*, p. 72.
64. Sur la mesure de la pression artérielle, Nicolas Postel-Vinay et Pierre Corvol, *Le Retour du Dr Knock. Essai sur le risque cardio-vasculaire*, Paris, Odile Jacob, 2000.
65. Heinrich Hartmann, *The Body Populace, op. cit.*, p. 77-79.
66. Ministère de la Guerre, *Recrutement de l'armée : aptitude physique au service militaire*, Paris, H. Charles-Lavauzelle, 1916, p. 7 ; W. S. Crosthwait, « A plea for the Examination of the Urine of Officers and Recruits when Joining the Service », *JRAMC*, 1er février 1914, p. 204-205 ; Antony, Loison, « Examen du cœur à la radioscopie au point de vue de l'aptitude au service militaire », *Archives de médecine et de pharmacie militaires*, 1903. Sur le développement de la radioscopie pour le dépistage de la tuberculose, Bernike Pasveer, *Shadows of Knowledge: Making a Representing Practice in Medicine: x-ray Pictures and Pulmonary Tuberculosis, 1895-1930*, Den Haag, Amsterdam, CIP-Gegevens Koninklijke Bibliotheek, 1992.

du conseil de révision pour des raisons de coût et de temps[67]. Les médecins sont nombreux à le déplorer. Eugène Schwoebel, par exemple, s'en plaint en ces termes :

> Il serait très utile d'introduire une bascule dans la salle où siège le Conseil de révision ; la perte de temps serait inappréciable, car dans les cas difficiles et douteux on en perd beaucoup plus à disserter qu'il n'en faudrait pour lire un chiffre à la fois sur la romaine et sur le ruban métrique. C'est d'ailleurs l'avis de M. Yallin et de beaucoup d'autres hygiénistes militaires[68].

L'auteur de ces lignes, qui consacre sa thèse au rôle du poids dans la détermination de l'aptitude militaire, oppose ici deux conceptions de l'évaluation du sujet. La première repose sur le regard subjectif du médecin, dont l'imprécision donne lieu à des « appréciations hasardées et irréfléchies[69] », et donc à l'incertitude et au conflit. La seconde s'appuie sur l'usage de « véritable[s] grandeur[s] mathématique[s[70]] ». La rigueur du chiffre permettrait d'obtenir un résultat rapide et de diminuer l'incertitude. Cette insistance sur l'apport de la quantification à la procédure diagnostique procède d'un tournant épistémologique survenu à la fin du XIXe siècle. S'imposent alors une nouvelle éthique scientifique de l'objectivité et un culte de l'impersonnalité. Afin de parvenir à l'exactitude qui doit caractériser la science, il s'agit désormais d'éradiquer la subjectivité du praticien. Cette dernière, porteuse d'imprécision et de parti pris, peut affecter les résultats de l'examen. Les procédés empiriques sont ainsi dévalorisés au profit de la méthode et de la quantification[71].

---

67. SHD, GR 9 NN 7/26, « Note pour le Ministre », Direction générale du personnel et du matériel, 1er mars 1877, Actes divers sur le recrutement 1870-1914, cité par Heinrich Hartmann, *The Body Populace, op. cit.*, p. 77.
68. Eugène Schowebel, *Le poids et l'aptitude physique militaire*, thèse de médecine, Lyon, A. Rey, 1902, p. 74. Voir aussi Tartière, *De l'Aptitude des conscrits au service militaire déterminé par le poids du corps et la taille des hommes* ; Vallin, « Présentation d'ouvrages et de manuscrits imprimés », *Bulletin de l'Académie nationale de médecine*, Elsevier Masson, Séance du 28 octobre 1902, p. 331.
69. Eugène Schowebel, *Le poids et l'aptitude, op. cit.*, p. 38.
70. *Ibid.*, p. 35.
71. Lorraine Daston et Peter Galison, *Objectivité*, Dijon, Presses du réel, 2012, p. 218 [*Objectivity*, New York, Zone Books, 2007] ; Theodore Porter, *La confiance dans les chiffres, op. cit.* ; id., « Medical Quantification: Science, Regulation and the State », dans Gérard Jorland, George Weisz et Annick Opinel (dir.), *Body Counts, op. cit.*, p. 394-401.

La subjectivité doit laisser place à l'objectivité de la mesure. Le crédit accordé à l'évaluation par les sens connaît alors un certain déclin. Il laisse place à un certain engouement pour la science mathématique, produit de la nouvelle confiance dans les chiffres[72]. C'est ainsi que l'on peut interpréter les recherches de quantification de la constitution physique à l'aide d'indices de robusticité. Mais la quantification suscite de la part des experts français un mélange de fascination et de réticence. Elle suppose d'abord de pouvoir identifier grâce aux chiffres une limite nette entre normal et pathologique, entre aptitude et inaptitude. Or, les médecins insistent sur la subtilité de l'entreprise diagnostique qui ne peut se résumer, pour certains d'entre eux, à une série de seuils. Pour Pierre Bonnette, « la biologie, malheureusement, ne se laisse pas enfermer dans une formule mathématique[73] ». C'est pourquoi certains médecins demeurent opposés à l'évaluation arithmétique de l'aptitude. C'est le cas de Georges Lemoine pour lequel le « sens clinique » et « l'expérience » sont les « bases les plus solides [du] jugement[74] ».

L'objectivité du chiffre a en outre pour corollaire, dans une certaine mesure, « le renoncement au jugement de l'expert[75] ». L'évaluation par les nombres constitue une « base pour prendre des décisions sans avoir besoin de réelles connaissances[76] ». Les médecins se trouvent donc pris entre deux exigences contradictoires. Ils sont nombreux, d'une part, à reconnaître l'intérêt des indices, qui permettent rapidité et sûreté du jugement. Mais le calcul de ces coefficients, auquel chacun peut procéder sans avoir besoin d'une formation médicale, menace leur autorité au sein du conseil de révision. Lorsque les médecins sont convaincus des vertus des indices, leur présentation s'accompagne fréquemment d'une mise en garde et d'un rappel du caractère indispensable de l'expert médical. Pour Adrien Besson, pourtant fervent défenseur du coefficient de Pignet, celui-ci « ne peut être juge unique et primordial de l'aptitude physique normale ». Il n'a qu'une valeur d'aide et de contrôle :

72. Theodore PORTER, *La confiance dans les chiffres, op. cit.*
73. Pierre BONNETTE, *Du choix des conscrits, op. cit.*, p. 22.
74. Georges LEMOINE, *Traité d'hygiène militaire, op. cit*, p. 16.
75. Theodore PORTER, *La confiance dans les chiffres, op. cit.*, p. xiv.
76. *Ibid.*, p. xv.

> Le seul arbitre c'est toujours le médecin avec son sens clinique et ses connaissances scientifiques [...].
>
> Quelque précieux que soit l'indice, il ne doit jamais constituer pour l'expert qu'un moyen de contrôle, une « preuve » pour ainsi dire de son examen médical, qu'il peut puissamment aider, mais jamais précéder. La science et le sens clinique du médecin expert doivent toujours rester, dans le champ si vaste de ces graves et difficiles responsabilités, les éléments fondamentaux de l'examen et de la décision[77].

Les médecins britanniques recommandent d'utiliser les tableaux d'équivalence d'âge et de mensurations corporelles avec une prudence tout à fait similaire : « le tableau d'équivalence ne doit être considéré que comme un guide de la décision de l'expert qui doit faire usage en toute circonstance de son jugement personnel pour déterminer l'aptitude générale du candidat à l'incorporation[78] ». Les médecins demeurent attachés à la défense des intérêts de leur profession.

Sensibles au bouleversement épistémologique que représente l'émergence d'un nouvel idéal d'objectivité scientifique, les experts s'efforcent néanmoins de garantir l'impartialité de leur jugement par la formulation d'une méthode. La présence de règles rigoureuses et impersonnelles doit ainsi limiter l'expression de la subjectivité. En annulant les partis pris de l'examinateur et les différences de jugement entre experts, on doit parvenir infailliblement à des conclusions valables[79]. Pour Émile Duponchel (1850-1891), professeur au Val-de-Grâce et auteur d'un manuel de référence sur la médecine légale et les opérations médicales du recrutement :

> Il faut aussi s'être préparé de longue date à l'examen des hommes, pratiqué à ce point de vue spécial de l'aptitude militaire, et avoir adopté une méthode. [...] Il est essentiel de ne pas se départir de règles déterminées[80].

---

77. *De l'Évaluation de l'aptitude physique, op. cit.*, p. 29 puis p. 63.
78. War Office, *Instructions for the physical Examination of Recruits*, London, His Majesty's Stationery Office, 1912/1921, p. 6. Voir aussi, CAC, GEDD 4/7, *Revised general directions for the guidance of commissioners, deputy commissioners and members of medical boards*, HM Government publications, 1918, p. 10.
79. Theodore Porter, *La confiance dans les chiffres, op. cit.*, p. 5. Sur l'idée que traiter les gens de manière impersonnelle selon des normes objectives mène à la cohérence du jugement, Kent Greenawalt, *Law and Objectivity*, Oxford, Oxford University Press, 1995.
80. *Traité de médecine légale militaire, op. cit.*, p. 27.

Les médecins insistent sur « la nécessité d'une méthode, toujours la même[81] », et « de jalons fixes, fondamentaux, qui constitueront en quelque sorte les guides permanents et indispensables [du] jugement[82] ». C'est ce qui explique l'abondance des écrits normatifs détaillant la procédure de l'examen médical de l'aptitude. Ces articles et manuels promeuvent une méthode reposant sur « une procédure précise et quasi-automatique », « condition indispensable de la réussite[83] ».

Les médecins sont en effet conscients de la faillibilité de leur jugement et de l'imprécision de leurs pratiques. Ainsi, lors de la prise de la mesure thoracique, « [e]ntre plusieurs opérateurs appréciant successivement la capacité vitale d'un même individu, il est bien rare que deux trouvent le même chiffre[84] » car il existe plusieurs manières de placer le ruban métrique. La mensuration peut être *bi-mammaire*, le ruban est placé juste au-dessous des mamelons ; *sous-pectorale*, le ruban est placé au-dessus de la saillie des pectoraux à quatre millimètres au-dessous des mamelons ; *sous-axillaire*, le ruban est placé sous les aisselles ; ou encore *scapulaire*, le ruban est placé à deux centimètres au-dessous de l'épine de l'omoplate[85]. En Grande-Bretagne, les médecins notent une mesure de référence, qui est celle de la circonférence thoracique au maximum de l'inspiration mais prêtent aussi attention à l'écart entre cette mesure et celle prise à la fin de l'expiration[86]. Enfin, la position du candidat peut varier. En Italie, ses bras sont verticalement levés. En France et en Angleterre, la mesure est effectuée les bras naturellement pendant, afin que les muscles soient au relâchement complet[87]. Si des difficultés existent, reconnaissent les médecins, c'est bien par la connaissance exacte de la méthode que le praticien doit les vaincre, « par un "entraînement" clinique suffisant[88] » et, enfin, par un matériel performant. La mesure ne peut s'effectuer qu'avec un « ruban métrique en bon état et très lisible ; les rubans usagés s'effritent de plusieurs

81. *Ibid.*, p. 31.
82. Adrien BESSON, *De l'évaluation de l'aptitude physique au service militaire, op. cit.*, p. 3.
83. P. H. FALKNER, « Detached Notes on Recruiting Duties », art. cité, p. 412.
84. Adrien BESSON, *De l'évaluation de l'aptitude physique, op. cit.*, p. 17.
85. Eugène SCHWOEBEL, *Le poids et l'aptitude physique militaire, op. cit.*, p. 38-39.
86. Samuel Thomas BEGGS, *The Selection of the Recruit, op. cit.*, p. 21.
87. War Office, *Instructions for Examination*, 1912/1921, p. 11 ; P. H. FALKNER, « Detached Notes on Recruiting Duties », art. cité, p. 412-417.
88. Adrien BESSON, *De l'Évaluation de l'aptitude physique, op. cit.*, p. 19.

millimètres et rien n'est plus défectueux que d'avoir des extrémités irrégulières et illisibles[89] ».

L'examen dynamique

Le dispositif de la sélection médicale des recrues régit donc le choix, l'usage des instruments et l'organisation du travail d'évaluation. Il mobilise également des technologies du corps. L'examen repose en effet sur une routine corporelle qui est à la fois celle du médecin, qui initie mouvements et déplacements, et celle de la recrue, qui les subit, ou les exécute. On a vu combien la gestuelle médicale faisait l'objet d'un savoir à la fois artisanal et mesuré. Les déplacements de l'examinateur sont, eux aussi, réglés. En Grande-Bretagne, le médecin doit faire lentement le tour de la recrue afin de l'examiner minutieusement. La distance propice à l'évaluation d'ensemble est également mentionnée[90]. Certaines postures sont évoquées. Pour vérifier les capacités auditives de la recrue, les experts britanniques doivent ainsi veiller à lui poser certaines questions en lui tournant le dos, afin de s'assurer que la compréhension ne découle pas de la lecture sur les lèvres[91].

Le corps de la recrue est soumis d'une manière particulière à la discipline de l'évaluation. Ses mouvements et déplacements doivent avant tout faciliter le travail de l'expert et ne pas gêner l'examen. Lorsque ces gestes sont sollicités par l'expert, il doit lever le pied ou l'appuyer sur une chaise pour permettre l'inspection de ses membres inférieurs, lever les bras pour laisser passer le ruban métrique et faciliter l'inspection du tronc, les abaisser pour éviter de fausser la mesure, prendre une grande inspiration, tousser deux ou trois fois, montrer le dos et la paume de ses mains, agiter les doigts, les poignets, les avant-bras[92]. À cet égard, l'examen médical, tel qu'il est initialement conçu en Grande-Bretagne, est beaucoup plus dynamique que l'examen français qui mentionne peu de déplacements effectués par la recrue. Le volontaire doit ainsi traverser la pièce d'un pas rapide, sautiller sur un pied puis sur l'autre, mouliner des bras, s'agenouiller sur un genou, puis sur

89. *Ibid.*
90. War Office, *Instructions for the physical Examination of Recruits*, *op. cit.*, p. 6-7.
91. *Ibid.*, p. 9.
92. *Ibid.*, p. 7-8 ; Émile Duponchel, *Traité de médecine légale militaire*, *op. cit.*, p. 27.

l'autre, puis sur les deux, ou encore toucher le sol de ses mains[93]. Ces mouvements sont destinés à se faire une idée plus précise des capacités du corps de la recrue, de son développement, de l'amplitude de ses mouvements et de l'état de ses articulations en lien avec la science de l'entraînement développée par l'armée[94]. Ils sont rendus possibles par le mode de recrutement d'avant-guerre. Le conseil de révision français, qui voit affluer l'intégralité des hommes d'une classe d'âge et doit procéder rapidement à leur examen, se contente d'un examen statique. En Grande-Bretagne, avant le conflit, les volontaires se présentent individuellement au bureau de recrutement, ce qui autorise un examen moins hâtif et donc plus mobile. Contrairement aux instructions françaises, les recommandations britanniques sont donc davantage organisées autour de la procédure de l'examen que de la nomenclature des affections. Plusieurs étapes de l'évaluation sont ainsi assorties de conseils destinés à mobiliser le corps du praticien mais aussi celui de la recrue. C'est le cas pour l'examen d'ensemble (paragraphe 18), pour celui du tronc (paragraphe 19), celui des membres supérieurs (paragraphe 20) et celui des membres inférieurs (paragraphe 21[95]).

La difficile prise en compte d'autres éléments

La parole de la recrue, un pouvoir limité

L'examen clinique, qui consacre le primat de l'observation muette du corps, est au cœur de la procédure d'évaluation de l'aptitude. Mais pour formuler un jugement, l'expert se doit de prendre en compte d'autres éléments. En France, avant de procéder à l'examen, il demande à la recrue si elle a une maladie ou une infirmité à signaler. Si oui :

> Le médecin doit l'écouter avec la plus grande attention, quelle que puisse être la nature de sa déclaration ; il laisse son examiné s'exprimer librement,

93. War Office, *Instructions for the Physical Examination, op. cit.*, p. 7-8 ; CAC, GEDD 4/7, *Revised general directions for the guidance of commissioners, op. cit.*, p. 11.
94. Sur la science de l'instruction militaire, on lira James D. Campbell, *« The Army isn't all work »: Physical Culture and the Evolution of the British Army, 1860-1920*, Farham, Ashgate Pub. Co., 2012 ; Aimée Fox, *Learning to Fight: Military Innovation and Change in the British Army, 1914-1918*, Cambridge, Cambridge University Press, 2017.
95. War Office, *Instructions for the physical Examination of Recruits, op. cit.*, p. 7-8.

> complètement et, après avoir présenté d'abord les certificats ou les pièces éventuelles au président, il en prend connaissance avec le plus grand soin. Ceci fait, et le dossier de réclamation bien clairement établi, l'expert divise son examen en deux parties[96].

La première, commune à tous les examinés, est un examen d'ensemble. La seconde consiste en un examen détaillé de tous les motifs de réclamation, dans les cas où la recrue a déclaré avoir quelque chose à signaler. L'examen est donc théoriquement orienté par les déclarations de la recrue et par les indications des pièces qu'il présente.

La visite médicale inclut un moment d'échange entre l'expert et l'examiné. L'entretien, ou anamnèse, indispensable pour apprécier l'aptitude, a pour fonction de recueillir, auprès des sujets, des informations que ne peut révéler l'exploration clinique. Elle doit permettre de déterminer les antécédents familiaux et personnels qui facilitent le diagnostic de certains troubles. La recherche des antécédents personnels peut ainsi faciliter le diagnostic de troubles de la vision. Celle des antécédents familiaux vise notamment à détecter des risques de tuberculose dans une conception étiologique accordant une importance prépondérante à l'hérédité. Pour Georges Lemoine, on doit certes procéder à un examen attentif du corps de la recrue, mais « la recherche des tares familiales et personnelles a une importance prédominante[97] ». D'après ses observations, 68 % des hommes ayant des antécédents familiaux de tuberculose en arrivant au régiment deviennent tuberculeux au cours de leur service[98]. Le diagnostic des troubles mentaux est lui aussi facilité par l'examen des antécédents. Victor Raymond, qui consacre en 1914 un article aux déséquilibrés dans l'armée, constate « des antécédents héréditaires ou personnels assez chargés[99] ».

Les experts doivent également s'adresser à la recrue pour diagnostiquer directement des troubles invisibles à l'examen physique, tels certains troubles mentaux ou les troubles de l'audition. P. H. Falkner décrit ainsi le début de l'examen type : dès que la recrue entre dans la pièce, « on lui

96. Adrien Besson, *De l'évaluation de l'aptitude physique, op. cit.*, p. 70-73. Voir aussi Émile Duponchel, *Traité de médecine légale militaire, op. cit.*, p. 29.

97. Georges Lemoine, *Traité d'hygiène militaire, op. cit.*, p. 20.

98. Id., *Académie de médecine*, mars 1903 ; Id., « Rapport du développement de la tuberculose pulmonaire familiale ou acquise avant l'incorporation », *Archives de médecine militaire*, mars 1903 ; *Revue de la tuberculose*, juillet 1903.

99. Victor Raymond, « Les déséquilibrés mentaux dans l'armée », *Annales d'hygiène publique et de médecine légale*, série 4, n° 22, 1914, p. 305-330, ici p. 320.

dit de se dévêtir. Dès ce moment, la déficience des organes de l'audition devient apparente [...] quelques questions posées à voix basses dispenseront l'examinateur de se donner davantage de mal pour confirmer ce diagnostic[100] ». Des précautions doivent néanmoins être prises car « il n'est pas rare qu'une question simple ne soit pas suivie de réponse lorsque l'individu est stupide[101] ». Les médecins ont ensuite besoin de la parole de la recrue pour diagnostiquer un trouble invisible mais entraînant une douleur invalidante[102]. Les plaintes des sujets sont alors des éléments essentiels du diagnostic. Mais la démarche anatomo-pathologique, telle qu'elle est pratiquée par les experts du recrutement, a tendance à reléguer ces plaintes au second rang dans la hiérarchie des symptômes. En tant qu'éléments subjectifs, exprimés par le sujet lui-même, les plaintes s'opposent aux signes objectifs observés directement par le médecin. Le jugement ne dépend pas tant de ce que le malade éprouve, que des signes que le médecin repère. Cette démarche a tendance à faire disparaître l'homme malade, sa parole et sa biographie, de l'évaluation[103].

Les plaintes sont d'autant plus soumises à caution que les recrues sont considérées avec suspicion. Pour les médecins, la simulation est « l'une des principales difficultés auxquelles on se [heurte] dans la pratique de la médecine aux armées » où « un grand nombre de sujets s'efforcent de tromper la confiance des médecins[104] ». Les opérations médicales du recrutement impliquent d'être constamment sur ses gardes. L'expert doit « s'appuyer sur les résultats que lui apportent les procédés multiples destinés à déjouer les tentatives de simulation[105] ». Les médecins s'efforcent donc de mettre en place des procédures pour tenter de confondre les simulateurs[106]. La détection des maladies feintes

100. P. H. Falkner, « Detached Notes on Recruiting Duties », art. cité, p. 213.
101. *Ibid.*, p. 414.
102. Sur la douleur, voir Roselyne Rey, *Histoire de la douleur*, Paris, La Découverte, 1993 ; Jean-Pierre Peter, *De la douleur. Observations sur les attitudes de la médecine prémoderne envers la douleur*, Paris, Quai Voltaire, 1993.
103. N. D. Jewson, « The Disappearance of the Sick Man from Medical Cosmology, 1770-1870 », *Sociology*, vol. 10, 1976, p. 225-244 ; Nicolas Dodier, *L'expertise médicale, op. cit.*, p. 121.
104. Émile Duponchel, *Traité de médecine légale militaire, op. cit.*, p. 19.
105. Émile Galtier-Boissière, « Aptitude militaire », *Larousse médical de guerre illustré, op. cit.*, p. 12.
106. Voir dans le *Journal de médecine et de chirurgie pratiques* un exemple de techniques destinées à démasquer les conscrits simulant des contractures musculaires, t. 31, 1860, p. 106.

par les conscrits en présence des conseils de révision ou de réforme constitue un enseignement à part entière de l'école d'application de médecine militaire du Val-de-Grâce. En 1870, Edmond Boisseau, professeur agrégé, avait ainsi regroupé ses enseignements au sein d'un volume de référence, publié sous le titre *Des maladies simulées et des moyens de les reconnaître*[107]. Ces recommandations sont cependant inégalement prises en compte par les médecins qui sont loin d'être unanimes, certains insistant avant tout sur la rareté du phénomène afin de ne pas tomber dans un état de permanente défiance qui incite à des erreurs de diagnostic.

En Grande-Bretagne, l'Écossais John Collie (1860-1935) consacre trois ouvrages à la simulation entre 1912 et 1913 qui rencontrent un certain écho[108]. La question intéresse certes les experts du recrutement mais aussi ceux des assurances et de la médecine du travail. Dans un article consacré à l'examen du dos et publié dans un journal de médecine militaire, il évoque l'expression de la douleur :

> Les pires difficultés commencent lorsqu'il s'agit de déterminer si la douleur et la raideur dont on se plaint sont feintes ou réelles. Lorsque la colonne est atteinte, la Nature envoie un signal douloureux. Lorsque la douleur est là, raideur et rigidité musculaire suivent naturellement – un phénomène comparable à celui, bien connu, de la rigidité abdominale en cas d'appendicite. Il est donc tout à fait normal d'estimer qu'en l'absence de raideur et de rigidité, il n'existe pas de douleur et, en conséquence, pas de maladie[109].

L'expression d'une douleur sans signe physique visible ou palpable est donc d'emblée disqualifiée. Suit alors un catalogue de subterfuges destinés à démasquer les simulateurs – des plus simples au plus complexes – parfois sans qu'ils aient même conscience d'être examinés. Les

---

107. Edmond Boisseau, *Des maladies simulées et des moyens de les reconnaître*, Paris, J.-B. Baillière et fils, 1870. Voir aussi « Considérations sur les maladies simulées, dans l'armée en particulier », *Annales d'hygiène publique et de médecine légale*, 2e série, t. xxxi, 1868.

108. *Fraud and its Detection in Accident Insurance Claims*, 1912 ; *Malingering and feigned sickness*, Londres, E. Arnold, 1913 ; *The Psychology of the Fraudulent Mind*, 1913. Sur John Collie et l'influence de sa vision de la simulation pendant la Grande Guerre au sein du Ministère des pensions, on lira Peter Leese, « Problems Returning Home: The British Psychological Casualties Of The Great War », *The Historical Journal*, vol. 40 (4), 1997, p. 1055-1067. Voir aussi Arthur Bassett et Jones Llewellyn, *Malingering, or, The Simulation of Disease*, Londres, William Heinemann, 1917.

109. *JRAMC*, 1er déc.1916, p. 704-719, ici p. 705.

ruses sont nombreuses ; on peut faire tomber un stylo dans l'espoir de voir l'individu se pencher prestement alors qu'il se plaignait de douleurs lombaires incoercibles ou encore lui demander à plusieurs reprises de désigner précisément le point douloureux afin qu'il finisse, dans son ignorance des finesses de l'anatomie, par indiquer deux endroits légèrement différents, révélant par là même la supercherie.

L'expression de la douleur, feinte ou réelle, par la recrue est aussi compliquée par le monopole exercé par les médecins sur le discours savant. Ce monopole pousse le corps médical à manifester un certain dédain pour la manière dont les recrues évoquent leurs symptômes. L'examiné se trouve ainsi dépossédé du pouvoir de dire sa maladie. « Dans la majorité des cas, souligne Émile Duponchel, les jeunes gens invoquent des maladies que l'on ne découvre pas ou qui ne sont pas de nature à motiver l'exemption[110] ». Ces « tentatives apparentes de supercherie » ne sont « bien souvent que des erreurs d'appréciation très permises à des sujets ignorants », précise-t-il, mais elles invitent à considérer avec suspicion les déclarations des jeunes gens. « Ne possédant ni la compétence, ni le langage, ni la distance professionnelle du médecin, le [sujet est] un intermédiaire nécessaire mais dangereux pour apprécier les symptômes à leur juste valeur[111] ». Le modèle de la sémiotique médicale permet de porter un diagnostic en se fondant sur des symptômes qui échappent au profane. L'expert demeure seul habilité à tenir un discours sur la maladie[112]. Enfin, la démarche médico-légale qui est celle de l'expertise du recrutement prive les déclarations des sujets de leur statut de preuve. La logique d'expertise est par définition inquisitrice, les plaintes visent donc tout au mieux à orienter l'examen clinique qui doit, lui, établir l'existence de l'affection évoquée. Le médecin cherche alors des traces ou des séquelles pouvant permettre de corroborer les affirmations de la recrue. Lui seul dispose du pouvoir de certifier la pathologie.

110. Émile Duponchel, *Traité de médecine légale militaire, op. cit.*, p. 29.
111. Sur cette question, voir Nicolas Dodier, « Les deux visages des plaintes », dans Id., *L'expertise médicale, op. cit.*, p. 121-163.
112. Jacques Leonard, *La médecine entre les pouvoirs et les savoirs. Histoire intellectuelle et politique de la médecine française au XIXe siècle*, Paris, Aubier-Montaigne, 1981.

Témoignages et certificats

En parallèle des éléments anamnestiques, le médecin expert français ou britannique doit, pour établir sa décision, prendre en compte d'autres déclarations. En France, le sous-préfet d'arrondissement et le maire qui assistent parfois aux séances des conseils de révision peuvent « présenter des observations, fournir des indications sur l'identité des appelés, les infirmités de notoriété publique et même sur les présomptions de mutilation volontaire ». Les médecins se trouvent également confrontés aux éventuels certificats que la recrue a le droit de produire à l'appui de ses dires. En France, la présentation de certificats est strictement encadrée. La loi du 21 mars 1905 précise :

> Dans le mois qui suivra la publication des tableaux de recensement [...], tout inscrit qui aurait à faire valoir des infirmités ou maladies pouvant le rendre impropre au service militaire, devra en faire la déclaration à la mairie de sa commune, en y joignant, pour constituer son dossier sanitaire, tous les certificats utiles. Il lui en sera délivré récépissé.
>
> À défaut de l'inscrit lui-même, la déclaration pourra être faite par ses ascendants, ses parents ou toute autre personne qualifiée.
>
> Cette déclaration sera, à l'expiration des délais, transmise par le maire à l'autorité compétente qui la comprendra, avec toutes les pièces s'y rapportant, dans le dossier de l'inscrit[113].

Il est fréquent que certaines affections, telles l'épilepsie, le diabète ou l'albuminurie, difficiles à diagnostiquer dans le temps contraint de l'examen, donnent lieu à déclaration[114]. Mais nombreux sont les individus qui n'entament pas les démarches nécessaires à l'établissement de leur dossier sanitaire. Dans le cas des troubles mentaux ou nerveux par exemple, le jeune homme n'est pas toujours en état de procéder à la déclaration. Sa famille, par honte ou dans l'espoir que le séjour à l'armée lui fera du bien et leur enlèvera sa charge, ne signale souvent rien[115]. Le médecin militaire Jules Simonin (1864-1920), professeur de médecine légale et d'expertise au Val-de-Grâce, déplore ainsi :

---

113. Loi du 21 mars 1905, titre II, chapitre 1er, article 10, *Bulletin des Lois de la République française*, Paris, Imprimerie nationale, t. 70, 1905, p. 1268.

114. Jean-Paul Aron, Paul Dumont et Emmanuel Le Roy Ladurie, *Anthropologie du conscrit français, op. cit.*, p. 29.

115. Marie Derrien, « "La tête en capilotade". Les soldats de la Grande Guerre internés dans les hôpitaux psychiatriques français », thèse de doctorat de l'université Lumière Lyon 2, 2015, p. 70.

l'insuffisance incontestable des renseignements de notoriété que devraient légalement fournir la famille et les autorités municipales sur les conscrits à mentalité douteuse. Ce qui le prouve de la façon la plus démonstrative, c'est le résultat positif que donnent presque toujours à ce sujet les enquêtes ultérieures auxquelles procède la gendarmerie, après incorporation et sur la demande de l'autorité militaire[116].

Lorsqu'ils sont présentés par les recrues, les certificats sont inégalement pris en compte par les autorités médicales du recrutement[117]. Il est d'abord fréquent que les experts, contraints par la vitesse des opérations, n'aient pas le temps d'en prendre connaissance. Mais ces documents font également, de la part du corps des médecins militaires, l'objet d'une forte suspicion. En 1820, Pierre Moricheau-Beaupré conseillait non seulement de ne pas les lire mais encore de les « lacérer publiquement, car ces certificats étaient tous achetés, mendiés ou complaisamment délivrés[118] ». En 1890, la méfiance est toujours de mise. Léon du Cazal et Louis Catrin recommandent, eux, de les « déposer sur le bureau du conseil. Le président ou l'un des membres peut alors attirer l'attention du médecin qui, de cette façon, ne saurait être accusé de se laisser influencer par le signataire du certificat[119] ». La même année, Émile Duponchel se montre plus mesuré : « il ne convient pas d'afficher un dédain complet des certificats présentés ». En 1910, Pierre Bonnette leur accorde beaucoup plus d'importance :

[Nous] estimons qu'il est de notre devoir de les lire tous, de tenir compte des indications fournies tout en les contrôlant par l'auscultation, la palpation,

116. Jules Simonin, « Les débiles mentaux dans l'armée », art. cité, p. 413. Sur l'enseignement de Jules Simonin, voir *Cours de législation générale de l'armée, professé à l'École d'application du Service de santé militaire*, Paris, Imprimerie de l'École d'application, 1909 ; *Médecine légale : Législation et service de santé : 1909-1911*, Paris, École d'application du service de santé militaire, 1911 ; *Cours de législation et administration, médecine légale et expertises, service de santé à l'intérieur et en campagne*, Paris, Imprimerie de l'École d'application, 1912 ; *École d'Application du Service de Santé Militaire. Val-De-Grâce. Conseils à un jeune aide-major*, Paris, Imprimerie de l'École d'application, 1912.
117. Sur la difficulté des recrues atteintes de troubles mentaux à constituer des dossiers sanitaires attestant de leur infirmité, voir Derrien Marie, « Éliminer ou récupérer ? L'armée française face aux fous du début du xxe siècle à la Grande Guerre », *Le Mouvement Social*, vol. 253, n° 4, 2015, p. 13-29.
118. *Mémoire sur le choix des hommes propres au service militaire de l'armée de terre, et sur leur visite devant les conseils de révision ; présenté à son excellence Mgr le Marquis de Latour-Maubourg*, Paris, Anselin et Pochard, F. V. Guilleminet, 1820.
119. *Médecine légale militaire*, Paris, Gauthier-Villars et fils, G. Masson, 1893.

> l'analyse sommaire des urines (albumine, sucre, etc.). En agissant ainsi, on fait preuve d'une bienveillante attention et l'on est mis, quelquefois, sur la piste d'un diagnostic obscur, qui s'affirme par un examen plus complet[120].

Qu'ils soient dédaignés, considérés avec suspicion ou soigneusement étudiés, les certificats n'ont donc pas valeur de preuve. Comme la parole de la recrue, ils ont vocation, dans le meilleur des cas, à orienter l'examen de l'expert qui reste seul juge de l'état de santé de la recrue[121]. « Si la lésion signalée a disparu ou est en voie de guérison, il [l'expert] ne doit pas hésiter à prononcer l'acceptation du conscrit[122] ».

Le député Adrien Gaudin de Villaine évoque la manière dont ces certificats sont écartés par les experts du conseil de révision :

> J'ai pu constater, malheureusement, avec quelle légèreté, parfois, les médecins statuaient sur les aptitudes physiques des conscrits soumis à leur examen. Trop souvent dédaignant de prendre connaissance ou de tenir compte des certificats délivrés par des médecins civils – les tenant pour certificats de complaisance –, ils s'en rapportent à leur seul diagnostic. Les apparences immédiates entrent ainsi seules en compte[123].

Les certificats, notamment ceux qui émanent de médecins civils, sont considérés avec méfiance du fait de la proximité et des rapports de clientélisme qui peuvent exister entre le soignant et sa patientèle[124]. En Angleterre, il arrive même que les certificats et l'historique médical des recrues ne soient pas remis aux commissions qui statuent en l'absence de ces documents, au grand dam des recrues[125]. Comme en France, lorsqu'ils sont effectivement transmis, ces certificats font l'objet d'une forte suspicion voire d'une franche hostilité de la part des commissions[126].

---

120. Pierre Bonnette, *Du choix des conscrits, op. cit.*, p. 38.
121. Pour un exemple du rôle des certificats dans l'administration de la preuve : « Certificat médical. Légèreté et imprudence du médecin », *Annales d'hygiène publique et de médecine légale*, série 4, n° 18, 1912, p. 182.
122. Pierre Bonnette, *Du choix des conscrits, op. cit.*, p. 39.
123. Lettre ouverte au général commandant le 10e CA, 1904, citée par Jérémie Halais, *Des Normands sous l'uniforme, op. cit.*, p. 108.
124. Sur la méfiance vis-à-vis des certificats civils, Pierre Bonnette, *Du choix des conscrits, op. cit.*, p. 39. Pour l'évocation de certificats de complaisance et d'un certificat refusé par une commission de réforme française en 1915 au motif qu'il est établi par un médecin civil et non militaire, voir Charles Ridel, *Les embusqués*, Paris, Armand Colin, 2007, p. 221.
125. Voir par exemple NA, MH 47 114/60.
126. James McDermott, *British Military Service Tribunals, op. cit.*, p. 184.

Le défi de l'aptitude mentale

La parole de la recrue et la production de certificats apparaissent particulièrement importantes dans le cadre de l'évaluation de l'aptitude mentale. En France, les dispositions spécifiques pour éviter l'incorporation d'hommes atteints de troubles mentaux font l'objet de débats animés à la veille de la guerre[127]. Insistant sur les capacités mentales dont doit faire preuve le soldat, les spécialistes recommandent de procéder à la « vérification cérébrale » des conscrits[128]. Dans la pratique, les experts du recrutement font la différence entre le défaut d'intelligence et la folie, entre « arriérés » (« idiots » et « crétins ») et « aliénés » mais ne s'encombrent que très rarement de la nosographie des différents troubles mentaux, qui reste confuse y compris dans les milieux spécialisés. Le volume d'instructions officielles français de 1905 consacre un paragraphe à l'idiotie et au crétinisme et un à l'aliénation mentale, les trois étant déclarés incompatibles avec le service militaire[129]. Dans les comptes rendus sur le recrutement français, les troubles mentaux ayant entraîné l'exemption à la veille de la guerre sont classés dans la catégorie des « maladies du système nerveux » qui regroupe idiotie et crétinisme ou encore aliénation mentale et paralysie générale :

Maladies du système nerveux ayant donné lieu à l'exemption

Idiotie, crétinisme
Aliénation mentale et paralysie générale
Épilepsie
Chorée, convulsions
Paralysie d'un ou de plusieurs membres
Bégaiement
Autre maladie du système nerveux

Source : *Comptes rendus sur le recrutement*

127. Marie Derrien, « Éliminer ou récupérer », art. cité, p. 13-29.
128. Voir par exemple André Antheaume et Roger Mignot, *Les maladies mentales dans l'armée française*, Paris, H. Delarue et Cie, 1909, ou Emmanuel Regis, *Précis de psychiatrie*, Paris, Doin, 1914 [5e éd.].
129. Ministère de la Guerre, *Recrutement de l'armée : instruction sur l'aptitude physique, op. cit.*, 1905, p. 16.

En Grande-Bretagne, les défauts d'intelligence et l'« instabilité nerveuse » sont rangés dans la même catégorie[130]. La simplification du diagnostic a une visée pratique, elle tend à faciliter le travail de l'institution en ne considérant que le critère de compatibilité entre les infirmités décelées et les exigences du service.

Pour le Britannique Samuel Beggs, il est nécessaire d'évaluer l'intelligence de la recrue :

> L'aptitude mentale peut être déterminée en constatant des caractéristiques mentales telles que la capacité d'observation ; le sens de la perception ; la rapidité de compréhension et son étendue, c'est-à-dire la capacité à appréhender des relations complexes et une multiplicité de détails ; la capacité de concentration et d'attention, qui peut être évaluée en examinant la facilité avec laquelle le sujet peut être distrait de la tâche qu'il accomplit ; la capacité à maintenir sa concentration (c'est-à-dire la persévérance ou la concentration répétée de son attention sur une tâche donnée) ; la mémorisation ; l'inventivité ; l'aptitude au raisonnement ; la confiance en soi ; le sérieux ; le souci du travail bien fait ; l'énergie dédiée aux tâches intellectuelles, etc.[131].

Pour déterminer la présence de ces qualités absconses, Samuel Beggs liste un certain nombre de signes concrets à repérer. En parallèle des stigmates physiques (maladresse, agitation, expression fixe et vide, rictus ou sourire persistant, malformation du crâne, de l'oreille, du palais, irrégularité des traits), il évoque certains signes qui ne peuvent s'apprécier qu'au cours d'un échange avec la recrue (défaut d'élocution, bégaiement, incapacité à répondre à une question, lenteur de la réflexion, difficulté à imiter une action ou suivre une instruction, surdité) et d'autres qui ne sont manifestement observables qu'avec un examen poussé de ses capacités, notamment ceux qui ont trait à l'aptitude pédagogique (illettrisme, profonde ignorance de faits notoirement connus, incapacité à apprendre). On retrouve là les éléments d'évaluation de l'intelligence pratiquée dans d'autres contextes, notamment celui de l'enseignement[132]. L'absence de parole était déjà un signe

130. À la même époque, la loi de 1913 évoque déjà une différence entre « faiblesse d'esprit » et « idiotie » et « imbécillité ». Voir Mark Jackson, « Institutional Provision for the Feeble-Minded in Edwardian England », dans Anne Digby et David Wright, *From Idiocy to Mental Deficiency: Historical Perspectives on People with Learning Disabilities,* Londres/New York, Routledge, 1996 1996.

131. Samuel Thomas Beggs, *The Selection of the Recruit, op. cit.*, p. 22.

132. Valentine Hoffbeck, « De l'arriéré au malade héréditaire », thèse citée, p. 263-280.

de déficience de l'intelligence pour l'aliéniste français Jean-Étienne Esquirol (1772-1840), le degré d'attention un critère nosographique majeur de l'arriération pour son disciple Paul Sollier (1861-1933).

Contrairement à l'examen physique, l'évaluation mentale de l'aptitude militaire ne fait pas l'objet d'une procédure formalisée. Il existe pourtant des techniques de dépistage des troubles mentaux qui ont commencé à s'uniformiser dès le début du XIXe siècle[133]. Des tests d'intelligence standardisés commencent d'ailleurs à se répandre dès 1910 en institutions spécialisées[134]. À un âge de circulation très rapide des idées scientifiques, l'adoption de ces tests est discutée et fait l'objet de quelques tentatives en France, avant d'être abandonnée[135]. En Grande-Bretagne, l'accent est davantage mis sur la réforme des individus atteints de troubles mentaux plutôt que sur leur détection au moment du recrutement[136].

L'Instruction française préconise de compléter l'examen somatique par un examen psychique mais ces affections sont des infirmités que les médecins militaires ont du mal à diagnostiquer. Comme le souligne Marie Derrien, leur formation est limitée :

> Depuis 1906, la formation des élèves de l'hôpital militaire d'instruction du Val-de-Grâce, des écoles du Service de santé aux armées de Lyon et de Bordeaux est certes complétée par des conférences de psychiatrie dispensées par des aliénistes. Un stage pratique n'est cependant obligatoire pour les futurs médecins de l'armée qu'à Lyon, où ceux-ci pratiquent la psychiatrie

133. Laurence GUIGNARD, *Juger la folie. La folie criminelle devant les Assises au XIXe*, Paris, PUF, 2010 ; Benoît MAJERUS, *Parmi les fous. Une histoire sociale de la psychiatrie au XXe siècle*, Rennes, PUR, 2013 ; Gilian SUTHERLAND, *Ability, Merit and Measurement: Mental Testing and English Education 1880-1914*, Oxford, Clarendon Press, 1984.

134. Jacqueline CARROY, Annick OHAYON et Régine PLAS, *Histoire de la psychologie en France, XIXe-XXe siècles*, Paris, La Découverte, 2006 ; Patrice PINELL, « L'invention de l'échelle métrique de l'intelligence », *Actes de la recherche en sciences sociales*, vol. 108, n° 1, 1995. Sur ces tests et les limites de leur interprétation : Stephen Jay GOULD, *La mal-mesure de l'homme*, *op. cit.* Sur la circulation internationale des idées psychiatriques Volker ROELCKE, Paul WEINDLING et Louise WESTWOOD (dir.), *International Relations in psychiatry, Britain, Germany, and the United States to World War II*, Rochester, New York, University of Rochester Press, 2010.

135. Jules SIMONIN, « Essai des tests psychiques scolaires pour apprécier l'aptitude intellectuelle au service militaire », *Congrès des médecins aliénistes et neurologistes de France et des pays de langue française*, *XIXe session*, *op. cit.*, p. 244.

136. Simon WESSELY et Edgar JONES, « The Origins of British Military Psychiatry Before the First World War », *War and Society*, vol. 19, n° 2, 2001, p. 91-108.

> durant six mois à l'asile de Bron. En conséquence, une fois sur le terrain, il n'est pas rare que ces médecins militaires soient contraints de faire appel à des psychiatres des asiles civils pour les assister face aux cas difficiles. Dotés de connaissances rudimentaires, n'ayant souvent jamais été confrontés à un patient, les médecins de l'armée sont en fait loin de pouvoir assumer un rôle d'expert auprès des conseils de révision, des commissions de réforme ou des tribunaux militaires[137].

De nouvelles dispositions sont prises à la veille de la guerre mais elles n'ont pas le temps d'être appliquées[138]. Elles font en outre l'objet de « réticences persistantes de l'armée de terre à prendre en compte la question de l'aliénation mentale chez les militaires[139] ». Le retard français en la matière apparaît particulièrement net face au développement de la psychiatrie militaire en Allemagne où, à la même époque, tous les médecins militaires suivent un stage consacré aux maladies mentales et où les établissements spécialisés communiquent aux instances du recrutement la liste des individus traités dans leurs services[140]. La sélection par exclusion des individus atteints de troubles mentaux reste sommaire, d'autant qu'est constamment agitée la question de la compatibilité de certains troubles mentaux avec le service.

Le jugement médical

L'examen d'aptitude doit déboucher sur un avis formulé par le médecin. En France, l'expert n'est pas une instance décisionnaire. Son diagnostic éclaire celui du conseil de révision, au même titre que celui des autorités militaires. En Grande-Bretagne, le travail médical est en apparence plus indépendant mais il est précédé d'une sélection effectuée par un militaire qui n'appartient pas au corps médical. Le recours au savoir spécialisé des médecins s'effectue donc dans un cadre où ceux-ci sont des auxiliaires de

137. Marie Derrien, « Éliminer ou récupérer », art. cité.
138. Paul Chavigny, « Le problème de l'organisation du service de la médecine légale aux armées. Ce qui a été fait à ce sujet dans les diverses armées en campagne pendant la guerre 1914-1918 », *Annales d'hygiène publique et de médecine légale*, n° 32, 1919, p. 257-267.
139. Marie Derrien, « Éliminer ou récupérer », art. cité.
140. Sur la psychiatrie militaire en Allemagne, voir Martin Lengwiler, « Psychiatry Beyond the Asylum: The Origins of German Military Psychiatry Before World War I », *History of Psychiatry*, vol. 14, n° 1, 2003, p. 41-62.

la décision. Dans les conditions contraintes de l'évaluation, la formulation du jugement n'est pas chose aisée. En conséquence, la sélection effectuée au conseil de révision ou au bureau de recrutement est imparfaite et doit se raffiner à l'arrivée au corps, voire tout au long du service.
Les mécanismes de la prise de décision concernant l'aptitude des sujets posent un certain nombre de problèmes parmi lesquels la difficulté du diagnostic de certaines affections. Les médecins estiment le potentiel de la recrue davantage que sa capacité réelle à rejoindre l'armée sans dommages.

L'incertitude du diagnostic

Après l'examen approfondi des différentes sections de l'organisme, le médecin doit procéder à l'énoncé d'un verdict concernant l'état du sujet, c'est-à-dire d'une décision fondée sur l'inspection du cas. La difficulté de l'évaluation de l'aptitude revient tel un leitmotiv dans les textes qui évoquent la sélection. On mentionne « la question, si obscure, de la validité des jeunes sujets[141] ». L'expertise médicale apparaît comme une activité profondément marquée par le doute[142]. En tant que discipline indicielle et conjecturale, la médecine aboutit en effet à des résultats individuels qui comportent une irréductible marge d'incertitude[143].

L'examen clinique suppose le morcellement de l'organisme inspecté par sections. La formulation d'un jugement repose donc sur un paradigme de l'indice qu'il faut savoir déchiffrer pour y identifier un ou plusieurs symptômes qui signalent une pathologie spécifique[144] :

> La diminution du murmure vésiculaire sous la clavicule droite est un symptôme. Mais seul, il doit indiquer une surveillance et non un diagnostic, et il devient signe de tuberculose lorsqu'existent ces symptômes associés [...], anorexie, amaigrissement, *fébricule*[145][146]...

141. Achille KELSCH et M. BOINON, « Note sur le diagnostic précoce des affections tuberculeuses du thorax par le radioscope », *Bulletin de l'Académie nationale de médecine*, n° 51, 3e série, tome XXXVIII, Paris, J.-B. Baillière, Masson, 1897, p. 689.
142. Pour des considérations sur le doute dans les expertises médicales en milieu judiciaire, voir Vincent VIET, *La santé en guerre, op. cit.*, p. 314.
143. Carlo GINZBURG, « Signes, traces, pistes », *Le Débat*, n° 6, 1980, p. 3-44.
144. Sur le paradigme sémiotique ou indiciel de la médecine, on lira Carlo GINZBURG, « Signes, traces, pistes », *Le Débat*, n° 6, 1980, p. 3-44.
145. Petite fièvre, légère augmentation de la température.
146. Georges LEMOINE, *La Tuberculose dans l'armée et dans la marine, op. cit.*, p. 77.

Pour formuler une décision, l'expert procède donc à une opération complexe. Il doit désingulariser chaque segment anatomique observé, rassembler les signes dispersés sur l'organisme, pour reconstituer une image complète du sujet et l'associer à un diagnostic. Il faut ensuite placer ce sujet sur l'échelle de l'aptitude, et le diriger vers la catégorie la plus conforme à ses capacités. Or, outre « l'incertitude des signes[147] », la maladie revêt des caractères différents chez chaque individu. Le pouvoir de placer l'individu dans une catégorie pathologique donnée comporte donc une part importante de conjecture.

La question de la bonne santé apparente du sujet occupe particulièrement les écrits des experts. Elle renvoie notamment à la difficulté de diagnostic de la tuberculose qui fait planer sur la troupe le risque de la contagion[148]. Dès 1874, Georges Morache soulignait :

> On a adressé maintes fois des reproches aux conseils de révision, au sujet d'individus acceptés puis réformés quelques mois après leur incorporation pour des infirmités antérieures aux opérations des conseils ; mais personne n'ignore qu'il est certaines maladies, la phtisie en particulier, dont les débuts sont quelquefois si insidieux et si lents qu'il est souvent difficile de les reconnaître alors que déjà des lésions, légères peut-être mais réelles, se sont développées[149].

Ce constat est repris dans tous les textes ultérieurs. Le candidat apporte « souvent au conseil de révision des lésions rudimentaires que la profondeur de leur situation et l'exiguïté de leur étendue dissimulent à l'investigation la plus scrupuleuse[150] ». Les médecins ont ensuite tendance à se perdre dans les ramifications nosographiques de la tuberculose, ce « mal aux 1 000 formes[151] », tuberculose « ouverte » ou « fermée », « évolutive », « fausse tuberculose », « tuberculose latente » ou « bronchite suspecte[152] ». D'autres affections apparaissent particulièrement

147. *Ibid.,* p. 109.
148. Anne Rasmussen, « Expérimenter la santé des grands nombres », art. cité, p. 71-91.
149. Georges Morache, *Traité d'hygiène militaire*, Paris, J.-B. Baillière, 1874, p. 55.
150. *Bulletin de l'Académie nationale de médecine*, n° 30, 3e série, tome xlvi, Paris, J.-B. Baillière, Masson, 1901, p. 277.
151. Extrait du discours de Léon Bourgeois au Congrès national de la tuberculose à Lyon, 15-17 juin 1914, cité par Stéphane Henry, *Vaincre la tuberculose (1879-1939). La Normandie en proie à la peste blanche*, Rennes, PUR, 2013, p. 111.
152. Pierre Darmon, « La Grande Guerre des soldats tuberculeux. Hôpitaux et stations sanitaires », *Annales de démographie historique*, 2002/1, n° 103, p. 35-50.

difficiles à diagnostiquer. Ainsi en est-il de tout ce qui touche au cœur, organe qui :

> [...] se présente aussi au conseil avec ses tares latentes, ses brèches momentanément insaisissables. Ce sont ces foyers discrets de myocardites ou d'aortite anciennes, reliquat d'une maladie infectieuse subie dans un passé plus ou moins ancien, ou encore de simples névroses, soit héréditaires, soit acquises, qui amoindrissent sa résistance et le mettent en état d'imminence morbide. Ce serait se montrer bien exigeant que de demander à l'expert du conseil de déceler séance tenante ces lésions sans signe objectif et sans trouble fonctionnel apparent.
>
> Telles qu'elles sont, elles [...] sont mêmes restées compatibles avec l'accomplissement des obligations professionnelles antérieures à l'incorporation. Mais les dures nécessités de la vie militaire vont changer cet état de choses fait pour tromper et le malade et le médecin[153].

La difficulté du diagnostic est accrue par les conditions de l'examen qui requiert une rapidité d'évaluation peu propice à la complexité de certaines pathologies. L'armée apparaît en outre comme un milieu spécifique au sein duquel la recrue se trouve à la fois soumise à des exigences particulièrement harassantes et exposée à un environnement délétère propice à la contamination, au développement voire à l'éclosion de pathologies dormantes.

La constatation des troubles peut donc intervenir tardivement, au cours du service lui-même. En ce qui concerne l'aptitude, soulignent les experts, il ne peut donc être question de certitude absolue, mais bien d'une approximation. Pour offrir toutes les garanties nécessaires, le jugement d'un certain nombre de cas est alors différé afin qu'un examen plus approfondi puisse être mené. En France, c'est le cas pour « les jeunes gens sur l'aptitude desquels l'expert médical ou le conseil de révision n'auront pas cru devoir se prononcer sans un examen complémentaire, ceux notamment pour lesquels l'intégrité des appareils respiratoires et circulatoires et spéciaux leur paraîtra devoir être confirmée par une exploration clinique faite dans les conditions de calme et de silence voulues[154] ». L'expert peut également demander à ce que soit pratiquée une enquête de gendarmerie. Avant la guerre, si l'examen est différé, il est confié à une commission médicale militaire

153. *Bulletin de l'Académie nationale de médecine*, n° 30, 3e série, tome XLVI, Paris, J.-B. Baillière, Masson, 1901, p. 277-278.
154. SHD, GR 9 NN 7/1102, Lois de 1913, p. 3-4.

composée de trois médecins militaires du grade de médecin-major de 1re classe au moins et autant que possible du service hospitalier[155]. En l'absence de sources plus précises, il est difficile de se faire une idée de la fréquence de ces examens différés. Il est cependant possible d'émettre l'hypothèse qu'ils sont rares et que leur occurrence diminue encore avec l'entrée en guerre.

L'aptitude comme potentiel, le jugement comme pronostic

Le caractère nécessairement inabouti de l'examen pratiqué au conseil de révision, au bureau de recrutement ou au sein des commissions médicales est reconnu. La visite est qualifiée de « simple filtre dégrossisseur, incapable de retenir dans ses pores tous les éléments inférieurs[156] ». Ce « triage encore imparfait et qu'il sera nécessaire d'affiner plus tard[157] » implique donc que la sélection se poursuive une fois la qualité de militaire acquise. Dans les deux pays, le premier examen médical est d'abord complété par une visite, appelée visite d'incorporation en France, effectuée à l'arrivée dans le corps de troupe[158]. Les militaires se trouvant ensuite dans l'incapacité de poursuivre le service peuvent être examinés par une commission de réforme qui statue sur leur aptitude et décide, le cas échéant, de les exclure de l'armée. Le corps médical procède ainsi à « l'élimination progressive des faibles non susceptibles de s'améliorer au cours du service[159] ».

Dès l'incorporation, les recrues sont soumises au test de leur condition physique et psychologique. En leur faisant, par exemple, creuser des tranchées, les militaires chargés de l'entraînement des nouveaux arrivants ont à la fois l'occasion de dispenser une leçon tactique et de s'assurer de l'aptitude physique des nouvelles recrues[160]. Percy Lelean, professeur d'hygiène au *Royal Army Medical College*, reconnaît

155. Le grade de médecin-major de 1re classe est l'équivalent du grade de commandant.

156. Gustave LEMOINE, *Traité d'hygiène, op. cit.*, p. 3. Voir aussi Émile DUPONCHEL, *Traité de médecine légale militaire, op. cit.*, p. 22. C'est aussi le cas en Angleterre, y compris pour l'examen des cadets, voir Timothy BOWMAN et Mark CONNELLY, *The Edwardian Army, op. cit.*, p. 22-23.

157. Émile DUPONCHEL, *Traité de médecine légale militaire, op. cit*, p. 23.

158. *Ibid*, p. 22 ; ministère de la Guerre, *Recrutement de l'armée : aptitude physique au service militaire, op. cit.*, 1916, p. 7.

159. Georges LEMOINE, *Traité d'hygiène militaire, op. cit.*, p. 3.

160. James D. CAMPBELL, « *The Army isn't all work* », *op. cit.*, p. 146.

en outre que certaines dispositions psychologiques au port des armes ne peuvent devenir visibles qu'au moment de l'entraînement :

> L'inaptitude comprend deux dimensions : la dimension physique et la dimension psychologique. Il est évident qu'un homme reconnu inapte, que ce soit pour des raisons physiques ou psychologiques, doit être tenu écarté du rang. Le médecin chargé de l'examen est principalement chargé de déterminer son aptitude physique ; l'officier chargé de l'entraînement doit considérer son aptitude physique mais aussi mentale au port des armes. Bien souvent, une recrue physiquement apte ne réunit pas les conditions mentales de son développement en bon soldat[161].

Certains inaptes, notamment les malades mentaux, « ne peuvent être détectés que par une collaboration à la fois bien franche et très fructueuse du médecin militaire et de l'officier de troupe[162] ».

Pour Georges Lemoine, « ce n'est qu'au bout de trois à six mois que le triage pourra être considéré comme complètement achevé[163] ». La sélection se fait donc en trois temps, au moment du conseil de révision, au moment de la visite d'incorporation, puis, au cours des premiers mois du service lui-même, qui constituent l'ultime et indispensable test de l'aptitude. Ce test permet notamment d'incorporer « certains faibles » pour lesquels « la vie régimentaire est un élément thérapeutique » et des cas « suspects » présentant des antécédents familiaux ou personnels mais qui ne présentent « aucune lésion appréciable » « au moment de leur incorporation[164] ». Les travaux français d'hygiène militaire reprennent ainsi souvent l'adage d'Achille Kelsch (1841-1911), professeur à l'École de médecine militaire du Val-de-Grâce : « Le véritable critérium de l'aptitude au service de guerre ne se trouve, en dernière analyse, que dans l'essai de ce service[165] ». Dans le dernier tiers du XIXe siècle, près des trois quarts des soldats réformés ne le sont pas lors de la visite d'incorporation mais au cours du service[166]. La sélection médicale des recrues est donc un processus progressif.

---

161. Percy S. Lelean, *Sanitation in War*, Londres, J.&A. Churchill, 1915, p. 3.
162. « Les anormaux et les malades mentaux au régiment », *Annales d'hygiène publique et de médecine légale*, série 4, n° 19, 1913, p. 304.
163. Georges Lemoine, *La Tuberculose dans l'armée et dans la marine, op. cit.*, p. 49.
164. Id., *Traité d'hygiène militaire, op. cit.*, p. 3.
165. Voir *ibid.*, p. 3 ou encore Victor Raymond, « Les déséquilibrés mentaux dans l'armée », art. cité, p. 330.
166. Odile Roynette, *Bons pour le service, op. cit.*, p. 227 et suiv.

Le jugement médical énoncé par l'expert relève du diagnostic, art d'identifier une maladie d'après ses signes et ses symptômes, dans le sens où il est nécessaire, pour motiver le classement, d'identifier une pathologie ou une déficience. Mais il relève également du pronostic. Ce jugement est avant tout une « affaire de pronostic et de degré[167] ». Il vise à établir les chances de réussite de la recrue dans le milieu militaire. Dans les conditions du service, son infirmité a-t-elle des chances de guérison rapide ou « menace-t-elle d'évoluer dans un sens fâcheux[168] » ? En ce sens, le jugement énoncé par les experts du conseil de révision et des commissions médicales est le résultat d'une évaluation prédictive. Au vu des nombreux risques ultérieurs de défaillance du soldat, ce jugement marqué par l'incertitude demande à être confirmé ou infirmé. Dans cette perspective, le rôle des experts n'est pas tant d'établir avec certitude l'adéquation entre la condition physique et mentale de l'individu et les exigences du port des armes, que de diminuer l'incertitude liée à l'incorporation de jeunes recrues. En s'appuyant sur la valeur prédictive de la science, il s'agit d'estimer un potentiel – l'aptitude – plus qu'une capacité. L'aptitude est conçue comme une qualité évolutive, susceptible de s'améliorer sous l'effet de la vie militaire. On estime ainsi que « l'organisme aura tôt fait, par l'hygiène favorable de la vie militaire, de combler les quelques vides[169] ».

L'influence limitée de l'expert

En France, le fonctionnement du recrutement est assez semblable à celui d'un tribunal. Le médecin est convoqué à titre d'expert afin, non pas de prendre une décision irrévocable, mais d'assister les autres membres dans leur prise de décision. L'expert doit faire part de son avis aux autres membres du conseil de révision. Le président consulte alors le conseil, et la décision est prise à la majorité des voix. Les avis des membres du conseil n'ont pas tous le même poids. Le préfet, président ou son secrétaire général ; le conseiller de préfecture ; le conseiller du département, le conseiller d'arrondissement, et l'officier général désigné par l'autorité militaire sont membres délibérants. Le sous-intendant militaire, le commandant de recrutement et le médecin-major sont membres assistants[170].

167. Émile Duponchel, *Traité de médecine légale militaire, op. cit.*, p. 33.
168. *Ibid.*, p. 33.
169. Adrien Besson, *De l'Évaluation de l'aptitude physique, op. cit.*, p. 47.
170. Pierre Bonnette, *Du choix des conscrits, op. cit.*, p. 8.

L'expert est donc un adjuvant de la décision. En outre, dans les faits, la consultation est souvent tacite, « le président prononce, chaque membre du conseil gardant le droit d'intervenir et de provoquer une discussion quand il la juge utile[171] ». La décision comporte donc une part de collégialité.

Le médecin est convoqué par l'armée pour aider à la formulation d'une décision militaire. Il y a donc bien, au sens où l'entend l'histoire de l'expertise, un transfert « de compétences dans un autre monde social[172] ». Ce transfert des compétences médicales dans le monde militaire implique de considérer l'état de la recrue d'une manière particulière. Le trouble de la recrue n'est pas identifié en soi, ni pour permettre l'entreprise thérapeutique, mais en tenant compte avant tout des critères de l'institution militaire. En se tenant à l'intersection entre différentes institutions, l'expert doit en outre s'assurer du transfert de ses compétences auprès d'un public profane. Ce transfert suppose donc un travail de traduction, de mise à disposition des connaissances savantes. L'article 60 de l'instruction du 29 décembre 1905 précise en effet que le médecin doit exposer au conseil « les caractères des infirmités constatées avec toute la netteté possible pour l'éclairer sur les causes qui motivent l'exemption, l'ajournement, ou le classement dans le service auxiliaire ». Il lui est nécessaire, si l'interprétation du cas est particulière ou difficile, d'ajouter des explications et arguments pour motiver son avis ou bien de répondre aux questions que peuvent poser les membres du conseil. Cette entreprise ne va pas sans difficultés, ni tensions. Comme le souligne Eugène Schwoebel :

> Le médecin militaire n'est qu'un expert, et doit faire partager sa conviction aux membres du Conseil de révision ; or, précisément dans ces cas douteux, il peut arriver que le médecin déclare trop faible pour faire un bon service, un conscrit sur la limite, néanmoins le Conseil le déclare bon pour le service actif, disant qu'il se fortifiera ; or, au régiment, cet homme ne se fortifiera pas et restera toujours un malingre, une non-valeur. De ce que les arguments précis nous font défaut, les discussions s'engagent, les membres du Conseil de révision se croient trop souvent aussi compétents que l'expert médical, et il n'est pas sans exemple de voir l'autorité du médecin subir en cette matière de regrettables échecs[173].

171. Émile Duponchel, *Traité de médecine légale militaire, op. cit.*, p. 25.
172. Arnault Skornicki, « L'État, et le négociant : le réseau de la "science du commerce" sous Louis XV », *Genèses*, 2006/4, n° 65, p. 15.
173. Eugène Schwoebel, *Le poids et l'aptitude physique militaire, op. cit.*, p. 13.

L'expertise médicale s'effectue donc dans une tension, que rappelle Odile Roynette, entre le souci de répondre aux exigences de l'État et la conscience des dangers auxquels la vie militaire exposerait des hommes trop fragiles recrutés par des conseils insouciants[174].

Le corps médical français ne se satisfait qu'imparfaitement du poids relatif accordé à l'avis de l'expert, comme en témoignent les archives de la Commission supérieure consultative d'hygiène et d'épidémiologie militaire autour de l'application de la loi de 1913[175]. Les membres de la commission envisagent ainsi qu'une commission médicale, composée seulement de médecins, puisse agir comme « un filtre » en amont du conseil de révision. Dans cette commission, le poids des pouvoirs politique et militaire serait réduit. Un officier général et un membre civil du conseil de révision seraient présents, mais pour avis seulement. Ils ne disposeraient pas de pouvoir de décision. Ce projet, assez similaire au système qui voit le jour en Grande-Bretagne pendant la guerre, n'est cependant pas retenu.

Les médecins doivent dès lors faire preuve d'habileté pour que leur avis pèse au maximum dans la décision des autres membres du conseil de révision :

> L'art de l'expert consiste, du reste, tout en se gardant d'une attitude hautaine, à savoir imposer à tous sa méthode particulière et à captiver la confiance en prouvant qu'il opère avec attention et conscience. Dès la première séance il doit donner sa mesure, convaincre les membres du Conseil de sa compétence et de son habileté, montrer qu'il n'a pas besoin qu'on pratique autour de lui une sorte d'expertise latérale ; une allure embarrassée, des tergiversations trop fréquentes, iraient à l'encontre de ce but.
>
> […] Ce n'est pas être consciencieux, il faut bien le savoir, que d'émettre des avis ambigus, c'est simplement se dérober à sa tâche et la laisser à des gens assurément moins bien préparés à la mener à bonne fin et plus susceptible de commettre l'erreur que l'on voudrait éviter[176].

Malgré l'incertitude qui caractérise le processus diagnostique et le caractère nécessairement progressif de la sélection, l'expert se doit donc d'émettre un avis ferme et définitif. C'est la performance du médecin qui doit signifier sa compétence. Par l'assurance de ses mou-

174. Odile ROYNETTE, *Bons pour le service, op. cit.*
175. SHD, GR 9 NN 7/103, Commission supérieure consultative d'hygiène et d'épidémiologie militaire (séance du 3 février 1914 sur l'exécution de la loi du 7 août 1913).
176. Émile DUPONCHEL, *Traité de médecine légale militaire, op. cit.*, p. 32.

vements et de sa voix, il doit renforcer son autorité fragilisée par le caractère collégial de la décision. L'allure du médecin doit, selon Émile Duponchel, favoriser le poids de son expertise dans la décision finale. En affichant sa résolution, l'expert suscite la confiance et fabrique la certitude. Il permet en outre de renforcer le poids de la connaissance savante face à la tentation, toujours présente, de l'expertise profane.

L'entreprise classificatoire

Classer les recrues : une aptitude graduelle

Après avoir subi un examen et fait l'objet d'une évaluation, chaque recrue doit être « classée selon ses capacités[177] » dans une des catégories de l'aptitude. L'institution militaire distingue et regroupe les candidats dans des catégories homogènes et hiérarchisées selon un schème classificatoire qui prend des formes distinctes en France et en Grande-Bretagne. Le jugement médical est donc associé à une entreprise de répartition administrative qui procède des principes de la gestion d'une armée de masse[178]. Cette perspective utilitariste des effectifs pousse les spécialistes à s'interroger sur l'« utilisabilité[179] » et le « rendement utile[180] » potentiel des recrues, afin d'« utiliser toutes les énergies nationales suivant leur

177. « Recruits and the Doctor », *The Times*, 19 janvier 1916, p. 5.
178. Sur la distinction et le regroupement comme opération de pensée, Georges Canguilhem, *Le Normal et le pathologique*, *op. cit.*, p. 129-130. Sur la catégorie comme principe de division, Pierre Bourdieu, « À propos de la famille comme catégorie réalisée », *Actes de la Recherche*, 100, 1993, p. 32-36. Sur les liens entre classement et gestion de masse : Delphine Remillon et Antoine Vernet, « De l'inaptitude à l'inemployabilité », dans François Vatin (dir.), *Évaluer et valoriser. Une sociologie économique de la mesure*, Toulouse, Presses universitaires du Mirail, p. 115-135.
179. Paul Chavigny, « Les débiles intellectuels, leur situation dans l'armée », *Annales d'hygiène publique et de médecine légale*, n° 11, 1909, p. 437-438.
180. Voir par exemple avant la guerre D. Simon, H. Perrin, « Les malingres dans l'Armée. Ce qu'on peut, ce qu'on doit en faire », *Archives de médecine et de pharmacie militaires*, tome xlvii, 1906, p. 265-340 ; Jules Simonin, « Les dégénérés dans l'armée : origine, caractère, prophylaxie », *Annales d'hygiène publique et de médecine légale*, 1909, p. 44 : et pendant la guerre SHD, GR 9 NN 7/1105, Note du sous-secrétariat pour l'État-major de l'armée, non datée (1915-1916) ; SHD, GR 9 NN 7/1100, Circulaire n° 773 Ci/7, 8 août 1918.

degré[181] ». La formulation de l'avis médical est orientée par les besoins de l'institution militaire.

En France, à la veille de la Grande Guerre, le classement comprend quatre catégories, « bon », « ajourné », « exempté », « service auxiliaire » :

Classement exprimé en pourcentage du total des examinés
à la veille de la guerre (France)

		Classe 1914
1) Exemptés		5,96
Susceptibles d'être incorporés	**2) Service armé**	57,00
	3) Service auxiliaire	2,25
	4) Ajournés	24,39
	Autres[182]	10,32

Source : *Comptes rendus sur le recrutement de l'armée*

Si son état de santé le justifie, la recrue peut être exemptée de ses obligations militaires. Elle est considérée comme définitivement impropre à tout service dans l'armée. Si l'on considère que le candidat est potentiellement apte à rejoindre les rangs, il est classé dans l'une des trois catégories suivantes : « ajourné » ; « bon pour le service auxiliaire » ; « apte au service armé ». La catégorie « autres » n'est pas dépendante de l'évaluation médicale, elle concerne les jeunes hommes passés par les bureaux de recrutement ou ayant obtenu un sursis. Comme on le voit sur le tableau, la majorité des appelés est déclarée apte au service armé. Ils viennent former les unités envoyées au combat. Le service auxiliaire est instauré en 1872 et consacré par la loi de 1905 pour qu'« un homme d'une complexion faible ou de petite stature, mais non infirme, [puisse] rendre des services dans des corps spéciaux et non mobilisables[183] ». Le versement dans le service auxiliaire de ces

181. « Les déséquilibrés mentaux dans l'armée », art. cité, p. 327.
182. Exclus en vertu de l'article 4 ; jeunes gens liés au service en raison d'un engagement volontaire, d'un brevet ou d'une commission et jeunes marins inscrits ; jeunes gens ayant obtenu un sursis.
183. Loi du 15 juillet 1889. *Traité pratique du recrutement et de l'administration de l'armée française*, 1889, p. 98.

« défectueux relatifs[184] » les conduit à être mobilisés et affectés à un régiment mais maintenus à des postes essentiellement administratifs dont les caractéristiques dépendent de leurs compétences professionnelles. Comme le montrent les statistiques, il s'agit d'un phénomène secondaire, ce type d'emploi étant limité par la doctrine des « gros bataillons » qui réclame de nombreux effectifs de fantassins combattants. Les candidats peuvent également être ajournés jusqu'à deux fois, pour un ou deux ans, c'est-à-dire renvoyés à un examen ultérieur. Le recours à l'ajournement « en raison d'une constitution physique trop faible mais qu'on estime pouvoir être améliorée significativement avec le temps[185] » est fréquent.

L'Instruction sur l'aptitude s'efforce de préciser systématiquement si les affections listées sont compatibles avec le service et si, selon leur degré, elles peuvent motiver le classement dans le service auxiliaire. Certaines pathologies, telles la perte complète de la vue, l'épilepsie ou des lésions valvulaires du cœur, entraînent systématiquement l'exemption de tout service militaire. D'autres, telles le bégaiement, l'eczéma ou une déviation de la colonne vertébrale, entraînent selon leur gravité l'exemption ou le classement dans le service auxiliaire[186]. D'autres enfin, comme la présence d'une hernie, peuvent s'accommoder d'un versement dans les forces armées. Le système britannique fait également succéder une entreprise de classement à l'examen médical proprement dit. Ce classement est binaire. La recrue est soit apte, soit inapte[187]. De 1900 à 1914, entre 30 % et 48 % des volontaires sont rejetés pour raisons médicales[188].

Ce classement est une entreprise complexe qui est, pour les experts, source de difficulté. L'entreprise classificatoire confronte d'abord la raison administrative, qui commande un avis ferme et définitif de la part de l'expert, et la pratique du diagnostic, qui a

184. Pierre BONNETTE, *Du choix des conscrits, op. cit.*, p. 16.
185. Article 18 de la loi de mobilisation de 1905.
186. Ministère de la Guerre, *Compte rendu sur les opérations de recrutement de l'armée pendant l'année 1914*, Paris, Imprimerie Nationale, 1914 ; *Ibid.*, 1915 ; *Ibid.*, 1917 ; *Ibid.*, 1918.
187. James GALLOWAY, « Medical examination of men for military service », art. cité, p. 665.
188. Les chiffres officiels de 1900-1905 donnent 31,3 % ; entre 28,4 et 35,5 % entre 1904 et 1914. Samuel Beggs estime que ces chiffres doivent être revus à la hausse dans *The selection of the recruit, op. cit.*, p. 27-28.

pour corollaire l'incertitude et la variabilité. Dans la mesure où l'expert transfère ses compétences médicales au monde de l'institution militaire, il doit se plier à sa logique. Les instructions françaises précisent ainsi :

> Il y a lieu de se poser les questions suivantes :
> Cet homme est-il apte au service ?
> Doit-il être ajourné pour faiblesse de constitution ?
> Doit-on proposer son classement au service auxiliaire ?
> Doit-on proposer l'exemption définitive de tout service militaire ?
> C'est après s'être formé une opinion répondant à l'une de ces quatre hypothèses que le médecin formulera son avis et le résumera, sous une forme aussi concise que possible, par l'un de ces mots : *Bon, ajourné, exempté, service auxiliaire*. Il est implicitement convenu que ces expressions n'ont point un caractère impératif, mais résument simplement l'opinion médicale[189].

L'avis médical prend la forme d'une sentence rapide et d'un jugement lapidaire qui doit se départir de toute incertitude. Or, pour les médecins, il est parfois « difficile de donner des règles absolues[190] » concernant l'affectation des recrues. Évoquant les instructions qui commandent d'exempter les jeunes gens atteints de faiblesse de constitution, Georges Lemoine déplore ainsi :

> Malheureusement ce *classement* est plus *théorique* que pratique. Voilà en effet un conscrit présentant une talle de 1 m. 54, ayant juste de périmètre voulu, 0 m. 77, pesant 51 kilogrammes, il est pâle, semble légèrement anémique mais ne présente aucune tare héréditaire ou acquise, il a toujours été bien portant, l'auscultation de la poitrine ne permet de dévoiler aucune lésion, il en est de même de l'examen de l'appareil circulatoire.
> Cet homme est évidemment loin d'être robuste. C'est un faible pour lequel les premiers exercices seront pénibles, le sac un peu lourd. Prononcerez-vous l'exemption ? Si oui, vous aurez un déchet considérable car beaucoup sont dans ce cas ; si non, vous verrez servir cet homme dans le service armé alors qu'un homme robuste myope ou hypermétrope sera classé dans le service auxiliaire[191] !

L'absence de précision concernant le diagnostic de faiblesse de constitution, les difficultés du diagnostic face à la bonne santé apparente de certaines recrues et la nécessité de lever un contingent conséquent

---

189. Émile Duponchel, « Visite médicale au conseil de révision », dans *Traité de médecine légale militaire, op. cit.*, p. 25.
190. Victor Raymond, « Les déséquilibrés mentaux dans l'armée », art. cité, p. 320.
191. Georges Lemoine, *Traité d'hygiène militaire, op. cit.*, p. 22.

font obstacle à la pratique classificatoire. L'entreprise est d'autant plus compliquée que l'aptitude est considérée comme un état susceptible d'évoluer, y compris dans le cadre de l'institution militaire.

Une aptitude évolutive, variable d'ajustement de la politique de recrutement

Le classement des recrues et son évolution permettent de montrer combien, loin de refléter une vérité scientifique immuable, l'examen médical d'aptitude est une variable d'ajustement de la politique de recrutement militaire. En théorie, seule l'exemption est définitive. Le classement dans une autre catégorie peut changer en fonction de l'état de santé de la recrue. Les années 1905-1910 voient l'armée française mener une intense réflexion sur le rôle de l'entraînement, qui doit permettre d'améliorer la condition physique des jeunes gens de faible constitution :

> Les éliminer *a priori* serait une mesure que ne justifient ni les données de la science ni l'observation des faits et qui infligerait à nos effectifs une perte actuellement incompatible avec les exigences de notre recrutement. [...] Il est donc nécessaire d'économiser notre capital humain et d'en tirer tout le bénéfice possible[192].

Selon certains médecins militaires, la faible natalité française doit nécessairement mener à l'incorporation de « faibles », au développement physique incomplet, et de « suspects », aux antécédents pathologiques personnels ou familiaux douteux. Ces deux catégories sont en effet destinées à bénéficier des effets thérapeutiques de la vie militaire. Cette réflexion est une conséquence de l'application de la loi de 1905 qui, réduisant le service militaire à deux ans, compense la diminution des effectifs par les décisions des conseils de révision qui augmentent la part des classés « bons service armé[193] ». Cette attention portée aux conséquences de l'entraînement sur les recrues rejoint d'autres réflexions sur les modalités de l'entraînement et de la gymnastique officielle en usage dans l'armée, que certains considèrent comme « surannée et inutile[194] », et sur le rôle de l'éducation physique en général, destinée à

192. Georges LEMOINE, *Traité d'hygiène militaire, op. cit.*, p. 21.
193. Voir sur ce point les chiffres de Jules MAURIN, *Armée, guerre, société, op. cit.*, p. 251.
194. Jean-Michel DELAPLACE, « Georges Hébert et l'école de Joinville, 1905-1939 », *Cahiers de l'INSEP*, 2003, p. 83-105.

fortifier la jeunesse française[195]. Au lendemain de la défaite de 1870, la France a ainsi vu fleurir nombre de sociétés de préparation militaire et de gymnastique dont l'objectif affirmé est « d'accroître les forces défensives du pays en favorisant le développement des forces physiques et morales[196] ». Dans cette entreprise, l'armée occupe une place significative. Partie intégrante de la nation, elle se doit « de s'attacher à maintenir la force physique de ses enfants, comme la force morale » afin de donner à la France « des mâles pour la repeupler et des hommes pour la défendre[197] ».

Afin de faciliter le maintien des effectifs, la loi de 1905 crée des « services auxiliaires faiblesses ». Au sein de ces services, elle distingue les individus atteints de tares irrémédiables et ceux dont l'insuffisance peut évoluer et qui ont vocation, en définitive, à être versés dans le service armé. En 1906, le médecin principal Simon et le médecin-major Perrin publient les résultats de leur expérience au 74e régiment d'infanterie en garnison à Rouen, où ils ont institué en 1903 un « peloton de malingres » regroupant les faibles de constitution au sein d'une même unité[198]. Ces recrues y ont suivi un entraînement progressif adapté à leur constitution, conçu par l'officier instructeur et le médecin en étroite collaboration. Leur alimentation et leur exposition au grand air ont également fait l'objet d'un soin particulier. Le dispositif est destiné tant à leur éviter la rigueur de l'entraînement normal, qui aurait irrémédiablement conduit à dégrader leur état, qu'à développer leur vigueur

---

195. Pierre Arnaud (dir.), *Les Athlètes de la République. Gymnastique, sport et idéologie républicaine, 1870-1914*, Paris, L'Harmattan, 1998. Voir aussi Raoul Girardet, *La Société militaire dans la France contemporaine (1815-1839)*, Paris, Plon, 1953 ; Pierre Chambat, « Les muscles de Marianne. Gymnastique et bataillons scolaires dans la France des années 1880 », dans Alain Ehrenberg, *Aimez-vous les stades ? Les origines des politiques sportives en France, 1870-1930*, *Recherches*, n° 43, avril 1980, p. 155 ; Georges Vigarello, *Histoire culturelle du sport*, Paris, Robert Laffont et EPS, 1988, p. 166-175.

196. Joseph Sansboeuf, « Les sociétés de gymnastiques en France », *Encyclopédie Larousse*, Paris, Larousse, 1899, p. 743-745 ; Philippe Tissié, *L'Éducation physique et la race*, Paris, Flammarion, 1919, p. 63.

197. Dr. Cahuzac, « La rééducation physique des malingres et des faibles », *Journal des Sciences militaires*, 1er juillet 1909, p. 326.

198. Simon, Perrin, « Les malingres dans l'armée », *Archives de médecine militaire*, 1906. On trouve des évocations antérieures de cette idée, en 1898 chez Jules Edmond Biousse dans *Les palpitations chez le jeune soldat*, thèse de médecine, Paris, Société d'éditions scientifiques, 1898, p. 39 ; en 1905 chez Louis Joseph Millet dans *La Tuberculose dans l'armée*, Paris, bureaux de la Grande Revue, 1905, p. 18.

chancelante. Il s'agit d'« élever peu à peu la résistance des malingres [...] [d']arriver à rendre, sinon mobilisables, du moins utilisables ces valeurs douteuses[199] ». Sur les sujets versés au peloton en 1904-1905, dix en ont été éliminés par réforme ou changement de corps, 24 ont été rendus à leur compagnie. Et sur ces 24, huit sont considérés comme « très améliorés », 17 semblent même avoir atteint les conditions de l'aptitude. L'initiative suscite l'enthousiasme de la presse générale :

> Sous l'influence de cet entraînement individuel et de cette vie vraiment hygiénique, les poitrines se sont élargies et la capacité respiratoire a augmenté [...]. Les muscles des jambes se sont développés en même temps que les attitudes vicieuses se sont corrigées. Les épaules tombantes se sont redressées, et les dos ronds sont devenus droits. Il n'est pas jusqu'aux qualités morales, aux vertus militaires qui ne se soient développés chez ces malingres en raison même de la régénération physique qu'ils étaient les premiers à constater et dont ils étaient on ne peut plus fiers[200].

À la suite de cette expérience, le corps des médecins militaires réfléchit à la manière de généraliser ce principe. Les initiatives se multiplient[201]. L'objectif est explicite, il s'agit « d'augmenter les effectifs des combattants en utilisant le plus grand nombre possible des hommes de cette catégorie nouvelle[202] ». L'idée de les réunir dans un ou plusieurs corps situés de préférence dans des régions au climat bénéfique est écartée au profit de leur instruction dans chaque corps de troupe[203].

La circulaire du 14 octobre 1908 généralise ces « pelotons de malingres » qui bénéficient d'un entraînement progressif et adapté, réglementé par le programme d'instruction du 2 septembre 1909. « Les faibles, les chétifs, tous ces pauvres petits que les exigences

199. SIMON, PERRIN, « Les malingres dans l'armée », art. cité.

200. « À travers la science », *Le Petit Parisien*, 20 août 1906. Voir aussi le même article publié par le Ct Cachepouille, dans « Chronique militaire – La question des malingres au régiment », *La Charente*, 1er septembre 1906.

201. SOLMON, « Création du peloton de robusticité », *Bulletin de la Société de médecine militaire*, 15 février 1908 ; VIGUIER, « École d'aptitude physique », *Bulletin de la société de médecine militaire*, 15 février 1908.

202. SOLMON, « Pelotons de robusticité », *Armée et démocratie*, 18 juillet 1908, p. 469.

203. SOLMON, « Entraînement des malingres dans l'armée », *Bulletin de la Société de Médecine militaire*, 21 mai 1908 ; BAUDIN, « Les services auxiliaires », *Le journal*, 5 juin 1908.

du recrutement enrôlent pour faire nombre[204] », classés dans ces formations spéciales du service auxiliaire, ont ainsi vocation à être versés dans le service armé après leur examen par une commission de réforme qui peut prononcer leur passage dans le service armé. L'ensemble du dispositif est encadré par des membres du corps médical. L'idée, plébiscitée par les médecins militaires, ne fait pas l'unanimité. Elle suscite notamment des réserves chez les militaires. Le 30 octobre 1909, la revue hebdomadaire illustrée *Armée et marine* ironise ainsi :

> Voici à l'horizon la formule nouvelle : L'armée-hôpital. Nous avions déjà les services auxiliaires qui chargeaient l'armée d'un nombre respectable de non-valeurs. On y ajoute maintenant les *pelotons de malingres*. [...] On pourra tant que l'on voudra faire entrer des individus au peloton des malingres. Les en faire sortir, jamais[205] !

Nonobstant ces critiques, le principe selon lequel on peut améliorer l'état physique de certaines recrues après leur incorporation s'impose. Les services auxiliaires sont donc souvent conçus comme une catégorie intermédiaire. Leurs membres « ne sont pas précisément des malades[206] », avance *Le Petit Parisien* qui s'intéresse à l'expérience de Simon et Perrin, ce sont des « demi-malades[207] », des « demi-bons », des « demi-valeurs ». Leur aptitude est partielle et les soins qui entourent les hommes des pelotons de malingres doivent les mener vers « l'aptitude intégrale[208] ». L'aptitude peut donc être considérée, non comme un état absolu et définitif, mais comme un gradient variable et évolutif. Les recrues sont susceptibles d'être versées d'une catégorie à une autre, en fonction de l'évolution de leur état. C'est ce qu'exprime Georges Lemoine en évoquant « l'échelle des aptitudes physiques d'après laquelle

204. Ruffier, « L'entraînement de nos soldats. II. Le peloton des malingres », *La Culture physique*, 15 octobre 1907, p. 628.
205. « L'armée hôpital », *Armée et marine*, 30 octobre 1909, p. 346. Voir aussi « La rééducation physique des malingres et des faibles », *Journal des sciences militaires*, Paris, Dumaine, Baudoin, Chapelot, 1er juillet 1909, p. 317-320. Et dans la presse générale J.-L. Lannessan (de), « Les "malingres" », *L'Indépendant des Basses-Pyrénées*, 19 octobre 1909.
206. « À travers la science », *Le Petit Parisien*, 20 août 1906.
207. Dr Ruffier, « L'entraînement de nos soldats. II. Le peloton des malingres », *La Culture physique*, 15 octobre 1907, p. 629.
208. « La rééducation physique des malingres et des faibles », *Journal des sciences militaires*, Paris, Dumaine, Baudoin, Chapelot, 1er juillet 1909, p. 317.

doit se faire la sélection[209] ». Le vote de la loi des trois ans en 1913 n'accorde aux inquiétudes liées aux effectifs qu'un répit de courte durée puisque dès septembre 1914, les pertes liées à la guerre poussent les experts de l'aptitude à verser au maximum les recrues dans le service armé.

209. Georges LEMOINE, *Traité d'hygiène militaire*, *op. cit.*

La sélection en guerre (1914-1917)

Chapitre 4

Face à la guerre : recruter toujours plus d'hommes

Dès le début de la guerre, en France comme en Grande-Bretagne, les opérations médicales du recrutement sont soumises à l'exigence du rendement. Il s'agit de recruter plusieurs millions d'hommes afin de former des armées de masse et de reconstituer des effectifs décimés par un conflit meurtrier. En France, la mise sur pied d'armées de grande ampleur répond d'abord à une doctrine militaire, celle de la formation de gros bataillons de fantassins, qui valorise le poids des hommes dans la bataille. Depuis la défaite de 1870, la question des effectifs est ainsi au centre des réflexions sur la défense nationale[1]. Pendant la Grande Guerre, plus de trois millions de Français de 20 à 48 ans sont mobilisés, et ils sont près de huit millions à la fin de la guerre qui a appelé sous les drapeaux les classes 1887 à 1919[2]. La mobilisation est facilitée par l'enracinement du principe de la conscription qui, commencée à Valmy, s'achève à Verdun[3]. La nécessité du recrutement d'une armée de masse pour des raisons stratégiques se double ensuite de l'impératif de reconstitution des effectifs. Les combats sont en effet particulièrement meurtriers. Les grandes offensives se soldent par des pertes importantes et des

1. Jean-Yves GUIOMAR, *L'invention de la guerre totale, XVIIIe-XXe siècle*, Paris, Éditions du Félin, 2004, p. 266-270 ; John LYNN, *Tools of War: Instruments, Ideas and Institutions of Warfare, 1445-1871*, Urbana/Chicago, University of Illinois Press, 1990, p. 171-172.
2. Annie CRÉPIN et Philippe BOULANGER, *Le Soldat-citoyen. Une Histoire de la conscription*, *Documentation photographique*, n° 8019, février 2001, p. 9-10. Sur l'armée française pendant la Grande Guerre, on lira François COCHET et Rémy PORTE, *Histoire de l'armée française, 1914-1918*, Paris, Tallandier, 2017.
3. Annie CRÉPIN, « Armée et citoyenneté en France de Valmy à Verdun », *Revue Histoire et Défense. Les cahiers de Montpellier*, n° 39, 2000, p. 5-13.

gains de territoires limités[4]. Pendant toute la durée des affrontements, les armées sont régulièrement à court d'hommes. La récupération des effectifs militaires devient, notamment à partir de 1915, une priorité nationale[5]. Sont en cause les lourdes pertes de la bataille de la Marne, de la course à la mer et de la bataille de l'Yser et l'indispensable répartition des ressources humaines pour répondre à la fois aux besoins militaires et économiques. L'état-major s'efforce donc de reconstituer les troupes le plus rapidement possible.

En Grande-Bretagne, qui disposait d'une armée de métier aux dimensions réduites, le déséquilibre des forces et les importantes pertes subies dès les premières semaines par le corps expéditionnaire britannique (*BEF*) poussent à augmenter considérablement les effectifs[6]. Pour faire face à une demande d'hommes toujours croissante, le système de recrutement est profondément bouleversé. Le *BEF* est d'abord élargi de manière inédite grâce à l'appel au volontariat. Il passe ainsi de 100 000 hommes en août 1914 à deux millions début 1916[7]. Mais les 360 000 morts de 1915, la nécessaire répartition planifiée des travailleurs dans l'économie de guerre et les tensions interalliées sur la question des effectifs conduisent à l'adoption de la conscription en mars 1916, qui porte l'armée à quatre millions d'individus[8]. L'incorporation prend alors un caractère obligatoire pour les hommes valides en âge de combattre. En parallèle de ces bouleversements, l'examen d'aptitude subit de notables modifications.

Les besoins toujours accrus en hommes ont d'importantes conséquences sur l'organisation et le déroulement des opérations médicales du recrutement. En France comme en Grande-Bretagne, on tente

4. Robin Prior, « 1916 : batailles totales et Guerre d'usure », dans Jay Winter et Annette Becker (dir.), *La Première Guerre Mondiale. Tome 1, Combats*, Paris, Fayard, 2013, p. 103-126.

5. Vincent Viet, *La santé en guerre, op. cit.*, p. 292-294 ; Guy Pedroncini, « L'armée française dans la Grande Guerre », dans André Corvisier, *Histoire militaire de la France*, Paris, PUF, 1992, t. 3 *: De 1871 à 1940*, p. 168-169.

6. John M. Bourne, *Britain and the Great War 1914-1918*, Londres, Edward Arnold, 1989, p. 16.

7. Voir à ce sujet Ian F.W. Beckett et Keith Simpson (dir.), *A Nation in Arms: A Social Study of the British Army in the First World*, Manchester, Manchester University Press, 1985 ; Peter Simkins, *Kitchener's Army: The Raising of the New Armies, 1914-16*, Manchester, Manchester University Press, 1988.

8. Sur les tensions interalliées concernant la question des effectifs, voir Charles Ridel, *Les embusqués*, Paris, A. Colin, 2007, p. 141-143.

d'augmenter la vitesse et le rendement de la sélection. Afin de combler le déficit des effectifs, les gouvernements organisent le recrutement de manière à ce qu'il fournisse le plus grand nombre d'hommes. Grande pourvoyeuse d'exemption, la sélection médicale est particulièrement visée. Un certain nombre de mesures sont explicitement destinées à en atténuer la sévérité ou à la contourner. Les instructions, données plus ou moins officiellement selon les cas, sont complétées par des dispositions visant à récupérer le plus grand nombre d'individus parmi ceux qui ont été préalablement exemptés du service. Il s'agit de multiplier les contrôles en soumettant les recrues à des évaluations médicales répétées.

Les bouleversements du système britannique

L'organisation de la sélection dans une armée en expansion

Durant le conflit, le système de recrutement britannique est plusieurs fois bouleversé. En conséquence, l'organisation de la sélection médicale des recrues connaît elle aussi d'importantes mutations. De nombreux tâtonnements reflètent les incertitudes du passage rapide d'une armée de métier aux dimensions réduites à une armée de masse. En 1914, les candidats sont examinés dans les centres de recrutement ou au dépôt régimentaire par un seul médecin civil ou militaire[9]. À partir de mars 1915, ce premier triage est complété au dépôt par celui d'une commission médicale, comprenant au moins un médecin militaire haut gradé. En juillet 1915, afin de contrôler plus étroitement le processus qui fonctionne imparfaitement, une commission médicale d'inspection est instituée. Elle se déplace dans les différents dépôts afin d'estimer le travail de la précédente, de s'assurer qu'un maximum d'individus rejoignent les rangs de l'armée[10].

Du fait de sa complexité et du manque d'uniformité de ses décisions, le système de recrutement britannique subit le feu des critiques

9. James Galloway, « Medical Examination of Men for Military Service: some of its Problems, Lessons and Results », *Contributions to medical and biological research*, 1919, p. 665-666.
10. Major-Géneral Sir W. G. Macpherson, *Medical Services General History*, vol. I, Londres, HMSO, 1921, p. 118-137.

et est réformé une nouvelle fois au moment du *Derby Scheme,* destiné à statuer sur la nécessité éventuelle de mettre en place la conscription. À la suite d'une opération de recensement inédite, menée pendant l'été 1915, tous les hommes âgés de 18 à 41 ans dont l'activité n'était pas indispensable à l'effort de guerre ont dû s'exprimer publiquement et déclarer s'ils entendaient rejoindre l'armée ou non. En décembre de la même année, l'unique médecin chargé de l'inspection des recrues est remplacé par une commission médicale de recrutement constituée de trois ou quatre médecins – souvent civils – et présidée par un médecin militaire, lieutenant-colonel ou major, souvent retraité de l'armée d'active[11]. La commission siège au sein de chaque dépôt régimentaire et au bureau de recrutement central de chaque circonscription de recrutement. Elle est chargée de classer les recrues dans l'une des catégories et sous-catégories de l'aptitude. Les deux autres commissions médicales ne sont pas abolies et conservent des prérogatives de contrôle et d'inspection. Devant l'insuffisance numérique des engagements volontaires, la conscription est introduite en janvier 1916 et étendue aux hommes mariés au printemps. Tous les hommes de 18 à 41 ans sont désormais mobilisables. La procédure des opérations médicales du recrutement, précédemment réformée, ne subit plus d'altérations majeures avant la fin de l'année 1917.

Le système britannique de sélection des recrues se distingue par l'existence d'un double système d'appel dès le *Derby Scheme* de 1915 mais plus significativement à partir de la mise en place de la conscription[12]. 2 086 tribunaux locaux sont ainsi chargés d'examiner les recours des Britanniques désireux d'échapper aux obligations militaires et 83 tribunaux d'appel de statuer en cas de désaccord avec les décisions des tribunaux locaux. Les tribunaux ont été appelés à

11. James Galloway, « Medical Examination of Men for Military Service », art. cité, p. 665-666.

12. Sur les tribunaux d'appel, voir Adrian Gregory, « Military Service Tribunals: Civil Society in Action », dans Jose Harris, *Civil Society in British History: Ideas, Identities, Institutions*, Oxford, Oxford University Press, 2003, p. 177-191 ; David Littlewood, *Military Service Tribunals and Boards in the Great War: Determining the Fate of Britain's and New Zealand's Conscripts*, Londres, Routledge, 2018 ; James McDermott, *British Military Service Tribunals, op. cit.* ; Ivor Slocombe, « Recruitment into the Armed Forces during the First World War: the Work of Military Tribunals in Wiltshire, 1915-1918 », *The Local Historian*, 2000, vol. 30, n° 2, p. 105-223.

statuer sur 1 125 000 demandes d'exemption pour motif politique, familial, économique ou encore médical. Jusqu'en 1915, les motifs de mécontentement de la part de recrues contestant leur expertise médicale sont rares. Les volontaires, désireux par définition de rejoindre les rangs de l'armée, recherchent peu l'exemption. Les choses changent avec la mise en place du *Derby Scheme* qui voit affluer les demandes de la part de recrues contestant notamment les modalités et les résultats de leur examen médical. Les tribunaux peuvent alors exiger une deuxième expertise dont les résultats peuvent aller à l'encontre de la première.

Le classement des recrues

Au cours du conflit, le système de classement des recrues connaît lui aussi de considérables bouleversements. Avant la guerre et pendant les premières semaines du conflit, la recrue est déclarée apte ou inapte. Avec la formation et la complexification progressive d'une armée britannique qui atteint au cours du conflit quatorze fois sa taille initiale, les catégories d'aptitude sont plusieurs fois enrichies et modifiées[13]. Une telle armée de masse requiert en effet de recruter le plus grand nombre possible de soldats dont certains sont affectés en dehors du champ de bataille. En outre, l'évaluation des recrues est rendue compliquée par l'absence de définition standardisée de l'inaptitude, ce qui conduit le *War Office* à émettre des instructions contradictoires préjudiciables à l'harmonisation des décisions[14]. Un nouveau système entre en vigueur en mars 1915 et répartit les candidats dans quatre catégories : A (service armé sur le territoire britannique ou à l'étranger), B (Temporairement inapte au service à l'étranger), C (service sur le territoire britannique seulement), Exemption. Les conditions de l'inaptitude sont cette fois clairement définies. Le taux d'exemption s'établit alors autour de 22,5 et 25 %[15]. En décembre 1915, la réforme de Lord Derby raffine ces catégories en introduisant des sous-sections. Elles entrent en vigueur en janvier 1916,

13. Tim Travers, « The Army and the Challenge of War, 1914-1918 », dans David Chandler et Ian Beckett (dir.), *The Oxford History of the British Army*, *op. cit.*, p. 215-240, ici p. 215.
14. IMW, 66/142/1, Captain B.A. West, cité par David Silbey, « Bodies and Cultures Collide », art. cité ; William MacPherson, Wilfred Beveridge et William Horrocks, *History of the Great War Based on Official Documents: Medical Services*, vol. 1, London, HMSO, 1923, p. 120.
15. NA, PRO 30/57/0074, Manpower and Recruiting – Memos and Reports, 11 octobre 1915.

à la suite des premières instructions émises par l'*Army Council*[16]. Le 19 mai 1916, le système évolue encore à la suite de la mise en place de la conscription. Les nouvelles catégories restent en vigueur jusqu'en novembre 1917. Appliquées au moment du recrutement mais aussi tout au long du parcours du soldat, elles deviennent le système de référence des discours sur l'aptitude des troupes. En septembre 1918, David Lloyd George évoque ainsi l'impossibilité de « maintenir un empire A1 avec une population C3[17] ». Comme le système précédent, chaque classe donne lieu à des subdivisions supplémentaires, ce qui aboutit à 13 catégories :

Quatrième système de classement (juin 1916-novembre 1917)

A	Aptitude au service armé	Recrues capables de marcher, dont l'acuité visuelle permet la pratique du tir et la condition physique de supporter les conditions du service	I – Recrues prêtes à être déployées à l'extérieur, remplissant toutes les conditions d'entraînement et d'aptitude physique et mentale,
			II – Recrues qui seront aptes après entraînement
			III – Recrues malades ou blessées, de retour du corps expéditionnaire, destinées à être classées A1 une fois remises
			IV – Recrues de moins de 19 ans[18]
B	Aptitude au service armé à l'extérieur mais pas au service armé	Absence d'affection organique sérieuse, dont la condition physique permet de supporter les conditions du service au sein des équipes de communication en France ou en garnison en zone tropicale	I – En garnison ou au sein d'une unité provisoire
			II – Dans des unités de travail ou des emplois régimentaires à l'extérieur
			III – Pour des tâches sédentaires, de secrétariat et de logistique seulement

16. William Macpherson, *Medical Services General History*, *op. cit.*, p. 119-122 ; James Galloway, « Medical Examination of Men for Military Service », art. cité, p. 665-679.
17. « The War and after », *The Times*, 13 septembre 1918.
18. À partir du 21 juin 1916.

C	Aptitude au service sur le territoire britannique seulement	Absence d'affection organique sérieuse mais dont la condition physique ne permet de supporter les conditions du service que sur le territoire britannique	I – En garnison ou au sein d'une unité provisoire II – Dans des unités de travail ou des emplois régimentaires à l'extérieur III – Pour des tâches sédentaires, de secrétariat, de logistique, d'intendance, d'ordonnance et d'entretien
D	Inaptitude temporaire pour A, B ou C	Possibilité d'atteindre les conditions de l'aptitude dans les six mois	I – Au dépôt (commandement) II – Au dépôt (régiment) III – Au dépôt ou dans une unité de rang inférieur ou dans l'attente d'un traitement médical ou dentaire
E	Inaptitude permanente à tout service militaire	Impossibilité d'atteindre les conditions de l'aptitude dans les six mois	

Les catégories et sous-catégories sont assorties d'instructions destinées à garantir l'unité d'appréciation entre les différentes commissions médicales. Les hommes placés en catégorie B1 ou C1, par exemple, doivent être capables de marcher au moins huit kilomètres (*five miles*), leur acuité visuelle sans correction doit être suffisante pour la pratique du tir, leur audition doit être bonne. Les hommes placés en catégorie B2 et C2 ne doivent pas avoir à parcourir plus de 5 miles, avoir une capacité visuelle et auditive suffisante pour des tâches ordinaires.

Malgré le processus de raffinement constant du schème classificatoire, les multiples réformes du système montrent que l'évaluation des capacités des recrues ne cesse d'être une source de difficulté pour les experts. En Grande-Bretagne, l'entrée correspondant à l'exemption est notée de la manière suivante sur l'historique médical du candidat :

> Après examen par tous les membres de la commission, réunis à (lieu), le (date), il est décidé à l'unanimité que l'individu qui déclare porter le nom de (nom) et résider à (adresse) et dont la description est portée sur ce formulaire souffre de (insérer ici l'infirmité) et est en conséquence inapte au service militaire de manière permanente et définitive[19].

19. CAC, GEDD 4/6/1684, *The Recruiting Code*, Ministry of National Service publication, 1er décembre 1917, p. 102. Voir aussi NA, NATS 1/866, Ministry of National Service: Records. Recruiting Department. Medical examinations: proposed

Le formulaire est ensuite signé du président de la commission, et doit porter le tampon qui authentifie le travail des commissions médicales. L'inaptitude doit être constatée à l'unanimité et déclarée « permanente et définitive ». Ce n'est pas sans poser problème aux experts et aux examinés, pour lesquels les règles qui régissent la répartition dans les différentes catégories ne sont ni claires ni forcément très justes. Le système de classification britannique pousse en effet la logique prédictive de l'examen médical et la conception évolutive de l'aptitude à leur paroxysme puisque les experts du recrutement doivent non seulement évaluer l'état de la recrue au moment de l'évaluation mais aussi anticiper le développement de son état physique sous l'effet de quatre mois d'entraînement[20]. Les autorités britanniques subissent également la méfiance de l'opinion face aux nouvelles exigences du recrutement. Le Ministère de la Guerre éprouve donc des difficultés à faire comprendre la nécessité, pour une armée de masse moderne, de recruter non seulement des hommes robustes, mais aussi des hommes au physique moins avantageux, qui seront conséquemment placés dans les catégories inférieures[21].

Récupérer : le triomphe de la gestion comptable des effectifs

L'intensification de l'évaluation

Dès le début de la guerre, en France comme en Grande-Bretagne, les opérations médicales du recrutement sont soumises à l'exigence du rendement afin de reconstituer les troupes. Les gouvernements mettent notamment en place un dispositif sévère d'intensification du contrôle médical de l'aptitude militaire. Ainsi, les individus préalablement écartés du service sont astreints à des examens répétés dont la fréquence augmente au fur et à mesure que croissent les besoins en hommes. En France, entre 1914 et 1918, plus de 8,5 millions d'hommes appartenant à 33 classes d'âge (1887 à 1919) sont mobilisés. Les conseils de révision se sont rassemblés six fois, pour la révision des

instruction draft, 1917, p. 21 ; NA, NATS/1/13/M/87, General Directions, MNSR 24, 43ff.

20. NA, MH 47/144/4, Select Committee. Special report ; NA, NATS 1/866, p. 13.

21. NA, MH 47/144/4, Select Committee, Minutes of Evidence n° 1, 2 juillet 1917, A. C. Geddes, p. 7.

classes 1915 à 1919. Lorsque la guerre est déclarée, les classes 1911, 1912 et 1913, soit les 880 000 hommes de l'armée d'active, sont déjà sous les drapeaux. La mobilisation quadruple les effectifs. Les conscrits sont rejoints par les volontaires mais aussi par les réservistes de l'armée d'active (classes 1900 à 1910) ; puis par la territoriale (classes 1893 à 1899), et enfin par la réserve de la territoriale (classes 1887 à 1892) à partir du 16 août[22]. Ces hommes sont examinés au dépôt, lors de la visite d'incorporation.

Les exemptés, les ajournés, les réformés, mais aussi les hommes du service auxiliaire, sont soumis à un contrôle permanent, afin que l'on puisse, le cas échéant, les « récupérer », c'est-à-dire les verser dans le service armé. On procède par empilement législatif. Les dispositions concernent d'abord les exemptés, ajournés, réformés et hommes du service auxiliaire dont le classement date d'avant le début des hostilités. Supposant que « l'aptitude physique d'un certain nombre d'entre eux a certainement dû s'améliorer depuis l'époque où ils sont passés devant le conseil de révision[23] », une première série de mesures dès l'automne 1914 provoque l'appel d'1,6 million d'hommes pour un nouvel examen. Les décrets du 9 et du 26 septembre 1914 astreignent les réformés et les exemptés, les hommes du service auxiliaire et les ajournés des classes 1913 et 1914 à une nouvelle visite. La loi du 6 avril 1915 convoque les réformés des classes 1913 et 1914, et le décret du 13 avril 1916 les ajournés et les exemptés. Ce dernier entérine le principe d'un examen périodique des exemptés et réformés par une commission spéciale de réforme. Enfin la loi du 20 février 1917 soumet à nouveau les réformés et exemptés d'avant-guerre à un examen[24]. La « récupération » a pour dessein de reconstituer les effectifs

22. Maurice Naërt, Gratien Laxague, Jean Courbis et J. Joubert, *Les armées françaises dans la Grande Guerre*, t. 1, Paris, Impr. nationale, 1936, p. 55 ; André Corvisier et Guy Pedroncini (dir.), *Histoire militaire de la France*, vol. III : de 1871 à 1940, Paris, PUF, 1992 ; Philippe Boulanger, *La France devant la conscription, op. cit.*

23. « Rapport du ministre de la Guerre Millerand au président de la République », 26 septembre 1914, *JORF*. Débats parlementaires-Chambres des députés, séance du 20 mai 1915, Annexe n° 1936, p. 424.

24. Voir *J.O.*, 10 septembre 1914, p. 7881 ; *J.O.* du 6 septembre, p. 7801 pour les conseils de révision de la classe 1915 qui doivent procéder à l'examen des exemptés et réformés ; *J.O.* du 16 septembre 1914, p. 7937 ; *J.O.* du 29 septembre 1914, p. 8084 ; *J.O.* du 7 avril 1915, p. 1902 ; *J.O.* du 19 août 1915, p. 5795-5797 ; *J.O.* du 21 février 1917, p. 1408 ; *J.O.* du 15 août 1917, p. 6403-6405.

mais aussi de remplacer les sursitaires affectés dans les usines ou dans les campagnes, que l'on envoie renforcer les unités combattantes. À la suite de l'application de ces mesures, on compte 1 187 497 hommes récupérés sur un total d'hommes examinés de 1 993 524. Ces mesures permettent de « prélever presque 60 % des hommes reconnus, avant les hostilités, inaptes à servir dans les Armées[25] ».

Les dispositions concernent ensuite les ajournés, réformés et exemptés au cours du conflit. La multiplication des circulaires du ministère de la Guerre, « qui cherchent l'efficacité à tâtons en se complétant, en se modifiant ou parfois en s'abrogeant les unes les autres[26] », laisse place à un effort de systématisation législative. Cinq lois encadrent le processus :

Résultat des mesures de récupération des ajournés, réformés et exemptés durant la guerre

Mesures de récupération	**Catégories concernées**	**Examinés**	**Proportion d'hommes récupérés par rapport au total d'examinés (en %)**	
Loi du 6 avril 1915	Réformés et ajournés des classes 1914 et 1915	Réformés	26,6	
		Ajournés	40,6	
Loi du 17 août 1915 (Loi Dalbiez)	Hommes en sursis d'appel pour le service des administrations publiques, réformés n° 2 (réformés après le 2 août 1914) et exemptés et réformés volontaires désireux de contracter un engagement pour la durée de la guerre			
Loi du 13 avril 1916	Ajournés des classes 1915 à 1917 puis ajournés des classes 1913 à 1917	Ajournés en 1916	Classe 1915	62,6
			Classe 1916	62,2
			Classe 1917	64,8
		Exemptés en 1916	Classe 1915	26,8
			Classe 1916	21,1
		Ajournés en 1917	Classe 1917	13,5
			Classe 13-17	62,2

25. Philippe Boulanger, *La France devant la conscription, op. cit.*, p. 121. Pour des détails supplémentaires sur le rendement des différentes opérations, voir aussi p. 119 à 123.
26. Charles Ridel, *Les embusqués*, Paris, Armand Colin, 2007, p. 164.

Loi du 2 janvier 1918	Ajournés des classes 1913 à 1918, exemptés de la classe 1918	Ajournés	46,9
		Exemptés	9,6
Loi du 2 août 1918	Ajournés des classes 1918 et 1919, exemptés de la classe 1919	Ajournés des classes 1918 et 1919	28,5
		Exemptés de la classe 1919	7,3
Totaux		48	

Source : BOULANGER, *La France devant la conscription*, p. 348

Au terme de cette série de mesures de récupération, 335 987 hommes sur 698 589, soit plus de 48 % des réformés, ajournés et exemptés des classes 1915 à 1919, sont incorporés, dont une très grande proportion dans le service armé[27]. Entre l'automne 1914 et le printemps 1916, au centre de recrutement de Béziers, l'armée récupère 50 % des examinés, 60 % au centre de Mende. Ces récupérés proviennent, sans distinction, de toutes les classes d'âge, de tous les milieux professionnels et de tous les cantons[28]. Les faibles de constitution sont massivement récupérés et versés, pour un tiers, dans le service auxiliaire, pour un tiers, dans le service armé. On retrouve également parmi eux des bègues, des hommes atteints de troubles cardiaques, de malformations osseuses, de gibbosité ou d'incontinence[29]. Le dispositif prophylactique de la sélection médicale s'affaiblit mais n'est pas complètement aboli puisque « la plupart des phtisiques sont maintenus ou réformés aussi bien lors des premières contre-visites (77 % à Béziers, 46 % à Mende) que des secondes (respectivement 75 % et 63 %[30]) ».

La surveillance s'exerce enfin sur les mobilisés de l'intérieur et sur les blessés et malades de l'intérieur comme de la zone des armées. Les hommes du service armé présents dans les dépôts font l'objet de recensements et d'inspections inopinées. La circulaire du 14 novembre 1914 remplace leur contrôle militaire par un contrôle médical. Un examen bimestriel est mené par la « Commission dite des trois médecins ».

27. Philippe BOULANGER, *La France devant la conscription, op. cit.*, p. 123.
28. Jules MAURIN, *Armée, guerre, société, op. cit.*, p. 365.
29. La gibbosité est une bosse du thorax due à une déformation de la colonne vertébrale. On qualifie de « bossus » les sujets qui en sont atteints.
30. Jules MAURIN, *Armée, guerre, société, op. cit.*, p. 368.

L'inspection est systématisée par la circulaire du 7 avril 1915[31]. Les 230 000 blessés présents dans les formations sanitaires sont également soumis à des taux de récupération croissants, notamment entre 1916 et 1918. 79 % des blessés et malades évacués sont récupérés par le commandement en 1916, 91 % en 1918. Selon Vincent Viet, cette envolée traduit « une taylorisation du triage, de l'évacuation et du recyclage des blessés[32] ».

En Grande-Bretagne, le recrutement n'étant pas coercitif jusqu'en 1916, les mesures sont moins nombreuses. Les bouleversements successifs du système et les incertitudes concernant leurs modalités d'application amènent bien souvent des hommes déjà examinés à repasser une visite médicale, alors même que cela n'est pas prévu par le dispositif. Ainsi la mise en place de la conscription a pu pousser des volontaires déjà exemptés à se soumettre à nouveau à l'évaluation de leur condition physique, ce qui favorise *de facto* la récupération[33]. À Brixworth (Northamptonshire), un commis de bureau, précédemment exempté au moment du *Derby Scheme*, est ainsi examiné une seconde fois par une commission médicale et classé « A[34] ». Le fonctionnement du système est clarifié dès 1916 avec le *Military Service (Session 2) Act* puis le *Military Service (Review of Exceptions) Act* de mai 1917 qui témoignent de la mise en place d'un dispositif de récupération similaire à celui qui a cours en France[35]. Les individus déjà exemptés par les commissions peuvent être de nouveau soumis à l'examen de leurs capacités.

La multiplication des visites a pour effet de rendre les classements effectués par les médecins particulièrement instables et précaires. En France, les hommes de la classe 1914 sont examinés jusqu'à six fois, ceux de la classe 1915 cinq fois[36]. La presse satirique française accumule les mises en scène de recrues soumises à cette intensification du contrôle médical[37]. Une chanson publiée en février 1916 s'amuse :

31. Charles Ridel, *Les embusqués, op. cit.*, p. 155. SHD, GR 7 N 423.
32. Vincent Viet, *La santé en Guerre, op. cit.*, p. 294.
33. James McDermott, *British Military Service Tribunals, op. cit.*, p. 182. Voir *The Times*, 16 mars 1916.
34. James McDermott, *op. cit*, p. 186.
35. *Military Service Review of Exceptions Act*, Chapter 12, para. 1, avril 1917.
36. Philippe Boulanger, « Les conscrits de 1914 », art. cité.
37. Dans *Le Rire, journal humoristique* notamment. Voir les n° 18, 20 mars 1915, p. 4 et p. 8.

Phryné c'est un auxiliaire
Vingt fois en seiz' mois de guerre
Les majors ont ausculté,
Palpé, tâté,
Son hu… (ter)
Son humanité
On l'nomma Phryné je gage,
Tant il y eut d'aréopages
De médecins qui ont vu,
Depuis l'début
Ce trou… (ter)
Ce troupier tout nu […].
Il fut mis dans l'auxiliaire
Parc'qu'il a z'un œil de verre
Et pour être maintenu
Chaqu'fois il dut
Faire voir… (ter)
Comme il est trapu[38] […]

Ici, c'est un homme du service auxiliaire qui doit subir de multiples contrôles de son anatomie. L'auteur compare le troupier à Phryné, courtisane du IVe siècle av. J.-C. renommée pour sa beauté, dont la nudité est dévoilée devant l'Aréopage. Cet épisode de l'Antiquité grecque est fréquemment cité dans la presse de l'époque pour évoquer la nudité[39]. Sur l'image qui accompagne le texte, un placard souligne le potentiel grotesque des dispositions de la loi Dalbiez en mentionnant les « visites », « re-visites », « re-re-visites » et « re-re-re-visites » auxquelles sont désormais astreints les hommes en âge de combattre.

38. Jean Bastia, « Phryné du service auxiliaire », *Le Carnet de la Semaine*, 27 février 1916, p. 9.
39. Voir par exemple, « Échos du rire », *Le Rire rouge*, n° 9, 16 janvier 1915 ; « Échos du rire », *Le Rire rouge*, 26 décembre 1914.

Carnet de la Chanson

LOI DALBIEZ

PHRYNÉ n° 1

PHRYNÉ n° 2

Phryné
du service auxiliaire (1)

Dessin de Georges Gros

Phryné c'est un auxiliaire
Vingt fois en seiz' mois de guerre
Les majors ont ausculté,
Palpé, tâté,
Son hu..... (ter)
Son humanité.

On l'nomma Phryné, je gage,
Tant il y eut d'aréopages
De médecins qui ont vu,
Depuis l'debut,
Ce trou..... (ter)
Ce troupier tout nu.

Il n'a rien d'la d'mi-mondaine
Qui se montrait dans Athènes
Nue à des vieux en gaîté
Pour exiter
Leur mal..... (ter)
Leur malignité.

Il fut mis dans l'auxiliaire
Parc' qu'il a z'un œil de verre
Et pour être maintenu
Chaqu' fois il dut
Faire voir..... (ter)
Comme il est trapu.

Il s'ballad' tout' la journée
La culott' déboutonnée
Prêt à quitter c' justaucorps
Si m'sieur l'major
Veut voir..... (ter)
Son œil d' verre encor.

Quand il y eut vingt-et-une
Fois qu'il exhiba sa lune
Le major, que cela court
De l'voir toujours,
Lui dit : (ter)
Vous me f'rez quatr' jours !

Le major la fois suivante
Dit : Qu'on l'réforme ! Il présente
Des signes, en vérité
Incontestés
D'incu..... (ter)
D'incurab'lité.

Réformé, le v'là qui passe
Sur le boul'vard Montparnasse
Il aperçoit un major
Et perdant l'Nord,
Lui fait..... (ter)
Voir tous ses trésors.

Traduit d'vant l'conseil de guerre
Il leur fit voir son œil d' verre
Mais les juges parisiens,
Qu'ont du maintien,
N'ont rien..... (ter)
N'ont rien d'Athénien.

Ils l'ont condamné, c'est triste,
Comme exhibitionniste
Disant qu' ses agissements
S'faisaient vraiment
Phryné..... (ter)
Phrynétiquement.

ENVOI
A M. LE MINISTRE DE LA GUERRE

Général, qui voulez faire
R'mettre à p...eau les auxiliaires,
Souvenez-vous d'cet auxi-là,
D'Phryné soldat !...
L'effet s' (ter)
L'effet s'r'produira.

Jean Bastia,
de la *Pie qui Chante*

(1) Se chante sur l'air du " *Coup de Phryné* ".

Chanson « Phryné du service auxiliaire » (1916[40])

La chanson populaire, qui bénéficie alors de l'âge d'or des bals, cabarets, cafés-concerts et autres ginguettes, participe de la mobilisation

40. L'Argonnaute (La Contemporaine), 2013-189885 / Gallica. *Le Carnet de la Semaine. Gazette illustrée, littéraire, politique, économique et satirique*, 27 février 1916, p. 9.

des esprits et brosse fréquemment un portrait idéalisé du Poilu[41]. Mais elle sait aussi se montrer cruelle voire critique comme en témoigne le destin à la fois drôle et tragique de l'auxiliaire-Phryné : habitué à se dévêtir pour subir l'examen, le malheureux finit par se déculotter en pleine rue, par réflexe, à la vue d'un médecin-major. Traduit devant le conseil de guerre, il est condamné pour exhibitionnisme.

Le soutien de l'opinion

Malgré cette évocation satirique de la loi Dalbiez, force est de constater que les mesures de récupération bénéficient dans un premier temps du soutien de l'opinion. En France comme en Grande-Bretagne, on se préoccupe d'abord du nombre prétendument élevé de jeunes gens en bonne santé qui tenteraient de se soustraire à leur devoir militaire. La suspicion se cristallise autour de la figure de l'embusqué, simulateur, fraudeur ou détenteur d'un certificat médical de complaisance, qui aurait réussi à se faire exempter pour échapper au service[42]. Dans les deux pays, les exclus du champ de bataille sont soumis au soupçon permanent de ceux qui les côtoient et les assimilent volontiers à des simulateurs et des lâches. L'apparente bonne santé d'un homme ne portant pas l'uniforme est considérée avec suspicion voire hostilité. Le mouvement des « *White Feathers* » (plumes blanches) en Grande-Bretagne montre la place qu'occupe la constitution physique dans l'opprobre jeté sur les non-combattants restés à l'arrière. Ces plumes, que les femmes décernaient à certains hommes en apparence valides pour les humilier publiquement, soulignent également que les femmes participent à l'entreprise de contrôle social exercée sur le genre masculin en temps de guerre[43].

41. Anne SIMON-CARRÈRE, *Chanter la Grande Guerre. Les « Poilus » et les femmes (1914-1919)*, Paris, Champ Vallon, 2013. Voir aussi Marie-Véronique GAUTHIER, *Chanson, sociabilité et grivoiserie au XIXe siècle*, Paris, Aubier, 1992, p. 66 et suiv. Pour un exemple de chansons britanniques sur le recrutement, voir John Johnson Collection, Bodleian Library, Oxford : Great War Box 21, 1914.

42. Charles RIDEL, *Les embusqués, op. cit.*

43. Nicoletta GULLACE, *« The Blood of Our Sons »: Men, Women, and the Renegotiation of British Citizenship During the Great War*, New York, Palgrave MacMillan, 2002 ; « White Feathers and Wounded Men: Female Patriotism and the Memory of the Great War », *Journal of British Studies*, 36, avril 1997, p. 178-206. Sur le contrôle social en temps de guerre, Angela WOOLLACOTT, « "Khaki Fever" and its Control: Gender, Class, Age and Sexual Morality on the British Homefront in the First World War », *Journal of Contemporary History*, 29, 2, p. 325-347.

Après de nombreuses altercations, dès septembre 1916, l'administration commence à attribuer aux réformés pour blessure ou raison médicale un insigne de guerre (*Silver War Badge*) destiné à montrer de manière ostentatoire que ces hommes n'ont pas cherché à échapper au champ de bataille. En France, le 26 juin 1915, *Le Rire* imaginait de manière ironique une mesure similaire pour les exemptés. L'auteur proposait :

> [...] de préserver de l'animosité publique, égarée par les apparences, tous ceux qui ont été authentiquement dispensés de leurs devoirs militaires par les conseils de révision. Ceux-là aussi cheminent par les rues arborant une apparence de « costauderie » qui fait converger sur eux les soupçons les plus injurieux et les rancunes les plus aigres.
>
> Les cas d'exemption ne sont pas légion ; ils sont connus et catalogués ; pourquoi chacun d'eux ne serait-il pas indiqué par un petit article de bimbeloterie approprié, qui parlerait pour le porteur, et lui éviterait d'expliquer à chaque passant son cas particulier ?
>
> Chacun de ces petits articles s'appliquerait à un cas d'exemption déterminé. Au bout d'un ruban incolore, les faux costauds, les hercules à la manque, porteraient un petit pied plat en métal, un petit œil de myope, un petit cœur ulcéré, etc. Une série de lettres représenteraient les cas d'exemption difficiles à représenter : un H raconterait la hernie réformatrice, un V, la pénible varice, un E, la fâcheuse entérite.
>
> On a élevé cette objection qu'il y aurait quelque chose de cruel à étaler ainsi les tares physiologiques d'une foule de braves gens qui n'en peuvent mais... [...] Nous laissons le choix aux intéressés journellement accablés de sourires ironiques et de murmures injurieusement sardoniques[44].

La mesure britannique en vient à être connue en France. L'auteur du précédent article y revient plus sérieusement dans un numéro ultérieur. Évoquant « l'emblème qui signifie : “ils veulent bien mais ils ne peuvent pas” », l'auteur regrette, non sans quelque fierté, qu'en France, « l'amour-propre relatif au “beau physique” [fait que] nos invalides à l'aspect costaud préfèrent passer pour des embusqués ingénieux aux yeux de tout le monde que de passer aux yeux des petites femmes pour des mâles naturellement “amochés[45]” ! ». L'importance du regard féminin et le verdict médical d'inaptitude comme sanction sociale apparaissent ici au cœur de l'identité masculine.

44. « Le rire de la semaine », *Le Rire*, n° 32, 26 juin 1915.
45. « Le rire de la semaine », *Le Rire*, n° 49, 23 octobre 1915.

Dans les deux pays, les correspondances et articles de presse sont remplis d'évocations d'« embusqués et quémandeurs de certificats[46] » que leurs dénonciateurs considèrent comme indûment « exemptés ou réformés à l'aide de manœuvres frauduleuses[47] ». L'opinion publique y exprime sa conception profane de l'aptitude. Les indices de la bonne santé sont accumulés comme autant de preuves et le scandale que constitueraient certaines exemptions est dénoncé avec vigueur. Dans l'hebdomadaire satirique *Le Carnet de la Semaine* du 5 mars 1916, les conversations reflètent cette obsession :

> On causait – naturellement encore – de la guerre, et la conversation en arriva au chapitre des embusqués – naturellement – toujours. Nos deux interlocuteurs citaient chacun des noms.
>
> – Dites donc. Eh bien ? Et C…, qu'est-ce qu'il fait ici lui ? Il est jeune pourtant, fort, bâti en hercule. Ne devrait-il pas être au front comme les autres[48] ?

Les signes visibles de la bonne santé – jeunesse, vigueur, bonne constitution – sont scrutés avec méfiance. À Londres, en juillet 1918, la grande quantité de jeunes exemptés « de bonne constitution et présentant toutes les apparences de la bonne santé » déclenche la suspicion du commissaire Mackay et de l'inspecteur Wright qui diligentent une enquête afin de tenter d'expliquer cette apparente aberration[49]. Les « beaux gaillards », « bien portants » que l'on croise semblent « très valides », « solides et faits pour combattre » au point de susciter la dénonciation[50].

En France, des dénonciations individuelles et collectives visant des « soi-disant malades » sont envoyées à des figures nationalistes, comme Maurice Barrès, à des représentants de l'État, voire aux principaux intéressés. Le 25 mai 1916, un courrier adressé au préfet de l'Hérault est rédigé en ces termes :

46. Charles Fiessinger, « Les maladies de cœur aux armées », *Gazette médicale de Paris : journal de médecine et des sciences accessoires*, 1915, série 14, n° 2.
47. *Le Carnet de la Semaine*, 27 février 1916, p. 4.
48. *Le Carnet de la Semaine*, 5 mars 1916, p. 4.
49. *The Times*, 19 août 1918, p. 3.
50. Ces qualificatifs sont extraits de la correspondance de Maurice Barrès, citée par Charles Ridel, *Les embusqués, op. cit.*, p. 33. Pour des évocations littéraires de ces figures d'embusqués bien portants qui subissent l'opprobre des civils, voir la nouvelle « Apollon », de Colette dans *Les Heures longues*, Paris, Fayard, 1917 ; Paul Margueritte, *L'embusqué*, Paris, Flammarion, 1916.

> Un groupe de pères et épouses réunies viennent porter à votre connaissance que nous avons dans la commune (Bassan) certains hommes qui pourraient bien être comme les nôtres sur le front. Ces soi-disant malades font bien leur travail et sont à l'abri de tout danger[51].

La lettre mentionne ensuite trois noms accompagnés des motifs d'exemption des individus en question. L'un aurait simulé la folie, l'autre l'épilepsie. Le troisième enfin, bien que de constitution fragile en apparence, ne serait pas si faible qu'il y paraît. Les cinq dénonciateurs s'appuient sur leur statut de membres de la famille de soldats. C'est de leur position de pères et épouses de mobilisés que découle la légitimité de leur démarche. D'autres courriers invoquent également le devoir patriotique[52]. On voit également dans ces documents que les critères médicaux de l'exemption circulent et qu'ils renvoient, dans l'esprit des dénonciateurs, à des réalités précises. L'inadéquation entre ce qu'ils observent chez les exemptés et ce que doivent, pour eux, signifier le verdict des experts est la source de leur sentiment d'injustice. L'aptitude militaire des exemptés est rapprochée de l'aptitude professionnelle. S'ils « font bien leur travail », s'il leur est possible d'accomplir sans difficulté leurs tâches du quotidien, c'est bien que le diagnostic ayant conduit à leur exclusion des forces armées doit être erroné. La sélection médicale, ses modalités et ses résultats sont ainsi placés sous étroite surveillance.

L'hostilité manifestée à l'endroit des exclus du champ de bataille se mue parfois en agression. En 1915, les altercations dans la rue sont si nombreuses qu'un juge de paix de Paris a tenu, à partir de novembre, une séance hebdomadaire consacrée au règlement des différends entre les réformés, exemptés et blessés apostrophés par des passants[53]. L'amertume est particulièrement vive sur le front. Un journal de tranchée dénonce ainsi avec ironie les tire-au-flanc qui s'inventent des affections plus ou moins imaginaires :

51. Archives départementales de l'Hérault, 1 R 456, cité par Jules Maurin, *Armée, guerre, société, op. cit.*, p. 369.

52. Un autre courrier est ainsi signé « un groupe de patriotes », AD de l'Hérault, 1 R 456. Sur les mécanismes de la dénonciation à partir de l'étude d'un corpus de lettres, on lira le travail de référence de Luc Boltanski, « La dénonciation », *Actes de la Recherche en Sciences Sociales*, 1984, 51, p. 3-40. Sur le mélange entre intérêts privés et protestation collective, on lira Edgar P. Thompson, « The Crime of anonymity », dans Douglas Hay *et al.*, *Albion's Fatal Tree: Crime and Society in Eighteenth-Century England*, Londres, Allen Lane, 1975, p. 255-344.

53. Charles Ridel, *Les embusqués, op. cit.*, p. 69.

> Et pis, voyons, dans l'tas, y faut bien qu'il en reste ! M'sieur l'Major, moi j'ai les jambes en manch's de bois. Moi j'suis malade du cœur. Moi, j'ai le torticolis. [...] Moi j'ai le citron fêlé. Mon oncle épileptique. Moi j'ai les rognons quéqu'chos'de... néphrétique. Et moi, quoique chauvin, plus d'gazon sus l'talus[54].

Ce mélange maladroit de langue du diagnostic médical et d'expression argotique imagée de la défaillance physique montre à quel point la question de l'aptitude physique est centrale dans le discours de la juste répartition de l'impôt du sang, discours nourri par la culture républicaine de l'égalité devant le sacrifice[55].

L'invocation de la figure repoussoir de l'embusqué constitue un puissant catalyseur politique qui permet de justifier les mesures coercitives de récupération et, en Grande-Bretagne, l'instauration de la conscription. L'examen médical, objet d'une attention redoublée, est dénoncé comme le lieu de toutes les fraudes. En France, lors des débats parlementaires de juin-août 1915, chaque député partisan des mesures de récupération donne son exemple d'embusquage[56]. Les « embusqués de l'exemption et de la réforme[57] » sont particulièrement visés. En février 1917, le député médecin de la Loire Fernand Merlin (1868-1937) évoque à la Chambre le décret du 15 septembre 1914 qui dispensait de visite les ajournés, exemptés et réformés d'avant-guerre affligés de certaines affections, telles la perte d'un membre, l'atrophie d'un membre ou ankylose d'une articulation majeure, ou encore l'obésité[58]. On « ne vit jamais en France autant de poids lourds, d'ankylosés et de paralytiques », ironise-t-il[59].

Les stéréotypes sur les embusqués recoupent d'autres représentations stigmatisantes[60]. En Grande-Bretagne, lorsque W. Gibbs Lloyd, *District Commissioner* du RAMC du South Yorkshire, produit une

54. *Le Diable au Cor*, 3 février 1916.
55. Sur les liens entretenus, en France, entre la conscription et la conception républicaine du citoyen-soldat et la forme que prennent les débats concernant l'équité républicaine dans la guerre, voir Emmanuelle CRONIER, *Permissionnaires dans la Grande Guerre*, Paris, Belin, 2013, notamment p. 16-17 et 26-33.
56. Charles RIDEL, *Les embusqués, op. cit.*
57. Léon NOËL, « Une prolonge médicale de la loi Dalbiez », *Le Carnet de la Semaine*.
58. Arrêté du 15 septembre 1915, « Rapport Henry Paté », *JORF*. Débats parlementaires-Chambre des Députés, séance du 20 mai 1915, annexe n° 936, p. 423.
59. Charles RIDEL, *Les embusqués, op. cit.*, p. 196.
60. Julia BUSH, « East London Jews and the First World War », *The London Journal*, vol. 6, n° 2, 1980, p. 147-161.

série de rapports sur le recrutement de la ville de Leeds, il y multiplie les poncifs antisémites[61]. Lâches, vils et sales, nombre de juifs, poussés par leur « tempérament apathique et malveillant », auraient, selon lui, fui leurs obligations militaires et trouvé refuge en Irlande[62]. Dès 1915, le ministère de la Guerre se livre à une entreprise d'estimation du nombre d'embusqués. À l'aide du recensement mené au cours de l'été 1915, il espère déterminer le nombre d'hommes susceptibles d'être incorporés. En soustrayant ceux travaillant dans les industries indispensables à l'effort de guerre et 15 % du total, part estimée d'invalides dans la population, le gouvernement considère que 1 665 400 hommes échappent encore à leur devoir militaire[63]. Ce chiffre, largement surestimé, est utilisé comme argument pour la mise en place de la conscription en 1916[64]. Le choix de 15 % montre à quel point le dispositif de sélection médicale des recrues suscite la suspicion. Le ministère écarte en effet les statistiques dont il dispose, qui donnent alors un taux d'exemption pour raison médicale de 22,5 à 25 %, pour choisir une estimation inférieure qui lui semble plus représentative de ce que devrait représenter l'exemption si la fraude ne venait pas gonfler les chiffres. Ainsi lorsque Lord Derby évoque les mesures de récupération auxquelles sont soumis les Britanniques en 1917, il se félicite du fait que les nouveaux examens médicaux aient permis de débusquer d'anciens fraudeurs[65].

61. Jay Winter, « Military Fitness and Civilian health in Britain during the First World War », *Journal of Contemporary History,* 15, n° 2, 1980, p. 211-244, ici p. 232.
62. NA, NATS/1/13, W. Gibbs Lloyd, Analysis of Gradings. Leeds Area. November 1, 1917-30 October 1918. Dated 1919, p. 2-3., cité par Jay Winter, « Military Fitness and Civilian Health », art. cité.
63. NA, CAB 27/2, Report from the CID on War Policy, 6 septembre 1915 ; PRO, RG 28/11, National Registration Committee Minutes and Miscellaneous Papers, 1915-16, Memorandum of 6 October 1915, cité par David Silbey, « Bodies and Cultures Collide », art. cité, p. 72-73.
64. NA, CAB/1/13/10, A. Balfour, Efficiency in War and Compulsion, septembre 1915, cité par David Silbey, « Bodies and Cultures Collide », art. cité, p. 73. Pour une discussion sur l'exactitude de ces chiffres et les erreurs statistiques du ministère, voir aussi p. 72-73. Voir également Ralph James Adams et Philip Poirier, *The Conscription Controversy, op. cit.*, p. 121-125.
65. Derby to Northcliffe, 19 juin 1917, cité par Keith Grieves, *The Politics of Manpower, 1914-1918*, Manchester, Manchester University Press, 1988, p. 131.

ACCÉLÉRER

De la rapidité à l'urgence

Démultipliées, les opérations médicales du recrutement sont également accélérées. La rapidité avec laquelle les forces armées sont transportées et déployées sur le champ de bataille est devenue un élément stratégique central de la guerre de masse et un facteur clef de l'administration des conflits[66]. Sous l'influence de la concurrence politique et militaire qui oppose les États européens, les armements se sont développés de concert avec l'infrastructure technique des communications et des transports[67]. Ceux qui parviennent à maîtriser l'espace grâce à une vitesse supérieure détiennent dès lors un avantage décisif[68]. En conséquence, les temporalités de la mobilisation sont placées sous surveillance. Le dispositif britannique est soigneusement planifié, les horaires des trains régulièrement révisés ainsi que l'organisation des transports maritimes, de manière à ce que la mobilisation soit la plus prompte possible. Pour le Général de division Henry Wilson, directeur des opérations militaires, la concentration des futurs effectifs dans les camps de dépôt du Royaume-Uni, leur acheminement jusqu'au port de Southampton, puis, depuis Boulogne ou Le Havre, jusqu'à leurs lieux de déploiement, doit se faire avec le maximum de vitesse, afin d'acquérir un avantage stratégique sur les forces ennemies[69].

---

66. Sur la dynamique d'accélération : ROSA Hartmut, *Accélération. Une critique sociale du temps*, Paris, La Découverte, 2010, p. 246. Sur l'indispensable vitesse de déploiement des troupes : Annie CRÉPIN, *Histoire de la conscription, op. cit.*, p. 285 ; Jean-Charles JAUFFRET, « L'épée », dans Guy PEDRONCINI (dir.*), Histoire militaire de la France, t. 3, De 1871 à 1940*, Paris, PUF, 1992, p. 4.
67. David HELD, Anthony MCGREW, David GOLDBLATT et Jonathan PERRATON, *Global Transformations: Politics, Economics and Culture*, Cambridge, Polity Press, 1999, p. 39 et suiv. et 58 et suiv. ; Herfried MÜNKLER, *Les guerres nouvelles*, Paris, Alvik éd., 2003, section IV, p. 21 et suiv. ; Paul VIRILIO, *La vitesse de libération*, Paris, Galilée, 1998 [1995], p. 22 et suiv.
68. Paul VIRILIO, « L'espace militaire », dans ID., *Bunker Archéologie*, catalogue de l'exposition du CCI, Paris, Centre Georges Pompidou, 1975, p. 17 ; Paul VIRILIO et Sylvere LOTRINGER, *Der reine Krieg*, Berlin, Merve, 1985, p. 57 ; Stefan BREUER, « Der Nihilismus der Geschwindigkeit. Zum Werk Paul Virilios », *Leviathan*, n° 16, p. 309-330, 1988, p. 316 et suiv. ; Matthias EBERLING, *Beschleunigung und Politik*, Francfort, Peter Lang, 1996, p. 59 et suiv.
69. John BOURNE, *Britain and the Great War, op. cit.*, p. 16.

Les opérations médicales du recrutement subissent cette exigence et sont accélérées. En France, dès le début du conflit, les séances des conseils de révision se rapprochent et s'écourtent. En temps de paix, la révision dure habituellement trois à quatre mois. C'est le cas pour la formation de la classe de 1914 qui s'étend du 16 février au 6 juin. Pendant le conflit, la durée du processus se contracte de manière significative. La classe 1915 est examinée en moins de deux mois, celle de 1916 en dix jours. Pour accélérer encore les opérations, deux conseils de révision peuvent siéger simultanément[70]. Le processus est également accéléré par l'appel des classes 1915 à 1919 par anticipation, afin de reconstituer les effectifs durement atteints. La classe 1915 est examinée en 1914, les classes 1916 et 1917 en 1915, la classe 1918 en 1916, la classe 1919 en 1918. La transgression de l'échéance légale du recrutement est une mesure d'urgence du temps de guerre qui a des précédents. Les guerres napoléoniennes ont été l'occasion de l'appel anticipé des classes 1808 et 1809, 1811 et 1813, en opposition avec les principes de la loi Jourdan[71].

L'examen médical est lui aussi soumis aux exigences de la vitesse. En introduction d'un article consacré aux modalités de la sélection, le capitaine R. H. L. Cordner du RAMC souligne les contraintes de temps qui sont celles de la mobilisation :

> Peu de médecins militaires pourraient spontanément dire combien de temps doit prendre l'examen médical […] et pourtant, c'est là l'une des premières questions auxquelles il faut s'attendre et à laquelle on doit pouvoir répondre. La réponse donnée détermine en effet pour une grande part la fluidité des opérations et la coordination entre le corps médical et l'état-major[72].

Rouage essentiel de la mobilisation, l'évaluation médicale doit donc être effectuée avec rapidité. Cordner ajoute : « [I]l semble évident qu'une méthode destinée à évaluer précisément le temps nécessaire à ces opérations doit être trouvée au plus vite[73] ». Afin de garantir la fluidité du processus, des simulations de mobilisation ont été

70. Philippe Boulanger, *La France devant la conscription, op. cit.*, p. 85 et 69.
71. Annie Crépin, *La conscription en débat, op. cit.*, p. 31.
72. R.H.L. Cordner, « The Medical Examination of a Unit on Mobilization », *JRAMC*, août 1914, p. 213-215, ici p. 215.
73. *Ibid.*

réalisées, les opérations médicales chronométrées et le management du temps optimisé. La durée de l'examen n'est dès lors plus seulement « orientée par la tâche », elle devient une « activité mesurée par unité de temps », pour reprendre une distinction opérée par Edward P. Thompson concernant la durée du travail[74]. Dans le premier cas, la durée de l'examen est adaptée aux besoins de l'évaluation scientifique de l'aptitude, dans le second, elle est indexée sur des impératifs extérieurs à son propre fonctionnement, ici ceux du dispositif du recrutement. Pour P. H. Falkner, un expert compétent doit être capable d'évaluer une recrue en moins de cinq minutes[75]. En France, la temporalité des conseils de révision est également surveillée. Les comptes rendus sur le recrutement consacrent ainsi une colonne à la durée moyenne des séances pour chaque département visité. En temps de paix :

> On admet que l'expert doit examiner environ soixante hommes par heure ; dans les grandes villes, quand le chiffre des hommes inscrits sur la liste du contingent atteint 300, on considère cette vitesse comme insuffisante ; à Paris, on est obligé d'examiner toujours au moins cent hommes par heure[76].

Malgré cette attention portée au temps, l'organisation de l'examen médical subit de plein fouet l'urgence de la mobilisation et la massification du recrutement. En Grande-Bretagne, l'afflux des volontaires impose une cadence élevée dont le rythme augmente encore au moment de la mise en place du *Derby Scheme*[77]. Ce phénomène est encore accru par la rémunération des experts britanniques à la tâche, ce qui les pousse à « réaliser leur examen à la hâte[78] ». L'inspection, de rapide, devient précipitée. La direction du recrutement estime en effet qu'une commission, composée d'un président et quatre membres, peut examiner jusqu'à 150 hommes par jour[79]. Dans bien des cas, l'affectation est décidée après une observation rapide de l'état général de l'individu. En France, le problème de la cadence est également évoqué.

74. Edward P. Thompson, *Temps, discipline du travail et capitalisme industriel*, Paris, La Fabrique, 2004.
75. P. H. Falkner, « Detached Notes on Recruiting Duties », art. cité, p. 413.
76. Émile Duponchel, *Traité de médecine légale militaire*, *op. cit.*, p. 26.
77. James McDermott, *British Military Service Tribunals*, *op. cit.*, p. 180 et suiv.
78. « Medical Examiners and their duties », *The Times*, 17 janvier 1916, p. 5.
79. NA, MH 47/144/4, Select Committee. Minutes of Evidence n° 1, 2 juillet 1917, A. C. Geddes, p. 10.

Il n'est pas nouveau : la dénonciation par les experts de la « rapidité exagérée des opérations[80] » constitue un *topos* des traités d'hygiène militaire. Mais il est accru pendant la guerre en raison de l'urgence de la mobilisation et de l'importance des pertes subies par l'armée. La durée moyenne des séances est de 2 h 15 en 1916 pour 99 hommes examinés. Soit 1 mn 30 par homme[81].

Engorgements

En Grande-Bretagne, la massification sans précédent du processus de recrutement, la précipitation dans laquelle sont organisées les commissions médicales et l'urgence propre à la mobilisation mettent en péril la fluidité puis le fonctionnement même de la sélection. Le déséquilibre des forces, conjugué aux importantes pertes subies par le BEF dès les premières semaines, poussent l'armée à augmenter considérablement ses effectifs en faisant appel au volontariat. L'entreprise est couronnée de succès. En septembre 1914, 500 000 hommes se portent candidats à l'incorporation[82]. Or le département chargé du recrutement au sein du ministère de la Guerre (*War Office Recruiting Department*) et ses 500 fonctionnaires, initialement conçu pour un maximum de 37 000 hommes par an, ne dispose d'aucune structure capable d'absorber correctement une expansion aussi rapide de l'armée[83]. Dès le mois d'août, la machine commence à montrer des signes de faiblesse[84]. Les structures d'accueil, où s'effectuent notamment l'examen, l'équipement et l'entraînement, sont affectées par un phénomène d'engorgement.

80. Émile Duponchel, *Traité de médecine légale militaire, op. cit.*, p. 26.
81. Philippe Boulanger, *La France devant la conscription, op. cit.*, p. 347-349.
82. Voir à ce sujet David Silbey, *The British Working Class and Enthusiasm for War, 1914-1916*, Londres, Frank Cass, 2005 ; Adrian Gregory, « British "War Enthusiasm" in 1914: A Reassessment », dans Gail Braybon (dir.), *Evidence, History and the Great War: Historians and the Impact of 1914-18*, Oxford, Berghahn Books, 2003, p. 67-85 ; Peter Simkins, *Kitchener's Army: The Raising of the New Armies, 1914-1916*, Manchester, Manchester University Press, 1988, p. 66. On trouvera les chiffres des volontaires recrutés par l'armée régulière dans NA, CAB 21/07, 13 avril 1916.
83. John Bourne, *Britain and the Great War, op. cit.*, p. 180.
84. NA, CAB 17/106, CID Documents relating to the War, Letter from Lord Esher to Hankey, 11 août 1914, cité par David Silbey, « Bodies and Cultures Collide », art. cité, p. 66.

Recrues devant le bureau de recrutement de Whitehall (Londres)[85]

Comme on le voit sur cette image, des files interminables se forment devant les bureaux de recrutement. L'inspection médicale des recrues en particulier agit comme un goulet d'étranglement[86].

Il s'agit là d'une dynamique caractéristique de désynchronisation, phénomène conceptualisé par Hartmut Rosa, qui survient lorsque :

> [les] capacités à l'accélération sont de degrés différents. Il en résulte d'inévitables frictions et tensions sur la frontière séparant les institutions, pratiques ou processus qui sont rapides de celles et ceux qui sont lents. Lorsque deux processus sont emboîtés, c'est-à-dire lorsqu'ils sont synchronisés, l'augmentation de la vitesse de l'un met l'autre sous pression temporelle – tant qu'il n'augmente pas lui aussi sa vitesse, il est perçu comme une nuisance[87] [...].

85. Imperial War Museums (Q 42033), August 1914, Daily Mirror Collection.

86. NA, MH 47/144/4, Select Committee on Military Service: Minutes, Summary of proceedings and Report, p. 1 ; William MACPHERSON, *Medical Services General History*, Londres, HMSO, 1921, p. 118 ; David SILBEY, « Bodies and Cultures Collide », art. cité, p. 67.

87. Hartmut ROSA, *Accélération, op. cit.*, p. 93.

Face à l'afflux des volontaires – 30 000 par jour à la mi-septembre – les opérations médicales du recrutement sont soumises à des difficultés croissantes[88]. À la rapidité de la mobilisation s'oppose la nécessaire lenteur de la sélection médicale.

L'évaluation des capacités des recrues demande du temps. L'entreprise diagnostique peut en outre s'avérer délicate. Pour Auckland Geddes, directeur du recrutement, « lorsque les cas sont difficiles, la vitesse des commissions se voit au minimum réduite de moitié[89] ». À ces difficultés viennent s'ajouter la pénurie d'examinateurs et l'irrégularité de l'arrivée des candidats[90]. Il arrive que certains jours, 200 hommes se présentent pour l'examen là où seulement 40 étaient attendus[91]. En conséquence, les commissions ne parviennent pas à maintenir les cadences qui leur sont imposées.

Des efforts sont faits pour réguler le flux des recrues. Le 11 septembre, la limite de taille est augmentée d'1 m 60 à 1 m 68 dans l'espoir que cette exigence décourage un certain nombre de candidats[92]. Mais de telles mesures se révèlent insuffisantes. À la mi-septembre, le système de recrutement de l'armée britannique s'effondre. « Les autorités militaires ont été débordées par l'afflux massif des volontaires[93] », résume l'*East End News*. Prend alors le relais tout un système d'initiatives locales administrées et financées par des civils, supervisées par un comité parlementaire du recrutement[94]. Les bataillons levés en parallèle du recrutement par l'armée sont alors examinés par des médecins à leur arrivée au dépôt. Le nouveau système lève 38 % des nouveaux bataillons formés entre août 1914 et juin 1916. Il permet de soulager le précédent mais il

88. NA, MH 47/144/4, Select Committee, Minutes, Summary of proceedings and Report, p. 1.
89. NA, MH 47/144/4, Select Committee. Minutes of Evidence n° 1, 2 juillet 1917, A. C. Geddes, p. 10.
90. William Macpherson, *Medical Services General History, op. cit.*, p. 118.
91. NA, MH 47/144/4, Select Committee. Minutes of Evidence n° 1, 2 juillet 1917, A. C. Geddes, p. 10.
92. Ian Beckett, Timothy Bowman et Mark Connelly, *The British Army and the First World War*, Cambridge, Cambridge University Press, 2017, p. 97.
93. *East End News*, 10 novembre 1914.
94. John Morton Osborne, *The Voluntary Recruiting Movement in Britain, 1914-1916*, New York/Londres, Garland, 1982 ; Roy Douglas, « Voluntary Enlistment in the First World War and the Work of the PRC », *Journal of Modern History*, n° xlii, 1970, p. 564-585.

est lui aussi soumis à l'urgence de la mobilisation. À chaque bouleversement de la machine, qui ne cesse de s'adapter, des phénomènes de congestion se manifestent[95]. Ainsi, le *Derby Scheme*, mis en place à l'automne 1915, soumet les experts médicaux du recrutement par l'armée à un nouvel afflux d'hommes[96], de même que la mise en place de la conscription en 1916 ou le *Military Service Act* (*Review of Exceptions*) de 1917[97]. La congestion affecte particulièrement la région de Londres et les régions de l'est et de l'ouest. Le 12 mai 1916, le département du recrutement envoie ainsi un télégramme inquiet aux directions régionales. Le message est rédigé en ces termes :

> Très urgent. D'importants phénomènes de congestion des commissions médicales de recrutement sont signalés. […] Mesures d'urgence nécessaires immédiatement[98].

Ce télégramme montre l'ampleur de la désynchronisation au sein du processus de recrutement et son identification comme un problème administratif et stratégique auquel il s'agit de remédier.

Simulacres

La nécessité de fluidifier les opérations du recrutement soumet les médecins à un double impératif contradictoire. Ils doivent d'une part effectuer des examens minutieux afin de permettre une juste affectation des jeunes gens et d'autre part procéder de la manière la plus rapide possible afin de ne pas ralentir la mobilisation. Pour le médecin Henri Doizy (1869-1952), député socialiste des Ardennes et président de la commission d'hygiène, la tâche est impossible :

> Comment voulez-vous d'ailleurs que ces examens aient été faits consciencieusement ? Vous savez bien comment les conseils de révision fonctionnent en général. Voyez comment a pu fonctionner le conseil tenu en la commune dont j'ai le nom sous les yeux. Il avait à faire examiner quatre cents jeunes

95. NA, MH 47/144/4, Select Committee, Minutes of Evidence n° 1, 2 juillet 1917, A. C. Geddes, p. 10 ; NA, NATS 1/782, Request of men for examination or re-examination: delays in certain areas, 1917.
96. James McDermott, *British Military Service Tribunals*, *op. cit.*, chapitre 8.
97. NA, MH 47/144/4, Select Committee. Minutes of Evidence n° 1, 2 juillet 1917, A. C. Geddes, p. 10.
98. *Ibid.*

> gens en deux heures par deux médecins majors ! [...] Un examen sérieux peut-il être fait en six dixièmes de minute ? (*Très bien ! à gauche*[99]).

Pour lui, l'examen médical ne peut s'accommoder d'une telle accélération. Il en résulte nécessairement l'abandon de l'exigence de la sélection. Des inquiétudes similaires s'expriment à la Chambre des Communes[100]. Les médecins eux-mêmes déplorent anonymement dans la presse qu'on leur impose un « travail précipité et haletant [qui] ne peut qu'inévitablement [les] pousser à la négligence et à la faute[101] ».

L'écart se creuse donc entre l'approche théorique de la sélection médicale – qui entend garantir la qualité diagnostique de l'examen et donc la justesse de l'affectation – et la raison pratique du recrutement – qui favorise l'urgence de la mobilisation. Il arrive que l'évaluation ne soit tout simplement pas menée, même si cela reste rare[102]. Contraint par l'exigence de la vitesse, l'examen médical est plus fréquemment caractérisé par un « rationnement temporel[103] » qui le rend hâtif et superficiel. En Grande-Bretagne, la procédure n'est pas respectée. Certaines étapes, parmi les plus coûteuses en temps, sont éludées, tel le test de l'acuité visuelle[104]. Les examens sont parfois réduits à deux ou trois gestes dont le rôle est davantage d'indiquer qu'une inspection médicale a lieu que de pratiquer véritablement cette inspection. Lorsque Thomas Edmed se présente à l'examen, le médecin se contente de l'ausculter en appuyant son oreille brièvement contre la poitrine du jeune homme avant de le déclarer immédiatement apte au combat[105].

99. *JORF. Débats parlementaires. Chambre des députés*, Imprimerie du Journal officiel, Paris, séance du 30 novembre 1915, p. 1941.
100. H.C. Deb., séance du 20 mars 1917.
101. Another Examiner of Recruits, « Medical Examination of recruits », *British Medical Journal*, 1/565, 21 avril 1917. Voir aussi « Medical Boards », *British Medical Journal*, 19 mai 1917.
102. Cité par David Silbey, « Bodies and Cultures Collide », art. cité, p. 67.
103. J'emprunte cette expression à Édouard Gardella dans « Temporalités des services d'aide et des sans-abri dans la relation d'urgence sociale. Une étude du fractionnement social », *Sociologie*, 2016/3, vol. 7, p. 243-260.
104. H.W. Webber, « Recruiting Notes », *JRAMC*, 1er mars 1916, p. 403.
105. David Silbey, « Bodies and Cultures Collide », art. cité, p. 67.

Carte postale « *Into the Army* », 1917[106]

L'accélération ne fait pas entièrement disparaître les gestes de l'évaluation médicale. L'examen est certes réduit, mais il est réduit à une performance signifiante. Les gestes choisis sont insérés dans des cadres sociaux et rituels spécifiques[107]. Rapide palpation, auscultation furtive et percussion hâtive, par leur caractère ostentatoire et ritualisé, visent à signifier la science et le pouvoir médical de dire l'aptitude. Aux effets mécaniques des gestes s'ajoutent en outre des enjeux de communication[108]. Les gestes de l'expertise visent autant à rassurer la

106. Wellcome Library (Londres), Carte postale, 1917.

107. Sur les gestes médiateurs de puissance, on lira Jean-Claude Schmitt, *La raison des gestes dans l'Occident médiéval*, Paris, Gallimard, 1990, p. 100 et l'étude pionnière de Marc Bloch, *Les rois thaumaturges. Étude sur le caractère surnaturel attribué à la puissance royale particulièrement en France et en Angleterre*, Paris, Gallimard, 1983 [1924].

108. Le modèle d'analyse utilisé ici est celui de l'anthropologie de Bertrand Koechlin développé dans « La réalité gestuelle des sociétés humaines. Une approche écosystémique et anthropologique de la réalité gestuelle et des communautés humaines », dans

recrue sur le fait qu'un examen est bien pratiqué, qu'à apaiser – au moins partiellement – les scrupules de l'examinateur quant au sérieux avec lequel il accomplit sa tâche.

L'abandon de la rigueur de la sélection

Outre l'accélération de la sélection et la multiplication des contrôles, la nécessité de recruter toujours plus d'hommes a pour conséquence l'assouplissement des critères de la sélection. Les limites d'âge et les seuils morphologiques de l'aptitude sont bouleversés. En France, la convocation anticipée des classes de conscrits a pour effet de diminuer sensiblement

Affiche de recrutement pour les Bantams[101]

Jean Poirier (dir.), *Histoire des mœurs* II, vol. 1 : *Modes et modèles*, Paris, Gallimard, 1991, p. 161-246. Voir aussi Jérôme Lamy, « Les mains des astronomes. Anthropologie historique de la gestuelle savante », *Ethnographiques.org*, n° 31, décembre 2015.

109. Imperial War Museums, PST 0971.

l'âge du recrutement. La classe 1917, incorporée deux ans avant l'échéance légale, est composée de jeunes gens âgés d'à peine 18 ans. En Grande-Bretagne, la taille limite est graduellement abaissée jusqu'à 1 m 57 en juillet 1915, la limite d'âge supérieure peu à peu élevée jusqu'à 50 ans en 1918[110]. Dès l'automne 1914, l'armée commence en outre à recruter des bataillons sur critères dérogatoires constitués d'hommes mesurant entre 1 m 47 et 1 m 60. Les premiers de ces « bataillons Bantam », du nom d'une race de poule naine et d'une catégorie de poids légers en boxe, sont recrutés à Birkenhead, dans le nord-ouest de l'Angleterre[111]. Ces entorses aux critères du recrutement sont assorties en principe de restrictions visant à garantir l'aptitude des candidats. En Grande-Bretagne, le périmètre thoracique minimum requis pour les « Bantams » est supérieur de 2,5 centimètres à celui du reste de l'armée afin de s'assurer de sélectionner de véritables « hercules de poche[112] ».

Rapidement, les exigences de la reconstitution du capital humain prennent le pas sur les impératifs médicaux et viennent considérablement atténuer la sévérité du dispositif de triage sanitaire. En France, « [l]es nécessités de la mobilisation générale [...] remettent d'emblée en cause le dogme hygiéniste de la rigueur de la sélection, dès les premières semaines de guerre[113] ». De même en Grande-Bretagne, les commissions médicales se préoccupent assez vite de répondre aux demandes de l'état-major[114]. Des instructions sont directement données aux commissions médicales. Alfred Keogh (1857-1936), directeur du RAMC, réunit ainsi les responsables régionaux afin de faire en sorte que les commissions médicales incorporent d'avantage d'hommes[115]. Seules des affections particulièrement sévères, telles les maladies du cœur ou des reins, doivent désormais tenir les hommes à l'écart du rang. Relayant les inquiétudes de Kitchener concernant les effectifs,

110. Ian BECKETT, Timothy BOWMAN et Mark CONNELLY, *The British Army and the First World War*, Cambridge, Cambridge University Press, 2017, p. 97 ; James MCDERMOTT, *British Military Service Tribunals, op. cit.*, p. 182.

111. Peter SIMKINS, « "Each One a Pocket Hercules": The Bantam Experiment and the Case of the 35th Division », Sandars MARBLE (dir.), *Scraping the Barrel: The Military Use of Substandard Manpower, 1860-1969*, New York, Fordham University Press, 2012, p. 79-104.

112. Peter SIMKINS, « "Each One a Pocket Hercules" », art. cité, p. 79.

113. Anne RASMUSSEN, « Préserver le capital humain », art. cité, p. 71-95.

114. Jay WINTER, « Military Fitness and Civilian Health », art. cité.

115. NA, MH 47/144/4, Select Committee on Military Service, Draft special report.

il n'hésite pas à recommander de contester le classement des hommes dont les atteintes organiques ne sont pas complètement invalidantes[116]. Confirmées par écrit le 13 juillet 1915, ces instructions sont régulièrement réitérées et le rendement des commissions médicales placé sous étroite surveillance. Ainsi, en septembre 1916, il déplore :

> Les examens continuent d'exempter en grand nombre, et ce malgré notre réunion de l'autre jour. Auriez-vous l'obligeance de faire parvenir immédiatement aux commissions médicales des instructions leur rappelant qu'il n'est pas souhaitable d'exclure complètement de l'Armée des individus susceptibles d'apporter une contribution quelle qu'elle soit [...] ? Il est parfaitement absurde de poursuivre une politique entraînant des chiffres d'exemption aussi élevés.
>
> [...] À l'avenir, les commissions doivent s'assurer que tout homme potentiellement utile à l'armée [...] soit placé dans l'une des catégories permettant l'incorporation [...]. Toutes les commissions doivent s'efforcer de réduire leur taux d'exemption au minimum[117].

Les instructions insistent également sur les diverses tentatives de fraude et de simulations qui doivent inciter les commissions à la vigilance[118]. On enjoint les commissions médicales britanniques à surveiller leurs statistiques et à signaler d'éventuels pourcentages inhabituellement élevés d'exemption pour des affections faciles à contrefaire[119]. Soupçonnés d'être de complaisance, les certificats médicaux présentés à l'examen sont examinés dans une « atmosphère de perpétuelle circonspection[120] », selon les mots d'Auckland Geddes, directeur du recrutement. Celui-ci ne cache pas ses réticences à l'idée même qu'un certificat émanant d'un praticien civil puisse être utilisé dans le cadre des opérations médicales du recrutement militaire[121].

Pour satisfaire les exigences du rendement, les médecins sont donc tenus de contourner les critères de l'aptitude d'avant-guerre. La recrue W. Parnham voit sa stature augmentée de deux centimètres judicieu-

116. NA, MH 47/144/4, Select Committee. Draft special report.

117. NA, MH, 47/144/4, Select Committee on Military Service, Minutes, Summary of proceedings and Report, p. 3.

118. Army Council Instructions regarding the Military Service (Review of Exceptions) Act 1917.

119. NA, NATS 1/866, p. 12 : « *Symptoms frequently counterfeited: Pulminary (sic) Tuberculosis, Disorders of the Heart, Suppurative Diseases of the Ear, Epilepsy, Diabetes, Bright's Disease and Skin Diseases* ».

120. NA, MH 47/144/4, Select Committee. Minutes of Evidence n° 1, 2 juillet 1917, A. C. Geddes, p. 6.

121. *Ibid*, p. 14.

sement empruntés à son périmètre thoracique afin de correspondre aux exigences de taille du régiment[122]. Edgar Hayland constate que son classement est passé de la catégorie C à la catégorie A, sans qu'il soit soumis à un nouvel examen[123]. Le système de rémunération des commissions médicales, payée à la recrue, facilite également le triomphe de la loi du nombre[124]. Dans l'ensemble du pays, le taux d'exemption passe ainsi de 28,9 % en septembre 1916, à 6,5 % deux mois plus tard, puis à 3 % dans les premiers mois de 1917[125]. Dans le même temps, la proportion de recrues placées en catégorie A passe de 25 % à 50 %.

En France, les résultats de cette orientation sont visibles dans les statistiques de l'armée :

Part des aptes, exemptés et ajournés exprimée en pourcentage du total des examinés (1914-1918)

		1914		1915		1917	1918
		Classe 1914	Classe 1915	Classe 1916	Classe 1917	Classe 1918	Classe 1919
Exemptés, impropres à tout service militaire		5,96	4,63	3,99	3,61	2,59	2,78
Susceptibles d'être incorporés	Service armé	57,00	69,95	62,4	55,46	66,38	64,25
	Service auxiliaire	2,25	2,00	1,74	1,16	2,32	2,42
	Ajournés	24,39	15,39	24,14	33,76	16,80	17,46
	Autres[126]	10,32	7,94	7,72	6,00	11,92	11,76

Source : *Comptes rendus sur le recrutement*

122. David Silbey, « Bodies and Cultures Collide », art. cité, p. 67.
123. Arthur Clendon, « Letters to Arthur Clendon from Old Boys and Masters », letter to him from Edgar Hayland, 12 février 1917, cité par Joanna Bourke, *Dismembering The Male, op. cit.*, p. 172.
124. William Macpherson, *Medical Services General History, op. cit.*, p. 118. Voir aussi la dénonciation du *Times*, Éditorial, 24 février 1916.
125. MH 47/144/4, Select Committee Report, « appendix ».
126. Exclus en vertu de l'article 4 ; jeunes gens liés au service en raison d'un engagement volontaire, d'un brevet ou d'une commission et jeunes marins inscrits ; jeunes gens ayant obtenu un sursis.

Le pourcentage des exemptés est en diminution constante jusqu'en 1918 où, à la suite de l'inflexion des directives concernant la sélection, il remonte légèrement. Le dépouillement des statistiques médicales du recrutement permet d'avoir une idée plus précise encore du phénomène. Les recrues écartées, par exemple, pour faiblesse de constitution sont 2 508 juste avant la guerre, elles sont 705 en 1917 ; celles exclues pour diminution de l'acuité auditive passent de 272 à 71 sur la même période[127]. Le taux de recrues classées aptes au service armé augmente ainsi sensiblement et se maintient élevé, à l'exception de celui de la classe 1917, recrutée particulièrement jeune. En France, les classes 1915 à 1919 sont déclarées aptes à près de 90 %[128]. Philippe Boulanger distingue deux phases durant la guerre. D'abord une phase de rendement élevé durant les premières années de la guerre où « la part des inscrits classés aptes au service militaire augmente en forte proportion[129] ». Cette première phase connaît des variations en fonction du contexte : « La classe 1915 [...] fournit le nombre le plus élevé des incorporations dans le service armé. 70 % des conscrits suivent cette voie. La conjoncture explique en grande partie cette évolution. La prise de conscience de la prolongation de la guerre, les lourdes pertes des premières offensives et l'épuisement des réserves de soldats conduisent l'état-major de l'armée à prendre des dispositions particulières pour placer un plus grand nombre dans le service armé[130]. » Cette politique est permise par la modulation des critères de l'aptitude à laquelle participe une partie du corps médical.

---

127. *Compte rendu sur le recrutement de l'armée*, 1914 et *Ibid.*, 1917. Il s'agit ici des chiffres des comptes rendus annuels pour toute la France métropolitaine.
128. Philippe BOULANGER, « Les conscrits de 1914 », art. cité, p. 11-34.
129. ID., *La France devant la conscription*, *op. cit.*, p. 111.
130. ID., « Les conscrits de 1914 », art. cité, p. 12.

Chapitre 5

Le rôle des médecins, entre participation et dénonciation

En France comme en Grande-Bretagne, une partie du corps médical se rallie à la nécessité d'atténuer la sévérité de la sélection médicale des recrues. Les médecins ne se contentent pas de mettre en pratique les mesures de relâchement du triage, ils les soutiennent, les réclament, les conçoivent et en débattent les modalités au nom du patriotisme. Rapidement cependant, les conséquences néfastes de la défaillance de la sélection font l'objet de vives critiques. Lors de l'inspection, au cours de l'entraînement et sur le terrain, les militaires se plaignent de l'inadéquation entre les exigences du métier des armes et la condition physique de nombreux candidats. Ils ne sont pas les seuls à critiquer les conséquences de la politique de recrutement. Les médecins sont nombreux à dénoncer la présence en masse d'inaptes dans les rangs. Il apparaît donc nécessaire de dresser du corps médical un tableau nuancé. La mobilisation n'a pas été l'occasion d'un ralliement unanime des médecins à l'exigence du rendement au mépris de l'intérêt de l'individu et de la préservation physique et morale de la troupe.

D'une manière générale, le triomphe de la loi du nombre dans la politique de recrutement ravive des débats à la fois stratégiques et scientifiques sur le poids de l'individu dans la guerre mécanisée et l'aptitude d'éléments censément écartés du rang, notamment celle des hommes dont l'organisme peut constituer un terrain propice au développement de maladies infectieuses, ou les candidats atteints de troubles mentaux. Des impératifs contradictoires sont à l'œuvre au sein du corps médical. L'invocation du patriotisme justifie aussi bien une certaine radicalité dans la récupération que la défense de la sévérité de la sélection. En effet, la préservation de la santé de la troupe, avancée par les tenants de la sévérité, se fait aussi au nom de l'efficacité de l'armée. En outre, contrairement aux protestations militaires, qui restent cantonnées à la documentation administrative de l'État en guerre, les critiques des médecins connaissent une diffusion plus large.

Des médecins auxiliaires de la politique de recrutement

Améliorer le rendement de la sélection

Adhérant à une véritable « mystique du rendement[1] », de nombreux médecins espèrent trouver le moyen de rendre moins exclusifs les critères de la sélection. L'aliéniste Léon Pruvost (1887-1938) affirme ainsi sans ambages que « l'heure n'est plus à la sensiblerie ». « Il nous faut des hommes », écrit-il, « il nous faut le nombre, il nous faut la masse[2] ». Jusqu'en juillet 1915, la récupération, qui vise à incorporer des hommes préalablement exemptés, est l'objectif premier du Service de santé français et de son directeur, le médecin général Troussaint, véritable porte-parole de l'état-major. En répondant aux desiderata de l'armée en termes d'effectifs, les médecins se font auxiliaires du pouvoir politique. En temps de guerre comme en temps de paix, la science se déploie en accord avec les valeurs et les fins de la société dans laquelle elle opère. Ces médecins évaluent les insuffisances du système de manière productiviste, à grand renfort de données chiffrées : « L'armée Française perd près de 20 000 astigmates[3] », estime le périodique médical *Le Caducée* qui critique l'exigence des critères d'acuité visuelle. Ces experts se félicitent des

1. Vincent Viet, *La santé en guerre, op. cit.*, p. 304. Voir aussi du même auteur « Droit des blessés et intérêt de la nation : une casuistique de guerre (1914-1918) », *Revue d'histoire moderne et contemporaine*, n° 59, 2012, p. 85-107. Sur l'enthousiasme pour la guerre qui a pu caractériser un certain nombre de médecins et les conséquences sur leur pratique, on lira Johanna Bleeker et Heinz-Peter Schmiedebach (dir.), *Medizin und Krieg: Vom Dilemma der Heilberufe 1865-1985*, Francfort, Fischer Taschenbuch Verlag, 1987 ; Ian Whitehead, *Doctors in the Great War, op. cit.*, p. 156-157 ; Leo Van Bergen, *Before My Helpless Sight: Suffering, Dying and Military Medicine on the Western Front, 1914-1918*, Aldershot, Ashgate, 2009, p. 364.
2. Léon Pruvost, *Les débiles mentaux à la guerre, leur utilisation*, thèse, Paris, 1915, p. 29 puis p. 58.
3. « L'armée Française perd 20 000 astigmates », *Caducée*, 15 août 1915.

mesures de récupération et appellent à toujours plus de sévérité[4]. Certaines figures se distinguent par leur zèle et la brutalité de leurs méthodes[5]. Thomson, à Northampton, use plusieurs fois de son influence pour incorporer des hommes manifestement inaptes[6]. Il traite notamment avec dédain les certificats médicaux que présentent parfois les recrues, certificats dont les diagnostics sont rageusement biffés ou accompagnés de commentaires signalant le peu d'estime que le praticien leur accorde[7].

Les médecins sont nombreux à proposer différentes manières de rendre les critères du recrutement moins sévères, y compris lorsqu'ils ne sont pas aux prises directement avec le processus de sélection. C. J. Bond, chirurgien de l'infirmerie royale de Leicester, adresse au *British Medical Journal* un courrier en novembre 1914 dans lequel il suggère de ne pas écarter les hommes atteints de varicocèle ou affligés d'orteils en marteau, de hernies ou de varices à moins que ces affections ne soient particulièrement invalidantes[8]. Ce type d'argumentaire se double parfois de la mise en avant du pouvoir thérapeutique de l'action médicale. La varicocèle en particulier lui paraît pouvoir être facilement traitée par une simple opération ne nécessitant qu'un court séjour à l'hôpital. Les avis ne sont pas pour autant unanimes. S'il invite à considérer l'intégration dans la troupe des porteurs de lunettes, A. A. Bradburne estime qu'incorporer des hommes affligés de varices, de pieds plats ou d'orteils en marteau serait préjudiciable à l'armée, quand bien même de telles infirmités ne présenteraient aucun inconvénient dans la vie civile[9].

4. A. Porot, « Les bases de l'expertise mentale dans les bataillons d'Afrique et les groupes spéciaux en temps de guerre (aptitude au service et responsabilité militaire) », *Revue neurologique*, vol. 2, 1916, p. 25.
5. On remarque la même brusquerie dans les tentatives de récupération des malades et des blessés, cf. Vincent Viet, *La Santé en Guerre*, *op. cit.*, p. 301.
6. James McDermott, *British Military Service Tribunals*, *op. cit*, p. 182, 185-187.
7. *Ibid.*, p. 187.
8. C. J. Bond, « Operations on expediency on recruits », *British Medical Journal*, 21 novembre 1914, p. 900.
9. A. A. Bradburne, « The Admission of men with Glasses into the Army », *The British Medical Journal*, 22 mai 1915, p. 888-889. Pour des considérations sur la douleur qu'entraînent les malformations du pied chez le soldat, Robert Jones, « The soldier's foot and the treatment of common deformities of the foot », *The British Medical Journal*, 20 mai 1916, p. 709-711.

L'assouplissement des critères qu'ils réclament, « l'obligation dans laquelle [ils] se trouve[nt] d'utiliser aux armées des individus d'une aptitude restreinte[10] », apparaît dans le discours des médecins comme une mesure patriotique dictée à la fois par la force des circonstances et par la nature de la guerre. Le Dr Briand résume ainsi sa position : « On conçoit qu'en raison des circonstances actuelles l'index d'étiage, limitant l'aptitude, ne doit plus occuper dans l'échelle de graduation [...] la même place qu'en temps de paix[11]. » Le temps de la guerre apparaît comme un temps exceptionnel qui justifie des mesures particulières destinées à garantir la sauvegarde de la patrie.

Le zèle de certains médecins est parfois tempéré par l'armée elle-même. Lorsque la société médico-psychologique propose en juillet 1916 de former des troupes de choc composées de déséquilibrés, le projet, estimé trop dangereux, n'aboutit pas[12]. Quoi qu'il en soit, la dimension humanitaire de la sélection médicale, présente dans le discours médical avant la guerre, perd du terrain face aux nécessités du rapport comptable aux effectifs. Pour Chavigny et Laurens, qui s'intéressent aux hommes atteints de troubles mentaux :

> D'instinct, on se sent porté à arguer que les conditions de guerre ne laissent ni le temps ni la place pour ces expertises psychiatriques qui étaient, en temps de paix, une concession faite à des idées un peu théoriques d'humanité, de justice idéale[13].

Ce type de plaidoyer montre à quel point la notion d'aptitude n'est pas un état mais un rapport profondément dépendant des reconfigurations de son environnement social. L'aptitude ne peut jamais être définie du seul point de vue biologique et constitue une variable d'ajustement de la politique de recrutement. À chaque reconfiguration de l'environnement, la limite entre aptitude et inaptitude se déplace et entraîne une modification des taxinomies[14].

---

10. Paul Chavigny, Laurens, « Les expertises psychiatriques en temps de guerre », *Annales d'hygiène publique et de médecine légale*, série 4, n° 28, Paris, Jean-Baptiste Baillière, 1917, p. 22.
11. *Bulletin de la Société de médecins légale*, 1915, n° 7, p. 196.
12. Société médico-psychologique, séance du 17 juillet 1916, *Annales médico-psychologiques*, n° 7, 1916, p. 528, cité par Marie Derrien, « Éliminer ou récupérer », art. cité.
13. Paul Chavigny, Laurens, « Les expertises psychiatriques en temps de guerre », *op. cit.*, p. 21-22.
14. Je reprends ici des analyses portant sur la limite normal/pathologique. Voir à ce sujet : Romuald Bodin, *L'institution du handicap*, Paris, La Dispute, 2018,

La modification des critères est notamment justifiée par les formes nouvelles de la guerre, industrielle et mécanisée. La puissance de feu ayant pris une importance prépondérante, il semble à certains médecins que la condition physique et psychique du soldat peut souffrir quelques imperfections. « La balle d'un phtisique est aussi meurtrière que celle d'un homme bien portant[15] », résume ainsi un médecin pour lequel c'est désormais l'armement qui participe prioritairement de la valeur du soldat. Les combattants eux-mêmes semblent l'avoir compris, ainsi que le souligne ironiquement Jean Galtier-Boissière (1891-1966), alors journaliste pacifiste, dans ses souvenirs de fantassins. Pour lui : « Il est tout à fait superflu de se porter à merveille pour recevoir un shrapnell dans le ventre. [...] En fait, tous les bons fantassins conviendront qu'il est totalement inutile d'avoir bon pied bon œil pour participer à une attaque de tranchées[16]. » Le caractère désormais impersonnel et massif du combat légitime également l'envoi sur le front de recrues qui ne sont pas en pleine possession de leurs moyens mentaux. Pour Hervé Guillemain et Stéphane Tison, « l'hécatombe des valides a donc suscité le recours aux anormaux[17] ».

La guerre ou la vigueur retrouvée

L'action des médecins ne relève pas toujours du pur cynisme. Elle s'appuie sur l'idée selon laquelle la guerre parviendrait à revitaliser et reviriliser esprits faibles et organismes défaillants. Pour un éditorialiste anonyme de la *Gazette médicale* :

> Un grand nombre d'individus qui, dans le civil, étaient des individus malingres, souffreteux ou neurasthéniques, qui se croyaient à la veille de toutes les maladies, ont acquis, depuis qu'ils sont dans les tranchées, une résistance physique merveilleuse[18].

Dès le Second Empire en France, la vie militaire est chargée de nombreuses vertus thérapeutiques et l'expérience de la caserne considérée

---

p. 43 ; Georges CANGUILHEM, *Le Normal et le pathologique,* Paris, PUF, 2013 [1966], p. 91.

15. ANONYME, « La tuberculose et la guerre », *Le Figaro*, 5 avril 1915.
16. *Loin de la Riflette,* cité par Charles RIDEL, *Les embusqués, op. cit.*
17. Hervé GUILLEMAIN et Stéphane TISON, *Du front à l'asile, op. cit.*
18. *Gazette médicale* du 21 avril 1915, citée par Pierre DARMON, « La Grande Guerre des soldats tuberculeux », *Annales de démographie historique*, 2002, n° 103, p. 35-50, ici p. 33.

comme rédemptrice par une partie des élites[19]. Cette croyance est réactivée et exacerbée dès l'entrée en guerre. En France comme en Grande-Bretagne, on considère que l'entraînement et la discipline militaires sont de nature à revigorer les corps chétifs, affirmer les esprits chancelants et parfaire le développement physique des recrues[20]. Certains aliénistes se félicitent de « l'effet merveilleusement salutaire qu'a exercé l'appel aux armes sur quantité de réservistes et de territoriaux qui traînaient, dans l'oisiveté et la vie sédentaire, des asthénies toxiques et des aboulies de paresse[21] ». Cette idée a des conséquences concrètes sur la pratique de la sélection. Lorsqu'un médecin expert constate que J. C. Atwood n'atteint pas les exigences requises en termes de périmètre thoracique, il n'hésite pas à le déclarer bon néanmoins, en précisant qu'il ne manquera pas de prendre du poids très rapidement[22].

L'idée selon laquelle l'entraînement militaire profiterait au corps des jeunes soldats est partagée par les hommes de la troupe eux-mêmes, quelle que soit leur classe sociale[23]. Ils sont nombreux à s'émerveiller des progrès de leur organisme ou de celui de leurs camarades. Dans une lettre adressée à sa sœur en 1917, Cecil Christopher parle de l'un de ses collègues en ces termes :

> Dans la vie civile, il était extrêmement délicat et souffreteux [...]. Tu devrais le voir aujourd'hui, il jouit d'un appétit d'ogre, n'est jamais malade et conserve bonne allure sur 50 kilomètres en portant son équipement complet [...]. Il est l'un de ceux auxquels l'armée a été vraiment profitable[24].

Chiffres à l'appui, Charles Carrington observe que les jeunes gens ayant rejoint le Royal Warwicks en 1918 ont vu en moyenne leur taille aug-

19. Annie CRÉPIN, *Histoire de la conscription, op. cit.*, p. 24 ; Odile ROYNETTE, « La Statistique médicale de l'armée française », art. cité, p. 77.
20. Joanna BOURKE, *Dismembering The Male, op. cit.*, p. 174 ; Jay WINTER, « Military Fitness and Civilian Health », art. cité, p. 218 ; James CAMPBELL, *« The Army isn't all work », op. cit.*, p. 151.
21. Angelo HESNARD et Antoine POROT, *L'expertise mentale militaire*, Paris, Masson, 1918, p. 19, cité par Marie DERRIEN, « Éliminer ou récupérer », art. cité.
22. J. C. Atwood, cité par David SILBEY, « Bodies and Cultures Collide », art. cité, p. 67.
23. Joanna BOURKE, *Dismembering The Male, op. cit.*, p. 174-175.
24. Cecil W. CHRISTOPHER, « letters », lettre à sa sœur Val, 1er mai 1917, citée par Joanna BOURKE, *Dismembering The Male, op. cit.*, p. 175.

menter de 2,5 centimètres et leur poids de près de 6 kilogrammes[25]. Au point que, de retour à l'arrière, les hommes craignent que, constatant ces changements corporels, les civils n'en viennent à douter de l'âpreté de leurs conditions de vie dans les tranchées.

L'assouplissement des critères de l'aptitude n'est pas toujours associé à l'espoir de voir les recrues profiter de leur incorporation. Certains médecins estiment qu'envoyer les faibles d'esprit au combat pourrait tout simplement permettre de les éliminer[26]. Pour Léon Pruvost :

> L'intérêt de la société est-il de ménager la vie des demi-valeurs ? [...] Qu'adviendra-t-il de la race si, après qu'une indulgence débonnaire aura mise à l'abri tous les débiles, ils restent en foule une fois la paix signée, comme géniteurs avec leur hyperorchidie et leur prolificité classique[27] ?

La guerre représente alors une opportunité pour lutter contre la dégénérescence de la race. En éliminant les inaptes, on évite leur reproduction et donc leur prolifération. Le conflit permettrait de réaliser un « eugénisme passif bienvenu au moment où les vraies valeurs humaines tombent jour après jour[28] ». En Grande-Bretagne, de la même façon, la guerre est parfois lue comme l'occasion d'épurer la société de tous les éléments qui viennent compromettre la vigueur de la race[29].

Peser sur les dispositions réglementaires : l'exemple de l'aptitude visuelle

Les médecins ne se contentent pas d'être les exécutants des instructions qui leur sont données, ils entendent peser sur les dispositions réglementaires afin d'assouplir les conditions de l'incorporation. Les débats sur l'aptitude visuelle constituent un observatoire idéal de la contamination de la discussion scientifique par la logique du rendement. Ils permettent de constater également le maintien des formes classiques de la controverse médicale en temps de guerre.

---

25. *Soldiers from the Wars Returning*, Londres, 1965, p. 229-230, cité par Joanna Bourke, *Dismembering The Male, op. cit.*, p. 174.
26. Stéphane Tison et Hervé Guillemain, *Du front à l'asile, op. cit.*, p. 114-115.
27. Léon Pruvost, *Les débiles mentaux à la guerre, leur utilisation*, thèse, Paris, 1915, cité par Stéphane Tison et Herbé Guillemain, *Du Front à l'asile, op. cit.*, p. 114-115.
28. *Ibid.*
29. Cecil D. Eby, *Road to Armageddon: The Martial Spirit in English Popular Literature, 1870-1914*, Durham, Duke University Press, 1987, p. 2.

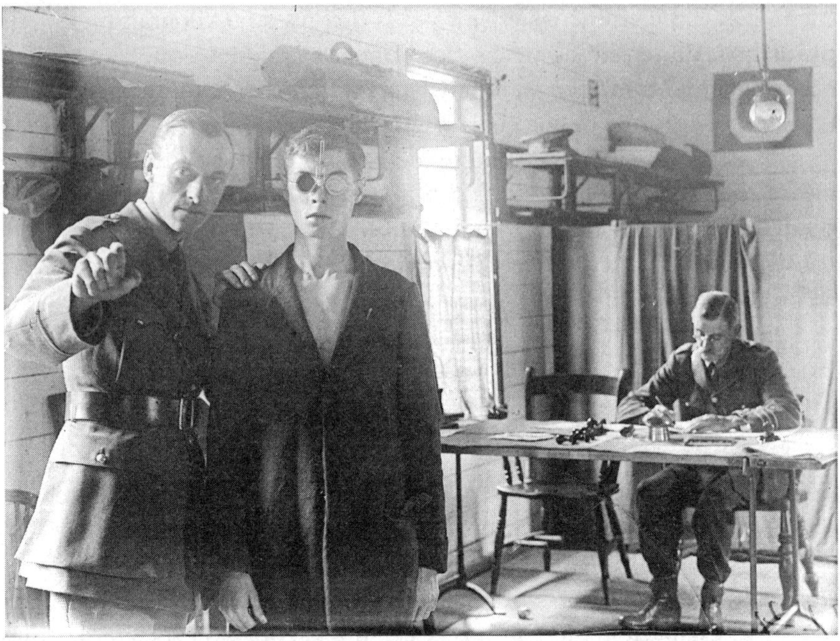

Le test de l'acuité visuelle[30]

En France comme en Grande-Bretagne, l'évaluation de l'acuité visuelle des recrues est effectuée à l'aide d'un tableau de Snellen. Comme sur l'image, la recrue a un œil masqué par un cache afin de permettre l'évaluation d'un œil après l'autre. Venue d'Allemagne, la procédure repose sur des planches typographiques standardisées sur lesquelles les candidats doivent distinguer des lettres de différentes tailles, à une distance traditionnelle de cinq ou six mètres[31]. Sur la photo, le médecin militaire indique au jeune homme la ligne à lire. Le dispositif est associé à une échelle, ou série de seuils d'aptitude visuelle, exprimée en fractions[32]. Les défauts de réfraction, comme l'astigmatisme, sont également testés. En France, le médecin expert

30. Imperial War Museum. Treaty Lodge, Hounslow, quartier général du 8e bataillon, Régiment de Middlesex, septembre 1917.
31. Six en Grande-Bretagne, cinq en France.
32. W. Wallace, « Methods of Examining the Vision of Recruits and Soldiers, with Special Reference to Assumed and Real Defects », *JRAMC*, avril 1916, p. 471-489, ici p. 473. Pour la France, voir ministère de la Guerre, *Recrutement de l'armée, op. cit.,* § 74 et suiv.

dispose d'une échelle de Parent ou d'un disque de Chauvel, d'un disque pour astigmatisme et parfois d'une boîte de verres correcteurs. Dans la plupart des mairies qui accueillent le conseil de révision, une chambre noire est installée[33]. Cette procédure n'est pas exempte de difficultés. Il arrive que la distance de cinq ou six mètres ne soit pas respectée, faute de place dans des locaux mal adaptés ; que les planches typographiques soient mal éclairées ou prennent au contraire trop la lumière ; que le matériel adéquat (ophtalmoscope, verres correcteurs) ne soit pas disponible[34]. Les médecins n'ignorent pas non plus les problèmes d'analphabétisme de certains candidats. Parfois, faute de temps, l'évaluation de l'acuité visuelle n'est tout simplement pas menée[35]. Enfin les médecins s'efforcent par des « procédés multiples, de déjouer les tentatives de simulation[36] ».

Dès l'entrée en guerre, afin d'améliorer le rendement de la sélection, certains médecins proposent simplement de s'inspirer « de l'esprit de la réglementation et non de sa lettre[37] », autrement dit de contourner les seuils et critères tels qu'ils sont définis par les instructions. Il est en effet précisé en France que celles-ci n'ont qu'une valeur indicative[38]. La diminution du taux d'exemption dès le début de la guerre indique que c'est là la solution empirique privilégiée par nombre d'experts qui entendent ne plus « s'encombrer [...] des diagnostics du temps de paix[39] ». Côté britannique, W. Wallace, lieutenant du RAMC, tout en rappelant les seuils requis par l'armée pour l'aptitude visuelle des deux yeux des recrues, précise en 1916 qu'une certaine marge de manœuvre est laissée aux experts quant à l'incorporation des borgnes et des recrues présentant des pathologies de l'œil qui les auraient exclues en temps normal[40]. L'action des médecins a pu par ailleurs profiter

33. Étienne Ginestous, *L'aptitude visuelle au service militaire*, Bordeaux, A. Destout, 1915, p. 5.
34. « Methods of Examining the vision », art. cité, p. 471-473.
35. NA, MH 47/115/80, Case Number: RM1/830.
36. Ministère de la Guerre, *Recrutement de l'armée, op. cit.*, 1916, § 77 ; « Methods of Examining the vision », art. cité, p. 471-473.
37. *Ibid.*
38. SHD, GR 9 NN 7/1104, 18039 3/7, Révision de l'instruction sur l'aptitude physique, 25 novembre 1916.
39. Paul Chavigny, « Les expertises psychiatriques en temps de guerre », art. cité, p. 21.
40. « Methods of Examining the vision », art. cité.

du flottement nosologique autour de certaines affections au diagnostic toujours malaisé pour augmenter les possibilités de récupération[41].

Les médecins sont également nombreux à réclamer l'infléchissement réglementaire des critères officiels et à donner à leur plaidoyer les allures de l'argumentation scientifique. La presse scientifique et la tribune des sociétés savantes se font ainsi l'écho des discussions médicales sur la sélection des recrues. À cet égard, la mobilisation patriotique des experts ne se départit pas d'un certain ethos. La médecine se fait instrument du politique tout en conservant sa rationalité et ses méthodes, notamment celle de la controverse scientifique. À la faveur de la guerre, la question de l'aptitude visuelle, en débat depuis la fin du XIXe siècle, prend une importance nouvelle[42]. Les ressources rhétoriques des experts, le système de preuve mobilisé, l'expression des intérêts des médecins ne sont que peu altérés. Les arguments avancés sont d'ordre démographique et relèvent d'une logique comptable même si la crise des effectifs militaires remplace désormais la faible natalité française dans les discours médicaux. En revanche, l'exceptionnalité des circonstances modifie les rapports de force au sein de la communauté scientifique et politique, et permet aux tenants de l'assouplissement des critères de peser davantage dans la discussion. Les ophtalmologistes français, dont la spécialité souffre en 1914 d'un manque de reconnaissance, notamment de la part de l'Académie de médecine, y voient probablement là l'occasion de renforcer leur position institutionnelle[43].

En France, l'instruction permet l'incorporation de jeunes gens présentant une acuité réduite jusqu'à un certain seuil mais amélio-

41. Sur ce point, voir Vincent VIET, *La Santé en guerre, op. cit.*, p. 302-303.
42. Pour la période d'avant-guerre, voir par exemple Félix LAGRANGE, « Les vices de réfraction et l'acuité envisagée au point de vue du service armé », *Bulletin médical*, 1899, p. 1126 ou Étienne GINESTOUS et Henry COULLAUD, *Conditions d'aptitude physique relatives à l'appareil de la vision exigées dans l'armée française et dans les armées étrangères*, impr. de R. Tancrède, 1908 relayé dans le *Bulletin médical* du 22-29 août 1908.
43. Sur la place institutionnelle des ophtalmologistes avant et pendant la guerre, on lira Corinne DORIA, « How to Face a Sanitarian Emergency. French Ophthalmologists and the Great War », *First World War Studies*, 2018. Et sur l'histoire de l'ophtalmologie en général Daniel M. ALBERT et Diane D. EDWARDS, *The History of Ophthalm*ology, Cambridge, Blackwell Science, 1996 ; Henri FAURE, *L'ophtalmologie des origines à nos jours*, Annonay, Laboratoires H. Faure, 7 vol., 1973-1992. Sur les stratégies de certaines professions médicales en guerre, Marie DERRIEN, « Éliminer ou récupérer », art. cité.

rée par l'usage de verres correcteurs sphériques[44]. Le service auxiliaire accueille également les borgnes, à condition que leur cécité monoculaire ne soit pas accompagnée de malformations[45]. Le débat sur ces critères prend de l'ampleur en 1915, année marquée par une nette inflation des publications médicales concernant l'aptitude. Il bénéficie de l'impulsion d'Eugène Ginestous (1870-1945). Ophtalmologiste bordelais distingué, médecin aide-major de 1re classe et Chef du service d'ophtalmologie de la place et du secteur d'Angers, il est l'auteur de plusieurs travaux médico-légaux sur l'inspection oculistique et les troubles de la vision en tant que problèmes de santé publique[46]. Il milite pour l'abaissement des seuils d'acuité visuelle, réclame la fin de la dispense des borgnes présentant une difformité apparente et l'autorisation de l'usage des verres cylindriques pour la correction des défauts de vision[47].

Son argumentaire s'appuie sur une démonstration scientifique qui date déjà de plusieurs années. Il mobilise notamment les études démontrant que seule la vision monoculaire est utile et profitable pour l'exercice et la précision du tir[48]. En outre, plaide-t-il, si l'on admet la correction par des verres cylindriques, et non plus seulement par des verres sphériques, les astigmates constituent d'excellents tireurs et peuvent dès lors être incorporés sans restriction[49]. La différence de prix entre verres sphériques et verres sphéro-cylindriques n'est, pour

44. Ministère de la Guerre, *Recrutement de l'armée, op. cit.*, 1905, § 77, p. 20-21.
45. Cette directive avait d'ailleurs été introduite en 1912 à la suite des arguments avancés par Ginestous et Coullaud, voir Étienne Ginestous, « L'aptitude visuelle au service militaire », *Bulletin de l'Académie nationale de médecine*, Paris, Elsevier Masson, 1915, p. 433.
46. « Du rôle des pouvoirs publics et de la bienfaisance privée dans l'assistance aux aveugles », *Annales d'hygiène publique et de médecine légale*, série 4, n° 19, 1913, p. 351-383.
47. Étienne Ginestous, *L'aptitude visuelle, op. cit.*, p. 3.
48. Il fait notamment référence à Étienne Ginestous et Henry Coullaud, « La vision des tireurs », art. cité ; « La vision dans le tir d'artillerie », art. cité ; Étienne Ginestous, *La vision des tireurs, op. cit.* ; « L'admission des borgnes dans l'armée », art. cité.
49. Félix Lagrange, « De la correction de l'astigmatisme, envisagée au point de vue du service militaire », *Bulletin de l'Académie nationale de médecine*, n° 23, 1914, p. 763-777, ici p. 777. Pour un aperçu des débats en Grande-Bretagne sur la question des verres correcteurs pendant la guerre, voir A. A. Bradburne, « The Admission of men with Glasses into the Army », *The British Medical Journal*, 22 mai 1915, p. 888-889 ; James V. Paterson et H. M. Traquair, « Army Standards of vision », *The British Medical Journal*, 8 avril 1916, p. 537.

lui, « pas si importante que le budget de la guerre ne puisse y faire face ». Prenant acte de l'exceptionnalité des circonstances et de la hausse consécutive des fonds consacrés à la conduite de la guerre, il espère ainsi que ses arguments bénéficieront d'un poids nouveau. Enfin Ginestous conteste le bien-fondé des restrictions esthétiques à l'incorporation des borgnes dans le service auxiliaire. En temps de guerre, estime-t-il, ces considérations propres à une armée de parade doivent être reléguées au second plan[50].

À la faveur du conflit, cette démonstration reçoit une audience rapide et inédite. Son argumentaire, publié au début de l'année 1915, est lu à l'Académie de médecine le 6 avril puis diffusé dans divers organes de la presse spécialisée. On le retrouve, bien sûr, dans le *Bulletin de l'Académie de médecine* mais aussi dans la *Gazette hebdomadaire des Sciences médicales de Bordeaux*, le 2 mai 1915[51]. La question prend de l'ampleur au point de déclencher la rédaction d'un rapport concernant les réformes à apporter au règlement militaire sur l'aptitude visuelle remis au ministre de la Guerre[52]. Des réformes sont adoptées, qui suivent point par point les recommandations de Ginestous, exception faite de l'incorporation des borgnes dans le service armé. Le volume d'instructions, dès le 18 mai 1915, admet l'usage des verres cylindriques pour la détermination de l'aptitude au service armé[53]. La mise à jour du 20 décembre 1916 admet l'incorporation des borgnes dans le service auxiliaire sans restriction d'ordre esthétique[54]. En conséquence, entre 1915 et 1917, le nombre d'exemptions pour diminution de l'acuité visuelle, notamment pour astigmatisme, diminue drastiquement :

50. Étienne GINESTOUS, *L'aptitude visuelle, op. cit.*, p. 3-4.

51. *Gazette hebdomadaire des Sciences médicales de Bordeaux*, 2 mai 1915, n° 3 ; *Bulletin de l'Académie nationale de médecine*, n° 14, 1915, p. 432-434.

52. André ROCHON-DUVIGNEAUD, « Rapport adressé à Monsieur le ministre de la Guerre concernant les réformes à apporter aux règlements militaires sur l'aptitude visuelle au service armée, et les mesures complémentaires à prendre pour l'application de ces réformes », *Bulletin de la Société d'ophtalmologie de Paris*, 1916, p. 52-64. Voir aussi du même auteur « La réforme ophtalmologique, considérations suite aux faits de la guerre », *Annales d'oculistique*, 1917, p. 1-11.

53. Ministère de la Guerre, Bulletin officiel n° 68 bis, *Recrutement de l'armée : instruction sur l'aptitude physique au service militaire*, Paris, H. Charles-Lavauzelle, volume mis à jour à la date du 18 mai 1915, § 77.

54. Ministère de la Guerre, *Recrutement de l'armée : aptitude physique au service militaire*, Paris, H. Charles-Lavauzelle, volume arrêté à la date du 20 décembre 1916, 1916, p. 26-27.

Nombre d'exemptions pour défaut d'acuité visuelle (1914-1917)

	1914	1915		1917
	Classe 1914	Classe 1916	Classe 1917	Classe 1918
Diminution de l'acuité visuelle (sans cause spécifiée)	222	199	173	55
Myopie	69	68	46	40
Astigmatisme	31	22	15	7

Source : *Comptes rendus sur le recrutement*

L'altération des normes scientifiques dans le sens voulu par les autorités militaires n'est pas spécifique aux critères de l'aptitude. Elle s'inscrit dans une tendance générale qui fait des médecins des auxiliaires privilégiés du pouvoir politique en temps de crise. Joe Howell a ainsi montré que la catégorie « maladie cardiaque » a fait l'objet, pendant et après le conflit, d'une entreprise de redéfinition tout à fait caractéristique de la part du corps médical britannique[55]. Le « cœur du soldat », affection que les médecins militaires attribuaient prioritairement aux difficultés de la vie militaire, a subi un déplacement étiologique pour devenir « syndrome d'effort ». L'accent est mis désormais sur les prédispositions de l'individu à la faiblesse cardiaque et non sur des éléments dépendant de l'armée, telle l'intensité de l'entraînement ou la conception de l'uniforme. Ce déplacement permet de faciliter le rapide retour des soldats au front et surtout d'alléger le fardeau financier que les vétérans font peser sur le ministère des Pensions. Ce dernier est en effet chargé d'indemniser les atteintes dues au service ou aggravées par celui-ci[56].

55. Joe D. HOWELL, « Soldier's heart: the redefinition of heart disease and speciality formation in early twentieth century Great Britain », *Medical History*, supp. V, p. 34-52.
56. Deborah COHEN, *The War Come Home, op. cit.* Voir aussi Mark HARRISON, « Medicine and the Management of Modern Warfare », art. cité.

« Des exigences minima » : la réforme de la nomenclature française

Incertitudes et interrogations

Aux réclamations des médecins dans la presse et à la tribune des sociétés savantes, s'ajoutent des incertitudes qui remontent jusqu'au sous-secrétariat du Service des Armées. Dans le contexte de la récupération, l'interprétation de l'*Instruction sur l'aptitude physique* suscite de nombreuses interrogations. Le 23 octobre 1916, le directeur du Service de santé de la XVe région, le médecin principal 1re classe Landouzy, adresse à Justin Godart (1871-1956), directeur du Service de santé des armées, des demandes d'instructions précises :

> J'ai l'honneur d'attirer votre bienveillante attention sur l'intérêt qu'il y aurait à fixer aux chefs de secteurs médicaux une direction générale quant aux décisions à prendre après examen des cardiaques, des albuminuriques et des tuberculeux qu'ils sont chargés de visiter pour l'ensemble de leur secteur.
>
> [...] Il semble que ces diverses catégories de malades pourraient être récupérées, mais il y aurait lieu de donner des instructions précises aux médecins de Secteurs et aussi aux Médecins des corps de troupes[57].

L'empirisme des premiers mois semble désormais insuffisant et la disparité des mesures de récupération qui en découle problématique. Les dispositions en vigueur en 1914 précisent ainsi que l'albuminurie persistante, de même que les lésions cardiaques, motivent l'exemption et la réforme, et que les tuberculeux sont souvent exemptés ou réformés[58]. La rigidité de certaines décisions et l'imprécision des dispositions – l'absence de seuils précis concernant l'albuminurie notamment – font l'objet de critiques. Pour Henri François Chavoix (1844-1928), député radical de la Dordogne, « l'erreur à signaler est que tout homme ayant de l'albumine, la quantité importe peu, est versé dans le service auxiliaire ou réformé[59] ». On attend du sous-secrétariat des directives

57. SHD, GR 9 NN 7/1105/2039/G. Le médecin principal 1re classe Landouzy, directeur du service de santé de la XVe région à M. le sous-secrétaire du Service de Santé Militaire, 23 octobre 1916.
58. Ministère de la Guerre, *Aptitude physique, op. cit.,* 1905, p. 9 et p. 35-36.
59. SHD, GR 9 NN 7/1105/6017. Note communiquée par M. Chavoix, député, proposant la révision de l'instruction du 22 octobre 1905, 5 novembre 1915.

claires encadrant l'assouplissement durable des critères de sélection et de récupération.

Afin de répondre aux incertitudes, le Service de santé commence par inciter à l'empirisme en rappelant le caractère indicatif des dispositions réglementaires[60]. C'est aux médecins que revient la décision d'adapter ou non les instructions aux circonstances exceptionnelles de la guerre. Ce premier choix est éminemment stratégique de la part du sous-secrétaire d'État qui, s'il a fait de la liaison technique la pierre angulaire du fonctionnement du Service de santé, craint que des circulaires impératives soient perçues de manière intrusive par un corps médical attaché à l'esprit critique et à l'indépendance inhérents à la profession médicale[61]. L'accumulation des demandes de précisions conduit cependant le Service de santé à adopter une position plus complexe et, pourrait-on dire, plus équilibriste.

Jusqu'en 1916, le caractère indicatif des dispositions réglementaires est constamment rappelé, mais dans le même temps, l'Instruction subit de multiples refontes qui visent non seulement à assouplir les critères de l'incorporation, mais aussi à les préciser afin de pallier l'incertitude. Les normes et les seuils sont donc de plus en plus précis alors que dans le même temps, le sous-secrétariat d'État ne cesse de rappeler que les experts ont toute latitude pour ne pas les appliquer de manière stricte. Des contradictions ne manquent pas d'apparaître. En juin 1915, le préfet du Doubs, en tournée de révision, sollicite le ministre de la Guerre au sujet de l'incorporation des borgnes dans le service armé, proscrite par l'article 77 de l'*Instruction*[62]. Le *Journal officiel* du 5 juin donne des indications contraires et estime qu'un homme qui a perdu l'usage d'un œil peut être jugé apte. Le préfet ne manque pas de souligner que ces différents textes donnent lieu à des jurisprudences contradictoires. En réponse à ce courrier, le ministère choisit de réitérer l'autorité supérieure de l'*Instruction*. Celle-ci constitue :

60. SHD, GR 9 NN 7/1105, circulaire n° 75 Ci/7 « Application de l'Instruction du 22 octobre 1905 sur l'aptitude physique au service militaire ». Voir aussi SHD, GR 9 NN 7/1100, Circulaires et instructions diverses, n° 567 Ci/7, Aptitude physique au Service Militaire, 5 août 1917.

61. Vincent Viet, *La Santé en Guerre, op. cit.*, p. 142.

62. SHD, GR 9 NN 7/1105/2553, Le Préfet du département du Doubs à Monsieur le Ministre de la Guerre, 14 juin 1915.

> [l]e seul guide régulier des décisions soit des conseils de révision, soit des commissions de réforme. L'article 77 de cette Instruction ne peut laisser aucun doute sur ce qu'il convient de faire des hommes atteints de perte de la vue d'un œil : en aucun cas ces hommes ne doivent être classés au service armé[63].

Pour le ministre de la Guerre, les dispositions de l'*Instruction* doivent faire autorité.

L'instruction ou « la cause principale du mal »

Le mécontentement des médecins désireux d'incorporer davantage d'hommes se focalise rapidement sur l'*Instruction sur l'aptitude physique au service militaire*. Selon eux, en favorisant la disparité des résultats des examens médicaux, ses insuffisances limitent les mesures de récupération[64]. Dans un article paru en 1915, Adrien Granjux, médecin-major de 1re classe membre de la direction du Service de santé au ministère de la guerre depuis 1887, auteur de nombreuses publications sur l'état sanitaire de l'armée, affirme que « la cause principale du mal provient de l'Instruction sur l'aptitude physique » qui « ne répond plus aux nécessités de l'heure présente[65] » et limite d'autant la portée des mesures de récupération comme celles prévues par la loi Dalbiez. Pour Henri François Chavoix, il s'agit là de « règlements et de rouages du temps de paix[66] » qui restreignent les possibilités, notamment pour les médecins civils moins familiers des exigences de l'armée, d'incorporer des hommes dans le service armé. Il apparaît donc nécessaire de procéder à la « révision de l'instruction du 22 octobre 1905 sur l'aptitude au service militaire » et, une fois cette révision effectuée, d'examiner à nouveau « tous les réformés, ajournés, auxiliaires et réformés temporairement de la mobilisation à nos jours[67] ».

L'expression de ces mécontentements est prise en compte par le cabinet du sous-secrétaire d'État du Service de santé militaire qui finit

63. SHD, GR 9 NN 7/1105/21820, 20 juin 1915.
64. Adrien Granjux, « La faillite de l'instruction sur l'aptitude physique au service militaire », *Journal de Médecine et de Chirurgie pratique*, 10 novembre 1915, p. 850-853.
65. *Ibid.*
66. SHD, GR 9 NN 7/1105/6017. Note communiquée par M. Chavoix, député, proposant la révision de l'instruction du 22 octobre 1905. 5 novembre 1915.
67. *Ibid.*

par identifier les critères de l'aptitude comme des variables d'ajustement permettant d'augmenter les effectifs[68]. En conséquence, *L'Instruction sur l'aptitude physique au service militaire*, établie en 1905, est rééditée sept fois au cours du conflit[69]. Chacune de ces éditions est largement diffusée. Celle de mai 1915 est imprimée à 5 000 exemplaires[70]. Cette multiplication des révisions, « née des besoins de la guerre[71] », témoigne de la volonté d'assouplir les critères d'incorporation, de définir « des exigences minima, afin d'incorporer le plus grand nombre de soldats possible[72] » selon les mots du médecin inspecteur général Joseph Toubert. La procédure de l'examen n'est, en théorie, pas modifiée mais le contenu de la nomenclature se précise et les seuils de gravité des affections pouvant donner lieu à l'exemption ou au classement dans le service auxiliaire se déplacent[73]. En outre, certaines infirmités pouvant auparavant donner lieu à l'exemption sont désormais déclarées compatibles avec le service armé. L'albuminurie persistante entraînait l'exemption en 1914. En 1916, « chronique légère sans troubles fonctionnels, sans rétention chlorurée ou azotée, sans dépôts dans les urines d'hématies ou de cylindres, [elle] est compatible avec le service auxiliaire[74] ».

68. SHD, GR 9 NN 7/1105, n° 4259, 15 novembre 1915 ; SHD, GR 9 NN 7/1105, Les hernies dans l'armée avant et après 1905.
69. Ministère de la Guerre, *Recrutement de l'armée. Instruction sur l'aptitude physique, op. cit.*, 1905 ; volume arrêté à la date du 15 septembre 1914 ; volume mis à jour à la date du 18 mai 1915 ; volume mis à jour à la date du 1er décembre 1915 ; volume arrêté à la date du 20 décembre 1916 ; volume mis à jour au 25 juillet 1917 ; volume mis à jour au 15 janvier 1921. Cette multiplication des révisions n'est que très marginalement liée à l'existence de progrès thérapeutiques. Quelques exceptions : l'édition de décembre 1916 prend acte de la possibilité de traiter le favus par radiothérapie : *Recrutement de l'armée. Instruction sur l'aptitude physique, op. cit.*, 1916, § 42.
70. SHD, GR 9 NN 7/1105/16889 c/7.
71. SHD, GR 9 NN 7/1102/12329. Note pour le cabinet du Ministre au sujet des renseignements demandés par M. Paul Strass, Sénateur, en prévision de la révision et de l'appel de la classe 1922.
72. SHD, GR 9 NN 7/1102, Commission supérieure consultative d'hygiène et d'épidémiologie militaire. Procès-verbal de la séance du 20 novembre 1920, p. 15.
73. *Ibid.*, p. 7 et p. 53.
74. Ministère de la Guerre, *Recrutement de l'armée : aptitude physique, op. cit.*, 1905, p. 7 ; ministère de la Guerre, *Recrutement de l'armée : aptitude physique, op. cit.*, 20 décembre 1916, p. 10-11.

Modalités de la réforme (avril-août 1916)

Les modifications de l'*Instruction sur l'aptitude physique* ne résultent pas d'une simple pression verticale exercée par l'état-major sur le Service de santé qui aboutirait à un assouplissement des critères de l'aptitude. Elles résultent de la collaboration de plusieurs instances civiles et militaires qui concourent à l'amélioration du rendement de la sélection. La révision de l'*Instruction*, qui débouche sur la version remaniée du 24 juillet 1916, est ainsi le fruit des réflexions conjointes du Service de santé et de la Société de Médecine Légale de France, avec l'aval de la Direction de l'infanterie[75]. En avril 1916, la Société de médecine légale de France élabore un projet de révision complète de l'instruction. Elle suggère, article par article, une refonte du contenu de la nomenclature afin de remplacer celle de 1905 qui, « conçue en vue du recrutement d'une armée pour le temps de paix, ne répond pas aux nécessités de la situation [de guerre][76] ». Les dispositions de l'instruction intéressent au premier chef la Société de médecine légale de France, composée de médecins et de juristes, dans la mesure où de nombreux actes des médecins d'armées, à commencer par la sélection des recrues, sont considérés comme des expertises médico-légales[77]. La double compétence médicale et juridique de la Société lui permet en outre de proposer des corrections de l'Instruction conformes aux dispositions de l'arsenal des lois militaires et pénales. Ce n'est d'ailleurs pas la première fois que la Société et les Services de santé œuvrent de concert. En février 1916, Justin Godart avait déjà requis son expertise sur l'épineuse question du droit des blessés à refuser une intervention de la médecine militaire[78].

La Société suggère un certain nombre d'assouplissements et de précisions qui ont pour objectif d'élargir temporairement « le cadre des défectuosités physiques compatibles avec le service militaire[79] ».

75. L'épaisse liasse est conservée au SHD sous la cote GR 9 NN 7/1105.
76. SHD, GR 9 NN 7/1105, 18039 3/7, projet de modification des instructions sur l'aptitude physique entièrement revue et refondue, 25 novembre 1916. Les termes entre crochets ont été rajoutés par Louis Vaillard et Jules Simonin, lors de la relecture de la proposition.
77. Alexandre DUCO et Edmond BLUM, *Guide pratique du médecin dans les expertises médico-légales militaires*, Paris, Masson, 1917, p. 3-4.
78. Vincent VIET, *La Santé en Guerre*, *op. cit.*, p. 297.
79. SHD, GR 9 NN 7/1105, 18039 3/7, projet de modification des instructions sur l'aptitude physique entièrement revue et refondue, 25 novembre 1916.

Le document contenant les suggestions est envoyé en juin 1916 au ministère de la Guerre[80]. Transmis au sous-secrétariat d'État du Service de santé, le texte subit une série d'interventions avant sa publication officielle à la fin du mois de juillet[81]. Son examen et son amendement sont confiés à Jules Simonin (1864-1920), Charles Février (1854-1925) et Louis Vaillard (1850-1935), spécialistes de l'expertise médico-militaire, chargés de l'enseignement de la médecine militaire, très au fait de la situation sanitaire de l'armée[82]. Ce dernier en particulier, titulaire de la chaire de Maladies et Épidémies des Armées au Val-de-Grâce dès 1883, est un hygiéniste et bactériologiste reconnu qui a participé à la pénétration de la microbiologie et des découvertes épidémiologiques pastoriennes au sein de l'enseignement de la médecine militaire. Il est successivement directeur de l'École de Santé militaire de Lyon (1904-1908) puis du Val-de-Grâce (1908). Particulièrement actif sur les questions de prophylaxie, Médecin Inspecteur Général depuis 1909, il est inspecteur permanent de l'hygiène des troupes à l'intérieur au moment de la révision du texte[83]. Ce sont donc des médecins militaires qui occupent le rôle d'experts techniques, rattachés au Service de santé. Ils occupent des fonctions clefs dans le dispositif administratif de récupération et de conservation des effectifs militaires[84].

Ils agissent successivement pour remanier le texte en y apportant des précisions médico-légales, appuyées sur leur expertise. Ainsi, Alexandre

80. SHD, GR 9 NN 7/1105, Note pour M. le sous-secrétaire d'État du Service de Santé – 22 juin 1916.

81. SHD, GR 9 NN 7/1105, Bordereau d'envoi N° 5988 3/7 « Modification sur l'Instruction physique au Service Militaire proposée par la Société légale de Médecine de France », 27 avril 1916 ; Modifications apportées à l'Instruction sur l'aptitude physique au Service militaire (applicable à partir du 1er août 1916) URGENT ; n° 9809 3/7 Bordereau d'envoi 11 juillet 1916 ; « Nouvelles modifications à l'Instruction sur l'aptitude physique au SM » URGENT, 18 juillet 1916 ; 307/1916, La commission consultative médicale à M. le sous-secrétaire d'État du Service de Santé militaire 30 avril 1916.

82. *Annuaire du corps de santé de l'armée de terre,* Paris, Victor Rozier, 1916-1917 ; M. E. Sacquépée, « Notice nécrologique sur M. Louis Vaillard (1850-1935) », *Bulletin de l'Académie nationale de médecine*, n° 14, 3e série, tome 113, p. 426-434, avril 1935.

83. Sur le rôle de l'inspection, Vincent Viet, *La Santé en Guerre, op. cit.*, p. 137-147.

84. Sur l'art d'inspecter érigé par les Républicains en principe d'administration, on lira Vincent Viet, *Les voltigeurs de la République. Naissance de l'Inspection du travail*, Paris, CNRS Éditions, 1994.

Duco (1860-1943) note un contresens dans le paragraphe 216, consacré aux lésions et mutilations des doigts[85] :

> La partie de la note soulignée, telle qu'elle est rédigée, dit le contraire de ce qu'elle veut dire. Il faudrait écrire : « Est compatible avec le service armé, la perte d'une phalange de l'index, du médius et de l'annulaire de la main passive seulement. »
>
> La Commission Consultative Médicale estime que, dans tous les cas (main active ou passive), cette infirmité seule, sans raideurs de phalanges restantes, est compatible avec le service armé ; en effet, elle ne supprime aucun des mouvements utiles de la main (préhension à poignée, pince digitale, empaumement)[86].

Ces précisions témoignent de l'intense effort de réflexion fourni quant aux éléments de l'aptitude physique pouvant faire l'objet d'un aménagement. Chaque assouplissement est en effet justifié par des considérations physiologiques et mécaniques précises et adaptées aux exigences du service. Cette évaluation de la valeur respective des doigts en fonction de l'activité exigée de la main est issue de considérations qui traversent le monde de la médecine militaire comme celui de la médecine du travail[87]. Ici, le port des armes implique d'être capable d'empoigner armes et munitions et d'actionner le mécanisme de mise à feu. La Commission estime ainsi que l'amputation du pouce sans son métacarpien est compatible avec le service auxiliaire dans la mesure où « si le blessé était droitier, il devient gaucher par adaptation et très rapidement[88] ». Les modifications sont parfois aussi justifiées par les possibilités thérapeutiques. Certaines affections pouvant être traitées facilement sont ainsi déclarées compatibles avec le service[89]. Les corrections visent parfois à assouplir encore les critères de l'incorporation mais aussi à préciser la définition voire l'étiologie de certaines affections.

85. Pour les dates d'Alexandre Duco, voir Delphine ÉTIENNE, Alain GUÉNA et Benoît LAGARDE (dir.), *Sous-Série GR YD. Officiers Généraux de l'armée de Terre et des Services (Ancien Régime – 2010). Répertoire alphabétique*, SHD, Vincennes, 2011.
86. *Ibid.*
87. Voir par exemple « Évaluation de la valeur respective des doigts de la main », *Annales d'hygiène publique et de médecine légale*, série 4, n° 22, Paris, Jean-Baptiste Baillière, 1914, p. 395-396.
88. SHD, GR 9 NN 7/1105, Comité consultatif de Santé, modifications à apporter au texte présenté par la Société de Médecine Légale, 10 mai 1916.
89. SHD, GR 9 NN 7/1105, Société de Médecine Légale de France, « Modifications proposées à l'instruction sur l'aptitude physique au service militaire », article 232.

Devant le caractère flou de la définition de « faiblesse de constitution », Charles Février recommande de faire appel au coefficient de Pignet, soit aux mensurations combinées du poids, de la taille et du périmètre thoracique[90]. En mathématisant l'une des composantes les plus problématiques de l'aptitude, il espère réintroduire de la certitude dans l'évaluation.

Les correcteurs du texte restent néanmoins prudents et les amendements du texte ne vont pas toutes dans le sens de l'affaiblissement de la sélection. Elles sont parfois dictées par des considérations techniques et/ou médico-légales qui témoignent d'une connaissance fine à la fois du fonctionnement du Service de santé et des exigences du Code militaire. Lorsque la Société de Médecine légale propose que « les jeunes gens atteints de maladies ou d'infirmités jugées facilement guérissables » soient « pris bons pour le service et soignés lors de leur incorporation », Jules Simonin estime qu'il est plus raisonnable de les « ajourn[er] à 3 mois, 6 mois et 1 an suivant le temps qui aura paru nécessaire à leur guérison. Ils ne seraient incorporés que s'ils déclaraient par écrit et publiquement vouloir se soumettre à l'intervention jugée nécessaire[91] ». Le Service de santé entend par là se garantir contre les refus de soin, dont la fréquence inquiète chez les blessés et malades du front, et qui suscitent des questions médico-légales inédites relatives aux droits des soldats dans une démocratie en guerre[92]. Il s'agit en outre d'éviter d'encombrer les formations sanitaires d'inaptes ayant refusé de se faire soigner lors de leur incorporation et de grever le budget de l'État en pensionnant des hommes dont la condition physique chancelante serait susceptible de s'aggraver durant le service. Après avoir proposé l'amendement de vingt et un paragraphes, le comité consultatif de Santé, par l'intermédiaire de son nouveau président Charles Février, qui succède à Alexandre Duco, donne son aval à la révision de l'instruction le 10 mai 1916. Ayant reçu un avis favorable de la direction, les modifications apportées, déclarées applicables à compter du 1er août, sont publiées au Bulletin officiel le 7 août[93].

90. SHD, GR 9 NN 7/1105, Société de Médecine Légale de France, « Modifications proposées à l'instruction sur l'aptitude physique au service militaire ».

91. SHD, GR 9 NN 7/1105, 18039 3/7 – 25 nov 1916 : projet de réforme des instructions sur l'aptitude physique entièrement revue et refondue, p. 3.

92. Sur les refus de soin, Vincent Viet, *La Santé en Guerre, op. cit.*, p. 295-320.

93. SHD, GR 9 NN 7/1105 n°73 – comité consultatif de santé, Rapport concernant les modifications apportées au texte présenté par la société de médecine légale sur

Les modifications apportées à l'*Instruction sur l'Aptitude Physique au service militaire* ne résolvent pas immédiatement la situation d'incertitude dans laquelle se trouvent plongés les experts médicaux. Elles suscitent en effet à leur tour nombre d'interrogations. Le déplacement des seuils de l'aptitude, notamment ceux concernant l'examen des organes des sens et de la vision, conduit en effet à interroger le devenir des hommes précédemment classés selon des dispositions désormais obsolètes. L'instruction applicable à partir d'avril 1916 modifie, par exemple, les seuils de l'aptitude visuelle et auditive ; elle autorise en outre la délivrance de verres sphériques, cylindriques et sphéro-cylindriques, ce qui permet théoriquement à l'État de récupérer un grand nombre d'hommes désormais considérés comme valides et aptes au service armé[94]. Deux questions orientent alors prioritairement l'incertitude : a) doit-on proposer pour le service armé ceux des militaires qui, en vertu de l'instruction antérieure, avaient été classés dans le service auxiliaire ? b) doit-on procéder à une nouvelle révision des hommes exemptés et réformés en vertu de l'instruction[95] ? La première concerne les hommes déjà sous les drapeaux et dont le classement pourrait être révisé à l'aide des nouvelles dispositions, la seconde vise les exclus du recrutement, désormais récupérables.

Ces deux questions suscitent des réponses différentes, dans la mesure où elles ne relèvent pas de la même sphère de compétence. Les hommes classés dans le service auxiliaire sont par définition des militaires. Ils peuvent dès lors être soumis à des mesures administratives qui entraînent l'examen par un expert qualifié, ophtalmologiste pour la vision, auriste pour l'audition. Dans le cas d'un vice de réfraction, le degré d'acuité visuelle et le numéro des verres nécessaires sont consignés sur les registres de l'infirmerie afin de permettre la correction de la déficience constatée[96]. Dans le cas des hommes déjà exemptés, qui ne sont donc pas des militaires, l'intervention d'une nouvelle révision nécessite l'intervention du législateur. Le Service de santé, s'il se refuse à intervenir directement dans le processus législatif, donne néanmoins

l'aptitude au Service militaire ; SHD, GR 9 NN 7/1105, N° 9809 3/7 Bordereau d'envoi - 11 juillet 1916 ; SHD, GR 9 NN 7/1105, 12095 3/7.

94. SHD, GR 9 NN 7/1105, Modifications apportées à l'instruction sur l'aptitude physique au service militaire arrêtée à la date du 18 mai 1915.

95. SHD, GR 9 NN 7/1105, circulaire n° 134 Ci/7 du 10 juin 1916.

96. *Ibid.*

son aval aux propositions de lois – visant à favoriser la récupération – émanant directement de l'État-major de l'armée[97].

Outre des interrogations de la part du corps médical chargé de son application, la modification des seuils de l'aptitude suscite des réactions de la part de l'État-major qui y voit là l'occasion de justifier de nouvelles mesures de récupération. Le commandement prépare ainsi en août 1915 un projet de loi visant à astreindre à un nouvel examen des exemptés, réformés n° 1 et réformés n° 2 appartenant à des classes mobilisées et mobilisables qui n'ont pas été examinés par un conseil de révision ou une commission de réforme depuis le 17 août 1915. L'argumentaire accompagnant cette mesure de récupération mentionne explicitement les modifications apportées à l'*Instruction sur l'aptitude physique*[98]. Cette analyse précise des dispositifs de révision de l'instruction et de leur réception permet de mettre en évidence les dynamiques institutionnelles de la récupération. Les mesures de récupération, impulsées par l'État-major et élaborées par le législateur, et la révision de l'instruction, menée grâce à l'action conjointe de la communauté scientifique civile et du Service de santé, ne sont pas deux processus menés de manière parallèle et concomitante au service d'un même objectif. Ce sont les mesures de récupération, comme la loi Dalbiez, qui, jugées insuffisantes, déclenchent la révision de l'instruction. Cette révision, à son tour, rend possible la convocation d'individus préalablement écartés du service armé et donc l'intensification de la récupération.

Des inaptes aux armées : les médecins, témoins inquiets

L'insuffisance physique au rapport

Affecté par l'abandon de la rigueur, le triage médical s'affaiblit considérablement. L'inquiétude suscitée par cette tendance s'exprime particulièrement à partir de l'année 1915. Elle émane des médecins affectés aux dépôts, aux hôpitaux ou auprès des troupes, mais aussi

97. SHD, GR 9 NN 7/1105, Note pour l'état-major de l'armée, 13 août 1916.
98. SHD, GR 9 NN 7/1105, Note pour le sous-secrétariat d'État du Service de Santé (1re division technique), 4 août 1916.

des militaires chargés de l'inspection, de l'entraînement ou de la conduite des hommes. Des médecins britanniques font ainsi part de leur préoccupation et mentionnent l'arrivée aux dépôts d'aveugles, d'hommes atteints de formes avancées de tuberculose, affligés de malformations visibles et invalidantes ou présentant des troubles dont la gravité « mériterait d'illustrer n'importe quel manuel médical[99] ». L'état-major s'inquiète du nombre élevé de soldats concernés. Un mémorandum du *War Office* daté du 6 septembre 1915 évoque ainsi 245 457 hommes réformés avant même leur départ pour le front, en raison de leur incapacité physique à supporter l'entraînement. Ces critiques sont d'abord attribuées aux désordres des premiers jours de la guerre, lorsque l'inspection médicale était par endroits impossible[100]. Mais en juin 1917, le fonctionnement des commissions médicales est directement mis en cause. L'inspection sanitaire est l'occasion de constater les conséquences de l'affaiblissement de la sélection. Les médecins inspecteurs s'inquiètent d'une interprétation trop large des instructions enjoignant aux commissions d'accepter davantage d'hommes. Pour James Galloway :

> [...] La qualité des recrues incorporées dans l'armée semble indiquer que l'esprit du mémorandum a été malmené de manière injustifiable par certaines commissions médicales. On incorpore aujourd'hui des hommes dont l'utilité militaire est nulle.
>
> Au cours des inspections que j'ai pu mener [...], j'ai été profondément choqué par les spécimens qui sont aujourd'hui admis dans les rangs de l'armée ; des hommes presque aveugles ; des nains contrefaits à l'intelligence défectueuse ; des hommes affligés d'œdèmes aux membres inférieurs dont la gravité les empêche presque de se tenir debout ; des cas de rhumatismes particulièrement sévères, de parésie prononcée, qui rendent les déplacements grotesques ; plusieurs cas de démence dont l'évidence frapperait l'œil le moins averti.
>
> Ces pratiques doivent cesser immédiatement[101].

---

99. IWM, Con Shelf, Dible James H., *The Lost Years, 1914-1919*, cité par David Silbey, « Bodies and Cultures Collide », art. cité, p. 70. Voir aussi, pour le cas spécifique des tuberculeux dans l'armée française, les exemples cités par Pierre Darmon, « La Grande Guerre des soldats tuberculeux. Hôpitaux et stations sanitaires », *Annales de démographie historique*, 2002/1, n° 103, p. 35-50.
100. NA, CAB 27/2, *Report from the CID on War Policy*, 6 septembre 1915 ; NA, WO 159/18, *The Creedy (K) Papers – Kitchener Letters*, 1914-1915 cités par David Silbey, « Bodies and Cultures Collide », art. cité, p. 73 William Macpherson, *Medical Services General History*, *op. cit.*, p. 121.
101. NA, MH 47/144/4, Select Committee. Draft special report.

En France, deux types de recrues suscitent une inquiétude particulière, les « récupérés » et les soldats des classes convoquées par anticipation, dont la jeunesse constitue un motif d'appréhension[102]. Les études statistiques menées par le Service de santé ont en effet montré que : « La morbidité et la mortalité des jeunes soldats sont toujours très sensiblement supérieures à celles des anciens soldats[103]. » L'état de la classe 1917 est particulièrement discuté. Elle fait « en raison de la jeunesse de ses éléments, l'objet de sérieuses préoccupations[104] ».

Cependant, médecins et officier mettent essentiellement en cause la valeur physique des récupérés, y compris dans les formations combattantes. Le médecin-major de 2e classe Chevallier souligne ainsi qu'au dépôt du 1er Zouaves et dans les corps de troupes des dépôts d'artillerie du 20e corps, « l'insuffisance du développement qui était de 1/3 environ chez les jeunes gens de la classe 17 dépassait les 2/3 chez les récupérés[105] ». En mai 1915, le général Armand Mercier Milon, commandant de la 5e région de Corps d'Armée fait part de sa préoccupation au ministère de la Guerre. Il se déclare frappé « de la très forte proportion de malades, souvent très sérieusement atteints, provenant de la catégorie dite des "récupérés"[106] » qu'il rencontre dans les diverses formations sanitaires qu'il visite. Il mentionne ainsi un homme « atteint de gâtisme avancé, tout récemment incorporé […] dont l'état n'aurait véritablement pas dû échapper à la Commission qui l'avait accepté ». La faiblesse de la sélection est incriminée :

> [L]e crible à travers lequel ont dû passer les « récupérés » avant d'être appelés ou rappelés a laissé filtrer beaucoup trop de non-valeurs, sans profit d'aucun genre pour l'instruction. La bonne volonté de ces « récupérés » est générale et très grande : elle a frappé presque tous les chefs qui ont eu à s'en occuper. Mais la fragilité de beaucoup d'entre eux est encore plus grande, et je crois qu'il y a un intérêt de premier ordre à se débarrasser le plus vite possible des 25 % qui ne sont, pour ainsi dire, bons à rien, et

102. Adrien Besson, *De l'Évaluation de l'aptitude physique au service militaire, op. cit.*, p. 9-10.
103. SHD, GR 9 NN 7/1101, Rapport sur l'état sanitaire de l'armée à l'intérieur au cours de l'année 1913-1914, p. 2.
104. *Journal de médecine et de chirurgie pratique*, tome LXXXVII, 25 mars 1916, 6e cahier, p. 242.
105. SHD, GR 9 NN 7/1111, Rapport sur la nouvelle méthode d'entraînement physique des jeunes classes par Mr le médecin-Major de 2e classe Chevallier.
106. SHD, GR 9 NN 7/1105, Correspondance Générale n° 6888, Le Général Mercier Milon au Ministre de la Guerre, 7 mai 1915.

> qui encombrent inutilement les casernements et cantonnements, en même temps qu'ils alourdissent les unités d'instruction, quand ils peuvent les suivre par hasard[107].

La situation apparaît suffisamment inquiétante pour que des enquêtes soient menées, à la demande de l'état-major, par les directeurs régionaux du Service de santé. Le constat est sans appel : « Il est facile de voir que la valeur physique des "récupérés" est loin d'être brillante[108]. »

La valeur des recrues y est évaluée à l'aide de trois indicateurs, qui assimilent l'aptitude militaire à la capacité de résistance des recrues aux rigueurs physiques et sanitaires de la vie de soldat. Sont ainsi soigneusement examinés le taux d'hospitalisation, le taux de réforme et les chiffres de la morbidité et de la mortalité dans les trois mois suivant l'incorporation. Le rapport rendu en mai 1915 par le médecin inspecteur D. Polin, directeur du Service de santé de la 5e Région, tend à montrer « que d'une façon générale, la valeur physique des récupérés s'est montrée inférieure à celle de toutes les autres catégories du contingent[109] ». Sur 3 348 récupérés observés, 28 % ont été indisponibles du fait d'une hospitalisation, soit plus d'un quart de l'effectif ; 4,12 % ont été réformés en trois mois, contre une moyenne annuelle de 2,75 %. Leur « aptitude [...] à contracter les maladies contagieuses, réceptivité due naturellement à leur moindre résistance, a été également remarquée[110] ». 76 d'entre eux ont contracté la rougeole, 41 la scarlatine, 16 la méningite cérébrospinale, 91 ont présenté un réveil de lésions tuberculeuses. Pour le Dr Polin, un quart des récupérés n'est d'aucune utilité aux forces combattantes. « Inaptes à faire campagne », ils seront inévitablement réformés ou classés dans le service auxiliaire.

Les colonies ne sont pas épargnées. Les rapports d'inspection des Troupes d'Algérie dénoncent en mars 1915 « l'admission d'hommes atteints d'infirmités trop apparentes pour avoir pu passer inaperçues au moment de l'examen médical ». Ils signalent « l'excès de jeunesse, l'état physique défectueux d'un grand nombre d'engagés » dont une

107. *Ibid.*
108. *Ibid.*
109. SHD GR 9 NN 7/1105, Rapport n° 7159 – P, Valeur physique des récupérés. 5e Région, 4 mai 1915.
110. *Ibid.*

forte proportion doit être réformée dès son arrivée au Corps[111]. Pour les médecins des commissions de réforme dont l'agacement est palpable, il existe des cas « dont l'inaptitude saute aux yeux sans examen[112] ». Des insuffisances de développement, chez des « squelettes » de 1 m 67 pour 48 kg ; des tuberculoses, occasionnant des abcès visibles à distance ; des hernies volumineuses à l'extrême ; des sternums enfoncés, « infirmité qui ne pouvait passer inaperçue », sont ainsi reportés[113]. Le caractère très laxiste de la sélection opérée par les médecins militaires est souligné de la même façon en Afrique orientale française (AOF)[114]. Un officier se plaint de la présence, au sein des 150 recrues de sa compagnie, d'un aveugle, de sept borgnes, d'un amputé d'un doigt de la main droite, et d'une trentaine d'hommes d'« aspect très chétif[115] ».

Les conclusions des rapports sont suffisamment inquiétantes pour susciter des commentaires de la part du sous-secrétaire d'État au Service de santé des armées lui-même, Justin Godart, qui pointe la légèreté de certains classements :

> Il m'a été signalé qu'à l'occasion de l'examen d'un certain nombre d'hommes appartenant plus spécialement à des catégories d'anciens ajournés et d'anciens exemptés, les expertises médicales auxquelles ont été soumis les sujets présentant des lésions et des tares organiques définitives plus ou moins caractérisées, n'ont pas toujours abouti à des conclusions basées sur des notions médico-légales correspondant à l'unité de doctrine qui s'impose impérieusement en matière d'aptitude au service militaire[116].

Nombreuses sont les recrues incorporées à être hospitalisées, voire renvoyées chez elles lorsque l'étendue de leur inaptitude devient trop

111. SHD GR 9 NN 7/1105, Correspondance du Ministère de la Guerre, État-major de l'armée, Section d'Afrique, n° 1137 9/11 « Engagement des indigènes ».
112. SHD GR 9 NN 7/1105, Rapport n° 3161 du Médecin Chef de l'Hôpital Militaire de Blida au sujet des engagés indigènes présentés devant la Commission de réforme, février 1915.
113. SHD GR 9 NN 7/1105, Correspondance du Ministère de la Guerre, État-major de l'armée, Section d'Afrique, n° 1137 9/11 « Engagement des indigènes ».
114. Marc Michel, *L'Appel à l'Afrique. Contributions et réactions à l'effort de guerre en A.O.F. (1914-1919)*, Paris, Publications de la Sorbonne, 1982, p. 85. Sur ces questions, voir Stéphanie Soubrier, « "Races guerrières"… », thèse citée, p. 542.
115. Alphonse Seche, *Les Noirs (d'après des documents officiels)*, Paris, Payot et Cie, 1919, p. 17-18. Cité par Stéphanie Soubrier, « "Races guerrières" … », thèse citée, p. 542.
116. SHD, GR 9 NN/1100, Circulaires et instructions diverses, n° 567 Ci/7, 5 août 1917, Aptitude physique au Service Militaire.

manifeste. En France, elles passent devant les commissions de réforme qui s'inquiètent du nombre considérable des réformés présentés aussitôt ou peu après leur arrivée au corps. En Grande-Bretagne, le même phénomène peut s'observer à partir d'autres sources. Le système des tribunaux d'appel permet de recenser les plaintes des individus qui sont nombreux à protester contre leur classement. Sur les 3 449 hommes passés devant le tribunal d'appel de Londres entre octobre 1916 et juillet 1917, 1 202 ont vu leur catégorie initiale inchangée (36 %), 1 958 ont été placés dans une catégorie inférieure (57 %) et 336 ont été déclarés inaptes (10 %). Sur ces 336, 135 avaient été placés en catégorie A, soit au sein des forces combattantes. La majorité de ces nouveaux exemptés était atteinte de tuberculose ou de troubles cardiaques et mentaux[117].

Le destin des malades mentaux

Le cas des troubles mentaux, bien étudié, permet de changer d'échelle et d'observer les conséquences de l'affaiblissement de la sélection sur les individus concernés. Les recherches sur l'histoire de la psychiatrie militaire durant la Grande Guerre ont fait l'objet d'un regain d'intérêt ces quinze dernières années. Précocement développées en Grande-Bretagne, elles se sont enrichies de travaux français qui se sont notamment intéressés à l'expérience vécue des combattants[118]. Des études ont

117. William Macpherson, *Medical Services General History*, *op. cit.*, p. 126-138.
118. Peter Barham, *Forgotten lunatics of the Great War*, New Haven, Yale University Press, 2004 ; Peter Leese, *Shell Shock: Traumatic Neurosis and the British Soldiers of the First World War*, New York, Palgrave Macmillan, 2002 ; Fiona Reid, *Broken men. Shell Shock, Treatment and Recovery in Britain, 1914-30*, Londres, Continuum, 2010 ; Ben Shepard, *A War of Nerves: Soldiers and Psychiatrists in the Twentieth Century*, Cambridge, Harvard University Press, 2001 ; Simon Wessely et Edgard Jones, « The Origins of British Military Psychiatry Before the First World War », *War and Society*, vol. 19, n° 2, 2001, p. 91-108. Pour la France : Annette Becker, *Guerre totale et troubles mentaux*, Paris, A. Colin, 2000 ; Julien Bogousslavsky et Laurent Tatu, *La folie au front. La grande bataille des névroses de guerre (1914-1918)*, Paris, Imago, 2012 ; Louis Crocq, *Les blessés psychiques de la Grande Guerre*, Paris, Odile Jacob, 2014 ; Sophie Delaporte, « Le discours médical sur les blessures et les maladies pendant la Première Guerre mondiale », thèse de doctorat d'histoire, Université de Picardie Jules Verne, 1999 ; Marie Derrien, « "La tête en capilotade" », thèse citée ; Hervé Guillemain et Stéphane Tison, *Du front à l'asile*, *op. cit.* ; Gregory Thomas, *Treating the Trauma of the Great War: Soldiers, Civilians and Psychiatry in France, 1914-1940*, Bâton Rouge, Louisiana State University Press, 2009.

permis de montrer que la sélection mentale des recrues a, elle aussi, subi le triomphe de la gestion comptable des effectifs[119]. L'abandon de la rigueur a remis en cause les dispositions relatives à l'exclusion des hommes atteints de troubles mentaux[120].

En France, l'un des derniers pays européens à se pencher sérieusement sur la question spécifique de l'aptitude mentale, ces dispositions reposent sur l'instruction ministérielle du 5 avril 1913, qui entend garantir qu'aliénés, faibles d'esprits et déséquilibrés soient tenus à l'écart des forces armées. Les conséquences du recrutement massif sur ces dispositions sont lisibles au triple niveau du recrutement, de la réforme et de l'accueil en formation sanitaire. Le taux d'exemption pour épilepsie, aliénation, crétinisme et convulsions diminue ainsi de 30 % pendant la durée de la guerre et l'on retrouve des individus atteints de troubles mentaux parmi les récupérés incorporés à la suite d'un nouvel examen, même si aucune source ne permet de les quantifier avec exactitude. Les conditions de la réforme sont également revues à la baisse. Enfin, les médecins s'efforcent de rendre au plus vite les patients des centres de psychiatrie à la défense de la patrie.

L'inaptitude mentale constitue un cas paradigmatique de déficience qui peut facilement échapper aux mailles de la sélection avant et pendant la guerre. Des troubles du système nerveux très marqués sont ainsi parfois délibérément ignorés, seule comptant alors l'aptitude physique des recrues[121]. Le caractère récent des dispositions concernant les troubles mentaux, la difficulté du diagnostic d'affections à l'étiologie mal connue ou encore l'absence de formation spécifique des experts concourent à rendre ces pathologies difficilement détectables. Seule l'armée américaine, à partir de 1917, fait usage des tests standardisés qui ont commencé à se répandre en institutions spécialisées depuis

119. Mathew Thomson, « Status, Manpower and Mental Fitness: Mental Deficiency in the First World War », dans Roger Cooter, Mark Harrison et Steve Sturdy (dir.), *War, Medicine and Modernity*, Stroud, Sutton Publishing, 1998, p. 149-167 ; Marie Derrien, « Éliminer ou récupérer », art. cité, p. 13-29 ; Hervé Guillemain et Stéphane Tison, *Du front à l'asile, op. cit.*, p. 98-115.

120. Marie Derrien, « Éliminer ou récupérer », art. cité. Les données de ce paragraphe et du suivant sont issues de cet article.

121. Hervé Guillemain et Stéphane Tison, *Du front à l'asile, op. cit.*, p. 102 ; Voir par exemple H. Colin, J. Lautier, Magnac, « Les imbéciles à l'armée », *Annales médico-psychologiques*, 1916, n° 7, p. 540-546, cité par Hervé Guillemain et Stéphane Tison, *Du front à l'asile, op. cit.* p. 110.

1910[122]. Durant le conflit, aiguillonnés par le patriotisme et l'exigence du rendement, les médecins désireux d'incorporer le plus grand nombre d'hommes ont alors la tâche facile. Un examen superficiel qui néglige d'éventuelles déclarations du candidat sur ses antécédents peut suffire. Il est fréquent que soient ignorés les certificats, dossiers sanitaires et enquêtes qui, lorsqu'ils existent, mentionnent parfois des antécédents psychiatriques. C'est le cas de Lucien C., déclaré bon pour le service armé en 1917, malgré un certificat de réforme pour « débilité mentale »[123]. L'examen n'ayant pas confirmé ses troubles intermittents, les médecins choisissent d'ignorer le diagnostic du certificat, pourtant établi par des autorités militaires[124]. À cet égard, il est tout à fait révélateur que l'effondrement du taux d'exemption des maladies du système nerveux concerne au premier chef l'épilepsie, affection se manifestant par intermittence et dont la détection s'accommode mal d'une observation rapide de l'état général de l'individu[125].

Des sujets présentant tous les signes de troubles mentaux sont envoyés sur le front dès 1914. C'est le cas de Pierre G. dont l'idiotie, selon la désignation médicale de l'époque, est pourtant repérable à des stigmates particulièrement visibles[126]. Ces hommes sont également des cibles faciles de la politique de récupération[127]. Ces individus dont le recrutement aurait pu être évité encombrent ainsi les unités combattantes. Affectés sur le front, ils sont souvent désorientés, incapables

---

122. Jacqueline Carroy, Annick Ohayon et Régine Plas, *Histoire de la psychologie en France, XIXe-XXe siècles*, Paris, La Découverte, 2006 ; Patrice Pinell, « L'invention de l'échelle métrique de l'intelligence », *Actes de la recherche en sciences sociales*, vol. 108, n° 1, 1995 ; Clarence Yoakum et Robert Yerkes, *Army Mental Tests*, New York, H. Holt, 1920. Sur ces tests et les limites de leur interprétation : Stephen Jay Gould, *La mal-mesure de l'homme*, *op. cit.* Sur la circulation internationale des idées psychiatriques Volker Roelcke, Paul Weindling et Louise Westwood (dir.), *International Relations in psychiatry*, *op. cit.*

123. Cité par Hervé Guillemain et Stéphane Tison, *Du front à l'asile*, *op. cit.*, p. 95-96.

124. D'autant que la question de savoir si un retard mental constitue une inaptitude et doit justifier une réforme est très débattue. Je remercie Marie Derrien d'avoir attiré mon attention sur ce point.

125. En Grande-Bretagne, la recherche de ce trouble, quand elle a lieu, passe par l'examen de la langue sur laquelle on espère trouver des cicatrices, signes des morsures fréquentes lors des crises. Voir NA, MH 47/144, Select Committee on Military Service. Minutes of Evidence, Testimony of Dr Charles Hayward, p. 169.

126. Hervé Guillemain et Stéphane Tison, *Du front à l'asile*, *op. cit.*, p. 105-109.

127. *Ibid.*, p. 95-97, 105.

d'obéir aux ordres, de se servir de leur armement ou de prendre soin de leur équipement. Ils succombent parfois au délire et au désespoir ou se rendent responsables d'accidents et d'infractions. À peine mobilisé, Lucien C. est réformé après avoir tenté de mettre fin à ses jours et de s'enfuir en chemise dans la nuit. Lorsqu'ils ne sont pas traduits devant la justice militaire, ces malades sont alors évacués vers les formations sanitaires, ainsi que le déplorent un certain nombre de psychiatres auxquels les conséquences de la loi du nombre n'ont pas échappé. Le médecin-major Henri Français du centre neurologique d'Évreux constate que les dégénérés dont il a la charge sont pour la plupart des récupérés dont l'inaptitude était si manifeste qu'elle a occasionné une hospitalisation dès leur incorporation[128]. C'est le cas d'Henri P., dont les crises d'épilepsie sont de notoriété publique lorsqu'il est récupéré au début de l'année 1917 et envoyé au front. On le retrouve peu de temps après à l'asile d'Alençon en proie au délire et à l'instabilité nerveuse[129].

La prise en charge des militaires atteints de troubles mentaux, réalisée dans l'improvisation et la précipitation alors que rien ne permettait à l'armée de faire face à leur multiplication, ajoute au tragique de leur destin[130]. D'autant que les malades accueillis en hôpital jouissent de moins de considération que les blessés de guerre et sont, à ce titre, parfois dédaignés voire refoulés des formations sanitaires[131]. On trouve des récits tout aussi dramatiques concernant des cas d'inaptitude physique. En février 1918, le quotidien *La Vérité* évoque ainsi le cas du deuxième classe tuberculeux Gaston Salzes, deux fois réformé pour troubles pulmonaires puis deux fois récupéré, reconnu coupable de désobéissance par la justice militaire et condamné à un an de prison pour « n'avoir pas eu la force de faire l'exercice[132] ».

128. Cité par Marie Derrien, « Éliminer ou récupérer », art. cité. Voir aussi Jean Lépine, *Troubles mentaux de guerre*, Paris, Masson, 1917, p. 190.
129. Hervé Guillemain et Stéphane Tison, *Du front à l'asile, op. cit.*, p. 108-109.
130. Sur l'impréparation de l'armée face aux troubles mentaux, on lira Julien Bogousslavsky et Laurent Tatu, *La folie au front, op. cit.* ; Gregory Thomas, *Treating the Trauma of the Great War, op. cit.* ; Louis Crocq, *Les blessés psychiques, op. cit.* ; Sophie Delaporte, « Le discours sur les blessures », *op. cit.* ; Marie Derrien, « "La tête en capilotade" », thèse citée, chapitre 1 ; Hervé Guillemain et Stéphane Tison, *Du front à l'asile, op. cit.* ; Marc Roudebush, *A Battle of Nerves: Hysteria and Its Treatments in France During World War I,* thèse d'histoire, University of California, Berkeley, 1995.
131. Pierre Darmon, « La Grande Guerre des soldats tuberculeux », art. cité, § 27.
132. Cité dans *ibid.*, p. 35.

De l'inquiétude à la dénonciation : contagion et mobilisation épidémiologique

Divisions et débats au sein du corps médical

Même si une partie des médecins s'est ralliée à l'exigence du rendement, la mobilisation n'a pas occasionné de consensus au sein du corps médical. Un certain nombre de praticiens résiste à l'idée d'un nécessaire relâchement des critères de l'aptitude du fait de la guerre. Il n'est pas rare de constater chez eux l'expression d'une vive inquiétude devant « le danger d'une révision faite trop légèrement[133] », voire une condamnation de « l'intransigeance des conseils de révision », de « la dernière visite des exemptés et réformés, en particulier, [qui] a remis sous les drapeaux une grande quantité [d']incapables[134] ». Dans une thèse consacrée à l'aptitude des débiles au service militaire, Claire Saint-Aubin estime ainsi que les médecins ne doivent pas être « les protecteurs trop farouches des effectifs[135] ». La tribune des sociétés savantes et les colonnes de la presse médicale sont les lieux d'expression privilégiés de cette préoccupation qui déborde occasionnellement ces espaces traditionnels de la controverse scientifique pour contaminer la presse générale. Les hommes affligés de « faiblesse de constitution », dont l'organisme peut constituer un terrain propice au développement de maladies infectieuses, ou les candidats atteints de troubles mentaux font ainsi l'objet de discussions particulièrement animées.

Les psychiatres français apparaissent divisés sur la question de l'incorporation des hommes atteints de faiblesse psychique[136]. Pour certains médecins, ces recrues sont incapables de remplir leurs missions de soldats et constituent des « facteur[s] important[s] de défaite et

---

133. *Journal de médecine et de chirurgie pratique*, tome LXXXVII, 25 mars 1916, p. 238.
134. Médecin-chef H. Français, Rapport mensuel du Centre de neurologie d'Évreux, août 1917, cité par Vincent Viet, *La Santé en guerre, op. cit.*, p. 302, note 42.
135. Claire Saint-Aubin, *Les débiles intellectuels, leur aptitude au service militaire en temps de guerre*, thèse, Nancy, p. 34-35. Cité par Valentine Hoffbeck, « De l'arriéré au malade héréditaire », thèse citée, p. 455.
136. Sur les débats entourant l'aptitude mentale au service : Hervé Guillemain et Stéphane Tison, *Du front à l'asile, op. cit.*, p. 95-114 ; Marie Derrien, « Éliminer ou récupérer », art. cité, p. 13-29 ; Annette Becker, *Guerre totale et troubles mentaux, op. cit.* ; Peter Barham, *Forgotten Lunatics, op. cit.* ; Paul Lerner, *Hysterical Men: War Psychiatry, and the Politics of Trauma in Germany, 1890-1930*, Ithaca, Cornell University Press, 2003.

de panique[137] ». Devant la Société médico-psychologique, le 17 juillet 1916, le docteur Colin affirme ainsi, plus encore que leur inutilité, la dangerosité des imbéciles à l'armée[138]. S'opposant au relâchement de la sélection, Raoul Benon, médecin-chef du centre de psychiatrie de la XIe région militaire, demande que les dispositions réglementaires soient revues dans le sens d'une plus grande sévérité[139]. C'est aussi l'avis de la commission consultative de santé[140]. Pour d'autres, la mobilisation des faibles d'esprit « gênants pour la discipline et peu maniables[141] » est bien considérée comme devant faire l'objet d'attentions particulières, mais elle reste tout à fait envisageable y compris dans les forces combattantes[142]. Plusieurs propositions voient le jour afin d'encadrer l'incorporation des hommes instables sur le plan mental et de ne pas compromettre voire d'augmenter l'efficacité de l'armée[143]. Le débat

137. Claire SAINT-AUBIN, *Les débiles intellectuels*, thèse citée, p. 22. Cité par Valentine HOFFBECK, « De l'arriéré au malade héréditaire », thèse citée, p. 455. Voir aussi J. LAUTIER, *Les maladies mentales dans l'Armée. Peut-on utiliser les imbéciles ?*, thèse de médecine, Paris, Téqui et Guillonneau, 1916.

138. H. COLIN, J. LAUTIER, MAGNAN, « Les imbéciles à l'armée », *Société médico-psychologique*, séance du 17 juillet 1916, *Annales médico-psychologiques*, n° 7, 1916, p. 540-546. Voir aussi Georges DUMAS, *Troubles mentaux et nerveux de guerre*, Paris, Alcan, 1919, p. 202 ; « Revue des livres : Les anormaux et les malades mentaux au régiment », *Annales d'hygiène publique et de médecine légale*, série 4, n° 19, 1913, p. 303-304 : « On savait bien que certains sujets étaient, en raison de leurs tares psychiques, des non-valeurs pour l'armée et qu'en temps de guerre ils seraient un encombrement et même un danger pour l'armée et pour le service de santé. »

139. Raoul BENON, « Aptitude au service militaire et psychiatrie », *Annales d'hygiène publique et de médecine légale*, n° 32, 1919, p. 65-70, cité par Marie DERRIEN, « Éliminer ou récupérer », art. cité.

140. ASSA, VDG, carton A 229, note pour le sous-secrétariat du Service de santé aux armées, Commission consultative médicale, 13 septembre 1917, cité par Marie DERRIEN, « Éliminer ou récupérer », art. cité.

141. C. NORDMAN et J. BONHOMME, « De l'utilisation des indisciplinés en temps de guerre », *Annales médico-psychologiques*, n° 7, 1916, p. 490.

142. Jean LÉPINE, *Troubles mentaux de guerre*, *op. cit.*, p. 183 ; Société médico-psychologique, séance du 26 juin 1916, *Annales médico-psychologiques*, n° 7, 1916, p. 522, cités par Marie DERRIEN, « Éliminer ou récupérer », art. cité. Pourtant, la révision de l'*Instruction* précise bien que la débilité mentale prononcée motive la réforme mais que « légère, elle peut être compatible avec le service auxiliaire ». cf. ministère de la Guerre, *Recrutement de l'armée : aptitude physique au service militaire*, Paris, H. Charles-Lavauzelle, volume arrêté à la date du 20 décembre 1916, 1916.

143. C. NORDMAN et J. BONHOMME, « De l'utilisation des indisciplinés », art. cité, p. 490-492.

fait rage pendant toute la durée du conflit sans qu'aucun consensus ne se dégage.

Le relâchement des exigences physiques de la sélection fait également l'objet de critiques. Le médecin-major Grenet déplore en mars 1917 la présence de tuberculeux aux symptômes évidents, pourtant maintenus dans l'armée[144]. Pour certains médecins, les soldats mal sélectionnés représentent en effet une menace sanitaire qui pèse sur le collectif militaire et, par extension, sur la nation tout entière. « Comment un tel contagieux a-t-il pu être engagé ? », s'interroge ainsi le médecin principal de 2e classe Brault à Alger, le 8 février 1915, devant un engagé dont la tête est envahie par la teigne[145]. L'incorporation des inaptes, porteurs ou non d'une maladie contagieuse, fait courir au contingent un double péril. Ils encombrent les formations armées et sanitaires et exposent parfois leurs camarades à une contamination qui risque d'affaiblir toute la troupe. Entraînant en outre une « diminution de la résistance organique » du collectif en général et donc augmentant la réceptivité à la contagion des individus non porteurs, l'absence de sélection faciliterait la propagation de maladies comme la tuberculose, la rougeole, la scarlatine ou encore les oreillons. Les conséquences épidémiologiques d'une insuffisance de la sélection sont ainsi mises en avant. Inaptitude physique et inaptitude mentale ont d'ailleurs parfois partie liée puisque le corps médical s'inquiète d'une plus grande réceptivité des déficients mentaux aux maladies infectieuses[146].

La menace de la tuberculose en France

En avril 1915, *Le Figaro* publie le plaidoyer d'un médecin des hôpitaux, que ses fonctions militaires contraignent à l'anonymat. Pour lui, il faut prendre garde à ce qu'après « la colère des armes » ne « gronde celle de la maladie, plus durable et plus meurtrière ». Celle-ci risque de frapper l'individu qui :

144. « Rapport sur le fonctionnement du 4e secteur médical pendant le mois de mars 1917 par M. le médecin major de 2e classe Grenet, médecin du secteur », ASSA, carton 41, cité par Pierre Darmon, « La Grande Guerre des soldats tuberculeux », art. cité.

145. SHD, GR 9 NN 7/1105, Rapport du médecin-chef de l'hôpital militaire de Blida au sujet des engagés indigènes présentés devant la commission de réforme, 8 février 1915.

146. Mark Jackson, « Institutional Provision for the Feeble-Minded », art. cité, p. 171.

> sans s'en douter parfois, portait en soi un foyer de tuberculose enclavé sournoisement depuis des années dans quelque obscur lobe de son poumon ; tout à coup, à l'occasion d'un refroidissement, d'une marche forcée, d'une contusion du thorax par un éclat d'obus qui, pourtant, n'aura pas pénétré, il crachera le sang et verra se réveiller, lentement ou brusquement, la maladie qui dormait [...]. Ces exemples suffisent à montrer l'union des deux conditions qui sont à l'origine de la tuberculose : l'ensemencement par un microbe virulent d'un terrain préparé, c'est-à-dire amoindri dans sa résistance.
>
> Parfaitement organisée dans le temps de paix, la prophylaxie de la tuberculose est à peu près nulle actuellement. Dans le temps de paix, en effet, les tuberculeux sont systématiquement écartés ; ils sont rigoureusement recherchés, dépistés, en vertu de ce principe qu'ils sont un danger pour leurs camarades et que leur présence est considérée comme une cause possible de diminution des effectifs par contagion. Sur le pied de guerre, bien au contraire, la chasse aux tuberculeux semble interdite. Le but est d'avoir le plus d'hommes possible sous les drapeaux [...].
>
> L'habitude semble s'être enracinée dans les conseils de révisions et les commissions de réforme, de prendre tous les hommes qui peuvent marcher et tirer, sans souci de l'état de leurs poumons. Là réside un véritable danger contre lequel il convient de réagir. [...]
>
> [C]e qui est le devoir commun, c'est de s'élever contre une tendance qui aurait pour résultat de conserver dans les rangs de l'armée des hommes malades et contagieux sous prétexte que leurs balles sont aussi meurtrières que celles de leurs voisins ; c'est de demander que les mesures prophylactiques du temps de paix soient d'autant plus rigoureusement appliquées en temps de guerre qu'il y a plus d'hommes sous les drapeaux et que ces hommes, en rentrant dans leurs foyers, après la paix, y apporteront le germe de la maladie qu'ils auront contractée ou réveillée pendant la guerre[147].

Si le caractère infectieux par voie bactérienne, celle du bacille de Koch, est alors bien connu, cette approche bactériologique s'intègre ici à un modèle étiologique complexe qui comprend de multiples facteurs prédisposant l'organisme à une plus ou moins grande réceptivité face à la tuberculose[148]. La guerre et ses aléas sont intégrés au modèle.

147. « La tuberculose et la guerre », *Le Figaro*, 5 avril 1915.

148. Sur l'absence d'une « révolution bactériologique », c'est-à-dire sur la manière dont les hygiénistes et cliniciens ont intégré le bacille de Koch dans des schémas explicatifs de la tuberculose sans renoncer aux multiples facteurs prédisposant, on lira Michael Worboys sur l'exemple britannique : Michael Worboys, « From Heredity to Infection: Tuberculosis, 1870-1890 », dans Jean-Paul Gaudillière et Ilana Löwy, *Heredity and Infection: The History of Disease Transmission*, Londres, Routledge, 2001, et « Was there a Bacteriological Revolution in Late Nineteenth-Century

Ce sont les conditions du service, les efforts demandés au corps et les blessures qu'il subit (refroidissement, marche forcée, contusion du thorax) qui, en venant amoindrir la résistance de l'organisme, facilitent l'« éclosion[149] » et le développement de la pathologie. De plus, pour les médecins, l'action vulnérante de la guerre est propice au développement ou à l'aggravation des pathologies pulmonaires. Projectiles créant des blessures pleuropulmonaires, contusions thoraciques dues aux explosions puis, dès mars 1915, gaz asphyxiants ou toxiques provoquent de nombreuses bronchites, bronchopneumonies et « tous les processus inflammatoires ou congestifs des voies aériennes dont beaucoup [revêtent] une allure traînante ou chronique susceptible de créer le berceau du bacille de Koch[150] ». Les conditions du service auxiliaire, où l'on verse parfois les tuberculeux, ne valent guère mieux. Là, le soldat est exposé à « l'influence du froid, du surmenage, du travail dans les poussières ou les poudres[151] » particulièrement néfastes pour ces « anciens fibreux, bronchitiques chroniques, vieux tousseurs dont la tuberculose mal éteinte va se réveiller[152] » selon le médecin-major Germain Roque, de Lyon.

Pour l'auteur de l'article du *Figaro*, il est donc nécessaire de procéder à une sélection du contingent encore plus rigoureuse qu'en temps de paix. Contrairement à ce qu'il affirme cependant, la prophylaxie de la tuberculose n'était pas d'une efficience éprouvée avant la guerre. Malgré l'existence, dans les grandes villes, de vingt-sept dispensaires d'hygiène sociale et de préservation antituberculeuse de type Calmette, qui avaient jeté les bases d'un modèle sanitaire français d'action pédagogique et prophylactique, la lutte contre la tuberculose était restée balbutiante[153]. Elle reposait sur des organi-

Medicine? », *Studies in History and Philosophy of Science Part C: Studies in History and Philosophy of Biological and Biomedical Sciences*, vol. 38, n° 1, 2007, p. 20-42.

149. La tuberculose par éclosion est, selon la classification des médecins, celle qui est contractée dans la vie civile.

150. « Rapport du médecin-major de 2e classe Péhu, novembre 1917 », ASSA, carton 45, 7e région, secteur médical de Bourg-Belley (Ain), cité par Pierre Darmon, « La Grande Guerre des soldats tuberculeux », art. cité.

151. « Rapport du médecin major de première classe Germain Roque, avril 1918 », 14e région, Lyon, ASSA, carton 55, cité par Pierre Darmon, « La Grande Guerre des soldats tuberculeux », art. cité, § 31.

152. *Ibid.*

153. Dominique Dessertine et Olivier Faure, *Combattre la tuberculose, 1900-1940*, Lyon, Presses universitaires de Lyon, 1988 ; Vincent Viet, *La Santé*

sations privées en faible nombre, et dont la concertation était quasi nulle, et sur l'action de la Commission permanente de préservation de la tuberculose, créée en 1903, chargée de concevoir l'action des pouvoirs publics. En l'état des connaissances et des traitements, la lutte contre ces fléaux sociaux reposait essentiellement sur des mesures prophylactiques destinées à en empêcher la dissémination. La gestion purement comptable des effectifs et le primat de la quantité sur la qualité des troupes ajoutent encore à cette impréparation et apparaissent propices à la propagation d'épidémies susceptibles de décimer l'armée.

Ce plaidoyer, publié en 1915 dans la presse générale, est republié en 1916 par le *Journal de médecine et de chirurgie pratique*, qui manifeste une inquiétude certaine :

> La question de la tuberculose dans ses rapports avec la guerre, l'extension menaçante de la maladie, le danger d'une révision faite trop légèrement et permettant d'admettre dans le service armé des sujets déjà atteints, préoccupent actuellement à un haut degré la plupart des médecins et ont suscité dans ces derniers temps bon nombre de communications à diverses sociétés savantes et de travaux d'une très grande valeur[154].

L'incorporation de la classe 1917, dont la jeunesse et donc la potentielle fragilité suscitent des réserves, et le contexte sanitaire permettent d'expliquer ce regain d'intérêt pour la relation entre mauvaise sélection et tuberculose. La conscience de la menace épidémique représentée par les soldats mal sélectionnés s'est affirmée au début du siècle grâce au progrès de la statistique médico-militaire[155]. Au cours du conflit, les maladies contagieuses deviennent une préoccupation majeure de la gestion sanitaire de l'armée. Sur les neuf millions de soldats mobilisés entre 1914 et 1919, 400 000 à 500 000 ont été soupçonnés d'être porteurs du bacille ; près de 150 000 ont développé une forme active de la maladie et 100 000 ont été

en guerre, op. cit., p. 463 ; ID., « La Grande Guerre et la lutte antituberculeuse en France », *Revue d'histoire de la protection sociale*, 2016/1, n° 9, p. 52-67 ; Pierre DARMON, « La Grande Guerre des soldats tuberculeux », art. cité. Voir aussi Sophie Delaporte qui consacre une importante étude à la tuberculose dans l'armée française pendant la Grande Guerre dans sa thèse Sophie DELAPORTE, thèse citée, vol. 2, p. 228-254.

154. *Journal de médecine et de chirurgie pratique*, tome LXXXVII, 25 mars 1916, p. 238-242, ici p. 233.

155. Odile ROYNETTE, « La Statistique médicale de l'armée française », art. cité, p. 77.

réformés pour cette raison. La maladie a emporté plus de 40 000 soldats[156].

La mobilisation de l'opinion et des autorités sanitaires contre la tuberculose s'affirme à la fin de l'année 1915. Le 25 mars 1915, Louis Landouzy (1845-1917), doyen de la faculté de médecine, l'un des acteurs principaux de la lutte contre la tuberculose, attire l'attention de la Commission permanente de préservation de la tuberculose sur l'inquiétante proportion de soldats réformés pour tuberculose[157]. Le sujet prend de l'ampleur durant l'été. À la suite des révélations du médecin inspecteur Troussaint, qui reconnaît qu'on a admis des tuberculeux ouverts dans l'armée, les méthodes du recrutement font l'objet d'une âpre dénonciation. En juillet 1915, les membres de la Commission dénoncent la façon dont les conseils de révision procèdent, et le scandale que représente la présence de tuberculeux avérés dans l'armée. Louis Landouzy se plaint notamment que les conseils de révision négligent ou refusent d'examiner des certificats médicaux émanant de notoriétés médicales en matière de tuberculose. La commission conclut ainsi :

> La commission permanente de la tuberculose émet le vœu que, au cours des opérations des conseils de révision et dans les conseils de réforme, des mesures soient prises pour que les suspects de tuberculose soient l'objet d'un examen particulier avec les garanties scientifiques nécessaires.

Le contenu de ces discussions est repris à la Chambre des députés en novembre 1915[158].

Ces médecins craignent de voir les tuberculeux admis dans l'armée se multiplier, affaiblir la puissance militaire française et ramener la maladie au sein des populations civiles. Alors que l'infection se répand

---

156. Lion MURARD et Patrick ZYLBERMAN, « "L'autre guerre" 1914-1918. La santé publique en France sous l'œil de l'Amérique », *Revue historique*, vol. 276, n° 2, octobre-décembre 1986, p. 369-398.
157. 65 519 soldats du 1er août 1914 au 1er novembre 1915 dans Louis LANDOUZY, « Rapport à la Commission permanente de préservation contre la tuberculose », 5 mars 1915, *Revue d'Hygiène et de politique sanitaire*, n° 37, 1915, p. 209-226. Voir aussi « Proposition de résolution invitant le Gouvernement à assurer des soins aux militaires tuberculeux avant leur renvoi dans leurs foyers », Chambre des députés, Annexe au procès-verbal de la séance du 25 mars 1915.
158. *JORF. Débats parlementaires. Chambre des députés : compte rendu in-extenso*, Séance du 30 novembre 1915, p. 1941.

en Europe et que sa létalité augmente[159], les hygiénistes obtiennent progressivement une visibilité accrue et leurs préoccupations, parmi lesquelles les conséquences désastreuses de l'abandon de la rigueur, un surcroît de légitimité. Comme le souligne Anne Rasmussen, « les enjeux sanitaires de la seconde moitié du conflit [replacent] au premier rang des priorités certaines des préoccupations que les hygiénistes avaient défendues dans la décennie précédente et que l'entrée en guerre avait semblé révoquer. La crise sanitaire induite par la tuberculose [remet] en exergue les nécessités du triage que prônaient les apôtres de la sélection hygiénique au nom de la préservation du futur de la nation[160] ». À la fin de l'année 1915, l'État se voit forcé d'admettre le bien-fondé des inquiétudes médicales. L'appel anticipé des très jeunes conscrits de la classe 1917 suscite une émotion qui contribue à mettre au premier plan la protection de ces fragiles jeunes gens, qui vient concurrencer, sans jamais la supplanter, la nécessaire reconstitution des effectifs. L'obligation de faire concourir tous ceux qui pourraient être d'une utilité quelconque à la défense nationale fait consensus, à condition que le service ne leur fasse pas courir de risques inhérents à leur état de santé.

Par la suite, l'importance de la menace de la tuberculose ne cesse de s'affirmer dans le débat public. Le 15 octobre 1916, une circulaire ouvre la voie à l'indemnisation des militaires tuberculeux réformés que les commissions classaient jusque-là dans la réforme n° 2, statut qui leur interdisait le droit à la pension[161]. Cette circulaire entame la

159. Catherine Riollet, « The other War II : Setbacks in Public Health », dans Jay Winter et Jean-Louis Robert, *Capital Cities at War: Paris, London, Berlin 1914-1919*, Cambridge/New York, Cambridge University Press, 1997, p. 456-486.
160. Anne Rasmussen, « Préserver le capital humain », art. cité, p. 71-95.
161. Alexandre Duco, « Les droits du blessé. Pension-gratification-réforme », dans *Science et Dévouement. Le Service de Santé. La Croix-Rouge, les œuvres de solidarité de guerre et d'après-guerre*, Paris, A. Quillet, 1918, chap. xx, p. 348. La réforme n° 2, qui ne donne pas droit à l'ouverture de droits, est prononcée pour des infirmités antérieures à l'incorporation, pour des infirmités ou mutilations résultant de blessures reçues hors du service ou pour des infirmités provenant de maladies ne résultant pas du fait des obligations du service militaire. La réforme n° 1 est prononcée pour infirmités ou mutilations résultant de blessures reçues en service commandé ; pour des infirmités provenant de maladies contractées par le fait des obligations du service militaire ; ou pour des infirmités antérieures à l'incorporation ou ne dépendant pas exclusivement d'une circonstance déterminée du service ayant cependant acquis, sous l'influence des conditions spéciales à la vie militaire, un développement entraînant

transformation du statut du malade en blessé de guerre, que sa pathologie ait été causée par le service, ou aggravée par lui.

Nombre de réformés pour tuberculose, France (1914-1918)

Périodes	Réforme n° 2	Réforme n° 1
2 août 1914-31 oct. 1915	65 519	85 (?)
1er nov. 1915-1er mars 1916	4 442	280
1er mars-31 déc. 1916	3 068	1 405
1er janvier 1917-31 mai 1917	2 173	1 656
1er juin 1917 – fin de la guerre	10 673	20 161
Totaux	85 875	23 387

Source : Bernard Léon, *La Défense de la santé publique pendant la guerre*[162]

Devant la brutale inflation en 1916 du nombre de tuberculeux pensionnés par l'État, il devient urgent d'en accepter le moins possible dans les rangs, afin de ne pas avoir à les réformer et à les indemniser. En outre, les années 1916-1917 sont marquées par un apaisement progressif des tensions autour de l'embusquage[163]. Moins préoccupée par la juste répartition de l'effort de guerre, l'opinion est plus réceptive aux préoccupations sanitaires et à l'impératif de préservation des jeunes classes. Enfin, dans le cours de l'année 1917, l'opinion publique s'inquiète aux États-Unis d'une possible contamination des soldats américains par les militaires français et critique la gestion de l'épidémie par la France[164]. Ce contexte permet donc le retour d'un discours qui ne dissocie pas l'efficacité de l'armée, l'intérêt du candidat, la santé de la

l'incapacité de servir. Pour un exemple de discussion autour de cette distinction pendant la guerre, voir *Annales médico-psychologiques*, n° 7, 1916, p. 523.

162. Léon Bernard, *La Défense de la Santé publique pendant la guerre*, Publications de la Dotation Carnegie, PUF, 1929, p. 251.

163. Charles Ridel, *Les embusqués*, *op. cit.*, p. 120 et p. 144.

164. Pierre Guillaume, *Du désespoir au salut : les tuberculeux aux XIXe et XXe siècles*, Paris, Aubier, 1986, p. 194-202 ; Jean-François Picard, *La fondation Rockefeller et la recherche médicale*, Paris, PUF, 1999, p. 69-72 ; Lion Murard et Patrick Zylberman, *L'administration sanitaire en France dans l'entre-deux-guerres. Le ministère de l'Hygiène : création et action*, Conv. MiRe-Inserm, 1996.

nation et la préservation de son futur. Le primat donné au rendement et aux effectifs perd de sa force au fur et à mesure que la guerre se prolonge et que les revendications hygiénistes prennent plus de force. Le schéma explicatif liant mauvaise sélection et épisodes épidémiques s'impose. Ainsi, le « caractère éminemment grave » des premiers cas de grippe espagnole à l'arrivée des recrues de la classe 1919 est associé par les divers inspecteurs envoyés en mission vers les garnisons les plus touchées (Privas, Grenoble, Romans et Chambéry) à « une sélection insuffisante du contingent au moment de l'incorporation[165] ».

Le corps médical se divise sur l'intensité de la sélection nécessaire à l'état de guerre, mais il est à noter que c'est le même registre argumentatif qui est mobilisé pour justifier le relâchement comme le renforcement de la sévérité du processus. Si les médecins entendent se faire les garants « à la fois des intérêts de l'homme et des intérêts de l'État[166] », force est de constater que le discours humanitaire, celui des intérêts de l'homme, et les obligations éthiques des médecins sont rarement mis en avant dans le discours sur la sélection, contrairement à ce qui a pu se produire dans le domaine des soins[167]. C'est plus fréquemment l'efficacité de l'armée et la sauvegarde de la nation, soit le registre stratégique, qui est mobilisé. Il est possible que la crainte de la censure ou du blâme ait poussé certains médecins critiques de l'abandon de la rigueur, sinon au silence, au moins à adopter une rhétorique manifestant leur adhésion à l'effort de guerre. C'est bien la dénonciation d'un scandale sanitaire, celui du transport des blessés, qui avait valu au journal de Clemenceau les foudres de la censure[168]. Les

165. SHD, GR 9 NN 7 1101/Incorporation classe 1919. Statistiques et rapports, maladies contagieuses, valeur physique. Statistiques comparées avec les classes 1917 et 1918. Contribution à l'étude de la genèse des épidémies chez les recrues. À propos des classes 1917-1918-1919.

166. Paul Antoine Joseph Lidy, *Cardiopathie valvulaires et aptitude militaire*, thèse, Paris, 1918, p. 10.

167. Sur la survivance malgré la guerre d'obligations éthiques dans la pratique des soins psychiatrique, on pourra lire Stéphanie Dupouy, « Georges Dumas, psychiatre de guerre », dans Elisabeth Chapuis (dir.), *Les psychologues et les guerres*, Paris, L'Harmattan, 2010, p. 153-169.

168. Sylvain Bertschy, « La prise en charge des blessés et malades de l'armée : genèse d'un problème public et mise en scandale du Service de santé militaire », chap. 4, Frédéric Rousseau (dir.), *La Grande guerre des sciences sociales*, Outremont, Athéna, 2014, p. 109-158 ; Alain Prost, « Le désastre sanitaire du Chemin des Dames », dans Nicolas Offenstadt (dir.), *Le Chemin des Dames, de l'événement à la mémoire*,

inquiétudes des médecins concernant la sélection ne s'expriment pas toujours librement. L'article du *Figaro* est publié anonymement. Un autre article du *Petit Journal*, qui appelait au contrôle des agissements des médecins des dépôts vis-à-vis des inaptes à faire campagne, est censuré[169]. La mobilisation de ce registre argumentatif était en outre très probablement la meilleure façon de faire en sorte que les protestations médicales reçoivent un écho dans les sphères décisionnelles. On ne peut cependant pas complètement exclure l'adhésion des médecins, notamment des médecins militaires, à une vision des choses faisant de l'efficacité de l'armée une priorité subsumant d'autres considérations.

Quoi qu'il en soit, l'invocation par les médecins du patriotisme et des exigences de l'administration raisonnée du contingent vient justifier aussi bien une certaine radicalité dans la récupération que la défense de la sévérité de la sélection. Pour les tenants de la reconstitution des effectifs, c'est le nombre d'individus mobilisés qui reste le facteur stratégique décisif. Pour les partisans de la sévérité de la sélection, l'efficacité de la troupe passe par la préservation de son intégrité sanitaire et morale. La santé des soldats et leur capacité d'adaptation deviennent centrales et il apparaît nécessaire de limiter les possibilités d'éclosion et de contamination par maladies infectieuses. Il s'agit là d'une conception hygiéniste et fonctionnaliste de l'efficacité de l'armée. Militants de la rigueur et de l'assouplissement de la sélection médicale des recrues opposent donc deux conceptions stratégiques visant le même objectif – la victoire finale – et rejouent l'éternel débat opposant qualité et quantité des effectifs.

Paris, Stock, 2004, p. 137-151. Sur la censure en général, Olivier Forcade, *La censure en France pendant la Grande Guerre*, Paris, Fayard, 2016 ; Id., « Voir et dire la guerre à l'heure de la censure (France, 1914-1918) », *Le Temps des médias*, vol. 4, n° 1, 2005, p. 50-62.

169. SHD, GR 9 NN 7/1105, Demande du Chef de Cabinet du Ministre du 8 février 1915, n° 1620 D.

Chapitre 6

Les recrues face aux experts

« J'ai passé ce matin mon Conseil de Révision[1] », écrit Pierre Hillemand (1895-1919), le 11 septembre 1914. Dans le journal de cet étudiant en médecine, cette mention laconique est la seule référence à l'examen subi par des millions de jeunes gens. Elle illustre les difficultés rencontrées lorsque l'on tente d'aborder la sélection médicale du point de vue des examinés. Les descriptions du passage devant les experts médicaux sont rares ou lapidaires, que ce soit dans la fiction ou dans les écrits de l'intime. L'historiographie française s'est jusqu'ici centrée sur le point de vue des médecins dont les écrits livrent quelques indications sur l'épreuve que peut représenter l'examen médical pour les recrues[2]. La tradition historiographique britannique a, elle, davantage mis l'accent sur le point de vue des subalternes et sur la parole des hommes de la troupe en mobilisant quelques rares témoignages[3]. On sait que, pendant les deux premières années de la guerre, dans les conditions souvent chaotiques de la sélection des volontaires, il n'est pas rare que le candidat à l'incorporation négocie l'assouplissement des critères de taille, de poids, de périmètre thoracique ou d'acuité visuelle, afin de pouvoir aller combattre malgré sa non-conformité au modèle existant. La visite médicale des volontaires a pu dès lors être décrite comme « un moment de coopération et de négociation entre les médecins et les recrues[4] ».

Il est en effet possible, pour un candidat ne remplissant pas les conditions de l'aptitude, mais néanmoins désireux d'aller combattre, de se voir parfois classer dans la catégorie correspondant à ses souhaits. Pour autant, l'interaction entre le médecin et la recrue n'est

1. Pierre Hillemand, *Journal d'un médecin sur les deux guerres mondiales, 1. La Grande Guerre*, présenté par Bernard Hillemand, Montceux-lès-Meaux, Éd. Fiacre, 2013, p. 32.
2. Odile Roynette, *Bons pour le service*, *op. cit.*
3. David Silbey, « Bodies and Cultures Collide », art. cité.
4. *Ibid.*

pas exempte de rapports de force et c'est bien aux médecins ou aux membres des commissions chargées du recrutement qu'appartient la décision finale. Il apparaît en outre nécessaire de nettement distinguer le temps du volontariat, où médecins et recrues peuvent avoir des intérêts convergents, du temps de la conscription, où se présentent à l'examen des candidats à l'enthousiasme plus modéré. Les protestations et manœuvres de recrues désireuses de se voir reconnaître inaptes portent la marque de ces réticences. Il est donc nécessaire de nuancer une historiographie qui a trop souvent considéré que l'examen médical débouchait sur un verdict négocié.

Face à la pression sociale exercée par la culture de guerre ambiante et au pouvoir du jugement médical, quelle est la marge de manœuvre des individus désireux d'échapper à l'épreuve du feu ? La répartition des recrues dans différentes catégories, plus ou moins éloignées du front, ne va pas sans protestation. Mais celles-ci sont limitées et inégalement prises en compte par l'autorité étatique. En France, la décision du conseil de révision est irrévocable. En Grande-Bretagne, il est possible de faire appel de l'obligation de servir, notamment pour raisons de santé, par l'intermédiaire d'une institution dédiée, le tribunal d'appel. Les archives du tribunal de Middlesex, comté englobé dans l'aire urbaine est-londonienne dès le milieu du XIXe siècle, donnent accès de manière privilégiée au discours des recrues sur leurs propres capacités physiques et sur la manière dont celles-ci ont été – ou auraient dû être – évaluées à travers 1 100 cas d'appel pour motif de santé[5]. En dehors des travaux consacrés aux objecteurs de conscience, il existe peu de recherches consacrées à ces tribunaux. Au sein de ces travaux, les appels pour raisons de santé ont en outre été particulièrement délaissés[6]. Or, avant d'être entendus, les plaignants doivent convaincre du bien-fondé de leur réclamation. Dans des formulaires conçus à cet effet, ils développent parfois longuement les raisons de leur saisine et accompagnent cet exposé de pièces justificatives. On dispose donc

5. NA, MH 47/114 ; NA, MH 47/115 et NA, MH 47/116. Sur 11 000 cas au total. Pour une présentation détaillée de cette source, voir l'introduction générale de la thèse.
6. David Littlewood, *Military Service Tribunals and Boards in the Great War: Determining the Fate of Britain's and New Zealand's Conscripts*, Londres, Routledge, 2018 ; James McDermott, *British Military Service Tribunals*, *op. cit.* Voir aussi Adrian Gregory, « Military Service Tribunals: Civil Society in Action », dans Jose Harris, *Civil Society in British History: Ideas, Identities, Institutions*, Oxford, Oxford University Press, 2003, p. 177-191.

de textes rédigés par des recrues insatisfaites de leur classement qui cherchent à le faire réviser à la baisse car elles se considèrent, d'une manière ou d'une autre, diminuées par une ou plusieurs déficiences[7]. Outre l'évocation par les plaignants de leur propre défaillance, on peut, grâce à ces sources, analyser le phénomène de contestation de l'expertise des médecins du recrutement, par le recours au certificat établi par une autorité médicale concurrente, souvent celle du médecin de famille.

En cas d'épuisement des recours légaux et d'échec d'une hypothétique négociation, ne restent alors que les stratégies de contournement de l'expertise médicale par la corruption, la fraude, la simulation ou la mutilation. L'histoire de la Première Guerre mondiale a révisé le mythe de soldats partis la fleur au fusil et de l'enthousiasme belliciste de sociétés tendues unanimement vers l'effort de guerre[8]. À côté des mutineries et des démarches des objecteurs de conscience britanniques, l'étude d'actes de résistance et de contournement a permis de montrer que les soldats ne se sont pas toujours et pas complètement soumis à ce qui était attendu d'eux[9]. L'expertise médicale, qui décide de l'aptitude du candidat à rejoindre les forces armées, se prête aux manœuvres visant à éviter aux jeunes gens

7. Pour une approche méthodologique de ce type de source, voir Roy Porter, « The Patient's View: Doing Medical History from Below », *Theory and Society*, vol. 14, n° 2, 1985, p. 175-198 ; Id. et Andrew Wear, *Problems and Methods in the History of Medicine*, Londres, Croom Helm, 1987 ; Jean-Paul Gaudillière, *La médecine et les sciences, XIXe-XXe siècles*, Paris, La Découverte, 2006.

8. Jean-Jacques Becker, *1914 : comment les Français sont entrés dans la guerre. Contribution à l'étude de l'opinion publique, printemps-été 1914*, Paris, FNSP, 1977 ; Adrian Gregory, *The Last Great War: British Society and the First World War*, Cambridge, Cambridge University Press, 2008 ; Catriona Pennell, *A Kingdom United: Popular Responses to the Outbreak of the First World War in Britain and Ireland*, Oxford, Oxford University Press, 2012.

9. Sur cette dénomination : André Loez, *14-18, les refus de la guerre. Une histoire des mutins*, Paris, Gallimard, 2010 ; Tony Ashworth, *Trench Warfare 1914-1918: The Live and Let Live System*, Londres/Basingstoke, Macmillan Press, 1980 ; sur l'obéissance et la désobéissance, Nicolas Beaupré, Heather Jones et Anne Rasmussen, *Dans la guerre 1914-1918. Accepter, endurer, refuser*, Paris, Les Belles Lettres, 2015 ; Alexander Watson, *Enduring the Great War: Combat, Morale and Collapse in the German and British Armies, 1914-1918*, Cambridge, Cambridge University Press, 2008 ; Emmanuel Saint-Fuscien, *À vos ordres ? La relation d'autorité dans l'armée française de la Grande Guerre*, Paris, Éd. de l'EHESS, 2011. Pour l'étude d'un cas d'insoumission et de vie clandestine menée sous travestissement féminin, on lira Fabrice Virgili et Danièle Voldman, *La Garçonne et l'assassin. Histoire de Louise et de Paul, déserteur travesti, dans le Paris des années folles*, Paris, Payot et Rivages, 2011.

l'expérience du front. Ce refus d'aller combattre peut pousser son auteur à s'inscrire dans des stratégies d'illégalité. L'existence, tout aussi réelle que fantasmée, de stratégies de contournement de l'expertise fait peser sur l'interaction médecin-recrue le poids de la suspicion. Pour autant, ces subversions du rapport de force restent rares, elles s'inscrivent dans un climat marqué par la prégnance d'une culture de guerre qui contribue à entretenir l'adhésion ou la résignation des populations à l'effort de guerre[10]. En tout état de cause, on ne peut que constater la faible portée de la contestation qui tendrait à montrer la marge de manœuvre limitée dont disposent les recrues face au pouvoir médical de dire l'aptitude.

L'épreuve de l'évaluation

Il arrive que les médecins et l'administration mentionnent les difficultés éprouvées par les recrues pendant l'examen ou au moment de l'énoncé du verdict. La nudité qui leur est imposée, le caractère public de l'évaluation de leurs capacités et, pour les conscrits français, l'importance de ce rituel dans leur vie d'homme et de citoyen, sont autant de sources d'appréhension. Les opérations des experts consistant à catégoriser les recrues représentent en outre des modes d'exercice du pouvoir, de nature intellectuelle, culturelle et politique, qui impliquent une asymétrie entre ceux qui formulent le jugement et ceux qui le subissent. Le verdict, objectivé par l'inscription sur des listes et/ou l'obtention de cartes, produit ainsi un changement d'état qui peut avoir d'importantes conséquences sur le parcours biographique des examinés[11]. Ce rite de passage donne à l'expert un rôle d'instituteur du social[12]. Le classement

10. Stéphane Audoin-Rouzeau et Annette Becker, *14-18. Retrouver la guerre*, Paris, Gallimard, 2000.

11. Sur la conception sociologique du handicap, que je reprends ici, on lira Romuald Bodin, *L'Institution du handicap*, Paris, La Dispute, 2018, p. 15. Sur le poids des « identités de papier », qui objectivent les statuts par la constitution de dossiers administratifs, l'inscription sur des listes, l'obtention de cartes, voir Claudine Dardy, *Identités de papier*, Paris, Lieu commun, 1990. Et sur la gestion bureaucratique des biographies par l'État, qui consiste à imposer des parcours préconçus, Robert Castel, *La Gestion des risques*, Paris, Les Éditions de Minuit, 1981. Sur l'étiquetage, Howard Becker, *Outsiders: Studies in the Sociology of Deviance*, Londres, The Free Press, 1966.

12. Pierre Bourdieu, *La Noblesse d'État. Grandes écoles et esprit de corps*, Paris, Les Éditions de Minuit, 1989, p. 141 ; Id., « Les rites comme actes d'institution », *ARSS*, n° 43, juin 1982, p. 58-64.

contribue certes à mettre de l'ordre, à introduire de la rationalité, mais aussi à justifier la marginalisation des inaptes qui se voient écartés du modèle masculin valorisé et dominant.

Pudeurs et timidités

Pour les besoins de l'examen médical, « l'homme à examiner [...] doit se présenter entièrement nu[13] ». « Il ne peut être considéré comme suffisant de baisser son pantalon, fût-ce jusqu'aux chevilles, ni de remonter sa chemise[14] », précisent les instructions britanniques. Les candidats à l'incorporation sont donc contraints de se dévêtir afin d'être examinés, palpés et auscultés, souvent devant un groupe de plusieurs personnes. Des précautions sont prises dès 1840 en France pour limiter l'exhibition du corps du conscrit. Les médecins peuvent ainsi invoquer le huis clos lorsque le résultat de l'examen, auparavant public, peut s'avérer dommageable pour la réputation du jeune homme. En 1873, un règlement prescrit que la visite médicale ait lieu devant les seuls membres du conseil de révision[15]. En 1905, la loi réitère cet impératif.

Ces dispositions se révèlent cependant bien illusoires. D'autres textes autorisent en effet la présence du père ou du tuteur du jeune homme, des membres du Sénat ou de la Chambre des députés représentant la circonscription, du conseiller général et du conseiller d'arrondissement représentant le canton ou encore du sous-préfet d'arrondissement et des maires des communes :

> Si on ajoute que, dans la pratique, soit en raison de la disposition souvent défectueuse des locaux, soit pour faciliter l'exécution plus rapide des opérations, la visite médicale se fait non seulement devant les fonctionnaires susvisés, mais encore en présence des jeunes conscrits qui se succèdent sans interruption dans la salle des séances, on ne tarde pas à s'apercevoir que le huis-clos dont la loi paraît si vivement se préoccuper est singulièrement élargi. C'est devant un véritable aréopage que les médecins experts proclament, en quelque sorte, des diagnostics dont l'énoncé n'est pas sans jeter fréquemment quelque discrédit, soit sur le conscrit lui-même, soit sur sa famille [...]. Il s'agit en définitive d'un

13. Ministère de la Guerre, Bulletin officiel n° 68 bis, *Recrutement de l'armée. Instruction sur l'aptitude physique au service militaire*, Paris, H. Charles-Lavauzelle, volume arrêté à la date du 15 décembre 1905, p. 5. Voir aussi Jules Maurin, *Armée, guerre, société, op. cit.*, p. 196.
14. War Office, *Instructions for the physical Examination of Recruits*, London, His Majesty's Stationery Office, 1912/1921, p. 1.
15. Odile Roynette, *Bons pour le service, op. cit.*, p. 239, 242.

> examen absolument public, avec cette aggravation : qu'aucune disposition légale n'impose le secret aux membres de cette nombreuse assemblée[16].

Les représentations iconographiques de la révision mettent ainsi souvent en scène des conscrits nus les uns derrière les autres, défilant devant les membres du conseil. Même si la pudeur comme vertu est prioritairement associée au genre féminin, « la corvée du déshabillage[17] » est perçue, par les experts comme par les examinés, comme une épreuve suscitant gêne et appréhension[18]. Le médecin militaire Adrien Besson rappelle que « ces jeunes gens, souvent timides, sont parfois aussi intimidés par leur simple appareil que par le cérémonial inaccoutumé qui les entoure[19] ».

En effet, le dévoilement du corps transgresse les codes sociaux et moraux de la décence, qui imposent de dissimuler sa nudité. L'exhibition publique du corps, et plus précisément des organes sexuels, est condamnée à la fois par la morale religieuse, qui intime de ne rien faire qui puisse susciter des pensées coupables, et par le droit. En France, malgré un début d'érosion de la pudeur entamée à la Belle Époque, la nudité publique peut être qualifiée d'« outrage public à la pudeur » et est sanctionnée par le Code pénal depuis 1810[20]. Il n'est dès lors pas surprenant de constater la gêne des candidats « en tenue de conseil de

---

16. Jules Simonin, « Le secret médical vis-à-vis des hommes de troupes », *Journal de médecine et de chirurgie pratiques*, t. 79, 1908, p. 159

17. « Une idylle sur un dos », *Le Rire*, n° 84, 26 juin 1916, qui met en scène le moment de l'évaluation lors du conseil de révision.

18. Sur la dimension genrée de la pudeur, on lira Juliette Gaté, « Genre et nudité dans l'espace public », dans Stéphanie Hennette-Vauchez, Marc Pichard et Diane Roman (dir.), *La loi et le genre. Études critiques de droit français*, Paris, CNRS Éditions, 2014, p. 677-691.

19. Adrien Besson, *De l'Évaluation de l'aptitude physique au service militaire des jeunes sujets*, Lille, H. Morel, 1921, p. 73.

20. Sur l'érosion de la pudeur, voir Anne-Marie Sohn, « Le corps sexué », dans *Histoire du corps*, tome 3, *op. cit.*, p. 93-127. Sur la naissance de la pudeur comme marqueur du processus de civilisation, Norbert Elias, *La civilisation des mœurs*, Paris, Pocket, 2009 [1974]. Pour une critique de ces théories, Hans Peter Duerr, *Nudité et pudeur. Le mythe du processus de civilisation*, Paris, Éd. de la Maison des sciences de l'homme, 1998. Voir aussi Étienne Anheim et Grévin Benoît, « Le procès du "processus de civilisation" ? Nudité et pudeur selon H. P. Duerr », *Revue d'histoire moderne et contemporaine*, 48-1, 2001, p. 160-181. Sur la répression de la nudité, Lise Manin, « Outrages publics à la pudeur et outrages aux bonnes mœurs : la nudité en procès dans la France du second XIXe siècle », dans François Cadilhon, Philippe Chassaigne et Éric Suire (dir.), *Censure et autorités publiques de l'époque moderne à nos jours*, Bruxelles, Peter Lang, 2015 ; Marcela Iacub, *Par le trou de la serrure. Une*

révision[21] ». Les médecins examinateurs évoquent ainsi « l'émotivité bien compréhensible, présentée par tous ces jeunes gens, comparaissant nus, à vingt ans, devant ces aéropages qui vont statuer sur leur "sort"[22] ». L'asymétrie de la situation, qui place un examiné nu face à des évaluateurs vêtus, renforce l'embarras des recrues placées en position subalterne par le médecin qui dispose du pouvoir de faire se dénuder, d'évaluer et de qualifier les corps[23]. En France et en Grande-Bretagne jusqu'à la fin de l'année 1917, le caractère dévirilisant et asymétrique de l'examen est renforcé par le fait que les médecins procédant à l'examen sont revêtus d'un uniforme militaire qui manifeste l'ordre dont ils sont les garants[24].

Les travaux portant sur la pudeur en contexte médical se sont intéressés aux techniques déployées par les médecins masculins pour contourner l'embarras éprouvé face aux corps féminins. Ils ont en revanche accordé très peu d'attention à ce qui était fait pour épargner la sensibilité des hommes[25]. À l'hôpital, rien n'est prévu pour éviter la gêne des malades[26]. *A contrario*, le confort et la dignité de la recrue durant l'examen font l'objet d'un certain nombre d'attentions. Les instructions françaises de 1916 précisent que :

---

histoire de la pudeur publique (XIXe-XXe siècle), Paris, Fayard, 2008. Voir également : Jean-Claude Bologne, *Histoire de la pudeur*, Paris, Hachette, 1986.

21. « Le Rire de la semaine », *Le Rire*, 30 mai 1914.

22. Pierre Bonnette, *Du choix des conscrits, op. cit.*, p. 25.

23. Le pouvoir de faire se dénuder est un pouvoir essentiellement masculin comme le souligne Juliette Rennes dans *Femmes en métier d'hommes (1890-1930). Une histoire visuelle du travail et du genre*, Saint-Pourçain-sur-Sioule, Bleu autour, 2013, p. 49, 121.

24. Roynette Odile, « L'uniforme militaire au xixe siècle : une fabrique du masculin », *Clio. Femmes, Genre, Histoire*, n° 36, 2012, p. 109-128.

25. Sur la pudeur dans la relation thérapeutique, on lira Dominique Brancher, « Les ambiguïtés de la pudeur dans le discours médical (1570-1620) », *Cahiers de l'association internationale des études françaises*, 2003, vol. 55, p. 275-297 ; Hervé Baudry, *Pudeur et thérapeutique aux XVIe et XVIIe siècles. Le problème du lavement de soi-même*, Genève, Droz, 2008 ; Sylvie Arnaud-Lesot, *Pudeur et pratique médicale. Aspects relationnels de l'examen gynécologique et obstétrical au XIXe siècle en France*, thèse de doctorat, 2007 ; Id., « La pudeur en médecine aux xviiie et xixe siècles : une entrave à la parole du médecin et de sa patiente », *Medicina nei Secoli*, n° 16 (1), 2004, p. 95-107 ; Id., « Pratique médicale et pudeur féminine au xixe siècle », *Histoire des sciences médicales*, 2004, vol. 38 (2), p. 207-218 ; Anne Carol, « L'examen gynécologique en France, xviiie-xxe siècles : techniques et usages », dans Olivier Faure et Patrice Bourdelais (dir.), *Les nouvelles pratiques de santé, op. cit.*, p. 51-66. Une exception au xixe siècle : Claire Barillé, « Les vaines pudeurs à l'hôpital (xixe siècle) », *Histoire, médecine et santé*, n° 1, 2012, p. 47-61.

26. Claire Barillé, « Les vaines pudeurs à l'hôpital », art. cité.

> Les jeunes gens montrent parfois de la répugnance à subir la visite du médecin. Une apparence d'appréhension de la part du sujet doit engager l'expert à procéder à la visite avec encore plus de patience, de douceur et de bienveillance que de coutume et avec un redoublement de précautions[27].

De même, les instructions envoyées en 1917 par le ministère du Service national britannique aux commissions médicales mentionnent la nécessité de prendre en compte « le confort des hommes venus subir l'examen médical[28] ». Ce confort passe par l'aménagement des locaux : il s'agit de garantir l'intimité des examinés en s'assurant que le lieu de l'examen soit approprié et correctement équipé[29]. Ainsi, la pièce doit-elle être suffisamment chauffée, comme le précisent des recommandations françaises : « Avant d'entreprendre cet examen, les Médecins s'assureront toujours que les locaux où se fera la visite médicale sont à une température convenable, et que, en cas de besoin, le chauffage a été commencé au moins une heure avant le début de la visite[30]. »

Le confort des recrues passe également par la prise en compte de leur pudeur et de leur timidité. Les Britanniques qui se présentent pour être examinés doivent avoir la possibilité de conserver leur manteau jusqu'au moment où ils pénètrent dans la salle d'examen[31]. Les gestes et l'attitude des médecins sont, du moins en théorie, soumis à cet impératif de sollicitude. Émile Duponchel souligne :

> Pour l'examen de détails, l'homme est placé en face de l'expert, les mains étalées, et celui-ci commence par lui demander s'il a une maladie ou une infirmité à lui signaler. Il est indispensable de procéder posément et sans brusquerie, sinon un grand nombre de jeunes gens, surtout dans les campagnes, émus déjà par la solennité des circonstances, par une pudeur naturelle, deviendront incapables de répondre et de fournir des renseignements qui pourraient être fort utiles[32].

---

27. Ministère de la Guerre, *Recrutement de l'armée : aptitude physique au service militaire*, Paris, H. Charles-Lavauzelle, 1916, p. 9.
28. « *Deputy Medical Commissioner (DMC) will take into consideration the comfort of men coming forward for examination* », NA, NATS 1/866, p. 8.
29. NA, NATS 1/866, p. 8.
30. SHD, GR 9 NN 7/1111, AS des conseils chargés de la révision de la classe 1920 et de l'examen des ajournés des classes 1918 et 1919 et des exemptés de la classe 1919, J9. 459 B. 4/7, 20 août 1918.
31. NA, NATS 1/866, p. 8.
32. Émile DUPONCHEL, *Traité de médecine légale militaire*, *op. cit.*, p. 29.

Cette difficulté est signalée par les médecins militaires français dès le milieu du XIXe siècle[33]. L'accent mis sur la nécessaire bienveillance des médecins a dès lors pour fonction de faciliter l'évaluation et la formulation du juste pronostic quant à la capacité de la recrue à rejoindre les forces armées.

« Un jeune soldat inquiet subit l'examen rigoureux de quatre médecins autoritaires »[34]

33. Odile Roynette, *Bons pour le service, op. cit.*, p. 240-242. Voir par exemple Georges Morache, *Traité d'Hygiène militaire – Deuxième édition entièrement remaniée, mise au courant des progrès de l'hygiène générale et des nouveaux règlements de l'armée*, Paris, J.B. Baillière et fils, 1886, p. 719.

34. Wellcome Library. WL, H. M. Bateman, « An anxious young soldier undergoing a rigorous medical examination by four domineering officers ». Pen and ink drawing by H. M. Bateman, 1917. s. d.

En dehors des atouts qu'elle peut présenter pour la réussite de l'examen, la sollicitude vise aussi à préserver la sensibilité des examinés. L'expert doit « toujours garder une attitude bienveillante qui mette en confiance son sujet : une attitude sévère, tranchante ou moqueuse est parfaitement oiseuse [...] la patience et le tact sont ici de rigueur[35] ». Les questions embarrassantes doivent être posées à voix basse et tout doit être mis en œuvre pour donner aux éléments diagnostiques le plus de discrétion possible. En l'absence de sources plus précises sur le déroulement des séances, il est difficile de dire si ces consignes sont réellement appliquées. Le fait qu'elles soient répétées sans discontinuer depuis la seconde moitié du XIXe siècle et que des attitudes précises – « attitude sévère, tranchante ou moqueuse » – soient dénoncées laissent à penser, sans qu'il soit possible de l'affirmer, que la violence symbolique de l'examen a pu être redoublée par le comportement de certains experts.

Un verdict redouté

Les conditions de l'examen sont d'autant plus impressionnantes pour les recrues que l'enjeu est considérable. Chez les conscrits français, la révision, moment clef dans la formation de l'identité masculine, sanctionne le passage à l'âge adulte de toute une classe d'âge[36]. Les décisions du conseil de révision sont connues et commentées. Elles ont un effet puissamment performatif. Être déclaré « bon pour le service », c'est se voir décerner un gage de normalité physique et sociale[37].

Un folklore élaboré accompagne les opérations médicales du recrutement. L'énoncé du verdict donne lieu à des célébrations et, parfois, à des rituels visant à humilier les inaptes. Les conscrits achètent des papiers, cartes, médailles, broches, flots et cocardes qui portent les mentions « bon », « bon pour le service », voire « bon pour les filles », et qui signifient visuellement leur aptitude.

---

35. Adrien Besson, *De l'Évaluation de l'aptitude physique, op. cit.*, p. 73.
36. Odile Roynette, *Bons pour le service, op. cit.*, p. 179 et p. 223.
37. Michel Bozon, *Les conscrits*, Paris, Berger-Levrault, 1981 ; Odile Roynette, *Bons pour le service, op. cit.*, p. 239-240. Pour une évocation littéraire de ces difficultés, Pierre Jakez Hélias, *Le cheval d'orgueil. Mémoires d'un Breton du pays bigouden*, Paris, Plon, 1975, p. 445.

« Madame La Goulue, marchande de cocardes, embrasse son fils déclaré bon pour aller servir la patrie »[38]. Photographie de Charles Lansiaux, 14 octobre 1914.

Sur cette photographie de 1914, le jeune conscrit porte une cocarde ornée de flots, semblable à celles vendues par sa mère. Les coutumes des conscrits, constituées au XIXe siècle, forment « un ensemble original, un système de rite autonome, un véritable cycle de cérémonies, du même ordre que celui des fiançailles ou du mariage[39] ». Ces rites visent aussi bien à célébrer le passage à l'âge adulte des conscrits qu'à conjurer l'inquiétude liée à l'entrée dans la vie militaire[40]. Ils visent aussi, on le voit ici, à sanctionner une hiérarchie créée par l'expertise médicale.

Les opérations des experts médicaux consistant à catégoriser, classer, déclasser les recrues sont loin d'être des activités anodines : « La domination exercée par le classement et la classification revient à définir pour circonscrire, à assigner une place, un statut, aux

38. Archives de la Ville de Paris / BHVP.

39. Michel Bozon, *Les conscrits, op. cit.*, p. 10.

40. Sur les rites de conscrits, voir Odile Roynette, *Bons pour le service, op. cit.*, p. 212-223 ; Michel Bozon, *Les conscrits, op. cit.*, p. 104-107, Jules Maurin, *Armée, guerre, société, op. cit.,* notamment p. 252-271 ; Jérémie Halais, *Des Normands sous l'uniforme, op. cit.*

savoirs, aux objets, aux êtres[41]. » Le verdict produit un changement d'état de l'examiné. De candidat à l'incorporation, il devient apte ou inapte. Le statut des individus donne alors lieu à ces parcours différenciés. Celui qui est déclaré apte est intégré aux forces armées, dans des formations plus ou moins éloignées du champ de bataille. Celui qui est exclu pour raison de santé court le risque de subir l'opprobre et le stigmate, soit que l'on considère avec raillerie ses capacités physiques douteuses, soit que l'on estime que son exemption a été indûment prononcée[42]. L'énoncé du verdict peut déclencher des quolibets. Le classement contribue donc à rigidifier les distinctions, à naturaliser des hiérarchies, à justifier la marginalisation d'individus. Pour Jacques Bainville (1879-1936), journaliste nationaliste et figure de l'Action française, en août 1914 : « Le non-combattant n'est plus rien. Il le sent, il le sait[43]. » En ce sens, le classement peut être perçu comme une sanction sociale qui s'accompagne d'une opération d'étiquetage. Si l'on adopte une conception purement sociologique de l'inaptitude, qui en fait une position sociale produite par l'institution, on peut considérer que le verdict de l'examen médical contribue à créer des inaptes en rendant visible leur inadéquation à un type physique et mental érigé en modèle par la société.

L'exempté n'est pas seulement exclu du champ de bataille et raillé par ses pairs, il est aussi exclu du modèle masculin valorisé et dominant. Sa virilité et sa capacité à engendrer sont mises en doute. Ce verdict médico-militaire peut alors avoir des conséquences dans la vie civile du jeune homme, notamment sur sa capacité à prendre femme. « [C]elui qui n'aurait pas "fait son temps" [...] parce qu'il aurait été réformé pour raison médicale, fait figure de suspect [...] on n'envisage plus dans la France des campagnes qu'un jeune homme se marie et s'établisse sans s'être au préalable acquitté de ses obligations. Le service joue dans la construction du genre masculin un rôle fondamental, ce que les intéressés traduisent d'instinct par la formule "Bons pour

---

41. Vincent Liquète et Susan Kovacs, « La lutte des classements. Introduction générale », dans « Classer, penser, contrôler », *Hermès, La Revue*, n° 66, 2013/2, p. 9-15. Voir aussi Geoffrey Bowker et Susan Leigh Star, *Sorting Things Out: Classification and Its Consequences*, Cambridge, MIT Press, 1999.

42. Odile Roynette, *Bons pour le service, op. cit.*, p. 239. Sur le stigmate et ses conséquences relationnelles, Erwin Goffman, *Stigmate, op. cit.*, p. 15.

43. Cité par Charles Ridel, *Les Embusqués, op. cit.*, p. 53.

le service, bon pour les filles"[44] ». On retrouve cette mention sur les insignes qu'arborent les conscrits déclarés aptes à l'issue du conseil de révision. La formule est souvent accompagnée d'un médaillon représentant un conscrit nu sous la toise que manie un gendarme. À l'inverse, l'inaptitude au combat est utilisée de manière infamante. Dans *Le Diable au Cor*, journal de tranchée, les embusqués sont moqués par l'intermédiaire de leur progéniture, « rejetons rachitiques, tout à fait impropres au combat[45] ».

Sans que l'examen soit aussi ritualisé, on retrouve en Grande-Bretagne une angoisse du verdict similaire. En effet, dans les années qui précèdent la Grande Guerre, se maintenir en bonne santé apparaît de plus en plus comme un devoir, en lien avec la capacité à servir le pays et à maintenir l'empire[46]. Cet impératif se trouve redoublé pendant la guerre : « Il me semblait que ce serait la fin du monde si je n'étais pas pris », se rappelle ainsi George Morgan[47]. La prégnance des normes de conformité physique à un certain idéal masculin s'ajoute à cette exigence et suscite chez les recrues le désir de se voir classer dans les catégories les plus hautes. La plupart des individus attendent avec anxiété les résultats de l'examen. C'est le cas des volontaires britanniques qu'évoque R. Grange, volontaire irlandais :

> Une foule d'aspirants soldats peuplait la partie inférieure de la place, devant la porte d'entrée, et se bousculait gaiement dans l'espoir d'accéder plus rapidement à l'examen médical. Le succès ou l'échec de la visite était ensuite facile à discerner sur le visage de chaque homme, dès qu'il franchissait à nouveau la porte[48].

44. Annie Crépin, *Histoire de la conscription, op. cit.*, p. 317.
45. Charles Ridel, *Les embusqués, op. cit.*, p. 32.
46. David Armstrong, *A New History of Identity: a Sociology of Medical Knowledge,* Basingstoke, Palgrave, 2002, p. 71-73. Voir aussi Id., *The political Anatomy of the body: Medical Knowledge in Britain in the Twentieth Century,* Cambridge, Cambridge University Press, 1983 ; Stanislav Andreski, *Military Organisation and Society,* Londres, Routledge, 1998 ; Geoffrey Finlayson, *Citizen, State and Social Welfare in Britain 1830-1998,* Oxford, Clarendon, 1994 ; Richard Morris Titmuss, *Problems of Social Policy*, Bristol, Policy Press, 2019 [1950] ; Id., *Essays on the Welfare State*, Londres, George Allen & Unwin, 1958.
47. Cité par Malcolm Brown, *Tommy Goes to War*, Barnsley, Greenhill Books, 2018, p. 11.
48. Liddle Archive, Domestic Front, R. Grange, Letters and Papers, cité par David Silbey, « Bodies and Cultures Collide », art. cité, p. 66.

Être déclaré apte suscite chez les aspirants soldats des manifestations de soulagement, voire de joie. À l'inverse, les exclus peuvent ressentir une certaine amertume voire évoquer leur exemption comme une « expérience dévastatrice », dans le cas de H. Russell, condamné à voir ses amis revêtir l'uniforme sans lui[49]. À l'annonce de l'assouplissement des critères de taille pour les « bataillons Bantam » à l'automne 1914, ce sont 1 098 volontaires, que leur petite stature avait conduit à être rejetés par les bureaux de recrutement, qui se dirigent vers Birkenhead pour rejoindre les 15e et 16e régiments du Cheshire[50]. Signe de l'importance qu'a pris ce verdict pour les Britanniques, les catégories du système de classement sont connues et circulent en dehors des milieux militaires. On retrouve les catégories « A1 » et « C3 » dans les chansons populaires, les correspondances familiales ou encore les discours politiques pour qualifier les conditions physiques de groupes ou d'individus[51].

Les recours légaux : le tribunal d'appel de Middlesex

Contester le jugement médical

Si en France, rappelons-le, le verdict du conseil de révision est irrévocable[52], on trouve néanmoins quelques cas de protestation dans des lettres adressées au commandant du bureau de recrutement, au médecin qui a soigné la recrue, dans l'espoir d'obtenir un certificat, ou au correspondant prestigieux afin qu'il use de son influence. Elles sont souvent le fait de femmes, prêtes à produire des dossiers médicaux, comme la sœur du soldat Antoine T., qui « oscille entre indignation et incrédulité » à l'idée que son frère faible d'esprit soit envoyé au front, ou l'épouse de Baptiste T., qui assure son médecin que son mari « n'est

49. Cité par David Silbey, « Bodies and Cultures Collide », art. cité, p. 71. Pour des exemples français, Charles Ridel, *Les embusqués, op. cit.*, p. 54.
50. Peter Simkins, « "Each One a Pocket Hercules": The Bantam Experiment and the Case of the 35th Division », dans Sandars Marble (dir.), *Scraping the Barrel: The Military Use of Substandard Manpower, 1860-1969*, New York, Fordham University Press, 2012, p. 79-104.
51. Joanna Bourke, *Dismembering The Male, op. cit.*, p. 175.
52. Selon les lois sur le recrutement de 1872 et de 1889, son jugement peut être attaqué devant le conseil d'État pour incompétence et excès de pouvoir. Voir Odile Roynette, *Bons pour le service, op. cit.*, p. 426, note 28.

pas guéri[53] ». Mais le caractère dispersé de ces sources rend leur étude systématique difficile.

En Grande-Bretagne, à partir de la mise en phase du *Derby Scheme* en 1915 mais plus significativement une fois le service devenu obligatoire, des tribunaux d'appel composés de notables locaux peuvent examiner les recours des Britanniques au regard des obligations du recrutement[54]. Ces appels concernent des recrues désireuses d'échapper au service. Celles-ci peuvent faire appel pour plusieurs motifs : familiaux, économiques ou moraux. C'est le cinquième motif « E – pour raisons de santé ou invalidité », qui nous intéresse ici particulièrement. Il est possible de saisir les tribunaux pour ce motif avant même qu'une expertise médicale soit réalisée dans le cadre du recrutement, mais dans les faits, les tribunaux sont surtout saisis par les recrues contestant un classement déjà effectué. À l'aune de pièces justificatives fournies par le plaignant, les tribunaux peuvent exiger une nouvelle expertise médicale dont les résultats peuvent aller à l'encontre de la précédente. Entre novembre 1917 et la fin de la guerre, les tribunaux d'appel ont ainsi eu à trancher 33 000 cas[55]. Un peu plus de la moitié ont présenté des éléments suffisamment probants pour conduire à un nouvel examen médical :

Affaires traitées par les tribunaux d'appel pour raisons de santé (novembre 1917-novembre 1918)

	Nombre	Part du total (%)
Total des examens pratiqués dans le cadre du recrutement	2 425 184	100
Appels	33 091	1,4
Demandes ayant conduit à un nouvel examen	16 679	0,69
Modification du classement à l'issue du nouvel examen	Env. 8 400	Env. 0,35

Source : *Report upon the Physical Examination*[56]

53. Cités par Marie Derrien, « Éliminer ou récupérer », art. cité, p. 13-29. Voir aussi Charles Ridel, *Les embusqués*, *op. cit.*, p. 64.
54. Adrian Gregory, « Military Service Tribunals », art. cité ; James McDermott, *British Military Service Tribunals*, *op. cit.*
55. NA, NATS/1/12/M/36. Memorandum on Ministry of National Service, 1917.
56. Source des chiffres : Ministry of National Service, *Report vol. I upon the Physical Examination of men of military age by National Service Medical Boards From November 1st 1917 – October 31st 1918.*

Ces statistiques sont très partielles et ne concernent que la période qui s'étend de la mise en place du ministère du Service national, qui a produit ses propres statistiques indépendamment de l'armée, à la fin de la guerre. On peut néanmoins en déduire que la contestation officielle de la décision médicale est un phénomène assez limité. 1,4 % du total des individus examinés entre novembre 1917 et novembre 1918 a mis en question le jugement médical. La demande formulée conduit à un nouvel examen dans 50 % des cas et un nouvel examen sur deux aboutit à un reclassement :

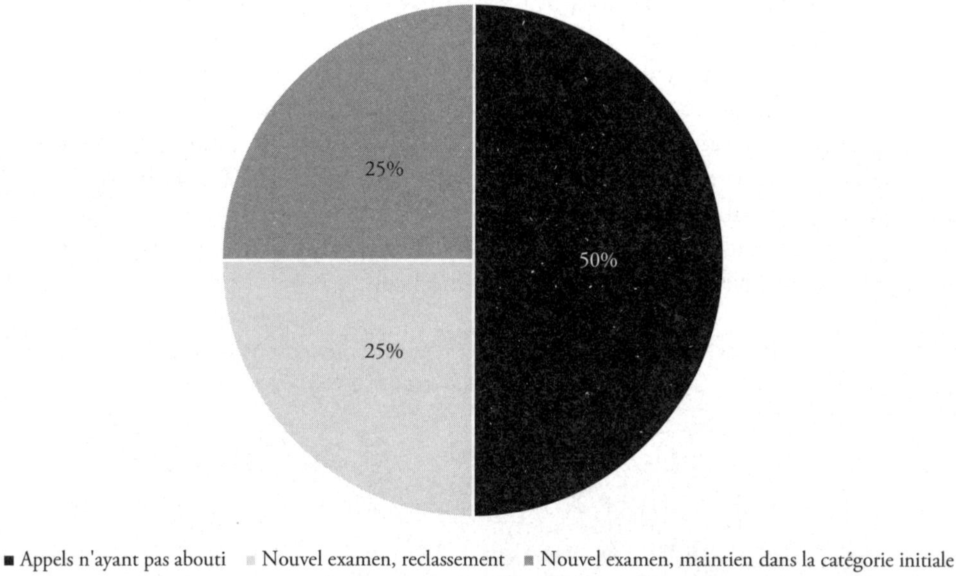

Procédures d'appel entamées (novembre 1917-novembre 1918)

Source : *Report upon the Physical Examination*

Les résultats des appels après réexamen de 442 cas du tribunal de Middlesex permettent d'affiner ceux des statistiques nationales[57] :

57. Chris BARNES, « Not fit for purpose », post du blog https://blog.nationalarchives.gov.uk/, URL: https://blog.nationalarchives.gov.uk/not-fit-for-purpose/#return-note-11562-1, consulté le 4 août 2020.

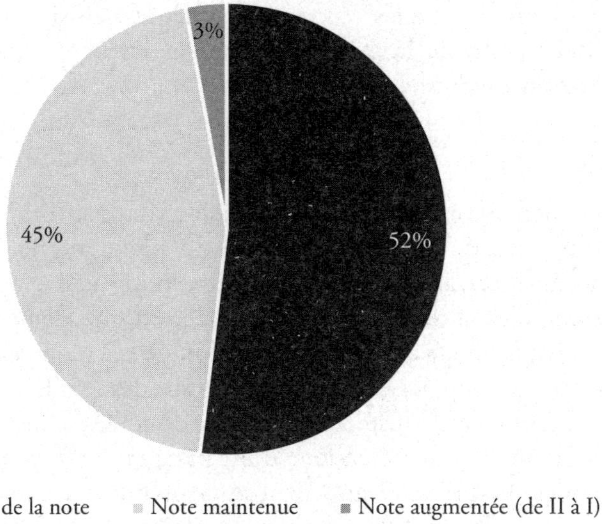

Résultat des appels pour raison de santé du tribunal de Middlesex

Source : Barnes, « Not fit for purpose »

Selon des valeurs assez proches des statistiques nationales, on constate d'abord qu'un nouvel examen aboutit à un reclassement (note abaissée ou augmentée) dans 55 % des cas (contre 50 %) et qu'il est courant (45 % contre 50 %) que l'appel ne modifie pas la note préalablement contestée. Ces chiffres font ressortir qu'il est très rare (2,5 %) que la plainte débouche, contre l'avis du plaignant, sur un reclassement dans une catégorie supérieure à la catégorie initiale.

Il est possible de tirer de ces appels d'intéressantes perspectives. Chaque dossier comprend un formulaire portant mention du classement initial contesté, et les raisons qui motivent cette contestation. Le motif de la plainte est exprimé en quelques lignes de la main de la recrue elle-même, voire détaillé dans une lettre du plaignant ou – plus rarement – de sa famille. La plainte est accompagnée de certificats médicaux et d'autres documents s'il y a lieu, par exemple, de faire examiner l'individu plus avant par un officier de santé chargé de détecter les cas de tuberculose[58]. Tous les plaignants saisissent le tribunal afin de voir leur note dégradée. Se pencher finement sur l'exposé de leurs motifs permet de dégager certaines caractéristiques de l'inaptitude

58. NA MH 47/114/1. RM1/1.

vue et exprimée par les recrues elles-mêmes, ainsi que les modalités d'administration de la preuve de cette inaptitude, notamment par la certification médicale.

Se dire inapte

Chaque demande d'exemption nécessite la constitution d'un dossier. Le formulaire de demande sollicite du plaignant le détail complet des motifs appuyant sa demande. Cet exposé peut être assimilé à des doléances, c'est-à-dire des plaintes mêlées d'une demande de justice. L'administration encadre peu l'expression de ces requêtes. Elles peuvent être développées, précise le formulaire, « sur des feuillets à part, si nécessaire ». Les dossiers consultés présentent donc des textes, manuscrits ou dactylographiés, qui s'étendent d'un paragraphe à deux pages. Celui de Charles Trappit, 43 ans, expose de manière laconique les motifs permettant, selon lui, de discuter son classement à l'échelon 2 : « Ma condition physique est montrée de manière claire par le certificat de Sir James Cantlie dont une copie est jointe au présent dossier[59] ». Parfois en quelques mots, des hommes se plaignent de « ne pas être en bonne santé », d'être « de faible constitution[60] », d'être « inapte à toute forme de service » et laissent aux certificats le soin d'apporter davantage de précisions. Mais le plus souvent, les recrues livrent une description détaillée de leur état de santé et dressent de véritables tableaux cliniques sous forme de récits autobiographiques, qui tiennent sur une à deux pages. Ces justifications en forme de descriptions médicales de soi sont construites par leurs auteurs de manière à emporter l'adhésion des experts auxquels revient la décision finale. Leurs formes rhétoriques et argumentatives révèlent des stratégies discursives attestant la capacité des recrues à déployer des compétences dans le but de rendre légitime leur demande de reclassement.

Dans ces doléances, les recrues mettent soigneusement en scène leur infirmité. Les textes prennent souvent la forme d'un historique médical, d'un catalogue de blessures et maladies, accompagné des circonstances de leur irruption. Thomas Naylor précise ainsi :

> J'ai d'importantes varices sur la jambe droite. Il y a quelques années, je me suis abîmé le cartilage du genou droit en jouant au foot, puis déboîté le

59. NA, MH 47/115/20. Case Number: RM1/711.
60. NA, MH 47/115/40. Case Number: RM1/747.

> même genou en jouant au tennis. Il m'a depuis été impossible de pratiquer des sports d'extérieur. Il y a trois semaines, j'ai glissé sur un pavé et je me suis blessé le genou. J'ai dû rester alité pendant deux jours[61].

Visibles à l'œil nu ou requérant, au contraire, un examen poussé, les affections sont décrites comme tenaces et invalidantes. Elles font de la vie des plaignants une vie empêchée, un univers contracté sur un nombre limité de possibles. Les loisirs, tout particulièrement la pratique du sport et de la marche, et les activités professionnelles sont elles aussi limitées par la gêne ressentie. En revanche, cet historique laisse peu de place à l'expression de la douleur. Conscient du faible poids de leurs plaintes dans l'élaboration traditionnelle du diagnostic, les recrues préfèrent souvent reproduire les faits de la manière qu'ils estiment la plus neutre possible[62]. Horace Logsdon résume ainsi : « Mon historique médical ci-joint, certifié par des commissions médicales, aurait été bien plus probant que tout ce qu'il me serait possible de dire de mon état général[63] ».

Son argumentaire est néanmoins détaillé sur deux pages et méthodiquement classé en trois parties. Il expose d'abord l'historique des examens qu'il a subis dans le cadre du recrutement. Ses cinq passages devant une commission médicale ont donné lieu à trois exemptions, une classification C3 et une classification échelon 2, qu'il conteste. Or, sa santé ne s'est améliorée en aucune façon depuis les examens ayant conduit à son exemption. « Je ne suis pas davantage apte au service actif que je ne l'étais précédemment, lorsque j'ai été classé C3[64] ». En outre, ses antécédents médicaux n'avaient pas été communiqués à la commission qui l'a examiné. Ce fait constituerait à lui seul, estime-t-il, un motif suffisant pour motiver la tenue d'un nouvel examen. Enfin, il évoque longuement son historique médical « depuis la naissance » :

> J'ai toujours été de constitution délicate.
>
> Alors que j'étais nourrisson dans une famille démunie, je me suis cassé l'omoplate.

61. NA, MH 47/115/50. Case Number: RM1/763.
62. Sur le faible poids des plaintes dans l'élaboration du diagnostic, Nicolas Dodier, *L'expertise médicale, op. cit.*, p. 121-163.
63. NA, MH 47/115/60. Case Number: RM1/780.
64. « *I am not fit for any more active form of service than that for which I was previously classified,* i.e. *C3* ».

> Il y a quelques années, j'ai contracté une fièvre qui a provoqué des œdèmes dans mes deux jambes. Cette affection m'a rendu sujet aux rhumatismes chroniques et aux troubles circulatoires dans les jambes.
>
> J'ai souffert plus tard d'une lourde chute qui a endommagé la base de ma colonne vertébrale, a dérangé mon système nerveux et m'a rendu profondément neurasthénique.
>
> J'ai une côte cervicale, deux orteils en marteau et un orteil malformé.
>
> J'ai été constamment l'objet des soins et de la préoccupation du corps médical [...] ; j'ai dû fréquemment prendre de longues périodes de repos, manquer l'école, l'université et être absent de mon travail pour des périodes de trois et six mois.
>
> La chaleur fait enfler toutes les veines de mes jambes jusqu'aux hanches, de même que n'importe quel type d'exercice, ce qui provoque de fortes douleurs et un grand accablement. Cela m'empêche de me livrer à une quelconque activité physique voire de pratiquer la marche sur une certaine distance [...].
>
> Mon état de santé a eu des conséquences sur ma vie professionnelle, puisque sur avis médical, j'ai abandonné le versant le plus actif de ma profession d'enquêteur pour me consacrer à l'évaluation, qui demande moins de marche et d'efforts physiques [...][65].

Horace Logsdon montre ici sa maîtrise des critères de l'exemption ; les malformations des pieds font en effet l'objet d'une attention particulière de la part des médecins examinateurs[66]. Il prend soin de souligner explicitement que l'étendue de ses infirmités l'empêche de se livrer à l'une des activités essentielles du métier des armes, la marche[67]. Il n'ignore sans doute pas que, pour être classé échelon 2, il faut être capable de « soutenir un effort prolongé » et « pouvoir marcher près de dix kilomètres sans difficulté ». Peut-être espère-t-il que la distance qu'il faut pouvoir parcourir pour être classé échelon 3 (huit kilomètres) sera également considérée comme excessive. Comme lui, nombreux sont les cas qui insistent sur la difficulté à marcher, soit en raison de malformations des pieds ou des orteils, soit du fait de troubles articulaires, soit que l'effort requis paraisse insurmontable à leur faible constitution[68]. Mais

65. Le texte complet se trouve en annexe n° 24.
66. Voir par exemple Jones Robert « The soldier's foot and the treatment of common deformities of the foot », *The British Medical Journal,* 20 mai 1916, p. 709-711.
67. Pour un autre cas où les infirmités des pieds sont longuement détaillées : NA, MH 47/114/90.
68. NA, MH 47/115/90. Case Number: RM1/848 ; NA, MH 47/114/90 ; NA, MH 47/116/1. Case Number: RM1/8.

le texte d'Horace Logsdon est soigneusement argumenté de manière à ce que l'on comprenne que ses infirmités sont prononcées et incurables, autant de conditions de l'exemption. Ainsi, il précise plus loin que les chirurgiens consultés ont déclaré ses varices inopérables et qu'aucun des nombreux traitements qu'il a tentés ne l'a véritablement soulagé.

Toutes les doléances ne révèlent pas la même maîtrise des critères de la sélection mais on voit que ceux-ci circulent et sont souvent bien connus des plaignants. L'un d'entre eux, après avoir été classé C2 par la commission d'Houslow, souligne qu'il souffre toujours d'une valvulopathie et est affligé d'une faible constitution. À 39 ans, ajoute-t-il, il mesure 1 m 64 pour un peu plus de 43 kg et un périmètre thoracique de seulement 73 cm[69]. Les discours des recrues apparaissent donc contraints par le regard bureaucratique et orientés par les attentes et les normes des autorités auxquelles il est adressé. Leur charpente rhétorique comprend dès lors des passages, sinon obligés, du moins récurrents[70].

Les plaignants tentent souvent de défendre le bien-fondé de leur réclamation en se présentant comme des individus intègres et honorables. Véritable « épreuve de réputation[71] », leur rhétorique prend les formes spécifiques du temps de la guerre. Outre sa bonne conduite et son honorabilité, il faut savoir faire montre de sa volonté de participer à l'effort de guerre et se défendre d'être un embusqué (*shirker*). En se présentant comme un infirme de longue date, Horace Logsdon suggère que sa condition physique a toujours grandement limité sa participation à toutes sortes d'activités et que sa démarche n'est en aucun cas motivée par le désir d'échapper au service. Nombreux sont les plaignants à insister ainsi sur l'ancienneté des troubles[72]. Les archives mentionnent parfois la réelle volonté d'aller se battre des plaignants.

---

69. Cité par Herbert Nield, président du tribunal du Middlesex, dans NA, MH 47/144/4. Select Committee. Minutes of Evidence n° 1, 2 juillet 1917, A. C. Geddes, p. 14.

70. Sur la contrainte morale qui caractérise ces récits, Didier Fassin, « La supplique. Stratégies rhétoriques et constructions identitaires dans les requêtes d'aide d'urgence », *Annales HSS*, 55, 5, sept.-oct. 2000, p. 953-981.

71. Sur l'idée d'épreuve de réputation, voir les analyses de sociologie pragmatiques de Luc Boltanski et Élisabeth Claverie, « Du monde social en tant que scène d'un procès », dans Nicolas Offenstadt et Stéphane Van Damme (dir.), *Affaires, scandales et grandes causes. De Socrate à Pinochet*, Paris, Stock, 2007, p. 395-452.

72. NA, MH 47/115/90. Case Number: RM1/848.

Albert Jarvis écrit ainsi depuis le front pour attester de l'intégrité de son frère Christopher : « Je connais son tempérament, je sais qu'il ne cherche pas à échapper à son devoir[73]. » L'avocat R. Cropley Davies précise que son client « est tout à fait désireux de servir mais considère qu'il n'est pas apte à le faire[74] ».

Malgré l'intérêt qu'elles présentent, il serait donc difficile de prétendre trouver à travers ces doléances la « voix » des recrues, une parole authentique qui s'exprimerait librement. Elles ne sont en effet pas complètement rédigées en termes profanes. Il n'est pas rare que l'exposé des motifs reprenne mot pour mot l'un des certificats médicaux présentés dans le dossier. Henry Coleman, éleveur de porcs âgé de 34 ans, qui a été placé au premier échelon en décembre 1917, présente « des signes de troubles pulmonaires de type tuberculose », soit la formulation exacte du certificat établit par James Searson, le praticien qui l'a examiné[75]. Les récits s'adressent ainsi à des instances officielles dont ils reprennent souvent les termes.

La contestation s'effectue en outre dans un cadre de déférence due à l'autorité médicale et les réclamations, formulées par le plaignant ou sa famille, s'entourent de précautions rhétoriques destinées, en manifestant voire en outrant le respect, à s'attirer les faveurs de l'expert auquel appartient la décision finale. « Il est sujet aux rhumatismes, écrit ainsi le frère d'un plaignant, mais c'est bien sûr aux autorités médicales qu'il revient de se prononcer sur son cas[76]. » La plupart des doléances font référence à d'autres examens médicaux, pratiqués dans le cadre du recrutement, pour contester leur classement[77]. Charles Guns, 27 ans, discute son classement à l'échelon 1 de la manière suivante :

> J'ai déjà passé trois examens médicaux, l'un à l'occasion du *Derby Scheme* à l'issue duquel on m'a exempté, et les deux autres devant la commission médicale d'Hounslow qui m'a classé C3 et C2. Ces échelons inférieurs me conviennent bien mieux puisque je suis loin d'être en bonne santé. C'est pourquoi j'aimerais être examiné de nouveau[78].

73. NA, MH 47/116/1. Case Number: RM1/8.
74. NA, MH 47/115/40. Case Number: RM1/747.
75. NA, MH 47/114/50. RM1/59.
76. NA, MH 47/116/1 Case Number: RM1/8.
77. Voir par exemple NA, MH 47/114/20 ; NA, MH 47/114/30 ; NA, MH 47/115/90. Case Number: RM1/848.
78. NA, MH 47/115/30 Case Number: RM1/734.

Nombreuses sont en effet les recrues qui, à mesure que la guerre se prolonge et que l'effort de récupération des exemptés s'accentue, ont déjà subi un ou plusieurs examens[79]. C'est à la lumière des résultats précédemment obtenus par le biais de l'expertise médicale, et de l'absence manifeste d'amélioration de leur état, qu'ils protestent. Espérant profiter de l'aura d'autorité d'un éminent praticien, Horace Logsdon glisse qu'il a été examiné par John Collie (1860-1935), membre reconnu du corps médical écossais, qui travaille au ministère des Pensions. Les médecins apparaissent ainsi comme les seuls juges de l'adéquation entre la condition physique des recrues et les exigences du port des armes. Les doléances peuvent donc être comprises comme un acte d'allégeance, une forme d'acceptation de rapports de pouvoir asymétriques révélatrice de l'autorité médicale[80].

Il arrive toutefois que surgisse un autre type d'expertise que nous pourrions qualifier de profane, même si ses occurrences demeurent rares[81]. Le 3 novembre 1917, Percy Cook, 17 ans, est examiné par la commission médicale de Whitehall qui le place à l'échelon 2. En raison de son jeune âge, c'est son père qui conteste cette notation par un long exposé :

> Je n'ai pas peur de le dire [...], quel que soit l'entraînement auquel [mon fils] sera soumis, ce sera plus que ce que sa frêle constitution pourra supporter. Nous faisons habituellement confiance à la compétence et au savoir des médecins, mais dans le cas présent, je suis persuadé qu'il s'agit d'une erreur de jugement[82].

La conviction de l'inaptitude de Percy provient, certes, du diagnostic de tuberculose dûment authentifié par certificat, mais aussi, et surtout, de « l'expérience de ses parents à la maison » et de « l'attention et des soins vaillamment prodigués par sa mère ». En parallèle de la compétence médicale à évaluer l'état physique de l'individu, la lettre du père reconnaît la famille comme détentrice d'un savoir pratique

79. Voir par exemple NA, MH 47/115/70. Case Number: RM1/808 ; NA, MH 47/115/90. Case Number: RM1/848 ; NA, MH 47/116/10. Case Number: RM1/190.
80. Sur les suppliques comme acte d'allégeance Hélène MILLET, *Suppliques et requêtes. Le gouvernement par la grâce en Occident (XIIe-XVe siècle)*, Rome, École française de Rome, 2003, p. 1-14, ici p. 10.
81. Voir Steven EPSTEIN, « The Construction of Lay Expertise: AIDS Activism and the Forging of Credibility in the Reform of Clinical Trials », *Science, Technology and Human Values*, vol. 20, n° 4, 1995, p. 408-437.
82. NA, MH 47/114/1. RM1/1.

sur le malade dont elle a la charge et revendique une place, pour les proches, dans le champ des savoirs médicaux[83].

Ce faisant, il conteste l'opposition traditionnelle entre une science construite comme objective et rationnelle et un univers rejeté du côté de l'affect et des émotions ; entre une compétence reconnue et légitimée par le corps social et une pratique empirique des soins. La sophistication des savoirs médicaux et l'institution des hôpitaux n'ont que partiellement soustrait le malade à la chambrée. La médicalisation inachevée de la société britannique ne peut pas dans ces conditions complètement consacrer l'exclusion de la famille de l'univers des soins et des savoirs sur le malade. Bien qu'après les dispositions du *National Insurance Act*, les lits disponibles pour les tuberculeux aient été en nette hausse, beaucoup de patients sont encore traités à domicile[84]. C'est, selon le père, par sa proximité avec le patient et par son statut d'instance productrice de soin, que la famille peut et doit participer à la production, sinon d'un diagnostic, du moins d'un pronostic relatif aux capacités du jeune homme à surmonter les fatigues inhérentes à la vie militaire. On peut noter au passage la répartition traditionnelle des rôles genrés[85]. Le père prend la plume, en tant que figure d'autorité au sein de la famille, tandis que la mère est la principale dispensatrice des soins. À la suite de son appel, après un nouvel examen, le jeune Percy Cook est dégradé à l'échelon III. Il arrive parfois que ce soit le plaignant, expert de lui-même, « connaissant bien son état de santé[86] », qui se

83. Pour quelques réflexions sur ce point, Kristina Orfàli, « L'ingérence profane dans la décision médicale : le malade, la famille et l'éthique », *Revue française des affaires sociales*, 3/2002, p. 103-124. Sur le thème de l'expertise profane dans un autre contexte, Brian Wynne, « Misunderstood Misunderstandings: Social Identities and the Public Uptake of Science », dans Alan Irwin et Brian Wynne, *Misunderstanding Science ? The Public Reconstruction of Science and Technology*, Cambridge, Cambridge University Press, 1996, p. 19-46.
84. E. P. Hennock, *The Origin of the Welfare State in England and Germany, 1850-1914: Social Policies Compared*, Cambridge, 2007, p. 265.
85. Sur la dimension genrée du travail de care, ou « souci des autres », on lira Joan Tronto, *Un monde vulnérable. Pour une politique du care*, Paris, La Découverte, 2009 [1993] ; Pascale Molinier, *Le Travail du* care, Paris, La Dispute, 2013 ; Patricia Paperman et Sandra Laugier (dir.), *Le Souci des autres. Éthique et politique du Care*, Paris, Éditions de l'EHESS, p. 299-316 ; ou encore le récent numéro thématique « Travail de care », de *Clio. Femmes, Genre, Histoire*, sous la direction d'Anne Hugon, Clyde Plumauzille et Mathilde Rossigneux-Méheust, n° 49, 2019.
86. NA, MH 47/114/10.

revendique instance d'évaluation. Il peut enfin évoquer le témoignage de tierces personnes. Après un passage contesté devant la commission médicale d'Oxford en 1916, un agent d'assurance cite ses compagnons de voyage qui, constatant son mal-être, ont jugé « scandaleux [qu'il] ait été déclaré apte[87] ».

Toutefois, en dehors de ces revendications ponctuelles d'expertise profane, les doléances s'appuient prioritairement sur le regard médical pour certifier la maladie. La compétence du corps médical n'est pas contestée. Le résultat de l'expertise est dès lors qualifié d'« erreur[88] » par des plaignants qui déclarent prudemment avoir été « classés de manière incorrecte[89] ». Contrairement aux suppliques, ces doléances ne questionnent pas la validité des normes et laissent aux experts le soin de réparer l'erreur commise. L'armature rhétorique des doléances accorde une place privilégiée à la recherche de la justice. L'exposé des motifs fait primer une « grammaire de l'équité[90] » qui repose sur des faits dont la transparence ne peut conduire qu'à la réparation de l'erreur commise. L'injustice que l'on déplore doit dès lors être réparée par un nouvel examen dont les plaignants espèrent qu'il donnera le résultat escompté. Samuel O'Brien considère ainsi que son « classement est trop haut » et ajoute avec confiance que s'il était à nouveau examiné, il serait « sans nul doute placé dans une catégorie inférieure[91] ».

La manière dont s'est déroulé l'examen fait parfois l'objet de critiques, mais celles-ci restent rares. Il s'agit la plupart du temps d'attirer l'attention sur une partie du corps qui, lorsqu'elle a été examinée, aurait mérité de l'être davantage puisque c'est là que réside le trouble principal qui justifie la révision du classement. John Robbins estime ainsi que les médecins n'ont pas accordé assez d'attention à ses pieds : « Deux médecins de la commission les ont regardés, certes, mais de loin[92]. » Or la difformité dont il souffre – qui l'empêche de marcher « ne serait-ce qu'1,5 km » – ne peut

87. Herbert Nield, président du tribunal du Middlesex, in HC Deb., 1er mars 1917, vol. 90, cc2249.
88. NA, MH 47/114/20.
89. NA, MH 47/116/1. Case Number: RM1/8.
90. J'emprunte cette formulation à Guillaume Calafat, « La somme des besoins : rescrits, informations et suppliques (Toscane, 1550-1750) », *L'Atelier du Centre de recherches historiques*, n° 13, 2015.
91. NA, MH 47/115/40. Case Number: RM1/747.
92. NA, MH 47/114/90.

être constatée qu'à l'aide d'un examen « rapproché et attentif des pieds et des orteils[93] ». De la même façon, Edward Lyons n'est « pas satisfait de la manière dont il a été examiné[94] » car sa vue défaillante n'a pas été évaluée. Laurence Harding se plaint du fait que ses dents n'aient pas été inspectées alors même qu'il en a perdu beaucoup et que celles qui lui restent sont très abîmées[95]. L'accès à l'historique médical des patients pose également problème. Nombreuses sont les mentions d'examens où le corps médical n'a pas eu accès aux justificatifs permettant, selon les plaignants, de prouver leur inaptitude[96].

Prouver l'inaptitude : les justificatifs

L'exposé des motifs ne suffit pas à motiver le traitement de l'affaire par le tribunal d'appel. La parole de la recrue, comme toute plainte subjective, est considérée avec suspicion. Pour que le tribunal engage une procédure, il faut que l'existence de l'affection dont se plaint l'individu soit confirmée par un document écrit faisant autorité qui présente des garanties d'objectivité. Le formulaire invite les recrues à présenter un double exemplaire des « certificats médicaux ou toute autre preuve écrite en appui de [leur] recours » dès la fin de l'année 1916[97]. Ces documents ont une fonction probatoire, mais ils ne suffisent pas non plus à motiver le reclassement. Ils servent à justifier qu'une nouvelle expertise soit pratiquée et sont versés au dossier avant d'être produits au moment où a lieu l'examen. C'est cette nouvelle évaluation qui détermine *in fine* le reclassement ou le maintien dans la catégorie initiale. Les dossiers traités sont donc systématiquement accompagnés d'un ou de plusieurs certificats médicaux, jusqu'à quatre dans le cas de Lewis Rabbinowitz[98].

Les certificats médicaux peuvent être rédigés par un médecin civil ou par un médecin militaire. Les recrues font souvent appel au médecin de famille, dont la légitimité est accrue par sa proximité avec le plaignant. Le Dr Johnson souligne ainsi que « A.L. Abrahams est

93. NA, MH 47/114/90.
94. NA, MH 47/115/80. Case Number: RM1/830.
95. NA, MH 47/116/20. Case Number: RM1/301.
96. NA, MH 47 114/60.
97. James McDermott, *British Military Service Tribunals*, *op. cit.*, p. 184.
98. NA, MH 47/115/10. Case Number: RM1/696.

[son] patient depuis des années[99] ». Il arrive que ce médecin soit aussi un médecin militaire, membre d'une commission de recrutement, tel R. P. B. Bluett, du RAMC, membre de la commission médicale de Londres Centre, qui suit Harold Blyth pour sa hernie ombilicale, ses rhumatismes et sa tachycardie depuis sept ans[100]. En raison de la pénurie de médecins pendant la guerre, le recours au médecin de famille n'est pas toujours possible, comme le déplore Herbert Ellison dont le praticien habituel est parti servir en Italie[101]. Il n'est, en outre, pas toujours souhaitable, dans la mesure où les certificats émanant de médecins civils sont parfois soupçonnés d'être des certificats de complaisance. Conscient du statut ambigu de ce type de documents, un plaignant précise que, dans le but de souscrire une assurance vie, il a été examiné par « un médecin qu'il rencontrait pour la première fois[102] ».

Le 22 juin 1918, le médecin John Richards établit pour Percy Dormer le certificat suivant :

> Westminster, SW1
>
> J'ai ce jour examiné M. Percy George Dormer, chapelier fabricant, âgé de 42 ans, résident au 13 Midge Road, Winchmore Hill. Il a souffert d'une légère attaque d'hémiplégie il y a 14 ans, après une chute à bicyclette sur le côté droit. Sa dentition est défectueuse, il ne lui reste que deux dents sur la mâchoire supérieure. Il se plaint de maux de tête. Il y a dans sa famille des antécédents de tuberculose, un frère est mort à 28 ans.
>
> John B.O. Richards
> FRCPC, SMCSE[103]

Là encore, la rédaction des certificats n'est encadrée par aucun régime juridique spécifique. On retrouve dans leurs formes des passages obligés, des récurrences mais aussi d'importantes variations. Le certificat doit d'abord mentionner l'identité du médecin, ici John Richards, et l'identité donnée par le patient, ici Percy Dormer. La mention de son âge, son domicile et sa profession vise à préciser cette identification.

99. NA, MH 47/114/10. Certificat établi par le Dr Johnson.
100. NA, MH 47/116/30. Case Number: RM1/428. Certificat établi par R.P.B. Bluett.
101. NA, MH 47 114/60. Voir aussi NA, MH 47/116/1. Case Number: RM1/8. Certificat de JDR Munro.
102. NA, MH 17/114/30.
103. NA, MH 17/114/40, Case Number: RM1/48. Certificat établi par John Richards.

Les certificats doivent ensuite se rapporter à des faits constatés. Tous les documents mentionnent qu'un examen a eu lieu ou que le plaignant est un patient de longue date. Les certificats font ensuite, plus ou moins subtilement, la différence entre divers degrés d'attestation. On distingue ainsi les faits constatés cliniquement des symptômes rapportés, qui relèvent de l'anamnèse et concernent le plus souvent la douleur. La plupart des certificats mentionnent par ailleurs les antécédents familiaux et personnels, eux aussi rapportés par l'individu. Certains formulent également des hypothèses de diagnostic. C'est le cas pour Fleming Cooke, qui joint à son dossier plusieurs certificats émanant de différents médecins. Le 26 juillet 1917, Frederick Spicer l'examine et conclut qu'« une ancienne syphilis est probablement à l'origine des symptômes dont il se plaint[104] ». Certains certificats mentionnent en outre des résultats d'analyses qui permettent d'apporter un surcroît de véracité à leurs hypothèses. Le Dr Gordon ordonne ainsi un test de Wassermann afin de confirmer le diagnostic de syphilis de Cooke.

Après avoir décrit l'état du patient, évoqué ses antécédents et, parfois, formulé un diagnostic, la plupart des médecins laissent aux tribunaux le soin de conclure. Leurs certificats ne font qu'attester de l'état de santé de la recrue. Une minorité va plus loin : on trouve quelques formulations qui suggèrent que la constitution du plaignant n'est pas adaptée à l'état militaire. La référence aux efforts physiques requis par le service peut être plus ou moins explicite : « Je suggère respectueusement aux autorités médicales de déterminer si M. Geard, aujourd'hui employé à des tâches administratives, jouit de la condition physique adéquate pour fournir d'importants efforts physiques[105] », tente Thos Barlow. Un autre suggère que les symptômes de son patient « s'intensifient surtout après avoir pratiqué de l'exercice ou après un effort prolongé[106] ». Certains sont plus directs : « J'estime qu'il n'est pas capable de soutenir un effort physique prolongé et souffrirait certainement si cela lui était imposé[107] », tranche pour sa part A. T. Hughe. E. S. Johnson précise même que son patient ne sera « d'aucune utilité s'il est placé en catégorie C[108] ». F. W. James est encore plus incisif. Il rappelle que les troubles du rythme cardiaque dont souffre Henry

104. NA, MH 47/114/70. Certificat établi par Frederick Spicer.
105. NA, MH 47/114/20. Certificat établi par Thos Barlow.
106. NA, MH 47/114/70.
107. NA, MH 47/114/80. Certificat établi par A.T. Hughe.
108. NA, MH 47/114/10. Certificat établi par E.S. Johnson.

Marshall « seraient aggravés de manière inquiétante par tout effort physique[109] ». Celui-ci a été exempté le 26 août 1916, avant d'être déclaré apte quelques mois plus tard par la commission de Hounslow. « Je m'oppose entièrement à cette dernière conclusion, assène-t-il, et je maintiens l'avis que j'ai donné en avril dernier – la fatigue induite par l'entraînement militaire serait d'une extrême dangerosité pour mon patient. »

Certains praticiens estiment bon de souligner cette inadéquation en citant les critères officiels du recrutement, notamment lorsque ceux-ci sont déterminés par des seuils qui se prêtent à la formulation d'un avis catégorique. Après avoir livré le résultat du test de la vue de son patient, H. G. Critchley rappelle : « L'instruction n° 211 de 1917 de l'Army Council établit que : "Si un homme a perdu un œil ou a complètement perdu la vue d'un œil, il ne pourra être placé en catégorie A". Le candidat n'a pas complètement perdu la vue de l'œil droit mais on peut considérer qu'en pratique, il est bien aveugle de cet œil, il souffre en outre de strabisme[110]. » D'autres, enfin, émettent un avis définitif quant à l'aptitude militaire de leur patient : « J'estime que Mr Robbins est inapte à toutes les activités ordinaires du service militaire telles se tenir debout, marcher, etc.[111]. »

Les certificats, même lorsqu'ils sont très détaillés et explicitement formulés de manière à conclure à l'exemption de la recrue, ne peuvent toutefois suffire à motiver le reclassement. James Searson (MD) dresse ainsi un tableau clinique sévère de Nelson Coleman qui conteste son classement à l'échelon I :

> Le patient présente des signes de troubles pulmonaires de type tuberculose. De sévères douleurs thoraciques, une toux matinale systématique, des mucosités épaisses qui restent dans les poumons. Transpire terriblement au travail, antécédents de crachement de sang.
>
> Poitrine contractée au niveau de la clavicule droite, matité à la percussion à la pointe droite avec bronchophonie et pectoriloquie [...][112].

Le certificat suggère qu'à l'énoncé des signes évoqués par la recrue – transpiration, toux, mucosités, douleurs thoraciques, sang dans les crachats – le thorax a été longuement examiné. La recrue a mani-

109. NA, MH 47/115/1. Case Number: RM1/680. Certificat établi par FW James.
110. NA, MH 47/008
111. NA, MH 47/114/90.
112. NA, MH 47/114/50. RM1/59. Voir annexe n° 26.

festement été percutée et auscultée, ce qui a permis au médecin de déceler une transmission anormale des sons qui s'observe en associant les deux techniques. Les étapes de l'examen clinique du thorax doivent en effet permettre à l'expert de qualifier de normaux ou pathologiques les sons émis par la poitrine ou la diffusion de la voix du patient dans sa cage thoracique. La matité et la bronchophonie, sans pointer vers une pathologie spécifique, sont des anomalies inquiétantes, suggérant la présence de liquide dans les poumons. La pectoriloquie est considérée comme un signe caractéristique de la tuberculose.

Or, cette dernière affection fait l'objet d'une surveillance particulière. Selon les dispositions réglementaires alors en cours, la tuberculose doit empêcher toute recrue d'être placée aux échelons 1, 2 et 3[113]. En outre, dans la lignée des dispositions prophylactiques du *Notifiable Disease Act* et des mesures du *National Insurance Act* de 1911, les recrues soupçonnées d'être atteintes de tuberculose sont envoyées par le tribunal à un médecin du dispensaire local (*Tuberculosis Medical Officer*) chargé de confirmer le diagnostic et de signaler les cas aux autorités[114]. Le tribunal d'appel de Middlesex a ainsi déféré pour avis 122 cas au dispensaire de Silver Street[115]. Nelson Coleman est donc examiné par Geo H. Dupont qui conclut qu'après un examen attentif, il ne lui a pas été possible de « déceler le moindre indice de tuberculose pulmonaire[116] ». En conséquence, et après examen du cas par les experts médicaux du tribunal, Coleman est maintenu à l'échelon 1. Inversement, des certificats très brefs ne sont pas un obstacle au reclassement. A. Milner Henderson évoque très briève-

113. NA, MH 47/117/1, General Directions for the guidance of Commissioners, Deputy Commissioners, and Members of Medical Boards.

114. NA, MH 47/117/1, Cases referred to Middlesex Tuberculosis Officer. Sur ce signalement, L. Bryder, *Below the Magic Mountain: A Social History of Tuberculosis in Twentieth-Century Britain*, Oxford, 1988, p. 36-41 ; Graham Mooney, « Public Health versus Private Practice: The Contested Development of Compulsory Notification of Infectious Disease in Late-Nineteenth-century Britain », *Bulletin of the History of Medicine,* 73, 1999, p. 238-267. Voir aussi Michael Worboys, « Before McKeown: Explaining the Decline of Tuberculosis in Britain, 1880-1930 », dans Flurin Condrau et Michael Worboys (dir.), *Tuberculosis Then and Now: Perspectives on the History of an Infectious Disease*, Montreal/Ithaca, McGill-Queen's University Press, 2010, p. 148-170.

115. NA, MH 47/117/2 à NA, MH 47/117/123. Voir aussi NA, MH 47/114/1. RM1/1 ; NA, MH 47/114/50

116. NA, MH 47/114/50. RM1/59.

ment la « faible constitution physique » d'Edward Townley, classé à l'échelon II, mentionne laconiquement la présence d'une hernie et la propension de la recrue à souffrir d'hémorroïdes et d'eczéma anal. Ce bref exposé n'empêche pas Townley d'être reclassé, après examen, à l'échelon IV[117].

Un certain nombre de plaignants ajoutent d'autres documents à leurs certificats. Certains relèvent de l'épreuve de réputation, telles des lettres de l'employeur[118] ou des courriers de soutien de la part de la famille[119] mais la plupart sont d'ordre médicaux, tels les certificats d'exemption délivrés à l'issue d'un examen plus ancien[120], les certificats d'assurance[121], les résultats d'examens[122] ou le détail des absences au travail certifiées par un médecin[123]. Examiné le 4 décembre 1917 par la commission de Mill Hill, Albert Lyon, classé à l'échelon 2[124], produit dans son dossier un certificat médical militaire daté du 17 novembre, probablement établi en vue de l'examen initial, qui suffit à motiver l'examen de son dossier qui lui est signifié le 12 décembre. Mais ce certificat n'ayant pas suffi à lui obtenir le classement souhaité, il cherche à apporter d'autres preuves de son inaptitude. Il pénètre le 20 décembre dans les bureaux de la Northern Assurance Company Limited, où il demande à souscrire une assurance-vie. La compagnie lui oppose une fin de non-recevoir qu'il joint au dossier. Il se rend enfin le 22 janvier chez un médecin civil auquel il a déjà eu affaire en 1915, après une crise d'ataxie. Celui-ci rédige un long certificat et conclut qu'Albert « lui semble complètement inapte au service militaire[125] ». À l'issue du nouvel examen pratiqué à la demande du tribunal, il est dégradé à l'échelon 3, le 23 janvier.

Les doléances tribunal d'appel de Middlesex offrent donc un aperçu particulièrement intéressant de l'expérience de l'examen médi-

117. NA, MH 47/115/100. Case Number: RM1/865. Certificat établi par A. Milner Henderson.
118. Voir par exemple NA, MH 47/114/20
119. NA, MH 47/116/1. Case Number: RM1/8.
120. NA, MH 47/115/70. Case Number: RM1/808; NA, MH 47/115/30. Case Number: RM1/734.
121. Voir par exemple NA, MH 47/114/10 ; NA, MH 47/114/1. RM1/1 ; NA, MH 17/114/30
122. Voir par exemple NA, MH 47/115/10. Case Number: RM1/696.
123. Voir par exemple NA, MH 47/115/1.
124. NA, MH 47/114/10. RM1/13.
125. NA, MH 47/114/10. RM1/13.

cal à hauteur des recrues, mais aussi, et surtout, de leur conception de l'aptitude. Le discours des plaignants vise à convaincre de leur inaptitude à l'aide d'un catalogue de leurs insuffisances. On peut y lire leur maîtrise des critères du recrutement, l'importance de leur réputation – qui repose, en temps de guerre, sur la volonté d'aller combattre – et, *in fine*, le respect de l'autorité médicale. Le recours au certificat est en effet indispensable. C'est ce document qui administre la preuve des déficiences de la recrue.

Fraudes et négociations

Un verdict négocié ?

Nombreux sont les hommes qui tentent de rejoindre les rangs de l'armée en dépit des critères restrictifs de l'aptitude. Certains contournent la limite d'âge en contractant un engagement volontaire. C'est le cas du philosophe Alain qui s'engage comme artilleur à 46 ans. Il laisse aux médecins le soin de déterminer si sa condition physique lui permet de servir : « J'ai toujours pensé et dit [...] [que] je m'engagerais en cas de guerre. J'ai suivi une très ancienne décision sans délibérer de nouveau, laissant toute la délibération aux médecins[126]. » Le cas spécifique du contournement de la limite d'âge pour les plus jeunes – 17 ans pour les volontaires – a fait l'objet de plusieurs études qui ont permis de relativiser la disparition des enfants des champs de bataille européens[127]. Âgées de 14 à 16 ans, parfois moins, ces très jeunes recrues viennent de tous les milieux sociaux. Ils s'engagent surtout en 1914 et 1915, souvent à l'insu de leurs parents,

126. Lettre à Marie-Monique Morre-Lambelin, 3 mars 1915, dans Alain, *Lettres aux deux amies*, Paris, Les Belles Lettres, 2014, p. 199. Cité par Anne Rasmussen, « Préserver le capital humain », art. cité, p. 71-95.

127. Manon Pignot, « Entrer en guerre, sortir de l'enfance ? Les "ado-combattants" de la Grande Guerre », dans Id. (dir.), *Enfants-soldats, XXe-XXIe*, Paris, Armand Colin, 2014, p. 69-89 ; Id. (dir.), « Engagements adolescents en guerres mondiales », *Le Mouvement Social*, n° 261, 2018 ; Id., *L'Appel de la guerre. Des adolescents au combat, 1914-1918*, Paris, Anamosa, 2019 ; Richard Van Emden, *Boy Soldiers of the Great War*, Londres, Headline, 2005. Voir aussi, pour l'Empire britannique, Tim Cook, « "He was determined to go": Underage Soldiers in the Canadian Expeditionary Force », *Social History*, vol. 41, n° 81, mai 2008, p. 41-74.

par patriotisme, goût de l'aventure ou y sont poussés par la pression sociale[128]. Il existe dans la plupart des pays des facilités pour s'enrôler précocement dans la Marine. En France, l'École des mousses offre la possibilité de s'engager dès 12 ans. Mais en dehors de ces exceptions légales, les adolescents désireux de rejoindre les rangs de l'armée doivent contourner la vérification administrative de leur identité et, bien souvent, celle de leur condition physique. En France, ce type de fraude ne peut se dérouler dans le cadre du conseil de révision, où les jeunes gens sont convoqués en fonction de leur âge. Dans les deux pays, c'est donc au bureau de recrutement, où se présentent les volontaires, qu'a lieu la supercherie. En Grande-Bretagne, Cecil Withers est ainsi engagé illégalement en 1915 à 16 ans, sous un faux nom et en mentant sur son âge[129]. La même année en France, Jean-Corentin Carré se présente à 15 ans sous une fausse identité au bureau de recrutement de Pau[130]. Il prétend être un réfugié des Ardennes, ce qui le dispense de présenter ses papiers.

Les adolescents profitent donc avec succès de la désorganisation du temps de la guerre, que ce soit celle des procédures d'identification ou celle du processus de recrutement. Ils bénéficient également de la bienveillance des officiers recruteurs et médecins qui ferment parfois les yeux en connaissance de cause[131]. Mais les autorités ne sont pas toujours disposées à les incorporer. D'autant qu'en l'absence de preuve de l'âge des volontaires, les médecins britanniques sont censés l'évaluer scientifiquement, à l'aide d'un système d'équivalence normatif du corps humain. Georges Calverley, dont la taille se trouve en dessous de 1 m 60, doit s'y reprendre à trois fois avant de réussir à s'engager dans la marine britannique en mars 1915[132]. Il est plus facile pour les adolescents exceptionnellement robustes de tromper la vigilance des experts. Pour James Macpherson (1880-1937), sous-secrétaire d'État à la guerre : « en zone rurale, où les garçons sont solides et de bonne constitution, il leur est facile de passer pour des jeunes gens en âge

128. Richard VAN EMDEN, *Boy Soldiers of the Great War, op. cit.*, p. 50 ; Manon PIGNOT, « Entrer en guerre, sortir de l'enfance », *op. cit.*, p. 72.

129. Richard VAN EMDEN, *Boy Soldiers of the Great War, op. cit.*, p. 186.

130. Manon PIGNOT, « Entrer en guerre, sortir de l'enfance », *op. cit.*, p. 77.

131. ID., *L'Appel de la guerre, op. cit.*, p. 110.

132. Manon PIGNOT, *L'Appel de la guerre, op. cit.*, p. 96-97. Sur le minimum de taille de 5 pieds et 3 pouces (soit 1m60), voir Richard VAN EMDEN, *Boy Soldiers of the Great War, op. cit.*

d'aller combattre[133] ». À 12 ans, Ernest Wrentmore mesure 1 m 68 et pèse 70 kg. Il n'éprouve aucune difficulté à duper l'agent recruteur[134]. Ils sont cependant peu nombreux à être ainsi charpentés. La taille moyenne d'un adolescent français de 13 ans est alors de 1 m 40, soit 26 cm en dessous de la taille moyenne des conscrits, et 14 cm en dessous de la taille limite de 1 m 54 qui, si elle n'est plus discriminante, reste néanmoins un point de repère pour les médecins[135].

Le destin de ces adolescents robustes, incorporés malgré leur grande jeunesse, montre que la condition physique a tendance à primer – à leurs yeux comme à ceux des recruteurs – sur la limite d'âge. Jean-Corentin Carré ne se considère « pas plus patriote qu'un autre », mais pour lui, « un Français, lorsqu'il est assez fort pour faire un soldat, est un lâche s'il reste à l'arrière[136] ». Pour le colonel J. H. Lloyd, du 15e Fusiliers de Lancashire, « la règle est que si l'homme ou le garçon est à la hauteur de la tâche, il reste, qu'il soit mineur ou non[137] ». Le député conservateur et *major* John Newman (1871-1947) loue l'efficacité et la résistance des très jeunes recrues[138].

Qu'ils soient solidement bâtis ou non, les petits soldats sont souvent bien acceptés, une fois incorporés, par leurs camarades plus âgés, qui sont loin d'être dupes. Ils sont parfois traités en mascottes, évoqués dans la presse comme des héros, voire décorés. En France, l'âge de 13 ans est à la fois celui du discernement pénal, de la fin de la scolarité obligatoire et l'âge légal du travail salarié. Les adolescents des milieux populaires sont donc souvent en atelier ou à l'usine dès cet âge[139]. Leur présence dans un monde d'adulte n'a dès lors plus rien de surprenant. Pourtant, la présence de jeunes garçons dans les forces combattantes ne fait pas l'unanimité. Ils sont nombreux à être

133. *Hansard, House of Commons Debates* (HC Deb.), 1er mars 1917, vol. 90, cc2233.
134. Cité par Manon Pignot, *L'Appel de la guerre, op. cit.*, p. 100.
135. Sur la taille moyenne des petits Français : Ivan Jablonka, *Ni père ni mère. Histoire des enfants de l'Assistance publique (1874-1939)*, Paris, Seuil, 2006 ; sur la taille moyenne des conscrits français : Marie Claude Chamla, « L'accroissement de la stature en France de 1880 à 1960 : comparaison avec les pays d'Europe occidentale », *Bulletin de la Société d'anthropologie de Paris*, t. 6, XIe série, 1964, p. 201-278.
136. Lettre citée par Manon Pignot, « Entrer en guerre, sortir de l'enfance », art. cité, p. 77.
137. Lettre du 22 juillet 1916 citée et traduite par Manon Pignot, « Entrer en guerre, sortir de l'enfance », art. cité, p. 82.
138. Richard Van Emden, *Boy Soldiers of the Great War, op. cit.*, p. 188.
139. Odile Roynette, « La construction du masculin », art. cité, p. 90-91.

renvoyés chez eux lorsque la supercherie est découverte[140]. Leur sort suscite des débats à la Chambre des Communes britannique. Dès 1917, on tente d'éviter de les envoyer en France avant leurs 19 ans[141]. Une fois repérés, ceux qui réussissent à gagner la France doivent alors attendre l'âge légal dans un camp à Étaples. Il s'agit d'une situation intermédiaire où, sans être renvoyés chez eux, ils sont néanmoins exclus de la zone de combat[142].

D'autres subterfuges sont mobilisés par les recrues ne remplissant pas, d'une manière ou une autre, les conditions de l'aptitude. En Grande-Bretagne, on peut apprendre par cœur le tableau de Snellen ou se faire souffler les lettres à lire afin que sa vue défaillante ne soit pas remarquée, ou encore se rendre d'un bureau de recrutement à un autre dans l'espoir d'obtenir un classement plus favorable grâce à un expert indulgent[143]. J. C. Attwood, quoique affligé d'une poitrine faiblement développée, réussit ainsi à contourner les exigences du périmètre thoracique grâce à un médecin conciliant[144]. Est-ce pour autant suffisant pour estimer que la sélection donne lieu, non à une évaluation suivie d'un jugement unilatéral, mais à une négociation ?

Plusieurs historiens et historiennes ont fait de l'examen un moment de négociation entre l'individu et l'État, voire un moment de résistance[145]. À l'appui de leur démonstration, ils citent des témoignages d'hommes, désireux de s'engager malgré des défectuosités physiques plus ou moins marquées, et dont l'entreprise est couronnée de succès au terme d'un bref échange avec un médecin indulgent. Selon eux, les candidats à l'incorporation ne seraient donc pas entièrement soumis au pouvoir médical, mais mobiliseraient des ressources afin de faire plier en leur faveur le jugement des médecins. La thèse est séduisante et va dans le sens de l'abondante bibliographie consacrée à la résistance, au

140. Manon Pignot, *L'Appel de la guerre*, *op. cit.*, p. 111.
141. CAC, GEDD 4/6/1684, *The Recruiting Code*, Ministry of National Service publication, 1er décembre 1917, p. 161-162, para. 474 « Examination of Youth of 17 »,
142. Pour un exemple de débat à la Chambre des Communes, voir HC Deb., 1er mars 1917, vol. 90, cc2233. Sur le camp d'Étaples, Manon Pignot, « Entrer en guerre, sortir de l'enfance », art. cité, p. 81.
143. James McDermott, *op. cit.*, p. 186 ; David Silbey, « Bodies and Cultures Collide », art. cité, p. 69.
144. « Bodies and Cultures Collide », art. cité, p. 67.
145. *Ibid.* p. 65-75 ; Corinna Peniston-Bird, « Classifying the Body in the Second World War », *Body and Society*, n° 9/4, 2003, p. 31-48.

contournement et à la subversion de l'autorité. Elle souffre pourtant d'insuffisances manifestes.

Une lecture plus attentive des sources montre en effet que ces contournements, dont on ne peut nier l'existence, vont néanmoins presque toujours dans le sens des *desiderata* de l'armée. Autrement dit, les négociations débouchent soit sur le classement dans une catégorie supérieure à celle initialement envisagée par l'expert, soit sur l'incorporation d'individus que leurs caractéristiques auraient dû tenir plus ou moins éloignés des forces combattantes. Les témoignages inverses, ceux de recrues parfaitement saines de corps et d'esprit ayant pu échapper au service sont rarissimes. Et pour cause : ces hommes sont en temps de guerre, de mobilisation des énergies nationales, entourés d'une réprobation particulière. Il suffit d'ailleurs d'évoquer l'extrême sévérité avec laquelle sont accueillies les tentatives de fraude et de simulation, de la part des recrues comme de la part des médecins, et les directives plus ou moins officielles données à plusieurs reprises dans les deux pays afin d'assouplir les critères de sélection, pour comprendre qu'une négociation qui ne va que dans un seul sens n'en est pas vraiment une. On peut donc raisonnablement estimer que la dimension négociée de l'expertise médicale est limitée et partielle et que, quand bien même elle aurait été présente dans le cas de recrues désireuses d'échapper au service, elle n'est intervenue que de manière extrêmement marginale dans la mécanique d'auto-exclusion du champ de bataille. Les candidats à l'exemption que l'examen médical ou le tribunal d'appel n'auraient pas suffi à tirer d'affaire ont donc parfois la tentation de contourner le jugement médical.

Les exemptés de l'East-End, une affaire de fraude documentaire (Londres, 1916-1918)

À l'été 1918, le *Times* relate un procès tenu à l'*Old Street Police Court* de Stepney, un quartier populaire de l'est londonien, au sujet d'un trafic de certificats d'exemption qui se serait déroulé entre 1916 et 1917[146]. Après l'adoption de la conscription, les mobilisables britanniques désireux de se faire exempter pour raison médicale pouvaient se présenter au tribunal local avant même d'être appelés, afin de se faire examiner et, le cas échéant, déclarer

146. Voir les *Times* des 19, 20, 27 et 31 août, 3 septembre et 14 octobre 1918.

inaptes. Principale accusée, Ida Carter, jeune employée de bureau du tribunal, évoque les faits :

> Je dois admettre qu'à plusieurs occasions, de jeunes gens en âge de servir ayant recours aux services du tribunal m'ont demandé de leur procurer un formulaire qui leur permettrait d'échapper au service. Ces jeunes gens nous ont donné de l'argent pour acheter des chocolats et des friandises, la somme habituelle était de deux shillings et six pence. Lorsque nous nous rencontrions dans la rue, ils nous achetaient des glaces et des bonbons[147].

Aucun historique des documents émis par le tribunal n'étant établi et les certificats étant conservés sans grande précaution, il était possible aux employés comme Ida Carter d'accéder à ces requêtes. Moyennant une modique somme d'argent, la jeune femme et l'une de ses collègues ont donc subtilisé des certificats vierges et les ont authentifiés à l'aide du tampon portant un fac-similé de la signature du greffier. Elles sont inculpées pour avoir imité la signature de leur supérieur. Ida Carter reconnaît avoir vendu douze formulaires permettant ainsi à autant de mobilisables d'être déclarés inaptes sans passer par l'expertise médicale pratiquée à la demande du tribunal. Parmi les bénéficiaires de l'affaire, on identifie son frère. Il vivait alors à Brighton sous une identité d'emprunt et était en possession d'un certificat d'exemption du tribunal de Stepney, daté de décembre 1917, le déclarant inapte au service. À l'issue du procès, le frère et la sœur sont condamnés à un mois de prison. Le jeune homme est ensuite dûment expédié à l'armée. Ida Carter fait appel de cette décision et, en raison de son jeune âge, 17 ans au moment des faits, et de sa bonne réputation par ailleurs, elle échappe à sa sentence.

Cette affaire est révélatrice de pratiques dont se plaint le directeur du recrutement à la fin de l'année 1917 :

> Les hommes ont eu recours à toutes sortes de stratagèmes afin d'éviter d'aller servir. Nous n'avions alors pris aucune précaution pour empêcher cela [...]. Au début de la période d'attestation, on distribuait aux hommes exemptés des formulaires portant la mention « Rejeté », et ces formulaires se sont bien vite mis à valoir une certaine somme. Ils s'échangeaient au prix moyen de £15 [...]. De fausses cartes de classification, celles qui ont été introduites au début de l'année 1916, ont également été fabriquées à grande échelle [...]. Une profusion de personnes étaient en possession de certificats d'exemption, nombreux étaient ceux qui, bien sûr, avaient été

147. *The Times*, 19 août, p. 3.

> dûment exemptés ; nombreux étaient ceux qui, malheureusement, étaient d'incurables invalides ; mais nombreux étaient aussi ceux qui n'avaient jamais été exemptés. […] Nous avons traduit les coupables en justice sur tout le territoire[148].

Auckland Geddes évoque un phénomène non négligeable de fraude concernant des types de formulaires administratifs correspondant à deux périodes distinctes. Il mentionne dans un premier temps les formulaires d'attestation puis, à partir de la mise en place de la conscription en 1916, les « *classification card* » ou « *grade card* », documents bleus porteurs d'une simple mention manuscrite. Selon Geddes, les premiers se sont échangés contre une coquette somme d'argent, les seconds ont fait l'objet d'une vaste entreprise de forgerie. À la lumière de ces déclarations, la Première Guerre mondiale apparaît comme un grand moment de fraude documentaire où l'on retrouve pêle-mêle fabrique de faux papiers, trafic de documents administratifs, usurpation d'identité et falsification de l'écriture individuelle[149]. L'affaire de Stepney conjugue le vol de formulaires, la falsification de la signature et, comme dans le cas du jeune Carter, l'usurpation d'identité. Comme les autres affaires reposant sur l'usage de faux, elle permet aux jeunes gens impliqués soit d'échapper à l'expertise médicale, soit d'en nier les résultats.

L'usurpation d'identité est particulièrement redoutée par les responsables britanniques. Le directeur du recrutement rappelle ainsi :

> Il faut bien avoir en mémoire une chose encore, c'est que nous n'avions aucun moyen d'identifier notre population civile. Les individus possédaient en tout et pour tout un nom […]. Il n'y avait pas de registre d'état civil, comme dans les autres pays où le service militaire est obligatoire. Nous convoquions les hommes pour l'examen médical, et ils se présentaient, ou du moins quelqu'un se présentait et souvent, ainsi que nous l'ont montré

---

148. NA, MH 47/144/4, Select Committee. Minutes of Evidence n° 1, 2 juillet 1917, Brigadier-General A. C. Geddes, p. 3. Voir aussi un courrier de Derby à Northcliffe, daté du 19 juin 1917, qui mentionne *« the fraudulent use of "rejected" papers »* et la somme de « *fifteen pounds* », cité par Keith Grieves, *The Politics of Manpower, op. cit.*, p. 131.

149. Sur la fraude documentaire et les pratiques qui la caractérisent, on lira Philippe Artières, « Chapitre 11. La délinquance documentaire », dans Id. (dir.), *La police de l'écriture. L'invention de la délinquance graphique (1852-1945)*, Paris, La Découverte, 2013, p. 151-162. Au terme « délinquance », qui renvoie à des arrangements politiques et juridiques ultérieurs, j'ai préféré le terme « fraude », utilisé par les contemporains des affaires qui m'intéressent.

> les tribunaux, il ne s'agissait pas de l'homme qui avait été convoqué mais d'un autre individu dont l'exemption ne faisait aucun doute[150].

La fraude documentaire est donc facilitée par les caractéristiques administratives de l'État britannique[151]. La Grande-Bretagne du début de la guerre, contrairement à la France, n'est pas une « société d'inscrits[152] ». L'histoire de l'organisation de l'identification des citoyens a en effet partie liée avec la mise en place de la conscription. Les recensements généraux de populations, qui accompagnent et autorisent le développement de l'identification, permettent, certes, de « dresser un état démographique du pays et de calculer la répartition des prélèvements », mais ils visent aussi à estimer l'effectif des soldats mobilisables[153]. Un registre militaire est mis en place à partir d'août 1915, en lien avec les opérations du recensement, mais sa complexité et le fonctionnement décentralisé du recrutement en font vite un outil dépassé[154].

La fraude, dépendante de complicités et d'arrangements locaux, est un phénomène difficile à quantifier. Quelques affaires sont relayées dans la presse et discutées au sommet de l'État mais elles ne peuvent permettre d'en évaluer la fréquence[155]. À la suite du scandale de Stepney, la police mène une vaste enquête sur 8 000 exemptés de l'East-End, afin de s'assurer qu'ils sont bien en situation régulière. Selon les enquêteurs, sur les 30 % d'exemptés, 8 % sont en possession d'un faux certificat, 5 % détiennent un formulaire volé au tribunal de Stepney, soit 400 hommes[156]. Sir Archibald Bodkin (1862-1957), procureur en vue, estime alors qu'au vu de l'ampleur de ces chiffres, il est nécessaire d'annuler toutes les sentences prononcées par le tribunal et de procéder à nouveau à l'examen de tous les exemptés. La proposition est sérieusement examinée par le *National Service Committee*[157].

---

150. NA, MH 47/144/4, Select Committee. Minutes of Evidence n° 1, 2 juillet 1917, A. C. Geddes, p. 6.
151. Voir par exemple NA, NATS 1/1017, Prosecution of Charles Stern for unlawful possession of Isodore Stern's National Registration Certificate, 1918.
152. Claudine DARDY, *Identités de papiers*, *op. cit.*
153. Ilsen ABOUT et Vincent DENIS, *Histoire de l'identification des personnes*, *op. cit.*, p. 56.
154. NA, MH 47/144/4, Select Committee. Minutes of Evidence n° 1, 2 juillet 1917, A. C. Geddes, p. 6.
155. Voir par exemple NA, NATS 1/925, 1917.
156. *Ibid.* et « Stepney exemptions », *The Times*, 27 août 1918, p. 4.
157. « The Stepney exemptions », *The Times*, 20 août 1918, p. 8.

Les chiffres de l'enquête policière sont rapidement contestés. Ils sont qualifiés d'« invraisemblables[158] » par les membres du tribunal. James Kiley (1865-1953), député libéral de Whitechapel, l'une des trois circonscriptions électorales de Stepney en 1918, souligne, au contraire, la participation exceptionnelle de l'East-End londonien à l'effort de guerre. 40 000 hommes ont rejoint les rangs de l'armée, « plus qu'aucun autre district industriel du royaume », tonne-t-il en séance. De fait, dans toutes les régions industrielles, la sélection médicale tend à éliminer un grand nombre d'hommes[159]. En septembre 1915, à l'issue d'un meeting, sur 150 volontaires, seuls 15 sont retenus, déplore un journal de l'est londonien[160]. Rapidement urbanisé dans la seconde moitié du XIXe siècle, Stepney est alors un quartier populaire de triste réputation, caractérisé par un habitat insalubre et délabré où s'entasse une population miséreuse, dont de nombreux immigrés[161]. Au recensement de 1911, il regroupait 279 804 habitants. Son tissu industriel s'est densifié dès la fin du XIXe siècle par migration de firmes centrales (vêtement, imprimerie, petit outillage de précision) dans la proche banlieue[162]. En 1911, 23,6 % des travailleurs de Stepney œuvrent dans l'industrie textile[163].

Pourtant, il semble bien que le district ait effectivement contribué massivement au recrutement. On retrouve les chiffres dont se félicite James Kiley dans la presse. L'*East London Observer* se félicite du grand nombre de volontaires en avril 1915[164]. Le quartier se place ainsi parmi les grands pourvoyeurs de la capitale. Fort de cette participation à l'effort de guerre, le député somme les autorités judiciaires de prouver les chiffres brandis au cours du procès ou de présenter leurs excuses

158. « Stepney exemptions », *The Times*, 27 août 1918, p. 4.
159. Alan Skelley, *The Victorian Army at Home, op. cit.*, p. 5-6 ; Richard Steckel et Roderick Floud (dir.), *Health and Welfare during Industrialization*, Chicago, Chicago University Press for the National Bureau of Economic Research, 1997. Voir aussi *Report upon the Physical Examination, op. cit.*
160. *East End News*, 29 septembre 1914.
161. Sur les caractéristiques de ce quartier londonien, on lira Samantha L. Bird, *Stepney: Profile of a London Borough from the Outbreak of the First World War to the Festival of Britain, 1914-1951*, Newcastle-upon-Tyne, Cambridge Scholars Publishing, 2011, notamment p. 2 et 8-48.
162. Peter Hall, *The Industries of London since 1861*, Londres, Hutchinson, 1962 ; J. E. Martin, *Greater London, an Industrial Geography*, Londres, G. Bell, 1966.
163. Samantha Bird, *Stepney: Profile of a London Borough, op. cit.*, p. 38.
164. *East London Observer*, 24 avril 1915.

en raison « du grand discrédit qu'ils ont tenté de jeter sur les hommes du district[165] ». En l'absence de preuve permettant d'assurer l'existence d'autres cas en dehors de ceux mentionnés au procès, le président du tribunal met fin à l'affaire en rejetant la proposition visant à réexaminer toutes les demandes d'exemption.

Corruptions

Lorsque les conscrits ne peuvent échapper à l'expertise médicale, ils tentent parfois de s'attirer la sympathie ou la complicité des experts chargés de l'évaluation. Il peut s'agir, comme à Liverpool en 1916, de l'officier chargé de l'examen préliminaire[166]. Mais il s'agit plus fréquemment des médecins eux-mêmes, dans la continuité de pratiques que l'on repère déjà en France au début du XIXe siècle[167]. Même s'il est difficile d'évoquer la fréquence et l'efficacité de ce que l'hebdomadaire satirique *Le Rire* appelle « l'action directe et énergique du piston[168] », quelques sources mentionnent les efforts déployés par les individus pour user de leur influence ou de celles de leurs connaissances afin d'obtenir un certificat de complaisance ou la complicité d'un médecin. Louis Guilloux relate ainsi les manœuvres qu'aurait entreprises Gaston Gallimard pour éviter l'épreuve du front. Si l'on en croit le témoignage indirect de l'écrivain, après avoir joué les malades avec succès, l'éditeur aurait profité des services complaisants offerts par certains médecins[169]. Gaston Gallimard sollicite les experts, soit directement, en s'adressant à des connaissances médecins, soit indirectement, par le biais de son entourage, et notamment par l'intermédiaire de son ami, le poète Léon-Paul Fargue, qui fait des démarches afin de lui éviter l'épreuve du front. L'opération implique, semble-t-il, un échange d'argent.

Plus intéressante est la correspondance de guerre du peintre Fernand Léger avec son ami d'enfance Louis Poughon, où on le voit mobiliser ses relations dans le monde médical civil et militaire. Il tente

165. « Stepney exemptions », *The Times*, 3 septembre 1918, p. 3.
166. NA, MH 47/144/4, Select Committee. Minutes of Evidence n° 1, 2 juillet 1917, A. C. Geddes, p. 11.
167. Jean-Paul Aron, Paul Dumont et Emmanuel Le Roy Ladurie, *Anthropologie du conscrit français*, *op. cit.*, p. 211-216.
168. Au sujet d'une recrue versée dans le service auxiliaire, « Échos du rire », *Le Rire*, n° 8, 9 janvier 1915.
169. Louis Guilloux, *Carnets. 1944-1974,* Paris, Gallimard, NRF, 1982, p. 332-333, cité par Charles Ridel, *Les embusqués*, *op. cit.*

de prolonger un congé de convalescence obtenu à l'été 1917, puis de se faire exempter par une commission de réforme. Sans que l'on puisse juger de l'efficacité de ses démarches, sa correspondance révèle les efforts fournis par l'artiste pour obtenir, si ce n'est la complicité, du moins la bienveillance des experts chargés du diagnostic. Il est réformé temporaire trois fois, en mai, août et décembre 1918[170]. Pour espérer voir réussir ces tentatives, il faut donc disposer d'un important capital social et symbolique, afin de pouvoir faire appel à d'influents appuis, et d'un capital économique conséquent, pour rémunérer experts et intermédiaires.

À côté de ces opérations individuelles d'embusquage, on trouve la trace d'entreprises collectives de corruption de l'expertise médicale. Le retentissant procès des réformes frauduleuses se tient en France en 1916, à la suite du démantèlement, en octobre de l'année précédente, d'un vaste réseau[171]. L'affaire, qui défraie la chronique, implique un stratagème élaboré impliquant prise de médicaments pour provoquer des symptômes, faux diagnostics, et faux certificats d'hospitalisation, moyennant finance. Pas moins de quarante-sept accusés sont traduits devant le 3e Conseil de guerre, dont des médecins civils et militaires, tels le docteur Hortz, ancien médecin-chef au bureau médical de la Place de Paris, Fortuné Laborde, aide-major de 1re classe, le docteur Saint-Maurice, médecin réfugié responsable des diagnostics des soldats malades et Achille Lombard, médecin civil du cadre de réserve.

En dehors de cette affaire retentissante, les médecins sont souvent innocentés faute de preuves. En France, les dispositions visant à lutter contre l'exemption frauduleuse sont contenues dans la loi de mobilisation de 1905. Les comptes rendus de recrutement, conformément à l'article 79 de la loi de mobilisation du 21 mars 1905, pointent ceux qui ont été frauduleusement omis des tableaux de recensement ou ceux qui ont été « indûment exemptés ». Les

170. Charles Ridel, *Les embusqués, op. cit.*, p. 266-275. Voir la correspondance éditée de Fernand Léger et de Louis Poughon, où le premier demande à plusieurs reprises au second d'intervenir en sa faveur auprès de ses connaissances : *Fernand Léger, une correspondance de guerre à Louis Poughon, 1914-1918*, Centre Georges Pompidou, Les Cahiers du Musée national d'art moderne, Hors-série Archives, 1997.

171. Charles Ridel, *Les embusqués, op. cit.*, p. 246-248. Pour une affaire de corruption en Angleterre, NA, NATS 1/845, Doctor Goone Tilleke: alleged misconduct, acceptance of bribes, 1917-1918.

articles 81 et 82 évoquent les peines prévues pour les complices – médecins, pharmaciens et fonctionnaires ou officiers publics – des hommes tentant d'échapper au recrutement. De fait, dans le procès des réformes frauduleuses, ce sont les médecins et fonctionnaires, « la main qui exempte[172] », plus que les hommes qui ont recours à leurs services, qui écopent des peines les plus lourdes[173]. En Angleterre, John Yorkston, employé du bureau de recrutement de Salford, dans la banlieue de Manchester, est reconnu coupable de fraude documentaire. Il est condamné à quatre mois de prison[174]. Carter, qui a bénéficié d'une pratique similaire à Stepney, n'écope que d'un mois. La distribution des peines face à ces pratiques demanderait cependant à être davantage étudiée.

Que reste-t-il dès lors aux hommes dépourvus de ressources ? Il est possible de formuler quelques hypothèses appuyées sur la littérature existante et éclairées par la comparaison France-Angleterre. Pour Charles Ridel, la pratique est, dans l'imaginaire collectif, essentiellement celle de la bourgeoisie. Les courriers de dénonciation incriminent souvent les « gros », les nantis[175]. Pour David Sibley, au contraire, en Grande-Bretagne, le *shirker* est dépeint par la presse en des termes renvoyant plutôt aux classes populaires[176]. Précisons ici que l'on parle de représentations, souvent fantasmées comme l'ont bien montré les deux auteurs, et non d'une réalité par ailleurs difficile à quantifier. Il me semble que cette opposition se justifie par le fait que Charles Ridel et David Silbey font référence à deux types de contournement de la sélection. Le motif de ces contournements est le même – échapper à l'armée ou au front –, mais les modalités diffèrent sensiblement. Corruption et fraude d'un côté ; simulation, inoculation et mutilation de l'autre. Ces dernières apparaissent donc comme les ressources de ceux qui n'en ont pas d'autres.

172. Du titre récurrent des articles que Georges Bertoulat, directeur de *La Liberté*, consacre à l'affaire.

173. Charles Ridel, *Les embusqués, op. cit.*, p. 246.

174. NA, NATS 1/925. Voir aussi NATS 1/940 ; NATS 1/983 ; NATS 1/1011.

175. Voir aussi Jérémie Halais, *Des Normands sous l'uniforme, op. cit.*

176. David Silbey, « Bodies and Cultures Collide », art. cité, p. 71. Voir par exemple le *Weekly Dispatch* du 6 septembre 1914, p. 8 et le *Daily Mail* du 21 mai 1915, p. 4.

Simulations, inoculations, mutilations

Les écrits de certains médecins font état de nombreuses mutilations volontaires et supercheries destinées à permettre aux examinés d'échapper à la guerre. Qu'en est-il vraiment ? Le contournement du service militaire est une pratique ancienne. Dans le premier quart du XIXe siècle, en France, on retrouve des plaies factices et des « hernies insufflées », destinées à faire exempter ceux qui les présentent, dans les rapports préfectoraux[177]. Au XIXe, la géographie des exemptions pour « perte des doigts » est marquée par d'importantes correspondances avec celle des « absents », les conscrits qui ne se présentent pas au conseil de révision, et avec la France de la résistance à l'impôt. Cela tendrait à montrer que, dans les régions où la corrélation est nette – la Haute-Loire et les départements environnants par exemple –, les conscrits tenteraient, plus qu'ailleurs, d'échapper au service en recourant à ces pratiques[178]. Les jeunes gens se couperaient le pouce ou l'index afin d'être déclarés incapables de manier une arme. La dimension révélatrice du phénomène des absents doit cependant être relativisée, y compris pendant la guerre. Il arrive que sur ces absents, qui représentent pendant le conflit 2 % des conscrits normands étudiés par Jérémie Halais, certains soient décédés avant l'âge de 20 ans et inscrits par erreur sur les listes de recrutement[179]. Ces jeunes hommes ont pu également se faire examiner dans leur département de résidence, qui n'est pas nécessairement celui sur les listes duquel ils sont inscrits[180].

En dehors de ces cas, certaines recrues recourent effectivement à tout une gamme de subterfuges visant à se faire exempter. Les stratagèmes peuvent être plus ou moins élaborés et les techniques plus ou moins invasives, de la simple comédie à la mutilation, en passant par l'ingestion de substances nocives. L'aliéniste Salomon Lwoff (1859-1939) évoque en 1916 le cas d'un débile mental simulant la surdité[181]. Pourtant, les psychiatres français ne parviennent pas à s'ac-

177. Rapport au Ministre, dans F⁹ 209, Lozère, 19. I. 1819, cité par Jean-Paul Aron, Paul Dumont et Emmanuel Le Roy Ladurie, *Anthropologie du conscrit français, op. cit.*, p. 29.
178. *Ibid.*, p. 26.
179. Jérémie Halais, *Des Normands sous l'uniforme, op. cit.*, p. 98.
180. Jules Maurin, *Armée, guerre, société, op. cit.*, p. 256.
181. « Compte rendu de la séance du 29 mai 1916 », *Annales médico-psychologique*, n° 7, 1916, p. 493.

corder, y compris pendant la guerre, sur la fréquence du phénomène[182]. Pour Auckland Geddes, auditionné par la commission d'enquête de la Chambre des Communes en 1917, l'usage de médicaments destinés à perturber le rythme cardiaque est courant[183]. Il évoque également des subterfuges « puérils » tel l'usage d'un mélange d'huile rance et de lait condensé pour simuler un épanchement du conduit auditif[184]. L'inventivité des conscrits désireux de se faire exempter est remarquable et il s'agit, de surcroît, d'un motif de fiction répandu. Le *Carnet de la semaine* relate avec ironie en 1915 les péripéties – réelles ou supposées – d'un fonctionnaire qui ingère une forte dose de caféine le jour de sa révision afin d'affoler son cœur et d'être diagnostiqué cardiaque[185]. Il n'est cependant pas si simple de se faire exempter en ayant recours à la simulation. Certaines infirmités qui apparaissent *a priori* faciles à simuler font l'objet de certifications. En France, l'épilepsie et la faiblesse d'esprit donnent lieu à des déclarations auprès de la mairie et à l'émission de certificats de notoriété[186].

L'évaluation du nombre de simulations ou de blessures auto-infligées pendant la guerre est particulièrement difficile tant est grande la dispersion des données juridiques ou médicales, sans compter les blessures ou maladies qui échapperaient à la vigilance des experts[187]. En France, le contexte de la Grande Guerre est en outre sensiblement différent de celui du XIXe siècle. Si en 1870 encore, un certain nombre des décisions des conseils de révision étaient massivement contestées, la légitimité de la conscription s'est depuis développée et les manifestations d'hostilité au service se sont vues conséquemment réduites[188]. La pression sociale et le patriotisme ambiant accompagnant l'entrée en

182. Marie DERRIEN, « "La tête en capilotade" », thèse citée, p. 70.
183. NA, MH 47/144/4, Select Committee. Minutes of Evidence n° 1, 2 juillet 1917, A. C. Geddes, p. 6.
184. NA, MH 47/144/4, Select Committee, A. C. Geddes, p. 6. Voir aussi Jérémie HALAIS, *Des Normands sous l'uniforme, op. cit.*, p. 119.
185. « Le cierge du fonctionnaire », *Le Carnet de la semaine*, 10 mai 1915.
186. Jean-Paul ARON, Paul DUMONT et Emmanuel LE ROY LADURIE, *Anthropologie du conscrit français, op. cit.*, p. 215.
187. Sophie DELAPORTE, *Les médecins dans la Grande Guerre*, Paris, Bayard, 2003, p. 188. En Angleterre, voir NA, NATS 1/796. Allegations of doping to avoid call-up for military service, 1918-1919.
188. Sur les réclamations et manifestations qui ont accompagné la convocation des conseils de révision dans l'Hérault en lien avec l'opposition latente à l'Empire, Jules MAURIN, *Armée, guerre, op. cit.*, p. 16.

guerre rendent également moins facile le fait de se soustraire volontairement à l'obligation du service. La France connaît ainsi un nombre très faible de réfractaires et d'insoumis[189]. L'entrée spécifique « mutilation volontaire » prévue dans la nomenclature des affections pouvant conduire à l'exemption donne les résultats suivants :

Mutilations volontaires repérées pendant les conseils de révision (1914-1918)

	1914	1915		1917	1918	
	Classe 1914	Classe 1916	Classe 1917	Classe 1918	Classe 1919	Classe 1920
Mutilations volontaires	2	1	0	1	8	2
Nombre d'examinés	318 464	313 710	313 070	299 624	302 077	298 302

Source : *Comptes rendus sur le recrutement, exemptions*[190]

Les fraudes détectées pendant les opérations de la révision apparaissent particulièrement rares[191]. Elles le sont d'autant plus que les médecins répugnent à affirmer avec certitude qu'il y a bien mutilation volontaire. Pour Paul Chavigny, chef du centre médico-légal de Nancy :

> Aussi qualifié qu'il puisse être, le médecin-expert ne doit absolument pas, dans ses conclusions, et d'après ses seules observations médico-légales, affirmer qu'une lésion observée par lui est ou n'est pas une mutilation volontaire [...]. Il sait simplement quand l'expertise a donné des résultats positifs que le coup de feu a été tiré à une distance déterminée. Il peut encore dire si les constatations médicales faites par lui concordent ou ne concordent pas avec les résultats de l'enquête, mais c'est tout : là se borne son rôle[192].

189. Philippe Boulanger, « Le refus de l'impôt du sang. Géographie de l'insoumission en France de 1914 à 1922 », *Guerre mondiales et conflits contemporains*, n° 188, décembre 1997, p. 3-25 ; Raoul Girardet, *La Société militaire dans la France contemporaine (1815-1839)*, Paris, Plon, 1953, p. 246. Voir aussi, sur ce phénomène, Michel Auvray, *Objecteurs, insoumis, déserteurs. Histoire des réfractaires en France*, Paris, Stock, 1983.

190. Les données de la classe 1915 ne sont pas disponibles.

191. D'après les médecins militaires, elles ont d'ailleurs tendance à diminuer au cours du xixe siècle. Voir Odile Roynette, *Bons pour le service, op. cit.*, p. 242-243.

192. Paul Chavigny, « Les mutilations volontaires par armes à feu. Étude médico-légale au cours de la guerre européenne de 1914 », travail écrit en 1916 et publié en 1924, p. 92, ASSA, Carton 156, cité par Sophie Delaporte, *Les médecins dans la Grande Guerre, op. cit.*, p. 189.

Les mutilations volontaires et les infirmités simulées figurent dans l'article 80 de la loi de 1905. En cas de fraude avérée, l'individu est traduit devant un tribunal civil. Si la mutilation intervient après l'incorporation, l'individu relève de la justice militaire[193]. Le chef d'accusation n'existant pas dans le Code de justice militaire, il laisse un vide juridique comblé par l'assimilation de la mutilation volontaire à de la « désertion en présence de l'ennemi » ou de l'« abandon de poste ». Entre août 1914 et octobre 1916, 12 % des 290 exécutions pour désertion en présence de l'ennemi relèvent d'une mutilation volontaire[194]. De ces cas relativement rares, qui ont déclenché la production d'une abondante littérature médicale, on peut déduire que les individus, faute de pouvoir toujours s'auto-exclure du champ de bataille avec facilité, ont parfaitement intégré les critères de l'aptitude militaire telle qu'elle a été définie par les médecins[195].

193. Sur la simulation des soldats, voir Vincent Viet, *La santé en guerre, op. cit.*, p. 304-305 et suiv.

194. Vincent Suart, « La justice militaire et la peine de mort au début de la Première Guerre mondiale », *Revue d'histoire moderne et contemporaine*, janvier-mars 1994, p. 136-153.

195. Voir Sophie Delaporte, *Les médecins dans la Grande Guerre, op. cit.* ; Vincent Viet, *La santé en guerre, op. cit.*, p. 307-320.

La sélection en crise.
Mécontentements et réformes
(1914-1923)

Chapitre 7

L'affaiblissement de la sélection dans l'arène publique : dénonciation et crise politique (1914-1917)

Le 1er avril 1915 à la Chambre des députés, Laurent Bougère (1864-1918), député siégeant à droite, relate son expérience au conseil de révision du canton de Segré (Maine-et-Loire). Il y participait en sa qualité de conseiller général. Marquée, dit-il, par des « faits scandaleux », une séance a manqué de se dérouler au mépris de « toutes les prescriptions de la commission d'hygiène » :

> Depuis de nombreuses années, à la demande du Parlement, à la prière de tout le corps médical, en présence du développement de la tuberculose, le ministre de la Guerre n'a cessé de prescrire que l'examen des conscrits soit fait d'une façon minutieuse. Si deux médecins militaires ont été envoyés pour un seul conseil de révision, c'est pour qu'après l'examen de cinquante ou soixante hommes, le médecin fatigué pût se reposer et laisser la place à l'autre médecin qui continuerait l'examen. Or jamais on n'avait pu imaginer que si deux médecins étaient à la disposition du conseil, ce serait pour que chacun d'eux examinât et auscultât deux hommes simultanément à quelques mètres de distance.
>
> J'ai demandé la parole, le préfet a commencé par me la refuser (*Exclamations*). Je lui ai dit alors que je la prendrais quand même. Il m'a demandé pour quoi dire ? J'ai répondu : pour lire une circulaire du ministre de la Guerre sur la manière dont la révision de la classe 1916 devait être faite, c'est-à-dire d'une manière très attentive et rigoureuse. Il ne voulait pas me laisser la parole. J'ai alors sorti le *Journal officiel* et j'ai lu la circulaire ministérielle que le préfet enfreignait par ses ordres [...]. Du moment que le Parlement n'était pas réuni, les préfets se sont crus des proconsuls. (*Mouvements divers*)
>
> Sur l'ordre du préfet, les deux médecins militaires ont commencé concurremment et après que quatre ou cinq hommes furent passés, le major à

> quatre galons a déclaré au préfet qu'il était impossible de les examiner sérieusement dans ces conditions, et, à partir de ce moment, la révision s'est poursuivie dans des conditions normales.
>
> Il va sans dire que nous avons déjeuné un peu plus tard. (*Exclamations et rires*)[1]

La révision de la classe 1916 s'est déroulée entre le 4 janvier et le 17 février 1915. La séance en question a vraisemblablement eu lieu avant le retour du Parlement dans ses fonctions, durant la période de vacance dite de la « dictature de Chantilly ». Ce n'est en effet que le 12 janvier 1915 que les députés et sénateurs se remettent à siéger en session réglementaire. Après quelques mois de guerre en l'absence de tout contrôle parlementaire, refusant de laisser les mains libres à l'exécutif et au commandement militaire, ils entendent à nouveau participer activement à la direction du pays et défendent leurs prérogatives avec vigueur[2]. D'où l'inquiétude de Laurent Bougère sur les libertés prises par le préfet durant la séance et l'indignation des députés lorsqu'ils apprennent que le même personnage a tenté de réduire leur collègue au silence.

La scène est révélatrice des tensions et rapports de force propres au déroulement des conseils de révision et dénote la tentation de l'accélération caractéristique des dynamiques de la mobilisation[3]. Malgré l'intervention du député, il faut que le médecin militaire le plus gradé proteste à son tour pour que les opérations reprennent selon les règles. Cet épisode met également au jour le fait que les entorses au fonctionnement réglementaire des opérations médicales du recrutement suscitent, tant au sein du corps des experts médicaux que sur les bancs de la Chambre, de vigoureuses protestations. L'anecdote montre enfin qu'en France, c'est la crainte d'une menace épidémique qui constitue

---

1. *JORF. Débats parlementaires. Chambre des députés*, Séance du 1er avril 1915, p. 519.
2. Sur les formes du gouvernement de guerre en France, on lira Jean-Jacques Becker, *La France en guerre, la grande mutation*, Paris, Seuil, 1990 ; Fabienne Bock, *Un parlementarisme de guerre, op. cit.* ; Annie Kriegel, *Aux origines du communisme français, 1914-1920. Contribution à l'histoire du mouvement ouvrier français*, Paris, Mouton, 1964 ; Madeleine Rebérioux, « Le socialisme et la Première Guerre mondiale », dans Jacques Droz, *Histoire générale du socialisme*, t. 2, Paris, PUF, 1974, p. 585-645 ; Pierre Renouvin, *Les formes du gouvernement de guerre*, Paris, Presses universitaires, 1925.
3. Chapitre 4.

le ressort de la dénonciation parlementaire, plus que l'exigence de la juste répartition de l'impôt du sang.

La reconstitution des effectifs est certes une priorité stratégique, mais l'État est également soumis à d'autres contraintes. En France, la conscription suppose qu'à l'obligation de servir réponde, pour l'État, une série de devoirs. Prémunir, soigner, prendre en charge et indemniser les hommes qui risquent leur vie au front appartiennent désormais aux obligations de la puissance publique[4]. L'État doit s'efforcer d'épargner son capital humain. En Grande-Bretagne, l'opinion s'est sensibilisée tout au long du XIXe siècle au sort des soldats. Les protestations sont ainsi devenues un moteur des réformes des Services de santé[5]. Les questions sanitaires, tels l'évacuation et le soin des blessés, font dès lors l'objet de vives critiques dans la presse et sont relayées au Parlement. La tactique sanitaire en vient à être débattue publiquement comme un enjeu politique. C'est à ce titre que les opérations médicales du recrutement préoccupent les parlementaires.

Les députés français et britanniques se font l'écho des critiques du relâchement de la sélection. La mise en cause de la compétence des médecins, cible première du mécontentement, se double d'une mise en cause de l'armée et d'une dénonciation de la gestion comptable des effectifs. La protestation parlementaire prend cependant dans les deux pays des formes très différentes. En Grande-Bretagne, c'est le sort des malheureuses recrues incorporées en dépit de leur défaillance manifeste qui préoccupe les parlementaires. Ces derniers se font le relais des nombreuses missives, envoyées par leurs électeurs désemparés, et somment le gouvernement de réagir afin de mettre fin à un système dont l'injustice apparaît criante. Les députés français, eux, cantonnent les discussions au débat technique sur la crise sanitaire. Dès 1915, la menace d'une épidémie de tuberculose remet la question des opérations médicales du recrutement au cœur du dispositif de préservation de la santé des armées et, au-delà, de la nation tout entière. Les critiques de

4. Anne RASMUSSEN, « Préserver le capital humain », art. cité ; Vincent VIET, *La santé en guerre, op. cit.*, p. 181-220.

5. Neil CANTLIE, *A History of the Army Medical Department*, Édimbourg, Churchill Livingstone, 1975, vol. 2, p. 337-387 ; Philip CURTIN, *Disease and Empire: The Health of European Troops in the Conquest of Africa,* Cambridge, Cambridge University Press, 1998 ; John SHEPHERD, *The Crimean Doctors: A History of the British Medical Services in the Crimean War*, vol. 1, Liverpool, Liverpool University Press, 1991 ; Alan SKELLEY, *The Victorian Army at Home, op. cit.*, p. 19, 31.

l'affaiblissement de la sélection se font donc sur le mode de la déploration de l'affaiblissement du dispositif prophylactique et les solutions proposées relèvent de la gestion de crise sanitaire.

La tuberculose et la menace infectieuse font également partie de la rhétorique parlementaire britannique, mais l'affaire des examens médicaux prend en Grande-Bretagne des dimensions tout à fait remarquables. La mise en place de la conscription et la promulgation de mesures de récupération des exemptés provoquent un retournement singulier de l'opinion en faveur des recrues incorporées malgré de graves déficiences. La recrue passe du statut de coupable, d'embusqué soupçonné de tenter d'abuser les commissions, à celui de victime de l'emballement du système de recrutement. L'émotion populaire, relayée par les parlementaires, provoque la mise en place d'une commission d'enquête (*Select Committee*) dont les travaux amorcent une importante crise politique.

La critique n'est, certes, pas complètement libre. Pendant la guerre, « la parole et le regard ont constamment été sous l'influence de la censure, reliée à la propagande officielle, comme de l'autocensure et des formes habituelles de contrôle social[6] ». En France, la loi du 9 août 1849 sur l'état de siège, maintenu jusqu'en 1919, permet de limiter les publications de nature à troubler l'ordre public et la loi du 5 août 1914 sur les indiscrétions de la presse en temps de guerre interdit la divulgation d'un certain nombre d'informations militaires et diplomatiques. La censure est établie au Royaume-Uni par le *Defence of the Realm Act* et la presse contrôlée par l'Official Press Bureau londonien[7]. La critique des opérations médicales du recrutement, liée aussi bien à la question des effectifs qu'à celle, plus générale, de la conduite de la guerre par les

6. Olivier Forcade, « Voir et dire la guerre à l'heure de la censure », art. cité.

7. Millman Brock, *Managing Domestic Dissent in First World War Britain*, Londres, Portland, 2000 ; Olivier Forcade, *La censure politique en France pendant la Grande Guerre*, thèse de doctorat de l'université de Paris X-Nanterre, 1998, 3 tomes, notamment tome 1, p. 25-29 ; Gary S. Messinger, *British Propaganda and the State in the First World War*, Manchester, Manchester University Press, 1992 ; Charles Townshend, *Making the Peace: Public Order and Security in Modern Britain*, Oxford, Oxford University Press, 1993 ; Bernard Waites, « The Government of the Home Front and the "Moral Economy" of the Working Class », dans Peter Liddle (dir.), *Home Fires and Foreign Fields: British Social and Military Experience in the First World War*, Londres, Brassey's, 1985, p. 175-93 ; Jay Winter, « Propaganda and the mobilization of consent », dans Hew Strachan (dir.), *The Oxford Illustrated History of the First World War*, Oxford, Oxford University Press, 2000.

autorités militaires, tombe sous le coup de ces restrictions. Le Parlement comme la presse sont ainsi contraints dans leur liberté d'expression. Cependant, les consignes de la censure ne sont pas toujours suivies et il existe de nombreux dysfonctionnements et contournements. Malgré d'importantes limitations, les formes démocratiques de la protestation ont trouvé le moyen de survivre à la guerre[8].

Tumulte parlementaire en France

La sélection, enjeu politique

En tant que partie intégrante de la tactique sanitaire, la sélection est débattue publiquement au Parlement comme un enjeu politique[9]. La répugnance à voir se relâcher les exigences du recrutement et à voir incorporés des hommes à la résistance amoindrie s'y manifeste principalement par le biais des députés médecins, notamment ceux de la commission de l'hygiène publique de la Chambre des députés. C'est d'ailleurs à la suite de la discussion d'un amendement introduit par le président de la commission que Laurent Bougère fait part de son expérience. La propension des médecins à intervenir directement dans les affaires de l'État pendant la guerre s'enracine dans la période 1870-1914, qui a vu de nombreux praticiens s'engager à la Chambre des députés et au Sénat afin d'y développer la législation sanitaire. La pression des hygiénistes sur le gouvernement a ainsi été à l'origine de notables avancées dans les dernières années du XIXe siècle[10]. Pendant la guerre, on retrouve sur les bancs de la Chambre plusieurs députés médecins parmi lesquels Louis Navarre, Lucien Dumont, Jean-Marie Guiraud, Louis Mourier, Raoul Pacaud, Gabriel Maunoury ou encore

8. Fabienne Bock, *Un parlementarisme de guerre*, 1914-1919, Paris, Belin, 2002.
9. Sur l'intérêt de l'opinion et du Parlement pour les pourtant complexes questions sanitaires, voir Anne Rasmussen, « Préserver le capital humain », art. cité ; Vincent Viet, *La Santé en guerre, op. cit.*
10. Patrice Bourdelais (dir.), *Les Hygiénistes. Enjeux, modèles et pratiques*, Paris, Belin, 2001, notamment p. 23 ; Jack D. Ellis, *The Physician-Legislators of France: Medicine and Politics in the Early Third Republic, 1870-1914*, Cambridge, Cambridge University Press, 1990 ; Isabelle Cavé, *État, santé publique et médecine à la fin du XIXe siècle français*, Paris, L'Harmattan, 2016 ; Lion Murard et Patrick Zylberman, *L'Hygiène dans la République. La santé publique en France ou l'utopie contrariée 1870-1918*, Paris, Fayard, 1996.

Amédée Peyroux, Édouard Lachaud et Henri Doizy[11]. Contrairement à l'Angleterre, où la protestation parlementaire s'exprime par le biais de députés souvent étrangers aux choses médicales, le débat français est le fait de spécialistes et le débat prend l'allure d'une discussion « aride et technique[12] » sur la gestion sanitaire de l'armée. L'avis de la commission d'hygiène est fréquemment sollicité sur les questions relatives à la sélection afin de garantir l'acceptabilité des dispositions modifiant les modalités des opérations médicales du recrutement.

La question de la sélection médicale, ses modalités, sa sévérité occupent notamment les séances de la Chambre des 12 mars, 1er avril et 30 novembre 1915, et du 27 mars 1917[13]. C'est au moment de décider de la convocation anticipée des classes, donc de l'incorporation de recrues particulièrement jeunes, qu'ont lieu les discussions les plus significatives afin que :

> Ces jeunes gens, ces enfants, n'entreprennent le métier militaire, en temps de guerre, que dans des conditions de santé telles que leur vie ne sera pas en péril. […] Il ne faut pas qu'un seul jeune homme puisse être pris sans avoir donné toutes les garanties nécessaires pour l'accomplissement du service armé[14].

La nation consentant au sacrifice de ses éléments les plus jeunes, il est établi un contrat explicite entre l'État et ses citoyens portant sur les conditions de la sélection. *A contrario*, dans un climat de crise des effectifs et de chasse aux embusqués, le sort des ajournés, des exemptés et des services auxiliaires des classes précédentes rencontre moins d'écho. Lors du vote de l'article 5, qui stipule que les réformés des classes 1913, 1914 et 1915 seront amenés à se présenter devant le conseil de révision de la classe 1917, quelques voix se font toutefois entendre :

> *M. Bouveri*. Si le nombre des réformés est plus élevé, c'est que les malingres et les hommes incapables de supporter les dures fatigues de la guerre

11. Jean Jolly (dir.), *Dictionnaire des parlementaires français (1889-1940)*, Paris, PUF, 1960.
12. Henri Doizy, *JORF. Débats parlementaires. Chambre des députés*, Séance du 30 novembre 1915, p. 1940.
13. *JORF. Débats parlementaires. Chambre des députés : compte rendu in-extenso*, Imprimerie du Journal officiel, Paris.
14. Intervention d'Édouard Vaillant, *JORF. Chambre des députés*, Séance du 1er avril 1915, p. 517-518.

> ont été plus nombreux qu'on ne l'avait prévu. C'est pour cela que votre nouvelle révision, je le crains, n'aura pas plus de succès que la première[15].

Jean Bouveri (1865-1927), député ouvrier socialiste de Saône-et-Loire, s'émeut notamment du sort des réformés « par suite de blessures de guerre ou de maladies provoquées par le surmenage » qui seraient soumis à un nouvel examen :

> *M. Bouveri.* [...] Ils sont actuellement incapables de gagner leur vie ; ils sont nombreux dans mon canton qui ont été [...] mutilés au commencement des hostilités. Beaucoup marchent avec des béquilles et seront encore longtemps incapables de reprendre leur travail [...]. Vont-ils être dans l'obligation de repasser la révision comme ceux que les commissions ont réformé simplement comme chétifs ou malingres ? [...] il y a aujourd'hui des réformés n° 2 pour longtemps encore incapables de reprendre leur travail, qui sont et resteront infirmes. Les soumettrez-vous à une nouvelle révision ?
>
> *M. le ministre de la Guerre.* Naturellement je ne peux pas faire autrement.
>
> *M. Maurice Viollette.* Ils ne seront pas pris voilà tout.
>
> *M. le rapporteur.* La décision sera confirmée[16].

Leur sort ne suscitant guère d'émotion, la discussion est rapidement close.

Plus houleux, le débat sur l'appel anticipé des jeunes classes entraîne rapidement l'évocation des conditions de la révision. C'est en effet le bon déroulement des opérations médicales du recrutement qui doit permettre de garantir le contrat passé entre l'État et les citoyens. Il s'agit de s'entourer :

> de toutes les précautions désirables, non seulement au point de vue sentimental, mais au point de vue militaire. Car il est de l'intérêt évident de l'armée de n'admettre dans ses rangs que des soldats capables de supporter les fatigues de la campagne. (*Applaudissements*)[17]

Malgré ces déclarations, il apparaît rapidement que le « point de vue sentimental », celui qui vise à garantir l'intérêt de l'individu, s'efface devant l'intérêt supérieur de l'armée. Contrairement à ce qui se passe en Grande-Bretagne, l'injustice, voire le drame, subie par les recrues incorporées en dépit de leurs défaillances ne fait partie de l'éventail rhétorique des partisans de la sévérité qu'à la marge. Les députés relaient

15. *JORF. Chambre des députés*, Séance du 1er avril 1915, p. 519 voir aussi p. 521.
16. *Ibid.*
17. *Ibid.*, p. 516.

très peu de cas individuels érigés en exemple des impérities de la sélection. Pourtant, comme en Angleterre, les familles ont la possibilité de faire entendre leurs plaintes *via* la correspondance avec le ministère et avec leurs députés. Elles ne s'en privent pas pour critiquer, par exemple, le régime des permissions[18].

Le problème de la sélection est évoqué à la Chambre sous l'angle désincarné, soit de la préservation sanitaire du collectif armé, soit, de manière plus pragmatique encore, de l'efficacité des troupes militaires. Pour Henri Doizy, « les chefs militaires ont tout intérêt à avoir des hommes sur lesquels ils peuvent compter[19] ». Il s'agit avant tout de ne pas s'encombrer de citoyens « qu'il n'y a aucun avantage à voir figurer dans l'armée[20] », selon les mots de Justin Godart lui-même. Amédée Peyroux (1872-1944), député conservateur de la 3e circonscription de Rouen, formé à la médecine militaire avant de s'établir comme généraliste, membre de la commission d'hygiène, s'oppose à l'adoption de l'article 5 du projet de loi imposant aux réformés d'être visités par les conseils de révision de la classe de 1917. Pour lui, cette mesure est une erreur « étant données les très faibles ressources qu'elle procurerait » :

> Et ce ne seraient au surplus que des bronchitiques, des hernieux, des rachitiques, des emphysémateux, etc., qui le plus souvent, étant à l'infirmerie plutôt qu'au régiment, ne donneraient aucune ressource nouvelle au pays, absolument aucune [...]
>
> [J]e demande à nos collègues de ne pas voter un article qui incorporerait dans notre admirable armée non pas un appoint sérieux, mais des unités inutilisables et qui ne pourraient qu'embarrasser et gêner des unités qui ne renforceraient en rien nos glorieux effectifs [...][21].

C'est bien l'efficacité de l'armée qui, en dernière instance, doit constituer l'argument définitif. L'article 5, en dépit de l'opposition de Bouveri et Peyroux, est adopté sans amendement. Il serait donc faux de dire

18. Emmanuelle Cronier, *Permissionnaires dans la Grande Guerre*, *op. cit.*, p. 26-33. Le nationaliste exalté Gustave Hervé évoque avec beaucoup de mépris des lettres de mères de mobilisables, hostiles à l'incorporation anticipée de la classe 1917 : « Pas toutes très aimables, les lettres de Mamans. On dirait des chattes à qui on veut enlever les petits », cité par Charles Ridel, *Les embusqués*, *op. cit.*, p. 97.
19. *JORF. Chambre des députés*, 30 novembre 1915, p. 1942.
20. SHD, GR 9 NN 7/1100, Circulaire n° 567 Ci/7, Paris, le 5 août 1917, Aptitude physique au Service Militaire.
21. *JORF. Chambre des députés*, Séance du 1er avril 1915.

que les débats opposent les autorités militaires qui réclament la reconstitution rapide des effectifs et les députés qui défendent les intérêts de leurs électeurs. En bon gestionnaire du capital humain, les élus hygiénistes s'inquiètent des conséquences de l'incorporation de jeunes gens faibles dans les rangs de l'armée au nom de la préservation de la puissance militaire française.

Comme en Angleterre, les députés identifient un certain nombre de problèmes qui entravent le bon fonctionnement des conseils de révision. Amédée Peyroux rappelle ainsi en avril 1915 les conditions peu optimales dans lesquelles a lieu l'examen des conscrits :

> Est-ce vous apprendre quelque chose, monsieur le ministre, que de vous dire au milieu de quel bruit opèrent les conseils de révision ? L'auscultation, la percussion sont impossibles. C'est dans le brouhaha, au milieu des hommes qui s'habillent et se déshabillent, dans les conversations des hommes qui ont déjà passé, que vous décidez du sort d'un homme, en une minute et même une demi-minute[22].

Le problème de la cadence imposée aux médecins fait également l'objet de remarques répétées.

Peurs hygiénistes

Pendant la guerre, une part importante du travail parlementaire s'effectue au sein des commissions. Les députés y examinent les projets et propositions de loi, et débattent en séances secrètes afin de garantir la confidentialité des questions relatives à la défense nationale. Ces travaux sont relayés lors des débats précédant le vote, en séance publique[23]. La Commission d'hygiène publique est l'une des seize grandes commissions permanentes, correspondant aux principaux domaines d'intervention de l'État, créées par la résolution du 17 novembre 1902. C'est à Édouard Lachaud (1857-1923) et Henri Doizy, successivement présidents de la Commission, que revient régulièrement la tâche de présenter à la Chambre la position de la commission sur les projets de lois soumis à son expertise. C'est au sein de cet organe, plus qu'au sein de la commission consultative du Service de santé du ministère de la Guerre, que sont formulées les inquiétudes les plus vives[24]. Dans la

22. *JORF. Chambre des députés*, Séance du 1er avril 1915, p. 521.
23. Fabienne Bock, *Un parlementarisme de guerre, op. cit.*
24. Voir à ce sujet Vincent Viet, *La Santé en guerre, op. cit.*, p. 54.

continuité de la seconde moitié du XIXe siècle, où les hygiénistes ont joué un rôle prépondérant dans la définition des priorités du recrutement, ses membres dénoncent sans relâche dès 1915 non seulement ce qu'Henri Doizy appelle « les scandales des conseils de révision[25] » mais aussi la légèreté des visites d'incorporation et le caractère superficiel des examens des commissions de réforme.

Si l'assouplissement de la sélection inquiète tant la Commission, c'est en raison de la menace épidémique, notamment celle de la tuberculose[26]. Alors que la prévalence de la maladie s'était stabilisée aux alentours de 1910, les chiffres repartent à la hausse dès 1914. Entre 1914 et 1915, la maladie passe d'un caractère endémique à un caractère épidémique. La crainte d'un désastre sanitaire pousse notamment Henri Doizy à relayer, le 30 novembre 1915, le cri d'alarme lancé par la Commission permanente de préservation contre la tuberculose qui insiste sur les nécessaires « garanties scientifiques » qui doivent entourer les opérations médicales du recrutement. De manière significative, la protestation parlementaire s'appuie sur les travaux de Georges Lemoine, ancien médecin inspecteur devenu médecin chef de la 1e armée, penseur de la sélection comme dispositif prophylactique[27].

Au fur et à mesure de l'avancée de la guerre, les membres de la commission d'hygiène soulignent la responsabilité du gouvernement. L'Union nationale a contribué à maintenir un temps les critiques ouvertes sous le boisseau mais l'inquiétude et la mise en cause, même timide, de la politique d'abandon de la rigueur sont clairement exprimées dès mars 1917. Pour les hygiénistes, les résultats désastreux de la sélection ne sont pas qu'un effet pervers du rationnement temporel résultant d'une mobilisation précipitée. Ils sont aussi le fait d'une politique délibérée, celle de l'assouplissement des critères de l'Instruction. Le 27 mars 1917, Henri Doizy estime ainsi que les modifications de l'*Instruction sur l'aptitude physique* des 12 mars, 24 juillet et 20 décembre 1916 sont tout à fait dommageables :

25. *JORF. Chambre des députés*, Séance du 30 novembre 1915, p. 1941. Anne Rasmussen mentionne ce rôle majeur des hygiénistes dans « Expérimenter la santé des grands nombres », art. cité, p. 71-91.
26. Catherine Riollet, « The other War II : Setbacks in Public Health », art. cité, p. 456-486 ; Vincent Viet, *La Santé en guerre, op. cit.*, p. 524-526.
27. *JORF. Chambre des députés*, Séance du 30 novembre 1915, p. 1942.

> Depuis un certain temps, on a fait un peu trop bon marché de cette institution [l'*Instruction sur l'aptitude physique*], on l'a modifiée et remodifiée, je ne dirai pas à plaisir, le mot serait un peu trop fort, mais trop souvent suivant les nécessités plutôt militaires que médicales[28].

Il reproche au gouvernement d'avoir sacrifié la santé publique sur l'autel de la victoire militaire.

Malgré les bouleversements liés au conflit, le Parlement remplit ici son office de contrôle de l'action des dirigeants dans le maintien de la légalité républicaine[29]. Le discours des médecins hygiénistes à l'égard du gouvernement est révélateur de la « bio-responsabilité » qui a été assignée aux pouvoirs publics entre la fin du XIXe siècle et le début du XXe siècle. Patrice Bourdelais a proposé ce concept afin de décrire le moment où les parlements et les gouvernements « savent désormais quels sont les facteurs de la santé publique et [sont] sommés d'agir en conséquence[30] ». Pour les députés de la commission d'hygiène, les premiers mois de la guerre ont donné lieu à des mesures contraires au bon fonctionnement de la sélection. Ces mesures faisant planer la menace épidémique, il apparaît urgent de réintroduire de la sévérité dans les opérations médicales du recrutement.

L'affaiblissement du consensus scientifique

Les débats et leurs conclusions permettent de distinguer la portée limitée de la protestation, à travers ce qu'on pourrait appeler l'affaiblissement du consensus entre scientifiques, au profit d'un consensus politique né des besoins de la guerre. Le consensus entre scientifiques – que Stephen Turner définit comme un savoir définitivement acquis, fixé dans les manuels et enseigné – cède la place à un nouveau consensus politique, par adaptation provisoire, collective et négociée du savoir médical, afin de résoudre un problème précis, celui de la crise des effectifs[31]. La commission d'hygiène se trouve en effet aux prises avec des exigences

28. *JORF. Chambre des députés*, séance du 27 mars 1917, p. 870.
29. Voir Pierre Renouvin, *Les formes de gouvernement de guerre, op. cit.*
30. Patrice Bourdelais (dir.), *Les Hygiénistes, op. cit.*, p. 18-19.
31. J'adapte ici une distinction opérée entre consensus scientifique et consensus entre scientifiques par Stephen Turner dans *Liberal Democracy 3.0. Civil Society in an Age of Experts*, Londres, Sage, 2003. Je propose la notion de « consensus politique » pour marquer la nécessaire adaptation de ce consensus à la présence d'un public parlementaire profane.

contradictoires. Il lui faut d'une part garantir la bonne santé des armées et de la population civile en formulant un « avis scientifique [...] inspiré uniquement de ce qu'enseignent, depuis des années, les médecins militaires de carrière[32] », et d'autre part adapter ces principes jugés trop rigides à l'exceptionnel du temps de la guerre. La difficulté du travail de la Commission de l'hygiène publique est particulièrement évidente lors des débats sur l'appel de la classe 1917, deux ans avant sa date régulière d'incorporation, « deux ans trop tôt[33] » selon Henri Doizy. L'incorporation anticipée des classes 1915 et 1916 s'était faite sans difficulté, mais celle des classes suivantes, appelées particulièrement jeunes, déclenche des discussions animées[34]. Appeler la classe 1917 en 1915 signifiait en effet envoyer au front des jeunes gens âgés de dix-huit ans au lieu des vingt réglementaires.

Saisie pour avis, la Commission émet de fortes réserves. En pleine séance parlementaire, Henri Doizy donne ainsi lecture d'un manuel d'hygiène pour lequel :

> *M. Doizy.* [...] « L'âge de vingt ans est donc le maximum acceptable pour l'incorporation...
> *Un membre.* En temps de paix !
> *M. Doizy.* ... au-dessous, on n'a plus qu'un adolescent en pleine période d'évolution organique, gardant encore latentes les prédispositions morbides, sans moral, sans résistance, et qui, dans le milieu militaire, deviendrait le candidat choisi pour cette sélection que les maladies, la tuberculose surtout, opèrent fatalement ; en campagne, ils tomberaient comme les enfants de 1813 qui encombraient les routes et les ambulances. »
> [...] Incorporer un jeune homme de dix-huit ans est une erreur au point de vue médical[35].

L'âge de l'incorporation fait donc l'objet d'un consensus entre médecins. L'avis de la Commission, dit-il un peu plus loin, mobilisant le répertoire de l'autorité scientifique, s'appuie sur celui d'« hommes portant les noms les plus illustres de la science française[36] ». Il est brièvement interrompu par une voix, venue des bancs de la Chambre, qui rappelle que les nécessités du temps de paix ne sont pas celles du temps de guerre. Les exigences de la défense nationale commandent

32. *JORF. Chambre des députés*, Séance du 30 novembre 1915, p. 1940.
33. *Ibid.*
34. Charles Ridel, *Les embusqués*, *op. cit.*, p. 81.
35. *JORF. Chambre des députés*, Séance du 30 novembre 1915, p. 1940.
36. *Ibid.*, p. 1941.

la révision des normes antérieures, soit l'assouplissement des critères, fussent-ils validés par la science. Henri Doizy lui-même exprime la nécessaire adaptation des normes en des termes éloquents au moment d'incorporer la classe 1918, elle aussi de manière anticipée : « La prolongation de la guerre nous impose des devoirs et des sacrifices qui ne peuvent être comparés à ceux du temps de paix, ni à ceux des guerres antérieures[37]. » Malgré les recommandations des manuels d'hygiène, la Commission n'entend ainsi pas s'opposer à un certain assouplissement des exigences d'avant-guerre, mais elle formule néanmoins des recommandations afin de garantir que la sélection s'effectue dans des conditions garantissant son efficacité.

L'impossible argument statistique

Avant même de formuler des recommandations, le premier défi des tenants de la sévérité consiste à rendre visible la réalité du relâchement de la sélection et de ses conséquences sanitaires sans disposer de l'arsenal statistique habituel des débats parlementaires. Le XIXe siècle a vu en effet les données chiffrées devenir l'élément central de la validation des faits. Les discours tenus sur la maladie et ses conséquences sociales s'appuient de manière privilégiée sur les chiffres comme éléments d'objectivité et d'impartialité. La quantification, véritable technique politique de fabrication du consensus, est devenue un langage commun indispensable à l'argumentaire politique en matière de santé publique[38]. Afin de répondre aux impératifs de transparence et d'efficacité à l'ère de l'armée de masse,

37. *JORF. Chambre des députés*, 27 mars 1917, p. 869.
38. Theodore M. Porter, *The Rise of Statististical Thinking, 1820-1900*, Princeton, Princeton University Press, 1986 ; Libby Schweber, *Disciplining Statistics: Demography and Vital Statistics in France and England, 1830-1885*, Durham, Duke University Press, 2006, p. 67 et suiv. Sur les statistiques comme outil de gouvernement : Michel Foucault, *Sécurité, territoire, population. Cours de 1977-1978 au Collège de France*, Paris, Gallimard, 2004. Sur les statistiques, outil de véridiction : Stephen Stigler, *The History of Statistics: The Measurement of Uncertainty before 1900*, Cambridge/Londres, Harvard University Press, 1986. Pour d'utiles synthèses : Luc Berlivet, « Déchiffrer la maladie », dans Jean-Pierre Dozon et Didie Fassin (dir.), *Critique de la santé publique. Une approche anthropologique*, Paris, Balland, 2001, p. 75-102 ; Alain Desrosières, « La statistique, outil de gouvernement, outil de preuve », dans *Pour une sociologie historique de la quantification*, Paris, Presses de l'école des Mines, 2008, p. 7-20.

des statistiques relatives à l'état de santé des troupes sont peu à peu produites par tous les États européens, notamment à partir des années 1860, et leur collecte s'étend, s'institutionnalise et se précise dans le courant du XIXe siècle et au début du XXe siècle[39]. Elles permettent aux armées européennes de comptabiliser leurs effectifs, de mesurer leur puissance et d'évaluer l'efficacité de leur gestion du contingent. Comme l'a montré la guerre de Crimée, ces statistiques médico-militaires occupent une place de choix dans les débats relatifs à la conduite de la guerre. En portant la controverse sur la scène publique, « la représentation statistique [a concrétisé] de façon brutale les défauts de la direction militaire et [a contribué] à renforcer le savoir, le pouvoir et le statut de la médecine militaire[40] ».

Or, Henri Doizy déplore avec un certain agacement l'impossibilité de recourir aux chiffres habituellement brandis par les hygiénistes en séance :

> [J]'avais demandé certains renseignements statistiques d'ordre sanitaire touchant la classe 1914, la classe 1915, la classe 1916. J'ai le regret de dire que M. le ministre de la Guerre précédent ne m'a pas fourni les renseignements nécessaires ; ils auraient cependant été de la plus haute importance pour éclairer notre religion sur le point spécial qui nous intéresse. (*Très bien ! très bien !)*
>
> *M. Pottevin.* Je sais qu'en effet on ne peut pas fournir à M. Doizy les renseignements relatifs à la classe 1915 et 1916 ni même 1914, parce que

39. Odile Roynette, « La statistique médicale de l'armée française au XIXe siècle : un instrument de savoir et de pouvoir démographiques ? », dans Patrick Krassnitzer et Petra Overath (dir.), *Bevölkerungsfragen: Prozesse des Wissenstransfers in Deutschland und Frankreich 1870-1939*, Cologne, Böhlau Verlag, 2007, p. 67-78 ; Heinrich Hartmann, *Der Volkskörper bei der Musterung, op. cit.* Sur la généralisation de la démarche quantitative, Ian Hacking, *The Taming of Chance*, Cambridge, CUP, 1990 ; Libby Schweber, *Disciplining Statistics, op. cit.*, p. 67 et suiv. Voir aussi Guillaume Carnino, *L'invention de la science, op. cit.* ; Alain Desrosières, *La Politique des grands nombres. Histoire de la raison statistique*, Paris, La Découverte, 2000 ; Theodore M. Porter, *Trust in Numbers: the Pursuit of Objectivity in Science and Public Life*, Princeton, Princeton University Press, 1995. Sur le lien entre cette « avalanche de chiffres » (Ian Hacking) et les impératifs de transparence et d'efficacité de l'armée Jean-François Chanet, Claire Fredj et Anne Rasmussen, « Soigner les soldats », art. cité, p. 3-19.

40. Claire Fredj, « Compter les morts de Crimée : un tournant sur l'identité professionnelle des médecins de l'armée française (1865-1882) », *Histoire, économie & société*, 2010/3, 29e année, p. 95-108.

> depuis le début de la guerre les services statistiques sont passés au second plan[41].

Les services statistiques sont en effet fortement perturbés par l'entrée en guerre. En outre, quand bien même les députés disposeraient de chiffres éloquents, leur nécessaire autocensure lors des séances publiques concernant les affaires relatives à la conduite de la guerre les condamnerait à rester allusifs. Lorsque Doizy prend la parole pour dénoncer la conduite des conseils de révision et leur mépris de l'arrêté ministériel du 9 avril recommandant la rigueur, il ne peut évoquer le chiffre de l'effectif de la classe 1917. Il en est réduit à des contorsions qu'il sait n'être guère convaincantes :

> M. le ministre de la Guerre était de bonne foi quand il a rédigé cet arrêté, mais je me demande comment le dit arrêté a été appliqué.
>
> Je me demande, parce qu'on nous a, à la commission mixte, indiqué l'effectif de la classe 1917 qui doit être incorporée. Je ne veux pas faire connaître ici ce chiffre, car je ne sais pas s'il figure dans des documents rendus publics, mais ce chiffre est énorme, et certainement, monsieur le ministre, si l'arrêté de votre prédécesseur avait été rigoureusement suivi, ce chiffre aurait été réduit des deux tiers certainement, des trois quarts peut-être[42].

Comment dès lors convoquer des données objectives susceptibles d'apporter, sinon la preuve, du moins des indices convaincants de la menace sanitaire pesant sur le collectif armé ?

Les hygiénistes de la commission en ont bien conscience, « la force des messages diffusés ne dépend pas simplement de la rigueur scientifique de [leur] approche mais aussi de façon plus critique, de [leur] aptitude communicative à manier et présenter ses informations de manière à exercer une influence maximum sur une audience plus large et variée que celle des seuls médecins[43] ». Aussi, Henri Doizy choisit-il un indicateur bien connu des hygiénistes, l'indice de Pignet. Ce coefficient, qui quantifie l'aptitude militaire à l'aide des mesures du thorax, du poids et de la taille, constitue un outil indicatif dans

41. *JORF. Chambre des députés*, séance du 30 novembre 1915, p. 1940.
42. *Ibid.*, p. 1941.
43. Simon SZRETER, « The GRO and the Public Health Movement in Britain, 1837-1914 », *Social History of Medicine*, vol. 4, n° 3, décembre 1991, p. 435-463. Cité et traduit par Alain DESROSIÈRES, *Pour une sociologie historique de la quantification. L'Argument statistique I, op. cit.*, p. 268.

l'évaluation des « cas douteux » susceptibles de développer la tuberculose[44]. « Plus cet indice est bas, meilleur est l'homme[45] », précise le président de la commission d'hygiène en séance.

L'indice est intégré à l'argumentaire des hygiénistes à la Chambre comme instrument de contrôle de la sévérité de la sélection. En l'absence d'autres données chiffrées pendant la guerre, il devient le pivot de l'entreprise de dénonciation menée par Henri Doizy. En novembre 1915, le député s'alarme :

> La classe 1916 a été incorporée dans des conditions telles – j'ai pu m'en rendre compte dans certains régiments – que des indices très élevés ont été acceptés. La même coupable erreur a dû se produire pour la classe 1917, puisque son effectif est à peu près équivalent à celui de la classe 1916.
>
> Au 65e régiment, à Nantes, j'ai demandé communication de la liste des hommes qui, lors de la visite d'incorporation, avaient été présentés pour la réforme temporaire. Le médecin-major en avait présenté quatre ; trois ont été réformés temporairement ; ils avaient comme indices respectivement 49, 56 et 41.
>
> Le quatrième, dont l'indice était de 43, a été maintenu au corps ! C'est profondément regrettable[46].

Faute de statistiques globales, ce sont des cas individuels qui sont cette fois brandis par le député. Les soldats dont il est question, caractérisés par des indices supérieurs à 35, tombent dans la dernière catégorie, « constitution très médiocre », de la classification de Pignet. Les conséquences de l'abandon de la rigueur sont éclairées par une donnée claire et puissamment évocatrice. Instrument de contrôle privilégié de la sévérité du triage médical dès 1914, le Pignet devient donc l'outil de validation de la supplique hygiéniste durant la guerre. Il présente toutes les qualités nécessaires pour frapper l'imagination des parlementaires et être intégré à l'élaboration de mesures de régulation.

---

44. Georges Lemoine, *Traité d'hygiène militaire*, Paris, Masson, 1911, p. 16 ; ministère de la Guerre, *Recrutement de l'armée : aptitude physique au service militaire*, Paris, H. Charles-Lavauzelle, volume arrêté à la date du 20 décembre 1916, 1916, p. 7, 10.
45. *JORF. Chambre des députés*, séance du 30 novembre 1915, p. 1942.
46. *Ibid.*

La fabrique d'une crise politique en Grande-Bretagne

La comparaison entre la France et la Grande-Bretagne éclaire de manière particulièrement efficace les directions distinctes prises par le mécontentement populaire et les formes différentes de la protestation parlementaire. En France, c'est la rhétorique de l'impôt du sang, traditionnellement associée aux cultures politiques républicaine et socialiste, qui associe la conscription à l'idée d'un citoyen-soldat défenseur de la nation. Le débat public est donc articulé autour de l'égalité des citoyens face au sacrifice, ce qui explique la faible mobilisation de l'opinion autour de la question de l'incorporation des inaptes[47]. En Grande-Bretagne, un autre type de contrat social et politique est mobilisé. Les revendications gravitent non pas autour de l'idée d'égalité mais de celle de « justice » (*fairness*), profondément inscrite dans la culture politique anglaise[48]. Le débat politique britannique glisse donc rapidement de la justesse à la justice du recrutement et met le destin tragique des soldats inaptes au premier plan. L'histoire du rapport à la chose militaire oppose également les deux pays. La France instaure la conscription dès 1798 et l'histoire de la République est celle de l'abolition des exceptions et de la lente construction de l'égalité devant l'impôt du sang. En 1914, le conseil de révision, qui procède à l'incorporation, est l'occasion d'un examen médical devenu rite de passage incontournable pour des générations de jeunes hommes. En Grande-Bretagne, le caractère récent de la conscription et le contexte de crise des années 1916-1917 permettent d'expliquer les formes et l'intensité du mécontentement populaire.

La protestation parlementaire y prend des dimensions tout à fait remarquables dues au retournement de l'opinion en faveur des recrues incorporées malgré leurs graves déficiences. L'émotion populaire provoque la mise en place d'une commission d'enquête (*Select Committee*) dont les travaux amorcent une importante crise politique[49]. Dans cette dynamique de mobilisation en faveur des recrues, les tribunaux d'appel jouent un rôle important de médiateurs du mécontentement popu-

---

47. John Horne, « "L'impôt du sang" », art. cité ; Sergio Luzzatto, *L'impôt du sang*, *op. cit.*
48. Ross McKibbin, « Why was there no Marxism in Great Britain? », *The English Historical Review*, vol. 99, n° 391, avril 1984, p. 297-331.
49. Voir Jay Winter, « Military Fitness and Civilian Health », art. cité.

laire. Saisis par les recrues contestant le résultat de leur examen, ils se muent en porte-paroles de l'opinion et en garants des droits des populations civiles[50]. Leur action est rapidement relayée par la presse et au Parlement par l'intermédiaire d'une figure dont le rôle clef a été insuffisamment souligné : Herbert Nield (1862-1932). Membre du tribunal d'appel de Middlesex, il est aussi député conservateur d'Ealing, une circonscription de l'Ouest londonien, puis membre particulièrement actif de la commission d'enquête parlementaire. Après avoir investi l'espace public, la question de la sélection médicale fait irruption sur la scène politique, et y provoque la mise en cause de deux institutions, la médecine puis l'armée[51].

Le rôle des tribunaux d'appel

Malgré les difficultés rencontrées dès 1914 par le système de recrutement, et en son sein par la procédure de l'examen médical, c'est le nombre prétendument élevé de recrues indûment écartées du service qui intéresse la presse et les autorités pendant les premiers mois du conflit[52]. Dans le contexte de guerre totale, la déploration du mauvais état de santé de la population masculine britannique cède la place à la suspicion qui se cristallise, comme en France, autour de la figure de l'embusqué[53]. Ce sont donc les agissements des fraudeurs, et non le sort des invalides envoyés au front, qui occupent le devant de la scène et poussent les autorités à annoncer l'instauration de la conscription[54]. Le triage médical fonctionne pourtant particulièrement mal et nombreuses sont les recrues inaptes à être incorporées puis, parfois,

50. James McDermott, *British Military Service Tribunals, 1916-18: A Very Much Abused Body of Men*, Manchester, Manchester University Press, 2011, Chapitre 8 : Fitness to serve.

51. On peut définir une affaire à l'aide de quatre caractéristiques majeures : retournement de l'opinion, saisie de l'espace public, mise en cause d'institutions et dévoilement de stratégies politiques. Sur les mécanismes de production d'une « affaire », voir Luc Boltanski, Élisabeth Claverie, Nicolas Offenstadt et Stéphane Van Damme (dir.), *Affaires, scandales et grandes causes. De Socrate à Pinochet*, Paris, Stock, 2007, p. 10-13.

52. NA, CAB 30/57/0074, *Manpower and Recruiting, Memos and Reports*, 11 octobre 1915.

53. David Silbey, « Bodies and Cultures Collide », art. cité, p. 71.

54. Ralph James Adams et Philip Poirier, *The Conscription Controversy in Great Britain, 1900-1918*, Londres/Basingstoke, Macmillan, 1943, p. 121-125.

renvoyées chez elles lorsque l'étendue de leur infirmité devient trop manifeste[55].

Entre 1916 et 1917, les choses changent. La recrue passe du statut de coupable à celui de victime de l'emballement du système de recrutement. Le 25 août 1916, le *Daily Star* publie « Le Scandale des inaptes », un article dans lequel le quotidien dénonce avec virulence les « méthodes de la commission médicale de Mill Hill[56] », l'un des bureaux de recrutement de l'armée dans les environs de Londres. « Nous craignons que de très sérieuses anomalies n'affectent la méthode des examens médicaux », déplore quant à lui le *Times* qui soupçonne certaines commissions de vouloir envoyer autant d'hommes au front que possible « sans tenir compte de leur qualité[57] ». « Pourquoi tant d'invalides dans l'armée[58] ? », se demandent quantité d'articles de presse évoquant des pères de famille infirmes forcés de revêtir l'uniforme. Les correspondants répondent à cette question en incriminant l'incompétence ou le cynisme des médecins chargés du recrutement.

L'année 1917 en particulier marque un tournant. L'armée étant régulièrement à court d'hommes, ses exigences se sont singulièrement alourdies. Aux morts de 1915 se sont ajoutés les 400 000 morts de la bataille de la Somme (juillet-novembre 1916), et les 160 000 de l'offensive du Chemin des Dames (avril 1917) menée conjointement avec la France. Outre les pertes du champ de bataille, les exemptions de service qui concernent les hommes qualifiés employés dans des secteurs vitaux de l'économie, comme l'agriculture ou l'industrie, pèsent sur la capacité de recrutement. C'est dans ce contexte que les règles de l'examen médical sont assouplies et que le taux d'exemption s'effondre. Le dispositif d'augmentation des effectifs est complété en mai 1917 par le *Military Service (Review of Exceptions) Act* qui met en place un nouvel examen médical pour les individus déjà exemptés par les commissions de recrutement. Cette loi est particulièrement impopulaire. Pourtant, la pression des effectifs, la modification des critères de sélection et la mise en place de mesures destinées à réexaminer les exemptés ne sont

55. NA, CAB 27/2, *Report from the CID on War Policy*, 6 September 1915 ; WO 159/18, *The Creedy (K) Papers – Kitchener Letters*, 1914-1915.

56. « The scandal of the Unfit », *Daily Star*, 25 août 1916. Voir annexe n° 45.

57. « Medical test for recruits », *The Times*, 18 janvier 1916, p. 9.

58. « Why there are so many unfits in the Army » ; « Mr H. Nield, MP, on Medical Boards – Men Who Go Into Hospitals in a Few Days – Homes Broken Up », NA, MH 47/144/1-2, *Press Cuttings*, p. 44, 54.

en rien spécifiques à la Grande-Bretagne. En France, des réexamens de conscrits sont ainsi prévus à plusieurs reprises, sans que cela donne lieu à la même agitation[59].

L'émotion populaire est particulièrement forte en raison du caractère récent de la conscription et du contexte de 1917 qui dégrade le fragile consensus qui s'était établi en 1916 autour de la nécessité de son instauration[60]. Pour James Galloway, inspecteur médical du recrutement :

> Le recrutement, devenu obligatoire pour certaines sections de la population adulte masculine, a été mené de manière plus intensive en raison des besoins toujours accrus en effectifs. Le fonctionnement du recrutement et ses méthodes ont donc inévitablement été soumis à la critique de l'opinion[61].

Cette perte de confiance est liée à la conduite de la guerre, sur le front comme à l'arrière. En cause, les incertitudes de la guerre d'usure, le lourd tribut humain payé à cette stratégie, qui culmine avec la troisième bataille d'Ypres (3 juillet-6 novembre 1917), et la peur de la militarisation de la société, d'une mobilisation générale des travailleurs qui seraient envoyés par l'État à l'usine selon des modalités similaires à celles des soldats du front. Le *Restricted Occupation Order* de mai,

59. Charles Ridel, *Les embusqués*, *op. cit.*, p. 162. Sur les liens entretenus, en France, entre la conscription et la conception républicaine du citoyen-soldat et la forme que prennent les débats concernant l'équité républicaine dans la guerre, voir Emmanuelle Cronier, *Permissionnaires dans la Grande Guerre*, *op. cit.*, notamment p. 16-17 et 26-33. Sur la forme que prend la négociation du rapport de force entre soldats et officiers dans la fabrique du consentement, voir Leonard Smith, *Between Mutiny and Obedience: The Case of the French Fifth Infantry Division During World War I*, Princeton, Princeton University Press, 1994.

60. House of the Lords Record Office, Lloyd George mss. F/79/20/2, *Memorandum relating to National Service Councils (Decentralisation)*, 26 mars 1917 ; Sur la résistance du Royaume-Uni à la généralisation de la conscription en Europe, voir Ralph James Adamset Philip Poirier, *The Conscription Controversy, op. cit.* ; David French, *Military Identities, op. cit.* ; Keith Grieves, *The Politics of Manpower, op. cit.*, p. 123 ; Anthony Morris, *The Scaremongers: The Advocacy of War and Rearmament, 1896-1914,* Londres, Routledge & Kegan Paul, 1984 ; Hew Strachan, « Liberalism and Conscription, 1789-1919 », dans Id., *The British Army: Manpower and Society into the Twenty-First Century*, Londres, Franck Cass, 2000, p. 3-15. L'hostilité est encore forte comme en témoignent certains essayists : « *conscription is the death sentence of a race* », clame I. M. Clayton dans *The Shadow on the Universe: or, the Physical Results of War*, Londres, Simpkin, Marshall, Hamilton, Kent, 1915, p. 20.

61. James Galloway, « Medical Examination of Men for Military Service », *Contributions to medical and biological research,* 1919, p. 667-668.

qui restreint la liberté du choix professionnel des travailleurs, est farouchement combattu par les syndicats et critiqué par le parti travailliste, deux instances qui retirent leur soutien, jusqu'ici tacite, à l'idée de conscription[62].

Les tribunaux d'appel contribuent pour une part importante au basculement de l'opinion. Ils sont amenés à traiter en nombre croissant des demandes de la part de recrues contestant les modalités et les résultats de leur examen médical. Leurs jugements contribuent à mettre en lumière l'iniquité des décisions prises par certaines commissions médicales. Ces tribunaux d'appel sont caractéristiques du processus constant de « négociation par lequel la société civile [essaie] de limiter les prétentions de l'État sur la nation[63] ». Composés de notables représentant chaque section de la communauté locale, les tribunaux apparaissent comme des médiateurs de choix, soit des acteurs « suffisamment détachés des victimes pour apparaître désintéressés, et suffisamment habiles pour faire jaillir une opinion favorable au renversement des discours, à la production de nouvelles versions[64] ». C'est leur médiation qui permet le basculement de l'opinion et la transformation de ce qui apparaît d'abord comme une série d'injustices en véritable affaire politique. Les membres des tribunaux d'appel sont nombreux à détenir par ailleurs un mandat électif. C'est le cas, par exemple, d'Herbert Nield (tribunal de Middlesex), de Godfrey Baring (tribunal du Hampshire), Donald Maclean (tribunal de la ville de Londres), James Kiley (tribunal de Stepney) et Albion Richardson (tribunal de la ville de Londres). C'est par l'intermédiaire de ces députés qui siègent aux tribunaux d'appel que l'affaire finit par faire irruption à la Chambre des Communes.

62. Ralph James ADAMS et Philip POIRIER, *The Conscription Controversy, op. cit.* ; Paul BRIDGEN, *The Labour Party and the Politics of War and Peace, 1900–1924*, Woodbridge, The Royal Historical Society, The Boydell Press, 2009 ; Keith GRIEVES, *The Politics of Manpower, op. cit.*, p. 123, 142-143 ; John HORNE, *Labour at War: France and Britain 1914-1918*, Oxford, Clarendon Press, 1991. Pour l'étude d'un autre scandale menant à la critique de la conduite de la guerre dès 1915, voir Peter FRASER, « The British "Shell Scandal" of 1915 », *Canadian Journal of History*, XVIII, 1983, p. 69-86.

63. Pierre PURSEIGLE, *Mobilisation, sacrifice et citoyenneté, op. cit.*, p. 380.

64. Luc BOLTANSKI, Élisabeth CLAVERIE, Nicolas OFFENSTADT et Stéphane VAN DAMME (dir.), *Affaires, scandales et grandes causes, op. cit.*, p. 13.

Un mémorandum du tribunal d'appel de Middlesex évoque en ces termes la mission dont se sont sentis investis certains tribunaux :

> Malheureusement, les faits ont prouvé que les examens conduits par les commissions médicales étaient loin d'être satisfaisants et il a paru au Tribunal de son devoir de procéder à la critique méticuleuse de toutes les [demandes d'exemption] qui ont été portées à sa connaissance [...]. Le Tribunal juge que l'enrôlement d'hommes inaptes au service est non seulement contraire à l'intérêt national mais aussi de nature à causer le mécontentement de la population civile et à dégrader la confiance que celle-ci a placé dans les autorités. [...] Ce fut le devoir du Tribunal de s'interposer entre les exigences de l'armée d'une part, et celle de la population civile d'autre part[65].

Face au représentant de l'armée, le président du tribunal « refuse d'être un fantoche[66] ». Les rapports entre les membres des tribunaux et les autorités chargées du recrutement se tendent rapidement. Dès le printemps 1916, les tribunaux de Londres déclarent ainsi avoir perdu toute confiance dans la compétence des commissions médicales[67]. Pour eux, l'exemption sans détour des inaptes constitue une mesure d'intérêt public. Ces propos sont reproduits dans le *Times* du 12 avril.

Loin de relever du travail de bureaucratie anonyme, l'action des tribunaux est ancrée dans les communautés locales et s'effectue au vu et au su de tous[68]. Leur jugement et les commentaires parfois acerbes qui l'accompagnent sont abondamment repris dans la presse locale et nationale qui amplifie ainsi la crise. Lorsqu'un tribunal d'appel londonien s'insurge contre les méthodes du bureau de recrutement de Mill Hill, qui déclare A1 des appelés ayant « un pied dans la tombe », on retrouve l'expression telle qu'elle dans les colonnes de l'*Evening News* et de l'*Evening Standard*[69]. Le déroulement de l'appel de Bernard

65. NA, MH 47/144/3, Miscellaneous Memoranda: Middlesex Appeal Tribunal, Meeting November 21st, 1918, « Memorandum for the Chairman », p. 2-3.
66. NA, MH 47/144/1-2, p. 3. *Evening News* et *Evening Standard* du 29 septembre et le *Daily News* du 30 septembre 1916.
67. James McDermott, *British Military Service Tribunals, op. cit.*, p. 183.
68. Adrian Gregory, « Military Service Tribunals: Civil Society in Action », dans Jose Harris, *Civil Society in British History. Ideas, Identities, Institutions*, Oxford, Oxford University Press, 2003, p. 177-191, ici p. 181.
69. *Evening News*, dans *Evening Standard*, 25 août 1916 ; NA, MH 47/144/1-2. Voir aussi *Hansard's Parliamentary Debates, House of Commons* (*H.C. Deb.*), Londres, Baldwin & Cradock, 1803-2005, séance du 1er mars 1917, c2254.

Bonham, déclaré bon pour le service en dépit d'une phtisie pulmonaire puis exempté après son passage devant le tribunal, fait l'objet d'un article du *Mercury* du 16 mars 1917. Le journal s'intéresse à d'autres jugements du même type dans ses éditions des 1er décembre 1916, 12 et 19 janvier 1917. Au début du XXe siècle, les Britanniques sont de grands consommateurs de journaux. La production journalistique a explosé durant le dernier quart du XIXe siècle, encouragée par les progrès de l'alphabétisation, l'inflation de la classe moyenne et l'extension du droit de vote qui a stimulé l'intérêt pour la politique. En 1914, le quotidien populaire *Daily Mail* tire à 900 000 exemplaires. L'offre est variée et embrasse tout le spectre politique. Le rôle de la presse dans la formation de l'opinion publique est connu et le contenu des principaux journaux est surveillé par la classe politique[70]. Comme toutes les affaires concernant l'armée et les opérations militaires[71], les opérations médicales du recrutement sont suivies avec intérêt par la presse. Elles sont souvent commentées par les correspondants médicaux des journaux. Certains courriers, envoyés par des membres anonymes du corps médical, sont également reproduits[72].

Orages à la Chambre des Communes

Le mécontentement croissant de l'opinion se traduit par un nombre important de courriers envoyés par les familles au ministère de la Guerre. Le directeur du recrutement britannique, Auckland Geddes, évoque ainsi un flot incessant de lettres dont il résume le contenu en ces termes : « Untel est inapte au combat dans les tranchées, son incorporation est une honte[73]. » Inspecteur du dispositif médical du recrutement, James Galloway procède à un constat similaire :

> Nous avons été submergés par un nombre important de réclamations émanant de tout le territoire. La plupart d'entre elles ont été récemment

70. Stephen Koss, *The Rise and Fall of the Political Press in Britain*, vol. 2, Londres, Hamish Hamilton, 1984, p. 215-237 ; Henry Sell (dir.), *Sell's World Press*, Londres, King, Sell and Olding, 1914, p. 147.

71. Timothy Bowman et Mark Connelly, *The Edwardian Army*, *op. cit.*, p. 147 et suiv. ; Michael Paris, *Warrior Nation: Images of War in British Popular Culture, 1850-2000*, Londres, Reaktion, 2000 ; Glenn Wilkinson, *Depictions and Images of War in Edwardian Newspapers, 1899-1914*, Basingstoke, Macmillan, 2002.

72. « Enlistment and the Unfit », *The Times*, 18 janvier 1916, p. 9.

73. NA, MH 47/144/4, Select Committee, Minutes of Evidence, 2 juillet 1917, p. 8.

> portées à ma connaissance et il est de notre devoir d'enquêter afin de découvrir leur origine, de mettre au jour les difficultés qui en ont été la cause[74].

La question des examens médicaux dépasse donc l'espace de la supplique familiale pour accéder à une plus vaste audience. Elle commence à prendre les caractéristiques d'une véritable affaire en enrôlant le Parlement. La promulgation le 8 août du *Defence of the Realm Act* modifie les règles de l'exercice du pouvoir en transférant les pleins pouvoirs à l'exécutif. Mais la Grande-Bretagne réussit, pendant toute la durée de la guerre, à maintenir la primauté du pouvoir civil sur le pouvoir militaire. En effet, les instances parlementaires britanniques continuent de siéger à une fréquence semblable à celle d'avant 1914 et débattent librement. Même si l'activité législative s'est considérablement réduite et les prérogatives de l'exécutif se sont étendues et diversifiées, le Parlement continue d'exercer un contrôle politique sur le gouvernement, notamment *via* la mise en place de commissions d'enquête parlementaire[75].

L'affaire des examens médicaux est abordée à la Chambre des Communes de manière sporadique dès 1916, au cours des discussions sur l'application du *Military Service Act*, avant de prendre une importance significative[76]. En août et en octobre, les interventions du député travailliste Philip Snowden (1864-1937), notoirement hostile à la conscription, montrent un durcissement des débats[77]. Il évoque plusieurs cas issus de sa circonscription et espère obtenir justice ou réparation pour les hommes ayant souffert de l'incurie des commissions médicales. Devant l'indifférence de Lloyd George, alors ministre de la Guerre, plusieurs parlementaires, sollicités par leurs électeurs, commencent à rassembler des éléments permettant de répondre aux inquiétudes de l'opinion et de faire réagir le gouvernement. Parmi eux,

74. NA, MH 47/144/4, Select Committee. Minutes of Evidence, 4 juillet 1917, p. 24.
75. Sur la vie politique britannique pendant la guerre, Kathleen Burk, *War and the State: The Transformation of British Government, 1914-1919*, Londres, Routledge, 2014 [1982] ; John Turner, *British Politics and the Great War: Coalition and Conflict, 1915-1918*, Londres, Yale University Press, 1992 ; Trevor Wilson, *The Myriad Faces of War: Britain and the Great War 1914-1918*, Cambridge, Polity Press, 1986.
76. *H.C. Deb.*, séance du 7 mars 1916, vol. 80, cc1338-1339 ; séance du 11 juillet 1916, vol. 84, c182.
77. *H.C. Deb.*, séance du 1er mars 1917, cc2253. Voir aussi *H.C. Deb*, séance du 2 novembre 1916, vol. 86, cc1802-1804.

Herbert Nield préside l'un des tribunaux d'appel du Middlesex. Député conservateur, il y interpelle vertement les responsables militaires sur les modalités de déroulement des examens[78]. Il fait bientôt preuve de la même combativité au Parlement.

Le 1er mars 1917, Nield évoque le sujet avec gravité, poussé dit-il, par le sens du devoir :

> [...] le classement des recrues effectué par les commissions médicales militaires [...] a occasionné de sévères et bien inutiles épreuves ainsi que d'importantes dépenses en raison du grand nombre d'hommes qui, au cours de leur entraînement, se sont révélés incapables d'accomplir les tâches attendues d'eux par l'armée, et ont en conséquence été envoyés à l'hôpital pour y recevoir des soins. Là, ils ont occupé des lits et du personnel dont les blessés de retour du front auraient eu un besoin urgent ; [...] il apparaît urgent de diligenter une enquête afin de réformer et standardiser les examens médicaux[79].

Cette situation est d'autant plus préoccupante, lui semble-t-il, que ces hommes sont soustraits à d'utiles activités à l'arrière. Le dossier du député, qui espère mobiliser la Chambre, est soigneusement préparé. Herbert Nield a en effet pris des notes lors de son activité au tribunal d'appel de Middlesex, rassemblé des cas qu'il espère parlants, des témoignages de praticiens et de recrues ainsi que d'éloquentes statistiques qu'il présente aux parlementaires afin de révéler l'ampleur du scandale et d'appeler à la refonte radicale du système de sélection médicale[80].

C'est de manière tout à fait caractéristique qu'il débute son plaidoyer par la menace sanitaire, qu'il sait prompte à frapper les esprits. Il évoque 5 000 soldats réformés pour tuberculose : « Comment se fait-il, dit-il, qu'ils souffrent de [cette maladie] ? N'ont-ils pas été correctement examinés afin que l'on puisse déterminer s'ils en étaient atteints[81] ? » Des directives très strictes orientent pourtant à ce moment-là la détection des tuberculeux lors de la sélection médicale. Les commissions ont pour instruction d'écarter systématiquement les candidats ayant subi au préalable un traitement antituberculeux et toute réforme prononcée en raison de trouble pulmonaire interdit définitivement d'être à nouveau

78. *Daily Telegraph*, 23 novembre 1916 ; NA, MH 47/144/1-2.
79. *H.C. Deb.*, vol. 90, séance du 1er mars 1917, cc2237-2238.
80. *H.C. Deb.,* séance du 1er mars 1917, c2242 voir aussi c2252.
81. *Ibid.*, cc2241-2242.

incorporé. Un spécialiste (*Tuberculosis Officer*) doit examiner les candidats à l'exemption porteurs d'un certificat médical mentionnant des antécédents de tuberculose. Cet examen donne lieu à des statistiques accablantes que brandit Herbert Nield à l'appui de son propos : les commissions sont responsables de l'incorporation dans les forces armées d'individus porteurs du germe fatal et donc de sa propagation.

À la suite de ce préambule, le député accumule les exemples d'individus incorporés, en dépit d'importantes limitations de leurs capacités, dans des catégories impliquant d'importants efforts physiques qu'ils se révèlent bien incapables de fournir. Il détaille longuement plusieurs cas, dont celui de R. F. Dyer, 38 ans, boucher, employé à de menus travaux au Central Meat Market en raison d'un ulcère gastrique[82]. Au cours de son examen, Dyer produit un certificat médical détaillant son état de santé et indique que son ulcère, qui le contraint à suivre un régime alimentaire strict, l'a déjà conduit à rester alité plusieurs mois et a entraîné son exclusion des forces de police. Il est pourtant déclaré apte et classé dans les forces armées par la commission médicale. Il ne s'écoule pas vingt-quatre heures avant qu'il ne s'écroule et soit évacué à l'hôpital de Mansfield en raison de vomissements et d'intenses douleurs abdominales. Plusieurs fois hospitalisé, il finit par succomber d'une hémorragie causée par son ulcère.

Certificats déchirés, examens bâclés, diagnostics antérieurs méprisés, antécédents délibérément ignorés, Herbert Nield dresse un portrait à charge de l'activité de commissions médicales gouvernées par la logique du rendement au mépris de l'intérêt des hommes qu'elles examinent. Il est immédiatement secondé par Philip Snowden qui mentionne le rôle des tribunaux d'appel dans la mise au jour de la négligence des commissions – même si, estime-t-il, ceux-ci ne sont pas exempts de tout reproche – et rappelle que l'affaire a déjà suscité l'ire de la presse :

> Mon très estimé collègue, en tant que président d'un tribunal d'appel, n'est pas le seul à s'indigner et à déplorer les agissements des commissions médicales. J'ai lu dans un journal de Newcastle datant de deux ou trois jours seulement que le président d'un tribunal du comté de Durham avait eu des mots très durs pour ces commissions médicales qui envoient à l'armée des hommes inaptes[83].

82. *Ibid.*, cc2245-2246.
83. *Ibid.*, cc2254.

À l'appui des preuves collectées par Nield, il égrène lui aussi quelques cas de sa connaissance, issus de sa circonscription électorale, et conclut :

> Il me serait facile d'accumuler les exemples de ce type mais il n'en est nul besoin me semble-t-il. Ces agissements sont bien connus de tous les membres de cette Chambre, ce qui est scandaleux et suscite d'ailleurs la colère de l'ensemble du pays. Deux ou trois des cas que j'ai soumis à la Chambre ont ainsi provoqué l'indignation du voisinage des hommes concernés[84].

À la suite de l'alerte lancée par Nield et Snowden, les conditions de la sélection médicale commencent à occuper un espace particulièrement significatif dans les discussions des députés. Aux mois de mars, avril et surtout juin 1917, la question est régulièrement abordée. En juin, sur les vingt et une séances de la Chambre, dix-neuf y sont en partie consacrées. Au cours de débats orageux, les députés somment bientôt les autorités militaires de rendre des comptes sur les méthodes de l'examen médical. Le 11 juin 1917, Charles Swann (1844-1929), député de Manchester North, interpelle le sous-secrétaire d'État à la Guerre à propos d'Herbert Turner, classé A1 en dépit de graves troubles cardiaques. William Anderson (1877-1919), député de Sheffield Attercliffe, évoque quant à lui le chiffre de 200 000 hommes inaptes, qui auraient été déclarés bons pour le service. Le 14, Maurice Levy (1859-1933), député de Loughborough, évoque le « mécontentement croissant » de l'opinion concernant le classement d'hommes « parfaitement inaptes » dans le service armé[85].

La Chambre des Communes réagit à une émotion populaire qui a une histoire[86], celle des protestations qui émaillent les conflits du XIXe siècle et ont accéléré la mise en place de réformes du fonctionnement des services de santé militaires[87]. La Grande Guerre ne fait pas exception et le fonctionnement de ces services est régulièrement sous

84. *Ibid.*, cc2256.
85. *H.C. Deb.*, séance du 11 juin 1917, c624W; séance du 14 juin 1917, cc1144-6W. Voir aussi les exemples cités par James McDermott, p. 188.
86. Quentin Deluermoz, Emmanuel Fureix, Hervé Mazurel et M'hamed Oualdi, « Écrire l'histoire des émotions : de l'objet à la catégorie d'analyse », *Revue d'histoire du XIXe siècle*, n° 47, décembre 2013, p. 155-89.
87. John Shepherd, *The Crimean Doctors, op. cit.* ; Philip Curtin, *Disease and Empire, op. cit.* ; Neil Cantlie, *A History of the Army Medical Department, op. cit.*, vol. 2, p. 337-387 ; Alan Skelley, *The Victorian Army at Home, op. cit.*, p. 19, 31.

le feu des critiques[88]. L'influence exercée par l'opinion sur les débats parlementaires, notamment en ce qui concerne les affaires militaires, a été considérablement renforcée par une large circulation de la presse et par l'élargissement du corps électoral lors des *Reform Acts* de 1867 et 1884. La réaction politique est ainsi facilitée par la peur de la sanction électorale[89]. Relayé dans la presse, le contenu des discussions agit comme un dispositif de sensibilisation particulièrement efficace. Ces affaires vont en effet à l'encontre de l'idée de justice au cœur du contrat tacite entre l'État et le citoyen britannique qui régule leurs obligations réciproques et prescrit la place de chacun dans l'effort de guerre[90]. La condition physique des hommes et les conséquences de leur injuste incorporation permettent en outre des déploiements rhétoriques aux accents pathétiques, propres à susciter l'émotion de l'opinion. Lorsque le jugement des commissions ne leur coûte pas la vie, ce sont de « bien sévères épreuves » qui sont infligées à ces hommes dont les « vies sont anéanties » et « les économies évaporées[91] ». « La recrue est arrachée à son utile activité [...]. Sa famille en est réduite aux maigres compensations offertes par l'armée, son foyer est déchiré, ses employeurs perdent le bénéfice de son activité[92] », s'émeut le *Daily Star.* La mise en scène et la mise en série de cas – présentés comme autant d'injustices flagrantes – permettent ainsi à l'émotion de se transformer en dynamique de mobilisation[93].

Par généralisations successives, l'affaire des examens médicaux passe de la collection d'injustices individuelles à la mise en cause d'institutions : les médecins d'abord, puis, plus significativement, l'armée[94]. C'est d'abord le déroulement de l'examen et, par extension,

88. Mark Harrison, *The Medical War, op. cit.*, p. 24-25 ; Jeffrey Reznick, *Healing the Nation, op. cit.*

89. Id., « Medicine and the management of Modern Warfare », art. cité.

90. Ross McKibbin, « Why was there no Marxism in Great Britain? », *The English Historical Review,* vol. 99, n° 391, avril 1984, p. 297-331. Voir aussi Chapitre 1.

91. *H.C. Deb.,* séance du 1er mars 1917, c2242.

92. *Daily Star*, 25 août 1916. Voir aussi *Daily Mail,* 23 septembre 1916.

93. Sur le rôle de l'émotion dans le fonctionnement des dispositifs de sensibilisation, voir Christophe Traïni (dir), *Émotions... Mobilisation !,* Paris, Presses de Sciences Po, 2009, p. 20.

94. Sur les généralisations successives propres aux affaires Luc Boltanski, « La dénonciation », *Actes de la Recherche en Sciences Sociales,* année 1984, 51, p. 3-40 ; Id. et Élisabeth Claverie, « Du monde social en tant que scène d'un procès », dans

le corps médical lui-même qui sont mis en cause. Examens hâtifs et sommaires voire inexistants, critères de sélection délibérément ignorés, attitude désinvolte des experts : les griefs sont nombreux. Pour le médecin militaire James Dible, qui prend en charge les recrues une fois celles-ci déclarées aptes, c'est d'abord au corps médical qu'incombe la responsabilité de l'affaire. Il raconte avoir vu, présentés comme aptes au service par des membres « de [sa] propre profession », des hommes atteints de graves affections aux manifestations pourtant particulièrement visibles. Il repère chez certaines recrues d'importants troubles de la vision mais aussi de sévères ankyloses, des formes avancées de tuberculose ou encore des mains dominantes auxquelles il manque jusqu'à trois doigts[95]. Outre la fiabilité de leur jugement, le comportement des experts est également mis en cause. Il est fait mention de médecins ivres au moment de l'examen[96]. Des recrues s'inquiètent en outre de se voir manipulées par des experts qui ne prennent aucune des plus élémentaires précautions d'ordre sanitaire – tel le lavage des mains – avant de passer de l'examen d'un individu à un autre[97]. « Il est incroyablement difficile d'imaginer qu'un médecin qualifié et expérimenté puisse agir de la sorte[98] », gronde Philip Snowden en août 1916. Pour le Dr McLean, cité par le *Weekly Dispatch*, « l'ignorance crasse » des médecins est un crime[99]. Pour le *Daily Star*, la compétence du corps médical est en jeu[100].

Le soupçon pesant sur le corps médical n'a toutefois qu'un temps. La discussion s'oriente assez rapidement sur les conditions de travail des experts qui rendent impossible l'accomplissement de leur tâche. Comme en France, la temporalité des opérations du recrutement et donc l'urgence de la mobilisation sont mises en cause. Des interventions visant à exonérer les médecins, il ressort que ceux-ci sont soumis à une pression intense, qui n'est pas seulement celle de l'urgence de la mobilisation. La crise de la reconnaissance sociale

---

Nicolas Offenstadt et Stéphane Van Damme (dir.), *Affaires, scandales et grandes causes, op. cit.*, p. 397.

95. Imperial War Museum (IMW), Con Shelf, Captain J. H. Dible, *The Lost Years*, 1914-19, cité par David Silbey, « Bodies and Cultures Collide », art. cité, p. 70.
96. *H.C. Deb.*, séance du 1er mars 1917, c2256.
97. *Ibid.*, c2256 et c2253.
98. *Ibid.*, séance du 1er mars 1917, cc2256.
99. Extrait de NA, MH 47/144/1, *Press Cuttings.*
100. *Daily Star*, 25 août 1916.

de la médecine cède la place à la mise en cause de l'armée et de sa gestion du recrutement[101].

C'est en effet au président de commission, médecin militaire, que revient la décision finale concernant le classement de la recrue. Or, l'organisation hiérarchique des commissions et les instructions militaires données en ce sens par le RAMC autorisent le président à assouplir considérablement les critères de l'examen médical, voire à passer outre l'avis de ses collègues civils[102]. En mars 1917, Philip Snowden accuse le ministère de la guerre de vouloir constituer une « armée de papier » en gonflant artificiellement les effectifs[103]. En juin, Maurice Levy pointe la responsabilité des directives du ministère de la Guerre dans le fonctionnement de la sélection médicale[104]. Pour Herbert Nield, au sein des commissions, « les règles ont été transgressées tous les jours par l'armée » ; il n'est dès lors « plus possible de faire confiance au ministère de la Guerre ». Ses propos sont repris par l'*Evening Standard* du 26 janvier 1917 et par le *Star* du 24 avril.

Vers la crise politique

Au début de l'année 1917, la question de l'aptitude des recrues se fait d'autant plus brûlante pour le gouvernement que vient s'ajouter à la crise l'épineuse question des pensions pour invalidité. Comme en France, la législation en vigueur au début de la guerre précisait que l'attribution d'une pension ne pouvait se faire que si la maladie ou l'infirmité à l'origine de la réforme était une conséquence du service lui-même[105]. Ce règlement excluait donc de toute compensation les individus envoyés au front malgré leur évidente fragilité et qui, incapables de rendre service à l'armée, étaient rapidement rendus à la vie civile. Le 20 mars 1917 à la Chambre des Communes, William Anderson interpelle le gouvernement en ces termes :

---

101. NA, MH 47/144/4, Select Committee, Draft special report, p a.
102. NA, MH 47/144/4, *Instructions given to Deputy Directors of Medical Services*, 13 juillet 1915 et 16 septembre 1916 ; Select Committee, Draft special report. Voir aussi « Medical Examination of Recruits », *British Medical Journal*, 1/565, 21 avril 1917.
103. *H.C. Deb.*, séance du 1er mars 1917, cc2257.
104. *H.C. Deb.*, séance du 11 juin 1917, c624W ; séance du 14 juin 1917, cc1144-6W.
105. Deborah Cohen, *The War Come Home, op. cit.*, p. 20-26. Voir aussi, pour le système d'avant-guerre, Andrew Latcham, « Journey's End: Ex-Servicemen and the State During and After the Great War », thèse, University of Oxford.

> Force est de constater que vous refusez d'assumer la pleine responsabilité financière des pensions [de ces hommes]. Ils ont probablement déjà été exemptés à l'issue d'un premier examen et s'apprêtent à subir à nouveau l'inspection médicale. S'ils sont alors déclarés bons [...], seront-ils autorisés à toucher une pension s'ils ne supportent pas les conditions du service et sont réformés ? Après avoir tiré parti d'une ressource dont vous n'auriez pas dû disposer, allez-vous impitoyablement abandonner ces hommes sans la moindre reconnaissance, sans dédommagement d'aucune sorte ? Il me semble que la question est d'une importance tout à fait capitale[106].

Cette intervention s'inscrit dans la lignée de la très médiatique campagne menée dès l'été 1916 par le député libéral James Hogge (1873-1928) afin de forcer le gouvernement à prendre ses responsabilités concernant le sort des invalides de guerre. Face à ces interpellations et à la pression populaire, le gouvernement de coalition de Lloyd George cède et engage une réforme du système similaire à celle de 1916 en France, qui permet de pensionner également les hommes rendus à la vie civile pour cause de maladie ou d'infirmité préexistante à leur service[107]. Dès 1917, il devient donc urgent de mettre un terme à la politique d'incorporation en masse des inaptes qui alimente non seulement « la très sérieuse perte de confiance et la méfiance[108] » de l'opinion mais viendrait aussi lourdement grever le budget de l'État.

La décision est prise, le 26 juin 1917, de constituer une commission d'enquête parlementaire (*Select Committee*) destinée à faire la lumière non seulement sur l'étendue des dysfonctionnements des opérations médicales du recrutement mais aussi sur la responsabilité du ministère de la Guerre dans l'application du *Military Service (Review of Exemptions) Act*[109]. De manière significative, Herbert Nield, qui avait proposé la formation d'une commission d'enquête dès mars 1917, fait partie des douze députés menant les interrogatoires. Durant plusieurs semaines, vingt-sept témoins, dont des membres des tribunaux d'appel, livrent des témoignages décisifs sur les modalités de la sélection médicale. De nombreux documents statistiques appuyant ces témoignages sont également produits. Comme l'a bien

106. *H.C. Deb.*, séance du 20 mars 1917.
107. Deborah Cohen, *The War Come Home, op. cit.*, p. 22-26. Sur l'opinion et la question des pensions, voir aussi Jay Winter, *The Great War and the British People, op. cit.*, p. 225-227 ; Kenneth O. Morgan, *Consensus and Disunity: The Lloyd George Coalition Government, 1918-1922*, Oxford, Clarendon Press, 1979, chapitre 6.
108. NA, MH 47/144/4, Select Committee, « Draft special report », p. 5.
109. NA, MH 47/144/4, Select Committee, Special Report.

compris Lord Derby, ministre de la Guerre lui-même auditionné par la commission, se jouent là non seulement la réputation de son ministère, mais aussi le maintien au pouvoir du gouvernement Lloyd George[110]. Le mécontentement populaire, consécutif à la bataille de la Somme, avait en effet déjà entraîné la démission d'un Premier Ministre, Lord Asquith, en décembre 1916[111]. La commission est présidée par un proche du gouvernement en place, Edward Shortt (1862-1935), député libéral de Newcastle, mais elle est perçue comme une menace par Lord Derby qui espère par son témoignage pouvoir atténuer la pression mise sur le ministère[112]. Le rôle de cette commission et de la publicisation de ses travaux dans la crise politique qui s'ensuit est connu mais elle mérite que l'on s'attarde plus précisément sur le contenu des témoignages et du rapport qui en est issu[113].

Au cours des séances, les représentants du système tentent de justifier les errements du recrutement sans nécessairement incriminer l'Armée. Leur défense suit trois axes principaux. Ils tentent d'abord de minimiser l'étendue du problème. Il arrive, bien sûr, que des erreurs surviennent dans l'affectation des hommes, avancent-ils, mais rapportées à l'ensemble des recrues examinées, elles sont insignifiantes[114]. Ils essaient ensuite de mettre en accusation les recrues elles-mêmes. Si des irrégularités dans le processus de recrutement existent, ce serait en raison des fraudes et simulations, pratiquées à grande échelle par les aspirants soldats[115]. Ils tentent enfin d'imputer la colère de l'opinion à

110. Derby to Lloyd George, 6 juillet 1917, cité par Keith Grieves, *The Politics of Manpower*, *op. cit.*, p. 130.
111. Keith Grieves, *The Politics of Manpower*, *op. cit.*, p. 122 ; J. M. McEwen, « Northcliffe and Lloyd George at War, 1914-1919 », *Historical Journal*, vol. xxiv, n° 3, septembre 1981, p. 651-672, ici p. 658-659 ; Ralph James Adams et Philip Poirier, *The Conscription Controversy in Great Britain, 1900-1918*, Londres, Basingstoke, Macmillan, 1943, p. 121-125.
112. Keith Grieves, *The Politics of Manpower*, *op. cit.*, p. 130. Cette sous-partie repose sur le dépouillement du carton NA, MH 47/144 Select Committee on Military Service. Minutes, Summary of proceedings and Reports.
113. Jay Winter, « Military Fitness and Civilian Health », art. cité, p. 218 ; Id., *The Great War and the British People*, *op. cit.*, p. 51-53. Voir aussi Keith Grieves, *The Politics of Manpower*, *op. cit.*, p. 131-132.
114. NA, MH 47/144/4, Select Committee. Minutes of Evidence n° 1, 2 juillet 1917, A. C. Geddes, p. 5, 8. Geddes reprend ici l'argumentaire que Macpherson a donné à la Chambre des Communes le 1er mars 1917, *HC Deb*, séance du 1er mars 1917, c2258-2259.
115. NA, MH 47/144/4, *Select Committee. Minutes of Evidence*, 2 juillet 1917, p. 3, 6 et 11.

un « grand malentendu[116] » résultant de la complexité du processus. Il est nécessaire pour une armée de masse moderne de recruter des soldats ne disposant pas de toutes leurs capacités physiques qui, quoique remplissant au sein de l'armée des tâches indispensables à la défense de la nation, sont tenus éloignés du combat[117]. De l'avis de Francis John Jencken, directeur adjoint des Services de santé pour la région militaire Est (*Eastern Command*), certaines de leurs tares ou pathologies, telle la tuberculose, sont d'ailleurs amenées à s'amenuiser grâce aux bénéfices combinés de l'entraînement et de la discipline[118].

Cependant, les témoignages accablant les méthodes et les résultats des commissions, relayés instantanément par la presse, rendent rapidement le système indéfendable. Les interventions de Charles Bedford, directeur adjoint des services de santé de la région militaire du Nord (*Northern Command*), et celui de James Galloway, inspecteur des opérations médicales du recrutement, sont particulièrement dommageables[119]. Le directeur du recrutement, Auckland Campbell Geddes, reconnaît ainsi que, dès l'automne 1916 : « les dispositions relatives aux commissions médicales étaient particulièrement mauvaises. [...] L'ensemble du système était accablé par d'énormes difficultés[120]. » Lorsque Albert Benthall, médecin membre de la commission médicale de Mill Hill, est convoqué par la commission d'enquête, il est interrogé de la manière suivante :

> – Combien de recrues deviez-vous examiner à la journée ?
> – Nous procédions à l'examen d'environ 300 recrues par jour. Je crois que nous avons atteint un jour le nombre de 390. Ce fut notre record.
> – 300, dites-vous, était le nombre habituel ? [...] Pensez-vous que ce nombre était trop élevé ?
> – Bien trop élevé, oui[121].

Les dysfonctionnements sont trop massifs pour être le résultat de simples erreurs. Ils sont imputés à l'Armée et la politique de recru-

116. NA, MH 47/144/4, Select Committee. Minutes of Evidence n° 1, 2 juillet 1917, A. C. Geddes, p. 8. On retrouve la même idée sous la plume d'Auckland Geddes qui parle de critiques « mal renseignées » (*badly informed*), dans James Galloway, « Medical Examination of Men for Military Service », art. cité, p. 667-668.
117. *Ibid.*, p. 8.
118. Jay Winter, « Military Fitness and Civilian Health », art. cité, p. 218.
119. Voir par exemple « The Medical Boards – Col. Galloway on lowered standard », *The Times*, 5 juillet 1917, p. 3.
120. NA, MH 47/144/4, *Select Committee. Minutes of Evidence*. Voir annexe n° 44.
121. NA, MH 47/144/4, *Select Committee. Minutes of Evidence*, 21 juillet 1917, p. 59.

tement est vivement critiquée. Il apparaît au cours des séances que des instructions émanant directement du ministère de la Guerre sont responsables de l'incorporation d'individus que leur condition physique ou mentale aurait dû tenir éloignés du rang :

> Il est devenu clair au vu des preuves statistiques présentées devant la commission qu'une importante diminution du pourcentage d'exemptions et qu'un accroissement massif des classements en catégorie A effectués par les commissions médicales coïncident avec l'envoi d'instructions [émanant du ministère][122].

La présence, dès lors, d'un président issu de la médecine militaire ayant le pouvoir d'ignorer les avis de ses collègues condamne les commissions médicales à une politique de recrutement contraire à l'intérêt de la recrue. Enfin, l'absurdité du système de classification, décrit par l'éminent cardiologue James MacKenzie (1853-1925) comme une « stupidité » au cours de son témoignage, enterre définitivement la crédibilité du dispositif. Lord Derby lui-même estime que les commissions médicales sont allées trop loin[123]. La décision est prise de réformer l'examen médical en urgence et en profondeur et de rationaliser le système de recrutement[124].

122. NA, MH 47/144/4, Select Committee, Draft Special Report, p. 7.
123. Jay Winter, *The Great War and the British People*, *op. cit.*, p. 53 ; Churchill Winston, *Lord Derby*, p. 222.
124. Jay Winter, *The Great War and the British People*, *op. cit.*, p. 51–53 ; Keith Grieves, *The Politics of Manpower*, *op. cit.*, p. 131–132 ; NA, MH 47/144/4, « Minutes of evidence », 22 juillet 1917.

Chapitre 8

Mesures françaises face à l'affaiblissement de la sélection (1915-1923)

Face à la crise des effectifs, un certain nombre d'acteurs, médicaux, militaires et politiques ont rapidement pris acte de la nécessité d'augmenter le rendement de la sélection. En temps de guerre, il leur semble désormais inévitable de devoir composer avec la présence d'inaptes dans des rangs. Ils tentent dès lors d'adapter le système existant aux nouvelles exigences du temps de la guerre. À l'arrière, certains médecins envisagent des solutions pour permettre à l'armée de gérer l'incorporation des inaptes, notamment les inadaptés mentaux. Au front, médecins et militaires multiplient et raffinent les systèmes de classement en fonction de l'aptitude des recrues pour adapter leur entraînement et leur rééducation, et maintenir autant que possible les soldats fragiles dans les rangs. Les solutions ne donnent pas toujours les résultats escomptés.

En France, l'inquiétude reste circonscrite. Des mesures sont néanmoins proposées par les hygiénistes. Elles relèvent de la gestion de crise sanitaire. Dès 1915, la puissance publique tente de limiter la propagation de la tuberculose. Cette année-là, au moment de l'incorporation de la classe 1916, des solutions relevant de la prévention sanitaire sont progressivement mises en place à l'attention des jeunes classes[1]. On réserve à ces jeunes soldats les casernes les plus récentes, on les écarte des casernes les moins salubres ou de celles qui sont occupées par des

1. On prête « une attention toute particulière à [leur] installation, à [leur] couchage, à [leur] habillement, à [leur] alimentation, à la salubrité du milieu dans lequel [elles seront réunies], à la progression prudente de [leur] instruction militaire et de [leur] entraînement », dans SHD, GR 9 NN 7/1100, Circulaire n° 433 Ci/7, Mesures à prendre à l'occasion de la Classe 1918, 25 février 1917. Voir aussi circulaires n° 461 Ci/7 du 12 mars 1917 ; n° 488 Ci/7 du 10 avril 1917.

troupes atteintes d'affections contagieuses, on veille à écarter les lits, et l'on réserve des réfectoires et des locaux pour l'isolement éventuel de suspects de contagion[2]. Facilité par la loi Léon Bourgeois, un système de lutte antituberculeuse à la fois social et sanitaire se déploie ensuite courant 1916, facilité par l'action et le financement de la fondation Rockefeller[3]. Ces mesures prises en aval du recrutement se doublent de mesures que l'on peut analyser comme un renforcement du dispositif prophylactique de la sélection.

Les revendications classiques de l'hygiénisme militaire trouvent en effet un nouvel écho au nom de la préservation du futur de la nation et de la préservation de la santé des armées[4]. La fin de l'année 1915 et l'année 1916 voient une première série de mesures qui contribuent au renforcement du triage sanitaire, notamment au moment de l'incorporation des jeunes gens. Durant les années 1917 et 1918 ensuite, ces mesures sont renforcées, précisées et étendues aux conseils de révision. À cette occasion, le pouvoir des experts dans la prise de décision est renforcé et la procédure modifiée pour donner des gages d'efficacité. Pour autant, les conséquences concrètes de cette politique sur la sévérité de la sélection restent limitées. Si les discours révèlent bien un alourdissement conséquent de l'arsenal rhétorique des hygiénistes, les statistiques du recrutement ont tendance à montrer que les mesures sont destinées à accompagner la politique de récupération en la plaçant sous le contrôle des experts et à en limiter, non en éliminer complètement, les effets néfastes sur l'état sanitaire de l'armée.

Ce chapitre s'inscrit dans la réflexion sur les innovations de nature technique, médicale ou sanitaire, suscitées par les conflits. La tradition historiographique qui faisait de la guerre un accélérateur

---

2. Voir par exemple l'instruction du 3 décembre 1916 sur l'incorporation de la classe 1917. Voir aussi SHD, GR 9 NN 7/1100, Circulaire n° 433 Ci/7, Mesures à prendre à l'occasion de la Classe 1918, 25 février 1917 ; GR 9 NN 7 1101.
3. Vincent Viet, « La Grande Guerre et la lutte antituberculeuse en France », art. cité ; John Farley, *To Cast out Disease: a History of the International Health Division of the Rockefeller Foundation (1913-1951)*, Oxford/New York, Oxford University Press, 2004 ; Lion Murard et Patrick Zylberman, « La mission Rockefeller en France et la création du Comité national de défense contre la tuberculose (1917-1923) », *Revue d'histoire moderne et contemporaine*, n° 34, 1987, p. 257-281 ; Jean-François Picard, *La fondation Rockefeller et la recherche médicale*, Paris, PUF, 1999.
4. Anne Rasmussen, « Préserver le capital humain », art. cité.

positif de changements, permettant notamment de faire émerger ou de perfectionner des techniques, a été remise en question. Des travaux ont ainsi montré que les conflits étaient marqués par l'incertitude et que les bouleversements expérimentés au cours de conflits à la temporalité finalement réduite ne débouchaient pas nécessairement sur des mesures durables en raison de l'impossibilité d'établir des réseaux et des liens sociaux rendant possible la généralisation des pratiques[5]. Des approches récentes ont permis de situer le médical dans son interaction constante avec le politique et la société, et de montrer que la nouveauté technique constituait un choix parmi d'autres[6]. Il faut donc se garder d'évaluer les mesures prises de manière binaire, en termes d'échec ou de succès. On tentera ici de les restituer dans toute leur épaisseur en insistant tant sur le cadre expérimental qu'a pu constituer la guerre que sur les contraintes que représente l'intrication des motifs hygiénistes, politiques, culturels et sociaux dans la réflexion et l'action publique. La longévité de certaines mesures ou, au contraire, leur brièveté sera abordée afin de montrer comment la guerre a pu constituer tantôt une parenthèse, tantôt une fenêtre d'opportunité permettant d'expérimenter puis de mettre en place durablement des mesures qui ne sont plus justifiées par le contexte de guerre.

Adapter : le prix de la conservation des inaptes dans les rangs

L'utilisation des « indisciplinés » : la proposition de la Société médico-psychologique

Le 17 juillet 1916, la Société médico-psychologique adopte à l'unanimité un rapport sur l'utilisation des « indisciplinés » en temps de guerre. Ayant pris acte de la nécessité d'augmenter le rendement de la sélection, elle propose une réforme des modalités d'incorporation et de déploiement des soldats jugés « anormaux mentaux déséquili-

5. Roger Cooter, « Medicine and the Goodness of War », *Canadian Bulletin of Medical History*, vol. xii, 1990, p. 147-159 ; Vincent Viet, *La santé en guerre, op. cit.*
6. John Pickstone (dir.), *Medical Innovations in Historical Perspective*, New York, St. Martin's Press, 1992 ; David Edgerton, *Quoi de neuf ? Du rôle des techniques dans l'histoire globale,* Paris, Seuil, 2013.

brés et pervers[7] » et envoie son rapport au sous-secrétariat d'État du Service de santé[8]. Même s'il ne débouche sur aucune mise en œuvre pratique, son étude permet d'observer les efforts fournis par le corps médical, et notamment par les sociétés savantes, pour appuyer la politique d'intensification du recrutement[9]. Elle permet également d'étudier certaines des stratégies professionnelles des médecins et les modalités de la discussion scientifique sur l'aptitude militaire en temps de guerre.

Les discussions autour de l'utilisation des « indisciplinés » relèvent des efforts fournis spontanément par la communauté médicale pour faciliter l'incorporation de soldats que la sélection d'avant-guerre aurait pu ou dû écarter. Pour C. Nordman et J. Bonhomme en effet, il est de la compétence voire du devoir des sociétés savantes de contribuer à l'effort de guerre en facilitant l'utilisation stratégique par l'armée du capital humain[10]. Il ne s'agit pas ici de peser en amont directement sur le processus d'élimination des inaptes – en proposant, à l'instar de la Société de médecine légale, une modification des critères de la sélection – mais de faciliter en aval l'incorporation d'hommes dont l'aptitude aurait été jugée douteuse en temps de paix[11]. Les « indisciplinés », déséquilibrés mentaux ou alcooliques, s'ils réunissent souvent toutes les qualités physiques nécessaires à l'activité de soldat, éprouvent des difficultés à se plier à la discipline militaire. La Société propose donc de les regrouper dans des bataillons, sections ou compagnies faisant l'objet de dispositions particulières.

Le rapport évoque trois types de mesures. Les troupes d'indisciplinés seraient d'abord mises à l'écart, puis étroitement contrôlées et enfin utilisées pour des tâches spécifiques. Les « anormaux mentaux »

7. « De l'utilisation des indisciplinés en temps de guerre », *Annales médico-psychologiques*, n° 7, 1916, p. 525
8. À remplir
9. Société médico-psychologique, séance du 29 mai, 26 juin et 17 juillet 1916, *Annales médico-psychologiques*, n° 7, 1916, p. 490-530. Ce rapport et son échec sont mentionnés par Marie Derrien dans « Éliminer ou récupérer ? », art. cité, p. 13-29.
10. « De l'utilisation des indisciplinés en temps de guerre », *Annales médico-psychologiques*, n° 7, 1916, p. 490 et 525.
11. La section de l'instruction de 1916 portant sur les recrues atteintes de troubles mentaux assouplit d'ailleurs les conditions de leur incorporation en stipulant que la débilité mentale légère « peut être compatible avec le service auxiliaire », dans ministère de la Guerre, *Recrutement de l'armée : aptitude physique au service militaire*, Paris, H. Charles-Lavauzelle, volume arrêté à la date du 20 décembre 1916, 1916.

ne peuvent en effet demeurer longuement parmi leurs camarades « normaux », stationner au dépôt ou dans une agglomération, voire rester en métropole. Décrits comme agités, influençables, fauteurs de troubles et de contagion morale, ils doivent être isolés dans des formations réservées, envoyés directement au front sans passer par le dépôt, voire éloignés en étant rattachés aux bataillons d'Afrique et déployés exclusivement sur des terrains coloniaux. Ils doivent par ailleurs être placés sous la surveillance de chefs « habitués à manier les fortes têtes », particulièrement aptes à les « surveiller et les contenir[12] ». Sujets à des « accès périodiques » et des « bouffées délirantes », les déséquilibrés doivent faire l'objet d'examens médicaux fréquents et de mises en observation facilitant leur élimination du rang. Incapables de séjourner longuement dans une tranchée ou d'accomplir de simples tâches, ils seraient enfin réservés exclusivement aux premières vagues d'assaut et constitueraient ainsi des « troupes de choc ».

La formation de telles unités présente aux yeux de la Société nombre d'avantages. Elle permet tout d'abord d'optimiser le rendement de la sélection en permettant une utilisation maximale du capital humain, de manière à ce que chacun puisse « contribuer dans la mesure de [ses] moyens, à la défense commune de la patrie[13] » dans le cadre d'une économie de guerre visant à la mobilisation de toutes les ressources. Elle vise en outre à améliorer l'efficacité de l'armée en tirant tout le parti de la « valeur combative » de ces sujets particuliers. En effet, les débats de la Société livrent un éclairage particulièrement intéressant sur la conception positive de l'aptitude mentale par les aliénistes :

> [I]l est certain que la plupart de ces hommes ont encore des qualités positives pour le service de guerre. Il est indiscutable, en tout cas, que les déséquilibrés plus ou moins pervers ont, eux, de réelles aptitudes combatives qu'il suffirait de savoir utiliser pour obtenir de ces sujets des services des plus positifs. En effet, s'ils ne peuvent comme tout le monde se soumettre à une discipline de tous les instants, ils ont, par contre, on le sait, outre le goût de l'aventure, une propension impulsive qui pousse un très grand nombre d'entre eux à des actes dangereux ou agressifs, qui peuvent, en temps de guerre, se transformer facilement en actes véritables de bravoure. Il serait donc rationnel [...] de grouper ces individus en des formations spéciales, où leurs qualités musculaires et leur impulsivité, comme aussi

12. « De l'utilisation des indisciplinés... », art. cité, p. 491.
13. *Ibid.*, p. 492.

> leur goût d'aventures, pourraient se donner libre carrière et procurer des résultats excellents[14].

Outre leurs qualités physiques parfois indéniables, les bataillons de choc permettraient donc d'exploiter les « qualités psychiques » des anormaux. Leur impulsivité, leur goût du risque et leur agressivité sont autant de « défauts sociaux » pouvant, à la faveur de la guerre, se transformer en « véritables vertus militaires[15] ». En temps de guerre, l'agressivité impulsive peut être aisément confondue avec la combativité, l'inconscience face au risque recouvrir la bravoure, le mépris du danger être assimilé à l'héroïsme. D'autres qualités auxquelles sont faiblement prédisposés les anormaux, telles l'obéissance et la capacité à comprendre et suivre les codes de la discipline militaire, pourraient dès lors être compensées par un commandement particulièrement strict. Afin de servir leur démonstration, les aliénistes de la Société négligent les dispositions mentales traditionnellement associées au bon soldat, telles la rapidité et la capacité d'initiative, et qui l'éloignent d'un simple exécutant[16].

Ce projet de bataillons de choc permettrait également d'éloigner voire de supprimer les indésirables en les groupant au sein de formations dont la dimension disciplinaire, voire punitive, apparaît clairement[17]. La société s'inspire d'ailleurs explicitement des sections disciplinaires, notamment des « Joyeux », corps des bataillons d'infanterie légère d'Afrique créés en 1832, destinés à éloigner des corps réguliers de l'armée les soldats indésirables indisciplinés[18]. « Petits délinquants » faciles à « maintenir dans la bonne voie », les déséquilibrés seraient soumis à une discipline particulièrement stricte et à des chefs inflexibles afin d'être envoyés en première vague d'assaut, au besoin sous la menace de mitrailleuses. « Pas moyen de se dérober », se félicitent les rapporteurs du projet. En cas de rébellion, « [u]ne forte poussée allemande elle-même ne les empêcherait pas d'être fusillés les premiers ». L'élimination providentielle de ces faibles d'esprit, même si elle n'est pas présentée comme l'objectif principal de ce dispositif, apparaît ici

14. *Ibid.*, p. 527.
15. *Ibid.*, p. 526.
16. Sur ce point, voir Olivier COSSON, *Préparer la Grande Guerre. L'armée française et la guerre russo-japonaise*, Paris, Les Indes savantes, 2013.
17. « De l'utilisation des indisciplinés... », art. cité, p. 527.
18. Voir à ce sujet Dominique KALIFA, *Biribi. Les bagnes coloniaux de l'armée française*, Paris, Perrin, 2009.

en filigrane. Lorsque C. Nordman et J. Bonhomme constatent que « la sélection de par les lois de la guerre ne se fera pas uniquement par le haut, au grand détriment de la société de demain », ils reflètent une crainte liée aux conséquences conjointes d'une guerre meurtrière, de la conscription et de la sélection médicale des recrues. En envoyant les éléments les plus sains sur le champ de bataille, le conflit aboutirait à leur élimination, à la prolifération des inaptes et à l'affaiblissement de la race. Cet effet pervers redouté des levées conscriptionnelles est régulièrement dénoncé par les médecins et les membres civils des conseils de révision depuis la monarchie de Juillet[19].

L'élaboration du rapport donne également un aperçu du fonctionnement de la science pendant le conflit. Les modalités de la discussion scientifique ne sont pas affectées par l'état de guerre et l'on observe le déploiement habituel du débat au sein d'une société savante. Les échanges menés à la société médico-psychologique font suite à la parution d'un article dans le *Progrès médical*. Présenté par ses auteurs, son contenu est débattu au cours de deux séances. Il mène à la nomination d'une commission – composée des docteurs Briand, Colin, Laignel-Lavastine, Pactet et Haury – qui établit un rapport présenté et voté à l'unanimité lors d'une troisième séance. Le rapport est ensuite transmis au sous-secrétariat d'État aux Services de santé. Contrairement à la proposition de la Société de médecine légale cependant, il n'est toutefois pas suivi d'effet.

Le projet est enfin pour les médecins l'occasion de défendre leurs intérêts professionnels. Pour la Société médico-psychologique, la mise en place d'un tel dispositif ne peut se faire qu'en recourant à l'expertise des aliénistes. Seuls des spécialistes seraient aptes à procéder à un « examen psychiatrique sérieux » afin de distinguer les candidats à ces formations des irrécupérables, « vrais malades », bons pour l'hôpital, d'écarter au fur et à mesure les sujets dangereux, en proie à une trop grande instabilité, ainsi que de « dépister l'exagération, la simulation ou en sens contraire la maladie véritable[20] ». Ce projet souligne la tendance à la gestion disciplinaire et répressive de l'anormalité mentale par le corps des psychiatres[21]. Les déclassés que sont habituellement les anormaux mentaux ne sont en effet, sous la plume des membres de

19. Annie CRÉPIN, *Histoire de la conscription, op. cit.*
20. « De l'utilisation des indisciplinés... », art. cité, p. 491.
21. Michel FOUCAULT, *Le pouvoir psychiatrique, op. cit.*

la Société médico-psychologique, ni enfermés à l'asile ou en prison, ni à proprement parler intégrés à l'institution militaire et donc partie prenante d'une société qui érige le citoyen-soldat en modèle. Menaçants et asociaux, ils deviennent néanmoins, du fait de la guerre, « utilisables ». Dès lors, ils sont à la fois relégués au sein de sections spéciales et intégrés, par l'assaut, au dispositif stratégique. Cette semi-intégration se fait au prix du déploiement de techniques disciplinaires maniées par le commandement militaire, d'un contrôle et d'une surveillance exercés par le pouvoir psychiatrique[22].

Que faire des chétifs ? Un « entraînement pour créer l'aptitude »

La prise de conscience par l'armée de l'inévitable présence, au sein des troupes, d'individus à la constitution physique fragile entraîne une réflexion menée conjointement par l'état-major, le Service de santé et le corps politique, et la mise en place d'un programme d'éducation physique adapté, qui met l'accent sur la pratique de la gymnastique et du sport[23]. Ces mesures d'encadrement corporel sont dictées par les nécessités de la guerre, mais elles s'inscrivent aussi dans la lignée des efforts fournis après 1905 pour maintenir les effectifs constants malgré le vote de la loi des deux ans qui réduisait la durée du service. Elles font également écho à une volonté de redressement de la nation et d'amélioration de la race. Elles sont dictées par la Commission d'hygiène qui joue, dans la formulation des recommandations, un rôle déterminant[24].

Pour maintenir les hommes fragiles dans les rangs, des dispositifs d'accompagnement sont déployés en direction des catégories soupçonnées de fournir le plus grand nombre d'inaptes : les jeunes classes et les récupérés qui auront « presque tous besoin d'un entraînement progressif avant d'aborder l'instruction militaire[25] ». Dès décembre 1915,

22. Id., *Surveiller et punir, op. cit.* ; *Les Anormaux, op. cit.*
23. SHD, GR 9 NN 7/1111, Instruction n° 1611 c/1 sur l'organisation et le fonctionnement de l'instruction physique pendant la durée de la guerre, ministère de la Guerre, 12 février 1917.
24. Voir par exemple *JORF. Débats parlementaires. Chambre des députés : compte rendu in-extenso*, Séance du 30 novembre 1915, p. 1942-1943.
25. SHD, GR 9 NN 7/1111, Rapport sur la nouvelle méthode d'entraînement physique des jeunes classes par Mr le médecin-Major de 2e classe Chevallier. Sur les jeunes classes en particulier, « Rapport fait au nom de la commission de l'armée chargée d'examiner le projet de loi, adopté par la Chambre des députés, relatif à

des mesures d'hygiène plus sévères sont prises en direction des jeunes classes. Des instructions détaillent avec soin l'aménagement sanitaire des casernes, prescrivent l'augmentation des rations alimentaires. Ces mesures sont progressivement améliorées et complétées[26]. C'est toutefois l'instruction et l'entraînement des recrues qui font l'objet d'« intéressantes innovations[27] », selon la Commission de l'armée. Si de telles précautions sont prises pour épargner le capital humain que représentent les jeunes recrues, c'est que leur sort engage aussi bien l'efficacité de l'armée que l'avenir de la nation. L'entraînement adapté doit donc d'une part ménager ces recrues :

> Pour aujourd'hui, autant que pour demain, car c'est l'avenir de notre race que représentent ces jeunes classes, il faut se montrer, dans les instructions, plein d'attentions militaires et de soins paternels. On devra donc les conduire, au terme de leur apprentissage, pendant les mois d'instruction qui leur sont nécessaires, par une progression modérée et méthodique[28].

Et d'autre part améliorer, autant que possible, leur condition physique. En ce sens, il s'agit bien d'un « entraînement pour créer l'aptitude[29] » qui repose sur la progressivité et l'adaptation de l'entraînement au physique des jeunes gens.

L'entraînement progressif de jeunes gens au physique fragile n'est pas une mesure entièrement neuve. L'adoption de la loi de 1905 avait en effet déclenché une intense réflexion dans le corps des médecins militaires français sur la nécessité d'adapter la vitesse et l'intensité de l'entraînement aux recrues plus fragiles, regroupées au sein d'unités spéciales. Les mesures prises entre 1915 et 1917 prolongent et systématisent certaines expériences et suivent en tout point les recommandations de la commission d'hygiène. En octobre 1916, le directeur du Service de santé des armées, Justin Godart, invite « les médecins à prendre une connaissance

---

l'appel sous les drapeaux de la classe 1917 », *Annexe n° 459 au procès-verbal de la séance du 22 décembre 1915*, Sénat, p. 4.

26. Voir par exemple SHD, GR 9 NN 7/1100, Circulaire n° 433 Ci/7, Mesures à prendre à l'occasion de la Classe 1918, 25 février 1917 ; SHD, GR 9 NN 7/1111, Instruction physique des classes jeunes ou de récupérés, 10 octobre 1916 ; SHD, GR 9 NN 7/1111, Instruction n° 1611 c/1 sur l'organisation et le fonctionnement de l'instruction physique pendant la durée de la guerre, ministère de la Guerre, 12 février 1917.

27. « Rapport fait au nom de la commission de l'armée... », *op. cit.*, p. 7.

28. *Ibid.*, p. 9.

29. *Ibid.*

très exacte du Guide mémento de Joinville[30] » publié quelques mois plus tôt, en juin, « en vue de l'instruction physique des classes jeunes et de récupérés, un peu plus faibles que les classes appelées normalement en temps de paix[31] ». L'École normale de Gymnastique de Joinville-le-Pont, créée en 1852, est destinée à former les instructeurs militaires de l'armée de terre française[32]. Il s'agit d'un centre de préparation civile et militaire, et d'un centre de recherche de réputation internationale. Les méthodes de l'École de Joinville sont celles d'une gymnastique éducative d'influence suédoise, orientée vers le développement du corps et l'amplitude du mouvement. Il s'agit de promouvoir « une éducation physique logique, rationnelle, intelligente, qui aura pour but le perfectionnement du corps [des] recrues et leur dressage à la guerre[33] ».

L'École, fermée momentanément pendant la guerre, rouvre le 8 mai 1916. Outre la rééducation des blessés à laquelle elle s'intéresse, elle contribue à étudier, préciser, et mettre au point une méthode d'éducation physique méthodique et rationnelle qui s'inspire d'expérimentations menées en son sein, comme le peloton d'éducation physique spécial[34]. Cette méthode est expérimentée sur la classe 17. Les bons résultats constatés conduisent à l'étendre aux contingents des récupérés et aux autres jeunes classes appelées sous les drapeaux pendant la durée de la guerre. En juillet 1916, 80 sous-officiers y sont formés et désignés comme instructeurs des contingents des Jeunes Classes et des récupérés[35]. La méthode de Joinville est ensuite étendue à toute l'armée. Elle est résumée dans un

---

30. SHD, GR 9 NN 7/1111, Instruction physique des classes jeunes ou de récupérés, 10 octobre 1916.
31. SHD, GR 9 NN 7/1111, Guide mémento de Joinville, 20 juin 1916.
32. Jean-François Loudcher et Christian Vivier, « Gymnastique, éducation physique et sports dans les manuels militaires (xixe-xxe siècles) », dans Ministère de la Défense et État-major des armées, *Une histoire culturelle du France. De Joinville à l'Olympisme. Rôle des armées dans le mouvement sportif français*, Paris, Éd. « Revue EP.S. », 1996, p. 21-33 ; Pierre Simonet et Laurent Véray, « Introduction » et Gilbert Andrieu, « L'École de Joinville contrainte au changement (1872-1914) », *Les Cahiers de l'INSEP*, hors-série, 2003. *L'Empreinte de Joinville, 150 ans de sport*, p. 9-11.
33. Émile Duponchel, *Le rôle social de l'officier dans l'éducation physique*, Paris, Chapelot, 1902, p. 40.
34. Rapport, cité dans Dr. Cahuzac, « La rééducation physique des malingres et des faibles », *Journal des Sciences militaires*, 1er juillet 1909, p. 322-323.
35. SHD, GR 9 NN 7/1111, Regroupement des Centres régionaux d'Instruction Physique, 22 avril 1918 ; SHD, GR 9 NN 7/1111, Lettre de Justin Godart au Professeur Letulle, 13 septembre 1917.

« Guide pratique d'éducation physique à l'usage des instructeurs de la préparation militaire » censé orienter la conception française de l'entraînement dispensé dans les vingt centres régionaux d'Instruction Physique pendant tout le reste du conflit. Elle s'inspire du règlement d'Éducation physique de l'Armée du 20 janvier 1910 dont elle sélectionne et révise certains éléments. Elle complète par exemple les épreuves classiques par celle du porter, « dont l'importance s'est révélée comme capitale », et du terrassement « déjà connu, mais non comme exercice physique[36] ».

Cette méthode « établie spécialement pour entraîner de très jeunes gens, de valeurs physiques très différentes, allant du demi-malade au jeune athlète[37] », repose sur un principe fondamental, celui de « la graduation de méthodes, en rapport avec l'âge physique et les aptitudes réelles des sujets à former[38] », soit le caractère différencié et progressif de l'instruction. Il est donc impératif, pour qu'elle puisse s'appliquer au mieux, que la valeur physique des recrues soit connue précisément. L'examen médical de la visite d'incorporation prend alors un caractère fondamental. Cette évaluation de l'aptitude poursuit l'entreprise de sélection des recrues, mais a également pour fonction d'indiquer quel type d'entraînement peuvent subir les sujets en fonction de leur potentiel[39].

Classement de la classe 1919 à la suite de la visite d'incorporation

Catégories	Nombre	Proportion pour 100
Forts	69 718	34,67
Moyens	82 297	42,91
Faibles	45 124	22,42
Total des hommes ayant passé la visite d'incorporation	201 139	100

Source : SHD, GR 9 NN 7/1101[40]

36. SHD, GR 9 NN 7/1111, Guide pratique d'éducation physique à l'usage des instructeurs de la préparation militaire, p. 8.
37. *Ibid.*, p. 4.
38. *Ibid.*, p. 4.
39. SHD, GR 9 NN 7/1111, Circulaire n° 442 Ci/7, Visite d'incorporation des Recrues de la Classe 1918, 1er mars 1917.
40. Dossier « Incorporation classe 1919. Statistiques et rapports, maladies contagieuses, valeur physique. Statistiques comparées avec les classes 1917 et 1918 », Note

Les recrues incorporées sont classées « suivant leur degré d'aptitude physique[41] » en trois groupes : « forts », « moyens », « faibles ». Chaque groupe fait ensuite l'objet d'un entraînement progressif différencié, échelonné semaine par semaine, et d'un suivi médical personnalisé.

L'objectif de l'instruction est bien sûr « de fournir toutes les épreuves du combat d'infanterie, dans les conditions de combat ». À cet égard, les recrues doivent apprendre aussi bien à marcher, lever et porter, qu'à courir, sauter, grimper, terrasser et combattre[42]. Le groupe des « forts » commence par exemple l'escrime à la baïonnette la 3e semaine, celui des « moyens » la 5e semaine et celui des « faibles » après un mois et demi de travail physique[43]. Ce travail est adapté aux réalités de la guerre en cours et comprend par exemple des exercices en tranchée ou encore une formation au combat rapproché au révolver et au couteau de tranchée explicitement destiné aux nettoyeurs de tranchée[44]. Le programme comprend également une « éducation physique pré-militaire » c'est-à-dire une instruction composée de séries d'exercices, de mouvements respiratoires, d'exercices d'assouplissement et de développement qui ont pour but, en dehors de toute application militaire, de favoriser la force, la résistance, l'adresse et l'agilité du soldat. Pour l'incorporation de la classe 17, l'accent est mis sur cette éducation physique qui doit, selon les recommandations de la commission d'hygiène, « prendre le pas sur la préparation militaire[45] ». Le programme des faibles est notamment conçu pour « vaincre [...] les difficultés manifestées par les faibles pour tout ce qui est effort physique[46] ». L'accent est ainsi mis sur le fait de rendre l'exercice attrayant par la pratique du jeu. L'abdomen sera développé par la pratique de la « brouette » ou de la « quille saoule », les bras par celle du « chat-perché en suspens[47] ».

---

du bureau de l'organisation et de la mobilisation armée pour le Sous-Secrétariat d'État du Service de Santé.

41. SHD, GR 9 NN 7/1111, Guide pratique d'éducation physique à l'usage des instructeurs de la préparation militaire, p. 3.

42. SHD, GR 9 NN 7/1111, Guide memento de Joinville, p. 29.

43. *Ibid.*, p. 37.

44. *Ibid.*, p. 36.

45. Henri Doizy, *JORF. Débats parlementaires. Chambre des députés : compte rendu in-extenso*, Séance du 30 novembre 1915, p. 1944.

46. SHD, GR 9 NN 7/1111, Guide memento de Joinville.

47. *Ibid.*, p. 31.

L'ensemble du programme, et c'est là la grande originalité de ces mesures de guerre, est placé sous le contrôle des médecins, selon les souhaits de la commission d'hygiène[48]. Les jeunes recrues sont placées sous « surveillance hygiénique[49] » constante, notamment dans les trois mois suivant leur incorporation. En effet :

> Il est incontestable que tout sujet soumis à l'entraînement doit être au préalable l'objet d'un examen médical très attentif destiné soit à l'écarter en cas de tare exceptionnellement grave, soit, le plus souvent, à fournir simplement à l'instructeur toutes les indications de nature à le guider dans le dosage de l'entraînement à lui faire subir[50].

Le contrôle médical se poursuit tout au long de la formation du jeune soldat. Le corps médical évalue l'aménagement des casernes, « la durée du repos ou du sommeil indispensables à des organismes jeunes » ou encore « l'état général et l'entrain des jeunes recrues[51] ». Les médecins sont invités à visiter le réfectoire à l'heure des repas, afin de s'assurer que les rations soient suffisantes. Les statistiques sanitaires sont contrôlées par le Service de santé qui, le cas échéant, formule des recommandations en cas de manifestations épidémiques ou d'apparent fléchissement dans la résistance organique des jeunes soldats[52].

Les instructions données par le Service de santé préconisent que « les médecins soient consultés en tout temps, et plus spécialement lors des pesées ou des visites de santé périodiques, au sujet des hommes

48. *JORF. Débats parlementaires. Chambre des députés*, Séance du 30 novembre 1915, p. 1944.
49. Voir la circulaire n° 747 Ci/7 du 21 Juin 1918 qui prescrit l'examen et le contrôle inopiné des fiches de pesées périodiques et invite les Directeurs régionaux à instituer une enquête approfondie dans les corps de troupe de leurs Régions sur les points touchant à l'hygiène générale des soldats ; et la circulaire n° 14.721 B 4/7 du 13 juillet 1918 relative aux visites sanitaires à faire subir aux jeunes contingents avant leur départ aux Armées. À partir de l'incorporation de la classe 1919, l'état de santé des recrues est reporté sur un livret sanitaire qui compile les informations de la révision, de l'incorporation et du service. Voir à ce sujet SHD, GR 9 NN 7/1112.
50. SHD, GR 9 NN 7/1111, Guide pratique d'éducation physique à l'usage des instructeurs de la préparation militaire, p. 9.
51. SHD, GR 9 NN 7/1111, Circulaire n° 5. 526 3/7, Mesures hygiéniques et prophylactiques concernant les jeunes soldats de la classe 1919, les ajournés des classes 1913 à 1918 et les exemptés de la classe 1918, 11 avril 1918.
52. Voir par exemple la circulaire n° 14.721 B 4/7 du 13 juillet 1918.

pour lesquels le travail paraîtrait trop intensif[53] ». Ce suivi est effectué à l'aide d'un ensemble de mesures anthropométriques (taille, poids, périmètre thoracique) et de performances lors d'épreuves types (saut en longueur, en hauteur, course, lancer de grenade, lever du sac de terre). Les performances sont cotées selon un barème établi spécialement pour de très jeunes gens, de 16 à 18 ans. Les médecins peuvent recommander une mise en observation, et sont appelés à formuler au Commandement leurs propositions qui pourront aboutir à un reclassement ou à une diminution de la durée du travail imposé. La parole des soldats, là encore, est dévaluée. Les médecins sont ainsi invités à examiner « les sujets qui, sans se plaindre et à leur insu, présenteront les apparences d'un fléchissement physique ou des signes de fatigue au cours de l'entraînement[54] ». La valeur de la plainte des recrues est donc écartée au profit des signes que l'expert seul est en droit d'identifier.

Classer, rééduquer, réaffecter : les unités d'inaptes

En raison de l'affaiblissement de la sélection, le fléchissement physique et mental de nombre de recrues les condamne à être évacuées du front vers les formations sanitaires ou les dépôts. Là aussi, médecins et militaires au front tentent d'adapter la prise en charge de ces soldats afin d'en conserver un plus grand nombre possible au sein des forces armées et, dans la mesure du possible, de les réaffecter au sein d'unités combattantes. Après un temps de réflexion sur la « méthode de rééducation des inaptes de guerre[55] », les circulaires ministérielles des 18 mai et 4 septembre 1915 prescrivent de grouper les hommes temporairement inaptes, blessés ou malades insuffisamment rétablis dans une unité constitutive de chaque

53. SHD, GR 9 NN 7/1111, Circulaire n° 275 Ci/7, Instruction physique des classes jeunes ou de récupérés, 10 octobre 1916 ; voir aussi Circulaires et instructions, n° 433 Ci/7, Mesures à prendre à l'occasion de la Classe 1918, 25 février 1917 ; Circulaire n° 3898 3/7, Mesures à prendre à l'occasion de l'incorporation de la classe de 1919, des ajournés des classes 1913 à 1918 et des exemptés de la classe 1918, 8 mars 1918. Voir aussi SHD, GR 9 NN 7/1111, Circulaires n° 488 Ci/7, Mesures hygiéniques et prophylactiques concernant les jeunes soldats de la classe 1918, 10 avril 1917. Pour des considérations sur l'application de ces mesures, voir l'article du Dr Moreau-Defarges, « Examen, classement, entraînement des jeunes soldats de la classe 17 », *Journal de médecine et de chirurgie pratique*, 25 mars 1916, p. 249.
54. SHD, GR 9 NN 7/1100, Circulaires et instructions, n° 433 Ci/7, Mesures à prendre à l'occasion de la Classe 1918, 25 février 1917.
55. SHD, GR 9 NN 7/1111, Méthode de rééducation des inaptes de guerre.

dépôt d'infanterie[56]. Ces dispositions visent notamment « ceux qui ne font que l'aller et retour, qui partent des dépôts pour aller au front et reviennent trop vite malades du front au dépôt[57] ». Ils sont affectés à des unités spéciales, que l'on appelle rapidement « unités d'inaptes », séparés des hommes valides. Ils attendent alors la visite d'un médecin qui les classe de la manière suivante :

> a) Hors catégorie (HC) : à proposer pour la réforme, le service auxiliaire, un changement d'arme, le renvoi aux formations sanitaires, une convalescence, etc.
> b) Catégorie C1 : Hommes qui par la suite de blessures aux bras, aux jambes ou au tronc ou par la suite de maladies (rhumatismes, arthrite, etc.) ont une *gêne fonctionnelle* nécessitant l'application de méthodes spéciales de rééducation physique.
> c) Catégorie C2 : Hommes qui, sans être atteints d'une diminution fonctionnelle locale ont un *état de santé général trop précaire* pour suivre immédiatement les exercices prévus pour la catégorie ci-après.
> d) Catégorie C3 : Hommes qui peuvent être soumis à une rééducation générale destinée à les amener rapidement à pouvoir suivre utilement le tableau de travail des compagnies de réentraînement.
>
> En dehors de ces catégories, le médecin désigne immédiatement, pour être versés aux compagnies de mobilisables, les hommes qui, dès leur arrivée, sont en état de suivre l'entraînement normal[58].

L'inaptitude au service armé est ici conçue comme un état graduel pouvant faire l'objet d'une rééducation. Elle peut être totale et définitive. Les hommes sont alors classés (HC), ce qui les conduit à prolonger leur convalescence, à être classés dans le service auxiliaire ou à changer d'arme. En cas d'inaptitude totale au service, ils peuvent être réformés et renvoyés chez eux. Lorsque l'inaptitude n'est pas totale et définitive, les hommes font l'objet d'un classement destiné à évoluer et d'une prise en charge dont l'objectif est « le retour à l'aptitude militaire[59] ». Ils sont soumis à un encadrement médical particulier et

56. SHD, GR 9 NN 7/1111, Circulaires ministérielles n° 7.075 1/11 du 18 mai 1915 et 13.131 1/11 du 4 septembre 1915.
57. *JORF. Débats parlementaires. Chambre des députés*, Séance du 30 novembre 1915, p. 1942.
58. SHD, GR 9 NN 7/1111, Circulaire n° 6784 c/I « Organisation des unités d'inaptes », 25 juin 1917.
59. SHD, GR 9 NN 7/1111, ministère de la Guerre, direction de l'infanterie, Guide pratique à l'usage des centres de rééducation physique et militaire (anciennes compagnies d'inaptes), Paris, Imprimerie nationale, 1917.

à un entraînement progressif, adapté à leur condition physique afin de « récupérer le maximum de puissance musculaire et d'amplitude[60] ». Dès qu'ils sont en état de suivre un entraînement normal, ils sont versés aux compagnies de mobilisables et renvoyés au front. L'ensemble du dispositif est placé sous le contrôle et la surveillance étroite du corps médical dont le rôle est, souligne l'état-major, « extrêmement important[61] ». Les médecins, qui ont suivi une formation spéciale, suivent les progrès de chaque soldat et proposent le passage d'une catégorie à une autre[62].

Avec l'intensification de la crise des effectifs, l'armée en vient rapidement à se préoccuper d'augmenter le « rendement » de ces unités[63]. Le climat de chasse aux embusqués a pour corollaire une crispation vis-à-vis des improductifs qui peuplent les dépôts. On craint que dans la « quiétude et semi farniente du dépôt où il est occupé aux corvées intérieures les plus douces », l'inapte subisse « un fléchissement moral [qui] accompagne la diminution de la valeur physique et conditionne sa façon d'être[64] ». On voit apparaître dans la correspondance du ministère de la Guerre et du Service de santé une « psychologie de l'inapte[65] » qui menace non seulement son retour à la santé mais constitue également, par contagion, un danger pour le reste de la troupe. L'inapte, redoutant la vie de fatigue et de dangers du front, s'accommode de son sort et s'oppose alors à tous les efforts utiles à l'amélioration de son état.

Le sort de ces hommes et les soins censés les entourer – déjà compromis en novembre 1914 par l'instauration de l'inspection tous les deux mois des hommes du service armé déclarés inaptes et les hommes du service auxiliaire des dépôts – sont rendus encore plus instables par

60. SHD, GR 9 NN 7/1111, Méthode de rééducation des inaptes de guerre.
61. SHD, GR 9 NN 7/1111, Circulaire n° 6784 c/I « Organisation des unités d'inaptes », 25 juin 1917 ; SHD, GR 9 NN 7/1111, Note du Général Directeur de l'infanterie M. Cottez au sujet des inaptes dans les dépôts, 17 juillet 1917.
62. Sur la formation des médecins, SHD, GR 9 NN 7/1111, Note pour le médecin principal Baron, 27 mai 1917 ; SHD, GR 9 NN 7/1111, Note de la direction de l'infanterie au sous-secrétariat d'État du service de santé militaire 1re division technique, 18 juillet 1917.
63. SHD, GR 9 NN 7/1111, ministère de la Guerre, note pour Monsieur le Ministre, 633 PM/I.
64. *Ibid.*
65. *Ibid.*

la loi du 17 août 1915 (loi Dalbiez). Les individus déclarés inaptes à faire campagne pour raison de santé ne peuvent être maintenus dans cette situation plus de deux mois sans être examinés par la commission de réforme. L'effort de récupération s'intensifie encore en 1917. Le 25 juin, la direction de l'infanterie écrit :

> Les ressources dont nous pouvons disposer pour alimenter les armées sont en relation très directe avec le rendement des compagnies d'inaptes et cette question présente une telle importance que j'appelle sur elle votre attention d'une façon toute spéciale[66].

Considérées comme un vivier sous-exploité pouvant permettre de réinjecter des éléments dans l'armée, les unités d'inaptes sont donc réorganisées de manière à intensifier la récupération des soldats qui les composent, de les « rétablir [...] dans leur vigueur physique », afin qu'ils puissent reprendre leur place « le plus tôt possible[67] » dans les unités combattantes.

La méthode de rééducation physique, on l'a vu, est révisée et rationalisée. La réorganisation comprend également un volet coercitif qui entend soumettre ces compagnies à un contrôle permanent, grâce aux visites répétées et inopinées du médecin et d'un service d'inspection. Le médecin surveille l'état du soldat tant du point de vue de l'état physiologique général (poids, périmètre thoracique) que de celui des atrophies musculaires locales (mensurations diverses), et tient à jour une fiche de rééducation mise à disposition des instructeurs chargés des exercices de rééducation et transmise, le cas échéant, à la commission de réforme. Conformément à l'orientation institutionnelle de l'expertise médicale de l'aptitude, les progrès sont estimés en fonction des exigences du milieu militaire, et plus particulièrement de l'infanterie. On constate notamment l'aptitude à la marche, au port du ceinturon et du sac[68]. Une commission formée d'un lieutenant-colonel, d'un médecin-major de 1re ou 2e classe et du directeur régional de l'Instruction Physique pour chaque région militaire procède alors à des visites inopinées des compagnies afin de

66. SHD, GR 9 NN 7/1111, Circulaire n° 6784 c/I « Organisation des unités d'inaptes », 25 juin 1917.
67. SHD, GR 9 NN 7/1111, ministère de la Guerre, direction de l'infanterie, Guide pratique à l'usage des centres de rééducation physique et militaire (anciennes compagnies d'inaptes), Paris, Imprimerie nationale, 1917.
68. *Ibid.*

vérifier la condition physique de certains inaptes et leur progrès[69]. Le rendement de ce dispositif est placé sous étroite surveillance. Le premier de chaque mois, on relève l'effectif total de la compagnie d'inaptes et l'effectif de la catégorie C3, avec l'indication, pour la catégorie C3 seulement, des gains et pertes réalisés dans le courant du mois (hommes versés dans la catégorie C3 et hommes passés de cette catégorie à la Compagnie de mobilisables)[70].

La réorganisation vise également à inciter l'inapte à recouvrer la santé. Pour cela, la direction entend le manipuler « en lui offrant l'attrait immédiat et tangible d'un avantage exceptionnel et en lui donnant l'impression qu'il est l'objet d'une mesure bienveillante et affectueuse, légitimement due en raison de ses services et de son dévouement antérieurs[71] ». En dehors de l'entraînement, qui doit comporter un aspect « attrayant et acceptable[72] », l'état-major imagine donc un système de gratification visant à récompenser les progrès accomplis par les hommes. L'inapte rehaussé d'une catégorie pourrait ainsi bénéficier d'une permission de quatre jours ; l'inapte complètement rééduqué d'une permission de quinze jours, avant son passage dans une compagnie de mobilisables. Enfin, la rééducation comprend une dimension morale. Par des commentaires de faits relatifs à la guerre, les instructeurs espèrent inspirer aux invalides « l'ardent désir de revenir au front et la haine de l'ennemi[73] ».

Il arrive que les médecins chargés du classement des inaptes proposent certains soldats (HC) pour un changement d'arme. Des recrues passent donc de l'infanterie à l'artillerie, où l'on espère que leur condition physique déficiente sera moins mise à l'épreuve. Or, cette affectation prioritaire des fantassins inaptes dans l'artillerie en vient rapidement à poser problème. En août 1916, sept soldats (HC) venus de l'infanterie sont ainsi versés dans le 121e régiment d'artille-

69. Voir par exemple SHD, 16 N 417, Rapport d'inspection du dépôt de la 3e section de COA de Rouen.
70. SHD, GR 9 NN 7/1111, Circulaire n° 6784 c/I « Organisation des unités d'inaptes », 25 juin 1917, alinéa IV « Rendement ».
71. SHD, GR 9 NN 7/1111, Note du Général Directeur de l'infanterie M. Cottez au sujet des inaptes dans les dépôts, 17 juillet 1917.
72. SHD, GR 9 NN 7/1111, Méthode de rééducation des inaptes de guerre.
73. SHD, GR 9 NN 7/1111, ministère de la Guerre, direction de l'infanterie, Guide pratique à l'usage des centres de rééducation physique et militaire (anciennes compagnies d'inaptes), Paris, Imprimerie nationale, 1917.

rie lourde pour remplacer des hommes tués ou évacués. Le 4 août, le médecin-major de 1re classe Couffon constate que « sur les sept envoyés, cinq sont incapables à l'heure actuelle de faire du service[74] ». Deux sont d'anciens blessés aux mouvements limités, l'un n'est pas tout à fait remis d'une pleurésie et les deux restants sont porteurs d'affections très probablement préexistantes à leur incorporation. L'un d'eux souffre notamment d'une forme sévère de tachycardie qui aurait dû, selon Couffon, le cantonner à un emploi sédentaire.

Le 25 août, le Capitaine André transmet ce rapport au lieutenant-colonel commandant l'artillerie du sous-secteur nord et se plaint du fait que les hommes que l'on a envoyés en renfort sont « à peu près inutilisables ». Il poursuit :

> J'insiste sur la nécessité qui s'impose d'envoyer aux batteries lourdes des hommes très robustes et vigoureux, doués d'une santé solide, le métier qu'ils ont à faire étant des plus pénibles […] en raison du poids des obus et des charges, et de l'exécution intensive et ininterrompue des tirs[75].

L'artillerie est devenue l'arme stratégique dont dépend pour beaucoup l'issue des batailles de ce qu'il est convenu d'appeler une guerre de matériel. Avec la stabilisation du front, l'artillerie légère a eu tendance à céder la place à l'artillerie lourde à grande puissance, reposant sur des équipements de plus en plus massifs et performants. Dans le même temps, la doctrine imposait une cadence de tir élevée indispensable au harcèlement de l'adversaire[76]. Si l'artillerie apparaît comme un corps technique dont l'efficacité repose sur les performances de l'armement, on voit ici que le maniement des armes n'est pas exempt d'exigences physiques[77]. À partir de 1916, l'armée fait ainsi usage de canons de 155 C dont les obus pèsent plus de 40 kg et qui tirent trois coups par minute.

---

74. SHD, GR 9 NN 7/1105, Rapport du médecin Couffon.
75. SHD, GR 9 NN 7/1105, Lettre du Commandant André, 25 août 1916.
76. Olivier Cosson (dir.), « De Dreyfus à Verdun. Penser l'horizon militaire (1906-1916) », *Mil neuf cent. Revue d'histoire intellectuelle*, n° 33, 2015 ; Michel Goya, *L'Invention de la guerre moderne. Du pantalon rouge au char d'assaut, 1871-1918*, Paris, Tallandier, 2014 ; Dominique Pestre (dir.), *Deux siècles d'histoire de l'armement en France. De Gribeauval à la force de frappe*, Paris, CNRS Éditions-Comité pour l'histoire de l'armement, 2005 ; Pierre Touzin, François Vauvillier et Guy François, *Les Canons de la Victoire 1914-1918*, 3 t., Paris, Histoire et Collections, 2008-2010.
77. Pour une réflexion pendant la guerre sur les critères d'incorporation spécifiques à l'artillerie, on lira Anne Rasmussen, « Préface », dans Élisabeth Chapuis, Jean-Pierre Pétard et Régine Plas (dir.), *Les psychologues et les guerres*, Paris, L'Harmattan, p. 13-33.

La qualité des recrues est un enjeu crucial pour l'artillerie qui croît en importance tant stratégique que numérique et requiert des effectifs de plus en plus nombreux. Le rapport parvient rapidement en haut lieu. Le 4 septembre, le général Lizy, commandant l'artillerie de la VIe armée, surenchérit : « Les récupérés ne devraient être renvoyés au front que complètement guéris, particulièrement dans les batteries lourdes où, même à l'échelon, le coltinage des munitions nécessite un gros effort physique[78]. » Le 7, le rapport parvient au Grand Quartier général (GQG) qui le transmet au sous-secrétariat du Service de santé militaire qui se voit forcé de prendre des mesures. Le 15 septembre, Justin Godart émet une circulaire intitulée « Passage dans l'artillerie des militaires inaptes aux autres armes » dans laquelle il invite les médecins « appelés à faire des propositions pour changements d'armes […] à examiner très attentivement dans quelle mesure les blessures et infirmités provoquant la proposition pour changement d'arme, et en particulier pour passage dans l'artillerie, sont compatibles avec les exigences de cette arme. En ce qui concerne celle-ci, on devra toujours spécifier exactement le classement : artillerie montée, artillerie lourde à tracteurs, artillerie lourde hippomobile, artillerie à pied, etc.[79] »

Réformer la sélection pour gérer la crise sanitaire

Le renforcement du dispositif prophylactique (1915-1916)

Le consensus autour de l'abandon de la sévérité de la sélection en vient à s'effriter. À la faveur de l'année 1915-1916, les critiques hygiénistes qui déploraient l'affaiblissement du dispositif prophylactique obtiennent davantage d'écho. Se mettent alors en place des mesures qui relèvent de la gestion de crise sanitaire. C'est à l'occasion des discussions sur l'incorporation de la classe 1917 que sont édictées des instructions portant spécifiquement sur la nécessité d'effectuer une sélection rigou-

78. SHD, GR 9 NN 7/1105, Avis du Général Lizy, 4 septembre 1916.
79. SHD, GR 9 NN 7/1105, Circulaire n° 233 Ci/7 du Sous-secrétariat d'État du Service de Santé militaire, « Passage dans l'artillerie des militaires inaptes aux autres armes », 15 septembre 1916.

reuse des recrues. L'appel anticipé des très jeunes conscrits de la classe 1917, le contexte sanitaire et les inquiétudes liées aux conséquences de la politique de récupération contribuent à remettre au premier plan la protection des recrues et la préservation de la santé des armées. Les députés de la commission d'hygiène jouent un rôle majeur dans l'infléchissement de la politique de recrutement dans le sens d'une plus grande rigueur. Comme pour d'autres questions brûlantes liées à la conduite de la guerre, le Parlement fait office de « véritable force de proposition, qui configure les réformes finalement mises en place[80] ».

C'est dans l'arrêté du 9 avril 1915 que l'on trouve les premières recommandations :

> Les présidents des conseils de révision rappelleront fréquemment aux membres de ce conseil et aux médecins experts que l'examen des jeunes gens de la classe 1917 doit avoir lieu avec le plus grand soin, en raison même de l'âge de ces jeunes gens, dont beaucoup n'ont pas encore atteint le développement physique, seul susceptible d'offrir des garanties de résistance à l'épreuve du service militaire. Une sélection sévère devra donc être faite comme s'il s'agissait de choisir, parmi les jeunes gens examinés des engagés volontaires, lesquels doivent présenter les mêmes conditions d'aptitude physique que les appelés d'âge normal. Les Médecins apporteront une attention particulière à la recherche de vigueur fonctionnelle insuffisante de l'organisme, et s'attacheront spécialement à découvrir les symptômes de tuberculose ou même de simple prédisposition à cette maladie. Ils prendront toujours connaissance, pour s'éclairer, des certificats médicaux présentés par les intéressés [...][81].

Le contenu de cet arrêté, qui réaffirme la nécessité d'une « sélection sévère », est constamment répété jusqu'à la fin du conflit[82]. Des instructions et mesures sont édictées les 3, 6, 10, 11, 15, 17, 19, 20, 28 décembre 1915, ainsi que le 7 janvier 1916. C'est par le biais principal de circulaires et d'instructions que s'effectue jusqu'en 1917 la réglementation des mesures sanitaires pour la sélection et l'incorporation des recrues[83].

80. Emmanuelle Cronier, *Permissionnaires dans la Grande Guerre*, *op. cit.*, p. 28, sur la question des permissions au Parlement.

81. *JORF. Débats parlementaires. Chambre des députés*, Séance du 30 novembre 1915, p. 1941.

82. Voir par exemple SHD, GR 9 NN 7/1100, circulaire n° 3606 3/7, Visite d'incorporation des recrues de la classe 1919, des ajournés des classes 1913 à 1918 et des exemptés de la classe 1918, 3 mars 1918.

83. 3 décembre : instruction sur l'incorporation de la classe 1917 ; 6 décembre : circulaire sur la visite d'incorporation ; 10 décembre : nouvelle circulaire sur les mesures sanitaires à prendre concernant la classe 1917 ; 11 décembre : intendance, couchage,

À l'appel de chaque nouvelle classe, ces circulaires et instructions rappellent les « précautions extrêmement prudentes qu'il [convient] d'observer[84] » à l'endroit des très jeunes recrues et des récupérés des classes précédentes.

Ces recommandations ont pour objectif le renforcement du dispositif prophylactique de la sélection. Les experts doivent ainsi garder à l'esprit la « nécessité de dépister de façon très précoce les formes débutantes de la tuberculose pulmonaire[85] » et s'attacher « à rechercher les maladies contagieuses dès leurs premières manifestations et spécialement quand elles revêtent des formes frustes[86] ». Même si elles réitèrent la nécessité de procéder avec soin lors des conseils de révision, les recommandations du Service de santé insistent dans un premier temps sur le rôle primordial de la visite d'incorporation qui doit être menée « d'une façon extrêmement approfondie[87] » :

> Le caractère de rigueur médicale toute particulière que devra présenter cette visite tirera en l'espèce, une justification spéciale du fait de la présence, parmi les hommes à examiner, de récupérés chez lesquels, à l'encontre de ce qui s'observe au moment de l'incorporation d'un contingent normal, l'inaptitude au Service militaire pourra revêtir une certaine fréquence. Il y aura lieu, dès lors, de s'attendre à rencontrer tout au moins dans une fraction du contingent à examiner et dans les régions où le pourcentage de récupération aurait pu éventuellement atteindre un taux élevé, un nombre peut-être assez important de sujets n'ayant qu'une aptitude réduite. Leur expertise médicale devra être particulièrement approfondie[88].

habillage ; 15, 17, 19 et 20 décembre : vaccinations, visite sommaire à l'arrivée, dans les 24 h pour dépister les cas de maladies contagieuses ; 28 décembre : le ministre de la Guerre Gallieni insiste sur collaboration quotidienne entre les commandants des dépôts et médecins des dépôts ; 7 janvier 1917 : visite individuelle de quinzaine.

84. *JORF. Débats parlementaires. Chambre des députés*, séance du 27 mars 1917, p. 869.

85. SHD, GR 9 NN 7/1100, Circulaires et instructions diverses, n° 488 Ci/7, Mesures hygiéniques et prophylactiques concernant les jeunes soldats de la classe 1918, 10 avril 1917.

86. *Ibid.*

87. Dès la circulaire Godart du 6 décembre 1915. Pour la citation : SHD, GR 9 NN 7/1100, Circulaires et instructions diverses, n° 488 Ci/7, Mesures hygiéniques et prophylactiques concernant les jeunes soldats de la classe 1918, 10 avril 1917. Voir aussi circulaire du 3 mars 1918, n° 3.606 3/7. Voir à ce sujet les recommandations de la commission d'hygiène dans *JORF. Débats parlementaires. Chambre des députés*, Séance du 30 novembre 1915, p. 1942.

88. SHD, GR 9 NN 7/1100, circulaire n° 3606 3/7, Visite d'incorporation des recrues de la classe 1919, des ajournés des classes 1913 à 1918 et des exemptés de la classe 1918, 3 mars 1918.

Les instructions prennent acte de l'échec partiel de la sélection opérée lors de la révision. Les conséquences conjuguées de l'abandon de la rigueur et de la politique de récupération des ajournés et exemptés des classes précédentes sont ici clairement évoquées. Elles justifient l'approfondissement de l'expertise menée sur ces sujets soupçonnés d'une moindre résistance :

> La visite d'incorporation [...] nécessite partout la collaboration d'au moins deux Médecins ; elle sera effectuée avec méthode et sans précipitation. Chaque homme étant d'abord toisé et pesé, un médecin prendra le périmètre thoracique et s'assurera de l'état de santé de l'intéressé par tous les moyens d'investigation [...].
>
> On s'attachera à dépister les sujets d'apparence normale, mais atteints d'affections chroniques plus ou moins caractérisées, tuberculose, cardiopathie, épilepsie, troubles mentaux, dont il y aura lieu de provoquer l'élimination de l'armée dans le moindre délai possible[89].

Le rôle traditionnel de la visite d'incorporation est réaffirmé. Elle est destinée à « compléter dans toute la mesure utile, au point de vue sanitaire, la première sélection dont ce contingent a déjà été l'objet de la part des Conseils de révision[90] ». Sa procédure est précisée. L'attention des experts est attirée sur les affections qui posent traditionnellement problème lors de la révision en raison des effets combinés de la difficulté du diagnostic et de la sévérité des troubles : troubles cardiaques, troubles mentaux, épilepsie et tuberculose. Les recrues sont pesées, toisées et leur périmètre thoracique est mesuré afin de détecter chez eux une éventuelle faiblesse de constitution, terrain propice au développement de maladies contagieuses. Ces précisions visent à apporter des garanties supérieures de scientificité et à palier spécifiquement les manques de la révision.

La visite d'incorporation doit commencer dès l'arrivée des recrues afin de prévenir tout risque de contamination du contingent. Les experts, qui agissent en binôme, doivent agir « avec méthode et sans précipitation », ce qui doit permettre de corriger certaines erreurs dues à la hâte avec laquelle se déroulent habituellement, et plus encore en temps de guerre, les opérations médicales de la révision[91]. Ils se doivent,

89. SHD, GR 9 NN 7/1100, Circulaire et instructions diverses, n° 442 Ci/7, Visite d'incorporation des Recrues de la Classe 1918, 1er mars 1917.

90. *Ibid.* Voir aussi circulaire n° 11.805 3/7 du 9 Mai 1917, relative à l'incorporation des hommes récupérés par application de la loi du 20 février 1917, et télégramme n° 13.888 3/7 du 3 juin 1917.

91. SHD, GR 9 NN 7/1100, Circulaire n° 5. 526 3/7, Mesures hygiéniques et prophylactiques concernant les jeunes soldats de la classe 1919, les ajournés des

enfin, de prendre dûment connaissance des certificats médicaux, produits par les recrues[92]. Il est toujours possible, par ailleurs, de renvoyer des cas difficiles à un examen ultérieur, voire de placer en observation à l'infirmerie ou à l'hôpital pour examen plus approfondi les cas sur lesquels les médecins ne sauraient se prononcer tout de suite. À cet effet, les Médecins-Chefs des Secteurs médicaux et chirurgicaux sont tenus d'organiser, dans les hôpitaux militaires ou complémentaires de garnison, des consultations à des jours et à des heures qui sont portés à la connaissance des Médecins-Chefs des dépôts. Ces derniers peuvent alors y envoyer « les cas suspects ou délicats[93] » qui requièrent un examen plus approfondi nécessitant un matériel d'investigation plus performant. La circulaire précise enfin :

> Si ces consultations doivent être le point de départ de propositions d'éliminations judicieuses, elles devront aussi servir, après la période d'incorporation, à désigner au Commandement les hommes qui se seront signalés par l'amélioration de leur aptitude physique au service militaire et qui seront éventuellement susceptibles de propositions pour le service armé[94].

Si la procédure révisée de la visite d'incorporation porte la marque d'une attention nouvelle à la tuberculose et doit provoquer « dans le moins de délais possible, l'élimination de l'armée des hommes qui, après examen approfondi, seront reconnus porteurs d'infirmités ou de lésions les rendant impropres au service militaire[95] », elle ne fait pas pour autant fi de l'exigence de renouvellement des effectifs.

Ces recommandations ne font cependant que répéter la nécessité de la rigueur et attirer l'attention des experts sur les points de faiblesse

---

classes 1913 à 1918 et les exemptés de la classe 1918, 11 avril 1918, où « il importe avant tout d'éviter des examens précipités ou superficiels », dans SHD, GR 9 NN 7/1100, AS des conseils chargés de la révision de la classe 1920 et de l'examen des ajournés des classes 1918 et 1919 et des exemptés de la classe 1919, J9. 459 B. 4/7, 20 août 1918.

92. Voir des recommandations similaires pour l'incorporation de la classe 1919 dans SHD, GR 9 NN 7/1100, Visite d'incorporation des recrues de la classe 1919, des ajournés des classes 1913 à 1918 et des exemptés de la classe 1918, N° 3606 3/7, Paris, le 3 mars 1918.

93. SHD, GR 9 NN 7/1100, Circulaire et instructions diverses, n° 442 Ci/7, Visite d'incorporation des Recrues de la Classe 1918, 1er mars 1917.

94. *Ibid.*

95. SHD, GR 9 NN 7/1100. Visite d'incorporation des recrues de la classe 1919, des ajournés des classes 1913 à 1918 et des exemptés de la classe 1918, n° 3606 3/7, 3 mars 1918.

du dispositif de sélection. La seule véritable nouveauté de la fin de l'année 1915 consiste en la mise en place d'un nouvel examen, qui fait office de sas de détection et d'isolement des contagieux. Une visite médicale sommaire doit avoir lieu dans les 24 heures suivant l'arrivée des recrues de la classe 1918 au dépôt. « Cette visite sommaire aura uniquement pour but de rechercher les contagieux de toutes catégories qui se trouveraient parmi les nouveaux venus et de les isoler aussitôt. Elle ne saurait être confondue avec la visite de l'incorporation proprement dite[96] », précise Justin Godart.

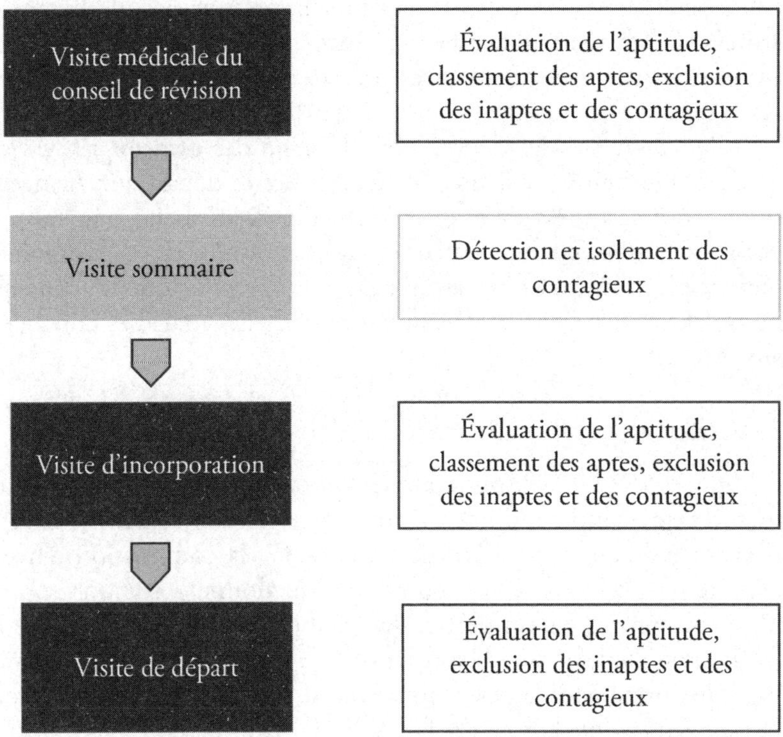

Le renforcement du dispositif prophylactique

96. SHD, GR 9 NN 7/1100, Circulaires et instructions diverses, n° 441 Ci/7, Visite médicale sommaire à l'arrivée des recrues de la classe 1918, 1er mars 1917. Voir aussi SHD, GR 9 NN 7/1100, circulaire n° 20.584 3/7, « Incorporation des ajournés des classes 1913 à 1917 inclus, et des exemptés des classes 1915 à 1917 inclus », 29 août 1917 et circulaire n° 3.605 3/7, 3 mars 1918.

La mise en place de la visite dite « sommaire » souligne la dimension prophylactique des opérations médicales du recrutement. Il ne s'agit plus ici de déterminer l'aptitude des candidats afin de les écarter ou de les orienter au sein de l'institution militaire en fonction de leurs capacités, mais bien de préserver la troupe de risques épidémiques. La visite d'incorporation garde un rôle fondamental dans l'évaluation de l'aptitude, tout en complétant la détection des maladies contagieuses. Cette nouvelle « visite sommaire » se fait l'écho d'un constat. Dans les conditions dans lesquelles il se déroule, l'examen médical des conseils de révision laisse passer trop d'éléments potentiellement contagieux et ne permet plus d'assurer la préservation de la santé des armées. Cette visite concerne également les classes 1918, 1919 et les ajournés et exemptés des classes précédentes[97]. Elle est complétée, en cas d'inquiétude sanitaire, par la visite dite « de départ » qui autorise les sujets à quitter les dépôts pour la zone des armées. En cas d'inquiétude sanitaire, il est possible d'ajourner le départ aux Armées des sujets chez lesquels un examen approfondi de l'état général aurait permis de constater des indices de fatigue ou des signes d'amoindrissement physique, une précaution à prendre « pour que la jeune classe ne [soit] pas un agent de dissimination [*sic*] des maladies contagieuses aux Armées[98] ».

Le retour de la sévérité ? (1917-1923)

Les années 1917-1918 sont marquées par un apparent durcissement des mesures qui semble indiquer un retour de la sévérité dans la sélection. À la suite de l'incorporation de la classe 17, la commission d'hygiène déplore que la visite d'incorporation n'ait donné, « sur un groupe de 36 000 hommes, qu'un déchet de 257 hommes. C'est un chiffre bien faible, trop faible, ajoute Henri Doizy. Les conseils de révision n'avaient pas fonctionné dans la perfection, nous le savons. Les visites d'incorporation n'ont guère été mieux faites[99]. » La commission mène alors une nouvelle offensive pour préciser ses recommandations, leur donner un poids plus important et les étendre aux conseils de révision. En 1917 et 1918, les autorités mettent en œuvre des mesures précises et novatrices

97. SHD, GR 9 NN 7/1100, Circulaire n° 3.605 Ci 3/7, 3 mars 1918.
98. SHD GR 9 NN 7/1101, Note pour l'État-major de l'armée, 13 juillet 1918.
99. *JORF. Débats parlementaires. Chambre des députés*, Séance du 27 mars 1917, p. 869.

visant à garantir la sévérité de la sélection, notamment au niveau des conseils de révision. Ces mesures sont, comme auparavant, édictées dans des circulaires et instructions mais la nécessité de la rigueur est aussi, fait nouveau, inscrite dans la loi. L'article 3 de la loi du 20 février 1917 prescrit ainsi un examen « direct et minutieux ». Il ne s'agit plus de « réparer le mal, tout au moins en partie[100] », comme le préconisait un député en 1915, mais bien de rénover la pratique de la sélection médicale en l'entourant de garanties scientifiques.

Ces mesures ont pour conséquence le renforcement du pouvoir des experts. Au sein du conseil de révision, les médecins n'avaient qu'une fonction consultative. La formulation de leur avis médical avait pour objectif d'éclairer la décision militaire prise par les membres délibérants du conseil. À ce titre, leur rôle relevait de l'expertise mandatée, où les experts sont des auxiliaires de la décision[101]. L'arrêté du 4 janvier 1918 signale qu'ils ont désormais « voix délibérative et signeront le procès-verbal de chaque séance ». D'autre part, dès la loi du 20 février 1917, les recommandations de l'*Instruction*, qui n'avaient jusque-là qu'une valeur indicative, sont désormais investies d'une valeur impérative[102]. Autrement dit, la décision des conseils doit se conformer en tout point aux prescriptions de l'*Instruction* notamment en ce qui concerne les examens des ajournés et des exemptés. Ces deux mesures modifient considérablement les rapports de force au sein du conseil de révision. L'expert peut désormais véritablement prendre part à la délibération et peser dans la prise de décision. Il n'est plus possible au président d'ignorer son avis. En outre, en cas de conflit, le poids du jugement médical est renforcé par la valeur impérative de l'instruction que le médecin peut désormais utiliser en séance pour appuyer son avis. Dès lors, le rôle des médecins relève pleinement de l'expertise instituante où « l'expert d'auxiliaire devient

100. *JORF. Débats parlementaires. Chambre des députés*, Séance du 30 novembre 1915, p. 1942.

101. Robert Castel, « Savoirs d'expertise et production de normes », dans François Chazel et Jacques Commaille (éd.), *Normes juridiques et régulation sociale*, Paris, LGDJ, 1991, p. 177-188.

102. Loi du 20 février 1917, article 3, § b. Le caractère impératif de ces instructions est plusieurs fois réitéré : circulaire n° 1027 CCM du 12 août 1917 ; Circulaire n° 784 3/7 du 12 janvier 1918 ; Circulaire n° 773 Ci/7, P 8 août 1918. Voir aussi SHD, GR 9 NN 7/1100, AS des conseils chargés de la révision de la classe 1920 et de l'examen des ajournés des classes 1918 et 1919 et des exemptés de la classe 1919, J9. 459 B. 4/7, 20 août 1918.

partenaire et même partenaire principal dans le processus de décision[103] ». Il s'agit ici d'éviter les excès des conseils de révision, dont la tendance à déclarer bons pour le service des individus douteux avait fait l'objet de plusieurs signalements inquiets[104].

La nomenclature n'est pas modifiée. L'instruction qui avait fait l'objet de nombreuses modifications critiquées reste inchangée jusqu'en 1920[105]. En revanche, la procédure fait l'objet de changements notables. Selon l'arrêté du 4 janvier 1918, chaque inscrit devra désormais être examiné par deux médecins, une division des tâches calquée sur les dispositions de la circulaire du 15 mars 1917 qui concernait les commissions de réforme[106]. L'un est chargé des organes des sens, l'autre plus spécifiquement des poumons et du cœur. Le changement n'est pas anodin. Auparavant, il était possible que deux médecins assistent le conseil de révision. En revanche, les experts étaient chargés de l'examen du sujet dans son intégralité, soit en alternance – l'un prenant la place de l'autre – soit simultanément – notamment dans les grandes villes lorsqu'il pouvait y avoir un grand nombre de sujets à examiner. Désormais les sections anatomiques d'une même recrue sont réparties entre deux examinateurs expérimentés, en fonction de leur spécialité. L'objectif de ces modifications est d'apporter des gages de rigueur et de scientificité, notamment dans le diagnostic de la tuberculose et des affections cardiaques puisque l'un de ces médecins doit être spécialisé en médecine interne et donc « susceptible de procéder dans les meilleures conditions possibles à l'examen des organes internes et plus spécialement des poumons et du cœur[107] ».

---

103. Robert CASTEL, « Savoirs d'expertise et production de normes », art. cité, p. 179.
104. Voir notamment les rumeurs autour du canton d'Issigeac (Dordogne) dans SHD, GR 9 NN 7 1101. Note pour le cabinet de M. le Sous-Secrétaire d'État du Service de Santé Militaire. Non daté.
105. SHD, GR 9 NN 7/1102, Commission supérieure consultative d'hygiène et d'épidémiologie militaire. Procès-verbal de la séance du 20 novembre 1920, M. Le médecin inspecteur général Toubert, p. 15.
106. SHD, GR 9 NN 7/1100, AS des conseils chargés de la révision de la classe 1920 et de l'examen des ajournés des classes 1918 et 1919 et des exemptés de la classe 1919, J9. 459 B. 4/7, 20 août 1918, p. 1-2. Voir aussi circulaire n° 784 3/7 du 12 janvier 1918. Pour les commissions de réforme, voir Jules MAURIN, *Armée, guerre, société, op. cit.*, p. 367.
107. SHD, GR 9 NN 7/1100, AS des conseils chargés de la révision de la classe 1920 et de l'examen des ajournés des classes 1918 et 1919 et des exemptés de la classe 1919, J9. 459 B. 4/7, 20 août 1918, p. 1-2. Voir aussi circulaire n° 784 3/7 du 12 janvier 1918.

Ces changements sont accompagnés de recommandations visant à entourer la sélection « de précautions les plus minutieuses[108] ». L'importance des certificats produits par les recrues est réitérée. Les recommandations précédentes incitaient les experts à prendre en compte les antécédents du sujet à l'aide des dossiers sanitaires et de leurs pièces médicales. Les nouvelles instructions imposent cette fois que les certificats soient « lus en séance, préalablement à l'étude du sujet auquel ils se rapportent[109] » afin que leur contenu ne puisse être ignoré d'aucun membre du conseil de révision. Comme précédemment, les hommes dont l'aptitude physique ne peut être suffisamment déterminée au cours des séances peuvent être examinés plus tard soit sur place, soit dans un hôpital où ils pourront être placés en observation[110]. En revanche, l'accent est mis sur les examens complémentaires permettant de diagnostiquer la tuberculose avec précision : l'examen bactériologique des crachats et l'examen radioscopique des organes internes. L'ensemble vise à « éviter des examens précipités ou superficiels[111] » :

> L'attention se portera de façon toute spéciale sur les sujets présentant des lésions organiques constituées. On proposera pour l'exemption, les hommes atteints de tuberculose nettement confirmée, ainsi que les porteurs de lésions cardiaques et rénales définitives et incurables.
>
> En aucun cas on admettra dans le service auxiliaire des hommes dont la constitution générale aura paru définitivement insuffisante[112].

Afin de faciliter cette minutie, une circulaire du sous-secrétariat d'État au Service de santé militaire insiste sur la gestion du temps : « Quel que soit le nombre des conscrits à examiner, il est indispensable de laisser aux médecins le temps nécessaire pour pratiquer leurs examens avec toute la rigueur qui s'impose[113]. »

108. SHD GR 9 NN 7 1101. Note pour le cabinet de M. le Sous-Secrétaire d'État du Service de santé militaire.

109. SHD, GR 9 NN 7/1100, AS des conseils chargés de la révision de la classe 1920 et de l'examen des ajournés des classes 1918 et 1919 et des exemptés de la classe 1919, J9. 459 B. 4/7, 20 août 1918.

110. Circulaire n° 23961 2/1 du 16 août 1918.

111. SHD, GR 9 NN 7/1100, AS des conseils chargés de la révision de la classe 1920 et de l'examen des ajournés des classes 1918 et 1919 et des exemptés de la classe 1919, J9. 459 B. 4/7, 20 août 1918.

112. *Ibid.*

113. Circulaire du 22 août 1918, citée par Philippe Boulanger, *La France devant la conscription, op. cit.*, p. 85.

Ces recommandations atteignent un degré de précision inédit. Suivant celles qui sont formulées par la commission d'hygiène, les instructions préconisent que « les conseils de révision ne déclarassent bons pour le service que les jeunes gens réunissant rigoureusement les conditions d'aptitudes physiques exigées en temps de paix pour les engagements volontaires[114] ». Les engagés volontaires, considérés comme plus fragiles, font l'objet d'une sélection particulièrement sévère. Afin de garantir l'application de cette recommandation, à laquelle on reproche de rester vague, la commission réussit à imposer un critère simple de rigueur, la systématisation de l'indice de Pignet[115], évoqué précédemment. La décision prise au moyen de chiffres, en lieu et place de l'avis des experts, prend l'apparence d'un jugement juste et impersonnel, auquel est attaché un idéal d'objectivité caractéristique de la science. Elle doit constituer un moyen à la fois simple et efficace de rétablir la rigueur dans la sélection. Le calcul de l'indice est assorti pour la première fois d'un seuil limite (25) permettant aux experts de s'appuyer sur une conception quantitative de l'aptitude. Il est d'abord imposé lors de la visite d'incorporation par la circulaire du 3 mars 1918[116]. La loi du 2 août 1918 lui attribue ensuite un caractère automatique au sein des opérations des conseils de révision et en fait notamment un élément déterminant d'appréciation de la condition physique des récupérés[117].

L'indice de robusticité, dont l'usage était conseillé dans les volumes d'*Instruction sur l'aptitude physique* adressés prioritairement aux médecins, se retrouve ainsi mentionné dans les circulaires adressées aux Généraux commandant toutes les régions militaires, puis imposé dans une loi de portée générale. Ce transfert indique l'importance prise par la question de l'aptitude physique, et plus généralement de l'hygiène

114. *JORF. Chambre des députés*, séance du 30 novembre 1915, p. 1941.
115. *Ibid.*, p. 1942. Voir aussi ministère de la Guerre, *Recrutement de l'armée : aptitude physique au service militaire*, Paris, H. Charles-Lavauzelle, volume arrêté à la date du 20 décembre 1916, 1916, p. 7, 10.
116. SHD, GR 9 NN 7/1100, Visite d'incorporation des recrues de la classe 1919, des ajournés des classes 1913 à 1918 et des exemptés de la classe 1918, n° 3606 3/7, 3 mars 1918.
117. SHD, GR 9 NN 7/1100, AS des conseils chargés de la révision de la classe 1920 et de l'examen des ajournés des classes 1918 et 1919 et des exemptés de la classe 1919, J9. 459 B. 4/7, Paris, le 20 août 1918. Les dispositions de la loi du 2 août sont largement reprises et diffusées, par exemple dans le *Bulletin municipal officiel de la ville de Paris* du jeudi 29 août 1918, p. 2605.

militaire, dans le débat politique. Il s'agit de ne pas cantonner ces directives aux seuls médecins mais de rendre personnellement responsables de leur application les généraux commandant les régions et les subdivisions ainsi que les commandants de dépôts, comme le souhaitait déjà Joseph Gallieni, alors ministre de la Guerre, le 29 novembre 1915[118]. L'insistance sur le Pignet répond au « rôle croissant de l'expertise quantitative dans les prises de décision publiques[119] ». Mais elle est « moins l'aboutissement de la science triomphante [...] qu'une manœuvre défensive pour parer à une menace[120] » dans un contexte de crise et d'incertitude sanitaire.

Généralisé pendant le conflit, l'indice est toujours utilisé dans l'immédiat après-guerre. À cet égard, on ne trouve pas de césure nette entre les décisions prises dans les derniers mois du conflit et le déroulement des opérations du recrutement en sortie de guerre. L'importance du Pignet n'est véritablement remise en cause qu'en 1923, lors des débats sur la nouvelle loi militaire :

> Sans doute, l'indice de Pignet fournit des indications intéressantes. C'est une formule empirique d'une utilité appréciable, qui permet un dégrossissage, un premier classement, mais qui laisse passer, sous les termes d'aptes ou d'inaptes au service, des sujets dont le classement pourra être, et, par suite l'affectation, absolument illogique, si on ne fait pas intervenir d'autres éléments[121].

À cette occasion, le recours systématique à l'indice est supprimé et l'accent est mis sur les caractéristiques morphologiques et les dispositions professionnelles du conscrit, afin de faire correspondre la variété des profils physiologiques à celle des affectations dans une armée dont la composition ne cesse de gagner en complexité.

118. *JORF. Débats parlementaires. Chambre des députés*, séance du 30 novembre 1915, p. 1941.
119. Theodore Porter, *La confiance dans les chiffres. La Recherche de l'objectivité dans la science et dans la vie publique*, Paris, Les Belles Lettres, 2017, p. 8.
120. *Ibid.*, p. xiii.
121. *JORF. Débats parlementaires. Sénat : compte rendu in extenso*, Paris, Journal officiel, 9 mars 1923, p. 534. Il s'agit d'une séance du Sénat concernant les pensions des armées de terre et de mer.

Efficacité et postérité des mesures (1915-1923)

Cette politique de renforcement de la sélection a des conséquences visibles. Le médecin militaire Adrien Besson, qui compile ses propres statistiques, constate que dès mai-juin 1915, la moyenne des « bons service armé », qui était de 71 % pour les classes 1915 et 1916, s'abaisse à 67 % pour la classe 1917. Il attribue cette différence, « d'ailleurs pas très importante », prend-il la peine de souligner, aux « instructions bien plus sévères données à son sujet[122] ». Ses pourcentages sont plus élevés que la moyenne, mais le décrochage entre les classes 1915-1916 et la classe 1917 s'observe de manière similaire au niveau national :

Part des aptes, exemptés et ajournés exprimée en pourcentage du total des examinés (1914-1920)

		1914		1915		1917	1918	1920
		Classe 1914	Classe 1915	Classe 1916	Classe 1917	Classe 1918	Classe 1919	Classe 1920
Exemptés, impropres à tout service militaire		5,96	4,63	3,99	3,61	2,59	2,78	3,00
Susceptibles d'être incorporés	Service armé	57,00	69,95	62,4	55,46	66,38	64,25	54,25
	Service auxiliaire	2,25	2,00	1,74	1,16	2,32	2,42	1,74
	Ajournés	24,39	15,39	24,14	33,76	16,80	17,46	31,50
	Autres[123]	10,32	7,94	7,72	6,00	11,92	11,76	9,50

Source : *Comptes rendus sur le recrutement*

Les premières années de la guerre sont caractérisées par une phase de rendement élevé. La même tendance s'observe lorsqu'on examine le rendement de la récupération. C'est là aussi la classe 1915 qui fournit le contingent le plus nombreux, soit 3 808 hommes sur 14 194

122. Adrien BESSON, *De l'Évaluation de l'aptitude physique au service militaire des jeunes sujets*, Lille, H. Morel, 1921, p. 9-10.
123. Exclus en vertu de l'article 4 ; jeunes gens liés au service en raison d'un engagement volontaire, d'un brevet ou d'une commission et jeunes marins inscrits ; jeunes gens ayant obtenu un sursis.

(26,8 %), la classe 1916 enregistre 2 550 récupérés pour 12 046 examinés (21,1 %)[124]. À la suite des instructions données fin 1915, on constate un infléchissement avec la classe 1917. Ce sont les récupérés de la classe 17 qui donnent le contingent le plus faible, soit 1 490 hommes sur 11 003 (13,5 %)[125]. La classe 17 fournit d'une manière générale le contingent d'aptes au service armé le plus faible de la durée de la guerre (55 %). Pourtant, le taux d'exemption (3,6 %) est inférieur à celui des classes 15 et 16. Les conseils de révision n'osent exempter davantage mais ont tendance à recourir plus massivement à l'ajournement (34 %).

La tendance esquissée en 1915 ne se confirme pas. La révision de la classe 18 a lieu entre décembre 1916 et mars 1917. La nécessité de reconstituer les effectifs après les lourdes pertes de l'offensive de Nivelle a pour conséquence l'affectation des deux tiers des conscrits (66 %) dans le service armé et l'effondrement du taux d'exemption à 2,6 %, le plus bas de la guerre. Les taux de récupération sont également très élevés. Justin Godart déplore en août 1917 « que des porteurs de certaines lésions organiques définitives du cœur [aient] pu être proposés pour le service auxiliaire ; il en a été parfois de même en ce qui concerne certaines catégories de tuberculeux pulmonaires[126] ».

En 1918, à la révision de la classe 19, le taux d'exemption remonte légèrement tandis que la part d'affectation dans le service armé a tendance à diminuer. Les résultats sont plus nets en ce qui concerne les récupérés. 229 000 hommes sont incorporés pour un rendement inférieur de 20 % par rapport à la classe 1917. Pour la première fois depuis le début du conflit, parmi le nombre de récupérés, ceux versés dans le service auxiliaire (80 449) l'emportent sur ceux classés dans le service armé (67 581)[127]. Les rapports de l'armée sur l'état sur la valeur physique des contingents se montrent mitigés[128]. La valeur physique générale de la classe 1919, qui « n'a cessé d'être suivie de très près pendant les différentes phases de la vie militaire, depuis la

124. Philippe Boulanger, « Les conscrits de 1914 », art. cité.
125. *Ibid.*
126. SHD, GR 9 NN 7/1100, Circulaires et instructions diverses, n° 567 Ci/7, 5 août 1917, Aptitude physique au Service Militaire.
127. Philippe Boulanger, « Les conscrits de 1914 », art. cité.
128. SHD GR 9 NN 7/1101. Confidentiel. Incorporation classe 1919. Rapport sur la valeur physique du contingent ; Rapport sur la valeur physique des contingents de la classe 1918.

révision jusqu'au moment du départ aux armées[129] », n'est « pas toujours irréprochable[130] », souligne un rapport. Elle est arrivée, déplore un autre, « avec un nombre de maladies contagieuses, latentes surtout, beaucoup plus considérables que la classe 1918[131] ».

Comment expliquer que cet apparent retour de la rigueur se traduise par des tendances aussi mitigées ? Les mesures sont en réalité marquées par un souci constant de ménager dans le même temps l'exigence de reconstitution des effectifs et l'état sanitaire des troupes. Certes, la nécessité de la rigueur est puissamment réaffirmée dans l'article 3 de la loi du 20 février 1917, mais l'objectif de cette loi est avant tout d'édicter d'importantes mesures de récupération. La loi du 2 janvier 1918, qui alourdit le rôle de l'expertise médicale dans les opérations de la révision, est destinée à convoquer les ajournés des classes 1913 à 1918 et les exemptés de la classe 1918 à un nouvel examen. Celle du 2 août 1918 porte sur la révision des ajournés des classes 1918 et 1919 et les exemptés de la classe 1919. Autrement dit, les mesures qui semblent rétablir la sévérité sont des mesures d'accompagnement de la politique de récupération. En dehors du sursaut provoqué par le jeune âge de la classe 1917, qui débouche effectivement sur un retour momentané de la rigueur, on peut émettre l'hypothèse que la rénovation de la pratique de la sélection médicale vise, outre à « amener, sur tous les points du territoire, l'unité d'appréciation[132] », essentiellement à placer la récupération sous le contrôle des experts, afin que cette politique n'ait pas d'effet trop néfaste sur l'état sanitaire de l'armée, notamment du point de vue épidémique.

Les conséquences de cette politique sur les statistiques médicales de l'exemption et du classement dans le service auxiliaire permettent de raffiner ces analyses :

---

129. SHD GR 9 NN 7/1101, Note pour le cabinet de M. le Sous-Secrétaire d'État du Service de santé militaire.

130. SHD GR 9 NN 7/1101, Note pour l'État-major de l'armée (3e bureau I) n° 14.435 B. 4/7, 11 juillet 1918.

131. SHD, GR 9 NN 7/1101, Contribution à l'étude de la genèse des épidémies chez les recrues. À propos des classes 1917-1918-1919 ; SHD, GR 9 NN 7/1101, Incorporation classe 1919. Observations tirées de l'étude de l'état mensuel de juin et de l'état trimestriel (avril-mai-juin) des maladies contagieuses en 1918.

132. SHD, GR 9 NN 7/1100, Circulaires et instructions diverses, n° 567 Ci/7, Aptitude physique au Service Militaire, 5 août 1917.

Part des exemptés pour faiblesse de constitution et tuberculose (1914-1918)

		1914	1915		1917	1918
Maladies et infirmités		**Classe 1914**	**Classe 1916**	**Classe 1917**	**Classe 1918**	**Classe 1919**
Maladies générales	Faiblesse de constitution	14,2	12,9	16,7	9,1	10,9
	Tuberculose des poumons	8,5	6,6	5	6	6,6

Part des classés dans le service auxiliaire pour faiblesse de constitution (1914-1918)

		1914	1915		1917	1918
Maladies et infirmités		**Classe 1914**	**Classe 1916**	**Classe 1917**	**Classe 1918**	**Classe 1919**
Maladies générales	Faiblesse de constitution	4,4	4,5	5,7	26,3	24,9

Source : *Comptes rendus sur le recrutement*

Pendant toute la durée du conflit, la tuberculose déclarée est un motif d'exemption, elle ne peut mener au classement dans le service auxiliaire. À l'entrée en guerre, le taux d'exemption pour tuberculose des poumons se situe à 8,5 %. Il oscille ensuite entre 5 et 6,6 % du total des exemptés. Cette baisse s'explique sans doute par l'augmentation du rendement de la sélection et l'accélération des opérations, qui rendent les conseils de révision moins attentifs aux subtilités d'un diagnostic difficile. Les premières recommandations, qui concernent la classe 1917, n'ont donc pas d'effet très visible sur l'exemption pour tuberculose. Il est particulièrement difficile aux conseils de révision d'être catégoriques sur ce diagnostic dans le temps contraint du conseil de révision et en l'absence d'autres éléments tels l'examen bactériologique des crachats, la radioscopie des poumons, des courbes de températures ou des pesées régulières[133].

133. Voir « Rapports sur le fonctionnement du 2e secteur médical pendant le mois d'octobre 1916, par Dr aide-major de 1re classe Nordmann, chef de secteur », cité par Pierre DARMON, « La Grande Guerre des soldats tuberculeux. Hôpitaux et stations sanitaires », *Annales de démographie historique*, n° 1, 2002, p. 37.

Pour exclure de manière certaine des forces armées les tuberculeux ou les prédisposés à la tuberculose, les médecins prêtent alors attention à la faiblesse de constitution. De 12,9 % pour la classe 1916, le taux d'exemption pour faiblesse passe à 16,7 % pour la classe 1917. Tout aussi remarquable est l'effondrement de ce taux dès la révision de la classe 1918 (9,1 %). À partir de 1917, on n'exempte plus guère pour faiblesse. La loi du 20 février 1917, présentée par le sous-secrétaire d'État au Service de santé militaire, Justin Godart, comme un outil de sélection destiné à « empêcher les tuberculeux d'entrer dans l'armée parce que ce sont non seulement des éléments inutilisables, mais des éléments dangereux par la contagion qu'ils apportent[134] », n'a donc pas eu pour conséquence une augmentation du taux d'exemption pour tuberculose, ni pour faiblesse. Elle s'est, certes, traduite par une exclusion plus massive des potentiels tuberculeux « faibles de constitution » des forces armées, mais ces éléments ont été conservés au sein de l'institution militaire par le classement dans le service auxiliaire.

Le renforcement du dispositif prophylactique a-t-il eu des effets sur l'état sanitaire des recrues ? La mise en place de l'isolement à l'issue de la visite sommaire paraît avoir rencontré un certain nombre de problèmes, notamment en raison de la faible disponibilité en locaux[135]. En outre, comme le souligne Vincent Viet, la Grande Guerre a donné lieu à un « assemblage de moyens prophylactique dont la profusion a empêché d'apprécier scientifiquement la portée respective ». Le conflit a vu ainsi la mise en place simultanée et dans l'urgence de vaccinations, pour lutter contre les fièvres typhoïdes et paratyphoïdes et les varioles ; de campagnes d'assainissement, de destruction ou neutralisation d'insectes et d'animaux – mouches, poux et puces, moustiques et rats – propagateurs du typhus exanthématique, de la fièvre des tranchées, de la spirochétose ictéro-hémorragique (leptospirose) ou du paludisme ; ou encore de mesures d'éducation sanitaire et de sas de détection, d'isolement et de traitement pour limiter la dissémination des fléaux sociaux de type tuberculose. La combinaison et la simultanéité de ces règles variées empêchent d'analyser de manière compartimentée les

134. ASSA, carton 728, Justin Godart, Sénat, compte rendu de la 78e séance, 14 décembre 1917, p. 1072.

135. Occupés, outre par les forces de l'armée française, par les alliés, les réfugiés et la multiplication des services, voir sur ce point SHD GR 9 NN 7/1101, Incorporation classe 1919. Rapport sur la valeur physique du contingent.

effets de chaque disposition et d'attribuer des effets à l'une d'entre elles plutôt qu'à une autre[136].

Quelle a été la postérité des mesures de guerre ? Certaines de ces dispositions ne sont appliquées qu'épisodiquement au cours de la guerre. La voix délibérative des experts disparaît avec la première loi relative à l'appel d'une classe, votée après la période des hostilités (loi du 3 mars 1920 relative à l'appel de la 2e fraction de la classe 1920), même si des voix s'élèvent pour maintenir cette mesure. Au même moment, le Comité consultatif de santé étudie la révision totale de l'instruction dans le sens du relèvement des qualités physiques exigées pour le service militaire[137]. La multiplication des contrôles médicaux, qui visent aussi bien à préserver la santé du collectif armé qu'à réaffecter les auxiliaires dans le service armé, est consacrée par la loi de 1923. Les conscrits sont soumis à une série d'examens médicaux par une commission de réforme. Ils sont examinés au sixième et douzième mois du service actif, au dix-huitième mois, avant leur passage dans la disponibilité, puis de nouveau cinq ans et dix ans après la fin du service militaire. L'article 21 consacre le principe de la récupération des exemptés. Il prévoit des examens à dates régulières, conduisant à récupérer les jeunes gens dont la condition physique se serait améliorée. La loi militaire de 1923 prolonge donc de façon durable des mesures liées à l'exceptionnel de la guerre. Elle « renforce le principe prioritaire du recrutement dans le service armé[138] » et rend non définitifs toute exemption ou tout classement dans le service auxiliaire.

136. Vincent VIET, *La santé en guerre, op. cit.*, p. 462-463.
137. SHD, GR 9 NN 7/1102, Commission supérieure consultative d'hygiène et d'épidémiologie militaire. Procès-verbal de la séance du 20 novembre 1920, M. Le médecin inspecteur général Toubert, p. 15.
138. Philippe BOULANGER, « Mutations et permanences de la conscription au début des années 20 : la loi sur le recrutement de l'armée du 1er avril 1923 », Note pour l'Institut Stratégie.

La guerre après la guerre : le rôle des statistiques médicales dans les réformes du recrutement

Depuis 1819, des *Comptes rendus sur le recrutement* paraissent en France sous forme de volume annuel[139]. Ces états numériques, dont le contenu n'a cessé de se densifier au fil des années, présentent les résultats de l'examen physique des jeunes gens et renseignent sur les raisons médicales de l'exemption ou du classement dans le service auxiliaire. Ils font écho au foisonnement statistique du XIXe siècle au cours duquel se multiplient comptes généraux et enquêtes descriptives[140]. C'est depuis la médecine militaire et les hôpitaux de l'armée que l'usage des statistiques se répand dans le monde médical civil[141]. Née à la fois de la nécessité technique d'avoir à gérer des effectifs toujours plus importants et de changements profonds dans les systèmes traditionnels de connaissance, la démarche quantitative répond à un impératif de transparence et d'efficacité[142]. L'État, sous le regard de l'opinion, doit pouvoir rendre compte de la bonne gestion du capital humain.

L'immédiat après-guerre est une période d'intense réflexion concernant l'aptitude au service militaire dans la lignée de la réflexion internationale entamée dans les années 1860[143]. La désorganisation

139. Sur cette source au XIXe siècle, Pauline Hervois, « Du non-sens de recenser les insensés : fabriquer le chiffre de l'infirmité, en France, au XIXe siècle », thèse de doctorat de l'Université Paris1, 2018 ; ainsi que les deux articles de référence de Jean-Paul Aron, Paul Dumont et Emmanuel Le Roy Ladurie publiés sous le titre *Anthropologie du conscrit français, op. cit.*

140. Michelle Perrot, « Premières mesures des faits sociaux. Les débuts de la statistique criminelle en France (1780-1830) », dans INSEE, *Pour une histoire de la statistique*, tome 1, Paris, Economica, 1987, p. 125-138.

141. Erwin Ackerknecht, *Medicine at the Paris Hospital, 1794-1848*, Johns Hopkins Press, 1967, p. 15 ; Michel Foucault, *Naissance de la clinique*, *op. cit.*, notamment les chapitres 5 et 6 ; Gérard Jorland, Annick Opinel et George Weisz (dir.), *Body Counts, op. cit.*

142. Lars Behrisch, « "Des chiffres politiques" : La statistique, dispositif politique et activité pratique au 18e siècle », dans Pascale Laborier et *al* (dir.), *Les Sciences camérales : activités pratiques et histoire des dispositifs publics*, Paris, PUF, 2011, p. 509 ; Jean-François Chanet, Claire Fredj et Anne Rasmussen, « Soigner les soldats », art. cité ; Libby Schweber, *Disciplining Statistics, op. cit.*, p. 67 et suiv. Voir aussi Guillaume Carnino, *L'invention de la science, op. cit.* ; Alain Desrosières, *La Politique des grands nombres, op. cit.* ; Theodore M. Porter, *Trust in numbers, op. cit.*

143. Heinrich Hartmann, *The Body Populace, op. cit.*, p. 8-10

du temps de la guerre, la masse des données collectées et le caractère sensible de certaines d'entre elles conduisent bien souvent à une mise à disposition différée des analyses statistiques. L'essentiel des réflexions et des publications de l'immédiat après-guerre relatives à la sélection médicale porte ainsi sur les données collectées pendant le conflit lui-même et ce, jusqu'en 1923. À partir de 1924, les publications utilisent des données postérieures à la guerre. La période 1919-1920 voit donc fleurir nombre de rapports chiffrés rétrospectifs de la Grande Guerre, travaux statistiques dont la pratique s'est diffusée dès le milieu du XIXe siècle[144]. Les *Comptes rendus* français portant sur les années 1914 à 1918 ne sont publiés qu'une fois les hostilités terminées, quoique les données circulent de manière plus confidentielle au sein des comités consultatifs et des instances décisionnelles de l'État[145]. Le Service de santé des armées procède en effet à une surveillance statistique du contingent afin d'évaluer notamment les conséquences sanitaires de la politique de recrutement. Cette surveillance est effectuée par le bureau de statistique médicale, créé par le Conseil de Santé des armées en 1851[146]. La publication différée et, parfois partiellement tronquée, des statistiques officielles témoigne du ralentissement habituel des services statistique pendant les conflits armés[147]. Aux publications des services de l'État, remarquables par la quantité des données synthétisées, s'ajoute tout une série d'articles et d'ouvrages de particuliers. Ces publications commentent les statistiques mises à disposition par l'État.

144. Roger Cooter, « Of War and Epidemics: Unnatural Coupling, Problematic Conceptions », *Social History of Medicine*, vol. 16, n° 2, août 2003, p. 283-302.
145. *Compte rendu sur le recrutement de l'armée pendant l'année 1914*, Paris, Imprimerie nationale, 1919 ; *Compte rendu sur le recrutement de l'armée pendant l'année 1915*, Paris, Imprimerie nationale, 1919 ; *Compte rendu sur le recrutement de l'armée pendant l'année 1916*, Paris, Imprimerie nationale, 1919 ; *Compte rendu sur le recrutement de l'armée pendant l'année 1917*, Paris, Imprimerie nationale, 1920 ; *Compte rendu sur le recrutement de l'armée pendant l'année 1918*, Paris, Imprimerie nationale, 1920.
146. SHD, GR 9 NN 7/1101. Confidentiel. Étude comparée des maladies contagieuses chez les jeunes gens des classes 1917-1918 et 1919 ; SHD GR 9 NN 7 1101. Confidentiel. Contribution à l'étude de la genèse des épidémies chez les recrues. À propos des classes 1917-1918-1919 ; SHD, GR 9 NN 7/1101. Incorporation classe 1919. Statistiques et rapports, maladies contagieuses, valeur physique, Statistiques comparées avec les classes 1917 et 1918.
147. De la même manière, il n'avait pas été établi de rapport pour les années 1870 et 1871. SHD, GR 9 NN 7/1102. Proportion pour 1 000 inscrits des exemptés du service militaire pour raison de santé de 1862 à 1910.

Elles émettent également des analyses issues d'entreprises de collecte menées par les experts eux-mêmes[148].

Le temps de la paix est d'abord orienté vers les leçons à tirer du conflit. Les études statistiques ou les données recueillies sont analysées par des individus, ainsi que par des organes de conseil du gouvernement, en vue d'en tirer des recommandations sur la politique de recrutement et de gestion des troupes. Parallèlement aux enquêtes holistiques de l'État qui, selon un modèle favorisé par les Prussiens dans la seconde moitié du XIXe siècle, compilent des données exhaustives sur le recrutement, un certain nombre de médecins mènent des enquêtes sur des échantillons plus réduits[149]. La sélection médicale est considérée en Europe comme un moment particulièrement propice à la réalisation d'enquêtes d'anthropologie physique et de géographie médicale. En France, les données récoltées par l'armée intéressent notamment Adolphe d'Angeville et Jean-Christian Boudin, membre fondateur de la Société d'anthropologie de Paris, dès les années 1830-1840[150]. Ils espèrent en tirer des informations pour réaliser une enquête anthropologique approfondie de la population française. Une ambition similaire habite Rudolf Virchow, figure centrale de la recherche médicale en anthropologie en Allemagne dans les années 1860[151]. Les recrues « constituaient à leurs yeux un groupe cohérent permettant d'analyser à grande échelle les propriétés anthropométriques d'une population[152] ». En Grande-Bretagne, en l'absence de conscription jusqu'en 1916, la collecte d'informations statistiques homogènes sur un grand nombre de personnes et la constitution de grandes séries s'avère plus difficile.

---

148. Adrien BESSON, *De l'Évaluation de l'aptitude physique, op. cit.*
149. Ian HACKING, « Prussian Numbers 1860-1882 », dans Lorraine DASTON (dir.), *The Probabilistic Revolution*, vol. 1, Cambridge, MT Press, 1987, p. 377-394.
150. Laurent HEYBERGER, *La révolution des corps, op. cit.*, p. 58 ; Heinrich HARTMANN, « Une affaire de marges », art. cité ; Adolphe D'ANGEVILLE, *Essai sur la statistique de la population française considérée sous quelques-uns de ses rapports physiques et moraux*, Paris, Maison des Sciences de l'Homme, Éd. Mouton, 1969 ; Jean-Christian BOUDIN, *Études ethnologiques sur la taille et le poids de l'homme chez divers peuples, et sur l'accroissement de la taille et de l'aptitude militaire en France*, Paris, Victor Rozier, 1863.
151. Déclaration de Rudolf VIRCHOW lors du congrès international de statistique à Berlin en 1863, d'après H. FRÖHLICH, « Zur Musterungsstatistik », *Allgemeine Militärärztliche Zeitung*, vol. 14, 3 avril 1870, cité par Heinrich HARTMANN, « Une affaire de marges », art. cité.
152. Heinrich HARTMANN, « Une affaire de marges », art. cité.

Les médecins et anthropologues ont donc tenté de profiter de la structure offerte par le conseil de révision pour prélever des données ou effectuer leurs propres mesures anthropométriques et relevés chromatiques. La révision permet en effet de réunir sous l'œil du médecin un nombre important de sujets. La nécessité de les identifier conduit en outre à établir un signalement, qui passe par le relevé de la couleur des yeux, de la peau et des cheveux, la forme du visage et du nez, la taille et les signes particuliers, notés sur le registre matricule[153]. Selon que les études privilégient l'anthropologie physique, les lois de l'hérédité ou l'appartenance à des phénotypes raciaux, les anthropologues peuvent s'appuyer sur ces éléments déjà collectés ou tenter d'en obtenir d'autres, telle la taille des jambes ou un ensemble de mesures craniométriques[154]. Mais dans la pratique, la collecte de nouveaux éléments s'avère difficile. Les examens sont d'abord soumis à des contraintes de temps qui compliquent le travail des enquêteurs potentiels[155]. En outre, il arrive fréquemment que les états-majors se montrent hostiles à la collecte de renseignements destinés à des études anthropologiques ou démographiques dont l'utilité n'est pas strictement militaire, même si des enquêtes parallèles au processus de recrutement ont été ponctuellement soutenues par les États[156]. L'approche anthropométrique a enfin traversé une crise de légitimité

153. Sur les données d'identification collectées pendant le conseil de révision, voir Jules MAURIN, *Armée, guerre, société, op. cit.*, p. 191-193. Sur la naissance du signalement et l'identification par l'anthropométrie, voir Ilsen ABOUT et Vincent DENIS, *Histoire de l'identification des personnes, op. cit.*, p. 44-47 et 74-85. Sur les enjeux de la couleur des yeux en particulier, voir Jacques HOUDAILLE et Peter-Andreas GLOOR, « La couleur des yeux à l'époque du Ier Empire. Quelques commentaires sur l'évolution de ce caractère durant 238 ans », *Annales*, vol. 31, n° 4, 1976, p. 677-699.

154. Heinrich HARTMANN, « Une affaire de marges », art. cité ; Stephen Jay GOULD, *La mal-mesure de l'homme, op. cit.*, notamment chapitre 2 « La mesure des têtes ».

155. A. DUMAS, *Le conseil de révision. Ce qu'il est, ce qu'il devrait être*, Montpellier, C. Boehm, 1891, p. 5 ; O. KUNOW, *Musterung, Aushebung und Prüfungsgeschäft. Für Sanitätsoffiziere und die bei diesen Geschäften mitwirkenden Offiziere und Zivilbeamten*, Berlin, Mittler, 1907.

156. Carole REYNAUD-PALIGOT, *La République raciale. Paradigme racial et idéologie républicaine*, Paris, PUF, 2006, p. 100 ; Heinrich HARTMANN, « Une affaire de marges », art. cité ; Christian GEULEN, « Blonde bevorzugt. Virchow und Boas: Eine Fallstudie zur Verschränkung von "Rasse" und "Kultur" im ideologischen Feld der Ethnizität 1900 », *Archiv für Sozialgeschichte*, n° 40, 2000, p. 147-170.

qui a conduit les anthropologues à privilégier d'autres méthodes[157]. Ces difficultés ont eu plusieurs conséquences.

Les anthropologues, en dehors de quelques figures marginales comme les raciologues français René Collignon ou Georges Vacher de Lapouge, ont eu tendance à se tourner vers d'autres sujets d'étude, tels les écoliers[158]. Si la pratique qui consiste à mesurer des segments du corps humain se poursuit dans le cadre du recrutement pendant la guerre, elle est essentiellement le fait de médecins militaires qui agissent de concert avec l'armée et dans une optique strictement militaire, de manière à favoriser la conservation de la santé du soldat. La pratique biométrique est donc délaissée par l'anthropologie au profit de l'hygiène militaire. En France, Adrien Besson, médecin recruteur lillois, publie en 1921 une étude portant sur les mensurations des recrues. Il livre le résultat des mesures prises pendant la guerre par vingt et un médecins sur 15 000 recrues examinées au conseil de révision et au bureau de recrutement de Beauvais[159]. Pour un certain nombre d'entre elles, il indique la taille, le poids et le périmètre thoracique afin de calculer l'indice de Pignet. La plupart des enquêtes sont donc réalisées par des médecins chargés eux-mêmes du recrutement et portent sur des données qui entrent en jeu dans le processus de sélection médicale. Cela explique pourquoi la taille, le poids et le périmètre thoracique sont des données plus fréquemment considérées que les mesures craniométriques, plus longues à relever, dont l'utilité scientifique souffrait d'une perte de légitimité et dont l'utilité militaire était à peu près nulle.

Les données issues de l'examen médical du recrutement ne sont pas les seules à être considérées. Les statistiques épidémiologiques des recrues durant les mois suivant l'incorporation font elles aussi l'objet de toutes les attentions[160]. Le fléchissement physique des soldats est

157. Claude Blanckaert, « La crise de l'anthropométrie. Des arts anthropotechniques aux dérives militantes », dans Id. (dir.), *Les politiques de l'anthropologie. Discours et pratiques en France (1860-1940)*, Paris, L'Harmattan, 2001, p. 95-172.
158. Voir Christian Geulen, « Blonde bevorzugt » ; Andrew Zimmerman, *Anthropology and Antihumanism in Imperial Germany*, Chicago, The University of Chicago Press, 2001, p. 137.
159. Adrien Besson, *De l'Évaluation de l'aptitude physique au service militaire des jeunes sujets*, Lille, H. Morel, 1921, p. 3-4.
160. SHD, GR 9 NN 7/1101, Incorporation classe 1919. Statistiques et rapports, maladies contagieuses, valeur physique. Statistiques comparées avec les classes 1917 et 1918, « Étude comparée des maladies contagieuses chez les jeunes gens des classes 1917-1918 et 1919 pendant les trois premiers mois qui ont suivi l'incorporation ».

ainsi estimé à l'aune de leur résistance aux maladies telles la rougeole, les oreillons, la scarlatine, la diphtérie, la méningite cérébrospinale, les maladies typhoïdes et la dysenterie[161]. Ce sont la Commission Supérieure consultative d'hygiène et d'épidémiologie militaire, le Comité consultatif de santé et l'Académie de Médecine qui sont appelés par le ministère de la Guerre à rendre des conclusions sur la base des statistiques produites par le Service de santé. Ces expertises visent à faciliter l'élaboration d'une nouvelle loi militaire, destinée à réviser celle de 1913 et, en tirant les leçons du conflit, à l'adapter au contexte d'après-guerre[162]. Proposé à la Chambre des députés dès décembre 1920, le projet finit par aboutir en 1923. Dès la fin de l'année 1920, la Commission consultative d'hygiène et d'épidémiologie militaire est sollicitée pour émettre des recommandations concernant notamment l'âge et la saison de l'incorporation[163]. C'est pour elle l'occasion de réexaminer les statistiques des quatre années de guerre pour en faire le bilan et espérer peser sur la conduite du recrutement. Elle tente ainsi de déterminer les facteurs pouvant influencer la résistance physique des jeunes recrues. Parmi ces variables, outre la sévérité de la sélection dont l'importance est sans cesse répétée, le Service de santé isole l'âge et l'époque de l'incorporation.

Ces réflexions s'inscrivent dans le débat déjà ancien et toujours renouvelé sur l'âge idéal du recrutement qui avait été réactivé par les débats de la loi de 1913 au moment où il était question d'alléger le service de trois ans en avançant d'une année l'âge de la conscription[164]. Les conclusions de l'analyse statistique, produites le 21 novembre 1920, pointent vers « l'appel du contingent entre 20 et 21 ans, plu-

161. SHD, GR 9 NN 7/1101, « Tableaux comparatifs des maladies contagieuses signalées chez les jeunes soldats des classes 1917-1918-1919 pendant les trois premiers mois d'incorporation ».

162. Sur les critiques de la loi de 1913 au lendemain de la guerre, Philippe Boulanger, « La nation armée nouvelle (1919-1922) », *Stratégique*, 1997/4, n° 68, p. 129-155 ; sur les réformes militaires de l'immédiat après-guerre voir Annie Crépin, *Histoire de la conscription*, *op. cit.* ; Philippe Boulanger, « Mutations et permanences de la conscription au début des années 20 : la loi sur le recrutement de l'armée du 1er avril 1923 », Note pour l'Institut Stratégie.

163. SHD, GR 9 NN 7/1102, Dépêche ministérielle n° 16871 B 4/7 du 15/11/1920.

164. À titre d'exemple « L'incorporation à 20 ans », dans *La France militaire. L'Avenir militaire*, *le Progrès militaire*, *le Territorial* et la *Vie militaire* réunis, n° 8900, 29-30 juin 1913. Voir aussi SHD, GR 9 NN 7 1102, Abaissement à 20 ans de l'âge du recrutement, 20 mai 1913.

tôt qu'entre 19 et 20 ans[165] ». Elles reposent à la fois sur les données épidémiologiques de la guerre et sur des études ponctuelles, telle celle effectuée par le médecin-major Boigey, de la Société de Médecine militaire française, qui s'est efforcé de savoir s'il existait, entre les âges de 20 et 21 ans, une différence d'aptitude au service militaire en Allemagne et en Angleterre[166]. La réflexion se poursuit en 1921, lorsque l'Académie de Médecine, elle aussi sollicitée par le ministère de la Guerre, émet des recommandations similaires au cours de sa séance du mardi 4 janvier qui parviennent à l'état-major de l'armée le 25 du même mois[167].

Parmi les facteurs susceptibles d'influer sur l'état du contingent, les statistiques mettent également en évidence l'époque de l'incorporation. Les influences saisonnières sont décrites comme « un des facteurs secondaires les plus importants dans la genèse, l'expansion et la gravité des maladies endémo-épidémiques », notamment les mois de décembre à mars durant lesquels « l'influence déprimante du froid et du refroidissement [...] diminue la résistance organique aux infections[168] ». Les dates d'incorporation font ainsi l'objet d'une attention redoublée[169]. On remarque ici la combinaison d'une hygiène environnementaliste traditionnelle, caractéristique de la survivance du néo-hippocratisme, et de l'influence de la théorie plus récente des germes[170]. Les statis-

165. SHD, GR 9 NN 7 1102, Note du Service de santé au sujet de l'âge et de l'époque d'incorporation des futurs contingents au point de vue sanitaire. 12 novembre 1920, p. 7. Voir aussi GR 9 NN 7/1102. Commission supérieure consultative d'hygiène et d'épidémiologie militaire au ministre de la Guerre, 23 novembre 1920.

166. SHD, GR 9 NN 7/1102, Commission supérieure consultative d'hygiène et d'épidémiologie militaire. Procès-verbal de la séance du 20 novembre 1920, p. 7-10.

167. SHD, GR 9 NN 7/1102/16839, Projet de lettre à Monsieur le Président de l'Académie de Médecine au sujet de diverses questions relatives à l'incorporation des jeunes soldats ; SHD GR 9 NN 7/1102/746, Note pour la 4e Direction. 24 janvier 1921 ; SHD GR 9 NN 7/1102/778, Note pour l'État-Major de l'armée (1er bureau). 25 janvier 1921.

168. *Ibid.*

169. SHD, GR 9 NN 7/1101, Étude comparée des maladies contagieuses pendant les sept premiers mois de service chez les jeunes soldats des classes 1917-1918, depuis leur incorporation jusqu'à leur départ pour la Zone des Armées. Influence des dates d'incorporation sur la morbidité et la mortalité des jeunes soldats.

170. Gérard Jorland, *Une société à soigner. Hygiène et salubrité publiques en France au XIXe siècle*, Paris, Gallimard, 2010, p. 44-45 ; Frederick Sargent, *Hippocratic Heritage: A History of Ideas about Weather and Human Health*, New York, Pergamon Press, 1982.

tiques permettent à la Commission supérieure consultative d'hygiène et d'épidémiologie militaire de constater que :

> L'ensemble des chiffres – de morbidité et de mortalité – montre que la classe 1917, incorporée au début de l'hiver, le 10 janvier 1916, a été beaucoup plus éprouvée par la maladie et la mort dans les sept premiers mois de service, que la classe 1918, incorporée le 10 avril, c'est-à-dire au milieu du printemps[171].

Ceci lui permet de mettre « nettement en évidence le facteur saisonnier ». Enfin le chiffre des décès par rapport à celui des atteintes lui permet d'affirmer que le facteur saisonnier influence non seulement la fréquence des affections mais aussi leur gravité clinique. Après un examen minutieux des statistiques, la Commission conclut :

> La conclusion pratique au point de vue médical c'est que l'incorporation au 15 avril, si elle ne met pas absolument la jeune classe à l'abri contre les fièvres éruptives, les oreillons, la diphtérie et la méningite cérébrospinale, diminue notablement leur fréquence et rend tout au moins leur gravité clinique notablement moindre, et si, d'autre part, cette date n'exclut pas la possibilité des manifestations de la fièvre typhoïde et de la dysenterie, elle permet toutefois à la vaccination antityphoïdique de donner son maximum de protection au moment de la période estivo-automnale, époque où la maladie a une tendance naturelle à devenir épidémique.
>
> Il ne reste donc plus, à ce moment, comme affection grave à combattre, que la dysenterie bacillaire, maladie dont le germe est connu, dont la prophylaxie est basée sur des règles bien définies et pour laquelle nous possédons un sérum curateur efficace.
>
> La conclusion est que la meilleure date pour l'incorporation d'une jeune classe est le milieu d'avril ou du printemps, opinion qui a été invariablement soutenue par les médecins militaires de carrière[172].

La décision d'incorporer les appelés en deux fractions annuelles dès le 30 mai 1920 conduit la Commission à isoler deux dates d'incorporation, le mois d'avril et le mois d'octobre. L'Académie de méde-

171. SHD, GR 9 NN 7/1101, Étude comparée des maladies contagieuses pendant les sept premiers mois de service chez les jeunes soldats des classes 1917-1918, p. 1.

172. *Ibid.*, p. 7. Voir aussi SHD, GR 9 NN 7/1102. Commission supérieure consultative d'hygiène et d'épidémiologie militaire au ministre de la Guerre, 23 novembre 1920.

cine aboutit à des conclusions proches, elles aussi appuyées sur l'étude approfondie des statistiques épidémiologiques[173].

Ces conclusions sont envoyées au ministère de la Guerre en novembre 1920. Elles forment l'aboutissement d'une réflexion plus ancienne sur la date de l'incorporation au regard des « causes morbigènes qui atteignent les recrues pendant les premiers mois de la période d'incorporation[174] ». Et la réflexion de se poursuivre jusqu'en 1922, date à laquelle il est établi que les recommandations de l'Académie de médecine, celles de la Commission supérieure consultative d'hygiène et d'épidémiologie militaire et celles du Comité consultatif de santé concordent[175]. Les dates proposées par les experts médicaux sont légèrement infléchies par la Commission de l'Armée mais la loi militaire d'avril 1923 porte indubitablement des traces de ces conclusions rendues sur la base des statistiques de guerre[176]. Elle entérine des dispositions déjà en vigueur pour les classes 1920 et 1922. Le recrutement demeure fixé à vingt ans et il est précisé que :

> Les classes sont incorporées par moitié dans l'année qui suit celle du recensement, savoir : 1° au mois de mai, les jeunes gens nés avant le 1er juin de l'année de naissance du contingent ; 2° au mois de novembre, les jeunes gens nés à partir du 1er juin[177].

---

173. Léon Bernard, « Sur la réponse à faire à M. le Ministre de la Guerre, au sujet de l'incorporation des jeunes soldats, au nom de la Section d'hygiène », *Bulletin de l'Académie nationale de médecine*, n° 39, 3e série, tome LXXXIV, 1920, p. 320.
174. SHD, GR 9 NN 7/1102. Note au sujet de l'âge et de l'époque d'incorporation des futurs contingents.
175. SHD, GR 9 NN 7/1102/12688. Note pour l'État-Major de l'Armée, 29 novembre 1922.
176. SHD, GR 9 NN 7/1102/190. Note pour l'État-Major de l'armée. Voir aussi, pour la fin du XIXe siècle, les réflexions de Léon Colin sur la date d'incorporation formulées au cours de la séance du 17 janvier 1899 de l'Académie nationale de médecine, dans *Bulletin de l'Académie nationale de médecine*, n° 3, 3e série, tome XLI, 1899, p. 82-87.
177. Loi militaire d'avril 1923, articles 40 et 41.

Chapitre 9

La sortie de crise de la sélection britannique (1916-1920)

En Grande-Bretagne, nous l'avons vu, la Grande Guerre constitue une mise à l'épreuve sans précédent de la légitimité des experts médicaux du recrutement, dont les décisions et la compétence sont contestées par le corps politique et l'opinion publique avec une grande virulence. La crise de la reconnaissance sociale qu'expérimente la profession médicale entraîne une campagne de réhabilitation qui s'appuie prioritairement sur la presse médicale. Cette campagne est réalisée dans une logique de restauration de la légitimité qui implique une prise en compte des critiques de l'opinion[1]. Elle connaît plusieurs étapes et glissements argumentatifs qui permettent, *in fine*, au corps des experts civils du recrutement de s'exonérer de la responsabilité de la crise et de désigner la hiérarchie militaire à la vindicte populaire.

Devant l'importance du mécontentement, face à la crise politique, le gouvernement est contraint d'agir pour répondre aux inquiétudes de l'opinion et des experts. S'ensuit une réforme de la sélection d'une ampleur bien supérieure à ce qui se passe en France. Les pouvoirs publics prennent dès l'automne 1917 des mesures en apparence radicales qui passent par la démilitarisation des opérations médicales du recrutement. L'ensemble du système est placé sous la responsabilité de médecins civils et sous la tutelle d'un nouveau ministère indépendant, le ministère du Service national.

L'année 1918 est ainsi marquée par une diminution notable du mécontentement. Pourtant, d'importants dysfonctionnements persistent au sein des commissions médicales. Si la protestation des

1. Sur le ressourcement en légitimité et la prise en compte active de l'opinion comme réponse des médecins à la crise de leur légitimité professionnelle, on lira Catherine Paradeise, « Rhétorique professionnelle et expertise », *Sociologie du travail*, n° 1-85, p. 17-31.

tribunaux d'appel et de la Chambre des Communes se poursuit, la gronde de la presse s'atténue en revanche très fortement. Cette restauration paradoxale de la confiance est la conséquence, non seulement de la pratique rénovée de la sélection médicale, mais aussi de la mise en place d'une communication politique efficace qui permet au ministère d'apporter une réponse à chaque fois que se manifeste une nouvelle crise potentielle. Les modalités de la réforme ont en effet pour objectif principal la restauration de la confiance. Leurs concepteurs ont donc tendance à gommer la continuité, pourtant réelle, entre l'ancien et le nouveau système.

En France et en Grande-Bretagne, les réformes du processus de recrutement s'orientent dans des directions différentes. Cependant, on retrouve dans l'un et l'autre pays des similitudes frappantes qui soulignent que la réflexion internationale sur la sélection se poursuit et se concentre, dans la seconde moitié de la guerre, sur la procédure de l'examen médical plus que sur les critères de l'aptitude. Pendant la guerre, les différentes mesures de réforme ou de régulation s'élaborent au sein d'un espace de circulation international des savoirs et des modèles de la sélection certes limité, puisqu'il exclut les belligérants ennemis, mais néanmoins toujours actif. Les conflits ont pu autoriser des échanges nés de l'urgence de l'action et de sa spécificité[2]. Dans un contexte de crise, un besoin accru d'efficacité se fait sentir, qui provoque des tentatives de rationalisation du processus. Celles-ci s'inscrivent dans un contexte plus large de réflexion sur la corrélation travail et temps, la maximisation du rendement et la division du travail. D'une manière générale, les mesures ont pour conséquence le renforcement du pouvoir des experts. Le pouvoir politique s'appuie en priorité sur la légitimité issue de l'alliance de la neutralité scientifique et de l'autorité publique[3].

---

2. Bertrand Taithe, « La diffusion des pratiques de santé et la guerre de siège de Paris (septembre 1870-janvier 1871) », dans Patrice Bourdelais et Olivier Faure (dir.), *Les nouvelles pratiques de santé, XVIII*[e]*-XX*[e] *siècles, op. cit.*, p. 227-242 ; Bertrand Taithe, *Defeated Flesh: Welfare, Warfare and the Making of Modern France*, Manchester, Manchester University Press, 1999.

3. Sur l'importance de la science comme levier de légitimité, Guillaume Carnino, *L'invention de la science, op. cit.* ; Sur l'alliance de la neutralité scientifique et de l'autorité publique comme outil pour régler ou du moins diminuer les conflits, on lira Peter Lundgreen, « Measures for Objectivity in the Public Interest » dans *Standardization – Testing – Regulation, Report Wissenschaftsforschung*, 29, Bielefeld, Kleine Verlag, 1986, 2e partie.

Défense et illustration de la profession médicale

Une crise de la reconnaissance sociale

Les errements de la sélection entraînent une crise de la reconnaissance sociale de la médecine. La négligence, l'absence de tact des médecins, l'irrégularité des résultats des expertises, conjuguées à la publicisation de quelques retentissantes affaires de corruption ou malversations, font rapidement l'objet de critiques dans la presse, au Parlement ou au sein des tribunaux d'appel[4]. En août 1916, le député Philip Snowden estime ainsi que des sanctions sévères doivent être prises à l'encontre des médecins négligents[5]. Les autorités tentent de défendre les commissions par l'invocation du statut social des médecins, gage d'autorité. James Macpherson, sous-secrétaire d'État à la guerre, déclare à la Chambre des Communes que les experts « sont des professionnels et, très souvent, des hommes de très grande réputation » dans lesquels il place « sa plus grande confiance[6] ».

Pour Herbert Nield toutefois, le statut social des médecins ne suffit plus à signifier leur compétence[7]. En effet pour que l'expert soit reconnu comme tel, il est nécessaire qu'il démontre son indépendance, sa neutralité mais aussi son impersonnalité. En vertu de leur compétence universelle, les experts doivent pouvoir être interchangeables sans que cela compromette la justesse de leur jugement[8]. Or, les critiques formulées à l'encontre des médecins insistent sur la grande variabilité des résultats issus des examens médicaux. L'harmonisation des résultats devient un souci constant. Dès lors, du fait du grand nombre d'erreurs constatées, la reconnaissance de l'expertise médicale comme instance de décision indépendante, neutre et donc fiable, est atteinte[9].

La crise de la reconnaissance sociale qu'ils subissent pousse les médecins à tenter de restaurer leur image. L'argumentaire mobilisé par la profes-

4. Par exemple « Medical Examination of recruits – Conspiracy charges against two doctors », *The Times*, 8 juin 1917, p. 3 ; « Whitehall Medical Boards – Members's evidence in heart pills case », *The Times*, 31 octobre 1917, p. 2.

5. À remplir

6. Macpherson James in *H.C. Deb.*, séance du 1er mars 1917, c. 2258.

7. NA, MH 47/144/1-2, p. 3.

8. Paradeise Catherine, « Rhétorique professionnelle et expertise », *op. cit.*, p. 26.

9. En France, le lien est fait de la même manière entre l'erreur possible lors de l'examen et la mise en danger de « la bonne renommée du Corps médical de l'armée » in Duponchel Émile, *Traité de médecine légale militaire*, *op. cit.*, p. 17.

sion pour défendre sa réputation est dès lors reconfiguré. Il se déploie dans un contexte de contrainte du répertoire d'action[10]. Le 21 avril 1917, le *British Medical Journal* publie deux tribunes anonymes. La première commence par ces mots :

> Les débats de la Chambre des Communes et plusieurs déclarations dans la presse générale ont donné de l'honnêteté et de la compétence des commissions médicales de recrutement militaire une image injuste. J'ose espérer que vous publierez ce courrier, puisqu'il est interdit aux médecins en question de répondre aux critiques dans la presse générale et que les autorités semblent estimer qu'il n'est pas de leur devoir de défendre leurs experts médicaux [...][11].

La palette des ressources mobilisables par les médecins pour défendre leur réputation apparaît limitée. Du fait du caractère sensible de leur activité, il est interdit aux experts des commissions de s'exprimer dans la presse générale. Il ne leur reste alors que les colonnes de la presse médicale, notamment celle de la rubrique « correspondance », qui permet aux journaux de publier les tribunes des médecins sans que ceux-ci aient à s'embarrasser du formalisme inhérent à l'écriture scientifique[12]. À partir de l'année 1916, le *British Medical Journal* publie plusieurs courriers émanant des experts eux-mêmes, civils comme militaires, qui, sous couvert d'anonymat, exposent leur point de vue sur l'affaire en cours. On peut également observer des entreprises de restauration de la légitimité médicale à la Chambre des Communes, où William Macpherson répond, en tant que porte-parole du RAMC, aux accusations des députés, ou, de manière plus sporadique, dans les pages de la presse générale où certains médecins se risquent parfois à avancer des justifications.

---

10. Sur le « répertoire d'action », entendu comme l'ensemble des modes d'action susceptibles d'être utilisés par un groupe, dans une période donnée, pour faire valoir ses intérêts, on lira Charles Tilly, « Les origines du répertoire de l'action collective contemporaine en France et en Grande-Bretagne », *Vingtième siècle*, 4-1, 1984, p. 89-108.

11. « Medical Examination of Recruits », *British Medical Journal*, 1: 530, 21 avril 1917.

12. Pour quelques pistes de réflexion sur les caractéristiques de l'écriture scientifique, on lira Bruno Latour, « La rhétorique de la science, pouvoir et devoir dans un article de science exacte », *Actes de la recherche en sciences sociales*, vol. 13, n° 1, 1977, p. 81-95.

L'expert contre le profane

Les courriers du *British Medical Journal* sont signés « expert du recrutement » (*examiner of recruits*), ce qui souligne la stratégie collective de ces courriers qui visent, non à défendre la réputation de l'auteur lui-même, mais à rétablir la légitimité des experts dans leur ensemble. Leur mobilisation rhétorique repose sur le postulat qu'une défense de leur réputation est devenue nécessaire face à des « accusations injustes[13] » qui ont rencontré un certain écho médiatique et politique. Les médecins s'efforcent alors de démontrer l'injustice des reproches qui sont formulés à leur encontre. Pour eux, ces accusations donnent une image déformée de leur profession et de leur activité[14]. Essentiellement formulées par le monde profane, elles proviennent, selon les médecins, d'une incompréhension profonde de ce qu'est le travail des commissions. « L'examen médical des recrues est une tâche bien plus difficile que ce que peut imaginer le commun, affirme ainsi un expert, et la complexité de la chose n'a pas été pleinement comprise[15]. » La défense de la compétence des médecins repose fréquemment sur une opposition entre le savant et l'ignorant, entre l'expert et le profane. Lorsque les médecins évoquent les attaques dont ils sont l'objet, ils prennent soin de préciser qu'elles émanent d'individus ou d'institutions – le « profane », la « presse profane » ou la « presse générale » – qui ne disposent pas des connaissances nécessaires à la pleine compréhension du processus.

Pour le correspondant médical du *Times*, par exemple, les critiques des résultats du test de l'aptitude visuelle sont révélatrices de l'ignorance de ceux qui les formulent[16]. Il tente alors d'expliquer que les critères de la sélection ne sont pas des critères médicaux à proprement parler :

> Tout d'abord, ce ne sont pas « les critères du médecins » mais « les critères du soldat ». La question n'est pas tant de savoir si le médecin pense que le sujet devrait être capable de voir tel ou tel objet, mais s'il est capable en réalité de voir des objets que son commandant ou d'autres officiers

13. « Medical Examination of Recruits », *British Medical Journal*, 1: 565, 21 avril 1917.
14. NA, MH 47/144/4, Select Committee, Minutes of Evidence, Dr Charles Hayward, p. 167.
15. « Medical Examination of Recruits in France », *British Medical Journal*, 1: 194, 10 février 1917.
16. WL RAMC/446/8-16, p. 49-50, « Recruits and the Doctor », *The Times*, 19 janvier 1916, p. 5.

> exigent qu'il voie. [...] Il est vrai que ces critères faits par des soldats ont été traduits dans les termes du langage médical. Ce travail était nécessaire. Les critères actuels ont donc une double dimension[17].

L'aptitude n'est pas, rappelons-le, un état de santé en soi mais un rapport entre un individu et un milieu d'accueil. L'institution militaire fabrique donc ses propres critères d'admission. Le fait que des médecins soient chargés de faire appliquer ces critères nécessite un travail de traduction qui n'est pas facile à appréhender pour le commun qui a, selon les médecins, tendance à confondre l'évaluation de la santé et celle de l'aptitude militaire. Les deux activités étant bien distinctes, elles donnent des résultats différents, ce qui peut décevoir certaines attentes.

Cette stratégie rhétorique appartient au répertoire culturel traditionnel de l'autorité de la science[18]. L'idée que la polémique repose sur une incompréhension permet à un certain nombre de médecins de commencer par nier l'existence du problème. « Quant à la soi-disant négligence des médecins, je ne crois pas qu'elle soit très répandue[19] », insiste un médecin. Cette stratégie leur permet d'inverser les responsabilités. S'il existe des problèmes, ils proviennent non pas des experts mais des manœuvres frauduleuses des recrues :

> Il ne faut pas oublier, précise un médecin, qu'un grand nombre de recrues se présentant à l'examen tente par tous les moyens possibles d'échapper au service. Les médecins ne feraient pas leur devoir s'ils acceptaient sans discernement tous les certificats qui leur sont donnés ; ils ont tout à fait le droit de prendre des décisions basées sur leur jugement propre[20].

Pour William Macpherson, la plupart des désordres ont été causés par la pratique de l'usurpation d'identité, de la simulation, de la corruption ou tout autre moyen destiné à échapper aux obligations militaires[21]. Frauduleusement exemptés, les individus soumis à un nouvel examen qui aboutit à les déclarer aptes ne peuvent qu'en concevoir de l'amer-

---

17. *Ibid.*
18. Voir Ann Swidler, « Culture in Action: Symbols and Strategies », *American Sociological Review*, 51-2, 1986, p. 273-286.
19. Civil Examiner of Recruits, « Recruiting and discharge – The Other Side of the Shield », *British Medical Journal*, 1er janvier 1916, p. 33.
20. « Medical Examination of recruits », *British Medical Journal*, 1: 530, 21 avril 1917.
21. William G. Macpherson, *Medical Services General History*, *op. cit.*, p. 128-129.

tume. C'est de leurs injustes récriminations que proviendraient les accusations formulées à l'encontre du travail des commissions.

L'ignorance supposée de leur public conduit les médecins à formuler un autre type d'argument :

> Quant aux erreurs d'opinion, tout médecin sait qu'un certain nombre d'entre elles sont inévitables, il arrive souvent que deux médecins intègres et compétents arrivent à des conclusions différentes quant à l'aptitude du même homme au service militaire. Je me rappelle d'une étude menée il y a quelques années comparant un millier de diagnostics avec des résultats d'autopsies. Le pourcentage de correspondance était de 85 %[22].

Le même type d'argumentaire est repris par William Macpherson à la Chambre des Communes, lorsqu'il répond aux accusations portées par Philip Snowden. « Il n'est pas impossible que des cas semblables à ceux qu'a évoqués mon estimé collègue aient pu véritablement se produire », admet-il à contrecœur :

> Je ne crois pas me tromper en disant que nous avons jusqu'à présent procédé à l'examen d'1 500 000 hommes dans un laps de temps assez court. [...] il serait bien surprenant que sur un tel nombre, quelques erreurs n'eussent pas été commises. Je suis absolument certain qu'aucun médecin de premier ordre ne peut considérer toute une vie de travail et affirmer que tous ses diagnostics et ses pronostics ont été absolument justes dans 100 % des cas. Il pourrait peut-être dire que l'échec, partiel ou total, a pu atteindre 1 %. Si l'on s'en tient à cette proportion, comme je l'ai fait, on trouve qu'1 % d'erreurs donne 15 000 cas sur 1 500 000. Je crois que l'on peut être assurés du fait que les erreurs n'ont pas été commises en plus grand nombre [...]. Obtenir des statistiques plus précises demanderait énormément de temps et d'argent mais je suis persuadé que l'on verrait non seulement que les erreurs ont été commises en très petit nombre mais que, dans l'ensemble, les commissions médicales du recrutement ont extraordinairement bien travaillé[23].

L'auteur de la lettre anonyme comme le directeur adjoint du RAMC affirment qu'en médecine, l'erreur est inévitable. En évoquant ce que tout médecin sait mais qui est, selon eux, probablement ignoré du grand public, ils se rattachent à une communauté scientifique qui serait seule détentrice de la connaissance précise de sa pratique.

---

22. « Medical Examination of Recruits », *British Medical Journal*, 1: 530, 21 avril 1917.
23. *H.C. Deb.*, séance du 1er mars 1917, c. 2257-2258.

Ce faisant, les médecins contestent une certaine conception profane de la médecine qui conduit à « lire dans tout échec la conséquence d'une faute[24] ». Ce mécanisme est le produit du succès de la rhétorique qui a lentement conduit à assimiler la médecine à une science[25]. Ce succès a eu pour corollaire l'idée selon laquelle la pratique médicale, désormais réputée efficace, devait s'accompagner d'une obligation de résultat. Or, « la médecine n'est pas une science exacte », résume William Macpherson un peu plus loin. Là encore, le public aurait une représentation déformée du phénomène. Les médecins tentent ainsi à plusieurs reprises de quantifier le nombre d'erreurs commises par les médecins afin de montrer la dimension dérisoire des mauvaises classifications. Dans un ouvrage publié en 1921, William Macpherson évoque une étude menée par Auckland Geddes sur un échantillon qui évalue ces erreurs à 0,5 % du total des examens pratiqués[26].

Un travail sous contrainte

De la reconnaissance de la médecine comme science inexacte découle un autre type d'argument. Le transfert des compétences du monde médical au monde militaire pose à la pensée médicale d'importants problèmes à la fois pratiques, éthiques et épistémologiques. Ces difficultés ont amené les médecins à développer un autre registre argumentaire, celui de la justification. Ce registre repose cette fois sur la reconnaissance de l'existence de problèmes au niveau de l'activité des commissions médicales. Il s'agit alors, non plus de corriger une image faussée par l'ignorance, mais de justifier ces dysfonctionnements. William Collins, député médecin de la Chambre des Communes, constate ainsi :

> Après tout, ni la médecine ni la chirurgie ne sont des sciences exactes, elles se plient donc mal à la stricte discipline de classement que l'on tente de leur imposer. J'estime que c'est une tâche impossible que l'on a confiée aux médecins auxquels on demandait de procéder à la catégorisation. Et l'on demande toujours aux médecins, qui se sont efforcé de faire de leur mieux dans des circonstances particulièrement difficiles, d'accomplir l'impossible[27].

24. Catherine Paradeise, « Rhétorique professionnelle et expertise », art. cité, p. 28
25. *Ibid.* et Jacques Leonard, *La Médecine entre les savoirs et les pouvoirs, op. cit.*
26. William G. Macpherson, *Medical Services General History, op. cit.*, p. 128-129.
27. *H.C. Deb.*, vol. 107, séance du 27 juin 1918, c. 1285-1287, cité par Jay Winter, « Military Fitness and Civilian Health », art. cité, p. 228-229.

Quelques mois plus tard, il estime que, si la profession médicale s'est montrée sous son meilleur jour lorsqu'elle soignait les malades et les blessés, c'est en tentant d'exécuter les instructions militaires venues d'une autorité administrative, qu'elle s'est montrée sous son plus mauvais[28]. La variabilité du jugement médical entre en effet en conflit avec la raison administrative qui suppose l'éradication du doute, l'annihilation de l'incertitude et de la variation propres à l'activité diagnostique.

Sans pour autant parvenir à une remise en cause aussi fondamentale de la pratique de l'expertise, nombreux sont les médecins à imputer les erreurs de jugement aux conditions de travail des commissions. La massification du recrutement, la précipitation dans laquelle sont organisés les examens et l'urgence de la mobilisation compliquent fortement l'expertise[29]. « Tout était fait pour rendre le travail des commissions aussi difficile que possible[30] » :

> Si des sujets sont aujourd'hui classés « A » alors qu'il est arrivé qu'ils soient rejetés par l'armée auparavant – parfois plusieurs fois – c'est que les critères des examens changent constamment et ont été graduellement relâchés, au fur et à mesure que l'urgence nationale se faisait sentir ; les médecins experts, qui ne sont pas chargés de faire ces règles et s'efforcent de faire du mieux qu'ils peuvent pour suivre les ordres […], ne peuvent pas être tenus responsables des conséquences néfastes de ces modifications[31].

À côté de l'aménagement constant des critères de la sélection, ils sont aussi nombreux à incriminer leurs conditions de travail :

> Il n'est pas étonnant que certains cas de tuberculoses précoces n'aient pas été détectés ; c'est même un miracle que l'on puisse en diagnostiquer certains, étant données les conditions dans lesquelles le travail a dû être accompli […]. Il n'était pas rare qu'un médecin doive examiner près d'une centaine d'hommes par jour dans une salle bruyante et bondée[32].

28. *Ibid.*, c. 1283-1284, cité par Jay Winter, « Military Fitness and Civilian Health », art. cité, p. 228.
29. Voir à ce sujet David Silbey, « Bodies and Cultures Collide », art. cité, p. 61-76 ; Jay Winter, « Military Fitness and Civilian Health », art. cité, p. 211-244.
30. « Everything, in fact, was being done to make the work of the medical boards as difficult as possible », dans William G. Macpherson, *Medical Services General History*, *op. cit.*, p. 129.
31. « Medical Examination of Recruits », *British Medical Journal*, 1: 530, 21 avril 1917.
32. Civil Examiner of Recruits, « Recruiting and discharge – The Other Side of the Shield », *British Medical Journal*, 1er janvier 1916, p. 33.

Outre les locaux exigus et l'insuffisance du personnel, les médecins insistent particulièrement sur les cadences qui leur sont imposées[33]. Lorsque l'affaire est discutée à la Chambre des Communes, c'est cette même cadence qui est mise en cause[34]. Les auditions du *Select Committee* parviennent à des conclusions similaires.

Dissensions : médecins militaires et médecins civils

L'ampleur de la critique ébranle la cohésion du corps médical. La nécessité d'identifier un coupable fragilise la capacité de la profession à fédérer les intérêts de l'ensemble de ses membres et à construire une image homogène. Certaines dissensions internes deviennent alors visibles hors du milieu médical[35]. Les intérêts des médecins civils et militaires en viennent à diverger. En raison de l'ampleur de la tâche à accomplir et de l'affectation prioritaire des médecins militaires sur le champ de bataille, un certain nombre de médecins civils ont été employés au sein des commissions médicales où ils se trouvent souvent majoritaires. Sur soixante-trois commissions médicales examinées par James Macpherson, les médecins civils occupent les deux tiers des sièges[36]. Leur inexpérience est soulignée par les médecins militaires : « La majorité des hommes invités à pratiquer les examens n'avaient aucune expérience de ce type de travail, et les instructions relatives au degré d'aptitude qu'ils devaient considérer comme acceptable pour une recrue laissait planer quelques doutes [...][37] », avance l'un d'eux. Certains sont moins mesurés et suggèrent que les erreurs viennent principalement de l'incompétence des médecins civils : « Les commissions, dans leur ensemble, sont composées de praticiens civils [...]. Il n'est donc pas possible de dire que les médecins du RAMC sont responsables[38] », a-t-on pu entendre à la Chambre des Communes.

---

33. Another Examiner of Recruits, « Medical Examination of recruits », *British Medical Journal*, 1: 565, 21 avril 1917. Voir aussi « Medical Boards », *British Medical Journal*, 19 mai 1917.

34. *H.C. Deb.*, séance du 20 mars 1917.

35. Sur l'exportation des dissensions hors du champ clos du milieu sous l'effet d'une pression exerne, Catherine Paradeise, « Rhétorique professionnelle et expertise », art. cité, p. 17-31.

36. *H.C. Deb.*, séance du 1er mars 1917, c. 2257-2258.

37. « Medical Examination of Recruits in France », *British Medical Journal*, 1: 194, 10 février 1917.

38. *H.C. Deb.*, séance du 1er mars 1917, c. 2257-2258 ; voir aussi W. G. Macpherson, *Medical Services General History*, vol. I, Londres, HMSO, 1921, p. 118-119.

Ces accusations viennent rejouer un conflit latent entre médecins militaires et médecins civils. L'ingérence des médecins civils dans les affaires militaires est traditionnellement considérée avec suspicion par l'armée[39]. Les médecins militaires reprochent en outre aux praticiens civils leur indulgence vis-à-vis des recrues, dont ils sont parfois les médecins de famille, et leur propension à rédiger des certificats de complaisance afin de faciliter leur exemption. Quant à eux, les médecins civils accusent les médecins militaires de ne pas tenir compte de leur avis professionnel. « Je n'ai pas pour habitude de distribuer des certificats à des patients à moins de penser vraiment ce que j'y écris[40] », s'agace Arnold Lawson, médecin civil londonien, après avoir vu son certificat dédaigné au moment d'un examen. Les tribunaux d'appel se font l'écho de la querelle des certificats et des fréquentes divergences existant entre les diagnostics civils et militaires[41]. Auditionné par le *Select Committee*, le Dr Charles Hayward estime que « les décisions prises entièrement par les présidents militaires des commissions médicales ont contribué à détériorer l'image des membres civils de ces commissions aux yeux du public[42] ». C'est en effet au président de commission, médecin militaire, que revient la décision finale concernant le classement de la recrue. Or, l'organisation hiérarchique des commissions et les instructions militaires données en ce sens par le RAMC autorisent le président à assouplir considérablement les critères de l'examen médical, voire à passer outre l'avis de ses collègues civils[43] : « Le président peut consulter ses confrères ou les ignorer », résume Charles Hayward[44].

Face aux médecins militaires, dont la crédibilité est fragilisée par la crise de 1917, les médecins civils finissent par l'emporter. La crise de la reconnaissance sociale de la médecine cède la place à la mise en cause de l'armée et de sa gestion du recrutement. Les experts soulignent

39. Mark Harrison, « Medicine and the management of Modern Warfare », *History of Science*, vol. 34, n° 4, 1996, p. 390.
40. NA, MH 47/117/124/005.
41. James McDermott, *British Military Service Tribunals*, *op. cit.*, p. 184-190.
42. NA, MH 47/144/4, Select Committee, Minutes of Evidence, p. 167.
43. NA, MH 47/144/4, *Instructions given to Deputy Directors of Medical Services*, 13 juillet 1915 et 16 septembre 1916 ; MH 47/144/4, Select Committee, Special report by the chairman. Voir aussi « Medical Examination of recruits », *British Medical Journal*, 1: 565, 21 avril 1917.
44. MH 47/144/4, Select Committee, Minutes of Evidence, p. 167.

ainsi le rôle joué par les attentes, voire les pressions, des « militaires enthousiastes chargés du recrutement » sur les autres experts du recrutement, pour venir à bout « d'un grand nombre d'examens dans un temps imparti qui rendait physiquement impossible que chaque homme reçoive l'évaluation attentive théoriquement nécessaire[45] ». Ces accusations se frayent un chemin jusqu'à la Chambre des Communes où les députés demandent bientôt des comptes aux autorités militaires. Le 14 juin 1917, Maurice Levy député de Loughborough, ville du centre de l'Angleterre, interpelle le sous-secrétaire d'État à la Guerre et lui réclame une copie de toutes les instructions, écrites et orales, données par le ministère ainsi que le décompte des hommes rejetés par l'armée ayant été classés A, B ou C à l'issue d'un nouvel examen[46].

La révélation des pressions subies par les médecins de la part de la hiérarchie militaire met en péril la légitimité de leur expertise. Celle-ci dépend en effet de la perception de l'expert comme « instance quasiment neutre de la décision[47] ». Il s'agit dès lors de rétablir la confiance en réformant en profondeur la sélection médicale de manière à garantir l'indépendance du jugement médical. Avant même la remise de son rapport définitif, la commission d'enquête parlementaire prend, dès le 19 juillet, des mesures qui s'orientent vers la démilitarisation des opérations médicales du recrutement. Il s'agit, par des décisions d'urgence précédant la refonte d'un système en faillite, de rendre visible l'action concrète de l'État et de commencer à calmer le mécontentement populaire. Parmi ces mesures, « aucun membre d'une commission médicale ne devra désormais porter d'uniforme militaire » et ce, « afin de rassurer l'opinion et de la convaincre que les promesses du Ministre de la Guerre seront suivies d'effet ». Le port de l'uniforme, qui matérialise l'appartenance de celui qui le porte à l'armée, « renseigne [...] sur les relations entre le pouvoir civil et la société militaire, sur le degré de militarisation des sociétés[48] ». C'est donc la distance vis-à-vis de l'institution militaire, rendue responsable des dysfonctionnements du recrutement,

45. « Medical Examination of Recruits in France », *British Medical Journal*, 1: 194, 10 février 1917. Voir aussi Another Examiner of Recruits, « Medical Examination of Recruits », *British Medical Journal*, 1: 565, 21 avril 1917.

46. *H.C. Deb., séance du 14 juin 1917, vol. 94, cc1144-6W.*

47. Eric Engstrom, Volker Hess et Ulrike Thoms, « Einleitung », dans *Figurationen des Experten. Ambivalenzen der wissenschaftlichen Expertise im ausgehenden 18. und frühen 19. Jahrhundert*, Francfort-sur-le-Main, Peter Lang, 2004, p. 7.

48. Odile Roynette, « L'uniforme militaire au XIXe siècle », art. cité, p. 109.

que la commission entend ici démontrer. Les médecins militaires, en passe d'être évincés du processus de sélection, ont bien perdu le rapport de force qui les opposait aux médecins civils. D'une manière générale, les médecins réussissent à transférer le poids de la responsabilité de la crise vers la hiérarchie militaire. Cette exonération est entérinée en septembre 1918, par un discours de Lloyd George qui, dressant le bilan de la guerre, restaure la réputation de la profession médicale en ces termes :

> Nous avons mis en place un Ministère du Service national et précautionneusement compilé des statistiques [...] et tout ce qu'il m'est possible de dire, c'est que les résultats des examens médicaux sont inquiétants, et j'ose même dire, alarmants [...]. Nous avons bien failli en faire peser la faute sur les médecins ; mais plusieurs études ont été menées qui n'ont guère changé les résultats, qu'il me soit ici permis, pour la première fois, de présenter mes excuses au corps médical[49].

La réforme britannique de 1917

Mis en cause par la presse, le Parlement et la commission d'enquête parlementaire, les pouvoirs publics prennent des mesures radicales à l'automne 1917. La procédure de la sélection est démilitarisée, réformée et la nomenclature révisée. L'ensemble des opérations est placé sous la responsabilité de médecins civils et sous la tutelle d'un nouveau ministère indépendant, le ministère du Service national. James Galloway résume : « Il était devenu nécessaire d'organiser la machine médicale non seulement pour qu'elle soit efficace, mais aussi pour qu'elle provoque le moins d'indignation possible[50]. » La restauration de la confiance passe par l'alliance de la neutralité scientifique et de l'autorité publique[51]. Le processus de sélection est dès lors repensé selon trois principes : la démilitarisation, la réforme du système de classement et de la procédure, la recherche de l'agencement spatial idéal pour favoriser l'efficacité du dispositif et réduire l'incertitude.

49. « The War and after », *The Times*, 13 septembre 1918.
50. James Galloway, « Medical Examination of Men for Military Service: Some of its Problems, Lessons and Results », *Contributions to medical and biological research*, p. 667-668.
51. Voir Peter Lundgreen, « Measures for Objectivity in the Public Interest », art. cité.

Démilitariser

C'est dans le sens d'une démilitarisation complète du recrutement que s'oriente la réforme de 1917, une idée proposée dès 1916 par certains gradés, préoccupés par la désorganisation administrative du système. Le projet est clairement énoncé dès les premières recommandations de la commission d'enquête parlementaire qui « recommande que l'intégralité des opérations médicales du recrutement, des examens et réexamens médicaux soient retirés au Ministère de la guerre pour être placé sous le contrôle d'une administration civile[52] ». Le 1er novembre, ce transfert est effectif[53]. L'éviction des militaires s'effectue avec succès à trois niveaux : au sein des commissions médicales chargées des examens, au sein du Comité consultatif médical (*Medical Advisory Committee)* et au sein du ministère du Service national lui-même[54]. Dans les faits, le recrutement est retiré au ministère de la Guerre. Désormais, le choix des hommes n'est plus l'affaire de l'armée. En démilitarisant le recrutement, Lloyd George entend calmer les inquiétudes de l'opinion publique. La légitimité des experts étant fonction de leur neutralité, il apparaissait urgent de les soustraire à la tutelle et à l'influence du militaire[55].

Des gages avaient pourtant été donnés dès avril 1917 pour tenter de réduire le poids des militaires dans le processus de sélection. Après une affaire de fraude survenue à Liverpool, l'instruction du 18 avril avait supprimé l'examen médical dit préliminaire au cours duquel un officier non-médecin avait le pouvoir de refuser les hommes qui lui paraîtraient inaptes. Le poids des médecins dans la sélection s'en était trouvé renforcé[56]. Mais cette mesure n'avait pas suffi. La présence d'un

52. James GALLOWAY, « Medical Examination of Men for Military Service », art. cité, p. 668.
53. NA, NATS 1/859, Press Communiqué, 1er novembre 1917.
54. CAC, GEDD 4/6/1684, *The Recruiting Code*, Ministry of National Service publication (Index 1684), 1er décembre 1917, p. 96 et suiv.
55. Sur l'importance de la neutralité des experts : Eric J. ENGSTROM, Volker HESS et Ulrike THOMS (dir.), *Figurationen des Experten, op. cit.*, p. 7.
56. Instruction n° 642, 18 avril 1917. Voir aussi, à ce sujet, NA, MH 47/144/4, Select Committee, Minutes of Evidence n° 1, 2 juillet 1917, A. C. Geddes, p. 11. La tendance à supprimer l'examen médical préliminaire et à intensifier la médicalisation de la sélection procède d'une réflexion internationale dont on trouve la trace, par exemple, aux États-Unis : Frederick HOFFMAN, *Army Anthropometry and Medical Rejection Statistics, Paper Read before the National Academy of Science, Philadelphia, 21 novembre 1917*, Newark, Prudential Press, 1918.

président issu de la médecine militaire à la tête des commissions médicales condamnait celles-ci à être réformées en profondeur. L'annonce de la réforme dans le courant de l'été a des effets immédiatement perceptibles. Les tribunaux d'appel du Northamptonshire ont ainsi tendance à ajourner toutes les affaires concernant l'aptitude des plaignants en attendant que les nouvelles commissions civiles commencent à fonctionner[57].

Les commissions civiles du ministère du Service national commencent à siéger le 1er novembre 1917. Elles sont composées d'un président et de quatre membres, tous médecins civils, qui officient à mi-temps et sont payés, hors frais, cinq guinées par session. Les médecins sont des praticiens locaux nommés sur proposition du directeur régional des services médicaux du ministère. Entre le 1er novembre 1917 et le 31 octobre 1918, ces commissions se chargent de l'examen de 2 500 000 hommes[58]. Dans le *Times* du 25 juillet 1917, le fonctionnement du nouveau système est expliqué de la manière suivante :

> Ce n'est qu'après être passées au travers des différentes étapes destinées à établir si les recrues peuvent quitter leur emploi sans dommage, et si elles sont aptes à être classées dans l'une des catégories déterminées par l'armée, ce n'est qu'après ces différentes étapes que l'armée entrera en jeu[59].

La réforme de 1917 aboutit à distinguer plus nettement les opérations médicales du recrutement, gérées par une administration civile, et les opérations militaires du recrutement, gérées par l'armée. L'administration civile du ministère du Service national est considérée comme étant plus apte à garantir les intérêts de l'individu que l'armée, que l'on soupçonne de prioriser la reconstitution des effectifs.

Outre la démilitarisation des examens, c'est avec la refonte de la nomenclature et de la procédure que la réforme vise à diminuer l'inquiétude de l'opinion. Pour ce faire, elle prend appui sur la légitimité des experts médicaux engagés dans le processus de création d'un nouveau système de classement des recrues[60]. L'ancienne

57. James McDermott, *British Military Service Tribunals, op. cit.*, p. 189.
58. *Report upon the Physical Examination of men of military age by National Service Medical Boards From November 1st 1917 – October 31st 1918*, vol. I. Londres, H.M. Stationery Office, 1920.
59. *The Times*, 25 juillet 1917.
60. Sur la capacité de l'expertise à être processus d'adaptation et d'établissement du compromis, voir Michel Callon et Arie Rip, « Humains, non-humains : morale

nomenclature, la classification A, B, C, et ses multiples subdivisions, avait été vivement critiquée pour sa complexité, pour son absence de critères véritablement médicaux et pour la trop grande latitude laissée à l'appréciation subjective des médecins[61]. Lors de son audition par la commission, Auckland Geddes la commente en ces termes :

> [P]ersonne ne sait que les catégories inférieures à C1 sont B2, B3, C2 et C3 ; tout le monde pense que C2 et C3 sont en dessous de C1 et que B2 et B3 sont au-dessus [...]. De toute évidence, ce ne sont pas des normes médicales mais des catégories fondamentalement administratives [...]. La catégorisation en neuf subdivisions [...] est presque impossible à manier. En conséquence, il est impossible que deux médecins différents parviennent à classer un homme dans la même catégorie. [...]. Dans une certaine mesure, le classement relève de la divination. C'est bien cela qui rend impossible l'uniformité des décisions[62].

L'argumentaire d'Auckland Geddes, pour lequel le système de classification est une aberration administrative imposée aux médecins qui met en péril le travail d'évaluation médicale, est repris tel quel par le rapport de la commission d'enquête parlementaire. La catégorie A1 renvoyait par exemple à « Aptitude physique. Recrue entraînée. Prête à être envoyée à l'étranger », la catégorie A2 à « Aptitude physique. Recrue non entraînée », ce qui revenait, critique la commission, « à classer les hommes, non en fonction de leur état au moment de l'examen, mais en fonction de ce que serait probablement leur état après quatre mois d'entraînement[63] ». C'est sous la direction de Geddes qu'est alors élaboré un nouveau système de classification.

La nouvelle nomenclature en quatre échelons numérotés I, II, III, IV met cette fois l'accent sur les caractéristiques anatomopathologiques de la recrue :

---

d'une coexistence », dans Jacques Theys et Bernard Kalaora (dir.), *La Terre outragée. Les experts sont formels*, Paris, Autrement, 1992 ; sur sa capacité à résorber, ou au moins diminuer l'inquiétude, voir Luc Boltanski, *De la critique*, Paris, Nrf/Gallimard, 2009.

61. NA, MH 47/144/4, Select Committee. Minutes of evidence n° 1, p. 14. Voir aussi chapitre 5.

62. NA, MH 47/144/4, Select Committee. Minutes of evidence n° 1, 2 juillet 1917, A. C. Geddes.

63. NA, MH 47/144/4, Select Committee. Special Report.

Le système de classification en quatre échelons

Échelon	Description	Équivalence
Échelon I	Sujets de force physique normale, capables de supporter un degré de fatigue physique adapté à leur âge. Ces hommes ne doivent souffrir d'aucune maladie organique évolutive, ni être affectés d'une quelconque malformation ou invalidité sérieuses. Les déficiences légères pouvant être corrigées ou compensées par des moyens artificiels ne sont pas rédhibitoires.	A
Échelon II	Sujets qui, pour des raisons diverses, seraient atteints de déficiences leur interdisant d'atteindre les exigences de l'échelon I. Ces hommes ne doivent pas souffrir de maladies organiques évolutives. Leurs capacités auditives et visuelles doivent être correctes ; leur musculature moyenne ; ils doivent être capables de supporter une fatigue physique conséquente mais non éprouvante.	B1 et C1 (service en garnison sur le territoire britannique et à l'étranger)
Échelon III	Sujets présentant un handicap physique marqué ou les signes d'une ancienne pathologie qui indiqueraient qu'ils ne sont pas aptes à supporter la fatigue physique que requièrent les catégories supérieures. On pourra notamment placer dans cette catégorie les hommes souffrant d'orteils déformés, de formes sévères de pied plat et, dans certains cas, de hernies ou de varices [...].	B2, C2, B3, C3
Échelon IV	Inaptitude complète et définitive à toute forme de service militaire.	Rejet

Source : *Recruiting code*[64]

Ce système se présente comme le résultat d'une entreprise de simplification et de rationalisation du système précédent[65]. En lieu et place de la dizaine de subdivisions de son prédécesseur, le nouveau schème classificatoire propose quatre échelons d'aptitude. Conçues par des médecins, les catégories sont décrites comme « purement médicales » par opposition au système A, B, C qui poussait des médecins à manier des catégories administratives relevant de la compétence des militaires[66]. Elles doivent

64. CAC, GEDD 4/6/1684, *The Recruiting Code*, Ministry of National Service publication, 1er décembre 1917, p. 101 ; NA, MH/47/142-5, National Service Instructions (NSI) n° 13, 17 novembre 1917. Voir aussi *Report upon the Physical Examination*, *op. cit.*, p. 2.

65. NA, MH/47/142-5, NSI Instructions n° 36, 21 décembre 1917.

66. James Galloway, « Medical Examination of Men for Military Service », art. cité, p. 669.

« correspondre à la condition physique et mentale [de la recrue] au moment de l'examen[67] ». En outre, comme en France, l'accent est mis sur le dispositif prophylactique. Les recrues présentant des signes de tuberculose ne peuvent être considérées comme aptes au service militaire. Elles doivent être immédiatement placées à l'échelon IV, à moins de pouvoir apporter la preuve d'une rémission d'au moins deux ans, auquel cas, les experts peuvent envisager le classement à l'échelon III[68].

La nouvelle classification vise enfin à garantir l'uniformité des décisions. Les échelons sont conçus « de manière à pouvoir obtenir des résultats similaires et comparables sur l'ensemble du territoire[69] ». L'uniformité recherchée par la réforme doit également être renforcée par la surveillance statistique des commissions qui doivent faire parvenir à leur direction régionale les données des classements réalisés. En effet, les tentatives d'unification et de normalisation s'accompagnent fréquemment d'un alourdissement du rôle des chiffres[70]. Le directeur régional doit alors souligner toute anomalie dans la répartition des recrues au sein des différents échelons[71]. Ce nouveau système offre au public tous les gages d'objectivité et de rationalité de la science médicale.

Les controverses, aménagements et ajustements des modes de classement sont donc loin d'être insignifiants. « L'adoption d'un système de classification peut constituer une véritable mesure politique et stratégique[72] ». L'infléchissement des principes et des normes de classement permet aux acteurs de renforcer leurs positionnements sociaux et politiques. En retenant certains éléments – ici les caractéristiques anatomopathologiques de la recrue – au détriment d'autres – le degré d'avancement de son entraî-

---

67. NA, NATS 1/866, Recruiting Department. Medical examinations: proposed instruction draft, 1917, p. 21.

68. James McDERMOTT, *British Military Service Tribunals, op. cit.*, p. 190-191 ; Jay WINTER, *The Great War and the British People, op. cit.*, p. 57. Voir notamment NA, MH/142/5-1, NSI n° 3.

69. NA, MH/47/142-5, NSI Instructions n° 36, 21 décembre 1917. Voir aussi CAC, GEDD 4/6/1684, *The Recruiting Code*, Ministry of National Service publication, 1er décembre 1917, p. 97.

70. Theodore M. PORTER, *La confiance dans les chiffres, op. cit.*, p. xix.

71. AC1 905 of 1917 ; NA, NATS 1/866, p. 35.

72. Vincent LIQUÈTE et Susan KOVACS, « La lutte des classements. Introduction générale », *Hermès*, n° 66, 2/2013, p. 9-15. Voir aussi Geoffrey BOWKER et Susan Leigh STAR, *Sorting Things Out: Classification and Its Consequences*, Cambridge, MIT Press, 1999 ; Jean-Yves BARREYRE, *Classer les exclus. Enjeux d'une doctrine de politique sociale*, Paris, Dunod, 2000.

nement militaire par exemple – le nouveau système valorise les critères et donc les compétences médicales. Pour Auckland Geddes, la réforme de la nomenclature est clairement l'occasion de faire primer le médical sur le militaire et de renforcer le pouvoir des médecins, non seulement au sein du processus de sélection, mais aussi au sein du ministère, où les experts médicaux sont désormais chargés de concevoir le système de classification, ses caractéristiques et, dès lors, les conditions de son application.

Rationaliser l'évaluation

Pour faciliter le diagnostic, le ministère du Service national consacre également beaucoup d'énergie à réformer la procédure – le protocole de l'examen médical lui-même, élément clef de l'expertise médicale – qui constitue, plus encore que la nomenclature, la base de la légitimité du pouvoir des experts d'une manière générale[73]. Lorsque cette procédure fait l'objet de vives critiques durant la guerre, c'est la légitimité des médecins à intervenir dans l'évaluation de l'aptitude militaire qui est attaquée. En conséquence, la réforme de l'examen médical apporte un soin tout particulier à la description du déroulement de l'examen, de manière à réduire l'inquiétude de l'opinion.

L'augmentation de la cadence imposée aux médecins ayant été identifiée comme l'une des causes des erreurs d'affectation venues nourrir le mécontentement populaire, les autorités britanniques ont cherché à concilier les exigences de la vitesse et celles d'une sélection raisonnée du contingent. Avant même 1917, le problème de la vitesse avait inspiré différentes tentatives de régulation destinées à ralentir l'activité des commissions. Dès décembre 1914, le conseil de l'armée tentait de limiter le nombre de recrues examinées par un médecin à 6-8 par heure, et 30-40 par jour. Pour ce faire, des praticiens civils s'étaient ajoutés au personnel médical militaire en place, afin de répartir l'activité des commissions entre le maximum d'experts[74]. En janvier 1916, au moment de la première refonte des commissions, on limitait à 200 par jour le nombre d'hommes pouvant être examinés dans un seul bureau de recrutement[75]. Ces limitations reposaient sur la quantification et la stabilisation des processus de travail, ainsi que la chronométrisation des activités, des tendances

73. Niklas Luhmann, *La légitimation par la procédure*, Paris, Cerf, 2001.
74. William MacPherson, *Medical Services General History*, *op. cit.*, p. 118-137.
75. WL, RAMC/446/8-16, p. 49-50.

observables en Grande-Bretagne et aux États-Unis dès le XIXe siècle[76]. Dès février 1917, certaines commissions ont mis en place la division des tâches recommandée par les instructions ministérielles. En avril, un expert décrivait cette répartition du travail entre les quatre médecins de sa commission en ces termes :

> Deux médecins de la commission doivent voir tous les hommes, le président et l'homme chargé de l'évaluation de la vue, des mesures corporelles, de l'état des dents, de la constitution générale, de vérifier les antécédents, l'absence de hernies ou de tout autre infirmité visible, d'inspecter les pieds et les jambes et de faire pratiquer à la recrue quelques mouvements ; les deux autres ne voient que la moitié des hommes qui se présentent à l'examen, ils examinent le cœur, les poumons, l'abdomen etc.[77]

La division du travail d'évaluation en des tâches plus circonscrites, et donc plus répétitives, simplifie le travail des experts et doit permettre d'augmenter l'efficacité de l'examen.

La réforme de la fin de l'année 1917 prolonge, précise et systématise ces premières tentatives. Il s'agit de faire en sorte que les experts médicaux puissent agir « sans hâte inutile mais sans perdre inutilement de temps[78] ». L'heure d'ouverture et de fermeture de chaque commission et le nombre d'hommes examinés dans ce laps de temps sont soigneusement reportés. L'activité moyenne normale d'une commission a en effet été précisément évaluée par le ministère du Service national. Chaque commission doit examiner et classer 60 recrues par jour au cours de deux sessions de 2 heures et demie chacune[79]. Le dépassement de ce ratio indiquerait alors que les examens ne sont pas menés de manière scrupuleuse. D'autres mesures sont destinées à réguler le flux des recrues et leur arrivée sur les lieux de l'examen, et à contrôler le travail des médecins. Si nécessaire, le secrétaire peut aussi agir comme un appariteur entre le vestiaire et la salle d'examen afin de faire en

---

76. Michael Young, *Metronomic Society: Natural Rythms and Human Timetables*, Londres, Thames and Hudson, 1988.
77. Another Examiner of Recruits, « Medical Examination of recruits », *British Medical Journal*, 1: 565, 21 avril 1917. Voir aussi « Medical Boards », *British Medical Journal*, 19 mai 1917, annexe n° 58.
78. NA, NATS 1/866, Medical examinations, proposed instruction, 1917, p. 3.
79. « *Should be possible for an experienced examiner to examine about 12 men in an hour* », dans NA, NATS 1/866 ; CAC, GEDD 4/4. Ministry of National Service, *Report upon the Medical Department of the Ministry of National Service*, Londres, HMSO, 1920, p. 18.

sorte que le flux des recrues soit régulier[80]. Ce ralentissement, certes limité mais réel, de la cadence du recrutement permet de nuancer l'analyse de Paul Virilio, pour lequel le domaine militaire est caractérisé par l'utilisation de technologies de plus en plus rapides qui sont toujours considérées comme un progrès[81]. Ici, les logiques complexes de l'administration raisonnée du contingent viennent s'opposer à une accélération linéaire et continue.

Le nouveau système s'efforce de penser l'efficacité de l'activité des médecins à partir de la corrélation entre travail et temps, sous l'influence des ingénieurs français et américains de la fin du XIXe siècle[82]. Il porte la marque de l'intense circulation des savoirs et des procédures savantes qui ne s'interrompt pas pendant le conflit. Le modèle choisi par le ministère est un mélange des expériences françaises et américaines qui ont toutes deux fait l'objet d'articles élogieux dans la presse médicale[83]. La procédure est nommée « méthode sectionnelle » par James Galloway, l'un des architectes de la réforme :

> L'examen médical était mené selon une méthode sectionnelle. L'expérience a en effet montré que les meilleurs résultats [...] étaient obtenus lorsque le candidat à l'incorporation est examiné par les membres de la commission médicale chacun à leur tour, chaque médecin, en plus d'une estimation de l'état général de l'individu, prêtant attention à certaines sections de l'examen. L'ensemble de leur activité était coordonné par le président de la commission, chargé de recueillir les résultats des examens, d'organiser une enquête plus approfondie en cas de difficulté et de prononcer le classement final de la recrue[84].

80. *Ibid.* Pour d'autres mesures voir *ibid*, p. 10 ; NA, NATS 1/866, p. 8 ; CAC, GEDD 4/6/1684, *The Recruiting Code*, Ministry of National Service publication, 1er décembre 1917, p. 98.
81. Paul Virilio, *Vitesse et politique. Essai de dromologie*, Paris, Galilée, 1977.
82. Keith Hoskin et Richard Macve, « Writing, Examining, Disciplining: The Genesis of Accounting's Modern Power », dans Anthony G. Hopwood et Peter Miller (dir.), *Accounting as Social and Institutional Practice*, Cambridge, Cambridge University Press, 1994, p. 67-97.
83. « Medical Examination of Recruits in France », *British Medical Journal*, 1: 194, 10 février 1917 ; *The Lancet*, 28 juillet 1917. Cet article est traduit en français et publié en janvier 1918 dans la rubrique « Journaux » des *Annales d'hygiène publique et de médecine légale* : James Galloway, « Examen médical des recrues aux États-Unis », *Annales d'hygiène publique et de médecine légale*, série 4, n° 29, 1918, p. 196.
84. James Galloway, « Medical Examination of Men for Military Service », art. cite, p. 669. Voir aussi CAC, GEDD 4/7, *Revised general directions for the guidance of commissioners, deputy commissioners and members of medical boards*, HM Government publications, 1918, p. 9 et suiv., « The sectional method ».

Les commissions sont constituées, comme en France, de quatre médecins qui examinent à tour de rôle une seule recrue dans un ordre donné[85]. Leurs attributions évoluent un peu entre 1917 et 1918 mais elles respectent le même schéma. En 1918, les médecins examinateurs se répartissent la tâche comme suit :

La méthode sectionnelle

Rang du médecin	Attributions
Médecin examinateur n° 1	Test de l'acuité visuelle, des facultés auditives, des réflexes nerveux ; examen des yeux, des oreilles, des dents, de la gorge et de la thyroïde du candidat ; vérification des certificats médicaux.
Médecin examinateur n° 2	Mesures (taille, poids, périmètre thoracique), notation de la couleur des cheveux, des yeux, de la peau, des signes distinctifs ; recherche de signe de maladies vénériennes, de gonflement des glandes lymphatiques, d'antécédents de troubles pulmonaires ; examen des poumons.
Médecin examinateur n° 3	Examen du développement physique et de la souplesse articulaire, recherche d'éventuelles malformations ou particularités rédhibitoires comme les pieds plats, vérification des antécédents de blessures et d'opérations, examen du scrotum, des testicules, de la ceinture abdominale et du périnée ; prise du pouls et du rythme cardiaque au repos et après exercice.
Médecin examinateur n° 4	Vérification de la santé mentale, des antécédents de tuberculose, d'attaque ou d'internements ; examen de la poitrine et de l'abdomen ; test de l'urine si nécessaire ; suggestion de l'échelon de classification à partir des conclusions d'ensemble.

Source : *Revised instructions*, 1918

On le voit, en France comme en Grande-Bretagne, l'examen perd son ordre traditionnel, qui voulait qu'un seul expert examine les organes ou complexes d'organes les uns après les autres, selon une progression déterminée par les classifications de l'anatomie pathologique. La multiplication des intervenants et l'hyperspécialisation des tâches doivent

85. Jay WINTER, *The Great War and the British People*, *op. cit.*, p. 54-55 ; ID., « Military Fitness and Civilian Health », art. cité, p. 219-222. Voir aussi CAC, GEDD 4/7, *Revised general directions for the guidance of commissioners, deputy commissioners and members of medical boards*, HM Government publications, 1918, p. 9 et suiv., « The sectional method ».

garantir un examen à la fois rapide et minutieux, gage de la diminution des erreurs de diagnostic. Le fait que des étapes précises soient attribuées à des individus différents doit également permettre qu'aucune d'entre elles ne soit oubliée.

Après l'examen proprement dit, les conclusions auxquelles arrive chaque médecin sont discutées avec le président qui confirme la décision finale. En cas de doute ou d'affection passagère, l'examen peut être repoussé[86]. Par les garanties de compétence, de régularité et de répétitivité qu'il présente, ce nouveau système se présente comme un avatar très abouti de l'alliance entre les experts médicaux et l'action politique à même de restaurer la confiance de l'opinion publique[87]. Le code du recrutement insiste d'ailleurs de manière tout à fait significative :

> Il [le président] se renseignera immédiatement et sérieusement en cas de réclamation ou de déclaration de mécontentement relatifs aux examens menés par sa commission, il s'efforcera de se renseigner personnellement sur les individus qui auront ainsi exprimé leur insatisfaction[88].

Tout doit être fait pour limiter les réclamations, et notamment celles qui s'exprimeraient par le recours aux tribunaux d'appel[89].

Le nouveau Ministère du Service national apporte un soin tout particulier à la publicisation de la réforme. Un conseil consultatif (*Advisory Board*) est nommé afin de « promouvoir la confiance dans le travail du département autour des questions du recrutement[90] ». La communication est dès lors soigneusement maîtrisée, sa mise en place détaillée dans des communiqués de presse et son argumentaire repris par les journaux, dont le *Times* du 25 juillet 1917[91]. Cette campagne de réhabilitation de l'expertise médicale du recrutement s'accompagne de la réalisation de films détaillant les étapes et l'efficacité de la procédure

86. CAC, GEDD 4/6/1684, *The Recruiting Code*, Ministry of National Service publication, 1er décembre 1917, p. 99-101.
87. Sur les rapports entre expertise et garanties de compétence, de régularité et de répétitivité, on lira Catherine Paradeise, « Rhétorique Professionnelle et Expertise », art. cité, p. 17-31.
88. CAC, GEDD 4/6/1684, *The Recruiting Code*, Ministry of National Service publication, 1er décembre 1917, p. 96.
89. *Ibid.*, p. 97.
90. NA, NATS 1/859, Press Communiqué, 1er novembre 1917. Pour la composition du comité, voir annexe n° 70.
91. *Ibid.*

de recrutement[92]. Elle est réalisée dans une logique de restauration de la légitimité par la mise en scène de la compétence. Les films formalisent et rendent visibles les modes opératoires de ce nouvel agencement temporel en s'attardant notamment sur les marqueurs de l'efficacité qui sont ceux du monde du travail ouvrier : travail à la chaîne, multiplication des intervenants, hyperspécialisation des tâches[93].

Les dispositions de la réforme entendent répondre à toutes les critiques du précédent système. Les nouvelles instructions attirent ainsi l'attention des médecins experts sur la nécessité de prêter attention aux antécédents de la recrue en écoutant attentivement ses déclarations, de faire preuve de bienveillance et de courtoisie[94]. Le ministère s'attache également aux critiques qui visaient le manque de locaux destinés aux examens ou leur inadaptation[95]. La réforme fait de la sélection un dispositif spatial qui intègre des objets techniques, de l'espace, du mobilier, des bâtiments. L'agencement des lieux fait l'objet d'une attention particulière[96].

Des mesures sont prises pour faciliter le travail des experts, « le confort des hommes qui se présentent à l'examen[97] » et l'efficacité de l'inspection médicale. L'éclairage doit ainsi être suffisant, le silence maintenu, et il est interdit de fumer dans la salle d'examen[98]. Les instructions insistent sur la présence et la configuration des vestiaires, destinés à préserver l'intimité des examinés, des salles d'attente et des salles d'eau, et encouragent les responsables locaux à porter leur choix

92. Sur l'usage des films comme instruments de promotion de l'armée avant la guerre, on lira Timothy Bowman et Mark Connelly, *The Edwardian Army, op. cit.*, p. 175-176.
93. Voir par exemple IWM 478, « *John Brown joins the Army* », mars 1918. URL : https://www.iwm.org.uk/collections/item/object/1060022944, consulté le 30 mai 2023.
94. NA, NATS 1/866, p. 3, 8.
95. James Galloway, « Medical examination of men for military service », art. cité, p. 665. Voir par exemple *Hansard's Parliamentary Debates, Lords,* 21:1080, séance du 18 mai 1916.
96. Sur la dimension spatiale et instrumentale du dispositif Bernard Conein, Nicolas Dodier et Laurent Thevenot (dir.), *Les objets dans l'action. De la maison au laboratoire*, Paris, Éd. de l'EHESS, 1993 ; Bruno Latour, *La science en action*, Paris, La Découverte, [1987] 1989.
97. NA, NATS 1/866, *Ministry of National Service: Records. Recruiting Department. Medical examinations,* 1917. Voir aussi CAC, GEDD 4/6/1684, *The Recruiting Code*, Ministry of National Service publication, 1er décembre 1917, p. 98.
98. CAC, GEDD 4/7, *Revised general directions for the guidance of commissioners, deputy commissioners and members of medical boards*, HM Government publications, 1918, p. 14-15. Voir aussi NA, NATS 1/866, 1917.

prioritairement sur de larges pièces ou halls[99]. Le vestiaire doit se situer de préférence au même étage que la commission d'examen et, dans tous les cas où cette disposition ne serait pas envisageable, le confort et la solidité de l'escalier menant de l'un à l'autre doit être assuré. L'encombrement des vestiaires et des salles d'attente doit en outre être évité, les salles être suffisamment chauffées et ventilées. À cette fin, des thermomètres pourront être placés dans les salles et la température vérifiée au début, au milieu et à la fin de chaque session[100].

Afin de faciliter la mise en place d'un tel dispositif, les instructions de 1918 s'accompagnent de plans représentant l'agencement spatial idéal des commissions médicales qui « doit faire l'objet d'une attention particulière[101] » :

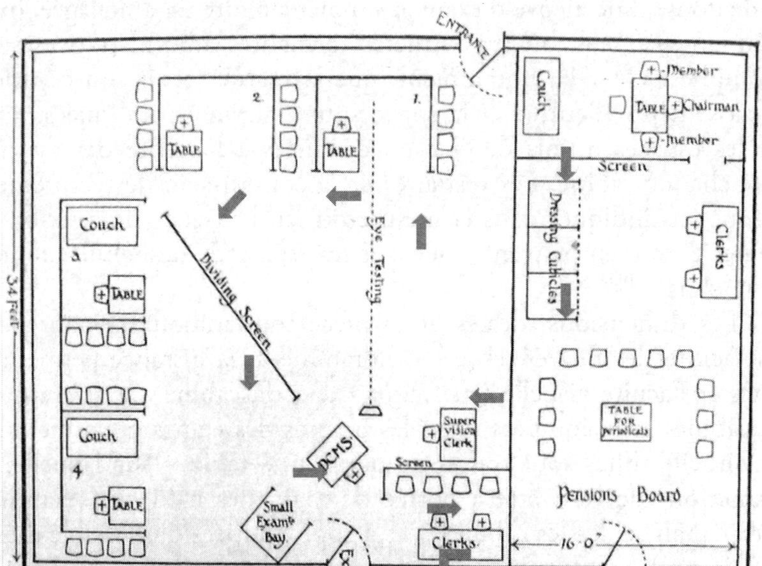

Aménagement des commissions et parcours de la recrue (1918)

Source : *Revised Instructions*[102]

99. CAC, GEDD 4/6/1684, *The Recruiting Code*, Ministry of National Service publication, 1er décembre 1917, p. 98 ; CAC, GEDD 4/7, *Revised general directions for the guidance of commissioners, deputy commissioners and members of medical boards*, HM Government publications, 1918, p. 14-15.
100. CAC, GEDD 4/7, *Revised General Directions*, p. 14.
101. *Ibid.*, p. 15.
102. *Ibid.*, p. 16.

Le choix de larges halls est notamment justifié par la possibilité d'y installer plusieurs commissions médicales. Ici, le plan est conçu pour une commission de recrutement (à gauche) et une commission d'attribution de pensions (à droite). La commission médicale de recrutement est conçue comme un dispositif fixe, où les médecins sont statiques, et dans lequel la recrue est appelée à déambuler en passant d'une cabine d'examen numérotée à une autre, selon les recommandations de la méthode sectionnelle. Dès son arrivée dans la salle, la recrue se présente au secrétaire (*supervision clerk*), chargé de recueillir les informations nécessaires au bon déroulement des opérations. Le sujet passe ensuite d'une cabine à l'autre puis auprès du président, où la décision concernant son classement est prise. En cas de doute, une alcôve d'examen supplémentaire est aménagée, juste avant un sas final, où les dernières formalités administratives sont accomplies. C'est là, notamment, que la recrue reçoit son certificat de classement. L'entrée et la sortie sont clairement indiquées, ainsi que les espaces munis de chaises, destinées à l'attente des recrues, entre chaque cabine. Les vestiaires de la commission de recrutement ne sont pas indiqués dans la mesure où, en l'absence de ceux-ci, les cabines d'examen peuvent aménager un espace de déshabillage muni d'une cloison[103].

Les dimensions idéales de la pièce sont indiquées, pour pouvoir faciliter les flux et respecter, notamment, la distance permettant de tester l'acuité visuelle (*eyes testing*) dans la cabine d'examen n° 1. Les cabines sont équipées selon les besoins des étapes de la méthode sectionnelle. Elles sont toutes munies d'une table – sur laquelle les instructions doivent être à portée de main des médecins examinateurs – mais seules les cabines 3 et 4 sont équipées d'une table d'examen (*couch*) permettant à la recrue de s'allonger pour les besoins de l'inspection plus approfondie du corps requis par les étapes 3 et 4 du protocole. Les instruments nécessaires aux différents examens sont également mentionnés. L'intimité des sujets est préservée tout au long du processus par le positionnement des secrétaires, soit dos à la salle, soit derrière une cloison, la présence de cloisons entre les espaces d'examens et celle d'une cloison supplémentaire au centre de la pièce (*dividing screen*), afin que les occupants des cabines 1-2 et 3-4, ne puissent s'entrapercevoir. Cette cloison centrale est placée de

103. *Ibid.*, p. 15.

manière à ce que le président (DCMS) puisse en revanche observer et surveiller l'ensemble des opérations depuis son bureau. Ces dispositions pratiques, organisées de manière rationnelle et mises en œuvre par le Ministère du Service national, participent de la formation d'un dispositif pensé pour allier efficacité des examens, confort de la recrue et scientificité du processus.

L'impossible sélection médicale des recrues ?

L'année 1918 est marquée par une diminution notable du mécontentement. Les discussions autour des problèmes d'erreur de diagnostics se font plus rares au sein des tribunaux d'appel[104]. La proportion d'hommes placés à l'échelon I passe à environ 30 %, contre 50 % au début de l'année 1917. Certes, à la fin de la guerre, le ministère du Service national peut se féliciter du faible recours à l'appel et du peu d'appels qui ont abouti à un reclassement[105]. Les 33 000 affaires traitées par les tribunaux indiquent cependant la persistance d'un certain nombre de problèmes[106]. Des tribunaux continuent à se montrer peu satisfaits des décisions médicales qu'ils ont à expertiser. William Regester, nouveau président du tribunal de Middlesex, écrit ainsi en novembre 1918 : « Certes les anciennes commissions médicales sont désormais de l'histoire ancienne [...] Mais les faits ont malheureusement prouvé que les examens des nouvelles commissions sont loin d'être satisfaisants[107]. » Durant l'année 1918, le tribunal a ainsi dû demander un nouvel examen médical pour 1 565 hommes, dont 147 durant la seule séance du 27 mai[108]. La recrue R. F. Greenshields subit alors un nouvel examen qui indique qu'il souffrait d'une sévère limitation de l'acuité visuelle, d'hémorroïdes, de varices et d'un important œdème des jambes et des pieds. Il avait pourtant été classé à l'échelon I lors d'une précédente inspection[109].

104. Voir pour le Northamptonshire : McDermott James, *British Military Service Tribunals, op. cit.*, p. 191.

105. Ministry of National Service, *Report upon the Physical Examination, op. cit.*, p. 3. Voir aussi NA, NATS/1/12/M/36.

106. James McDermott, *British Military Service Tribunals, op. cit.*, p. 191-193.

107. NA, MH/47/144/3, Middlesex Appeal Tribunal – Meeting du 21 novembre 1918 – Memorandum of the Chairman.

108. James McDermott, *British Military Service Tribunals, op. cit.*, p. 191.

109. NA, MH 47/113, Register of cases ; MH 47/5, Minute Book n° 7 ; MH 47/117.

La presse fulmine des articles excédés[110]. The *Independent,* qui s'était pourtant montré réservé dans la critique de l'ancien système, consacre trois éditoriaux aux errements du nouveau système, mis en évidence par les tribunaux d'appel[111]. « Encore les commissions médicales », soupire la *Pall Mall Gazette,* pour laquelle s'accumulent les preuves qui démontrent que « les pires défauts des pires moments de l'ancien régime se répètent[112] ». Les protestations à la Chambre des Communes se poursuivent[113]. Elles évoquent à nouveau les maux que la réforme de 1917 aurait dû corriger : la hâte avec laquelle sont effectuées les évaluations, le caractère superficiel des examens ou encore le dédain manifesté à l'endroit de la parole des recrues et des certificats[114]. En raison de l'insuffisance du personnel médical – 2 500 médecins seulement pour l'Angleterre et le Pays de Galles – les phénomènes de congestion se reproduisent[115]. Certaines commissions voient dès lors leur personnel médical être réduit à trois médecins en cas d'afflux de recrues, notamment lors de l'extension de l'âge légal du service aux hommes de plus de 41 ans[116]. Les conditions de travail, enfin, ne sont pas toujours optimales. Pour Herbert Nield, un médecin qui tenterait de percevoir un rythme cardiaque dans un hall public où se croisent soixante potentielles recrues, des médecins et des secrétaires, est voué à manquer de sérieuses pathologies[117]. Enfin le nouveau système de classement lui-même fait l'objet

110. Voir par exemple *Mercury,* 5 juillet 1918.

111. *Independent,* 30 juin, 6 juillet, 5 octobre 1918, cité par James McDermott, *British Military Service Tribunals, op. cit.,* p. 192.

112. NA, MH 47/117/128, « Broken Pledges – The Medical Boards again », *The Pall Mall Gazette,* juin 1918.

113. Military Service (n° 2) Act, 1918 ; *H.C. Deb.*, vol. 107, séance du 27 juin 1918, c. 1283-1284, c. 1285-87, c. 1306, cité par Jay Winter, « Military Fitness and Civilian Health », art. cité, p. 229, voir aussi p. 219-222 ; Id., *The Great War and the British People, op. cit.*, p. 54-55. Voir *H.C. Deb.*, séance du 27 juin 1918, vol. 106, séance du 10 juin 1918, c. 1848-501848 ; *H.C. Deb.*, vol. 106, séance du 13 juin 1918, c. 2395-6W2395W ; *H.C. Deb.*, vol. 107, séance du 17 juin 1918, c. 54-5W ; *H.C. Deb.*, vol. 107, séance du 18 juin 1918, c. 188W.

114. Voir *H.C. Deb.*, vol. 106, séance du 13 juin 1918, c. 2337-2338.

115. *The Times,* 11 décembre 1917 ; James McDermott, *British Military Service Tribunals, op. cit.,* p. 191.

116. *H.C. Deb.*, vol. 106, séance du 13 juin 1918, c. 2396-7W2396W.

117. *H.C. Deb.*, vol. 107, séance du 27 juin 1918, c. 1257-1272 ; Jay Winter, « Military Fitness and Civilian Health », art. cité, p. 229.

de vives critiques. Nield le déclare « inadéquat[118] » lors de la séance du 20 juin 1918.

De fait, les instructions données par le ministère ne sont pas dépourvues d'ambiguïtés. Si la réforme renforce les points de faiblesse du système précédent, elle reprend et prolonge certaines dispositions qui témoignent de la persistance d'une forme de méfiance vis-à-vis des recrues. En matière d'expertise médicale, il est déclaré que le dernier examen fait autorité sur tous les précédents, afin d'éviter toute contestation basée sur d'autres expertises. Les instructions incitent en outre les médecins examinateurs à lutter contre la fraude, la simulation, l'usurpation d'identité et la falsification de documents administratifs. Les certificats produits par des praticiens civils sont considérés avec suspicion[119]. La nouvelle classification, qui visait rationalisation et simplification, se complexifie dès la mi-novembre 1917. L'échelon 3 indique ainsi trois subdivisions : « service auxiliaire avec la troupe », « main-d'œuvre » et « activité sédentaire » qui sont hiérarchisées en fonction de l'état de la recrue et des efforts qu'elle est prête à fournir[120]. Dès le mois de décembre, le ministère du Service national précise néanmoins que ces catégories « ne doivent pas être considérées comme des subdivisions d'aptitude militaire. Les différences physiques entre "service auxiliaire avec la troupe", "main-d'œuvre" et "activité sédentaire" sont trop ténues et peuvent présenter un caractère transitoire[121] ».

L'installation des commissions médicales tente de se conformer aux préconisations du ministère pour permettre aux examens de se dérouler dans des lieux adaptés[122]. Des commissions sont donc installées dans des bâtiments publics munis de larges halls : bains publics, écoles, bibliothèques et universités. À Londres, des tractations sont menées pour installer des commissions médicales aux bains publics de Dulwich, de Camberwell, à la bibliothèque Passmore Edwards, au Working Men's College, au Northern Polytechnic Institute, ou encore

118. *H.C. Deb.*, vol. 107, séance du 20 juin 1918, c. 607-642.

119. CAC, GEDD 4/6/1684, *The Recruiting Code*, Ministry of National Service publication, 1er décembre 1917, p. 97-99, 102-103 ; NA, NATS 1/866, p. 15, 28, 30-33, 41-43.

120. NA, MH/47/142-5, National Service Instructions (NSI) n° 13, 17 novembre 1917.

121. NA, MH/47/142-5, NSI Instructions n° 36, 21 décembre 1917.

122. NA, NATS 1/188, London region Medical Boards. L'ensemble des données de ce paragraphe sont issues de ce dossier.

au Bishopsgate Institute. Le 18 février 1918, après une inspection méticuleuse des locaux menée notamment par Charles Bedford, le ministère donne son accord pour l'installation d'une commission médicale à l'école Wesleyan, dans l'est londonien[123]. Le rez-de-chaussée comporte une pièce pouvant faire office de salle d'attente. Au premier étage, une vaste pièce est divisée en quatre cabines d'examen et un vestiaire ajouté dans la portion ouest de la pièce. Cet étage comprend également une petite pièce destinée à recevoir les examens nécessitant le silence. Des travaux sont parfois réalisés sur place afin d'améliorer le confort des lieux. Le chauffage défectueux de l'école Wesleyan est amélioré. Un bloc de sanitaires supplémentaire est installé aux bains de Dulwich où la division des espaces du lieu est pensée par un architecte. Des fonds sont débloqués pour louer ces locaux et acheter le matériel nécessaire à l'aménagement des lieux. Les installations se font toutefois souvent dans l'urgence[124]. Ainsi, la bibliothèque Passmore Edwards se révèle trop exiguë pour accueillir six commissions médicales, les 480 hommes par jour qu'elles entendent examiner et une salle d'attente. Un abri provisoire est donc installé à l'extérieur du bâtiment.

Les conditions de l'examen en général font cependant l'objet d'adaptations destinées, malgré le caractère parfois improvisé des aménagements, à prendre en compte le confort des recrues. Afin de rendre l'attente plus confortable, le ministère peut s'appuyer sur des associations. À Londres, sur la proposition de Charles Bedford, directeur régional des services médicaux du ministère, la YMCA (*Young Men's Christian Association*) distribue des repas aux hommes qui attendent leur tour[125]. À la commission médicale de Conduit Street, un correspondant de l'*Evening News* constate « une prise en compte tout à fait appréciable de la décence et du confort des recrues » :

> Aucun homme, à part s'il est aveugle, ne peut être examiné sans que sa vue ait été testée à l'aide du tableau pendu au mur. Le ruban métrique pour la poitrine, la toise-bascule et le stéthoscope sont bien présents, de même que les formulaires destinés à l'enregistrement de ces données. Les

123. NA, NATS 1/188, MNS to the controller of supplies, 18 février 1918.
124. NA, NATS 1/188, A.6/Prem/60, « Dulwich Public Bath Medical Board », 3 juin 1918 : « *Premises to accommodate six medical boards are urgently required in the above district* ». NA, NATS 1/188, « New Medical Boards for North London Area », from MNS to HM office of Works, 8 février 1918 ; NA, NATS 1/188, « Medical Board, Camberwell Baths », 17 janvier 1918.
125. NA, NATS 1/188.

> hommes sont appelés à des heures précises, de manière à ce que l'attente soit écourtée ; les recrues se voient remettre une carte numérotée, afin que les examens aient lieu dans l'ordre voulu, et une fois l'épreuve terminée, l'homme peut profiter, s'il le désire, d'un rafraîchissement[126].

Le lendemain, le journal insiste : « Les recrues n'ont pas à se plaindre[127]. » Le *Daily Telegraph* fait le même constat et publie dans ses colonnes une lettre du maire d'Ealing se félicitant « du changement majeur » ayant affecté les examens médicaux[128].

Les commissions se trouvent confrontées aux importants besoins en effectifs de l'année 1918[129]. Le mécontentement prend de l'ampleur au moment de la mise en place du « *new military age* », l'augmentation de l'âge limite[130]. Désormais, les hommes de 41 à 50 ans sont tenus de se présenter à l'examen. D'une manière générale, le ministère s'efforce d'être particulièrement réactif face à toute forme d'imprécision ou de contestation[131]. La rapidité de sa réaction face à ces protestations montre un degré inédit de prise en compte de l'opinion. La mise en place et le déploiement du nouveau système s'accompagnent d'un effort de communication destiné à prévenir le mécontentement. Ainsi, lorsque le ministère conçoit un système d'équivalence pour adapter le système de classement existant aux hommes âgés de plus de 41 ans, Auckland Geddes le détaille en personne à la Chambre des Communes, où il s'efforce régulièrement de répondre en personne aux attaques d'Herbert Nield[132]. « Nous ne sommes pas revenus aux anciennes méthodes », se

---

126. « Medical Boards and their critics. How the Older Recruits are Dealt With », *Evening News*, 11 juin 1918.
127. « The Older Recruits. Medical Examinations Carried Out Thoroughly », *Evening News*, 12 juin 1918.
128. *Daily Telegraph*, 17 juin 1918 ; « A mayor on tribunals », NA, MH 47/117/128, *Daily Telegraph*, juin 1918.
129. Jay Winter, *The Great War*, *op. cit.*, p. 54-55 ; Id., « Military Fitness and Civilian Health », art. cité, p. 219-222.
130. Jay Winter, « Military Fitness and Civilian Health », art. cité, p. 220 ; *H.C. Deb.*, vol. 106, séance du 10 juin 1918, c. 1845-1847. Voir aussi « Medical Boards and the Older Recruits. Complaints of Perfunctory Examinations », *Evening News*, 10 juin 1918 ; NA, MH 47/117/128, « No Grade 1 after 43. Sir Donald MacLean Protest Against Older Men's Treatment », *Evening News*, juin 1918.
131. Voir par exemple NA, NATS 1/749, *Revised General Directions for the guidance of Commissioners, Deputy Commissioners and Members of Medical Boards* en remplacement de NSI n° 3 of 1917, 28 février 1918.
132. *H.C. Deb.*, vol. 108, séance du 8 juillet 1918.

défend également un représentant du ministère dans l'*Evening News* du 11 juin 1918, « [...] les hommes de plus de 41 ans ne sont pas classés de la même manière que les plus jeunes[133] ». L'examen et le classement des hommes plus âgés doivent faire l'objet d'attentions particulières. Les instructions du ministère enjoignent les commissions à les évaluer en les séparant des recrues plus jeunes, dans une cabine à part. Les certificats présentés doivent faire l'objet d'un examen attentif. Leur classement doit être effectué en tenant compte de leur âge et quelle que soit leur condition physique, les hommes ne pourront être classés dans les catégories combattantes[134].

Pour Chamberlain, précédent responsable de la coordination de la conscription, le transfert de pouvoir du militaire au civil n'est que « poudre aux yeux[135] ». La réforme vise certes à rationaliser le recrutement, mais la démilitarisation est avant tout affaire de communication politique. Lord Derby accueille les nouvelles mesures sans inquiétude, convaincu qu'Auckland Geddes, placé à la tête du nouveau ministère, fera de l'apport d'effectifs aux forces armées une priorité[136]. « Je suis ravi, écrit-il en août, et absolument certain qu'il est le seul à pouvoir tenir l'affaire. Il a fait des merveilles et j'ose espérer qu'il pourra nous obtenir encore davantage de recrues dans les mois à venir [...][137] ». Avec Geddes, certes médecin de formation mais n'ayant jamais exercé, militaire de carrière et directeur du recrutement sous les ordres du ministère de la Guerre de 1916 à 1917, la communauté d'esprit avec le système précédent semble en effet assurée. Il est dans la logique du développement d'une affaire comme celle des examens médicaux que se dévoilent, sous la grande cause dont se réclament les défenseurs des

133. « Medical Boards and their critics. How the Older Recruits are Dealt With », *Evening News*, 11 juin 1918.
134. NA, NATS 1/88, 29 avril 1918 ; NATS 1/218, 11 juillet 1918. Voir aussi CAC, GEDD 4/7, *Revised general directions for the guidance of commissioners, deputy commissioners and members of medical boards*, HM Government publications, 1918, appendix 4, p. 31.
135. Lettre de Neville Chamberlain à Hilda Chamberlain, 12 août 1917, cité par Keith Grieves, *The Politics of Manpower, op. cit.*
136. Sur le soutien de Derby à la réforme, notamment à la démilitarisation, voir Parliamentary Archives, LG/F/14/4/59, Derby, War Office, to the Prime Minister Confidential. Reports on his meeting with the House of commons Committee on Medical Re-examination, 25 juillet 1917.
137. Lettre de Derby à Sassoon, 14 août 1917, cité par Keith Grieves, *The Politics of Manpower, op. cit.*

victimes, des intérêts de groupe et des stratégies politiques. En accablant les commissions médicales, Derby profite ainsi de la réforme pour appuyer la candidature de Geddes à la tête du Ministère et pousser Chamberlain vers la sortie[138].

Pour l'historien James Mcdermott pourtant, « les commissions médicales civiles ont fonctionné suffisamment bien – malgré des critiques sporadiques de leurs diagnostics – pour éviter la masse de publicité négative qui a mis en lumière les fautes de leurs prédécesseurs[139] ». Toutefois, il n'est pas évident que la performance des commissions médicales du ministère du Service national ait été significativement meilleure que celle des commissions précédentes. Pour William Macpherson, leur travail a été « plus ou moins satisfaisant[140] ». Certes, le directeur adjoint du RAMC ne pouvait adouber un système qui reposait sur l'éviction des médecins militaires. On peut toutefois raisonnablement émettre l'hypothèse que le rétablissement de la confiance autour des opérations médicales du recrutement a été facilité au moins autant, sinon davantage, par la forme des dispositifs mis en place, par la communication politique autour de ces dispositifs et par la réactivité du ministère que par la performance des commissions elles-mêmes.

De l'enquête statistique à l'action politique : les données médicales du recrutement en débat

La surveillance par les chiffres

L'usage systématisé de la quantification se repère de manière précoce dans la documentation militaire britannique relative à l'état de santé des troupes. Sous l'influence de l'arithmétique médicale, les rapports adoptent une forme tabulaire et un traitement désincarné des effectifs

138. Derby recommande ainsi dès juillet 1917 de transférer le recrutement au Ministère du Service national et de remplacer Chamberlain. Voir LG/F/14/4/59, Derby, War Office, to the Prime Minister Confidential.

139. James McDermott, *British Military Service Tribunals, op. cit.*, p. 194. Pour Auckland Geddes à la chambre, voir *H.C. Deb.*, vol. 107, séance du 17 juin 1918, c. 54-5W54W.

140. William Macpherson, *Medical Services General History, op. cit.*, p. 125.

promis à une importante postérité[141]. La désorganisation massive et durable dont le recrutement britannique est victime dès le début de la guerre rend cependant impossible l'exploitation de données d'une ampleur et d'une précision comparables à celles qui sont publiées en France. L'unique rapport sur les données médicales du recrutement, rendu public en 1920, ne fait ainsi état que de la période du 1er novembre 1917 au 21 octobre 1918[142]. Il faut attendre la mise en place du ministère du Service national à l'automne 1917 pour que la Grande-Bretagne dispose d'une infrastructure administrative qui lui permette de collecter les données médicales du recrutement de manière systématique et homogène[143]. L'observation du type d'informations demandées par le ministère permet d'identifier les objectifs poursuivis par la collecte[144]. Certains rapports, tels ceux concernant le personnel et l'équipement, réunissent des données dont le but est de faciliter le fonctionnement des commissions et de rationaliser la répartition des moyens techniques et humains. D'autres éléments visent à soumettre le travail des commissions à une surveillance par les chiffres. Chaque commission médicale remplit quotidiennement un formulaire qui mentionne l'heure d'ouverture et de fermeture de chaque commission, ainsi que le nombre d'hommes examinés dans ce laps de temps[145]. Les informations

---

141. Erica Charters, « L'histoire de la quantification », art. cité, p. 21-38 ; Ulrich Tröhler, *« To Improve the Evidence of Medicine »: the 18th century British Origins of a Critical Approach*, Édimbourg, Royal College of Physicians of Edinburgh, 2000, p. 120 ; sur les études de cas du xviiie siècle, voir Volker Hess et J. Andrew Mendelsohn, « Case and Series », art. cité, p. 287-314 ; J. Andrew Mendelsohn, « The World on a Page: Making a General Observation in the Eighteenth Century », dans Lorraine Daston et Elizabeth Lunbeck (dir.), *Histories of scientific observation*, Chicago, University of Chicago Press, 2011, p. 396-420.

142. *Report upon the Physical Examination of men of military age by National Service Medical Boards From November 1st 1917 – October 31st 1918*, vol. I. Londres, H.M. Stationery Office, 1920.

143. Sur la genèse du service de statistiques civiles du recrutement militaire et le type de données collectées, voir la thèse.

144. CAC, GEDD 4/4. National Service Instructions (N° 44 of 1917) as amended by MNS Circular Letter. Les rapports sont envoyés à « The Secretary, C., Ministry of National Service, Westminster, SW1 ». NA, NATS 1/377, Medical Boards Returns: 15 June-14 July 1918 ; NATS 1/378, Medical Boards Returns: 15-31 July 1918 ; NATS 1/379, Medical Boards Returns: 1-14 August ; NATS 1/380, Medical Boards Returns: 15-31 August ; NATS 1/381, Medical Boards Returns: 1-14 September ; NATS 1/382, Medical Boards Returns: 1-14 October.

145. CAC, GEDD 4/8, Book of completed Army Form, MNS 36/11.

réunies et analysées doivent permettre d'évaluer l'efficacité du nouveau système sur les points délicats qui ont particulièrement agité l'opinion et le corps médical avant la réforme. Le dénombrement des appels et des reclassements fait ainsi l'objet de toutes les attentions. Il s'agit d'observer l'activité des commissions médicales en notant le recours à la contestation et les résultats de cette contestation. En d'autres termes, la justesse des examens médicaux en première instance est estimée à l'aune du résultat des examens en appel. En 1920, le ministère peut se féliciter du faible recours à l'appel d'une part et du peu d'appels qui ont abouti à un reclassement d'autre part[146].

Le recueil d'autres informations assume enfin un objectif plus clairement politique et relève du domaine de la santé publique[147]. Les commissions médicales doivent faire parvenir chaque mois au ministère une liste nominative détaillée des recrues exemptées pour des raisons de santé mentale. La précision et la spécificité de cette liste, qui exige que soient mentionnés non seulement les détails de la pathologie mais encore le nom et l'adresse de l'individu concerné, s'inscrivent dans la continuité des tentatives de dénombrement et de surveillance des « faibles d'esprit » qui ont précédé la guerre. Karl Pearson estime dès 1901 qu'il est grand temps que les enquêtes statistiques « se penchent sur les groupes particuliers que constituent les écoliers, les pauvres, les criminels et les fous[148] ». Le vocable « faiblesse d'esprit » est à la fois une catégorie nosographique précise – distincte de l'« idiotie» et de l'« imbécilité » – et un terme générique qui embrasse tous les troubles mentaux[149]. Dans la rhétorique eugéniste, il appartient à l'éventail des pathologies mentales et sociales – de l'épilepsie à l'alcoolisme – qui prédisposent à la déviance et font planer la menace de la dégénérescence raciale. L'influence de la pensée héréditariste de Francis Galton fait de ces fléaux des tares congénitales et incurables dont il s'agit de

146. Ministry of National Service, *Report upon the Physical Examination, op. cit.*, p. 3.

147. Sur le rôle de l'approche utilitariste et de la conception techniciste dans la santé publique, Jean-Pierre Dozon et Didier Fassin, *Critique de la santé publique. Une approche anthropologique*, Paris, Éd. Balland, 2001 notamment p. 8.

148. Karl Pearson, *National Life From the Standpoint of Science*, Londres, 1905 [1901], p. 84.

149. Anne Digby et David Wright, *From Idiocy to Mental Deficiency, op. cit.*, p. 2 ; Mark Jackson, *The Borderland of Imbecility: Medicine, Society and the Fabrication of the Feeble Minded in Late Victorian and Edwardian England*, Manchester/New York, Manchester University Press, 2000, p. 39.

limiter la transmission. Pendant la période 1908-1914 notamment, les thèses de la Société d'éducation eugéniste (*Eugenic Education Society*) rencontrent un écho particulier[150]. Aux tentatives de dénombrement – telles celle de 1908 qui, à partir de la généralisation d'un échantillon, estime le nombre de déficients mentaux à près de 150 000[151] – viennent s'articuler des propositions de ségrégation et de mise au travail forcé qui débouchent en 1913 sur le *Mental Deficiency Act*. Les mesures de stérilisation un temps envisagées sont écartées, mais la loi entérine le basculement de la prise en charge des handicapés mentaux d'un paradigme éducatif à un paradigme ségrégatif[152]. Leur dénombrement par le ministère s'inscrit donc dans un mouvement plus large d'identification à des fins de confinement.

Si les activités de surveillance des commissions médicales se poursuivent jusqu'à la fin de la guerre, le détournement des données du recrutement à des fins non militaires prend de plus en plus d'importance. Outre les informations faisant déjà l'objet d'un traitement statistique, les commissions médicales disposent en effet virtuellement d'un nombre considérable d'informations médicales, d'observations anthropométriques et de renseignements chromatiques soigneusement consignés dans la documentation administrative. Le comité consultatif chargé de l'exploitation des statistiques décide en septembre 1918 d'utiliser ces données afin de réaliser une enquête de grande ampleur sur

150. Geoffrey Searle, *Eugenics and Politics in Britain, op. cit.* ; Mathew Thomson, *The Problem of Mental deficiency: Eugenics, democracy, and Social Policy, c. 1870-1959*, Oxford, Clarendon Press, 1998 ; Mark Jackson, « Institutional Provision for the Feeble-Minded », art. cité, p. 171 ; Jayne Woodhouse, « Eugenics and the Feeble-Minded: the Parliamentary Debates of 1912-14 », *History of Education*, 1982, vol. 11, n° 2, p. 127-137 ; R. A. Lowe, « Eugenicists, Doctors and the Quest for National Efficiency: an Educational Crusade, 1900-1939 », *History of Education*, n° 8, 1979, p. 293-306.

151. 149 628, soit 0,46 % de la population, dans Great Britain Commissions for The Care and Control Of The Feeble Minded, *Report Of The Royal Commission On The Care And Control Of The Feebleminded*, 1908, p. 6. URL : http://books.google.com/books?id=cptwqGSd5j4C&oe=UTF-8, consulté le 20 mai 2019.

152. Harvey G. Simmons, « Explaining Social Policy: The English Mental Deficiency Act of 1913 », *Journal of Social History*, n° 11, 1978, p. 387-403 ; Edward J. Larson, « The Rhetoric of Eugenics: Expert Authority and the Mental deficiency Bill », *British Journal for the History of Science*, vol. 24, n° 1, 1991, p. 45-50 ; M. A. Barrett, « From Education to Segregation: an Inquiry into the Changing Character of Special Provision for the Retarded in England, c. 1846-1918 », thèse, University of Lancaster, 1986.

l'état de santé de la nation[153]. Il entend ainsi apporter une contribution majeure à un débat qui fait rage chez les élites britanniques depuis les difficultés rencontrées par l'armée lors de la guerre des Boers, celui du déclin de la puissance britannique, étroitement associé à la détérioration de la santé de la nation et à la dégénérescence de la race[154].

L'utilisation par les statisticiens, anthropologues et démographes des données collectées par l'armée se repère un peu partout en Europe au XIXe siècle, notamment à partir des années 1880 où ils viennent nourrir les débats sur le déclin démographique et l'affaiblissement militaire et politique qui pourrait en résulter[155]. La France n'est pas épargnée. Les données du recrutement y nourrissent une peur diffuse de la dépopulation et font l'objet d'un âpre débat jusqu'en 1914[156]. Cependant, leur usage n'atteint pas les proportions observées pour l'Angleterre. En effet, les hygiénistes français considèrent souvent « que le groupe des soldats forme, non pas un échantillon représentatif de la population civile, mais un sous-ensemble singulier et spécifique[157] ». En Grande-Bretagne, les statistiques militaires doivent au contraire permettre de se faire une idée de l'état de santé de la population.

Dans le pays de naissance de la biométrie et de la statistique mathématique, où la manipulation des grands nombres est dès l'origine liée aux questions de santé publique, la pensée du déclin se nourrit de la multiplication d'enquêtes statistiques qui utilisent les informations

153. NA, NATS 1/240, Ministry of National Service: Records. Policy and Co-ordination. Meetings of National Service Medical Council: consideration of statistics, October 1918 ; NA, NATS 1/764, Advisory Medical Board, Regional Report/ Eighth meeting of the advisory Medical Board, Friday 27th September 1918. NA, NATS 1/764/M1/146, Advisory Medical Board Regional Report / Note on the recent work of National Service Medical Boards.

154. *Report upon the Physical Examination, op. cit.*, p. 6. Voir Jay Winter, « Military Fitness and Civilian Health », art. cité, p. 212 ; Geoffrey Searle, *Eugenics and Politics, op. cit.* ; Id., *The Quest for National Efficiency, op. cit.* ; Bernard Semmel, *Imperialism and Social Reform, op. cit.* ; Anna Davin, « Imperialism and Motherhood », art. cité

155. Daniel Pick, *Faces of Degeneration: A European Disorder, c. 1848-1918*, Cambridge, Cambridge University Press, 1989 ; Heinrich Hartmann, *The Body Populace, op. cit.*, p. 11-12, 103-107.

156. Voir par exemple Jean-Charles Chenu, *Recrutement de l'armée et population de la France*, Paris, Masson, 1867, p. 23. Pour un aperçu des débats en France, lire Heinrich Hartmann, *The Body Populace, op. cit.*, p. 12.

157. Anne Rasmussen, « Expérimenter la santé des grands nombres », art. cité.

médicales du recrutement[158]. Le commentaire pessimiste des chiffres du recrutement constitue ainsi un genre littéraire à part entière du début de la période edwardienne[159]. La défaite militaire y est attribuée à l'afflux de volontaires mal nourris des classes populaires, souffrant des conditions de travail délétères dans les usines[160]. Le taux d'exemption pour raison médicale, mis en regard de celui des autres armées européennes, y est utilisé comme indicateur de défaillance nationale[161]. D'une manière générale, le taux d'exemption oscille entre 28 et 40 % entre 1890 et 1914 mais dans les grandes villes industrielles comme Manchester, les chiffres se révèlent souvent plus alarmants[162]. En 1905, quand la France et l'Allemagne refusent respectivement 13 % et 8 % de leurs conscrits, l'Angleterre rejette plus de 40 % de ses volontaires[163]. L'éloquence de tels chiffres est utilisée pour mobiliser les opinions et susciter l'action publique[164]. À la suite de cette prise de conscience, les élites se sont lancées dans une vaste entreprise d'amélioration de la santé des classes populaires, avec pour ligne de mire la restauration de la performance nationale dans un contexte économique, social et politique propice à l'émergence du discours sanitaire et à la formation d'institutions de santé publique nouvelles[165].

---

158. Roderick Floud, Annabel Gregory et Kenneth Watcher, « The Physical State of the British Working Class », art. cité ; Simon Szreter, « The GRO and the Public Health Movement », art. cité ; Bentley Gilbert, « Health and Politics: The British Physical Deterioration Report of 1904 », *Bulletin of the History of Medicine*, vol. 39, n° 2, 1965, p. 143-153.

159. Richard Soloway, « Counting the Degenerate », art. cité, p. 143.

160. Richard Price, *An Imperial War and the British Working Class: Working Class Attitudes and Reactions to the Boer War 1899-1902*, Toronto, University of Toronto Press, 1972.

161. Timothy Bowman et Mark Connelly, *The Edwardian Army, op. cit.*, p. 153.

162. Alan Skelley, *The Victorian Army at Home, op. cit.*, chap. 1, p. 5-6. Voir Arnold White, « The Cult of Infirmity » I, *National Review*, 34, oct. 1899, p. 239-241. Sur l'usage et le contenu des statistiques de Manchester, voir Vanessa Heggie, « Lies, Damn Lies, and Manchester's Recruiting Statistics; Degeneration as an "Urban Legend" in Victorian and Edwardian Britain », *Journal of the History of Medicine and Allied Sciences*, vol. 63, n° 2, avril 2008, p. 178-216.

163. NA, CAB 17/17, The Financial Effect of the Introduction of Universal Military Service in the United Kingdom, 1905. Cité par David Silbey, « Bodies and Cultures Collide », art. cité, p. 67.

164. Roger Cooter, « Of War and Epidemics », art. cité, p. 292-293.

165. Geoffrey Searle, *The Quest for National Efficiency, op. cit.* ; David Crook, *Darwinism, War and History: the Debate over the Biology of War from the « Origin*

La guerre comme opportunité statistique

Le débat sur la dégénérescence souffre pourtant d'incertitudes statistiques liées au mode de recrutement de l'armée. Même si la comparaison internationale des taux d'exemption pour raison de santé reste un *topos* des ouvrages abordant la sélection médicale des recrues[166], il apparaît que ceux d'une armée professionnelle ou de volontaires ne sont pas aussi exploitables que ceux d'une armée de conscrits, seuls capables de constituer un indicateur fiable de l'état de santé de toute une population[167]. Ainsi, pour le Professor Cunningham, les chiffres d'une armée de volontaires sont issus d'un échantillon dont la représentativité est nulle, chaque année étant susceptible de fournir une population au profil sociologique distinct, en fonction de la variation des conditions socio-économiques qui poussent d'éventuels candidats à rejoindre l'armée[168]. D'autant que, la carrière militaire n'étant pas particulièrement attractive, la plupart des recrues britanniques sont issues des groupes socio-économiques les plus défavorisés. Et ceux-ci ne sauraient être représentatifs de l'état de la population dans son ensemble[169].

Malgré la multiplication des enquêtes, les tenants et les opposants de la théorie de la dégénérescence se plaignent constamment de l'ab-

---

of Species » to the First World War, Cambridge, Cambridge university press, 1994 ; David Barker, « How to Curb the Fertility of the Unfit: The Feeble-Minded in Edwardian Britain », *Oxford Review of Education*, vol. 9, n° 3, 1983, p. 197-211 ; Deborah Dwork, *War is Good for Babies and Other Young Children. A history of the Infant and Child Welfare Movement in England, 1898–1918*, Londres, Tavistock Publications, 1987, p. 12 ; Simon Szreter, « The Importance of Social Intervention in Britain's Mortality Decline c.1850–1914: a Re-interpretation of the Role of Public Health », *Social History of Medicine*, vol. 1, avril 1988, p. 1-38. William Bynum, *Science and the Practice of Medicine in the Nineteenth Century*, Cambridge, Cambridge University Press, 1994.

166. Samuel Thomas Beggs, *The Selection of the Recruit*, *op. cit.*, p. 35.

167. Richard Soloway, « Counting the Degenerate », art. cité, p. 141-149.

168. Roderick Floud, Kenneth Wachter et Bentley Gilbert, *Height, Health, and History*, *op. cit.*, p. 7.

169. Sur les conséquences de l'absence d'attrait de la carrière militaire sur la qualité des recrues, on lira : Timothy Bowman et Mark Connelly, *The Edwardian Army*, *op. cit.*, p. 42-43 ; Ian Beckett, « The Compulsion of Destitution: The British Army and the dilemma of imperial Defence, 1868-1914 », dans Peter Dennis et Jeffery Grey (dir.), *Raise, Train and sustain: Delivering Land Combat Power*, Canberra, Australian Military History Publications, 2010, p. 31.

sence de données fiables sur la santé de la population et plaident pour une investigation d'ampleur nationale[170]. Pendant la guerre, l'exploitation des statistiques du recrutement est en outre compliquée par le système de classification A, B, C, qui laisse planer l'incertitude sur les éléments évalués chez la recrue. Ces deux réticences – système de classification et représentativité de l'échantillon – sont écartées entre 1916 et la fin de l'année 1917, d'abord par l'introduction de la conscription puis par l'apparition du système par échelons numérotés I, II, III, IV. Dans ce contexte, la collecte des données de l'aptitude représente alors une opportunité sans précédent :

> Aussitôt qu'il a été requis des commissions médicales qu'elles classent les hommes dans de larges catégories reposant exclusivement sur des considérations physiques, deux importantes conséquences s'en sont suivies – (1) la plupart des difficultés et des anomalies du système précédent ont disparu, et (2) les fondations permettant de mener une enquête sur le physique des hommes en âge de combattre ont été jetées.
>
> Notre expérience a montré qu'il était possible de répartir les hommes dans quatre larges catégories en fonction de leur aptitude physique. [...] Notons que ces catégories ne reposent que sur des critères physiologiques [...]. Leur analyse devrait donc permettre de révéler à la fois la nature et la répartition des déficiences physiques au sein de la population masculine et de montrer dans quelle mesure la santé de la nation peut être considérée comme inférieure à un certain niveau. [...] Nul doute que cela nous indiquera les points sur lesquels nos efforts devront être concentrés dans l'objectif d'améliorer la santé de la nation en nous efforçant d'empêcher ce qu'il est possible d'empêcher et d'améliorer ou de pallier l'inévitable[171].

Pour Auckland Geddes, l'une des contributions majeures du ministère du Service national est donc la collecte d'informations statistiques d'une ampleur et d'une fiabilité sans précédent[172]. Entre le 1er novembre 1917 et le 31 octobre 1918, ce sont en effet les résultats de deux millions et demi d'examens médicaux qui s'offrent à l'analyse.

---

170. Great Britain, Parliamentary Papers, cd. 1501, *Memorandum by the Director-General, Army Medical Service On the Physical Unfitness of Men Offering Themselves for Enlistment in the Army*, 1903, cité par Richard Soloway, « Counting the Degenerate », art. cité, p. 143. Sur les mises en cause des statistiques du recrutement, voir aussi Richard Soloway, « Counting the Degenerate », art. cité, p. 143, 147.

171. *Report upon the Physical Examination*, *op. cit.*, p. 2.

172. « Doctors and National Service », *The Times*, 1er avril 1919, cité par Jay Winter, « Military Fitness and Civilian Health », art. cité, p. 213.

En septembre 1918, devant les possibilités ouvertes par cette quantité inédite de données, l'*Advisory Board*, qui se réunit périodiquement pour effectuer un travail de surveillance du processus de recrutement, propose de détourner les statistiques de leur objectif initial de contrôle et de réaliser une enquête de grande ampleur sur l'état de santé des hommes en âge de servir[173]. On intime bientôt aux commissions l'ordre de réunir toute la documentation utile à une telle investigation. Chaque délégué régional doit ainsi « se tenir informé de toutes les statistiques médicales récoltées dans sa circonscription et les comparer avec des statistiques similaires issues du reste du pays [...] et de réunir toute information relative à l'état de santé et aux conséquences de l'activité de la population de la région[174] ». Aux délégués des circonscriptions administratives et aux présidents de commission, il est recommandé de « se familiariser avec les situations locales et les conditions sociales de leur circonscription, en particulier tout ce qui concerne la santé publique et la condition physique de la population[175] ». Le ministère du Service national se fait donc partisan d'une approche globale systématique qui combinerait sans les distinguer une anthropologie physique, une anthropologie culturelle et sociale et une analyse économique voire sociologique[176]. On retrouve ici les pratiques compilatoires des précurseurs des années 1830, tel Adolphe d'Angeville qui ajoute aux données issues du recrutement reportées par le scribe du conseil de révision des renseignements sur le mode de vie des habitants, la part respective de l'industrie et de l'agriculture, la densité de la population

173. NA, NATS 1/764 Advisory Medical Board, Regional Report / Note on the recent work of National Service Medical Boards /M1/146. Sur le travail de l'Advisory Medical Board, NA, NATS 1/240, Meetings of National Service Medical Council: consideration of statistics, Octobre 1918; NA, NATS 1/764 Advisory Medical Board, Regional Report/Eighth meeting of the advisory Medical Board, Friday 27th September 1918.
174. CAC, GEDD 4/4. Ministry of National Service, « General Direction for the guidance of Commissioners, Deputy Commissioners of Medical Services, and Members of Medical Boards with regards to Grading » in *Report upon the Medical Department of the Ministry of National Service*, London, HMSO, 1920, p. 40-41.
175. GEDD 4/4. Ministry of National Service, « General Direction for the guidance of Commissioners, Deputy Commissioners of Medical Services, and Members of Medical Boards with regards to Grading » in *Report upon the Medical Department of the Ministry of National Service*, London, HMSO, 1920, p. 42 et p. 43.
176. Jean-Paul Aron, Paul Dumont et Emmanuel Le Roy Ladurie, *Anthropologie du conscrit français, op. cit.*, p. 10.

et des « faits de l'ordre moral » pour chaque département[177]. Ce ne sont pas les chiffres collectés en eux-mêmes qui doivent être révélateurs de l'état physique et pathologique du pays, mais le croisement de ces différentes informations.

Mobiliser par l'éloquence des chiffres : le rapport de 1920

Le rapport statistique issu de cette enquête, publié en 1920 par le ministère du Service national, tire des données analysées des conclusions « alarmantes sur l'excès des individus placés en catégorie III et IV » et « l'inquiétant tableau ainsi dressé de la santé et de la condition physique et des jeunes gens et hommes d'âge mûr du pays[178] ». 42 % d'individus examinés par les commissions médicales mises en place par le ministère du Service national ont été notés III ou IV[179]. Le rapport espère mobiliser par l'éloquence des chiffres. Il est de ce fait explicitement conçu pour porter ses conclusions sur la scène publique, comme d'autres rapports statistiques ayant fait, en leur temps, le bilan de conflits antérieurs[180]. Il est rédigé de manière à pouvoir être lu et manipulé par des non-spécialistes, comme en témoignent le glossaire des termes médicaux et

177. Alphonse D'ANGEVILLE, *Essai sur la statistique de la population française, op. cit.* Pour une ébauche de critique de la fiabilité de ces informations, Abel CHATELAIN, « d'Angeville A., *Essai sur la statistique de la population française considérée sous quelques-uns de ses rapports physiques et moraux.* Compte rendu », *Revue d'histoire moderne et contemporaine*, 19-4, 1972, p. 670-674.
178. *Report upon the Physical Examination, op. cit.*, p. 11. Pour une exploitation positive de ce rapport, Derek FRASER, *The Evolution of the British Welfare State*, Londres, Palgrave, 1973, p. 166 ; Bentley GILBERT, *British Social Policy 1914-1939*, Londres, Batsford, 1970, p. 15-16 ; Janet ROEBUCK, *The Making of Modern English Society from 1850*, Londres, Routledge, 1983, p. 85. Pour une critique des données qu'il contient : Jay WINTER, « Military Fitness and Civilian Health », art. cité. Pour son rapport avec les inquiétudes concernant la dégénérescence britannique : Joanna BOURKE, *Dismembering the Male, op. cit.*, p. 172 ; Jay WINTER, « Military Fitness and Civilian Health », art. cité.
179. *Report upon the Physical Examination, op. cit.*, p. 13.
180. Parliamentary Papers 1919, XXVI, p. 308. Cité par Joanna BOURKE, *Dismembering the Male, op. cit.*, p. 172-173. Pour la guerre de Crimée, Jean-Charles CHENU, *De la mortalité dans l'armée et des moyens d'économiser la vie humaine. Extraits des statistiques médico-chirurgicales des campagnes de Crimée en 1854-1856 et d'Italie en 1859*, Paris, Hachette, 1870. À ce sujet, on lira les analyses de Claire FREDJ, « Compter les morts de Crimée : un tournant sur l'identité professionnelle des médecins de l'armée française (1865-1882) », *Histoire, économie & société*, 2010/3, 29e année, p. 95-108.

la dimension didactique de son propos[181]. Largement diffusé, le rapport est vendu en librairie pour un peu plus de 2 shillings.

Comment rendre accessibles et évocateurs les statistiques du recrutement ? Mettre en ordre le flot considérable de ces données implique de sélectionner ou de créer *ex nihilo* des instruments de formalisation – indices, tableaux, graphiques, moyennes – qui facilitent l'appréhension de phénomènes complexes[182]. Le rapport de 1920 est ainsi accompagné d'une clef de lecture, l'indice d'aptitude conçu par l'anthropologue Arthur Keith (1866-1955). Il s'agit d'un « indice de l'état de santé de groupes de population en référence à ce que l'on peut considérer comme la norme[183] ». En s'appuyant sur les quatre échelons adoptés par la procédure de recrutement en 1917, l'anthropologue propose d'attribuer à chaque recrue, en fonction de son classement préalable, une fraction de valeur comprise entre ¼ (ou 25 %) et 1 (ou 100 %) puis, à partir de cette évaluation individuelle, de parvenir à un taux d'aptitude collectif pouvant s'appliquer à un groupe[184]. Attribuer une valeur à un groupe en fonction de son aptitude au service n'est pas une pratique entièrement neuve. François-Marie Taillepied de Bondy proposait ainsi en France en 1841 d'évaluer l'aptitude collective de chaque canton en amont du recrutement afin de mettre en place un prélèvement de conscrits prenant en compte les inégalités territoriales de santé. Il s'agissait alors de faire de la conscription – encore régie par le principe du tirage au sort – un « impôt de quotité » en rendant le prélèvement des conscrits proportionnel à la « *force contributive* » des cantons afin d'améliorer la « justice distributive[185] » de la conscription. Rien de tel dans la formule de Keith, qui est conçue avant tout comme un outil d'évaluation, mais elle s'inscrit dans cette série de tentatives visant à faire de l'aptitude une valeur collective jusque dans son expression mathématique.

181. *Report upon the Physical Examination, op. cit.*, p. iv.
182. À remplir
183. James Galloway, « Medical Examination of Men for Military Service », art. cité, p. 671.
184. *Ibid.*, p. 672. Pour une critique de la pertinence de cet indice, Jay Winter, « Military Fitness and Civilian Health », art. cité.
185. François-Marie Taillepied de Bondy, *Recrutement de l'armée. Observations pratiques sur les inégalités du mode actuel de répartition des continents entre les départements et les cantons, et proposition d'un nouveau mode*, Auxerre, E. Perriquet, 1841, p. 35. Le Pignet est aussi utilisé comme un indice collectif.

L'indice de Keith est un outil empirique de formalisation des données rapide à produire et puissamment évocateur. En simplifiant la complexité du réel, il rend les données produites en grand nombre immédiatement lisibles et comparables :

Écarts à la norme au niveau national selon l'indice de Keith, pour cent recrues

	Population normale	Recrues britanniques 1917-1918
Échelon I	70	36
Échelon II	20	22,5
Échelon III	7,5	31,3
Échelon IV	2,5	10,2
Indice de Keith	89,3	70,9

Source : *Report upon the Physical Examination*[186]

L'indice est conçu pour révéler, en un chiffre, la conformité ou la non-conformité du groupe avec la norme. Il ne suffit donc pas de constater que les potentielles recrues se répartissent inégalement dans les quatre catégories (36 % à l'échelon I, 22-23 % à l'échelon II, 31-32 % à l'échelon III et plus de 10 % à l'échelon IV). Encore faut-il déterminer ce que l'on considère être la répartition normale au sein de ces quatre catégories, ce que fait Keith à partir d'une enquête sur la répartition de la taille de 1 000 étudiants de Cambridge[187]. La construction de l'indice repose sur le modèle de distribution binomiale des qualités d'Adolphe Quetelet (1796-1874)[188]. En étudiant la distribution de la taille des conscrits d'un régiment, Quetelet avait remarqué dans

186. Ministry of National Service, *Report upon the Physical Examination, op. cit.*, p. 4.
187. « Letter from Arthur Keith », dans Ministry of National Service, *Report upon the Physical Examination, op. cit.*, p. 6.
188. Adolphe Quetelet, *Sur l'homme et le développement de ses facultés. Essai de physique sociale*, Paris, Bachelier, 1835. Sur le raisonnement de Quetelet : Michel Armatte, *Histoire du modèle linéaire. Formes et usages en statistique et économétrie jusqu'en 1945*, thèse de doctorat, EHESS, Paris, 1995. Il y analyse les étapes du raisonnement de Quetelet à partir de la « Lettre n° 20 au Prince de Saxe-Cobourg » ; Alain Desrosières, *Pour une sociologie critique de la quantification, op. cit.*, chapitre 14 : « Quetelet et la sociologie quantitative : du piédestal à l'oubli ». Pour des éléments sur la diffusion à l'international de ses théories : Maurice Halbwachs, *La théorie de l'homme moyen – Essai sur Quetelet et la statistique morale*, Paris, Alcan,

les années 1830 que cette distribution était régulière et pouvait être représentée sous la forme d'une courbe gaussienne. Autrement dit, les caractéristiques physiques se concentrent autour d'une valeur moyenne, « cause constante » vers laquelle tend l'homme moyen. Plus on s'éloigne de la moyenne, plus l'occurrence de la mesure est rare. Analysant les données produites par la statistique administrative, Quetelet constate que d'autres caractéristiques physiques, sociales et morales (poids, périmètre thoracique, mariage, suicide, crimes) obéissent à un modèle de régularité similaire. Il transpose alors la loi normale des probabilistes à son travail d'anthropologie physique et morale, donnant naissance à la loi binomiale de distribution des qualités.

C'est cette loi qui est à l'origine de la réflexion d'Arthur Keith sur la répartition des caractéristiques physiques des conscrits. Pour lui, l'aptitude est donc la moyenne, la « cause constante » pour employer le vocabulaire de Quetelet, vers laquelle tend l'organisme humain. Plus on s'éloigne des conditions physiques de l'aptitude, plus les individus doivent se raréfier. L'intuition de Keith se trouve renforcée par l'étude des premiers rapports de la statistique médicale du recrutement. Les chiffres des mineurs de Cardiff et Newport, communiqués par le rapport du directeur de la circonscription administrative du Pays de Galles, ainsi que ceux des mineurs de Wigan et d'Ashton-in-Makerfield, communiqués par le rapport du directeur de la Région Nord-Ouest, reflètent « exactement les proportions que l'on attendrait d'une population normale selon les bases théoriques que nous avons exposées[189] », se félicite Keith. À partir de là, il devient facile, grâce à l'indice, de repérer les écarts à la norme et surtout, d'identifier les groupes qui s'écartent particulièrement de la valeur étalon. Les 7 728 hommes examinés à Leicester en juin ne représentent ainsi que 630 unités d'aptitude au lieu de la valeur moyenne de 893. L'indice s'élève donc à 63. Il est, s'inquiète Keith, 26,3 degrés en dessous de ce qu'on serait en droit d'attendre.

L'indice de Keith permet de mettre en évidence de manière frappante d'importantes divergences dans le physique des populations. Les ouvriers travaillant dans l'industrie textile apparaissent ainsi caractérisés

1913 ; Joseph Lottin, *Quetelet, statisticien et sociologue*, Louvain, Institut supérieur de philosophie, Paris, Alcan, 1912.

189. « Letter from Arthur Keith », dans Ministry of National Service, *Report upon the Physical Examination, op. cit.*, p. 6.

par des indices compris entre 74,37 et 77,19, soit très en dessous de la valeur normale de 89,3. Tandis que les agriculteurs et certains groupes de mineurs se rapprochent de la norme, avec des valeurs comprises entre 88,88 et 89,88. La rationalité de la quantification donne aux assertions du rapport une autorité qui vise à les rendre indiscutables. L'indice traduit dans le langage universel de l'objectivité chiffrée de simples impressions qui, même formulées par un œil averti, ne peuvent rester que subjectives et donc sujettes à caution. Aussi l'inspecteur souligne-t-il dans son rapport l'intérêt de la représentation statistique :

> L'écart, déjà net dans la salle d'attente, devient frappant dans la chambre d'examen. Au même âge, la constitution des mineurs apparaît bien meilleure que celle des ouvriers des filatures de coton, les mineurs forment une catégorie athlétique et bien développée. Cet écart se manifeste de manière plus exacte encore dans les rapports[190].

Grâce à la statistique en général et à l'indice de Keith en particulier, les inégalités socioprofessionnelles de santé sont rendues à la fois visibles et indiscutables. De nombreux articles de la presse générale et spécialisée reprennent dès lors les conclusions du rapport à l'appui de constats souvent alarmistes sur l'état de santé de la population[191]. E. P. Cathcart, médecin instructeur en physiologie et membre du comité consultatif d'hygiène militaire, s'inquiète :

> Si l'on nous avait interrogé en 1914 sur la condition physique de la nation, la plupart d'entre nous aurait rejeté la simple idée que notre population puisse être composée d'individus de type C3 (si tant est que cette classification eût alors cours). Nous étions alors satisfaits et contents de la condition physique de notre peuple. [...] Depuis la guerre, il n'est plus possible de se voiler la face. Nous étions nombreux à avoir entendu des rumeurs,

190. *Report upon the Condition of 2994 Men, Examined in Neighboring Areas of Boards D and E*, cité par James Galloway, « Medical examination of men for military service », art. cité, p. 675.
191. Roderick Floud, Annabel Gregory et Kenneth Watcher, « The Physical State of the British Working Class, 1870-1914: Evidence from Army recruits », *National Bureau of Economic Research, Working Paper 1661*, 1985 ; Roderick Floud, Kenneth Wachter et Bentley Gilbert, *Height, health, and History, op. cit.* ; Geoffrey Searle, *The Quest for National Efficiency, op. cit.* ; Id., *Eugenics and Politics, op. cit.* ; Richard Soloway, « Counting the Degenerate », art. cité. Sur l'inquiétude liée à la dégénérescence voir aussi Greta Jones, *Social Hygiene in Twentieth Century Britain*, Londres, Wolfeboro, Croom Helm, 1986 ; Semmel Bernard, *Imperialism and Social Reform, op. cit.*

quelques-uns d'entre nous avaient même vu de leurs yeux la situation réelle. Tout cela est désormais de notoriété publique. Le récent volume publié par le ministère du Service national achève notre déconvenue. Elle est terrible et déchirante. [...] Rendons-nous compte, si les chiffres avancés par Keith sont une estimation correcte de la situation, dans notre pays, au lieu de 70 % d'échelons I, on en trouve 35,9 % ; les échelons II représentent 22,6 % au lieu de 20 % ; les échelons III 31,2 % au lieu de 7,5 et les échelons IV 10,3 % au lieu de 2,5 %[192].

Orienter la lecture des données

Bien que reflet d'un idéal d'objectivité impersonnelle, celui des méthodes quantitatives, le traitement statistique est une pratique sociale qui naît à la faveur de contextes intellectuels ou sociaux spécifiques et trahit la poussée d'idéologies comme l'influence de cadres normatifs. Les indices, instrumentalisés à des fins politiques, constituent à la fois des éléments de preuve et des outils de gouvernement[193]. Si celui de Keith a la préférence de l'administration britannique du recrutement par rapport à d'autres outils déjà disponibles, c'est pour les raisons scientifiques évoquées ci-dessus mais aussi et surtout pour des raisons doublement politiques. La formule autorise d'abord un traitement eugéniste des statistiques médicales du recrutement. Elle limite ensuite les possibilités de contestation du nouveau système de sélection médicale des recrues mis en place dans un contexte de crise à la fin de 1917.

Cet indice révèle la prégnance du modèle eugéniste dans les milieux scientifiques britanniques. L'histoire de la statistique mathématique, partie des travaux d'Adolphe Quetelet sur la distribution des attributs physiques et moraux au sein de la population, est marquée

192. Cathcart E. P., « Physical training », *Journal of the Royal Army Medical Corps*, 1er août, 1920, p. 175-183, ici p. 177. Voir annexe n° 60.

193. Desrosières Alain, *Pour une sociologie historique de la quantification : l'argument statistique*, *op. cit.*, p. 7 ; Desrosières Alain, « Histoire de formes », *art. cit.*, p. 278-279 pour la citation. Sur l'histoire critique de la quantification, on consultera Boltanski Luc, « Taxinomies populaires, taxinomies savantes : les objets de consommation et leur classement », *Revue française de sociologie*, xi, 1970, p. 34-44. Sur la statistique mathématique britannique et ses liens avec l'eugénisme : MacKenzie Donald, *Statistics in Britain 1865-1930. The Social Construction of Scientific Knowledge*, Édimbourg, Edinburgh University Press, 1981 ; Thévenot Laurent, « Statistique et politique. La normalité du collectif », *Politix. Revue des sciences sociales du politique*, 1994, n° 25, p. 5-20 ; « La politique des statistiques », *op. cit.*

en Grande-Bretagne par la pensée darwiniste de l'évolution héréditaire des espèces *via* la sélection naturelle[194]. Dans son essai *Sur l'homme et le développement de ses facultés*, Quetelet se concentre sur les caractéristiques des hommes, la constance de leur distribution et leur oscillation autour d'une valeur moyenne[195]. En France comme en Angleterre, ses travaux sont introduits par des médecins actifs sur les questions d'hygiène[196]. L'essor de la théorie statistique en Grande-Bretagne doit beaucoup aux eugénistes Francis Galton (1822-1911) et Karl Pearson (1857-1936). Ce sont les sociétés d'eugénique qui contribuent à systématiser la collecte de l'exploitation statistique[197]. Sous l'influence de Darwin, Francis Galton incite à examiner non pas, comme le fait Quetelet, les caractéristiques moyennes des hommes, mais leurs différences et la distribution inégalitaire des capacités. C'est lui qui oriente l'étude des caractéristiques humaines vers la variabilité et le classement des individus. Pearson, qui prolonge et développe le travail de Francis Galton, est à l'origine d'une véritable école biométrique, particulièrement active entre 1900 et 1914, dont l'organe de diffusion est la revue *Biometrika*[198]. Dans le laboratoire de biométrie de l'Université de Londres, les activités statistiques et eugéniques sont étroitement associées jusque dans les années 1920. Les présupposés de l'eugénisme – héritabilité des caractères, inégale répartition des qualités, détermination de la valeur sociale des individus en fonction de leurs aptitudes, sélection comme modalité d'amélioration de la société – influencent durablement les travaux statistiques de biométrie britannique. Sur le plan des postulats théoriques comme sur celui de l'outillage mathématique, ces présupposés se révèlent parfaitement transposables à l'activité qui consiste à classer les recrues en catégories et à interpréter les résultats de ce classement à différentes échelles.

---

194. Jean-Paul Benzecri, *Histoire et préhistoire de l'analyse des données*, Paris, Dunod, 1982 ; Alain Desrosières, « Histoire de formes », art. cité, p. 289 ; Donald MacKenzie, *Statistics in Britain, op. cit.* ; Sur l'analyse factorielle, Stephen Gould, *La mal-mesure de l'homme, op. cit.* ; Helen Walker, *Studies in the History of Statistics*, Londres, King, 1929.

195. Adolphe Quetelet, *Sur l'homme et le développement de ses facultés, op. cit.* ; Joseph Lottin, *Quetelet, statisticien et sociologue, op. cit.*

196. Sur la France, voir Alain Desrosières, « Histoire de formes », art. cité, p. 281.

197. Pauline Mazumdar, *Eugenics, Human Genetics and Human Failings: the Eugenics Society, its Sources and its Critics*, Londres, Routledge, 1992 ; sur les liens entre eugénisme et statistique britannique, Donald MacKenzie, *Statistics in Britain, op. cit.*

198. L'anthropologie physique prend alors le nom de biométrie.

C'est en effet à partir du classement des individus par les commissions médicales qu'Arthur Keith élabore son indice. Anatomiste et anthropologue, membre du comité consultatif du ministère, Keith est un penseur du darwinisme social, des théories évolutionnistes de la sélection naturelle et de la hiérarchie des groupes humains[199]. En déterminant une différence mesurable de qualité entre les individus, il entend fonder une hiérarchie sociale sur une base biologique. Comme Francis Galton, il s'intéresse davantage au classement qu'au niveau de performance par lequel ce rang est atteint. Il délègue l'étude de la performance aux commissions médicales qui travaillent, en amont de l'activité statistique, à répartir les recrues potentielles dans les quatre classes d'équivalence déjà construites par les nécessités du triage médico-administratif[200]. Ces commissions ont déjà fourni une part importante du travail statistique qui consiste à associer des groupes à des comportements potentiels, des capacités concernant le comportement probable des individus au sein de l'institution militaire. Par le système de classement, de répartition dans les quatre catégories hiérarchisées, les individus sont qualifiés, c'est-à-dire associés à un potentiel, à un degré d'efficacité relatif au milieu dans lequel ils doivent être plongés à l'issue de leur incorporation[201]. L'indice de Keith reprend ces classes physiologiques et psychologiques d'équivalence et les associe à des valeurs numériques. Son indice, exprimé en fraction de la valeur à la fois normale, pleine et entière de 1, repose sur une théorie eugénique de la valeur différentielle des individus. En dehors de la catégorie I et de sa valeur associée 1, qui correspond à l'état de pleine santé et à une constitution robuste, il ne peut exister que des humanités dégradées.

Si l'indice de Keith, comme instrument mathématique de formalisation des données, est informé par les représentations politiques de

199. *Biographical Index of Former Fellows of the Royal Society of Edinburgh 1783–2002*, The Royal Society of Edinburgh, 2006 ; Arthur Keith, *An Autobiography*, Londres, Watts & Co., 1950 ; voir aussi Alan Bernard, *Social Anthropology and Human origins*, Cambridge, Cambridge University Press, 2011, p. 10.
200. Sur la constitution de personnes collectives, voir Luc Boltanski, *Les cadres. La formation d'un groupe social*, Paris, Éditions de Minuit, 1982 ; sur les opérations de rapprochement et de traitement des personnes, voir Luc Boltanski et Laurent Thevenot, « Finding One's Way in Social Space : A Study Based on Games », *Social Sciences Information*, vol. 22, n° 4-5, 1983.
201. Sur le processus de qualification : Laurent Thévenot, « La politique des statistiques », art. cité, p. 1276.

la communauté scientifique dans laquelle il se déploie, il est également instrumentalisé à des fins stratégiques. Les chiffres, les courbes et les formules forment en effet « la base de stratégies de communication[202] ». L'indice participe du dispositif qui entend clore la séquence de crise politique ouverte en 1916 avec l'introduction de la conscription, quand on reprochait aux médecins d'établir des diagnostics hâtifs et d'incorporer des hommes inaptes au service armé. Le rapport de 1920 consacre son introduction au rappel des errements du précédent système et son premier chapitre à défendre la valeur de la classification en quatre échelons. L'indice de Keith est introduit au troisième chapitre et est utilisé constamment dans les pages qui suivent pour mesurer l'écart à la norme de l'aptitude de groupes aussi bien régionaux que socioprofessionnels. Il couronne un édifice de justification qui vise à souligner le fait que les examens médicaux sont bien appuyés sur des bases scientifiques indiscutables. Les conclusions du rapport sont ainsi présentées par une série de chiffres issus d'une classification reposant sur l'état général de l'individu et non, comme dans les débats d'avant-guerre, par des mesures dont la précision était restée sujette à caution[203]. En créant sur mesure un outil d'interprétation des statistiques médicales du recrutement, le ministère espère en outre en contrôler la réception et limiter la contestation du nouveau système. En effet, il n'est possible de manier l'indice de Keith qu'à partir d'une classification déjà établie (échelons I, II, III, IV). Contrairement au Pignet, qui permet aux hygiénistes de contester les modalités de la sélection médicale des recrues en soulignant l'inaptitude de certaines d'entre elles, l'*index of fitness* interdit toute remise en cause de la catégorisation individuelle effectuée en amont par le corps médical puisqu'il n'intervient justement qu'en aval de celle-ci. En cela il est un outil de la réforme administrative et politique de 1917.

Vers une nouvelle politique de santé publique

Quelles conséquences politiques a pu avoir la publicisation des statistiques médicales du recrutement ? Les statistiques de santé publique en général ont joué un rôle essentiel dans la transformation du rôle

202. Theodore Porter, *La confiance dans les chiffres*, *op. cit.*, p. xviii.
203. Roderick Floud et Bernard Harris, « Health, Height and Welfare: Britain 1700-1980 », dans Richard Steckel et Roderick Floud (dir.), *Health and Welfare during Industrialization*, *op. cit.*

de l'État britannique dans l'opinion publique au XXe siècle[204]. L'image d'un État centralisateur oppresseur a peu à peu laissé la place à une vision plus positive de la puissance publique, rendant ainsi possible, et peut-être de manière paradoxale, une intervention étatique accrue, caractéristique du *Welfare State*[205]. John Stuart Mill (1806-1873) observe ce glissement dès 1859 et l'associe à la collecte et au traitement des statistiques relatives aux questions de santé publique : « Par sa capacité à rassembler des renseignements et à traiter cette information, l'État central acquiert un rôle distinct, au-dessus des revendications locales et individuelles d'autonomie[206] ».

La tendance européenne à la biologisation des faits sociaux, caractéristiques de la période 1880-1940, pousse à appréhender la maladie comme le résultat de réalités sociales, telles la pauvreté ou l'habitat délétère des villes industrielles[207]. Les statistiques médicales, y compris celles du recrutement, justifient dès lors des entreprises politiques destinées à favoriser le développement de la nation[208]. Dans les décennies précédant la Grande Guerre, les États européens se sont impliqués dans la mise en place de mesures sanitaires et de lois sociales destinées à améliorer la santé de leur population. En Angleterre, la mise en place des retraites en 1908, des bureaux de placement en 1909 ou des assurances sociales en 1911, appliquées de manière homogène sur tout le territoire, consacre la rupture avec les politiques d'assistance du XIXe siècle. Du fait notamment des inquiétudes liées aux statistiques du recrutement, les réformes prennent une tout autre ampleur au lendemain de la guerre.

À Manchester, dès septembre 1918, Lloyd George dresse le bilan de la guerre dans un discours bien connu :

---

204. Derek Fraser, *The Evolution of the British Welfare State*, Londres, Palgrave, 1973 ; Simon Szreter, « The GRO and the Public Health Movement in Britain », art. cité, p. 435-463.
205. Greta Jones, *Social Hygiene in Twentieth Century Britain*, *op. cit.*
206. Cité par Simon Szreter, « The GRO and the Public Health Movement in Britain », art. cité, p. 435-463.
207. Greta Jones, *Social Hygiene in Twentieth Century Britain*, *op. cit.*
208. Pour un exemple de l'utilisation des statistiques de guerre du périmètre thoracique dans une étude de 1922 sur le rachitisme : J. Lawson Dicks, *Rickets*, Londres, 1922, p. 387. Sur l'Allemagne et la France, voir Heinrich Hartmann, *The Body Populace*, *op. cit.*, p. 16-20, 103-104, 105. Voir aussi Émile Lachaud, « Rapport fait à la chambre des députés. Annexe au procès-verbal de la séance du 11 juillet 1910 », SHD, GR 7 N 137.

« Que de grandes choses aurions-nous pu accomplir si ce pays avait été en état ; c'est dans la guerre comme dans la maladie, que se révèlent les faiblesses d'un organisme. Quelle a été notre faiblesse ? Parlons sans détour. Nous avons mis en place un ministère du Service national et compilé avec soin les statistiques de la population entre 18 et 42 ans. Il s'agit bien là de la force de l'âge. Nous avons ces échelons I, II, III, IV et tout ce qu'il m'est possible de dire, c'est que les résultats des examens médicaux sont inquiétants, et j'ose même dire, alarmants. J'ose à peine vous les communiquer. Le nombre d'hommes aux échelons III et IV dans notre pays est énorme [...].

Quelle est la signification de tout cela ? Cela signifie que nous avons fait un usage prodigue, imprudent et cruel de notre matériel humain. J'ai demandé au ministre du Service national combien d'hommes nous aurions pu incorporer si l'on s'était correctement occupé de l'état de santé de la nation. La réponse m'a abasourdi. Sa réponse était réfléchie, ce fut « au moins un million ». Si nous avions pu avoir ce million, cette guerre aurait été triomphalement gagnée. [...] Je mets très solennellement en garde mes compatriotes [...]. Il n'est pas possible de maintenir un Empire A1 avec une population C3[209]. »

De l'étude des statistiques compilées par le ministère du Service national découle un inquiétant constat pour la puissance de la monarchie. Le discours de Lloyd George fait forte impression et est largement commenté dans la presse, qui ne manque pas de souligner la solidité des chiffres fournis par le ministère du Service national :

La santé [de notre nation] est particulièrement défectueuse. J'en veux pour preuve la déclaration du Premier Ministre, appuyée sur les éléments fournis par le ministère du Service national, qui affirme que nous sommes une nation composée d'individus C3. Cette défectuosité provient de l'état de négligence dans lequel se trouve la médecine préventive [...][210].

Ce constat se répand largement. Ces chiffres nourrissent également des angoisses démographiques de type eugéniste[211].

Pour le *Times*, en 1919, les informations médicales issues du recrutement permettent de poser les premiers jalons d'une nouvelle

209. « The War and After », *The Times*, 13 septembre 1918.
210. Halford Ross E., « To the editor of the Times », *The Times*, 21 septembre 1918.
211. Richard A. Soloway, *Demography and Degeneration. Eugenics and the Declining Birthrate in Twentieth-Century Britain*, Chapel Hill/Londres, The University of North Carolina Press, 1995 [1990], p. 138.

politique de santé publique[212]. Le thème de la défense de la nation est, après la guerre, un catalyseur du développement du rôle de l'État dans la protection sociale[213]. Du fait des pouvoirs conférés par le *Defence of the Realm Act* de 1914, la puissance publique a disposé pendant la guerre de moyens politiques inédits qui lui ont permis d'intervenir plus largement dans les affaires de l'État. Les statistiques du recrutement de la Grande Guerre viennent alors nourrir l'argumentaire des réformateurs sociaux comme Christopher Addison (1859-1961), médecin et ministre de la Reconstruction, qui œuvrent depuis mars 1917 à la création d'un ministère de la santé. Elles contribuent ainsi à l'important mouvement de réformes sociales – initié dès 1919 par la création d'un ministère de la Santé à la tête duquel est placé Christopher Addison – destiné à améliorer durablement l'état de santé des populations[214].

212. « Defects of Grade IV Men », *The Times*, 12 mars 1919, cité par Jay Winter, « Military Fitness and Civilian Health », art. cité, p. 213.
213. Derek Fraser, *The Evolution of the British Welfare State*, Londres, Palgrave, 1973, p. 177.
214. *Ibid.* ; Greta Jones, *Social Hygiene in Twentieth Century Britain*, *op. cit.*, p. 29 ; Charles Webster, « Healthy or Hungry Thirties », *History Workshop Journal*, vol. 13, n° 1, 1982, p. 110-129 ; Stephen Constantine, *Social Conditions in Britain*, Londres, Methuen, 1983, p. 35.

Conclusion
Ce que sélectionner veut dire

Le principe de la sélection des soldats place les sociétés devant une série de questions aussi simples que fondamentales : pourquoi ? Comment ? Qui ? Quand ?

Pourquoi sélectionner ?

Pourquoi, tout d'abord, procéder à ce choix ? On peine parfois à se représenter le poids de l'armée dans les sociétés du début du XXe siècle. L'état constant de préparation à la guerre rend indispensable le fait de penser les modalités de participation des individus à la défense nationale. Dans des sociétés travaillées par des aspirations démocratiques, ces modalités doivent prendre en compte à la fois les intérêts individuel et collectif. L'indispensable équilibre entre ces deux impératifs explique que les opérations médicales du recrutement soient placées sous surveillance et que leurs modalités soient fréquemment débattues dans toute la société où s'affrontent des conceptions parfois antagonistes de l'aptitude.

Le secours de la médecine, dont la scientificité est vue comme un gage de neutralité, est l'un des aspects fondamentaux de la fabrique du consensus autour des questions – centrales dans la conduite de la guerre – du recrutement militaire. L'existence d'un corps d'experts spécialisés, d'une procédure formalisée et d'une nomenclature savante vise à faire disparaître toute subjectivité dans le processus, de même que les tentatives de quantification de l'aptitude. La sélection des recrues est pensée non seulement comme un processus d'épuration mais aussi comme un dispositif prophylactique destiné, en écartant les potentiels vecteurs de contagion, à préserver la santé et donc l'efficacité des forces armées. Elle peut dès lors apparaître à la fois comme soucieuse de l'efficacité de l'armée et garante de l'intérêt de l'individu, ce qui commande de ne pas exiger de lui plus d'efforts qu'il ne peut en fournir. Faire l'histoire de cette sélection, c'est finalement faire l'histoire du rapport des sociétés à la chose militaire. Quelles sont les conditions du consensus autour des modalités du recrutement ? Ou pour le dire autrement quelles sont les limites de l'acceptable pour des populations auxquelles on prélève ce qu'elles considèrent comme leurs meilleurs éléments ?

En temps de guerre, la présence à l'arrière d'individus présentant – parfois bien malgré eux – tous les signes de la bonne santé suscite des heurts. *A contrario*, les familles peuvent protester contre l'incorporation d'un de leur membre dont l'insuffisance physique est de notoriété publique. Ces tensions montrent à quel point l'équilibre est fragile et dépendant des circonstances. La différence de rapport à la chose militaire en France et en Grande-Bretagne explique d'ailleurs que le mécontentement ait pris des formes et une intensité diverses. Là où, en France, la conscription est un principe établi dont les modalités ont longuement été débattues, en Grande-Bretagne, sa récente instauration la rend d'autant plus vulnérable aux crises. La pratique de la sélection peut rencontrer la reconnaissance sociale si elle est « scientifiquement fondé[e], techniquement possible et politiquement légitime[1] ». Or, en Grande-Bretagne particulièrement, cette triple condition est particulièrement mise à l'épreuve. Les fondements scientifiques de la sélection des recrues sont remis en cause par le doute qui plane sur la compétence des médecins et leur soumission au pouvoir militaire. Sa possibilité technique est compromise par les conséquences de l'accélération due à la formation extrêmement rapide d'une armée de masse. Sa légitimité politique est ébranlée par l'assaut parlementaire.

L'ampleur de la crise est infiniment moindre en France. Le fondement scientifique et la légitimité des médecins ne sont que rarement abordés au Parlement où les députés médecins ont peu d'intérêt à voir leur compétence discutée. Expérimenté sur plusieurs décennies dans les conditions de l'armée de masse, le système de recrutement apparaît plus solide parce que plus éprouvé. La possibilité technique de la sélection est ainsi moins affectée par l'accélération des opérations du recrutement. Enfin, la légitimité politique de l'entreprise est réaffirmée par son caractère indispensable dans la gestion de la crise sanitaire. Ce schème explicatif permet de comprendre la différence d'ampleur entre les deux pays de la crise de la reconnaissance sociale. Il permet

1. Paul-André Rosental, « Sélection et valeur humaine : deux lectures républicaines, 1937-1944 », *Incidence. Philosophie, littérature, sciences humaines et sociales*, n° 12, automne 2016, p. 115.

également d'expliquer pourquoi les réformes qui s'ensuivent visent, davantage qu'à agir sur les résultats de la sélection, à en modifier la forme pour rétablir la confiance, notamment en alourdissant le poids des experts dans la décision finale. Les modalités de la sélection apparaissent donc particulièrement importantes puisque ce sont d'elles que découlent non seulement l'efficacité du dispositif mais son acceptabilité. Dès lors, comment sélectionner ?

Comment sélectionner ?

Le triage des soldats repose sur une procédure, celle de l'examen médical, et sur une notion, l'aptitude, dont les contours doivent déterminer les critères de l'incorporation. Or, faire l'histoire de l'aptitude et de l'examen des recrues est déroutant à plus d'un titre. L'aptitude est d'abord une notion qui résiste à l'analyse. Impossible à définir du point de vue biologique, elle est une variable d'ajustement toute trouvée de la politique de recrutement militaire. Lorsque la crise des effectifs se fait sentir, les critères de l'aptitude sont immédiatement revus à la baisse. J'ai établi précisément les modalités de ce phénomène. En Grande-Bretagne, c'est la procédure de l'examen médical qui se trouve modifiée tandis qu'en France, la réforme prend la forme d'une révision de la nomenclature. J'ai en outre analysé les formes de la participation individuelle et collective des médecins à la dynamique du rendement en montrant que la médecine s'était faite auxiliaire du pouvoir militaire tout en conservant sa rationalité et ses méthodes, notamment celle de la controverse scientifique.

Aptitude et son équivalent anglais « *fitness* » ne sont, en outre, pas parfaitement synonymes. Cela contribue à expliquer pourquoi la *fitness*, dont le sens est plus général, est fréquemment invoquée pour rendre compte de l'état de santé de la nation britannique, là où la France a opté pour une acception plus clairement institutionnelle de l'aptitude. L'armée fabrique des critères d'admission qui lui sont propres et qui ne sauraient refléter autre chose que ses besoins. Les médecins militaires ont développé une double conception de l'aptitude, à la fois fonctionnelle et institutionnelle, faisant partie intégrante de ce que j'ai choisi de nommer une pensée stratégique hygiéniste. La confusion entre aptitude et bonne santé n'est toutefois jamais loin, comme le montrent les conséquences dommageables du verdict d'inaptitude pour les jeunes conscrits français, soupçonnés de dissimuler quelque tare honteuse et par là-même exclus du modèle masculin valorisé socialement.

En outre, le discours et la pratique des médecins recruteurs renvoient finalement assez peu à l'idée de qualité guerrière, de compétence au combat ; en somme, d'aptitude. Dans la littérature médico-militaire, l'aptitude apparaît finalement comme une condition par défaut qui ne peut apparaître qu'en creux. Dans la pratique, faire émerger une population choisie, constituée d'individus de qualité sur lesquels repose l'efficacité de l'armé, ne peut se faire qu'en identifiant et en écartant les corps inadaptés. Si l'aptitude était une catégorie du discours, sorte de coquille vide fréquemment invoquée, la pratique s'articule, elle, autour d'une conception plus nette de l'inaptitude. La sélection peut dès lors être interprétée comme un processus d'exclusion des inaptes qui emprunte ses normes à l'activité médico-légale. Au cours de l'examen, il s'agit, le cas échéant, d'administrer la preuve de l'inaptitude du candidat.

La pratique de l'examen apparaît dès lors comme une manière de voir et une collection de tâches concrètes, de savoir-faire, parfois artisanaux, orientés vers cet objectif. En effet, cette évaluation ne pouvait être seulement considérée comme un ensemble de savoirs objets de la discussion scientifique. Je me suis donc efforcée d'en restituer les pratiques concrètes. J'ai prêté attention aux gestes des évaluateurs et des évalués, mais aussi à la dimension matérielle de cette évaluation. J'ai finalement envisagé l'examen comme un processus qui combinait des savoirs, des instruments, des technologies du corps et des principes d'organisation. Cette approche m'a permis de mettre au jour le nouvel agencement temporel, inspiré des réflexions autour de la corrélation entre travail et temps, qui caractérise le dispositif dans la seconde moitié de la guerre. Elle m'a également permis d'identifier les différentes traditions diagnostiques à l'œuvre, dont la coexistence est le fruit à la fois de l'état des connaissances et des contraintes de l'examen. Les limitations des ressources des experts réduisent en effet les possibilités d'investigation de la condition physique et mentale des recrues. En outre, le poids des médecins dans la décision finale est limité par l'intervention d'autres instances.

Qui peut et doit sélectionner ?

La médecine, ses méthodes et sa rationalité occupent un rôle prépondérant dans la fabrique du consensus qui doit accompagner la gestion des effectifs. L'intervention d'autres instances, civiles ou militaires, vient pourtant réduire le poids de l'expertise médicale dans la prise de décision finale. Faire l'histoire de la sélection, c'est aussi faire aussi l'histoire sociale d'une profession, celle des médecins, et de la manière dont ils sont confrontés à une remise en cause de leur compétence qui les conduit à défendre, avec succès, leurs intérêts. Le rôle des recrues elles-mêmes, la marge de manœuvre dont elles disposent face au pouvoir médical de dire l'aptitude, restent limités, quels que soient les subterfuges employés ou les recours déployés, et contrairement à ce qu'ont pu affirmer d'autres travaux. La prise de décision est plus ou moins collégiale mais elle se fait sans les examinés et les réformes de la deuxième moitié de la guerre visent toutes à alourdir le rôle des experts dans la formulation de la sentence.

La société civile s'intéresse pourtant de près à la sélection, à ses modalités et ses résultats, notamment en temps de guerre, où l'on se préoccupe plus que jamais de la juste répartition de l'impôt du sang. On discute, on dessine, on moque, on chante la sélection, expérience partagée par des millions d'hommes. En parallèle de la compétence médicale, et parfois militaire, à évaluer l'état de l'individu, les civils de l'arrière sont détenteurs de ce j'ai choisi d'appeler une conception profane de l'aptitude, soit un savoir pratique sur la maladie, basé sur l'expérience ou sur l'observation des marqueurs apparents de la bonne santé, qui conduisent le tout-venant à émettre un avis sur la condition physique des hommes en âge de combattre. La notion de savoir profane, voire dans certains cas d'expertise profane, m'a permis d'établir un contrepoint nécessaire aux constructions savantes des experts et de m'écarter d'une focale historiographique concentrée sur les élites. Faire l'histoire de la sélection, c'est aussi faire l'histoire du handicap, de la manière dont une institution, l'armée, produit ses propres normes, mais aussi de la manière dont leurs particularités sont perçues, ou non, par les examinés comme des insuffisances. Les caractéristiques des recrues sont tantôt minimisées, tantôt revendiquées, selon qu'elles cherchent à aller combattre ou, au contraire, à échapper aux épreuves du champ de bataille.

Quand ? ou le poids des circonstances

Si la sélection des soldats revêt une certaine importance en temps de paix, c'est en temps de guerre que le processus et ses résultats sont chargés d'une signification particulière. C'est le moment où recruter un homme signifie, non plus l'encaserner pour une durée plus ou moins longue, mais le déployer sur le champ de bataille et l'exposer à une mort probable. C'est aussi le moment où être exempté conduit à une exclusion des combats qui peut être préjudiciable à la position sociale du jeune homme. Étudier la Grande Guerre était ici particulièrement intéressant en raison des conséquences démographiques dévastatrices de l'artillerie et de l'importance attribuée au nombre dans le déploiement stratégique. L'exceptionnalité du temps de guerre apparaît clairement dans les discours comme dans les pratiques de la sélection mais aussi au sein de la société, où nombreux sont celles et ceux qui soutiennent l'intensification du rendement du recrutement.

La guerre est également un moment où l'action de l'État, qui englobe des aspects de plus en plus nombreux de la vie, est placée sous surveillance. L'histoire de la Première Guerre mondiale s'est intéressée à la fois au consentement des sociétés aux efforts qui leur étaient demandés et à toutes sortes de résistances de la population, jusqu'à opposer les deux phénomènes dans une controverse historiographique qui a agité les milieux académiques français pendant quelques années. La bataille a aujourd'hui perdu de sa vigueur mais elle a soulevé d'intéressantes questions et contribué à renouveler durablement l'histoire de la Grande Guerre. L'histoire de la sélection des recrues permet de relire et d'observer la manière dont des moments d'adhésion à l'effort de guerre et de contestation de la conduite de la guerre cohabitent, se succèdent et prennent le pas les uns sur les autres à la faveur du renversement des rapports de force.

Face à l'incorporation massive d'inaptes dans les rangs, les formes démocratiques de la protestation ont trouvé le moyen de survivre à la guerre et de peser sur les gouvernements. Grâce à une lecture politique de la sélection, j'ai d'abord analysé le rôle de la presse, des parlementaires et des tribunaux d'appel. Leur mobilisation permettait d'approcher sous un nouvel angle la marge de manœuvre des communautés face au pouvoir de l'État. J'ai ensuite restitué la forme, le contenu, l'efficacité et la postérité des mesures visant à répondre à cette mobilisation, que celles-ci se déploient au front ou lors de la sélection elle-même. Si les réformes instituées dans les deux pays ont certes pris des directions différentes, elles visent de la même manière à restaurer la confiance en s'appuyant sur le prestige de la science.

Exclure ou sélectionner : la pratique à l'épreuve des aviateurs

Dans le premier quart du XXe siècle, les armées ont-elles complètement renoncé à sélectionner des hommes sortant de l'ordinaire ? Ont-elles conçu toute entreprise de triage des soldats comme un processus rudimentaire d'exclusion des inaptes, soumis à d'importantes contraintes aussi bien techniques que temporelles ? C'est bien le cas pour l'infanterie, dont le poids dans le dispositif stratégique de la Première Guerre mondiale n'est plus à démontrer. Les choses se révèlent bien différentes pour l'aviation qui prend au cours du conflit une nouvelle importance[2]. Dès le début des combats, les accidents dus aux défaillances des pilotes se multiplient. À mesure que croît l'importance stratégique de l'aviation et qu'augmentent la fréquence, l'altitude et la durée des vols, les modalités traditionnelles de sélection des combattants se révèlent inadaptées aux exigences auxquelles sont confrontés les hommes de l'air.

Des médecins tentent alors de concevoir des tests d'aptitude spécifiques, destinés aux candidats à l'aviation. Ces tests se caractérisent par leur caractère expérimental, leur sophistication et la mobilisation de nouveaux dispositifs techniques. Ils font rapidement l'objet de débats internationaux dans le cadre d'une discussion scientifique interalliée. Contrairement à la sélection de l'armée de terre, les modalités de choix des aviateurs permettent d'envisager le déploiement d'un éventail considérable de technologies de quantification et de notation des capacités humaines. Chronomètres électriques, pneumographes, pléthysmographes et appareils de Verdin sont mis au service de la sélection psychotechnique des aviateurs. On mesure chez les candidats pilotes la rapidité des réactions visuelles, auditives et tactiles, ainsi que l'intensité des réactions émotives. On les soumet à l'action des premiers

2. Aude-Marie Lalanne Berdouticq, « L'invention médicale de l'aviateur. La Grande Guerre et la naissance des tests d'aptitude de l'aéronautique militaire », dans Bénédicte Chéron *et al.* (dir.), *Figures de l'aviateur*, Paris, La Documentation française, à paraître, 2025.

simulateurs de vol. Ces procédures sont mises en application dans les centres de recherche puis appliquées dans les écoles d'aviation.

Les développements institutionnels, techniques et stratégiques de l'aviation militaire sont désormais bien connus et ont été enrichis par l'histoire culturelle et politique qui a mis en évidence l'imaginaire mythifié du pilote de guerre, notamment dans l'Italie fasciste où il est l'une des incarnations de l'homme nouveau[3]. Peu d'attention a été prêtée au rôle des médecins dans l'élaboration des caractéristiques de cette profession pourtant rapidement identifiée comme une élite physique et mentale en raison de la sélection particulièrement rigoureuse qui s'exerce à son endroit. L'histoire de la médecine en guerre s'est saisie des aviateurs mais du point de vue de la spécificité des troubles pouvant les affecter et des soins qu'on a pu leur apporter[4]. Or, faire l'histoire de la définition médicale du pilote de guerre permet de relire à nouveaux frais la genèse d'une profession, le rôle et le pouvoir des experts médicaux et l'impact de la guerre sur les pratiques savantes européennes. Cette histoire qui reste à faire permettra d'enrichir encore l'étude des dispositifs de sélection scientifiques déployés en milieu militaire.

---

3. Thomas Hippler, *Bombing the People : Giulio Douhet and the Foundations of Air-Power Strategy, 1884-1939*, Cambridge, Cambridge University Press, 2013 ; Damien Accoulon, « Capitaliser la guerre dans les airs. Représentations et usages des "chevaliers du ciel" en Allemagne, France et Grande-Bretagne (1914-1939) », *20 & 21. Revue d'histoire*, 2020 ; Fabio Caffarena, *Dal fango al vento. Gli aviatori italiani dalle origini alla Grande Guerra*, Turin, Einaudi, 2010 ; Gregoti Alegy, « "L'arma fascistissima" », dans Massimo Ferrari (dir.), *Le ali del ventennio. L'aviazione italiana dal 1923 al 1945*, Milan, Franco Angeli, 2005, p. 111-154 ; Eric Lehmann, *Le ali del potere. La propaganda aeronautica nell'Italia fascista*, Turin, Utet, 2010 ; Marie-Anne Matard-Bonucci et Pierre Milza (dir.), *L'Homme nouveau dans l'Europe fasciste (1922-1945). Entre dictature et totalitarisme*, Paris, Fayard, 2004.

4. Lynsey Shaw Cobden, « The Nervous Flyer: Nerves, Flying and the First World War », *British Journal for Military History*, février 2018, p. 121-142 ; Michael D. Collins, « A Fear of Flying: Diagnosing Traumatic Neurosis Among Aviators of the Great War », *First World War Studies*, 2015, p. 187-202.

Sources

Archives

National Archives, Kew

Série NATS 1 – Ministry of National Service: Records (Archives du *Ministry of National* Service). La série est constituée de 1 333 cartons et dossiers. Ont été consultés :

Finance and Organisation Branch

NATS 1/80 à 1/85, Parliamentary Questions, 1917-1918
NATS/1/12, Labour Advisory Committee: weekly reports
NATS/1/13, Enrolment Section: reports
NATS 1/90, Organisation of Medical Department, 1917
NATS 1/95, Ministry of National Service: recruiting code, 1917-1918
NATS 1/96, Ministry of National Service: instructions, 1917-1918
NATS 1/162, 163, 168, 171, 172, 177, 178, 181, 184, 188, 192, Medical Boards, Premises: application for and requisition of
NATS 1/199 à 1/207, Emergency Medical Boards, Premises: application for and requisition of

Policy and Co-ordination

NATS 1/240. Meetings of National Service Medical Council: consideration of statistics, October 1918

Recording Department

NATS 1/377 à 382, Medical Boards Returns

Medical Department (NATS 1/711 à 1/858) notamment :

NATS 1/728. Medical grades: exemption, 1917-1918
NATS 1/749. Grading, directions, guidance, members of medical boards
NATS 1/762. Criticism regarding examination of army recruits, 1918
NATS 1/764. Advisory Medical Board, Regional Report
NATS 1/780. Refusal of medical examination by men
NATS 1/782, Request of men for examination or re-examination: delays in certain areas, 1917
NATS 1/796. Allegations of doping to avoid call-up for military service, 1918-1919
NATS 1/845, Doctor Goone Tilleke: alleged misconduct, acceptance of bribes, 1917-1918

Recruiting Department (NATS 1/859 à 916) notamment :

NA, NATS 1/866, Recruiting Department, Medical examinations: proposed instruction draft, 1917

NATS 1/859. Recruiting Advisory Board: circular letters of invitation
NATS 1/866. Proposed instructions draft (1917)
Recruiting Exemptions (NATS 1/917 à 1062) notamment :
NATS 1/918. Halifax Advisory Committee – Method of recruiting – report
NATS 1/925. John Yorkston: accused of bribery; attempted to obtain medical history sheets from a recruiting clerk in Manchester, 1917
NATS 1/940. Edward Platt: writ issued against Attorney General, 1917-1918
NATS 1/983. Henry Collins, attempted bribery, 1918
NATS 1/991. Co-operation of recruiting and statistical officials in Regions, 1918
NATS 1/1011. John Stuckgold Russian subject, convicted of bribery, 1918
NATS 1/1017. Prosecution of Charles Stern for unlawful possession of National Registration Certificate, 1918
NATS 1/1030, Incorrect reports in Press: alleged announcement at Portsmouth concerning new regulations provided for exemption of men over 45 years, 1918
Série WO – Archives du War Office
WO 159/19, Field Marshal Lord Kitchener, Secretary of State for War: Private Office Papers, *Description of Recruiting since mobilization*, 1915
Série CAB – Records of the Cabinet Office
CAB 1. Cabinet Office: Miscellaneous Records, 1866-1949
CAB 17. Universal military training, 1905
CAB 21. Cabinet Office and predecessors: Registered Files, 1916-1965
CAB 27. War Cabinet and Cabinet: Miscellaneous Committees: Records (General Series), 1915-1939
CAB 63. Papers of Sir M. Hankey, 1908-1944
Série MH 47 – Central Military Service Tribunal and Middlesex Appeal Tribunal
MH 47/5. Minute Book
MH 47/113. Registers of Medical Re-examination, 1915-1922
MH 47/114 et 115. Medical re-examination case papers – Medical Assessor Cases (disposed of), 1915-1922
MH 47/116. Medical re-examination case papers – Medical Assessor Cases (refused and adjourned), 1915-1922
MH 47/117. List of Appeals on Medical Grounds, Medical Histories, Certificates, Grading etc., 1916-1918
MH/47/142. National Service Instructions, 1916-1918
MH 47/144. Memoranda, Parliamentary Questions, Lists, Press Cuttings, Legal Papers, etc. (1916-1918) ; Printed Minutes of evidence of the Select Committee on Military Service, with summary of proceedings, and the Report (1917). 1916-1918.

Service historique de la Défense, Vincennes

Sous-série GR 9 NN 7 – Direction du Service de santé, *Incorporation des recrues, conditions d'aptitude physique* :

GR 9 NN 7/1100. Circulaires sur l'incorporation

GR 9 NN 7/1101. Statistiques et études comparées sur les maladies contagieuses déclarées pendant les premiers mois d'incorporation et la valeur physique du contingent de 1911 à 1923 : rapports, notes, graphiques, tableaux, 1911-1923

GR 9 NN 7/1102. Consultations du Service de santé sur l'âge, la période et les conditions d'incorporation des jeunes militaires d'un point de vue sanitaire : notes, notes manuscrites, rapports, avis de l'Académie de médecine et des commissions consultatives, statistiques médicales, coupures de presse, 1913-1932

GR 9 NN 7/1103. Mesures à appliquer lors du conseil de révision de la classe 1913 dans le cadre notamment de l'application de la loi sur le recrutement : projets de circulaires, circulaires, notes, graphiques, 1913-1914

GR 9 NN 7/1104. Contributions de la direction du Service de santé à la préparation de la loi de 1923 sur le recrutement de l'armée, notamment sur la visite médicale d'incorporation et le conseil de révision : projets de loi, amendements, extraits des débats parlementaires, notes, correspondance, articles de presse

GR 9 NN 7/1105. Révisions de l'instruction sur l'aptitude physique au service militaire : circulaires, notes, projets de modifications à la rédaction des articles, correspondance, projets d'instruction, 1915-1923

GR 9 NN 7/1106. Révisions de l'instruction sur l'aptitude physique au service militaire : circulaires, notes, projets de modifications à la rédaction des articles, correspondance, projets d'instruction. 1915-1923

GR 9 NN 7/1107. Révisions de l'instruction sur l'aptitude physique au service militaire : circulaires, notes, projets de modifications à la rédaction des articles, correspondance, projets d'instruction, 1915-1923

GR 9 NN 7/1111. Mise à disposition de médecins militaires auprès des centres régionaux d'instruction physique : circulaires, notes, guide pratique d'éducation physique, rapport sur la méthode de rééducation des inaptes de guerre, 1917

GR 9 NN 7/1112. Instauration d'un livret médical : circulaires, notes, correspondance, modèles, 1916-1921

GR 9 NN 7/1113. Mises en observation et hospitalisations des réformés temporaires : circulaires, notes, correspondance, 1918-1928

Cambridge Archive Center, Cambridge

GBR/0014/GEDD : Auckland Geddes Papers,

GEDD 2. Military Career

GEDD 3. Medical Career

GEDD 4. Ministerial Career
GEDD 4/6/1684. The recruiting Code
GEDD 4/7. Revised general directions for Medical Boards
GEDD 4/8. Book of completed Army Forms
GEDD 4/9. Medical Statistics
GEDD 4/10. Ministry of National Service statistics, 1918
GEDD 4/11. Population in wartime
GEDD 4/12. Vital statistics as affected by the war
GEDD 4/13. « The War Cabinet Report »
GEDD 8. Speeches
GEDD 10. Writings

Wellcome Library, Londres

British Medical Association Papers
SA/BMA/C.286-299. Civilian medical practitioners: Employment by military authorities. Minutes, cuttings, correspondence with War Office, 1909-1950
SA/BMA/C.518. Position of medical practitioners in signing medical certificates. Correspondence, Minutes, 1913-1949,
Royal Army Medical Corps Papers
RAMC/31/1
RAMC/1019/5/4. Summary of returns re physical fitness of recruits to the army, 1913-1934
RAMC/446/8-16
RAMC/609/130
Interim Report of the (War Office) Committee on certain medical disabilities of recrutis : diseases of the middle ear, loss and decay of many teeth, and flat, feet, 1924
« Cuttings from The Times re the system of physical examination of recruits, with typed transcript of comments by Capt. T. Boston Johnstone, RAMC », 1916
Military and naval ephemera
Box 1, « Comique » series, 1917
« They hopped me here, they hopped me there until I felt quite balmy, they felt my pulse an' tol me to "Cough!" an' passed me into the army »
Bateman H. M, « An anxious young soldier undergoing a rigorous medical examination by four domineering officers ». Pen and ink drawing by H. M. Bateman, 1917. s. d.
Pegram Frederick, « A doctor examines a military recruit suffering from a speech disorder ». Wood engraving by F. Pegram, 1916
Brunton Thomas Lauder, *Collected papers on physical and military training*, London, 1915

Glover J. A., *Military overcrowding and the meningococcus carrier rate*, Medical Research Committee, For official Use, Not publication, 1918

Mackay Duncan Matheson, « Notes on the Functional examination of the ear by means of the voice », *The Medical Press and Circular*, 20 septembre 1905

Archives du Val de Grâce et Bibliothèque de Santé des Armées, Paris

Ministère de la Guerre, Bulletin officiel n° 68 bis, *Recrutement de l'armée : instruction sur l'aptitude physique au service militaire*, Paris, H. Charles-Lavauzelle,

- Volume arrêté à la date du 15 décembre 1905,
- Volume arrêté à la date du 15 septembre 1914,
- Volume arrêté à la date du 20 décembre 1916.

Carton 728, Justin Godart au Sénat, compte rendu de la 78e séance, 14 décembre 1917

Simonin Jules, *Cours de législation générale de l'armée, professé à l'École d'application du Service de santé militaire*, Paris, Imprimerie de l'École d'application, 1909

– *Médecine légale : Législation et Service de santé : 1909-1911*, Paris, École d'application du service de santé militaire, 1911

– *Cours de législation et administration, médecine légale et expertises, Service de santé à l'intérieur et en campagne*, Paris, Imprimerie de l'École d'application, 1912

– *École d'Application du Service de santé Militaire. Val-De-Grâce. Conseils à un jeune aide-major*, Paris, Imprimerie de l'École d'application, 1912

– « Le Service de santé en campagne », conférence, Paris, [éditeur inconnu], 1914

Radcliffe Science Library, Oxford

Ministry of National Service, *Report, Vol. I, upon the Physical Examination of Men of Military Age by National Service Medical Boards, from November 1st, 1917-October 31st, 1918*, London, HM Stationery Office, 1920

War Office, *Instructions for the physical Examination of Recruits*, London, His Majesty's Stationery Office, 1912/1921

Regulations for the Medical Department of Her Majesty's Army, 1885

Imperial War Museum, Londres

LBY S. 79 / 45

War Office, *General annual reports on the British Army for the year, with which is Incorporated the Annual Report of Recruiting*, October 1st 1913 to September 30th 1919, H.M. Stationery Office, Londres 1920

Q30062

« Medical Officer examining a recruit », Imperial War Museum image, Treaty Lodge, Hounslow, Quartier-général du 8e bataillon, Régiment du Middlesex, septembre 1917

Treaty Lodge, Hounslow, 8e bataillon, Régiment du Middlesex, septembre 1917

BnF, Paris

Ministère de la Guerre, *Comptes rendus sur le recrutement de l'armée pendant l'année 1918,* Paris, Impr. nationale, 1914, 1915, 1916, 1917, 1918

Bibliothèque de médecine et d'odontologie, Paris

Instruction sur l'aptitude physique au service militaire, volume mis à jour le 1er avril 1917, L. Fournier, 1917

Bodleian Library, Oxford

John Johnson Collection, Great War Box 21

Parliamentary Archives, Londres

LG/F/14/4/59, Derby, War Office, to the Prime Minister Confidential. Reports on his meeting with the House of commons Committee on Medical Re-examination, 25 juillet 1917

Walsall Local History Centre, Walsall

352/446, Correspondence re medical examination of local Army recruits, 1916

Labour History Archive and Study Centre (People's History Museum), Manchester

LP/WNC/17/3/21/1-9, Complaint re mistaken medical re-examination by recruiting officers although classified previously as medically unfit ; corres. with War Office, février-mars 1917

Sources imprimées

Traités, mémoires et thèses

Médecine militaire

Antheaume André et Mignot Roger, *Les maladies mentales dans l'armée française*, Paris, H. Delarue et Cie, 1909.

Antony Frédéric et Loison E., *Examen du cœur à la radioscopie au point de vue de l'aptitude au service militaire*, Paris, 1903.

Antony Frédéric, *Étude de l'amblyopie due aux vices de réfraction et considérée au point de vue du recrutement militaire*, thèse de Paris, Imprimerie A. Parent, 1872.

Aitken William, *On the Growth of the Recruit and young soldier with a view to a judicious selection of growing lads for the Army, and a regulated system of training for recruits*, Londres, Macmillan and Co, 1887 [2e éd.].

Audet Eugène-François-Raphaël, *Manuel pratique de médecine militaire*, Paris, Octave Doin, 1885.

Barnett K. B., *Handbook on military sanitation for regimental officers*, Londres, Forster Groom, 1912.

Barthélemy Antoine Joseph Charles, *De l'examen de l'œil au point de vue de l'aptitude au service militaire par Barthélemy*, Paris, Maloine, 1903.

Beggs Samuel Thomas, *The selection of the recruit*, Londres, Baillière, Tindall&Cox, 1915.

Besson Adrien, *De l'Évaluation de l'aptitude physique au service militaire des jeunes sujets*, Lille, H. Morel, 1921.

Biousse Jules Edmond, *Les palpitations chez le jeune soldat*, thèse de Paris, Société d'éditions scientifiques, 1898.

Boissonnet Charles, *Le recrutement et l'hygiène de l'armée*, Paris, L. Baudoin, 1892.

Bonnette Pierre, *Du choix des conscrits : indices de robusticité physique, utilisation méthodique du contingent, service armé, service auxiliaire, dépôts de viriculture extra-régimentaires pour les malingres*, Paris, Octave Doin et fils, 1910.

Borie Léonard, *Essai sur le recrutement et les hôpitaux militaires en France*, Paris, Demonville, 1822.

Caldwell Robert, *Military Hygiene*, Londres, Baillière, Tindall and Cox, 1910 [2e éd.].

Cazal (du) Léon-Joseph, Catrin Louis, *Médecine légale militaire*, Paris, Gauthier-Villars et fils, 1893.

Chauvel Jules, *Précis théorique et pratique de l'examen de l'œil et de la vision*, Paris, G. Masson, 1883.

Chavasse Paul et Toubert Joseph, *Maladies des yeux et des oreilles et des voies aériennes supérieures considérées surtout dans leurs rapports avec le service militaire*, Paris, Octave Doin, 1902.

Colombier Jean, *Préceptes sur la santé des gens de guerre ou Hygiène militaire*, Paris, Lacombe, 1775.

Corcelle, *De la valeur du coefficient de robusticité Pignet et de la pression dynamométrique manuelle comme éléments de pronostic morbide*, thèse, Bordeaux, 1904.

Didiot Pierre-Augustin, *Code des officiers de santé de l'armée de terre, ou Traité de droit administratif, d'hygiène et de médecine légale militaires, complété des institutions qui régissent le service de santé des armées*, Paris, Victor Rozier, 1863.

Duco Alexandre et Blum Edmond, *Guide pratique du médecin dans les expertises médico-légales militaires*, Paris, Masson, 1917.

Dumas Georges, *Troubles mentaux et nerveux de guerre*, Paris, Alcan, 1919.

Duponchel Émile, *Traité de médecine légale militaire : conseil de révision et opérations médicales du recrutement : mode de répartition des militaires malades (visites régimentaires, etc.) : réformes et retraites*, Paris, Octave Doin, 1890.

– *Le rôle social de l'officier dans l'éducation physique*, Chapelot, 1902.

Fallot Arthur, *De la Réorganisation de la médecine légale, rapport lu au conseil de l'Association générale des médecins de France (section des Bouches-du-Rhône)*, Marseille, Barlatier et Barthelet, 1891.

Galtier-Boissière Jean, *Larousse médical de Guerre illustré*, Larousse, Paris, 1917.

Gaujot Gustave, *Examen des maladies de l'oreille au point de vue du service militaire*, Paris, Victor Rozier, 1877.

– *L'indice visuel d'aptitude au service militaire*, 1912.

– *L'aptitude visuelle au service militaire*, A. Destout, Bordeaux, 1915.

Ginestous Étienne, Coullaud Henry, *La vision des tireurs*, Paris, G. Steinheil, 1906.

– *Conditions d'aptitude physique relatives à l'appareil de la vision exigées dans l'armée française et dans les armées étrangères*, impr. de R. Tancrède, 1908.

Great Britain, War Office, *Manual of Elementary military hygiene*, 1912, 8vo, Londres, HMSO, 1914.

Haury Gaston, *Les anormaux et les malades mentaux au régiment*, Paris, Masson, 1913.

Hehir Patrick, *Prevention of disease and inefficiency with special reference to Indian frontier warfare*, Allahabad, Pioneer Press, 1911 [2e éd.].

Hesnard Angelo, Porot Antoine, *L'expertise mentale militaire*, Paris, Masson, 1918.

Joteyko Iosifina, *Entraînement et fatigue au point de vue militaire*, Bruxelles, Institut Solvay, Misch et Thron, 1905.

Kelsch Achille, « Ouverture du cours d'épidémiologie au Val-de-Grâce. La médecine d'armée. Les causes morbigènes », *Archives de médecine et de pharmacie militaires* (AMPM), vol. xi, 1888.

Lautier J., *Les maladies mentales dans l'Armée. Peut-on utiliser les imbéciles ?*, thèse de médecine, Paris, Téqui et Guillonneau, 1916.

Laveran Alphonse, *L'hygiène militaire et les conditions d'aptitude au service militaire*, Recueil des Mémoires de Médecine militaire, t. xlix

– *Traité d'hygiène militaire*, 1896.

Lelean Percy S., *Sanitation in War*, Londres, J.&A. Churchill, 1915.

Lemoine Georges, *La Tuberculose dans l'armée et dans la marine, diagnostic de la prétuberculose,* Paris, O. Doin, 1909.

– *Traité d'hygiène militaire*, Paris, Masson, 1911.

Lépine Jean, *Troubles mentaux de guerre*, Paris, Masson, 1917.

Lidy Paul-Antoine-Joseph, *Cardiopathies valvulaires et aptitude militaire*, thèse, Paris, 1918.

Longmore Thomas, *Instructions on the Examination of Recruits*, Southampton, 1882.

Maillot François, Puel Jean, *Aide-mémoire médico-légal de l'officier de santé de l'armée de terre*, Paris, J.-B. Baillière, Gaultier-Laguionie, 1842.

Marvaud Angel, *Les maladies du soldat. Étude étiologique, épidémiologique, clinique et prophylactique*, Paris, Félix Alcan, 1894.

Massy Hampden Hugh, *Remarks on the examination of recruits, intended for the use of young medical officers*, Londres, 1854.

Marshall H., *Military Miscellany*, Londres, iSGG, 1846

Melville Charles Henderson, *Courses of lectures on army sanitation*, 1911.

– *Military Hygiene and sanitation*, Londres, E. Arnold, 1912.

Meyer Arthur, *On the Etiology and Prevalence of disease of the Heart among Soldiers*, Hanse, 1870.

Millet Louis Joseph, *La Tuberculose dans l'armée*, Paris, bureaux de la Grande Revue, 1905.

Ministry of National Service, *Report upon the Medical Department of the Ministry of National Service*, Londres, HMSO, 1920.

– *Report upon the Physical Examination of men of military age by National Service Medical Boards From November 1st 1917 – October 31st 1918*, vol. I. Londres, H.M. Stationery Office, 1920.

Morache Georges, *Traité d'Hygiène militaire – Deuxième édition entièrement remaniée, mise au courant des progrès de l'hygiène générale et des nouveaux règlements de l'armée*, Paris, J.-B. Baillière et fils, 1886.

Moricheau Beaupré, *Mémoire sur le choix des hommes propres au service militaire dans l'armée de terre et sur leur visite devant les conseils de révision présenté à son Excellence le Marquis de Latour-Maubourg, ministre secrétaire d'État au département de la guerre, par Moricheau Beaupré, Docteur en médecine, Chirurgien en chef de l'hôpital militaire de Montmédy*, Paris, A. Egron, 1820.

Munson Edward, *The Theory and Practice of Military Hygiene*, Londres, Bailliere, Tindall & Cox, 1901.

Perrin Paul, *De l'aptitude militaire*, thèse, Paris, imprimerie A. Parent, 1874.

Pruvost Léon, *Les débiles mentaux à la guerre, leur utilisation*, thèse, Paris, 1915.

Roberston B., *Some notes on vision and military efficiency*, MD, Glasgow, 1919.

Saint-Aubin Claire, *Les débiles intellectuels, leur aptitude au service militaire en temps de guerre*, thèse, Nancy.

Schwoebel Eugène, *Le poids et l'aptitude physique militaire*, thèse, Lyon, A. Rey, 1902.

Simonin C., *Les débiles intellectuels, leur aptitude au service militaire en temps de guerre*, thèse, 1918.

Tartière Émile, *De l'aptitude des conscrits au service militaire de la robusticité humaine déterminée par les mensurations du poids et de la taille du corps, Communication faite au Congrès des Sociétés savantes de Bordeaux*, Paris, Imprimerie nationale, 1903.

– « De l'aptitude des conscrits au service militairc. Le bon recrutement de l'armée et son influence sur l'état sanitaire de l'armée », Lyon, 1902.

Vincent, *Du choix du soldat*, Recueil des Mémoires de Médecine militaire, t. vi, 1801.

Viry Charles, « Conditions générales d'aptitude », dans Rochard Jules (dir.), *Encyclopédie d'hygiène et de médecine publique*, t. vii, *Hygiène militaire*, Paris, Lecrosnier et Babé, 1890.

– *Principes d'hygiène militaire*, Paris, L. Bataille, 1896.

Wallace J., *The Medical Examination of Recruits during the Great War and the Subsequent Medical Boarding of Pensioners in Consequence of that War*, DM, Oxford, 1924.

Yoakum Clarence, Yerkes Robert, *Army Mental Tests*, NY, H. Holt, 1920.

Anthropométrie et géographie médicale

Cazal (du) Léon-Joseph, « Répartition en France des infirmités susceptibles d'entraîner l'exemption du service militaire. Étude de géographie et de statistique médicales », *Bulletins de la Société d'anthropologie de Paris*, 1896.

d'Angeville Adolphe, *Essai sur la statistique de la population française considérée sous quelques-uns de ses rapports physiques et moraux*, Paris, Maison des Sciences de l'Homme/Éditions Mouton, 1969.

Beddoe John, *The Races of Britain: a Contribution to the Anthropology of Western Europe*, Bristol, J.W. Arrowsmith, 1885.

Boudin Jean-Christian, *Études ethnologiques sur la taille et le poids de l'homme chez divers peuples, et sur l'accroissement de la taille et de l'aptitude militaire en France*, Paris, Victor Rozier, 1863.

Campos-Hugueney, *De la méthode expérimentale dans l'étude de la constitution de l'homme*, Paris, Maloine, 1904.

Capdevielle Louis, *Quelques considérations sur la taille et la mensuration de la poitrine*, thèse de Paris, Imprimerie A. Parent, 1873.

Cazal Gaston, *Répartition en France des infirmités susceptibles d'entraîner l'exemption du service militaire*, Paris, 1896.

Chenu Jean-Charles, *De la mortalité dans l'armée et des moyens d'économiser la vie humaine. Extraits des statistiques médico-chirurgicales des campagnes de Crimée en 1854-1856 et d'Italie en 1859*, Paris, Hachette, 1870.

Chervin Arthur, *Essai de géographie médicale de la France d'après les infirmités constatées chez les conscrits par les conseils de révision pour le recrutement de l'armée de 1850 à 1869*, Paris, Masson, 1880.

Cosset A., *Considérations sur le poids des tuberculeux en voie de guérison*, thèse, Paris, E. Witski & Cie, 1901.

Danson John Towne, *Statistical Observations on the Growth of the Human Body (Males) in Height and Weight: from Eighteen to Thirty Years of Age*, Londres, Edward Stanford, 1881.

Darmezin Henry, *Des variations de poids dans la tuberculose pulmonaire chronique*, thèse, Lyon, 1901.

Devot Adolphe, *Essai de statistique médicale sur les principales causes d'exemption du service militaire et recherches sur leur fréquence et leur distribution géographique*, Paris, impr. de Rignoux, 1855.

Dimitrescoy, « Considérations sur l'âge qui convient le mieux au service militaire », Congrès d'hygiène de Londres, 1891.

Doubre, *Étude d'anthropométrie médicale au point de vue du recrutement des cuirassiers et de leur aptitude au service*, Recueil des Mémoires de Médecine militaire, 3e série, t. xxxviii, 1882.

Dupuy Henry, *Recherches comparatives sur l'aptitude physique des conscrits au service militaire dans les cantons de Captieux et de Villandraut*, Bazas, Imprimerie Constant, 1911.

Frilley, *Rapport d'ensemble extrait des carnets médicaux d'incorporation sur les variations survenues pendant la période d'instruction dans la taille, le poids, le périmètre thoracique et la constitution des jeunes soldats de la classe 1884, incorporés dans le 16e corps d'armée*, Recueil des Mémoires de Médecine militaire, t. xi, 1887.

Halbwachs Maurice, *La théorie de l'homme moyen – Essai sur Quetelet et la statistique morale*, Paris, Alcan, 1912.

Hoffman Frederick, *Army Anthropometry and Medical Rejection Statistics, paper read before the National Academy of Science, Philadelphia, 21 novembre 1917*, Newark, Prudential Press, 1918.

Lottin Joseph, *Quetelet, statisticien et sociologue*, Louvain, Institut supérieur de philosophie, Paris, Alcan, 1912.

Mitchell T. J., Smith G. M., *Medical services, casualties and medical statistics of the Great War, History of the Great War based on official documents*, Londres, H. M. Stationery Off, 1931.

Quételet Adolphe, *Recherche sur le poids de l'homme aux différents âges,* Bruxelles, M. Hayez, imprimeur de l'Académie royale, 1833.

– *Sur l'homme et le développement de ses facultés. Essai de physique sociale*, Paris, Bachelier, 1835.

– *Sur la statistique morale et les principes qui doivent en former la base*, Thomson Gale, 2005 [1848].

– *Anthropométrie, ou Mesure des différentes facultés de l'homme*, Bruxelles, Leipzig, Gand, C. Muquardt, 1870.

Robert, *Notice sur la taille et le poids du fantassin français*, Recueil des Mémoires de Médecine militaire, 1863, t. x.

Roberts Charles, *A Manual of Anthropometry or A guide to the Physical Examination and Measurement of the Human Body*, Londres, 1878.

Seche Alphonse, *Les Noirs (d'après des documents officiels)*, Paris, Payot et Cie, 1919.

Sistach François, *Études statistiques sur les infirmités et le défaut de taille considérés comme causes d'exemption du service militaire*, dans Recueil des Mémoires de médecine militaire, 1861, troisième série, t. vi.

Taillepied de Bondy François-Marie, *Recrutement de l'armée. Observations pratiques sur les inégalités du mode actuel de répartition des continents entre les départements et les cantons, et proposition d'un nouveau mode*, Auxerre, E. Perriquet, 1841.

Vallin Émile, *Du périmètre thoracique et du poids dans l'armée française*, Recueil des Mémoires de Médecine militaire, t. xxxii, 1876.

War Office, « Interim Report of the (War Office) Committee on Certain Medical Disabilities of Recruits: Diseases of the Middle Ear, Loss and Decay of Many Teeth, and Flat Feet », 1924.

Woillez Eugène-Joseph *Recherches pratiques sur l'inspection et la mensuration de la poitrine*, Paris, Béchet Jeune, 1838.

Médecine

Bassett Arthur et Llewellyn Jones, *Malingering, or, The simulation of disease*, Londres, William Heinemann, 1917.

Boisseau Edmond, *Des maladies simulées et des moyens de les reconnaître,* Paris, J.-B. Baillière et fils, 1870.

Brissaud Édouard, Pinard Adolphe et Reclus Paul, *Nouvelle pratique médico chirurgicale illustrée,* Paris, Masson, 1911.

Chauvel Jules, *Précis théorique et pratique de l'examen de l'œil et de la vision*, Paris, G. Masson, 1883.

Collie John, *Fraud and its Detection in Accident Insurance Claims*, 1912.
– *Malingering and feigned sickness*, Londres, E. Arnold, 1913.
– *The Psychology of the Fraudulent Mind*, 1913.

Dicks J. Dawson, *Rickets*, Londres, 1922.

Ewart William, *Cardiac outlines for clinical clerks and practitioners, and first principles in the physical examination of the heart*, Londres, 1892.

Gee Samuel Jones, *Auscultation and Percussion: Together with the Other Methods of Physical Examination of the Chest*, 6e éd., Oxford medical publications, Londres, Henry Frowde, Hodder and Stoughton, 1908 [1883].

Great Britain Commissions for The Care and Control Of The Feeble Minded, *Report Of The Royal Commission On The Care And Control Of The Feebleminded*, 1908.

Hewett Cresswell, *Chart for Physical Examination in Pulmonary and Cardiac Diseases, as Used in Dr. Cresswell Hewett's Clinical Class*, H. Renshaw, Londres, 1905.

Hirtzman Lucien, *Troubles fonctionnels du cœur et tuberculose*, thèse, Lyon.

Lévy Michel, *Traité d'hygiène publique et privée*, Paris, J.-B. Baillière, 5e édition, 1869 [1844].

Mackenzie James, *Diseases of the Heart*, Oxford, Oxford medical publication, 1908.

Mackenzie James, *Symptoms and Their Interpretation*, Londres, Shaw and sons, 1909.

Mosso Angelo, *La fatigue intellectuelle et physique*, Paris, Alcan, 1894.

Regis Emmanuel, *Précis de psychiatrie*, Paris, Doin, 1914 [5e éd.].

Stevenson Thomas et Murphy Shirley (dir.), *A Treatise on Hygiene and Public Health*, Londres, J. & A. Churchill, 1893.

Tardieu Ambroise, *Question médico-légale de l'identité dans ses rapports avec les vices de conformation des organes sexuels*, Paris, Baillière, 1874.

Remlinger Paul, *Étude sur l'hérédité de la tuberculose*, thèse, Lyon, 1893.

Thompson Reginald Edward, *The physical examination of the chest*, Renshaw's manuals, Londres, 1879.

Woillez Eugène-Joseph, *Recherches pratiques sur l'inspection et la mensuration de la poitrine*, Paris, Béchet jeune, 1838.

Essais

Bernard Léon, *La Défense de la Santé publique pendant la guerre*, Publications de la Dotation Carnegie, PUF, 1929.

Clayton I. M., *The shadow on the universe: or, the physical results of war*, Londres, Simpkin, Marshall, Hamilton, Kent, 1915.

Dousset Léonce, *Le risque militaire et la solidarité sociale*, Fontenay-le-Comte, Charles Pételot, 1907.

Duco Alexandre, « Les droits du blessé. Pension-gratification-réforme », dans *Science et Dévouement. Le Service de Santé. La Croix Rouge, les œuvres de solidarité de guerre et d'après-guerre*, Paris, A. Quillet, 1918.

Pearson Karl, *National Life From the Standpoint of Science*, Londres, 1905 [1901].

Rochard Jules, *La valeur économique de la vie humaine*, Paris, Berger-Levrault, 1885.

Saleeby Caleb, *Parenthood and Race Culture: An Outline of Eugenics*, Londres, Cassell, 1909.

Tissié Philippe, *L'Éducation physique et la race*, Paris, Flammarion, 1919.

White Arnold, *Efficiency and Empire*, Methuen & Co, 1901.

Mémoires, témoignages et fictions

Addison Christopher, *Four and a half years: a personal diary from June 1914 to January 1919*. Londres, Hutchinson, 1934.

Alain, *Lettres aux deux amies*, Paris, Les Belles lettres, 2014.

Colette, *Les Heures longues*, Paris, Fayard, 1917.

Hillemand Pierre, *Journal d'un médecin sur les deux guerres mondiales, 1. La Grande Guerre*, présenté par Bernard Hillemand, Ed. Fiacre, 2013.

Hélias Pierre Jakez, *Le cheval d'orgueil, mémoires d'un Breton du pays bigouden*, Paris, Plon, 1975.

Keith Arthur, *An Autobiography*, Londres, Watts & Co., 1950.

Margueritte Paul, *L'embusqué*, Paris, Flammarion, 1916.

Simon J.M., « Conscrits en Orléanais », in BFI, janvier-mars 1953.

Presse

Presse médicale

Annales d'hygiène publique et de médecine légale ; Annales médico-psychologiques ; Archives de l'Anthropologie criminelle et des sciences pénales ; Annales d'oculistique ; Archives d'ophtalmologie ; Archives médicales d'Angers ; British Heart Journal ; British Medical Journal ; Bulletin de l'Académie nationale de médecine ; Bulletin de la Société d'anthropologie de Paris ; Bulletin de la Société de médecins légale ; Bulletin medical ; Contributions to medical and biological research ; Gazette médicale de Paris : journal de médecine et des sciences accessoires ; Gazette médicale du centre ; Eugenics Review ; Revue d'hygiène et de police sanitaire ; Revue de la tuberculose ; Revue neurologique ; Journal de médecine et de chirurgie pratique à l'usage des médecins ; Journal of the Royal Sanitary Institute ; Journal of the Statistical Society of London ; La Presse médicale ; Le Caducée ; Medical History ; Paris médical ; Presse médicale ; Revue d'hygiène et de police sanitaire ; The Lancet

Presse militaire et médico-militaire

Archives de médecine et de pharmacie militaires ; Armée et démocratie : journal hebdomadaire ; Armée et marine ; Bulletin de la Société de médecine militaire française ; Bulletin du Service de santé militaire ; Bulletin militaire ; La France militaire ; Journal des Sciences militaires ; Journal of the Royal Army Medical Corps

Presse Générale

Daily News ; Daily Star ; Daily Mail ; Daily Telegraph ; East End News ; East London Observer ; Evening News ; Evening Standard ; Independent ; L'Assiette au beurre ; L'Indépendant des Basses-Pyrénées ; La Charente ; La Culture physique ; Le Carnet de la semaine ; Le Figaro ; Le Journal ; Le Petit Journal ; Le Petit Parisien ; Le Rire, Le Rire rouge ; Le Temps ; Liverpool Daily Post ; Mercury ; National Review ; The London Journal ; The Pall Mall Gazette ; The Times

Sources parlementaires et législatives

Hansard's Parliamentary Debates, House of Commons (*H.C. Deb.*), London, Baldwin & Cradock, 1803-2005, séance du 7 mars 1916, séance du 11 juillet 1916, séance du 2 novembre 1916, séance du 1er mars 1917, séance du 20 mars 1917, séance du 11 juin 1917, séance du 14 juin 1917, séance du 21 juin 1917, séance du 10 et 11 avril 1918, séance du 10 juin 1918, séance du 13 juin 1918, séance du 17 juin 1918, séance du 18 juin 1918, séance du 20 juin 1918, séance du 27 juin 1918, séance du 8 juillet 1918.

Hansard's Parliamentary Debates, Lords, séance du 18 mai 1916. http://www.parliament.uk/business/publications/hansard/

Journal officiel de la République française (JORF) du 23 mars 1905, 6 et 10 septembre 1914, 16 septembre 1914, 29 septembre 1914, 11 octobre 1914, 7 avril 1915, 19 août 1915, 21 février 1917, 15 août 1917.

Documents parlementaires, Chambre des députés, séance du 20 mai 1915, « Rapport du ministre de la Guerre Millerand au président de la République », 26 septembre 1914, Annexe n° 1936 au procès-verbal de la séance.

Documents parlementaires, Chambre des députés, séance du 20 mai 1915, « Rapport Henry Paté », Annexe n° 936 au procès-verbal de la séance.

Documents parlementaires, Sénat, séance du 22 décembre 1915, « Rapport fait au nom de la commission de l'armée chargée d'examiner le projet de loi, adopté par la Chambre des députés, relatif à l'appel sous les drapeaux de la classe 1917 », Annexe n° 459 au procès-verbal de la séance.

Débats parlementaires. Sénat : compte rendu *in extenso*, séance du 22 décembre 1915, séance du 9 mars 1923.

Débats parlementaires. Chambre des députésW : compte rendu in-extenso, séance du 20 février 1914, séance du 12 mars 1915, 25 mars 1915, séance du 1er avril 1915, séance du 20 mai 1915, séance du 30 novembre 1915, séance du 22 décembre 1915, séance du 21 novembre 1916, 27 mars 1917, 28 décembre 1917, 29 mars 1918, 31 juillet 1918.

Duvergier Jean-Baptiste, *Collection complète des lois, décrets, ordonnances et règlements*, Paris, Librairie Sirey, 5 vol., 1914-1918.

Loi du 21 mars 1905 sur le recrutement de l'armée, modifiée par la loi du 7 août 1913 ; Décret du 2 décembre 1914 relatif au recensement et à la révision de la classe 1915, complété par les décrets du 20 septembre 1914, relatif à la visite par les conseils de révision de la classe de 1915, et du 24 septembre 1914, relatif à la présidence des conseils des conseils de révision de la classe de 1915 ; Loi du 6 avril 1915, arrêté du 9 avril pour le recensement de la classe 1917 ; Loi du 13 avril 1916 ; Loi du 1er décembre 1916 ; Loi du 20 février 1917 ; Loi militaire d'avril 1923.

Bibliographie sélective

Sciences, médecine et société

Ackernecht Erwin, *Medicine at the Paris Hospital, 1794-1848*, Johns Hopkins Press, 1967 [trad. Française: *La médecine hospitalière à Paris (1794-1848)*, Paris, Payot, 1986].

Armstrong David, *The Political Anatomy of the Body: Medical Knowledge in Britain in the Twentieth Century,* Cambridge, Cambridge University Press, 1983.

–, *A New History of Identity: a Sociology of Medical Knowledge,* Basingstoke, Palgrave, 2002.

Barker David, « How to Curb the Fertility of the Unfit: The Feeble-Minded in Edwardian Britain », *Oxford Review of Education*, vol. 9, n° 3, 1983, p. 197-211.

Barillé Claire, « Les vaines pudeurs à l'hôpital (xixe siècle) », *Histoire, médecine et santé*, n° 1, 2012, p. 47-61.

Barillé Claire ET Démier Francis (dir.), *Les maux et les soins, médecins et malades dans les hôpitaux parisiens au XIXe siècle*, Paris, Action artistique de la ville de Paris, 2007.

Bardet Jean-Pierre, Bourdelais Patrice, Guillaume Pierre, Lebrun François et Quetel Claude, *Peurs et terreurs face à la contagion. Choléra, tuberculose, syphilis XIXe-XXe siècles*, Paris, Fayard, 1988.

Barnes David, *The Making of a Social Disease: Tuberculosis in Nineteenth Century France*, Berkeley/Los Angeles/Londres, the University of California Press, 1995.

Barrett M. A., « From Education to Segregation: an Inquiry into the Changing Character of Special Provision for the Retarded in England, c. 1846-1918 », Ph.D. thesis, University of Lancaster, 1986.

Bashford Alison, et Levina Philippa, *The Oxford Handbook of the History of Eugenics*, Oxford, Oxford University Press, 2010.

Blayney Steffan, « Industrial Fatigue and the Productive Body: the Science of Work in Britain, c. 1900–1918 », *Social History of Medicine*, vol. 32, n° 2, mai 2019, p. 310-328.

Bret Patrice, Chatzis Konstantinos et Pérez Liliane (dir.), *La presse et les périodiques techniques en Europe 1750-1950*, Paris, L'Harmattan, 2008.

Blanckaert Claude, *Les politiques de l'anthropologie. Discours et pratiques en France (1860-1940)*, Paris, L'Harmattan, 2001.

Bodin Romuald, *L'institution du handicap*, Paris, La Dispute, 2018.

Boltanski Luc, « Les usages sociaux du corps », *Annales*, vol. 26, n° 1, 1971, p. 205-233.

Bourdelais Patrice et Faure Olivier (dir.), *Les nouvelles pratiques de santé, XVIIIe-XXe siècles*, Paris, Belin, 2005.

Bourdelais Patrice (dir.), *Les Hygiénistes. Enjeux, modèles et pratiques*, Paris, Belin, 2001.

Bryder Linda, *Below the Magic Mountain: A Social History of Tuberculosis in Twentieth Century Britain*, Clarendon Press, 1988.

Buzzi Stéphane, Devinck Jean-Claude et Rosental Paul-André, *La santé au travail (1880-2006)*, Paris, La Découverte, 2006.

Bynum William, *Science and the Practice of Medicine in the Nineteenth Century*, Cambridge, Cambridge University Press, 1994.

Bynum William, Porter Roy (dir.), *Medicine and the Five Senses*, Cambridge, Cambridge Universisty Press, 2005.

Callon Michel et Rabeharisoa Vololona, « De la sociologie du travail appliquée à l'opération chirurgicale : ou comment faire disparaître la personne du patient », *Sociologie du travail*, 41(2), 1999, p. 143-162.

Carnino Guillaume, *L'invention de la science. La nouvelle religion de l'âge industriel*, Paris, Seuil, 2015.

Carol Anne, « La virilité face à la médecine », dans Corbin Alain, Courtine Jean-Jacques et Vigarello Georges (dir.), *Histoire de la virilité*, t. 3, *La virilité en crise ?*, Paris, Seuil, 2011.

Carroy Jacqueline, Ohayon Annick et Plas Régine, *Histoire de la psychologie en France, XIXe-XXe siècles*, Paris, La Découverte, 2006.

Cartwright Lisa, *Screening the Body: Tracing Medicine's Visual Culture*, Minneapolis, University of Minnesota Press, 1995.

Canguilhem Georges, *Le Normal et le pathologique*, Paris, PUF, 2013 [1966].

Chamberlin J. Edward et Gilman Sander L. (dir.), *Degeneration: the Dark Side of Progress*, New York, Columbia University Press, 1985.

Clarke Adèle et Fujimura Joan (dir.), *La matérialité des sciences. Savoir-faire et instruments dans les sciences de la vie*, Paris, Synthélabo Groupe, 1996.

Condrau F. et Worboys Michael (dir.), *Tuberculosis Then and Now: Perspectives on the History of an Infectious Disease*, Montréal/Ithaca, McGill-Queen's University, 2010, p. 148-170

Conein Bernard, Dodier Nicolas et Thevenot Laurent (dir.), *Les objets dans l'action. De la maison au laboratoire*, Paris, Éd. de l'EHESS, 1993.

Cooter Roger et Pickstone John (dir.), *Companion to Medicine in the Twentieth Century*, New York, Routledge, 2003.

Crignon-de Olivera Claire, « Le rôle des périodiques dans la diffusion du savoir médical en France et en Grande Bretagne (fin xviie-xviiie siècles) », dans Thomson Ann, Dziembowski Edmond et Burrows Simon (dir.), *Cultural Transfers: France and Britain in the Long Eighteenth Century*, Oxford, Voltaire Fundation, SVEC, 2010, p. 131-145.

Cunningham Andrew et Williams Perry (dir.), *The Laboratory Revolution in Medicine*, Cambridge, Cambridge University Press, 1992, p. 188-208.

Daston Lorraine et Galison Peter Louis, *Objectivité*, Dijon, Presses du réel, 2012, p. 218 [*Objectivity*, New York, Zone Books, 2007].

Daston Lorraine et Lunbeck Elizabeth (dir.), *Histories of Scientific Observation*, Chicago, University of Chicago Press, 2011.

De Swaan Abram, *In Care of the State: Health Care, Education and Welfare in Europe and the USA in the Modern Era*, Cambridge, Polity Press, 1988.

Dessertine Dominique et Faure Olivier, *Combattre la tuberculose 1900-1940*, Lyon, Presses universitaires de Lyon, 1988.

Digby Anne et Wright David, *From Idiocy to Mental Deficiency: Historical Perspectives on People with Learning Disabilities*, Londres/New York, Routledge, 1996.

Dozon Jean-Pierre et Fassin Didier (dir.), *Critique de la santé publique : une approche anthropologique*, Paris, Balland, 2001.

Edgerton David, *Quoi de neuf ? Du rôle des techniques dans l'histoire globale*, Paris, Seuil, 2013.

Ellis Jack, *The Physician-Legislators of France: Medicine and Politics in the Early Third Republic, 1870-1914*, Cambridge, Cambridge University Press, 1990.

Farley John, *To Cast out Disease: a History of the International Health Division of the Rockefeller Foundation (1913-1951)*, Oxford/New York, Oxford University Press, 2004.

Fausto-Sterling Anne, *Corps en tous genres. La Dualité des sexes à l'épreuve de la science*, Paris, La Découverte/Institut Émilie du Châtelet, 2012.

Finlayson Geoffrey, *Citizen, State and Social Welfare in Britain 1830-1998,* Oxford, Clarendon Press, 1994.

Foucault Michel, *Naissance de la clinique. Une archéologie du regard médical*, Paris, PUF, 1963.

–, *Le pouvoir psychiatrique. Cours au Collège de France, 1973-1974*, Paris, Seuil, 1974.

–, *Naissance de la biopolitique, Cours au Collège de France, 1978-1979*, Paris, Gallimard, 2004.

Fraser Derek, *The Evolution of the British Welfare State*, Londres, Palgrave, 1973.

Gardey Delphine et Löwy Ilana (dir.), *L'Invention du naturel. Les sciences et la fabrication du féminin et du masculin*, Paris, Éditions des Archives contemporaines, 2000.

Gaudillière Jean-Paul et Löwy Ilana, *Heredity and Infection: The History of Disease Transmission*, Londres, Routledge, 2001.

Gaudillière Jean-Paul, *La médecine et les sciences, XIXe-XXe siècles*, Paris, La Découverte, 2006.

Gilbert Bentley, « Health and Politics: The British Physical Deterioration Report of 1904 », *Bulletin of the History of Medicine*, vol. 39, n° 2, 1965, p. 143-153.

–, *British Social Policy 1914-1939*, Londres, Batsford, 1970.

Grmek Mirko (dir.), *Histoire de la pensée médicale en Occident*, t. 2 et 3, Paris, Seuil, 1997.

Guillaume Pierre, *Du désespoir au salut. Les tuberculeux aux XIXe et XXe siècles*, Paris, Aubier, 1986.

Guillemain Hervé, *Schizophrènes au XXe siècle. Des effets secondaires de l'histoire*, Paris, Alma, 2018.

Hennock Peter, *The Origin of the Welfare State in England and Germany, 1850-1914: Social Policies Compared,* Cambridge, 2007.

Hess Volker et Mendelsohn J. Andrew, « Case and Series: Medical Knowledge and Paper technology, 1600-1900 », *History of Science*, vol. 48, n° 3-4, 2010, p. 287-314.

Hoffbeck Valentine, « De l'arriéré au malade héréditaire : histoire de la prise en charge et des représentations du handicap mental en France et Allemagne (1890-1934) », thèse de doctorat en histoire contemporaine de l'Université de Strasbourg, 2016.

Jackson Mark, *The Borderland of Imbecility: Medicine, Society and the Fabrication of the Feeble Minded in Late Victorian and Edwardian England*, Manchester/New York, Manchester University Press, 2000.

Jorland Gérard, *Une société à soigner. Hygiène et salubrité publiques en France au XIXe siècle*, Paris, Gallimard, 2010.

Kuhn Thomas S., *The Structure of Scientific Revolutions*, Chicago, University of Chicago Press, 1962.

Lachmund Jens, *Der abgehorchte Körper: zur historischen Soziologie der medizinischen Untersuchung*, Opladen, Westdt. Verl., 1997.

–, « Das Geräusch in der Medizin. Zu den historischen Grundlagen der modernen Diagnostik », *Wiener Klinische Wochenschrift*, n° 121, 2009.

–, « Making sense of sound: Auscultation and ling sound codification in nineteenth century French and German medicine », *Science, Technology and Human Value*, 24 (4), p. 419-450.

Lamy Jérôme, « Les mains des astronomes. Anthropologie historique de la gestuelle savante », *Ethnographiques.org*, n° 31, décembre 2015.
Laqueur Thomas, *La Fabrique du sexe. Essai sur le corps et le genre en Occident*, Paris, Gallimard, 1992.
Larn-Entralgo Pedro, *El diagnóstico médico: Historia y teoría*, Barcelona, 1982.
Latour Bruno, « Les "vues" de l'esprit. Une introduction à l'anthropologie des sciences et des techniques », *Culture Technique*, 14, 1985, p. 5-29.
–, *La science en action*, Paris, La Découverte, 1989 [1987].
Lawrence Christopher, Shapin Steven, (dir.), *Science Incarnate: Historical Embodiments of Natural Knowledge*, Chicago, The University of Chicago Press, 1998.
Leonard Jacques, *La médecine entre les pouvoirs et les savoirs. Histoire intellectuelle et politique de la médecine française au XIXe siècle*, Paris, Aubier-Montaigne, Collection Historique, 1981.
Löwy Ilana, « Le genre dans l'histoire sociale et culturelle des sciences », *Annales, Histoire, Sciences sociales*, mai-juin, 1995, p. 523-529.
Majerus Benoît, *Parmi les fous. Une histoire sociale de la psychiatrie au XXe siècle*, Rennes, PUR, 2013.
Maulitz Russel C., *Morbid Appearances: The Anatomy and Pathology in the Early Nineteenth Century*, Cambridge, Cambridge University Press, 1987.
Murard Lion et Zylberman Patrick, *L'Hygiène dans la République. La santé publique en France ou l'utopie contrariée 1870-1918*, Paris, Fayard, 1996.
Nicoud Marilyn, *Les régimes de santé au Moyen Âge. Naissance et diffusion d'une écriture médicale, XIIe-XVe siècle*, Rome, École française de Rome, 2007.
Nye Robert A., *Crime, Madness and Politics in Modern France: The Medical Concepts of National Decline*, Princeton, Princeton University Press, 1984.
Peneff Jean, « Le travail du chirurgien : les opérations à cœur ouvert », *Sociologie du travail*, 39(3), 1997, p. 265-296.
Picard Jean-François, *La fondation Rockefeller et la recherche médicale*, Paris, PUF, 1999.
Pick Daniel, *Faces of Degeneration: A European Disorder, c. 1848-1918*, Cambridge, Cambridge University Press, 1989.
Polanyi Michael, *Personal knowledge*, Londres, Routledge & Kegan Paul, 1951.
Poynter Frederick Noel Lawrence, *Medicine and Science in the 1860s*, Londres, Wellcome Institute of the History of Medicine, 1968.
Pickstone John (dir.), *Medical Innovations in Historical Perspective*, New York, St. Martin's Press, 1992.
Porter Roy, « The Patient's View. Doing Medical History from below », *Theory and Society*, vol. 14, n° 2, 1985, p. 175-198.
Porter Dorothy et Porter Roy, « What was Social Medicine: A historiographical Essay », *Journal of Historical Sociology*, 1, 1988, p. 99.
Porter Roy et Wear Andrew, *Problems and Methods in the History of Medicine*, Londres, Croom Helm, 1987.
Pumpfrey Stephen, « Who Did the Work? Experimental Philosophers and Public Demonstrators in Augustan England », *British Journal for the History of Science*, 28(2), 1995, p. 131-156.
Rabinbach Anton, *The Human Motor: Energy, Fatigue and the Origins of Modernity*, New York, Basic Books, 1990 [trad. française : *Le moteur humain : l'énergie, la fatigue et les origines de la modernité*, Paris, La Fabrique, 2004].

Roelcke Volker, Weindling Paul et Westwood Louise (dir.), *International Relations in Psychiatry, Britain, Germany, and the United States to World War II*, Rochester/New York, University of Rochester Press, 2010.

Simmons Harvey G., « Explaining Social Policy: The English Mental Deficiency Act of 1913 », *Journal of Social History*, n° 11, 1978, p. 387-403.

Searle Geoffrey Russell, *The Quest for national efficiency: A Study in British Politics and Political Thought, 1899-1914*, Berkeley/Los Angeles, University of California Press, 1971.

Steckel Richard et Floud Roderick (dir.), *Health and Welfare during Industrialization*, Chicago, Chicago University Press for the National Bureau of Economic Research, 1997.

Sobal Jeffrey et Maurer Donna, *Weighty Issues: Fatness and Thinness as Social Problems*, New York, Aldine de Gruyter, 1999.

Thomson Mathew, *The Problem of Mental deficiency: Eugenics, Democracy, and Social Policy, c. 1870-1959*, Oxford, Clarendon Press, 1998.

Quétel Claude, *Le Mal de Naples. Histoire de la syphilis*, Paris, Seghers, 1986.

Rabier Christelle, « Les techniques chirurgicales autour de 1800 entre France et Grande-Bretagne : les enjeux des échanges », *Documents pour l'histoire des techniques*, 19, 2e semestre 2010.

Ravetz Jerome, *Scientific Knowledge and Its Social Problems*, Oxford, Clarendon Press, 1971.

Reverby Susan, « Stealing the Golden Eggs: Ernest Amory Cochman and the Science and Management of Medicine », *Bulletin of the history of medicine*, vol. iv, 1981, p. 156-71.

Rice Tom, *Hearing and the Hospital: Sound, Listening, Knowledge and Experience*, Canon Pyon, Sean Kingston Publishing, 2013.

Rosen George, « The Efficiency Criterion in Medical Care, 1900-1920: An Early Approach to an Evaluation of Health Service », *Bulletin of the History of Medicine*, 1, 1976, p. 28-44.

Rosenberg Charles E., « Inward Vision and Outward Glance: The Shaping of the American Hospital, 1880-1914 », *Bulletin of the History of Medicine*, vol. liii, 1976, p. 349-391.

Schaffer Simon, *La Fabrique des sciences modernes*, Paris, Seuil, 2014.

Shapin Steven, *A Social History of Truth: Civility and Science in Seventeenth-Century England*, Chicago, The University of Chicago Press, 1994.

Sibum H. Otto, « Les gestes de la mesure. Joule, les pratiques de la brasserie et la science », *Annales. Histoire, Sciences Sociales*, 53e année, n° 4-5, 1998, p. 745-774.

Sturdy Steve, « The Political Economy of Scientific Medicine: Science, Education and the Transformation of Modern Medicine in Sheffield, 1890-1922 », *Medical history*, vol. xxxvi, 1992, p. 125-159.

Temkin Owsei, *The double face of Janus and other essays in the history of medicine*, Baltimore, éd. O. Temkin, 1977.

Venayre Sylvain, « Le corps malade du désir du pays natal. Nostalgie et médecine au xixe siècle », dans Demartini Anne-Emmanuelle et Kalifa Dominique (dir.), *Imaginaire et sensibilités au xixe siècle. Études pour Alain Corbin*, Paris, Créaphis, 2005, p. 209-222.

Vigarello Georges, *Le sain et le malsain. Santé et mieux-être depuis le Moyen-Âge*, Paris, Seuil, 1993.

Weber Max, *Essais sur la théorie de la science*, Paris, Pocket, 1992 [1904-1917].

Webster Charles, *Biology, Medicine and Society, 1840-1940*, Cambridge, Cambridge University Press, 1981.

Weisz Georges, *The Medical Mandarins: The French Academy of Medicine in the 19th and early 20th Centuries*, Oxford, Oxford University Press, 1995.

Wood Corinne Shear, « Syphilis in anthropologically perspective », *Social Science and Medicine*, n° 12, 1978, p. 47-55.

Woodhouse Jayne, « Eugenics and the feeble-minded: the Parliamentary debates of 1912-14 », *History of Education*, 1982, vol. 11, n° 2, p. 127-137.

Worboys Michael, « From Heredity to Infection: Tuberculosis, 1870-1890 », dans Gaudillière Jean-Paul et Löwy Ilana, *Heredity and Infection: The History of Disease Transmission*, Londres, Routledge, 2001.

Wynne Brian, « Misunderstood Misunderstandings: Social Identities and the Public Uptake of Science », dans Irwin Alan, Wynne Brian, *Misunderstanding Science? The Public Reconstruction of Science and Technology*, Cambridge, Cambridge University Press, 1996, p. 19-46.

Expertise, sélection, exclusion

Bauman Zygmunt, *Wasted Lives: Modernity and Its Outcasts*, Cambridge, Polity Press, 2004.

Becker Howard, *Outsiders: Studies in the Sociology of Deviance*, Londres, The Free Press, 1966.

Bowker Geoffrey et Star Susan Leigh, *Sorting Things Out: Classification and Its Consequences*, Cambridge, MIT Press, 1999.

Castel Robert, « Savoirs d'expertise et production de normes », dans Chazel François et Commaille Jacques (dir.), *Normes juridiques et régulation sociale*, Paris, LGDJ (Droit et société), 1991, p. 177-188.

Dardy Claudine, *Identités de papier*, Paris, Lieu commun, 1990.

Dodier Nicolas, *L'expertise médicale. Essai de sociologie sur l'exercice du jugement*, Paris, Éditions Métailié, 1993.

Dodier Nicolas et Barbot Janine, « La force des dispositifs », *Annales. Histoire, Sciences Sociales*, n° 2, 2016, p. 421-450.

Engstrom Eric J., Hess Volker et Thoms Ulrike (dir.), *Figurationen des Experten. Ambivalenzen der wissenschaftlichen Expertise im ausgehenden 18. und frühen 19. Jahrhundert*, Francfort-sur-le-Main, Peter Lang, 2004.

Fairchild Amy, *Science at the Borders: Immigrant Medical Inspection and the Shaping of the Modern Industrial Labor Force*, Baltimore, The Johns Hopkins University Press, 2003.

Foucault Michel, *Surveiller et punir. Naissance de la prison*, Paris, Gallimard, 1992 [1975].

–, *Les Anormaux. Cours au Collège de France (1974-1975)*, Paris, Gallimard/Seuil, 1999.

Goffman Erwin, *Stigmate. Les usages sociaux des handicaps*, Paris, Les Éditions de Minuit, 1975 [1re édition, *Stigma: Notes on the Management of Spoiled Identity*, Upper Saddle River, 1963].

Guignard Laurence, « L'expertise médico-légale de la folie aux Assises, 1821-1865 », *Le Mouvement social*, vol. 197, n° 4, 2001, p. 57-81.

–, *Juger la folie. La folie criminelle devant les Assises au xixe siècle*, Paris, PUF, 2010.

Lachenal Guillaume, Lefève Céline et Nguyen Vinh-Kim, *La médecine du tri*, Paris, PUF, 2014.

Lagroye Jacques et Offerlé Michel (dir.), *Sociologie de l'institution*, Paris, Belin, 2010.

Luhmann Niklas, *La légitimation par la procédure*, Paris, Cerf, 2001.

Omnès Catherine et Bruno Anne-Sophie (dir.), *Les Mains inutiles. Inaptitude au travail et emploi en Europe*, Paris, Belin, 2004.

Orfàli Kristina, « L'ingérence profane dans la décision médicale : le malade, la famille et l'éthique », *Revue française des affaires sociales*, 3/2002, p. 103-124.

Paradeise Catherine, « Rhétorique professionnelle et expertise », *Sociologie du travail*, n° 1-85, p. 17-31.

Plumauzille Clyde et Rossigneux-Méheust Mathilde, « Le stigmate ou la différence comme catégorie utile d'analyse historique », *Hypothèses*, vol. 17, n° 1, 2014, p. 215-228.

Quemin Alain et Trépos Jean-Yves, « La sociologie de l'expertise », *Revue française de sociologie*, 1997, vol. 38, n° 1, p. 168-169.

Rabier Christelle (dir.), *Fields of Expertise. A Comparative History of Expert Procedures in Paris and London, 1600 to Present*, Cambridge, EAD éd., 2007.

–, « Écrire l'expertise, traduire l'expérience. Les rapports des chirurgiens parisiens au xviiie siècle », *Rives méditerranéennes*, n° 44, février, 2013, p. 39-51.

Remillon Delphine et Vernet Antoine, « De l'inaptitude à l'inemployabilité », dans Vatin François (dir.), *Évaluer et valoriser. Une sociologie économique de la mesure*, Toulouse, Presses universitaires du Mirail, p. 115-135.

Rosental Paul-André, « Sélection et valeur humaine : deux lectures républicaines, 1937-1944 », *Incidence. Philosophie, littérature, sciences humaines et sociales*, n° 12, automne 2016.

Tort Patrick, *La Raison classificatoire*, Paris, Aubier, 1989.

Weber Max, *Le savant et le politique*, Paris, Plon, 1959.

Statistiques et quantification

Armatte Michel, *Histoire du modèle linéaire. Formes et usages en statistique et économétrie jusqu'en 1945*, thèse de doctorat, EHESS, Paris, 1995.

Benzecri Jean-Paul, *Histoire et préhistoire de l'analyse des données*, Paris, Dunod, 1982.

Boltanski Luc, « Taxinomies populaires, taxinomies savantes : les objets de consommation et leur classement », *Revue française de sociologie*, xi, 1970, p. 34-44.

Cahen Fabrice, Cavalin Catherine et Rosental Paul-André, « Mesurer la valeur humaine. Morale, biopolitique, utilitarisme, xviiie-xxie siècle », *Incidence. Philosophie, littérature, sciences humaines et sociales*, n° 12, automne 2016, p. 11-23.

Chamla Marie Claude, « L'accroissement de la stature en France de 1880 à 1960 : comparaison avec les pays d'Europe occidentale », *Bulletin de la Société d'anthropologie de Paris*, t. 6, XIe série, 1964, p. 201-278.

Charters Erica, « L'histoire de la quantification : la guerre franco-anglaise et le développement des statistiques médicales », *Dix-huitième siècle*, 2015/1, n° 47, p. 21-38.

Daston Lorraine (dir.), *The Probabilistic Revolution*, vol. 1, Cambridge MA, MT Press, 1987.

Desrosières Alain, *La Politique des grands nombres. Histoire de la raison statistique*, Paris, La Découverte, 2000.

–, *L'Argument statistique. Pour une sociologie historique de la quantification* (tome I), *Gouverner par les nombres* (tome II), Paris, Presses de l'école des Mines, 2008.

Desrosières Alain et Thévenot Laurent, *Les catégories socioprofessionnelles*, Paris, La Découverte, 1988.

Dias Nélia, *La mesure des sens. Les anthropologues et le corps humain au XIX*[e] *siècle*, Paris, Aubier, 2004.

Eyler John M., « Mortality Statistics and Victorian Health Policy: Program and criticism », *Bulletin of the History of Medicine*, vol. 50, n° 3, 1976, p. 335-55.

Fredj Claire, « Compter les morts de Crimée : un tournant sur l'identité professionnelle des médecins de l'armée française (1865-1882) », *Histoire, économie & société*, 2010/3, 29e année, p. 95-108.

Floud Roderick, Gregory Annabel et Watcher Kenneth, « The Physical State of the British Working Class, 1870-1914: Evidence from Army Recruits », *National Bureau of Economic Research, Working Paper 1661*, 1985.

Gould Stephen Jay, *La mal-mesure de l'homme,* Paris, Odile Jacob, 1997.

Heggie Vanessa, « Lies, Damn Lies, and Manchester's Recruiting Statistics; Degeneration as an "Urban Legend" in Victorian and Edwardian Britain », *Journal of the History of Medicine and Allied Sciences*, vol. 63, n° 2, avril 2008, p. 178-216.

Hervois Pauline, « Du non-sens de recenser les insensés : fabriquer le chiffre de l'infirmité, en France, au xixe siècle », thèse de doctorat de l'Université Paris 1, 2018.

–, « Des difficultés de quantifier les populations infirmes en France au xixe siècle », *Histoire, médecine et santé*, n° 15, 2020, p. 29-47.

Heyberger Laurent, *La Révolution des corps. Décroissance et croissance staturale des habitants des villes et des campagnes en France*, Strasbourg, Presses universitaires de Strasbourg, 2005.

Hodgkinson Ruth G., « Social Medicine and The Growth of Statistical Information », dans Poynter Frederick Noel Lawrence, *Medicine and Science in the 1860s*, Londres, The Wellcome Institute of the History of Medicine, 1968, p. 183-198.

Jorland Gérard, Weisz George et Opinel Annick, *Body Counts: Medical Quantification in Historical and Sociological Perspective,* Montréal, McGill-Queen's University Press, 2005.

Komlos John, « Further thoughts on the nutritional status of the British population », *Economic History Review*, 46, 1993, p. 363-66.

–, *Stature, Living Standards and Economic Development: Essays in Anthropometric History*, Chicago, University of Chicago Press, 1994.

MacKenzie Donald, *Statistics in Britain 1865-1930: The Social Construction of Scientific Knowledge*, Édimbourg, Edinburgh University Press, 1981.

Pinell Patrice, « L'invention de l'échelle métrique de l'intelligence », *Actes de la recherche en sciences sociales*, vol. 108, n° 1, 1995.

Porter Theodore M., *The Rise of Statististical Thinking, 1820-1900*, Princeton, Princeton University Press, 1986.

–, *Trust in Numbers: The Pursuit of Objectivity in Science and Public Life*, Princeton, Princeton University Press, 1995 [trad. Française : *La confiance dans les chiffres. La Recherche de l'objectivité dans la science et dans la vie publique*, Paris, Les Belles Lettres, 2017].

Nicola Serge, « Le Binet-Simon et les origines de la mesure de l'intelligence », dans Nicola Serge et Andrieu Bernard, *La mesure de l'intelligence (1904-2004)*, Paris, L'Harmattan, 2005.

Rosental Paul-André, « Pour une histoire politique des populations », *Annales. Histoire, Sciences Sociales*, 2006/1, 61e année, p. 7-29.

ROYNETTE Odile, « La Statistique médicale de l'armée française au XIXe siècle : un instrument de savoir et de pouvoir démographiques ? », dans KRASSNITZER Patrick et OVERATH Petra (dir.), *Bevölkerungsfragen: Prozesse des Wissenstransfers in Deutschland und Frankreich (1870-1939)*, Cologne, Böhlau, 2007, p. 67-78.

SARACENO Marco, « De la mesure du corps à la politique des corps. Une histoire des sciences du travail 1880-1920 », thèse de doctorat en sociologie et histoire des sciences, Université Paris Ouest Nanterre La Défense, 2013.

SCHWEBER Libby, *Disciplining Statistics: Demography and Vital Statistics in France and England, 1830-1885*, Durham, Duke University Press, 2006.

SOLOWAY Richard, « Counting the Degenerate: The Statistics of Race Deterioration in Edwardian England », *Journal of Contemporary History*, Sage, London and Beverly Hills, vol. 17, 1982, p. 137-64.

SUTHERLAND Gilian, *Ability, Merit and Measurement: Mental Testing and English Education, 1880-1914*, Oxford, Clarendon Press, 1984.

SZRETER Simon, « The GRO and the Public Health Movement in Britain, 1837-1914 », *Social History of Medicine*, vol. 4, n° 3, décembre 1991, p. 435-463.

STIGLER Stephen, *The History of Statistics: The Measurement of Uncertainty before 1900*, Cambridge/Londres, Harvard University Press, 1986.

THÉVENOT Laurent, « La politique des statistiques : les origines sociales des enquêtes de mobilité sociale », *Annales*, 1990, 45-6, p. 1275-1300.

Guerre et médecine

ANDERSON Julie et PERRY Heather « Rehabilitation and Restoration: Orthopædics and Disabled Soldiers in Germany and Britain in the First World War », *Medicine, conflict, and survival*, 2014, vol. 30, n° 4, p. 227-251.

BARHAM Peter, *Forgotten Lunatics of the Great War*, New Haven, Yale University Press, 2004.

BECKER Annette, *Guerre totale et troubles mentaux*, Paris, A. Colin, 2000.

BLEEKER Johanna et SCHMIEDEBACH Heinz-Peter (dir.), *Medizin und Krieg: Vom Dilemma der Heilberufe, 1865-1985*, Francfort, Fischer Taschenbuch Verlag, 1987.

CANTLIE Neil, *A history of the Army Medical Department*, Édimbourg, Churchill Livingstone, 1975.

CARDEN-COYNE Ana, *The Politics of Wounds: Military Patients and Medical Power in the First World War*, Oxford, Oxford University Press, 2012.

–, « Men in Pain: Silence, Stories and Soldiers' Bodies in WW1 », dans SAUNDERS N. et CORNISH, P. (dir.), *Bodies in Conflict: Corporeality, Materiality and Transformation*, Abingdon, Routledge, 2014.

CHANET Jean-François, FREDJ Claire et RASMUSSEN Anne, « Soigner les soldats : pratiques et expertises à l'ère des masses », *Le Mouvement Social*, vol. 257, n° 4, 2016, p. 3-19.

Comité d'histoire du Service de santé, *Histoire de la médecine aux armées*, Paris, Limoges, Charles Lavauzelle, 1984, t. 2.

COOK Harold, « Practical Medicine and the British armed forces after the "Glorious Revolution" », *Medical History*, vol. 34, n° 1, janvier 1990, p. 1-26.

COOTER Roger, « Medicine and the Goodness of War », *Canadian Bulletin of Medical History*, vol. XII, 1990, p. 147-159.

–, « Of War and Epidemics: Unnatural Coupling, Problematic Conceptions », *Social History of Medicine*, vol. 16, n° 2, août 2003, p. 283-302.

Cooter Roger, Harrison Mark et Sturdy Steve (dir.), *War, Medicine and Modernity*, Stroud, Sutton Publishing, 1998.

Crook David, *Darwinism, War and History: the Debate over the Biology of War from the 'Origin of Species' to the First World War*, Cambridge, Cambridge university press, 1994.

Crocq Louis, *Les blessés psychiques de la Grande Guerre*, Paris, Odile Jacob, 2014.

Curtin Philip D., *Disease and Empire: The Health of European Troops in the Conquest of Africa,* Cambridge, Cambridge University Press, 1998.

Darmon Pierre, « La Grande Guerre des soldats tuberculeux. Hôpitaux et stations sanitaires », *Annales de démographie historique*, 2002/1, n° 103, p. 35-50.

Delaporte Sophie, « Le discours médical sur les blessures et les maladies pendant la Première Guerre mondiale », thèse de doctorat d'histoire, Université de Picardie Jules Verne, 1999.

–, *Les médecins dans la Grande Guerre*, Paris, Bayard, 2003.

Derrien Marie, « "La tête en capilotade". Les soldats de la Grande Guerre internés dans les hôpitaux psychiatriques français », thèse de doctorat de l'université Lumière Lyon 2, 2015.

–, « Éliminer ou récupérer ? L'armée française face aux fous du début du xxe siècle à la Grande Guerre », *Le Mouvement Social*, vol. 253, n° 4, 2015, p. 13-29.

Dufour Pierre, *Écoles du Service de santé des armées. Trois siècles d'histoire*, Boulogne, ETAI, 2009.

Eckart Wolfgang et Gradmann Christoph, *Die Medizin und der Erste Weltkrieg*, Pfaffenweiler, Centaurus Verlag & Media, 2003.

Fredj Claire, « Médecins en campagne, médecine des lointains. Le Service de santé des armées dans les campagnes du Second Empire (Crimée, Chine-Cochinchine, Mexique) », thèse de doctorat de l'EHESS, 2006.

Gerber David, « Disabled Veterans, the State, and the Experience of Disability in Western Societies », 1914-1950, *Journal of Social History*, vol. 36, n° 4, p. 899-891.

Guillemain Hervé et Tison Stéphane, *Du front à l'asile. Expériences de la folie de la Grande Guerre aux années vingt*, Rennes, PUR, 2013.

Guillermand Jean (dir.), *Histoire de la médecine aux armées*, Paris, Charles Lavauzelle, 1984, t. 3.

Harrison Mark, « Medicine and the management of Modern Warfare », *History of Science*, vol. 34, n° 4, 1996, p. 379-410.

–, « The Medicalization of war – The Militarization of Medicine », *Social History of Medicine*, vol. 9, n° 2, août 1996, p. 267-276.

–, *The Medical War: British Military Medicine in the First World War*, Oxford, Oxford University Press, 2010.

Hartmann Heinrich, *Der Volkskörper bei der Musterung: Militärstatistik und Demographie in Europa vor dem Ersten Weltkrieg*, Göttingen, Wallstein, 2011 [trad. anglaise *The Body Populace. Military Statistics and Demography in Europe before the First World War*, Cambridge, MIT Press, 2019].

–, « Une affaire de marges. L'anthropométrie au conseil de révision, France-Allemagne, 1880-1900 », *Le Mouvement Social*, 2016/3, n° 256, p. 81-99.

Prüll Livia et Rauh Philipp, *Krieg und medikale Kultur: Patientenschicksale und Ärztliches Handeln in der Zeit der Weltkriege 1914 -1945*, Göttingen, Wallstein, 2014.

Koven Seth, « Remembering and Dismemberment: Crippled Children, Wounded Soldiers and the Great War in Great Britain », *American Historical Review*, vol. 99, 1994, p. 1197-1202.

Leese Peter, « Problems Returning Home: The British Psychological Casualties of The Great War », *The Historical Journal*, vol. 40 (4), 1997, p. 1055-1067.

–, *Shell Shock: Traumatic Neurosis and the British Soldiers of the First World War*, New York, Palgrave Macmillan, 2002.

Lerner Paul Frederick, *Hysterical Men: War Psychiatry, and the Politics of Trauma in Germany*, 1890-1930, Ithaca, Cornell University Press, 2003.

Macpherson William, *Medical Services General History*, Londres, HMSO, 1921.

Murard Lion et Zylberman Patrick, « La mission Rockefeller en France et la création du Comité national de défense contre la tuberculose (1917-1923) », *Revue d'histoire moderne et contemporaine*, n° 34, 1987, p. 257-281.

Prost Alain, « Le désastre sanitaire du Chemin des Dames », dans Nicolas Offenstadt (dir.), *Le Chemin des Dames, de l'événement à la mémoire*, Paris, Stock, 2004.

Rasmussen Anne, « L'hygiène en congrès (1852-1912) : circulation et configurations internationales », dans Bourdelais Patrice (dir.), *Les Hygiénistes. Enjeux, modèles et pratiques*, Paris, Belin, 2001, p. 213-239.

–, « Préserver le capital humain. Une doctrine hygiéniste pour préparer la guerre démocratique ? », *Mil neuf cent. Revue d'histoire intellectuelle*, vol. 33, n° 1, 2015, p. 71-95.

–, « Expérimenter la santé des grands nombres : les hygiénistes militaires et l'armée française, 1850-1914 », *Le Mouvement Social*, vol. 257, n° 4, 2016, p. 71-91.

Reid Fiona, *Broken Men: Shell Shock, Treatment and Recovery in Britain, 1914-30*, Londres, Continuum, 2010.

Reznick Jeffrey, *Healing the Nation: Soldiers and the Culture of Caregiving in Britain during the Great War*, Manchester, Manchester University Press, 2011.

Roynette Odile, *« Bons pour le service ». L'expérience de la caserne en France à la fin du XIXe siècle*, Paris, Belin, 2017 [2000].

–, « L'Âge d'homme. Les représentations de la masculinité chez les médecins militaires au XIXe siècle », dans Bardet Jean-Pierre, Luc Jean-Noël, Robin-Romero Isabelle et Rollet Catherine, *Lorsque l'enfant grandit. Entre dépendance et autonomie*, Paris, Presses de l'Université Paris-Sorbonne, 2003.

Shepard Ben, *A War of Nerves: Soldiers and Psychiatrists in the Twentieth Century*, Cambridge, Harvard University Press, 2001.

Shepherd John, *The Crimean Doctors: A History of the British Medical Services in the Crimean War*, vol. 1, Liverpool, Liverpool University Press, 1991.

Sweetman John, *War and Administration: The Significance of the Crimean War for the British Army*, Édimbourg, Scottish Academic Press, 1984.

Taithe Bertrand, *Defeated Flesh: Welfare, Warfare and the Making of Modern France*, Manchester, Manchester University Press, 1999.

Van Bergen Leo, *Before My Helpless Sight: Suffering, Dying and Military Medicine on the Western Front, 1914-1918*, Aldershot, Ashgate, 2009.

Viet Vincent, *La santé en guerre, 1914-1918. Une politique pionnière en univers incertain*, Paris, Presses de Sciences Po, 2015.

–, « La Grande Guerre et la lutte antituberculeuse en France », *Revue d'histoire de la protection sociale*, 2016/1, n° 9, p. 52-67.

Wessely Simon et Jones Edgar, « The Origins of British Military Psychiatry Before the First World War », *War and Society*, vol. 19, n° 2, 2001, p. 91-108.
Winter Jay, « Military Fitness and Civilian Health in Britain during the First World War », *Journal of Contemporary History*, 15, n° 2, 1980, p. 211-244.
Whitehead Ian, *Doctors in the Great War*, Londres, L. Cooper, 1999.

Histoire militaire, histoire de la guerre

Ashworth Tony, *Trench Warfare 1914-1918: The Live and Let Live System*, Londres, Basingstoke/Macmillan Press, 1980.
Beckett Ian, Bowman Timothy et Connelly Mark, *The British Army and the First World War*, Cambridge, Cambridge University Press, 2017.
Campbell James D., *« The Army isn't all work » Physical Culture and the Evolution of the British Army, 1860-1920*, Farham, Ashgate Pub. Co., 2012.
Cazals Rémy et Rousseau Frédéric, *14-18. Le cri d'une génération*, Toulouse, Privat, 2001.
Chandler David et Beckett Ian (dir.), *The Oxford history of the British Army*, Oxford, Oxford University Press, 2003.
Cochet François et Porte Rémy, *Histoire de l'armée française, 1914-1918*, Paris, Tallandier, 2017.
Corvisier André, *L'Armée française de la fin du XVIIe au ministère de Choiseul. Le Soldat*, Paris, PUF, 1964.
Cosson Olivier, *Préparer la Grande Guerre. L'armée française et la guerre russo-japonaise 1899-1914*, Paris, Les Indes savantes, 2013.
Dennis Peter et Grey Jeffery (dir.), *Raise, Train and Sustain: Delivering Land Combat Power*, Canberra, Australian Military History Publications, 2010.
Ehrenberg Alain, *Le Corps militaire. Politique et pédagogie en démocratie*, Paris, Aubier-Montaigne, 1983.
Girardet Raoul, *La société militaire de 1815 à nos jours*, Paris, Librairie Académique Perrin, 1998.
Goya Michel, *L'Invention de la guerre moderne. Du pantalon rouge au char d'assaut, 1871-1918*, Paris, Tallandier, 2014.
Guiomar Jean-Yves, *L'invention de la guerre totale, XVIIIe-XXe siècle*, Paris, Éditions du Félin, 2004.
Hagerman Edward, *The American Civil War and the Emergence of Modern Warfare*, Bloomington/Indianapolis, Indiana University Press, 1988.
Kalifa Dominique, *Biribi. Les bagnes coloniaux de l'armée française*, Paris, Perrin, 2009.
Loudcher Jean-François et Vivier Christian, « Gymnastique, éducation physique et sports dans les manuels militaires (XIXe-XXe siècles) », dans *Une histoire culturelle du sport. De Joinville à l'Olympisme. Rôle des armées dans le mouvement sportif français*, Paris, Éd. « Revue EP.S. », 1996, p. 21-33.
Loez André, *14-18. Les refus de la guerre : une histoire des mutins*, Paris, Gallimard, 2010.
Prochasson Christophe, *14-18. Retours d'expérience*, Paris, Taillandier, 2008.
– et Rasmussen Anne, *Vrai et faux dans la Grande Guerre*, Paris, La Découverte, 2004.
Prost Antoine et Winter Jay, *Penser la Grande Guerre. Un essai d'historiographie*, Paris, Seuil, 2004.

Purseigle Pierre, « 1914-1918 : Les combats de l'arrière. Étude comparée des mobilisations sociales en France et en Grande-Bretagne », dans Duménil Anne, Beaupré Nicolas et Ingrao Christian (dir.), *Expériences de guerre. 1914-1918*, Paris, Agnès Viénot Éditions, 2004.

Saint-Fuscien Emmanuel, *À vos ordres ? La relation d'autorité dans l'armée française de la Grande Guerre*, Paris, Éd. de l'EHESS, 2011.

Smith Leonard V., *Between Mutiny and Obedience: The Case of the French Fifth Infantry Division During World War I*, Princeton, Princeton University Press, 1994.

Spiers Edward M., *The Army and Society, 1815-1914*, Londres, Longman, 1980.

–, *The Late Victorian Army, 1868-1902*, 1992.

Strachan Hew, *The British Army: Manpower and Society into the Twenty-First Century*, Londres, Franck Cass, 2000.

Suart Vincent, « La justice militaire et la peine de mort au début de la Première Guerre mondiale », *Revue d'histoire moderne et contemporaine*, janvier-mars 1994, p. 136-153.

Winter Jay (dir.), *La Première Guerre Mondiale*, t. 1 : *Combats*, Paris, Fayard, 2013 ; t. 2 : *États*, Paris, Fayard, 2014 ; t. 3, *Sociétés*, Paris, Fayard, 2015 [trad. *The Cambridge history of the First World War*, Cambridge, New York, Cambridge university press, 2014].

Recrutement militaire

Adams Ralph James et Poirier Philip, *The Conscription Controversy in Great Britain, 1900-1918*, Londres, Macmillan, 1987 [1943].

Aron Jean-Paul, Dumont Paul et Le Roy Ladurie Emmanuel, « Anthropologie du conscrit français d'après les comptes numériques et sommaires du recrutement de l'armée (1819-1826) », *Civilisations et sociétés*, Paris, Mouton, 1972.

Beckett Ian F.W. et Simpson Keith (dir.), *A Nation in Arms: A Social Study of the British Army in the First World*, Manchester, Manchester University Press, 1985.

Bet-El Ilana, *Conscripts: Lost Legion of the Great War*, Stroud, Sutton, 1999.

Boulanger Philippe, *La France devant la conscription. Géographie historique d'une institution républicaine, 1914-1922*, Paris, Economica, 2001.

–, « Les conscrits de 1914 : la contribution de la jeunesse française à la formation d'une armée de masse », *Annales de démographie historique*, 2002/1, n° 103, p. 11-34.

Bowman Timothy et Connelly Mark, *The Edwardian Army: Recruiting, Training and Deploying the British Army, 1902-1914*, Oxford, Oxford University Press, 2002.

Chanet Jean-François, *Vers l'armée nouvelle. République conservatrice et réforme militaire 1871-1879*, Rennes, PUR, 2006.

Clarke Nic, *Unwanted Warriors: The Rejected Volunteers of the Canadian Expeditionary Force*, Vancouver/Toronto, UBC Press, 2015.

Cook Tim, « "He was determined to go": Underage Soldiers in the Canadian Expeditionary Force », *Social History*, vol. 41, n° 81, mai 2008, p. 41-74.

Crépin Annie, *La Conscription en débat ou le triple apprentissage de la nation, de la citoyenneté, de la République, 1798-1889*, Arras, Artois Presses université, 1998.

–, *Défendre la France. Les Français, la guerre et le service militaire de la guerre de Sept Ans à Verdun*, Rennes, PUR, 2005.

–, *Histoire de la conscription*, Paris, Gallimard, 2009.

Crépin Annie et Boulanger Philippe, *Le Soldat-citoyen. Une Histoire de la conscription*, La documentation française, n° 8019, février 2001.

Dewey Peter, « Military Recruiting and the British Labour Force during the First World War », *The Historical Journal*, 1984, vol. 27, n° 1, p. 199-223.

Douglas Roy, « Voluntary enlistment in the First World War and the work of the PRC », *Journal of Modern History*, n° XLII, 1970, p. 564-585.

Foerster Roland (dir.), *Die Wehrpflicht. Entstehung, Form und politisch-militärische Wirkung*, Munich, Oldenbourg, 1994.

French David, *Military Identities: The Regimental System, the British Army, and the British People, c.1870-2000*, Oxford, Oxford University Press, 2008.

Grieves Keith, *The politics of Manpower, 1914-1918*, Manchester, Manchester University Press, 1988.

Halais Jérémie, *Des Normands sous l'uniforme, 1889-1919. De la caserne à la Grande Guerre*, Bayeux, OREP éditions, 2018.

Littlewood David, *Military Service Tribunals and Boards in the Great War: Determining the Fate of Britain's and New Zealand's Conscripts*, Londres, Routledge, 2018.

McCartney Helen B., *Citizen Soldiers: The Liverpool Territorials in the First World War*, Cambridge, Cambridge University Press, 2005.

Marble Sandars (dir.), *Scraping the Barrel: The Military Use of Substandard Manpower, 1860-1969*, New York, Fordham University Press, 2012.

Maurin Jules, *Armée, guerre, société. Soldats languedociens (1889-1919)*, Paris, Publications de la Sorbonne, 1982.

Newlands Emma, *Civilians into Soldiers: War, the Body and British Army Recruits, 1939-45*, Manchester, Manchester University Press, 2014.

Osborne John Morton, *The Voluntary Recruiting Movement in Britain, 1914-1916*, New York/Londres, Garland, 1982.

Peniston-Bird Corinna, « Classifying the Body in the Second World War: British Men in and Out of Uniform », *Body & Society*, 9, n° 4, 2003, p. 31-48.

Pignot Manon, *L'Appel de la guerre. Des adolescents au combat, 1914-1918*, Paris, Anamosa, 2019.

Silbey David, « Bodies and Cultures Collide: Enlistment, the Medical Exam, and the British Working Class, 1914-1916 », *Social History of Medicine*, vol. 17, n° 1, avril 2004, p. 61-76.

Simkins Peter, « The Four Armies, 1914-1918 », dans Chandler David, Beckett Ian F. W. (dir.), *The Oxford Illustrated History of the British Army*, Oxford, Oxford University Press, 1994, p. 241-262.

Kitchener's Army: The Raising of the New Armies, 1914-16, Manchester, Manchester University Press, 1988.

Skelley Alan, *The Victorian Army at Home. Recruitment and terms and conditions of the British Army, 1859-1899*, Londres, Croom Helm, 1977.

Slocombe Ivor, « Recruitment into the Armed Forces during the First World War: the Work of Military Tribunals in Wiltshire, 1915-1918 », *The Local Historian*, 2000, vol. 30, n° 2, p. 105-223.

Soubrier Stéphanie, *Races guerrières. Enquête sur une catégorie impériale, 1850-1918*, Paris, CNRS Éditions, 2023.

Soudjian Guy, *Anthropologie du conscrit parisien sous le second Empire*, Paris, Lavauzelle, 1978.

Spiers Edward, « The Late Victorian Army, 1868-1914 », dans Chandler David et Beckett Ian F. W. (dir.), *The Oxford Illustrated History of the British Army*, Oxford, Oxford University Press, 1994, p. 187-210.

Streets Heather, *Martial Races: the Military, Race and Masculinity in British Imperial Culture, 1857-1914*, Manchester/New York, Manchester University Press, 2004.

Van Emden Richard, *Boy Soldiers of the Great War*, Londres, Headline, 2005.

Guerre et sociétés

Andreski Stanislav, *Military Organisation and Society*, Londres, Routledge, 1998.

Audoin-Rouzeau Stéphane et Becker Annette, *14-18. Retrouver la guerre*, Paris, Gallimard, 2000.

Auvray Michel, *Objecteurs, insoumis, déserteurs. Histoire des réfractaires en France*, Paris, Stock, 1983.

Beaupré Nicolas, Jones Heather et Rasmussen Anne, *Dans la guerre 1914-1918. Accepter, endurer, refuser*, Paris, Les Belles Lettres, 2015.

Becker Jean-Jacques, *1914. Comment les Français sont entrés dans la guerre : contribution à l'étude de l'opinion publique, printemps-été 1914*, Paris, FNSP, 1977.

–, *Les Français dans la Grande Guerre*, Paris, Laffont, 1980.

– et Becker Annette, *La France en guerre, 1914-1918. La Grande Mutation*, Bruxelles, Complexe, 1988.

Bertaud Jean-Paul, « L'armée et le brevet de virilité » et « La virilité militaire », dans Corbin Alain, Courtine Jean-Jacques et Vigarello Georges (dir.), *Histoire de la virilité*, t. 2, *Le triomphe de la virilité. Le XIXe siècle*, Paris, Seuil, 2011, p. 63-79 et p. 157-202.

Bock Fabienne, *Un parlementarisme de guerre*, 1914-1919, Paris, Belin, 2002.

Bourne John M., *Britain and the Great War 1914-1918*, Londres, Edward Arnold, 1989.

Bourke Joanna, *Dismembering The Male: Men's Bodies, Britain, and the Great War*, Londres, Reaktion Books, 1996.

Bozon Michel, *Les conscrits*, Paris, Berger-Levrault, 1981.

Brock Millman, *Managing domestic dissent in First World War Britain*, Londres, Portland, 2000.

Burk Kathleen, *War and the State: The Transformation of British Government, 1914-1919*, Londres, Routledge, 2014 [1982].

Cabanes Bruno, *La Victoire endeuillée. La sortie de guerre des soldats français (1918-1920)*, Paris, Seuil, 2004.

Cohen Deborah, *The War Come Home: Disabled Veterans in Britain and Germany, 1914-1939*, Berkeley, University of California Press, 2001.

Cronier Emmanuelle, *Permissionnaires dans la Grande Guerre*, Paris, Belin, 2013.

Drévillon Hervé, « Des virilités guerrières à la masculinité militaire (France, XVIIe-XVIIIe siècles) », dans Sohn Anne-Marie (dir.), *Une histoire sans les hommes est-elle possible ? Genre et masculinité*, Lyon, ENS Éditions, 2014.

Eby Cecil D., *Road to Armageddon: The Martial Spirit in English Popular Literature, 1870-1914*, Durham, Duke University Press, 1987.

Forcade Olivier, *La censure en France pendant la Grande Guerre*, Paris, Fayard, 2016.

Gregory Adrian, « Military Service Tribunals: civil society in action », dans Harris Jose, *Civil Society in British History: Ideas, Identities, Institutions*, Oxford, Oxford University Press, 2003, p. 177-191.

–, *The Last Great War: British Society and the First World War*, CUP, Cambridge, 2008.

Gullace Nicoletta, *« The Blood of our Sons »: Men, Women and the Renegociation of British Citizenship during the Great War*, New York, Palgrave Macmillan, 2002.

Heimburger Franziska, *Mésentente cordiale ? Langues et coalition alliée sur le front de l'ouest de la Grande Guerre*, thèse de l'EHESS soutenue le 29 novembre 2014.

Higonnet Margaret (dir.), *Behind The Lines: Gender and the Two World Wars*, New Haven, Yale University Press, 1987.

Horne John, « "L'impôt du sang". Republican Rhetoric and Industrial Warfare in France, 1914-1918 », *Social History*, 1989, vol. 14, n° 2, p. 201-223.

–, *Labour at War. France and Britain 1914-1918*, Oxford, Clarendon Press, 1991.

– (dir.), *State, Society and Mobilization in Europe during the First World War*, Cambridge, Cambridge University Press, 1997.

Jones Heather, O'Brien Jennifer et Schmidt-Supprian Christoph (dir.), *Untold War: New Perspectives in First World War Studies*, Leiden/Boston, Brill, 2008.

Kriegel Annie, *Aux origines du communisme français 1914-1920. Contribution à l'histoire du mouvement ouvrier français*, Paris, Mouton, 1964.

Liddle Peter et Hugh Cecil, *Facing Armageddon: The First World War Experienced*, Londres, Leo Cooper/Pen and Sword, 1996.

Le Naour Jean-Yves, *Misères et tourments de la chair durant la Grande Guerre. Les mœurs sexuelles des Français, 1914-1918*, Paris, Aubier, 2002.

Luzzatto Sergio, *L'impôt du sang. La gauche française à l'épreuve de la guerre mondiale (1900-1954)*, Lyon, Presses universitaires de Lyon, 1996.

McDermott James, *British Military Service Tribunals, 1916-18: A Very Much Abused Body of Men*, Manchester, Manchester University Press, 2011.

Messinger Gary S., *British Propaganda and the State in the First World War*, Manchester, Manchester University Press, 1992.

Meyer Jessica, *Men of War: Masculinity and the First World War in Britain*, Londres, Palgrave Macmillan, 2011.

Monger David, *Patriotism and propaganda in First World War Britain: The National War Aims Committee and civilian morale*, Liverpool, Liverpool University Press, 2012.

Morgan Kenneth O., *Consensus and Disunity: The Lloyd George Coalition Government, 1918-1922*, Oxford, Clarendon Press, 1979.

Morris Anthony, *The Scaremongers: The Advocacy of War and Rearmament, 1896-1914*, Londres, Routledge & Kegan Paul, 1984.

Pedersen Susan, « Gender, welfare and citizenship in Britain during the Great War », *American Historical Review*, 1990, vol. 95, n° 4, p. 983-1006.

Pennell Catriona, *A Kingdom United. Popular Responses to the Outbreak of the First World War in Britain and Ireland*, Oxford, Oxford University Press, 2012.

Rebérioux Madeleine, « Le socialisme et la Première Guerre mondiale », dans Droz Jacques, *Histoire générale du socialisme*, t. 2, Paris, PUF, 1974, p. 585-645.

Purseigle Pierre, *Mobilisation, sacrifice et citoyenneté. Angleterre-France, 1900-1918*, Paris, Les Belles Lettres, 2013.

Renouvin Pierre, *Les formes du gouvernement de guerre*, Paris, Presses universitaires, 1925.

Ridel Charles, *Les Embusqués*, Paris, Armand Colin, 2007.

Roynette Odile, « La construction du masculin. De la fin du 19e siècle aux années 1930 », *Vingtième Siècle. Revue d'histoire*, vol. 75, n° 3, 2002.

–, « L'uniforme militaire au xixe siècle : une fabrique du masculin », *Clio. Femmes, Genre, Histoire,* n° 36, 2012, p. 109-128.

Silbey David, *The British Working Class and Enthusiasm for War, 1914-1916*, Londres, Frank Cass, 2005.

Turner John, *British Politics and the Great War: Coalition and Conflict, 1915-1918*, Londres, Yale University Press, 1992.

Verhey Jeffrey, *The Spirit of 1914: Militarism, Myth, and Mobilization in Germany*, Cambridge, Cambridge University Press, 2000.

Waites Bernard, « The Government of the Home Front and the "Moral Economy" of the Working Class », dans Liddle Peter (dir.), *Home Fires and Foreign Fields: British Social and Military Experience in the First World War*, Londres, Brassey's, 1985, p. 175-93.

Watson Janet S. K., *Fighting Different Wars: Experience, Memory, and the First World War in Britain*, Cambridge, Cambridge University Press, 2004.

Watson Alexander, *Enduring the Great War: Combat, Morale and Collapse in the German and British Armies, 1914-1918*, Cambridge, Cambridge University Press, 2008.

Winter Jay, *The Great War and the British People*, Londres, Macmillan, 1985.

–, « Propaganda and the mobilization of consent », dans Strachan Hew (dir.), *The Oxford Illustrated History of the First World War*, Oxford, Oxford University Press, 1998, p. 216-226.

Winter Jay et Robert Jean-Louis, *Capital Cities at War: Paris, London, Berlin 1914-1919*, Cambridge/New York, Cambridge University Press, 1997.

Woollacott Angela, « "Khaki Fever" and its Control: Gender, Class, Age and Sexual Morality on the British Homefront in the First World War », *Journal of Contemporary History*, 29, 2, p. 325-347.

Culture, politique et société

Arnaud Pierre (dir.), *Les Athlètes de la République. Gymnastique, sport et idéologie républicaine, 1870-1914*, Paris, L'Harmattan, 1998.

Berstein Serge (dir.), *Les cultures politiques en France*, Paris, Seuil, 1999.

Bloch Marc, « Pour une histoire comparée des sociétés européennes », *Revue de synthèse historique*, 1928, XLVI, p. 15-50.

Charle Christophe, *La Crise des sociétés impériales : Allemagne, France, Grande-Bretagne (1900-1940). Essai d'histoire sociale comparée*, Paris, Seuil, 2001.

Charle Christophe, Vincent Julien et Winter Jay, *Anglo-French Attitudes: Comparisons and Transfers between English and French Intellectuals since the Eighteenth Century*, Manchester/New York, Manchester University Press, 2007.

Chassaigne Philippe et Dockrill Michael (dir.*), Anglo-French Relations, 1898-1998: From Fashoda to Jospin*, Londres, Palgrave, 2002.

Clarke Peter, *Hope and Glory. Britain 1900-1990*, Londres, Penguin Books, 1996/

Cohen Deborah et O'Connor Maura (dir.), *Comparison and History: Europe in Cross-National Perspective*, New York/Londres, Routledge, 2004.

Connell Raewyn W., *Masculinities*, Cambridge/Sydney/Berkeley, Polity Press/Allen & Unwin/ University of California Press, 1995 [traduction française partielle Connell Raewyn, *Masculinités. Enjeux sociaux de l'hégémonie*, Paris, Amsterdam Éditions, 2014].

Cronin James, « The crisis of state and society in Britain, 1917-1922 », dans Haimson Leopold H. et Tilly Charles (dir.), *Strikes, Wars, And Revolutions in an International Perspective. Strikes Waves in the Late Nineteenth and Early Twentieth Centuries*, Cambridge/Paris, Cambridge University Press/MSH, 1989, p. 457-476.

Guignard Laurence, Raggi Pascal et Thévenin Étienne (dir.), *Corps et Machines à l'âge industriel*, Rennes, PUR, 2011.

Hall Donald E. (dir.), *Muscular Christianity. Embodying the Victorian Age*, Cambridge, Cambridge University Press, 1994.

Harris Jose, *Private Lives, Public Spirit: Britain 1870-1914*, Londres, Penguin Books, 1994.

Hynes Samuel, *The Edwardian Turn of Mind*, Princeton/Londres, Princeton University Press/Oxford University Press, 1968.

McKibbin Ross, *The Ideologies of Class: Social Relations in Britain, 1880-1950*, Oxford/New York, Oxford University Press, 1991.

Mosse George L., *L'image de l'homme. L'invention de la virilité moderne*, Paris, Abbeville, 1997.

Neveu Erik, *Sociologie des mouvements sociaux*, Paris, La Découverte, 1996.

Nicolet Claude, *L'idée républicaine en France. Essai d'histoire critique*, Paris, Gallimard, 1982.

Pedersen Susan, *Family, Dependence, and the Origins of the Welfare State: Britain and France, 1914-1945*, Cambridge, Cambridge University Press, 1993.

Powell David, *The Edwardian Crisis. Britain, 1901-1914*, Londres, Macmillan, 1996.

Reberioux Madeleine, *La République radicale ? 1898-1914*, Paris, Seuil, 1975.

Thomson Ann, Dziembowski Edmond et Burrows Simon (dir.), *Cultural Transfers: France and Britain in the Long Eighteenth Century*, Oxford, Voltaire Fundation, SVEC, 2010.

Thompson Edward P., *Temps, discipline du travail et capitalisme industriel*, Paris, La Fabrique, 2004.

–, « The moral Economy of the English Crowd in the Eighteen Century », *Past and Present*, 1971, n° 50, p. 76-136.

Tilly Charles, « Les origines du répertoire de l'action collective contemporaine en France et en Grande-Bretagne », *Vingtième siècle*, 4-1, 1984, p. 89-108.

Vigarello Georges, *Histoire culturelle du sport*, Paris, Robert Laffont/EPS, 1988.

–, *Le corps redressé. Histoire d'un pouvoir pédagogique*, Paris, Le Félin, 2018.

Index des noms

Index des pathologies

Table des matières